KB008986

평화권의 이해

개념과 역사, 분석과 적용

평화권의 이해

2014년 3월 14일 초판 1쇄 찍음
2014년 3월 21일 초판 1쇄 펴냄

지은이 이경주

편집 안유정, 권현준, 박서운
마케팅 한해규, 허신애
디자인 김진운, 황지원

펴낸이 윤철호
펴낸곳 ㈜사회평론
등록번호 10-876호(1993년 10월 6일)
전화 02-326-1182(영업) 02-326-1543(편집)
팩스 02-326-1626
주소 서울특별시 마포구 월드컵북로12길 17

ⓒ 이경주, 2014

이메일 editor@sapyoung.com
홈페이지 www.sapyoung.com
ISBN 978-89-6435-714-9 93360

* 이 책의 연구는 인하대학교 연구지원에 의해 수행되었음.
* 이 책에 사용된 사진은 해당 사진을 보유하고 있거나 저작권을 가지고 있는 분들의 허락과 도움을 받아 게재한 것입니다. 저작권자를 찾지 못한 사진에 대해서는 사용한 자료의 출처를 밝혔으며, 저작권자가 확인되는 대로 일반적 기준에 따라 사용료를 지불하도록 하겠습니다.

평화권의 이해

개념과 역사, 분석과 적용

이경주 지음

사회평론

들어가는 말

1

평화권. 언제부터인가 우리 사회에서도 평화권에 대한 이야기들이 조금씩 들려오기 시작했다. 좋은 말인 것 같고, 평화와 인권을 결합한 유용한 개념인 것 같기는 한데 정작 그 구체적인 내용을 일목요연하게 정리한 연구서는 없었다. 평화권이라는 말은 퍼져 가는데, 그럴수록 궁금증만 커져가는 형국이었다. 이 책은 이러한 궁금증을 해소하고 평화권에 대한 논의를 진전시키기 위한 책이다. 평화권 관련한 개념과 사례를 정리·총괄했고, 이를 통해 평화권에 대한 논의를 더욱 촉진해보고자 했다.

　　우리의 궁금증에도 불구하고 국제사회에서 평화권에 대한 논의는 오래되었으며, 또한 뜨겁다. 유엔총회에서는 이미 30년 전인 1984년 평화권선언(Declaration on the right of people to peace)을 하였고, 2006년 유엔에 인권이사회가 발족하고 나서는 유엔인권이사회 차원에서 2008년부터 2012년까지 6년 연속 평화권촉진 결의를 채택한 바 있다. 우리 정부는 유감스럽게도 미국과 함께 계속하여 반대표를 던져왔던 이력을 가진 결의이기도 하다. 2012년부터는 보다 구체적으로, 유엔인권이사회 자문위원회에서 평화권 선언 초안이 논의되기 시작했었다. 이 초안을 토대로 빠르면 2014년에라도 유엔총회에서 매우 구체적인 평화권 선언의 결의가 이루어질 수 있도록 실무그룹이 가동되고 있으며, 이에 발맞추어 정부 간 논의도 활발해지고 있다.

　　이러한 국제사회의 논의(제1부)를 바탕으로 우리 헌법의 평화주의와 평화권을 살펴보고(제2부) 한국 사회 평화운동이 실천적으로 그러나 간헐적으로 주장해온 평화권 관련 쟁점들을 분석(제3부)하여 보았다. 또한 평화권 논의의 선두 그룹 중의 하나인 일본의 평화권 논의를 우리 사회와의 역사적 맥락하에서 정리(제4부)하였다. 끝으로 평화권 실현을 위한 중요한 용광로가 될 한반도 평화체제 및 통일의 문제를 평화권의 관점에서 살펴보았다(제5부). 새로운 개념을 소개하다 보니, 그 개념이 역사적으로 구성되어왔던 원문들을 소개하는 것도 이 책의 몫이라 생각해서 적지 않은 분량의 부록까지 첨부하게 되었다.

　　그러다 보니 결국 500여 페이지가 넘는 책이 되었다. 독자 분들께서 이 책의 두께에 부담을 가질까 염려스럽기도 하지만, 요즘 헌법학 교과서가 대체로 2,000페이지를 넘어서고 있으면서도 평화와 관련한 이야기가 고작 2페이지 정도도 안 되는 현실에 비추어보면 이렇게 평화에 대한 이야기를 마음 먹고 하는 책도 있어야 하지 않을까 싶다. 자료 측면에서도 한 권쯤 곁에 둘 만한 '착한 책'이라고 보아주시면 감사하겠다. 실제 유엔인권이사회에서 추진되고 있는 평화권 선언의 밑그림이 된 산티아고선언, 유엔인권이사회 자문위원회의 평화권 보고서, 일본 나고야 고등재판소 평화권 관련 판결문 등 우리나라에 처음 소개되는 문서들도 적지 않다.

2

평화에 대한 문제는 개인적으로 오랜 관심사 중 하나였다. 대학 졸업을 전후하여 한미행정협정의 불평등성에 대한 문제가 사회적으로 관심사가 되었는데, 친구들과 책을 만들어 출판했던 것이 하나의 시작이라면 시작일 것이다. 그 연장선상에서 국민주권과 국가주권을 통일적으로 이해할 수 있는 길은 없는지 고민하다가 주권이론에 관한 주제로 석사논문을 썼다. 이후 주권이론을 화두로 하여 일본 유학을 떠나게 되었다.

　유학 과정에서 주권의 문제를 평화 문제와 결합하여 헌정사적으로 접근하는 연구를 진행하였다. 평화에 대해 관심이 있으면서도 군대의 필요성에 대해서는 그다지 의심하지 않았던 분단국가의 유학생으로서는, 일본을 군대 없는 나라로서 수호해야 한다는 일본 시민사회의 모습이 너무나 낯설었다. 스스로가 이상한 나라에서 온 앨리스 같기도 하였다. 평화가 무엇인지를 처음부터 다시 고민했던 시간이었다. 박사 논문에서는 헌법체계와 한미상호방위조약 등의 안보법 체계를 총체적 관점에서 인식하기 위해 '점령관리체제'라는 개념을 제시하고 이러한 개념도구를 통해서 한일 양국의 헌정체제를 평화주의를 소재로 하여 비교분석하였다. 이러한 인연 때문에, 과분하게도 한국과 일본의 잡지에 평화와 관련된 이런 저런 글들을 쓸 기회가 생겨났다. 일본을 향해서는 헌법의 비무장 평화주의가 보편적 성격과 더불어 징벌적 성격이 있음을 잊지 말 것, 70여 년에 걸친 개헌책동에 반대하는 호헌운동은 가해자로서의 평화의식과 결부되어야 보편적인 성격을 가질 수 있음을 강조하였고, 한국에 대하여서는 비록 미약한 것이기는 하지만 골방에 갇혀 있는 평화주의를 다시보기 할 것을 계속하여 주장하였다. 이 책에도 이러한 맥락의 주장들이 담겨 있다.

　유학을 마치고 돌아온 2000년대, 우리 사회에서도 인권의 보편적인 성격을 강조하는 것이 사회적인 관심사가 되었다. 인권으로서의 평화의 문제에 대하여 많은 관심 역시 등장했다. 자연스레 일본의 평화권 논의, 유엔 등 국제 사회의 평화권 논의에 관심을 갖게 되었고 국내에 소개하는 작업을 진행했다. 한국 평화운동의 쟁점들을 평화권의 맥락에서 분석하고 옹호하고자 하는 노력에도 함께했다. 한미 간의 불평등성에 주목하여 시작한 연구가 주권과 평화에 대한 문제로 확산되었고, 평화권을 통해 하나의 매듭을 지을 수 있다는 생각이 들었다. 이 책이 그 매듭이 되었으면 한다.

3

이 책이 나오기까지는 많은 분들의 도움이 있었다. 우선 참여연대 평화군축센터에 감사드린다. 평화군축센터와의 인연을 맺게 된 것은 2005년 국회에서 열린 토론회였다. 이 토론회는 당시 현안이었던 이라크 파병문제와 노무현 대통령 탄핵에서 비롯한 국민주권문제를 모두 토론하는 자리였다. 사정이 급하다 보니 서로 어울릴 것 같지 않은 성격의 다른 주제가 한 자리에서 토론이 되었는데, 필자는 이라크 파병과 같은 군사외교 문제의 결정도 주권자의 의사를 확인, 표시해야 하는 것이지 국회의원들이 자의적으로 여론을 형성하고 이를 표시하는 식으로 되어서는 안 된다고 언급하였다. 마침 이라크파병문제를 발표하셨던 박순성 교수께서 참여연대 평화군축센터의 소장을 하고 계셨는데, 평화의 문제가 주권의 문제와도 무관하지 않음에 대하여 상호 공감할 수 있었고, 결국 그것이 인연이 되어 평화군축센터의 실행위원으로 합류하게 되었다. 그리고 실행위원으로 합류하고 얼마 되지 않아 '평화국가 만들기' 프로젝트가 시작되었고, 필자의 경우 마침 우리 헌법의 평화국가원리를 재조명해보려고 하고 있던 차여서 '평화국가 만들기' 프로젝트에서 헌법론을 담당하게 되었다. 그런 의미에서 이 책은 '평화국가 만들기' 프로젝트의 헌법버전이라고 할 수 있을 것이다.

우연한 계기로 참여하게 된 평화군축센터와의 인연이었지만, 평화군축센터의 실행위원과 간사님들로부터 많은 영감을 얻을 수 있었다. 전공과 활동 영역을 달리하면서도 평화와 이를 위한 군축의 실현이라는 공통의 지향점을 가진 센터를 통하여 평화에 대한 현장감 있는 문제의식을 잃지 않고 많은 자양분을 흡수할 수 있었다. 박순성 교수님, 구갑우 교수님, 이남주 교수님, 이대훈 교수님, 이태호 처장님, 서보혁 교수님, 박정은 팀장님, 김희순 팀장님, 이미연 간사님, 김한보람 간사님, 국제팀의 백가윤 간사님, 새로 오신 우진희·김승환 두 간사님 등 센터의 관계자 여러분께 감사드린다. 또한 이 책의 많은 챕터들은 평화군축센터가 주최한 각종 토론회에서 발표하거나 홈페이지 등에 게재한 글이다.

평화재단의 법제모임의 여러분들께도 감사의 말씀을 드린다. 2006년에는 2·13 합의에 기초하여 남북관계와 북미관계가 진전되어, 급기야 종전선언과 평화협정 등이 구체적으로 논의가 되는 단계에까지 이르게 되었는데, 김동균 변호사께서 좌장으로 있던 법제모임에 참여하면서 통일을 위한 평화, 평화를 지향하는 통일에 대하여 많은 논의를 할 수 있었다. 평화협정과 통일협정에 대하여 구체적으로 안을 만들면서 많은 논의를 하고 배울 수 있었는데, 윤영환 변호사님, 송상교 변호사님 등 많은 분들께 감사의 말씀을 드린다.

이 책의 많은 내용이 이미 출간된 개별논문에 기초하고 있으면서도 새삼스레 책으로 정리되게 된 데에는 우리 대학에서 대학원생들(현구, 재성, 영관, 성태) 그리고 평화활동가 여옥과 2년에 걸쳐 진행하고 있는 평화권 세미나가 많은 영향을 미쳤다. 사회적으로 평화권에 대한 논의가 진전되고 있음에도 불구하고 이러한 내용을 누군가가 일단의 정리를 해야만 다음 단락이 생겨난다는 유언무언의 압력을 주었을 뿐만 아니라, 교정에도 적극 참여하여 주어 여러모로 부족한 필자가 용기를 내어 부끄러움을 무릅쓰고 출판사의 문을 두드리게 되었다. 특히 부록과 관련한 자료 정리에는 재성 씨가 큰 역할을 하였는데, 이 자리를 빌려 감사의 말씀을 전한다.

상당 부분이 기출 논문에 근거하기는 하였지만, 출판사의 '전문'표현을 빌리면 새로 쓰다시피 하는 '큰 공사'를 많이 하였다. 평화권이라는 초점에 맞추어 맥락을 정리정돈하기 위한 것이 가장 큰 이유였고, 다음으로는 초출논문들이 10여 년에 걸친 것이었던 탓에 시의성을 상실한 부분이 많아 대규모 공사가 불가피하였다. 한편 이 책의 핵심적인 부분 중 하나인 제1부 평화권 일반론의 경우 전적으로 새로 작성하였다.

시작은 미약하기 짝이 없지만, 앞으로 평화권 논의가 활성화되어 한반도에 평화와 인권이 깃들기를 간절히 바라는 마음 하나로 어떠한 질정도 겸허히 받을 생각뿐이다.

'평화국가 만들기와 평화권'의 의미에 대해 이해하여 주시고 출판사와의 인연을 만들어주신 주신 구갑우 교수님, 기획단계에서부터 출판에 이르기까지 실무를 맡아주신 권현준 팀장님, 안유정 편집자님, 흔쾌히 출판을 결심해주신 사회평론출판사의 윤철호 사장님께 감사의 말씀을 전한다.

2014년 2월 13일
이경주

차례

제1부 평화권 일반론

강정, 평택, 김포의 애기봉 주민들의 공동 평화권 선언(2012년).

I. 평화권

1. 헌법과 평화권

1) 평화권이란?

(1) 평화와 인권 결합하기

평화와 인권. 이 두 단어는 남북대결과 전쟁, 독재정권과 인권탄압의 시기를 거친 우리 사회의 오랜 화두이다. 그런데 평화와 인권은 서로 동떨어진 별개의 개념일까? 1990년대 들어 우리 사회에서도 이런 고민들이 시작되었다. 1990년대 우리 사회에서 인권은 인류보편적인 성격을 가지는 개념으로 재조명되었다. 인권의 이름으로 전쟁을 반대하고 군비를 축소해 평화를 확보할 수 있다면 얼마나 좋을까 하는 고민들이 시작되는 시점이기도 했다. 하지만 평화와 관련해서는 전쟁 반대니 군축이니 하는 개념이 친북이나 종북으로 법의 심판을 받던 시절이었으니, 이렇다 할 결합지점을 찾지 못하고 고민만을 거급하던 시기였다. 2000년대 들어서는 상황이 많이 달라졌다. 다음 세 가지 경우에서처럼 평화와 인권이 결합된 용어들이 적극적으로 사용되기 시작한 것이다.

〈사례 1〉

"지난 10월 4일, 생명평화대행진 전야제를 마친 직후에 강정마을에서는 해군기지 건설 저지투쟁에 지속적으로 참여해 온 강동균 마을회장을 비롯한 마을 주민 약 20여 명이 참석하는 "공감 Talk" 간담회가 개최되었다. 이날 간담회 전반부에서는 해군기지 건설과 관련된 논란과 공방에서 주민들이 가장 부당하게 또는 폭력적이라고 느낀 점과 강정마을에서 평화

롭게 살기 위해서 가장 중요하다고 생각되는 것이 무엇인지를 두고 의견
교환이 있었고, 후반부에는 이러한 경험과 생각을 권리로 표현하는 시간
을 가졌다. 권리를 짧은 글귀로 표현하는 시간은 어떤 것이 스스로에게 **평
화권**인지, 그리고 국가나 기업이 어떻게 행동하는 것이 **평화권**을 보장하
는 길인지에 대해 진행되었다."[1]

〈사례 2〉

"우리가 입헌주의를 통한 국가와 사회의 정상화를 꾀한다면 '법대로' 하
는 것이 필요하다. 특히 헌법의 근간이 되는 헌법원리를 국가정책의 근간
으로 삼아야 한다. 그것은 내정뿐만 아니라 외교에 있어서도 마찬가지이
다. 참여정부에서는 동북아의 균형자 역할을 강조하는 것으로 알고 있다.
침략과 전쟁의 참화로 얼룩진 동북아에서 진정한 균형자로 나서기 위해
서는 평화국가라는 우리 헌법의 비전을 이제 골방에서 안방으로 끄집어
내야 한다.

더군다나 전략적 유연성과 같은 공세적인 개념이 동맹관계라는 이름으로
강요된다면 우리의 의사와 관계없이 중동의 국가들이나 중국 등 미국의
현실적, 잠재적 경쟁자와의 분쟁에 휩쓸릴 가능성이 그 어느 때보다도 높
다. 두 번에 걸친 세계대전과 한국전쟁에서 경험했듯이 전쟁은 **평화적 생
존권**을 위협하며, 이 평화적 생존권이 위협받는 곳에서 인권과 민주주의
는 존재할 수 없지 않던가."[2]

---

1   이대훈, 「제주 해군기지 건설과 강정마을 시민/주민들의 평화권」, 『평화권의 국제적 논의
    와 한국에서의 수용 가능성』, 서강대학교 법학연구소 인권법센터 외, 2012년 10월 19일,
    115쪽.
2   이경주, 「주한미군 전략적 유연성과 대한민국 헌법」, 『안보동恋』, 2006년 3월 14일.

〈사례 3〉

"모든 개인은 **평화롭게 살 권리**를 가진다. 그리하여 자신의 육체적, 지적, 도덕적, 정신적 능력을 충분히 개발할 수 있어야 하며, 어떠한 종류의 폭력의 대상이 되어서도 안 된다. 아시아 민중들은 전쟁과 내전으로 인해 커다란 곤란과 비극을 체험하고 있다. 전쟁과 내전은 많은 사람의 생명을 앗아가고, 신체를 훼손시키며, 사람들로 하여금 다른 지방 내지 다른 나라로 떠나게 만들고, 많은 가족을 해체시키고 있다. 좀더 포괄적으로 말하자면, 전쟁과 내전은 문명의 혜택을 누리는 삶, 혹은 평화적 생활을 갈구하는 그 어떤 희망도 거부하고 있다. 많은 나라에서 국가와 시민사회가 심하게 군사화되어 모든 문제가 폭력에 의해 결정되고, 정부나 군부가 가하는 그 어떠한 위협이나 공포로부터 시민들은 보호받지 못하고 있다."[3]

〈사례 1〉에서 평화권은 그야말로 평화에 대한 권리를 줄인 말로 사용되었다. 한편 〈사례 2〉에서와 같이 평화에 대한 권리는 경우에 따라서 평화적 생존권이라는 말로 풀어서 사용하기도 한다. 〈사례 3〉에서 평화에 대한 권리는 평화롭게 살 권리라는 말로 사용하기도 한다. 각각에서 사용된 개념들은 아직 명확하게 정리되었다고 볼 수는 없지만, 그 속에는 분명 평화와 인권을 연결하려는 시도들이 담겨 있다.

(2) 평화에 대한 권리의 다양한 표현

평화와 인권을 결합해 가장 먼저 사용하고 또 체계화하기 시작한 나라는 일본일 것이다. 일본에서는 평화와 인권을 결합해 평화적 생존권이라는 표현을 일반적으로 사용하고 있다. 1946년에 만들어진 현행 일본국헌법

---

3   아시아 인권헌장(Asian Human Rights Charter, 1998년 5월 17일 광주 선언).

의 전문에 '평화 속에 생존할 권리(平和のうちに生存する権利, the right to live in peace)가 전 세계의 인민에게 있다'라는 표현이 있다. 1962년 일본의 헌법학자 호시노 야사부로(星野 安三郎)는 이 '평화 속에서 생존할 권리'라는 표현을 평화적 생존권이라는 말로 체계화해 표현했다. 그는 일본 정부의 재군비 및 군사동맹 가담에 반대하기 위해 이 개념을 정리했는데, 이것이 오늘에 이르고 있다.

영미권에서도 평화와 인권을 결합해 평화에 대한 권리, 즉 평화권을 다양하게 표시하고 또 실천적으로 사용하고 있다. 1977년에는 당시 유네스코에서 '인권과 평화' 세션의 회장을 맡고 있던 카를 바삭(Karel Vasak)이 종래의 시민적·정치적 권리, 그리고 사회적·경제적 권리의 뒤를 이를 인권으로서 제3세대 인권(the third generation of human rights)이라는 새로운 인권의 카테고리를 제시하고, 그중 하나로 평화에 관한 권리를 이야기했다. 여기에서 나온 개념이 바로 평화에 대한 권리, 즉 평화권(the right to peace)이다.[4]

한편 법철학 및 사회철학으로 유명한 미국 워싱턴대학(Washington University in St. Louis)의 칼 웰만(Carl Wellman) 교수는 새로운 인권의 하나로 평화에 관한 권리를 소개하면서 평화에 대한 새로운 권리(new human right to peace)에 대해 언급하고 있다.[5]

1978년의 오슬로 국제평화연구소와 스트라스부르의 국제인권연구소가 공동 개최한 '평화와 인권' 회의에서는 평화와 인권의 상호밀접 불가분성을 강조하면서 최종문서에 '평화에 대한 권리(right to peace)'라

---

4 K. Vasak, *A 30-year struggle*, The Unesco Courier, 1977, p. 29; 田畑茂二郎, 『国際化時代の人権問題』, 岩波書店, 1988, p. 290에서 재인용.

5 Carl Wellman, "Solidarity, the Individual and Human Rights." *Human Rights Quarterly*, Vol. 22(3), 2000.

는 용어를 사용했다. 이 문서에서는 '평화에 대한 권리'는 기본적 인권의 하나이며, 어떠한 국민도 어떠한 인간도 인종, 사상, 언어, 성을 이유로 차별받지 않으며 평화 속에 생존할 고유의 권리(an inherent right to live in peace)를 갖는다고 했다. 그리고 이 권리의 존중은 다른 인권의 존중과 마찬가지로 인류 공통의 이익을 위한 것이며, 모든 지역과 국민의 발전을 위해 불가결한 조건이라고 했다.[6]

이러한 평화에 대한 권리는 카를 바삭 이전, 냉전이 한참이던 1950년대 사회주의 국가들에서도 주장되었다. 예를 들면, 동독의 바움가르텐(A. Baumgarten)은 평화에 대한 권리(das Recht auf Frieden)는 '전체로서의 인민 및 이를 구성하는 개개인'에 속하는 '인간의 모든 권리 중 실제로 가장 중요한 의미를 갖는 권리'라고 했다.[7] 그의 주장은 당시의 동서 냉전상황을 반영해 동유럽의 입장을 정당화하고자 하는 색채가 없는 것은 아니었다. 하지만 2차 세계대전 후 유엔헌장 등이 갖는 의미에 대한 적극적인 평가에 기초해 평화에 대한 권리, 즉 평화권을 주장했다는 점에서는 주목할 만하다. 이를 계기로 동독과 폴란드 등에서도 학자나 정치가들이 평화권을 주장하게 되었다.

평화권이라는 말이 국제적으로 확산되기 시작한 것은 1984년 11월 12일 유엔 총회가 채택한 "평화에 대한 권리 선언"부터이다. 유엔총회에서는 '평화에 대한 인류[8]의 권리선언(The Right of Peoples to Peace)'

---

6   "Conference on Peace and Human Rights =Human Rights and Peace", *Bulletin of Peace Proposals*, International Peace Research Association, Vol. 10(2), 1979; 山内敏弘,『平和憲法の理論』, 日本評論社, 1992, 257쪽에서 재인용.

7   A. Baumgarten, "Das Recht auf Frieden als Menshenrecht", *Staat und Recht*, Jahrgang 3, 1954, pp. 176-179.

8   이 번역은 임재성, "평화권, 아래로부터 만들어지는 인권",『경제와 사회』91호, 2011을 참조했다. 임재성은 "Declaration of the Rights of Peoples to Peace"에서 "Peoples"을 "인류"라고 번역했는데, 평화권이 집단의 권리이기도 하지만 국민국가의 경계를 넘어서는 연

이라는 표현을 사용했다. 이 경우 평화에 대한 권리는 개인과 집단 모두가 주장할 수 있는 전 인류의 연대를 위한 권리라는 의미까지 내포하려 했던 것이다. 이를 빌미로, 2010년 6월 유엔인권이사회(UN Human Rights Council)[9]에서 미국 정부는 평화에 대한 권리가 인권이 아니라고 반대하기도 했다. 근대적인 인권은 마땅히 개인적인 권리여야 하는데 평화에 대한 권리는 집단의 권리이므로 근대적인 인권 개념에 반한다는 것이었다.

그러나 이러한 주장은 평화에 대한 권리가 인권으로 인정받는 것을 반대하기 위한, 반대를 위한 반대에 불과했다. 그러나 오늘날 인권의 향유주체가 개인뿐이라고 하는 헌법 연구자는 없을 것이다. 환경권은 물론 특히 제3세대의 권리의 상당수는 개인의 권리이면서 집단의 권리이기도 하다. 'the right of peoples to peace'라고 표현하든 'the right to

대의 권리라는 점을 강조하기 위해 그 권리의 주체인 "Peoples"를 "인류"라고 옮겼다. 이 선언의 "Peoples"에 대해서는 "민족/인민"이라는 번역(이근관, "국제적 인권으로서의 평화권에 대한 고찰", 『인권평론』 1호, 2006, 196쪽)도 존재하는데, 이러한 병렬적 번역은 집단적 권리로서 3세대 인권의 특징을 강조한 번역으로 보인다.

9   유엔인권이사회는 안전보장이사회, 경제사회이사회와 나란히 유엔의 주요기구이다. 인권 관련 기관은 유엔 설립 당시부터 경제사회이사회의 하부기관으로의 인권위원회(Commission on Human Rights)가 활동하고 있었으나 2006년 제60차 총회의 결의(A/RES/60/251)로 이를 폐지하고 유엔총회 산하기관으로 인권이사회를 설치했다. 유엔의 인권 관련 기구로는 자유권규약, 사회권규약과 같은 개별 인권규약에 따라 설치되는 조약위원회, 예를 들면 자유권규약위원회(Human Rights Committee)가 있다. 개별 인권문제를 논의하는 이들 조약위원회와 달리 인권이사회는 주로 인권규범(조약, 선언, 결의)을 논의 대상으로 하고 있다. 유엔본부는 뉴욕에 있지만, 유엔인권이사회는 보통 제네바에 있는 유엔 유럽본부에서 개최된다. 유엔인권이사회는 매년 2~3월, 6월, 9월에 정기회의를 개최한다. 유엔인권이사회는 47개국의 정부위원들로 구성되고, 국가기관 대표와 이사국 이외의 정부 대표도 참석해 발언할 수 있다. 다만 의결권은 이사국만 갖는다. 그리고 인권 NGO도 참가해 발언할 수 있다. 유엔은 국가 간 연합이어서 국가가 주역이지만, 유엔 창설 당시부터 NGO가 심의에 참여했고 NGO가 제정하는 각종 정보가 중요한 역할을 했기 때문에 이들의 참가를 인정하고 있다. 유엔인권위에 참가해 발언하기 위해서는 유엔경제사회이사회에 등록되어 협의자격이 있어야 한다.

peace'라고 표현하든 평화에 대한 권리의 주체가 과거처럼 단순히 개인에만 그칠 수 없는 시대적 상황이 전개되고 있기 때문이다.[10]

유네스코(UNESCO)에서 1997년 1월 발표한 "평화에 대한 권리선언"에서는 평화권의 인권으로서의 성격을 강조해 '평화에 대한 인권(The Human Right to Peace)'이라고 표현했다. 유엔 인권이사회 제9차(2008. 9. 8~24), 10차(2009. 3. 2~27) 회의에 제출된 비정부기구의 보고서 "원주민과 평화권"에서도 'the human right to peace'라고 표현하였다.

유엔 무대에서는 평화에 대한 권리를 'The Right to Peace'라는 표현으로 정리하고 있다. 2012년 유엔총회에 제출된 '평화에 대한 권리에 관한 유엔인권이사회 자문위원회보고서'는 다음과 같이 기술하고 있다. "인권이사회의 본래의 지시에 따르면 평화에 관한 인류의 권리(The Right of Peoples to Peace)라고 되어 있으나, 이는 1984년 유엔총회 결의 39/11을 반영한 것이다. 자문위원회는 평화에 대한 권리(the right to peace)라는 개념이 좀더 적절하다고 판단하며, 이 경우에도 개인적이고 집단적인 차원의 권리임을 모두 포함할 수 있다는 점에서 이를 제안한다."[11]

(3) 평화에 대한 권리로서의 평화권

이처럼 평화에 대한 권리는 생성 발전 과정에 있기 때문에 그 나라의 헌정사, 국제적인 맥락, 강조점에 따라서 약간씩 달리 표현되고 있다. 그럼에도 불구하고 이러한 표현들은 평화와 인권을 결합해 평화에 대한 권리

---

10   笹本純, 『平和への権利を世界に』, かもがわ出版, 2011, 26쪽.

11   UN Doc. A/HRC/20/31, "Report of the Human Rights Council Advisory Committee on the right of peoples to peace."

를 표현하고 있다는 점에서도 본질적으로 공통된다.

　우리가 인권이라는 말을 인권의 근원성을 강조해 기본적 인권(fundamental human rights)[12]이라고 표현하거나 이를 줄여 기본권이라고 표현하듯, 평화에 대한 권리는 평화권 또는 평화적 생존권[13] 등의 용어로 사용될 수 있다.

　따라서 이 책에서는 국제 사회에서 일반화되고 있는 '평화에 대한 권리(Right to Peace)'라는 말을 줄인 것으로 평화권이라는 표현을 일반적으로 사용하기로 한다. 예외적으로 특정 국가, 예를 들어 일본에서의 평화권에 대해서 언급할 때는 일본에서의 일반적 용례에 따라 '평화적 생존권'이라는 표현을 사용하며, 우리나라의 경우 헌법재판소의 결정을 언급할 때와 같이 헌법재판소가 이미 '평화적 생존권'이라는 표현을 사용한 경우 등에는 원문 그대로의 표현을 사용하기로 한다.

2) 평화주의

평화권을 이야기하기 전에 먼저 '평화주의'를 이해할 필요가 있다. 평화주의라는 헌법원리를 인권 측면에서 표현한 말이 평화권이기 때문이다.

12　1945년 7월 26일 미국, 영국, 소련 정상이 발표한 포츠담선언 10조에는 "기본적 인권이 확립되어야 한다"(fundamental human rights shall be established)라고 규정되어 있다.

13　물론 일본에서 일부의 논자는 평화적 생존권은 비무장 평화주의하의 평화에 관한 권리를 특별히 칭하기 위한 것이므로 군대가 있는 나라에서의 평화에 관한 권리를 의미하는 평화권과 차별화된 개념이라고 주장하는 경우도 있다(清水雅彦, 「日本国憲法の平和的生存権と'平和への権利'」, 『INTERJURIST』, 日本国際法律家協会 171号, 2011, 17쪽). 이 경우 평화적 생존권은 좁은 의미의 평화에 관한 권리로 사용하는 예에 해당할 것이다. 하지만 이는 일본국헌법의 비무장 평화주의를 강조하기 위한 것이지 군대가 있는 나라의 경우 평화에 대한 권리를 주장해서는 안 된다는 의미가 아니다. 이러한 차별성을 강조하는 논자들이야말로 평화권의 보편성을 강조하고 이를 군대를 갖는 나라에서도 보편적으로 적용될 수 있는 권리라고 적극적으로 홍보하고 보급하려 하고 있다는 점을 유념할 필요가 있다.

(1) 평화에 대한 헌법의 기본원리

헌법의 기본원리는 헌법의 이념적 기초가 되는 것이면서 헌법을 총체적으로 지배하는 지도원리이다. 헌법의 기본원리가 갖는 규범적 의미는 ① 헌법의 각 조항을 비롯한 모든 법령해석 기준이 된다는 것, ② 입법권의 범위와 한계, 그리고 국가 정책결정의 방향을 제시한다는 것, ③ 국가기관과 국민이 함께 존중하고 준수해야 할 최고의 가치규범이 된다는 것, ④ 헌법개정에 있어서 개정금지 대상이 된다는 것 등을 의미한다. 이러한 헌법의 기본원리는 헌법의 전문과 본문 중에 명시적으로 표현되어 있거나 헌법전 가운데에 추상적으로 반영되어 있기도 하며, 헌법의 조항들을 통해 부분적으로 표현되기도 한다.

　헌법원리로는 민주주의의 원리, 법치주의의 원리, 평화주의의 원리를 들 수 있다.[14] 물론 헌법학자에 따라서는 헌법의 기본원리 중 국가구조에 관련된 기본원리를 민주공화국가의 원리, 법치국가의 원리로 표현하기도 한다.[15] 또한 어떤 헌법학자는 국가권력의 지도원리로서의 성격이 강조되는 기본원리로 평화국가의 원리와 법치국가의 원리를 들고, 민주주의원리의 이념적 성격을 강조하고 근대국가 헌법에서는 국민주권주의에 기초한다는 점을 강조해 국민주권주의원리[16]라고 표현하기도 한다.

　헌법의 기본원리는 헌법이 직접 기본원리임을 밝히기도 하며, 헌법의 전문이나 본문에서 밝히지 않는 경우에는 본문에서 추론하기도 한다. 예를 들어 국민주권주의의 경우 우리 헌법 제1조 2항에서 "대한민국의 주권은 국민에게 있고 모든 권력은 국민으로부터 나온다", 평화주의의

14　계희열, 『헌법학(상)』, 박영사, 2005, 211쪽 이하. 김철수와 성낙인의 경우 헌법 전문의 표현을 사용해 국제평화주의라고 표현하기도 한다(김철수, 『헌법학개론』, 2007, 141쪽 이하; 성낙인, 『헌법학』, 법문사, 2013, 290쪽 이하).

15　정종섭, 『헌법학원론』, 박영사, 2010, 224쪽 이하.

16　권영성, 『헌법학원론』, 법문사, 2010, 131쪽 이하.

경우 헌법 전문에서 "밖으로는 항구적인 세계평화에 이바지함", 제5조에서는 "대한민국은 국제평화의 유지에 노력하고 침략적인 전쟁을 부인한다"라는 표현에 근거한다. 이는 헌법에서 직접 국민주권주의나 평화주의가 기본원리라고 밝힌 경우이다. 반면에 법치주의원리, 사회국가의 원리는, 헌법전 어디에도 법치주의, 사회국가라는 명확한 표현 또는 유사한 표현이 없지만 인권 보장과 관련한 각종 헌법조문 및 체계, 사회권 보장 관련 헌법조문 등을 통해 헌법의 기본원리로 추론하기도 한다.

결국 평화주의란 평화에 관한 헌법원리를 의미한다. 따라서 국가권력은 모든 법령을 해석할 때 평화주의원리를 해석 기준으로 해야 한다. 또한 국회는 법을 만들 때 평화주의원리를 존중하고 그 범위를 넘어서는 법률을 제정해서는 안 된다. 법원과 헌법재판소도 법을 해석·적용할 때 평화주의원리에 따라 해석하고 적용하여, 원리에 어긋났을 때는 적용을 배제하거나 위헌이라고 결정해야 한다. 또한 모든 국가기관과 국민은 평화주의원리를 함께 존중하고 준수해야 할 최고의 가치규범으로 삼아야 하며, 헌법을 개정하는 경우에도 이 평화주의원리에 반해서는 안 된다.

(2) 국가의 지도원리로서의 평화주의

평화와 관련한 헌법원리에 대해서 이념적인 성격을 강조하는 경우에는 평화주의라고 표현하며, 국가권력에 대한 지도원리라는 측면을 강조하면 평화국가의 원리가 된다.

문제는 평화국가라는 표현을 사용할 때 국가를 어떻게 볼 것인가에 따라 평화국가라는 조어 자체가 모순적일 수 있다는 점이다. 정치학 등에서 주요하게 연구하는 국가론에 따르면, 근대국가는 본질적으로 영토를 가지고 이를 지배하기 위해 물리적 폭력수단을 독점하고 있는 기구이다. 이러한 정의에 따르면 국가에 평화라는 수식을 붙이는 것 자체가 문제가 될 수도 있다.[17] 한편 평화의 실현을 위해서는 폭력이 필요하고 군대와 같은 물리적 폭력을 통해 평화를 실현하는 국가를 생각하는 경우에도 평화국가라는 말을 일부러 사용할 수는 있을 것이다. 그러나 이 경우 평화적 방법에 의한 평화를 부정하는 국가를 평화국가라고 개념화하는 것이므로 평화국가라는 말 자체가 무의미해진다. 이 경우는 그냥 근대국가라는 말을 쓰면 된다.

실제로 2006년 참여연대 평화군축센터를 중심으로 분단체제론을 극복하고 평화국가론에 기초한 새로운 평화운동을 제창하였을 때 정치학계 등에서 이러한 문제점을 지적하였다. 그 결과 정치학 등의 연구자들 사이에서는 평화국가라는 말을 사용하기 위해서는 평화와 국가 개념에 대한 재정의가 필요하다고 여기고, 몇 가지 재정의가 시도되었다. 대표적으로 구갑우는 다음과 같이 지적하였다. 첫째, 평화국가는 정당한 방법을 통해 물리적 폭력수단의 적정 규모화를 추구하는 국가로서 근대국가와는 구별된다. 그러나 물리적 폭력수단의 적정 규모화를 이루어도, 폭력적 · 억압적 국가장치가 존재하는 한 평화국가는 최종점에 도달하지 않았다고 본다. 따라서 현실의 평화국가는 과정으로서 평화국가의 성격을 가질 수밖에 없다고 했다. 둘째, 평화국가는 평화외교와 윤리외교를 지향한다는 측면에서 근대국가와 구별된다. 이 경우 평화국가는 국가이익은 도외시하는 나약하고 무책임한 국가로 비판받을 수도 있다. 하지만 어떤 국가도 자신의 힘만으로 절대적인 안보를 추구할 수 없는 현실을

---

17 평화국가와 대비되는 개념으로는 안보국가를 들 수 있다. 안보국가란 국가안보를 제일의 가치로 삼고 폭력적, 억압적 또는 폐쇄적 반민주적 국가장치에 기초해 안보정치를 중심에 두는 근대국가이며, 평화국가는 평화를 제일의 가치로 삼고 시민이 주체가 되어 평화적 방법으로 평화를 추구하는 정치공동체라고 개념 정의해 볼 수 있다(구갑우 · 이대훈 · 이경주, 「왜 지금 '평화국가'를 말하는가?: 한반도 분단체제 극복과 '평화국가'」, '참여연대 평화군축센터 발족 3주년 기념 심포지엄 발표문, 2006. 8. 10).

고려하면, 국가이익과 국제 사회의 규범을 조화시키는 노력을 할 때 비로소 평화와 안보가 찾아올 수 있을 것이다. 또한 이를 위해서는 안보의 궁극적 대상은 '사람'이라는 인식의 전환이 필요하다고 했다. 셋째, 평화국가는 정치경제적인 측면에서의 구조적인 폭력이 제거된 적극적 평화를 지향하는 축적체제에 기초해야 한다.[18]

  헌법학에서의 평화국가 개념은 정치학에서의 그것보다 상대적으로 자유롭다. 평화국가원리라고 하는 것은 현재 국가의 본질이 평화적인가 아닌가를 묻는 것이 아니라, 앞으로 평화국가가 되어야 한다는 당위명제를 원리화한 것이기 때문이다. 평화국가의 원리는 평화주의라는 헌법원리가 국가의 지도이념이 되어야 하며, 이를 따르지 않는 국가를 비판하고 견인하는 기능을 하기 때문이다. 헌법의 주요한 지도원리로서 평화주의를 인정하고 이를 국가 지도이념의 차원에서 강조한 평화국가의 원리에 따르게 되면, 국가에 대해 물리적 폭력수단을 적정화해야 한다고 요구할 수도 있고, 평화주의원리에 따라 평화외교와 윤리외교를 전개해야 한다고 국가에 요구할 수도 있을 것이다. 그리고 평화란 전쟁이 없는 상태를 의미하기도 하지만, 근본적으로는 정치경제적인 측면에서의 구조적 폭력도 제거되어야만 진정한 평화국가원리가 실현될 수 있다는 점에서 현실의 국가를 비판하고 견인할 수 있는 중요한 근거가 될 수 있을 것이다.

  근대적인 의미의 헌법이 통치체제에 대한 근본 사항을 정한 문서가 아니라, 국가권력을 비판하기 위한 근본사항을 정한 디딤돌 문서, 당위규범의 문서라는 점에도 착안할 필요가 있을 것이다.

---

18   구갑우·이대훈·이경주, 「왜 지금 '평화국가'를 말하는가?: 한반도 분단체제 극복과 '평화국가'」.

(3) 평화주의와 평화국가원리

이 책에서는 평화에 관한 헌법원리의 이념적인 유래나 성격을 풀이하고
서술할 때는 평화주의라는 표현을 원칙적으로 사용하기로 한다. 한국 헌
정사와 평화주의, 일본국헌법의 평화주의가 그러한 예에 해당한다. 다
만, 국가권력에 대한 지도원리라는 측면을 강조할 때는 평화국가의 원리
라는 표현을 사용하기로 한다. 예를 들어 평화주의가 헌법의 기본원리임
에도 불구하고 국가가 정책결정의 방향을 무시하고 해외파병을 하거나
외교정책을 전개하는 것이 평화에 관한 헌법원리에 반한다고 할 때는 평
화국가의 원리에 반한다고 표현하기도 할 것이다.

　　이상에 기초해 이 책에서는 평화권이란 평화에 대한 권리의 다른 표
현이며, 헌법의 기본원리의 하나인 평화주의를 인권적 측면에서 표현한
것으로 사용하고, 평화국가의 원리란 평화주의가 국가의 지도원리라고
하는 점을 강조한 표현으로 사용한다.

2. 평화권 논의의 배경과 쟁점

1) 국내적 배경

(1) 헌법재판소와 평화권

2000년대 들어 헌법재판소는 평화권과 관련해 국내외적 주목을 받았
다. 평화권과 관련해 매우 상반되는 두 개의 결정을 했기 때문이다. '대
한민국과 미합중국 간의 미합중국 군대의 서울역지역으로부터의 이전
에 관한 협정(이하 '평택으로의 미군기지 이전협정') 위헌확인소송'(2006.
2. 23/2005헌마268, 이하 위헌확인소송)과 '2007년 전시증원연습 등 위

헌확인소송'(2009. 5. 28/2007헌마369)이다. 이 두 결정은 모두 '한미군 사동맹'과 관련한 결정으로 본안판단에 이르지 못하고 헌법재판소에서 문전박대되었다. 그러나 두 가지 결정은 평화권과 관련한 헌법재판소의 대단히, 그리고 매우 대비되는 태도를 보여주었다는 점에서 주목할 만하다.

'평택으로의 미군기지 이전협정 위헌확인소송'에서 헌법재판소는 "오늘날 전쟁과 테러 혹은 무력행위로부터 자유로워야 하는 것은 인간의 존엄과 가치를 실현하고 행복을 추구하기 위한 기본 전제가 되는 것이므로, 달리 이를 보호하는 명시적 기본권이 없다면 헌법 제10조와 제37조 제1항으로부터 평화적 생존권이라는 이름으로 이를 보호하는 것이 필요하다. 그 기본 내용은 침략전쟁에 강제되지 않고 평화적 생존을 할 수 있도록 국가에 요청할 수 있는 권리라고 볼 수 있을 것이다"라고 하여 평화적 생존권이 헌법상 열거되지 않은 기본권 중의 하나임을 헌정사상 최초로 확인했다.

그러나 '2007년 전시증원연습 등 위헌확인소송'에서는 "청구인들이 평화적 생존권이라는 이름으로 주장하고 있는 평화란, 헌법의 이념 내지 목적으로서 추상적인 개념에 지나지 아니하고, 평화적 생존권은 이를 헌법에 열거되지 아니한 기본권으로서 특별히 새롭게 인정할 필요성이 있다거나 그 권리내용이 비교적 명확해 구체적 권리로서의 실질에 부합한다고 보기 어려워 헌법상 보장된 기본권이라고 할 수 없다.……종전에 헌법재판소가 이 결정과 견해를 달리해 '평화적 생존권을 헌법 제10조와 제37조 제1항에 의해 인정된 기본권으로서 침략전쟁에 강제되지 않고 평화적 생존을 할 수 있도록 국가에 요청할 수 있는 권리'라고 판시한 결정(2003. 2. 23/2005헌마268)은 이 결정과 저촉되는 범위 내에서 이를 변경한다"라고 했다.

두 결정 간 차이의 배경이 무엇인가에 대해서는 밝혀진 바가 없다. 다만 다수의견 및 다수의견을 보충한 다음 의견은 시사하는 바가 매우 크다. 첫째, 평상시의 군사연습, 군사기지 건설, 무기의 제조 및 수입 등 군비확충 등의 행위가 "침략적" 전쟁준비에 해당한다고 볼 수 있는 경우란 거의 없거나 "침략적 성격", "중대한 공포" 등에 관한 규명이 사실상 곤란하므로 이에 대해 평화적 생존권이라는 이름으로 관련 공권력 행사를 중지시키려는 것은 실효적으로 보호받을 가능성이 있다고 말하기 쉽지 않다. 둘째, "기본권이란 헌법에서 어떤 법익을 기본적 권리로 인정하고 이를 보장할 때 생겨나는 것이어서 헌법을 떠나서는 기본권이라는 개념을 생각할 수 없고, 헌법은 국가의 존립을 전제로 하므로, 결국 기본권은 국가의 존립을 떠나서 관념할 수 없다."[19]

이들 의견을 종합하면 군사연습과 같은 국가행위 영역은 국가의 존립과 관계된 인권의 예외지대이며, 평화적 생존권과 같이 국가 존립과 관련된 공권력 행사에 제동을 거는 인권은 인권으로서 존재할 수 없다는 것이다. 인권 개념이 인플레이션되는 가운데 평화권도 인권이라고 일단 인정했으나, 매년 반복되는 한미군사훈련과 군사외교정책에 반대하는 근거로 사용되는 것에 대해 큰 부담을 느껴 입장을 급선회한 것으로 보인다.

(2) 헌법학계와 평화권

한편으로는 획기적이고 한편으로도 우스꽝스런 헌법재판소 결정 논란에도 불구하고, 평화권을 둘러싼 헌법학계에서의 논의는 그다지 활발하지 않다. 한일 간의 문화 및 학술 교류의 현실에 비추어 보면, 한국의 연

---

19   일련의 평화적 생존권 관련 헌법재판소 결정에서 드러난 헌법재판소의 전근대적인 기본권
      관에 대해서는 별도의 기회에 다루기로 한다.

구자들에게 평화적 생존권이라는 개념이 인식된 것은 오래되어 보이나[20] 명문의 형태로 본격적으로 소개된 것은 그리 오래되어 보이지 않는다.

구병삭은 『신헌법학원론』(1997)에서 생명권에 이어 평화적 생존권을 별도의 절로 편성한 다음 '평화상태 향수권' 또는 '전쟁가담 거부권'으로 그 구체적인 내용을 서술하고 있다.[21] 강경근의 경우, 2001년 『고시계』를 통해 2차 세계대전 후 국제평화주의의 일환으로 등장한 평화적 생존권에 대해 언급하고 '침략전쟁 등 반평화전쟁에 강제되지 않을 참전거부권'으로 기술하고 있다.

다만 구병삭은 평화상태의 적극적 형성을 위한 전쟁은 부인하면서도 자위 또는 방위 전쟁의 가능성을 열어두고 있는데,[22] 이러한 평화적 생존권론의 경우 이제까지의 전쟁이 정의를 위한 전쟁, 평화를 위한 전쟁을 명분으로 계속되어 왔다는 전통적인 비판에 어떻게 답할 수 있을지 미지수이다. 강경근은 사회권의 실정화 경향의 연장선상에 평화적 생존권을 위치시키고 청구권적 기본권의 하나로 파악하고 있다. 그러나 제3세대 인권으로서의 복합적인 성격, 즉 자유권적인 성격과 청구권적인 성격을 복합적으로 가지고 있는 평화적 생존권론에 대한 이해 폭이 문제점으로 지적될 것으로 보인다.

한편 사회학자인 강정구는 평화적 생존권과 유사한 개념으로 '민족의 생명권'을 주장하고 있다.[23] 민족의 생명권은 개개인의 생명권을 집합

---

20   김철수의 경우, 일본 문헌에 의하면 평화적 생존권의 궁극적인 모습으로서 '양심적 반전주의' 내지는 '집총거부권'이 평화적 생존권의 내용이 될 수 있다고 언급했다고 기록되어 있다. 鈴木敬夫, 「平和的生存權の国際的視野」, 『現代における平和憲法の使命』, 三省堂, 1986, 309쪽.

21   구병삭, 『헌법학원론』, 박영사, 2007, 416~422쪽.

22   구병삭, 『헌법학원론』, 419쪽.

23   강정구, 『민족의 생명권과 통일』, 당대, 2002, 259쪽 이하.

체인 민족의 범주까지 확대한 것인데 평화협정 체결, 미군 철수 등을 주요 방법론으로 내걸고 있다.

(3) 시민사회에 의한 평화권의 실천적 담론화

평화권에 대한 논의가 오히려 활발한 곳은 시민사회이다. 평화권이라는 개념 자체가 실천적 성격이 강하기 때문이다.

① 평택 미군기지 이전과 평화권

평화권에 대한 학계의 소개와 관심에도 불구하고 평화적 생존권이 항의적 성격을 강하게 띤 실천적 개념으로 구체화된 것은 평택 미군기지 이전 협상을 둘러싼 공방의 와중이었다. 평택 미군기지 이전은 미국 군사전략의 공세적 변화와 밀접한 관련이 있으며, 이러한 변화가 평택을 비롯한 한반도의 전체의 전쟁 가능성을 증대시켰기 때문이다.

1990년대 이후 시작된 미국의 군사전략 변화에는 다양한 이유가 있다. 주요 원인으로 방대한 규모의 해외주둔으로 인한 만성적자와, 그럼에도 불구하고 군사적 지배력은 오히려 약화되었다는 점이다. 미국은 이를 군사정보 및 기술 등의 발달에 기초한 군사혁신을 통해 보완하면서 동시에 군사적 지배력을 높일 계획이다. 그리고 이러한 군사혁신의 핵심은 군사변환이다. 미군의 장거리 이동능력을 향상시키면서도, 원거리 타격능력을 증대하고, 이를 위해 육해공군 및 해병대의 통합능력을 강화시키고 있는 것은 이러한 까닭이다.[24] 실제 이러한 군사변환의 일환으로 해외주둔 미군 편성을 전방 붙박이군에서 신속기동군으로 변화시키고 있다. 이러한 신속기동화를 위해서 여단(brigade)끼리 자유로이 통합하는

---

24   서재정, 「미국의 군사전략변화와 한미동맹」, 『창작과비평』, 2004년 가을호.

© 연합뉴스

평택 미군기지확장 예정지였던 경기도 평택 대추리 논에 조성 공사를 방해하는 영농행위를 방지하기 위한 철조망을 치고 있는 모습(아래). 같은 날 대추리에서 2km 떨어진 안정리에서는 모내기를 마치고 잡초를 제거하고 있다(위)

모듈타입으로 군을 재편하고 첨단무기를 배치시키고 있다.

2003년 11월 25일에는 미국은 국제테러, 대량인명살상무기 확산 등을 명분으로 전 세계에 있는 미군 및 동맹국의 군사체제 재편을 강조하고 "해외미군재배치계획"을 발표했다. 그 후 3년여에 걸쳐 한미 양국은 주한미군 전력증강비용 110억 달러를 투입했으며, 2005년 3월부터 주한미군 제2사단 등 주한 미 지상군을 지휘하는 제8군을 통합거점사령부 또는 작전지원사령부(UEY)로 재편하고, 미8군-미2사단-여단의 체계를 작전지원사령부(UEY)-미래형사단(UEX)-미래형전투여단(UA)으로 재편 완료했다.[25]

'평택미군기지 이전협정' 위헌확인소송 등에서 논란의 키워드가 되고 있는 전략적 유연성이란, 이상과 같은 군사혁신과 미군 재배치 계획에 따른 미군의 새로운 임무와 역할, 편성과 배치, 작전활동 등을 포괄적으로 지칭하는 개념이다. 서울 한복판에 있는 용산미군기지를 평택으로 이전하고 전국에 흩어져 있는 미군기지를 평택기지를 비롯한 몇 개의 거점에 모으는 것 등은 이러한 전략적 유연성 개념에 따른 것이고, 이 개념하에서 미군은 이제 휴전선 인근의 붙박이군이 아니라, 평택을 거점으로 동북아시아를 비롯한 중동에까지 신속히 전개될 수 있는 기동군으로 변화하고 있다.[26]

문제는 신속기동군의 거점인 평택의 주민들은 유사시 적국의 공격목표가 되어 분쟁에 휩쓸리게 될 가능성이 증대된다는 점이다. 1차 세계

---

25 조성열, 「주한미군 전략적 유연성의 쟁점」, 『통일한국』, 평화문제연구소, 2006년 3월호, 21쪽; 김태효, 「주한미군 재배치와 미국의 대 한반도 정책방향」, 『국방정책연구보고서』 (04-04), 한국전략문제연구소, 2004, 40쪽 이하.

26 서재정, 「미군의 세계적인 '구조조정'과 용산」, 『민족21』, 2004년 2월호; 이정희, 「한미상호방위 조약에 비추어 본 아태기동군화의 문제점」, 『주한미군 아태기동군화의 문제점과 대응방안 토론회 자료집』, 2005.

대전을 거치면서 자리 잡은 공중전의 관행을 정리한 '공중전의 규칙'(안) (1922)에 따르면 "공중폭격은 군사적 목표, 즉 그 파괴가 명백히 군사적 이익을 교전자에게 줄 수 있는 목표에 대해 행해지는 한 적법하다(24조 1항)"라고 규정하고 있다. '육지전의 법규관례에 관한 규칙'(1907) 제25조에서도 "방위태세를 갖춘 도시, 촌락, 주택 및 건물은 어떤 수단으로도 이를 공격 또는 포격할 수 있다"라고 규정하고 있다.[27] 또한 특정 지역이 군사기지화됨으로써 받게 되는 평화적 생존 가능성의 침해와 구제의 난망함은 제네바조약 추가의정서를 통해서도 확인할 수 있다. 이에 따르면 군사기지 또는 군사목표에 대한 공격과 이른바 무방비지대[28]에 대한 공격을 구별하고 있다.[29] 이상을 종합하면 평택이 군사기지가 없는 무방비지대라면 한반도 유사시라 하더라도 적어도 국제법상으로는 공격받을 가능성이 없는 반면에, 군사기지가 되고 그 기지가 신속기동군화의 거점이 된다면 제네바조약과 같은 전시국제법 또는 국제인도법의 보호도 받지 못하게 된다.

또한 전시증원훈련 역시 정부의 연례적인 군사대비태세연습이라는 보도와 달리 미군의 새로운 군사전략에 의한 것으로, 북한을 상대로 한 작전계획 5027에 따른 선제적 공격훈련으로 알려져 있다. 한미관계 전문가들은 이 훈련이 한반도 전체를 전쟁에 휩싸이게 할 위험성이 높다

---

27   山內敏弘, 『平和憲法の理論』, 303쪽에서 재인용.

28   제네바조약 제1추가의정서(1977) 제59조는 무방비지역선언조항을 두고 있다. 무방비지대선언운동은 일본을 비롯한 세계 여러 나라의 지역평화운동 차원에서 이루어지고 있는데, 2차 세계대전 후의 국제 사회의 조류가 변화한 것과 관련된다. 특히 국제법 영역에서는 이제까지 전시국제법(jus in bello)이 중심이 되었으나 2차 세계대전 후에는 국제인도법(international humanitarian law)으로 바뀌었다. 전쟁이 일어나더라도 국제사회가 단순히 전쟁 관련 룰을 정하는 전시국제법 또는 무력분쟁법이나 정하고 있을 것이 아니라 전쟁의 희생자를 최소화하는 방법이 무엇일까 하는 발상의 전환이 이루어진 것이다.

29   山內敏弘, 『平和憲法の理論』, 303쪽.

고 분석하고 있다. 더불어 '2007년 전시증원연습 등 위헌확인'에서 청구인 측의 주장에 따르면, 작전계획 5027은 한반도 전면전에 대비한 한미연합사/유엔사의 작전계획이다. 이 작전계획은 매 2년마다 수정·보완되는데, 1990년 이전까지는 북한의 남침에 대비한 방어적 성격의 훈련이었던 것이 1990년대 들어 공세적인 개념으로 변화했다고 한다. 그 결과 한반도에서 전면전 발생 시 북한군의 진격을 일정한 선에서 저지하고 미 증원전력 약 69만 명과 함께 북한군을 격퇴하고 북한으로 진격해 북한 정권을 제거하고 북한을 점령해 한반도 통일 여건을 마련하는 것을 핵심 내용으로 하고 있다.[30]

2007년 전시증원연습(RSOI), 독수리연습(FE)에는 미 본토와 하와이에 있는 미군 6천여 명과 주한 미군을 포함한 2만 9천여 명의 미군이 참가하고, 핵항공모함 로널드 레이건호와 F-117스텔스 전투폭격기 등이 투입된다고 발표되었으며, 미국의 해외 주둔 미군재배치계획(GPR)과 전략적 유연성 개념의 핵심부대인 스트라이커부대[31]가 2007년 3월 18일, 2007 전시증원연습에 참가했다.

결국 이러한 내용의 2007 전시증원연습은 한반도를 전쟁에 휩쓸리게 하거나, 청구인 측이 주장하는 것처럼 1974년 유엔총회가 채택한 '침략'[32]에 해당할 가능성이 높아, 한반도의 분쟁 가능성을 높일 뿐만 아니

---

30 2007년 전시증원연습 등 위헌확인(2007헌마369)의 헌법소원심판청구서 9쪽.

31 유사시 세계 곳곳의 분쟁지역에 신속히 파견돼 임무를 수행할 수 있도록 2000년 창설된 신속기동여단으로 스트라이커 장갑차량과 M198 155mm 곡사포, 토우(TOW)대전차미사일 등을 수송기에 싣고 96시간 내에 전 세계 이동이 가능하다.

32 유엔총회가 채택한 '침략의 정의'에 대한 결의 제3조는 침략의 정의에 대해 다양하게 규정하고 있는데 그중 f와 g 규정은 다음과 같다. f. 타국의 사용에 제공되는 국가 영역을 당해 국가가 제3국에 대한 침략행위를 행하기 위해 사용하는 것을 허용하는 국가의 행위. g. 앞의 행위에 상당하는 중대성을 갖는 무력행위를 타국에 대해 실행하는 무장집단, 비정규군 혹은 용병의 국가에 의한 혹은 국가를 위한 파견, 어떠한 행위에 대한 국가의 실질적 관여 등을 들고 있다. 2007년 전시증원연습 등 위헌확인(2007헌마369)의 헌법소원심판청구서

라 유엔정신에도 위배될 소지가 많다.

② 북한 인권과 평화권

2000년대 들어 북한 인권에 대한 문제제기와 그에 대한 대항담론으로서의 평화권 논의도 우리 사회가 평화권에 더 익숙해지는 계기가 되었다. 인권을 자유권으로 한정해 북한 인권상황의 열악함을 지적하는 보수적 시민단체의 북한 인권담론과 달리, 특히 진보적 시민단체의 일부에서 북한 인권문제에 대한 다양한 접근을 논의하면서 평화권을 언급하는 경우가 많았다. 이때의 평화권이란 북한의 인권문제를 지적하되 한반도의 전쟁위협을 고조시키는 방법은 허용되지 않는다는 의미이다. 즉 인권을 명분으로 한 무력개입은 허용하지 않겠다는 방어적 의미이다.

북한 인권문제는 북한이 1990년대 이후 자주 발생했던 홍수와 가뭄 등으로 기근과 식량난을 겪으면서 불거졌다. 이러한 대기근과 홍수 등의 원인이 자연적 재해에 불과한 것이 아니라 북한식 사회주의 경제의 부실과 농업 시스템의 문제에서 비롯된 것이 아닌가 하는 문제가 제기되면서 북한 인권문제에 대한 관심이 더욱 커졌다. 이처럼 인권을 명분으로 북한이 압박받는 상황에 대응해 북한의 상황을 내재적으로 분석할 필요성이 대두되었는데, 이것이 평화권을 논의하게 만든 또 하나의 배경이 되었다. 평화권 이외에도 식량권, 생존권 등이 북한 인권에 대한 인권담론으로 언급되기도 하였다.[33]

14-15쪽에서 재인용.

33 임재성, 「평화권, 아래로부터 만들어지는 인권: 한국사회의 '평화권' 담론을 중심으로」, 『경제와 사회』, 비판사회학회, 2011년 가을.

③ 아시아인권선언(광주)과 평화권

광주는 민주화운동과 떼려야 뗄 수 없다. 전두환을 비롯한 노태우 등의 신군부가 군을 동원해 민주화운동을 억압하고 무고한 인명을 살상하면서 정치의 전면에 등장했다. 그러자 광주는 전 도시적 차원에서 저항했고 이러한 저항운동이 민주화의 초석이 되었다.

광주민주화운동은 인권운동과도 깊게 맞닿아 있다. 정치가 민주화되지 않으면 인권이 보장되지 않는 것은 논리적으로 타당하다. 실제로도 광주민주화운동을 통해 한국 사회의 정치적 표현의 자유, 신체의 자유 등 인권 신장의 길이 열리게 되었다.

그간 광주민주화운동은 그 진상을 알리거나 규명하고 정치군인의 등장을 견제하는 일에 중점을 두어 조명되어왔다. 2000년대 들어서는 문화와 인권 등 다양한 컨셉으로 광주민주화운동을 승화시키고자 하고 있다. 뿐만 아니라 광주의 민주화운동을 광주와 한반도를 넘어서 아시아 전역의 평화와 인권을 위한 것으로 승화시키려 하고 있다. 이러한 광주에서 1998년 5월 18일 아시아 지역의 인권운동단체가 모여 아시아인권선언을 채택했다. 이 선언은 평화와 인간존엄이 양도할 수 없는 권리임을 결의하고, 평화가 보장되고 인간의 존엄성이 존중되는 세상을 위한 민중들의 소망과 열망을 확인하기 위한 것이었다. 헌장은 민주주의를 누릴 권리, 발전과 사회정의에 대한 권리, 사회적 약자의 권리를 다루면서 동시에 생명권과 평화권을 선언의 주요 내용으로 하고 있다.

평화권과 관련한 다음 내용은 아시아인권선언의 지향점을 압축해 보여준다. 아시아 민중들이야말로 전쟁과 내전으로 인해 커다란 곤란과 비극을 체험하고 있으며, "모든 개인은 평화롭게 살 권리를 갖는다. 그리하여 자신의 육체적, 지적, 도덕적, 정신적 능력을 충분히 개발할 수 있어야 하며 어떠한 종류의 폭력의 대상이 되어서도 안 된다."(부록 참조)

2) 국제적 배경

한국 사회에서의 평화권 논의가 1990년대 이후 미국의 군사전략의 변화
에 대응하기 위한 실천적 담론으로 본격적으로 논의되기 시작한 것에 비
해 국제 사회에서의 평화권 논의는 훨씬 이전부터 이루어졌다.

(1) 평화와 인권의 상관관계에 대한 자각

평화적 생존이 보장되지 않는 곳에서는 인권이 존재할 수 없다는 개념은
1968년 세계인권선언대회부터 명문화되기 시작했다. 1968년 4월 22일
에 열린 제1회 세계인권대회에서는 "평화는 인류의 보편적 염원이고, 평
화와 정의는 인권과 근본적 자유의 전면 실현에 필수적임을 인정한다"라
고 선언, 평화를 인권으로 받아들이는 국제적인 계기가 되었다.

사실 평화와 인권의 상호의존성에 대한 논의는 2차 세계대전 이후
의 국제 사회에서 이미 일반화되기 시작했다. 1945년 유엔헌장에서는
국제평화 유지를 위한 조직인 유엔이 국제 사회의 인권 실현을 그 목적
으로 해야 한다고 했고, 1948년 세계인권선언은 인권을 승인하는 것이
야 말로 평화의 기초임을 천명하기도 했다.

이러한 논의가 발전해 1970년대 후반이 되면 이제는 평화가 인권의
기초가 된다는 논의가 국제사회에서 본격화된다. 1978년 오슬로회의 최
종문서에서는 평화와 인권의 상호의존성에 대해 언급하고 "평화에 관한
권리는 기본적 인권의 하나이다"라고 언급했다. 나아가 "모든 국민과 인
간은 인종, 신조, 언어, 성별을 이유로 차별받아서는 안 되며 평화 속에
살 고유한 권리(an inherent right to live in peace)를 갖는다. 이러한 권
리의 존중은 다른 인권 존중과 마찬가지로 인류 공통의 이익과 관련되며
모든 지역 그리고 크고 작은 모든 국민의 발전에 있어서 불가결한 조건

이다"라고 천명했다.[34]

평화와 인권의 상관관계에 대한 논의가 유엔 차원의 논의로 발전되기 시작한 것은 1970년대 중반이다. 1970년대에 들어서면서 이제까지의 개인(자유권)과 집단(사회권) 차원의 인권 논의에서 한 발 더 나아가 발전권과 같은 연대권에 대한 논의가 활발해진 것이 배경이 되었다. 알다시피, 1970년대는 식민지로부터 독립한 나라들이 본격적으로 유엔에 진출하고 유엔 차원에서도 가난한 나라와 부자 나라의 격차 문제가 본격 논의되기 시작한 시기이다. 연대권 논의의 축은 '발전에 대한 권리와 평화에 대한 권리'였다.

또한 1970년대 후반은 신냉전시대라 불릴 만큼 동서 간 긴장상태가 새로운 국면을 맞이한 시기였는데, 이에 대항하는 반핵군축운동이 유엔을 무대로 해 활발히 전개되기도 했다. 이러한 국제적인 반핵군축운동의 법적 표현 형태로서 평화권 논의가 본격화되었다.[35]

(2) 유엔과 평화권
① 1976년 '평화적 생존을 위한 사회적 준비에 관한 선언'

1976년 유엔인권위원회는 결의문5(XXXII)에서 다음과 같이 선언했다. "모든 사람(human beings)은 국제평화와 안전이 유지되는 가운데 살 권리 및 경제적·사회적·문화적 그리고 시민적·정치적 권리를 완전히 향유할 권리를 가진다. 인권과 근본적 자유를 완전하게 증진하기 위해서는 국제평화와 안전이 필요하다."[36] 1978년 유네스코의 '인권과 인간적 필

---

34   "Conference on Peace & Human Rights =Human Rights & Peace", *Bulletin of Peace Proposals* Vol. 10(2), 1979, p. 224; 山內敏弘, 『平和憲法の理論』, 258쪽에서 재인용.

35   1970년대 후반의 국제사회에서의 평화권 논의의 동향에 대해서는 松井芳郎, 「國際法における平和的生存權」, 『法律時報』 53卷 12号, 1981.

36   UN Doc. E/CN.4/RES/7(XXXII), "Further promotion and encouragement of hu-

요 및 신국제경제질서 확립을 위한 전문가회의'는 1978년 6월의 최종보고서에서 다음과 같이 서술했다. "인권과 자유가 존중되고, 무력행사는 금지된다는 취지의 선언이 유엔헌장에서 이루어짐으로써 저마다(each individual)의 기본적 권리의 하나가 국제법적으로도 구체화되기에 이르렀다. 그것은 다름 아닌 평화에 대한 권리(the right to peace)이다."[37]

1978년 12월 15일 유엔총회에서는 폴란드 등이 주도해 '평화적 생존을 위한 사회적 준비에 관한 선언(Declaration on the Preparation of Societies for Life in Peace)'이라는 제목의 결의(33/73)를 했다. 여기에서는 "모든 국민과 모든 인간(every nation and every human being)은 인종, 종교, 언어 또는 성별을 불문하고 평화롭게 살 권리(the inherent right to life in peace)를 갖는다. 이러한 권리를 존중하는 것은 다른 권리의 보장과 마찬가지로 모든 인류의 공통의 이익이며 모든 국민들의 모든 분야에 있어서의 진보를 위한 불가결한 조건이다"라고 했다.[38]

1981년에 제정된 '아프리카 인권헌장(African Charter on Human and People's Rights)'에서도 다음과 같이 규정하고 있다. "모든 인민(all peoples)은 국가적 및 국제적 평화와 안전에 관한 권리(the right to national and international peace and security)를 갖는다. 유엔헌장에 의해 묵시적으로 승인되고 아프리카 통일기구(Organization of African Unity: OAU)에 의해 재확인된 연대와 우호적 관계의 원칙은 국가 간의 관계를 지배한다."

---

man rights and fundamental freedoms, including the question of a long-term programme of work of the Commission."

37　Philip Alston, "Peace as a Human Right." *Bulletin of Peace Proposals*, International Peace Research Association, Vol. 11(4), 1980, p. 323; 山内敏弘, 『平和憲法の理論』, 260쪽에서 재인용.

38　深瀬忠一, 『戦争放棄と平和的生存権』, 岩波書店, 1988. 271쪽에서 재인용.

② 1984년 평화권 선언

이러한 국제적인 흐름을 이어받아 1984년 11월 12일 유엔총회에서는 다음과 같은 내용을 담은 '평화에 대한 인류의 권리 선언(Declaration on the Right of People to Peace)'이라는 결의(39/11)를 발표하기에 이른다. "인민의 평화적 생존의 확보는 각 국가의 신성한 의무임을 인식하고, 지구상의 인민은 평화에 관한 신성한 권리(sacred right to peace)를 갖고 있음을 엄숙히 선언한다. 인민의 평화에 관한 권리 확보 및 그 실시의 촉진은 각국의 기본적 의무임을 엄숙히 선언한다. 인민의 평화에 관한 권리행사를 확보하는 것은 국가정책이 전쟁, 특히 핵전쟁의 위협을 제거하고 국제관계에 있어서 무력행사를 포기하고, 유엔헌장에 기초한 평화적 수단에 의한 국제분쟁 해결을 위한 요청임을 강조한다. 모든 국가 및 국제기관에 대해 국가적 국제적 차원의 적절한 조치를 취해 인민의 평화에 대한 권리를 실시하는 데 최선의 노력을 다할 것을 호소한다."[39]

1990년대에도 유네스코를 중심으로 평화권을 선언하기 위한 준비 작업이 있었다. 1997년에는 노르웨이 인권연구소가 중심이 되어 유네스코 총회에서 평화권 선언을 하기 위해 준비모임을 했다. 첫째, 평화를 인권으로 정의하는 것, 둘째, 무장갈등 및 폭력예방이 세계 모든 구성원들의 임무라는 것, 셋째, 평화문화를 평화권 실현의 수단으로 할 것 등을 내용으로 하는 평화권 선언 초안을 작성했다. 이 초안에 의거해 같은 해 11월 6일의 유네스코 총회에서는 선언문을 채택하려고 했으나 유럽 회원국 및 미국 등 선진국의 유보적인 태도로 인해 채택에 이르지 못했다. 당시 비공식 석상에서 미국 대표단의 일원은 "평화를 인권 범주로 끌어올려서는 안 된다. 평화를 인권으로 인정하면 전쟁을 하기 어렵기 때문

---

39   UN Doc. A/RES/39/11, "Declaration on the Right of Peoples to Peace."

이다"라고 말했다고 한다.[40]

③ 유엔인권이사회의 발족과 '평화권 촉진' 결의

유엔에서 평화권 논의가 질적으로 도약하기 시작한 것은 2006년도에 유엔인권이사회가 발족하면서부터이다. 그간 유엔에서 인권문제를 다루는 기구가 없었던 것은 아니었으나 유엔 경제사회이사회 산하의 인권이사회(Commission on Human Rights)는 그다지 활발하게 활동하지 않았다. 자유권규약위원회(Human Rights Committee) 등과 같은 개별 인권조약에 따른 위원회는 구체적 인권침해 문제를 주로 다루었다. 인권 관련 쟁점에 대한 결의, 선언, 나아가 조약에 이르기까지의 폭넓은 논의가 가능해진 것은 인권이사회가 발족하면서부터이다.

2008년 인권이사회는 스페인 법률가들의 적극적인 활동에 영향을 받아 평화권 연구의 시작을 내용으로 하는 '평화권촉진(Promotion of the right fo peoples to peace)'을 결의했다.[41] 이 결의는 전 세계 인민이 평화에 대한 신성한 권리를 갖고 있으며(제1조), 그러한 권리를 보호하는 것은 국가의 책무이며(제2조), 모든 인권을 촉진하고 보호하기 위해서는 인권이 중요하다고 강조했다(3조). 전쟁이 없는 상태만이 평화가 아니라 사회 경제적 격차에 의한 구조적 폭력에도 눈을 넓혀, 부자와 가난한 자, 발전된 나라와 발전 도상의 나라 사이의 격차가 평화와 인권의 주요한 위협임을 강조(제4조)하고, 인민의 평화에 대한 권리(peoples right to peace)가 전쟁 위협, 특히 핵전쟁 위협을 없애기 위한 국가정책을 요

---

40 Douglas Roche, *The Human Right to Peace*, Novalis, 2003, p.129; 서보혁, 「평화권에 관한 국제적 논의와 추세」, 『평화권의 국제적 논의와 한국에서의 수용 가능성』, 서강대학교 법학연구소 인권법센터 외, 2012년 10월 19일, 14쪽에서 재인용.

41 UN Doc. A/HRC/8/L.13, "Promotion of the right of peoples to peace."

구할 수 있는 권리라고 했다(제5조). 이에 대해 브라질, 중국, 러시아 등 32개국은 찬성했고, 한국과 일본 그리고 독일, 프랑스 등 13개국이 반대표를 던졌다. 유럽의 국가들은 평화의 문제는 인권이사회가 다룰 의제가 아니고 안전보장이사회가 다룰 문제라는 명분을 들었다.

2009년 6월 17일의 인권이사회에서도 2008년 평화권 결의와 거의 같은 내용으로 다시금 '평화권 촉진' 결의[42]를 채택했다. 2009년 평화권 결의에 따라 2009년 12월 15일~16일에는 '평화권에 관한 전문가 워크숍'이 유엔인권고등판무관사무소 주최로 열렸다. 제1세션은 '인민의 평화에 대한 권리와 관련한 제 문제'라는 주제로 진행되었는데, 평화와 인권의 관계를 세계인권선언하에서 어떻게 이해할 것인지, 평화권의 주체가 개인(individual)이 아닌 집단으로서의 인민(people)이 될 수 있는지 등을 논의했다. 제2세션에서는 '평화에 대한 권리의 내용'이라는 주제로 열렸는데, 평화권과 군축과의 관계, 국제법에 있어서 전쟁선언 금지와 핵확산 방지는 어떤 관계가 있을지 등이 논의되었다. 제3세션은 '인권론의 견지에서 본 평화권'이라는 주제로 열렸다. 이 세션에서는 평화권 실현을 위해 다른 인권과의 관계를 어떻게 조정할 것인가, 1997년 유네스코가 준비한 평화권선언 초안 작성과정에서 배워야 할 점은 무엇인가 등이 논의되었다.

2010년 유엔 인권이사회에서 채택한 '평화권 촉진' 결의에서는 "평화와 안보, 개발과 인권이 서로 연계되어 있으며 강화하는 관계임을 인정"하고 인권에는 사회 · 경제 · 문화적 권리뿐만 아니라 평화에 대한 권리가 포함되어 있다고 밝혔다. 그러나 이 결의의 채택 과정에서 한국은 미국, 일본과 더불어 반대표를 던져 국제 평화세력의 빈축을 사기도 했

---

42   UN Doc. A/HRC/11/4, "Promotion of the rights of peoples to peace."

다.[43] 이 2010년의 '평화권 촉진' 결의에 의거해 유엔인권이사회는 자문위원회를 구성키로 했고, 자문위원회로 하여금 평화권에 대한 연구를 진행하게 했다. 2011년에는 이 자문위원회가 중간보고서를 발표했으며,[44] 2012년 4월에는 최종보고서를 제출했는데, 여기에 '평화권 선언 초안'이 포함되어 있다.[45] 초안에서는 개인과 집단(people)이 평화권의 주체이며(제1조 1항), 평화적 수단에 의한 분쟁 해결의 원칙(제1조 5항), 인간의 안전보장(제2조), 군축(제3조), 평화교육(제4조), 양심적 병역거부(제5조), 민간의 군사경비회사(제6조), 압제에 대한 저항(제7조), 평화유지(제8조) 등에 대해 규정하고 있다.

2013년 5월에 있었던 유엔인권이사회에서도 '평화군 촉진 결의'를 채택했으니 2008년부터 2013년까지 6년 연속 '평화권 촉진 결의'를 채택하고 있다.

2012년 6월에 열린 제20기 유엔인권위회에서는 평화권 선언을 더욱 진전시키기 위해 '실무그룹(Working Group)'의 설치를 의결해,[46] 2013년 2월 18일부터 21일까지 유엔인권이사회 '실무그룹' 제1기 회의가 열렸다. 83개국의 정부대표와 28개 NGO가 참가한 이 대회에는 유엔인권이사회 코스타리카 대표인 크리스티안 기예르멧 페르난데스(Christian Guillermet-Fernàndez)가 의장이 되었다. 미국 등 선진국의 입김을 차단하기 위해 NGO 등이 활발한 로비작업을 벌인 끝에 비무장 평화주

---

43   UN Doc. A/HRC/RES/14/3, "Resolution Adopted by the Human Rights Council: Promotion of the Right of Peoples to Peace."

44   UN Doc. A/HRC/17/39, "Progress report of the Human Rights Council Advisory Committee on the right of peoples to peace."

45   UN Doc. A/HRC/20/31, "Report of the Human Rights Council Advisory Committee on the right of peoples to peace."

46   UN Doc. A/HRC/RES/20/15.

의 헌법을 자진 코스타리카의 대표를 옹립한 것이다.

자문위원회에서 초안 작성을 마치고 실무그룹이 그 회의를 진행하고 있다는 것은 평화권 문제가 인권이사회의 구체적인 심의단계로 이행하고 있다는 것을 알 수 있다. 이 과정에서 유엔인권이사회는 정부 간 비공식 대화 및 비정부 간에도 자유토론(Open-ended)을 진행(자세한 내용은 부록을 참조)하고 있다.[47] 이르면 2014년도에는 유엔인권이사회에서 평화권 선언 의결 여부가, 2015년도에는 유엔총회 차원의 상정 여부가 점쳐지고 있다.

평화권 선언 문제가 구체적인 심의단계에 접어들면서 각국의 찬반여론 조성작업이 활발해지고 있다. 특히 미국은 이제까지의 소극적 반대입장으로부터 벗어나 적극적으로 반대 논의를 전개하고 있다. 평화에 대한 권리는 유엔인권이사회의 논의 사항이 아니라 안전보장이사회의 논의사항이며, 논의 자체가 시기상조라는 것이다. 그러나 이러한 논의는 뒤집어 보면 만장일치제를 채택하고 있는 안보리로 논의 무대를 옮겨 국제규범화되는 것을 반대하겠다는 것과 같다. 반대국은 47국 중 10개국에 불과하지만, 이 10개국에는 미국, 영국, 프랑스, 독일, 일본 등 강대국들이 포함되어 있어 앞길이 그다지 순탄치는 않다.

한국 정부는 2008년 이래 줄곧 반대표를 던지고 있다. 스페인의 경우도 반대표를 던져왔으나, 스페인 국제인권법협회(Spanish Society for International Human Rights Law, SSIHRL)가 2010년 산티아고 평화권 선언을 발표해 국제무대에서 영향력을 확대하고, 스페인 정부를 설득하면서 반대를 철회했다. 우리나라의 경우도 시민사회 내의 논의를 확대하고, 정부를 설득하는 과정이 간절히 요청된다.

---

47   UN Doc. A/HRC/WG.13/1/2, "Report of the Open-ended Inter-Governmental Working Group on the Draft United Nations Declaration on the Right to Peace"

2013년 6월에는 유엔인권이사회 제23회기가 개최되었다. 비정부 간 공식협의도 개최되었다. 미국과 EU의 경우 평화권을 정면으로 부정 하기에는 대의명분이 약하다고 판단했는지, 심의대상을 평화권으로 하지 말고 평화와 인권에 관한 포괄적 의제로 하자고 하자, 기존의 인권이 실현되면 평화권이 실현되는 셈인데 굳이 평화권을 의제로 할 필요가 있느냐고 하는 등 회의의 초점을 뒤흔드는 우여곡절이 계속되었다. 그럼에도 불구하고, 제23기 회기에서는 다음과 같은 내용을 결의했다. 첫째, 2014년 유엔인권이사회 25기 회기 전에 5일간 실무그룹회의를 개최할 것(2014년 2월 하순), 둘째 실무그룹의 의장은 정부, 지역그룹, 이해관계 자들과 비공식협의를 제2기 실무그룹회의 전에 개최할 것, 셋째, 실무그룹의 의장은 제2기 실무그룹회의를 개최하기 전에 수정된 평화권 선언 초안을 발표할 것, 넷째, 26기 인권이사회를 준비하기 위한 실무그룹 보고서를 제출할 것 등이다.

3) 평화권의 헌법실천적 해석

평화권에 대한 국내외의 논의를 배경으로 평화와 인권을 결합한 평화권 이라는 말이 시민사회는 물론이고 헌법재판소 등에서 널리 사용되게 되었다. 그렇다면 평화권이 헌법실천적으로 어떻게 해석될 수 있을 것인가?

인권은 대항적 성격의 개념이라고들 한다. 원래 태어날 때부터 개인에게 자유가 보장되어 있지만 국가가 자유를 간섭한다. 이러한 국가의 간섭을 배제하기 위한 대항 개념으로 인권이라는 개념을 만들어 냈기 때문이다. 이렇게 국가에 대항해 자유를 확보하기 위한 개념이 인권이며, 따라서 인권은 본래 실천적 개념이기도 하다.

인권이 침해된 경우 재판을 통해서도 구제받을 수 있고, 입법 등 정치적인 영역을 통해 구제받을 수도 있다. 예를 들어 사전심의라는 이름으로 영화에 대한 사전검열을 규정한 영화법 제12조에 대해 헌법재판소에 위헌법률심판을 청구해 이 법률을 헌법재판소가 무효화시키고, 이를 통해 표현의 자유가 보장된다면 그것은 재판을 통한 인권구제에 해당된다. 그리고 이 경우 인권은 재판규범으로 기능할 것이다. 한편 국회에서 전국교직원노동조합을 합법화하는 법률을 만들어 교사들의 단결권을 보장하는 경우는 국회의 입법을 통해 인권을 구제받은 것인데, 이때는 단결권이라는 인권이 정치규범으로 기능한 것이다.

평화권도 정치규범으로서의 성격과 재판규범으로서의 성격을 동시에 갖는데, 재판규범으로서 그 쓰임새를 인정받기 위해서는 헌법적인 근거, 의미내용, 그 주체와 법적 성격 등이 명확해져야 한다.

(1) 평화주의의 인권적 기초는 평화권

일본 헌법과 달리 현행 우리 헌법에는 평화권에 대한 명시적 언급이 없다. 그럼에도 불구하고 평화권은 우리 헌법상 그와 밀접 불가분한 관련이 있는 헌법원리에서 우선 찾아볼 수 있다.

우리 헌법은 전문과 본문의 제5조 등을 통해 평화주의원리를 수용하고 있다. 평화권은 평화주의를 인권적 관점에서 재구성한 것이다.[48] 평화주의에 기초해 침략전쟁을 부인하지 않으면 두 번에 걸친 세계대전에서 보는 것처럼 침략전쟁이 난무해 인간의 평화적 생존이 위협받을 것이고, 평화적 생존이 보장되지 않은 상황에서, 즉 사람이 죽거나 죽을 위기에 처한 상황에서는 사생활의 자유, 거주이전의 자유, 표현의 자유와 같은 자유와 권리를 제대로 보장받을 수 없다.

---

48 이경주, 「평화주의원리의 가능성과 한계」, 『헌법다시보기』, 창비, 2007, 334쪽 이하.

또한 한국전쟁의 참화를 경험하고, 남북한이 아직도 대치하고 있는 상황을 고려하면, 평화주의가 헌법의 이념적 기초가 되는 것에서 한걸음 더 나아가 인권으로서 자리매김하고, 국가의 평화위협적이고 대결적인 대내외정책에 대해 평화권의 이름으로 일정한 통제장치의 역할을 해야 할 것이다.

한편 전쟁위험에 처하지 않으며 침략전쟁을 받지 않고 자기 민족의 문제를 스스로 결정하겠다는 권리로는 민족자결권도 있다. 이 권리는 미국의 침략에 대해 베트남이 주장한 바 있다. 민족자결권과 평화권은 유사하기는 하지만 반드시 동일한 개념은 아니다. 민족자결권은 베트남의 예에서 보듯이 민족의 평화적 생존을 위해 전쟁도 불사하겠다는 의미로 이해되고 있기 때문이다. 반면에 평화권은 집단의 권리이면서도 평화를 위한 전쟁에 동의하지 않는다는 점에서 차이가 있다. 평화권은 평화적 방법에 의한 민족자결권이라고 볼 수 있다.

(2) 평화권의 의미와 헌법적 근거

이러한 막중한 의미를 갖는 평화권이지만, 유감스럽게도 우리 헌법에서는 명문의 규정을 찾아볼 수 없다. 이로 인해 헌법적 근거가 없는 인권으로 오해받을 수도 있다. 하지만 잘 알려져 있듯이, 생명권과 알 권리 그리고 사상의 자유와 같은 인권도 평화권과 마찬가지로 헌법에 명문의 규정이 없지만 인권으로 여겨지며, 이에 기초해 법률이 제정되기도 한다. 예를 들어 알 권리에 기초해 정보공개법이 제정되었다.

헌법에 명문으로 열거되지 않는 권리임에도 불구하고 중요한 인권의 역할을 할 수 있는 이유는 우리 헌법이 제37조 1항에서 '국민의 자유와 권리는 헌법에 열거되지 아니한 이유로 경시해서는 안 된다'고 규정하는 등 헌법에 열거되지 않은 권리에 대해 개방적인 자세를 취하고 있기 때문이다. 물론 헌법에 열거되지 않아도 이름만 갖다 붙이면 모두 인권이 될 수 있는 것은 아니다. 예를 들면 매춘의 권리라든가 마약을 할 권리가 인권으로서 인정될 수 없는 것은 그것이 인권의 향도이념인 인간의 존엄과 가치를 향상시키기보다는 퇴색시키기 때문이다.

앞서 언급했듯이, 평화권은 새로운 인권 또는 제3세대의 인권의 대표주자로 국제적으로 알려진 지 오래이다. 1977년 당시 유네스코의 '인권과 평화부회'의 회장을 하고 있던 카를 바삭이 종래의 시민적·정치적 권리, 사회적·경제적 권리에 뒤이은 새로운 인권들을 제3세대의 인권(the third generation of human rights)이라는 새로운 카테고리로 제시하고 그 안에 들어가는 대표적인 인권으로서 '평화에 대한 권리(right to peace)'를 제청한 바 있다.[49] 또한 유엔총회는 1984년 11월 12일에 '평화에 대한 인류의 권리 선언(Declaration on the right of peoples to peace)'을 채택하고, 그 속에서 '지구상의 인민은 평화에 대한 신성한 권리를 갖는다는 것을 엄숙히 선언한다'고 했다.[50] 인간의 존엄과 가치를 향상시키는 인권이니, 인권 중에서도 으뜸인권이며 출발점이라는 의미일 것이다.

(3) 평화권의 내용

평화권이야말로 인권의 출발점임에도 불구하고 과연 평화란 무엇이며 평화적 생존은 무엇을 의미하는 것인가에 대해서는 다양한 의견이 있을 수 있다. 어떤 사람들은 전쟁이 없는 상태가 평화라고 좁게 해석하지만, 평화학이나 정치경제학 등에서는 빈곤·기아 등 구조적 폭력이 없는 상

---

49 K. Vasak, *A 30-year struggle*, The Unesco Courier, 1977, p. 29; 田畑茂二郎, 『国際化時代の人権問題』, 岩波書店, 1988, p. 290에서 재인용.

50 UN Doc. A/RES/39/11, "Declaration on the Right of Peoples to Peace."

태야말로 진정한 평화라고 넓고 근원적으로 해석하기도 한다. '평화적 수단에 의한 평화(Peace by Peaceful Means)'를 일찍이 주창해 평화권 논의에 중요한 영향을 미치고 있는 요한 갈퉁의 경우도 그렇다.[51]

넓은 의미의 평화 개념을 취하는 것이 근본적이기는 할 것이다. 하지만, 그렇게 되면 다른 인권보다 태어난 지 얼마 안 되는 새로운 권리, 제3세대의 권리로서의 평화권이 인권 모두를 가리키는 것으로 지나치게 포괄화될 우려도 없지 않다. 따라서 평화의 의미를 상대적으로 특정해 볼 필요가 있다.

현재 유엔인권이사회에서 추진되고 있는 평화권 선언, 2010년 산티아고 평화권 선언 등은 모두 평화의 개념을 폭넓게 보고 있다. 산티아고 선언 제3조 제4항은 "결핍으로부터의 자유는 지속적 발전에 대한 권리 및 경제적·사회적·문화적 권리, 특히 다음을 향유할 것을 포함한다. a) 먹을 것, 마실 것, 위생, 보건, 입을 것, 주거, 교육 및 문화에 대한 권리, b) 노동, 고용 및 노동조합 결성의 자유에 관한 공정한 환경을 누릴 권리, 동일 직업 또는 직무를 행하는 사람들의 동일한 보수를 받을 권리, 평등한 조건으로 사회적 서비스에 접근할 권리, 여가의 권리"를 언급하고 있다. 또한 유엔 인권이사회 자문위원회가 제20기 유엔인권이사회 (2012. 6. 18~7. 6)에 제출한 '평화권 선언 초안'의 제2조 제7항에서는 "평화와 양립할 수 없는 구조적 폭력을 발생시키는 불평등, 배제(exclusion) 및 빈곤을 없애기 위해 제도가 발전되고 강화되어야 한다"라고 이야기한다.

평화에 대한 권리가 조약의 형태로 당장 귀결되기 힘들고, 보다 폭넓은 지지를 받기 위해서는 선언의 형태를 취할 수밖에 없으며, 이를 위

---

51   Johan Galtung, 강종일 외 옮김, 『평화적 수단에 의한 평화』, 들녘, 2000.

해서는 광범위하고 선언적 성격을 띠는 형태로 진전될 수밖에 없다는 점에서 공감이 가는 부분이다. 그러나 그러한 경우 평화권의 고유한 성격이 희석될 수 있다는 점 또한 여전히 논란거리이다.

아무튼 평화를 전쟁과 전쟁의 위험이나 공포가 없는 상태에 초점을 맞추어 이해한다면, 평화적 생존이란 전쟁과 전쟁의 위험이나 공포가 없는 상태에서 살아가는 것을 의미한다. 다만 평화를 매우 좁게(최협의) 해석하면 전쟁과 군대 없이 평화적으로 생존하는 것을 의미하게 된다. 이러한 평화적 생존의 개념에 기초하게 되면 평화적 생존권은 병역(징병)거부권을 핵심으로 하게 될 것이다. 그러나 평화를 이보다 조금 더 넓혀 해석하면, 전쟁과 군대 없이 평화적으로 사는 것뿐만 아니라 군사적 목적을 위한 기본권 침해 없이 사는 것까지 포함하게 된다. 이러한 좀더 넓은 평화적 생존 개념에 기초하면 평화적 생존권은 징병거부권뿐만 아니라 군사적 목적을 위한 표현자유 침해거부도 포함하게 될 것이다.

이처럼 평화와 평화적 생존의 개념을 어떻게 파악하는지에 따라서도 평화권의 내용이 많이 달라지겠지만, 개별 국가의 역사적, 국제관계적 특수성, 개별 국가의 국가와 국민의 관계 등에 따라서도 평화권의 의미내용은 대소의 편차를 보인다.

비교헌법적으로 보면 각국 헌법상의 평화주의는 침략전쟁의 포기 및 주권제한형, 침략전쟁포기와 비무장형, 침략전쟁포기와 전수방위형, 영세중립형, 비동맹 군축형 등으로 나눌 수 있다.[52] 이에 따라 평화주의의 인권론적 표현이라고 할 수 있는 평화권의 의미내용은 다소의 차이를 보인다. 이를 종합해 보면 다음의 내용 등을 평화권의 보호영역이라고 할 수 있다. 우선 평화적 생존, 즉 생명권이 가장 핵심적인 보호영역

---

52   深瀨忠一, 『戰爭抛棄と平和的生存權』, 岩波書店, 1987, 149-169쪽.

이다. 그리고 침략전쟁의 포기, 군비보유의 배제, 집단적 자위권의 부인, 국가에 의한 평화저해 행위(무기수출)의 배제, 국가에 의한 평화적 생존 저해 행위(징병제)의 배제, 군사적 목적의 기본권 제한(재산수용, 표현자유 제한) 금지, 전쟁위험에 처하지 않을 권리, 전쟁에 휩쓸리지 않을 권리, 모든 종류의 폭력의 표적이 되지 않고 평화 속에서 살 권리(the right to live in peace)[53] 등을 들 수 있다.

현행 우리 헌법은 제5조에서 침략전쟁의 포기를 규정하고, 군국의 사명을 국토방위에 한정하며, 제39조에서는 국민의 국방의무를 규정하고 있다. 또한 제37조 2항에서는 국가안보를 위한 기본권 제한의 가능성을 열어두고 있다. 그렇다면, 우리의 경우 국토방위를 넘어선 군사력의 배치 또는 파병거부권, 국토방위를 넘어선 군사동맹의 배제 요구권, 전쟁위험에 처하지 않을 권리, 대체복무를 요구할 수 있는 권리 등을 평화권의 이름으로 주장할 수 있을 것이다.[54]

87년 헌법 제37조 2항에서 국가안보를 위한 기본권 제한의 가능성을 열어 두었다고 하더라도 과잉된 제한, 본질적인 제한에 대한 거부권을 행사할 수 있다. 나아가 대결적이거나 상호 적대적인 목적, 다시 말해 침략적이거나 반평화주의적인 국가안보를 이유로 한 기본권 제한의 배제를 요구할 수도 있다. 특히 미국의 군사전력이 공세적으로 변환되고 있고 전략적 유연성이라는 이름으로 신속기동군화되고 있는 한반도의 현실을 고려한다면 '전쟁위험에 처하지 않을 권리', '전쟁에 휩쓸리지 않을 권리', '침략전쟁에 강제되지 않고 평화적 생존을 국가에 요청할 수

---

53   UN Doc. A/HRC/20/31, "Report of the Human Rights Council Advisory Committee on the right of peoples to peace" 중 평화권 결의안 초안 제2조 2항.

54   이경주, 「용산기지 이전협정과 평화적 생존권」, 주한미군 재편과 평택미군기지 확장 쟁점 토론회 발표문, 2005, 7-9쪽 참조.

있는 권리', '양심적 병역거부권', '군비축소를 요구할 권리', '외국군사기지의 폐지요구권', '전쟁에 반대하는 사상, 양심, 표현의 자유' 등이 평화권의 실천적인 내용이 될 것이다.[55]

(4) 법적 성격

평화주의를 원리로만 파악하지 않고 권리로서 파악하게 되면 여러 가지 실익을 기대할 수 있다. 평화주의를 원리로만 파악하면 정부의 정책결정이나 국회의 입법과정에서 기준이 될 수 있겠지만, 이를 위반한 경우에 대한 직접적인 구제장치 마련에서는 미흡하다. 하지만 평화주의를 인권론적으로 표현해 권리로 인정하게 되면 정치규범으로 활용할 수도 있으며, 재판규범으로도 사용할 수 있다. 즉 국가가 군사적 목적으로 기본권을 제한하려고 할 때 평화권을 이유로 위와 같은 간섭을 배제하는 소송을 진행할 수 있다. 행정소송을 통해 군사기지의 침략적 재편 등 반평화적인 국가정책에 중지를 요구할 수 있고, 헌법소원을 통해 그러한 정책의 위헌무효를 확인할 수도 있을 것이다. 이때의 평화권은 국가권력에 의한 평화적 생존 간섭행위의 배제를 요구하는 권리로서의 성격, 즉 자

---

55 일본 자위대의 이라크 파병에 반대하는 평화권 소송에서 참고인 진술을 하고 이에 기초해 『平和的生存權の弁証』이라는 책을 쓴 고바야시 다케시(小林武)에 따르면, 평화적 생존권은 여러 개의 중층 영역(독자적 권리, 다른 인권과 결합해 보호되는 권리, 대량살상 등에 대한 재판의 기준이 되는 영역, 입법의 기준이 되는 영역, 정치적 입법적 지침이 되는 영역)으로 구성된다. 전쟁위험에 처하지 않을 권리는 고바야시의 주장에 따르면, 다른 기본권으로 커버할 수 없는 영역에 위치시킬 수 있을 것이다(小林武, 『平和的生存權の弁証』, 日本評論社, 2006, 262쪽). 한편, 야마우치 도시히로(山内敏弘)는 협의의 평화적 생존권과 광의의 평화적 생존권으로 평화적 생존권을 분류하고, 협의의 평화적 생존권이란 전쟁과 군대에 의해 자신의 생명을 박탈당하지 않을 권리, 또는 전쟁과 군대에 의해 생명의 위험에 처하지 않을 권리라고 하고 있다. 한편 광의의 평화적 생존권을 전쟁의 위협과 군대의 강제로부터 벗어나 평화롭게 생활하고 행동할 권리, 군사적 목적을 위해 표현의 자유 등 기본권 침해를 당하지 않을 권리라고 분류하기도 하는데, 그 밖의 권리들은 이 넓은 의미의 평화적 생존권으로 분류할 수도 있을 것이다(山内敏弘, 『平和憲法の理論』).

유권적 성격을 가지는 권리이다.

평화권은 그저 소극적으로 국가권력의 간섭만을 배제하는 권리에 그치지 않고, 국가에 대해 평화주의적인 정책을 수립하고 실천할 것, 무력공격에 가담하지 않을 것을 요구하고 청구할 수 있는 권리, 즉 청구권적 권리로서의 성격도 동시에 갖는다. 평화권의 이러한 이중적 성격은 제3세대 인권이 갖는 특징 중의 하나이다. 제1세대 인권이 국가의 간섭배제를 통해 실현될 수 있는 것으로서 자유권, 제2세대 인권이 최저생계의 보장 등 국가의 적극적 간섭을 통해 실현될 수 있는 사회권이라면, 제3세대 인권은 때로는 국가의 간섭배제요청권으로, 때로는 국가의 적극적 행위를 요청하는 권리로서의 측면을 동시에 갖는 경우가 대부분이다. 평화권의 경우도 평화적 생존은 국가의 반평화주의적 정책의 결정 및 집행을 방지함으로써 평화적 생존이 확보되는 경우도 있지만, 침략적 군사동맹에 가담하지 않는 평화외교와 평화적 정책의 수립과 실현을 통해 평화적 생존이 공고화되기 때문이다.

(5) 주체

평화권을 기본권으로 인정한다 하더라도 그 향유주체를 누구로 할 것인가는 대단히 논쟁적일 수 있는 문제이다. 연대적 성격을 강조하여 인류(peoples)라고 번역하더라도 법률적 실천개념화하기 위해서는 그 주체를 특정하여 유형화해야 하는데, 우리나라의 경우도 외국의 경우와 마찬가지로 세 가지 방향에서 그 향유주체를 구체적으로 생각해볼 수 있다. 국민 개개인, 민족, 개인과 민족 모두를 그 향유주체로 할 수 있을 것이다.

자유와 권리는 개인의 권리이다. 즉 인권이란 국가권력의 간섭에 의해 개인, 즉 나의 권리가 침해당했을 때 국가의 간섭을 배제하는 권리이다. 이를 강학상으로는 주관적 권리 또는 주관적 공권이라고 한다. 따라서 인권의 주체는 기본적으로 개인이다. 그런 의미에서 보면 평화권도 평화적 생존을 저해하는 국가행위의 배제를 요구할 수 있는 주관적 공권으로서의 성격을 갖는다는 것에 별다른 이론은 없을 것이다.

하지만 평화권의 성질상 그것이 개인적 권리에만 그칠 것인지에 대해서는 숙고가 필요하다. 이미 헌법에는 1919년 바이마르 헌법을 기점으로 인권의 주체를 집단에게도 인정하는 권리들이 나타나기 시작하는데 노동3권과 같은 권리는 개인이 아닌 노동조합이라는 집단의 권리이기도 하다. 마찬가지로 평화권도 집단의 권리임을 생각해볼 수 있다. 왜냐하면 전쟁위험에 처하지 않도록 외국에 요구하는 것은 국민 또는 민족과 같은 집단일 수도 있기 때문이다.

다만 이 경우에도 국가 그 자체가 평화권의 주체로 등장하는 것은 경계해야 한다.[56] 왜냐하면 추상화된 국가 또는 민족의 평화적 생존을 명분으로 한 개인의 평화권 침해가 이루어질 수 있기 때문이다. 우리 헌법재판소의 경우, 2007년 전시증원연습 등 위헌확인사건 등에서 전쟁의 승패에 따라 국가의 생존도 국민의 기본권도 기약 없게 될 수밖에 없으므로, 국민은 전쟁에서 승리하거나 휴전해 국가의 존립을 유지한 때에만 헌법을 지켜내고 기본권을 향유할 수 있다고 전제하고, 그러므로 국가는 반드시 군사훈련을 지속하는 등 전쟁에 대비한 준비를 소홀히 해서는 안 되고, 언제 발발할지 모르는 전쟁에 대비해 평소 군사훈련, 군비 확충 등으로 전력을 최고조로 유지해야 한다[57]고 밝히고 있다. 이러한 본말전도의 상황으로부터 벗어나기 위해서는 결국 구체적이고 실재적인 집합체가 평화권의 주체가 되어야 한다.[58] 유엔 평화권 선언 등이 평화권의 주

---

56   山内敏弘, 『平和憲法の理論』, 286쪽.
57   2009. 5. 28/2007헌마369.
58   정태욱의 경우도 방어전쟁의 경우라 하더라도 추상적인 국가 또는 정권의 안전이 아닌 구

체를 개인(individual) 또는 개인의 집합체로서의 인민(peoples)으로 규정하고 있는 이유이다.

평화권은 개인의 권리이면서 동시에 집단의 권리라고 하는 것이 타당하다고 생각된다. 한반도를 둘러싼 국제적인 환경은 대결적인 정책과 대화적인 정책을 왔다 갔다 하는 하나의 국가권력이 있고, 그 개별국가는 단순한 방어동맹을 넘어 세계 군사적인 시야에서 군사변환을 진행시키고 있는 한미군사동맹을 등에 업고 있다. 따라서 기본적으로는 개별 국가권력에 의한 반평화적 군사외교정책에 'No'라고 말할 수 있는 권리가 필요하고, 경우에 따라서는 침략적 동맹에 'No'라고 할 수 있는 집단적 권리가 필요할 것이다. 집단의 권리로서의 평화권은 다양한 표출양태를 가질 수 있을 것으로 생각한다. 그 예로 2007년 전시증원훈련이 평화적 생존을 위협하는 정부정책이라며 훈련현장에서 항의표시를 했다든지, 평택 미군기지 이전에 반대하는 전국 트랙터 순례를 비롯한 각종 집회 등의 장기적인 항의운동, 평화권 침해에 대한 각종 국민적 항의운동 등을 들 수 있다.

(6) 효력

평화권의 효력은 우선 국가에 미친다고 해석해야 할 것이다. 국가권력을 견제하고 국가권력의 간섭으로부터 개인을 방어하는 권리이기 때문이다. 국가안보를 이유로 언론의 자유를 제한하려 하는 경우, 국가안보를 이유로 재산을 수용하려는 경우, 평화주의원리에 맞게 국가안보 개념을 제한 축소 해석해야 하며, 이를 넘어선 국가의 간섭 배제를 국가에 요구하는 권리이다.

체적인 국민의 안전의 차원에서 접근할 필요성을 강조한다. 정태욱, 『한반도 평화와 북한 인권』, 한울, 2009, 51쪽 이하 참조.

또한 평화권은 타국에 의해 전쟁위험에 처할 수 있는 경우에는 이를 거부할 대 국제적인 방어권이기도 하다. 평택에 미군기지가 확장 이전되면서 평택 주민들 사이에서는 평택 미군기지가 중국을 염두에 둔 신속기동군 기지로 사용될 것을 우려하고 있고 우리 의사와 관계없이 미국과 중국의 전쟁에 휩쓸리게 될 위험성이 있으며, 이것이야말로 평화권의 침해라고 주장하며 헌법소원을 제기한 바 있다. 따라서 평화권은 공세적 군사전략하에 주한미군의 재편을 진행하고 있는 미국과 같은 다른 나라의 평화권 간섭행위의 배제를 요구할 수 있는 국제적 권리이기도 하다.

4) 재판규범으로서의 가능성에 대하여

평화와 인권을 연결하는 새로운 권리로서 평화적 생존권과 관련한 헌법 담론은 2000년 들어 각광을 받기 시작했다. 그러면서 '평택으로의 미군기지 이전협정 위헌확인소송', '2007년 전시증원연습 등 위헌확인소송', '전략적 유연성 위헌확인소송' 등 일련의 평화권 소송이 법률운동의 차원에서 헌법재판소를 무대로 모색된 바 있다.

원래, 권리구제형 헌법소원은 공권력 행사 또는 불행사로 말미암아 헌법상 보장된 자신의 기본권이 침해되었다고 주장하는 모든 국민이 청구할 수 있다. 그러나 헌법소원을 청구하기 위해서는 청구인 적격뿐만 아니라 당사자 적격성을 갖추어야 한다. 당사자 적격이란 침해되는 기본권이 있을 것, 기본권의 침해가 직접적일 것, 그리고 현재 침해될 것을 그 요건으로 한다. 그 밖에도 다른 법률에 구제절차가 있는 경우에는 이른바 보충성의 원칙에 따라 그 절차를 모두 마친 후에야 청구할 수 있다.

그런데 평화권의 경우 당사자 적격문제가 발생하는 경우가 많았다. 우선, '2007년 전시증원연습 등 위헌확인소송'에서 헌법재판소는 "청구인들이 평화적 생존권이라는 이름으로 주장하고 있는 평화란 헌법의 이념 내지 목적으로서의 추상적인 개념에 지나지 아니하고, 평화적 생존권은 이를 헌법에 열거되지 아니한 기본권으로서 특별히 새롭게 인정될 필요성이 있다거나 그 권리내용이 비교적 명확해 구체적 권리로서의 실질에 부합한다고 보기 어려워 헌법상 보장된 기본권이라고 할 수 없다"라고 했다. 즉 침해된 기본권이 없으니 당사자 적격을 갖추지 못한다는 것이다. '평택으로의 미군기지 이전협정 위헌확인소송'에서는 침략전쟁에 강제되지 않고 평화적 생존을 할 수 있도록 국가에 요청할 수 있는 권리로서의 평화적 생존권이 보호받을 만한 기본권이기는 하지만, 미군부대 이전 후에 청구인들의 권리침해가 직접, 그리고 현재 있다고 보기 어려우므로 각하한다는 것이었다.

　이러한 헌법재판소의 결정에 대해서는 청구인 측의 다음과 같은 주장처럼 당사자 적격을 폭넓게 인정해야 한다고 주장할 수도 있다. 첫째, 평화적 생존권은 경제적 기본권이나 정치적 기본권처럼 침해되는 자와 그렇지 않은 자가 명확히 구별되지 않고, 개인의 사회경제적 위치나 선택 또는 정치적 위치나 선택에 의해 달라질 수 있는 것이 아니며, 그와 관계없이 전시증원훈련과 같은 어떤 정책이나 결정 또는 전쟁연습을 시행하느냐 안 하느냐에 따라서 좌우되는 것이므로 일반 헌법소원사건의 당사자 적격과는 다른 기준을 적용해야 한다. 나아가 기지를 다른 지역으로 이전하게 되면 해당 지역뿐만 아니라 다른 지역민들의 평화적 생존도 위협받을 수 있다는 점에서 청구인 적격의 확대 논의가 필요하다. 둘째, 전쟁연습을 하거나 전쟁에 국가가 참여하기로 하면 개개인이 파병되어 사망하거나 곧바로 전시동원되지 않더라도 기본권 침해의 현재성이 충족되는 것으로 보아야 한다.

　미국에서 뉴딜기에 경제적 자유에 대한 규제 입법과 정신적 자유에 대한 규제 입법에 대해 이중기준을 적용했듯이, 그리고 두 소송의 청구인 측이 주장하듯이, 우리 헌법재판소도 정치·경제적인 기본권 침해와 평화적 생존권 침해의 당사자 적격을 구분해 적용하는 것도 바람직할 것이다.

나아가 평화권 침해는 평택에서와 같이 기지 주변 지역의 주민들에 한정되지 않고 전 국민들에게 미친다는 점도 청구인 적격과 관련해 주장되어야 한다. 특히 현대의 전쟁이 총체전의 양상을 띤다는 점, 오늘날 미군의 군사기지 재편이 전략적 유연성하에서 진행되고 있는 공세적 성격의 것이라는 점을 감안하면 더욱 그렇다.

그러나 평화적 생존권을 권리라고 했다가 그 권리를 근거로 공권력 행사에 제동을 거는 헌법소원이 제기되자 곧바로 결정을 변경해 '우리는 평화적 생존권을 권리라고 하지 않을 것입니다'라고 발뺌하는 상황에서는 재판규범으로서의 평화적 생존권에 대한 과도한 희망과 기대를 자제할 필요가 있다.

물론 소수의견에서 3인의 재판관이 평화적 생존권이 기본권임을 인정했고 또 한 사람의 소수의견은 천부인권성을 강조하기도 했다. 그러나 소수의견에서도 당사자 적격에 있어서는 문제가 있음을 다수의견과 마찬가지로 지적하고 있다. 따라서 당사자 적격을 확대하거나 새로운 유형의 소송유형이 도입되지 않는 한 재판을 통해 평화권 침해를 실효적으로 구제받기란 쉽지 않을 것으로 생각된다.

경우에 따라서는 헌법재판소 구성원이 바뀌어 다양한 시각의 재판관이 헌법재판관이 되는 경우도 기대해볼 수 있을 것이다. 하지만 '2007년 전시증원연습 등 위헌확인소송' 결정 당시의 헌법재판소 재판관 대부분이 노무현 정부 기간 임명된 재판관들이었음을 상기하면 현재와 같은 법률가 중심의 헌법재판관 충원구조하에서는 평화권에 대한 적극적 태도를 기대하기가 쉽지 않아 보인다. 또 평화권 문제와 관련된 헌법소원을 반복적으로 제기함으로써 새로운 인권을 재판관에게 인지시키는 이른바 학습 효과를 노려보는 것도 현재로서는 한계가 있어 보인다.

재판관은 물론 우리 사회 전체의 군사외교적 사항에 대한 인식의 현격한 차이도 극복해야 할 커다란 과제이다. 멀게는 한국전쟁, 베트남전쟁과 같은 전쟁과 평화에 대한 인식, 가깝게는 평택 미군기지 이전의 성격, 전시증원훈련을 비롯한 한미 간 군사훈련의 성격에 대한 인식 등이 그것이다. 재판관 개개인도 이러한 사회적 인식으로부터 자유롭지 않기 때문이다.

5) 한국사회와 평화권의 헌법실천적 의미

현재와 같은 헌법재판소의 인적 구성 및 구성 방식, 헌법재판소를 둘러싼 사회적 지형, 그리고 우리 사회 구성원 간의 군사외교문제에 대한 현격한 인식 차를 고려하면 평화권의 재판규범으로서의 가능성에 주목하기보다는 오히려 평화권의 정치규범으로서의 성격에 주목하는 것이 평화권의 헌법실천적 의미를 두드러지게 할 것으로 생각된다.

헌법규범은 원리상 법원에 의해서 또는 헌법재판소에 의해 구체적으로 보호되지 않으면 의미가 없는 것이 아니다. 마치 우리의 헌법재판소가 '2007년 전시증원훈련 위헌확인소송'에서와 같이 평화권이 재판규범이 아니라고 하더라도 평화권의 인권으로서의 실체가 부인되는 것은 아니다. 인권과 같은 헌법규범은 정치 부분에서의 논의 방향을 결정하는 정치규범으로서의 중요한 역할을 할 수 있다. 국회에서의 법률 제정 및 개정과 같은 정책결정, 정부의 군사외교정책의 결정, 시민사회의 평화운동 등 정치 부분에 있어서 국가정책의 내용, 입법의 구체적 내용이 어떤

왼쪽 위부터 시계방향으로 평택미군기지 이전, 한국의 이라크 파병, 제주 강정마을 해군기지 건설, 양심적 병역 거부 문제 대한 시민사회의 목소리. 평화권이 매개된 논의들이다.

방향성을 가지게 되는가에 따라서도 평화권과 같은 인권보장의 수준과 폭이 크게 좌우될 수 있기 때문이다.

뿐만 아니라 이러한 인권에 대한 인식지평의 확대는 법률운동에 있어서 유·무형의, 나아가 크고 작은 실천적 차이를 가져올 것으로 생각한다. 헌법재판소에서 재판규범이 아니라고 문전박대 당하게 되면, 일반인과 일선 공무원은 물론 일부 헌법연구자도 본안에서조차 마치 헌법재판소가 사망선고를 내린 것으로 이해하게 되는 경향이 있다. 평화권의 경우 평화운동의 주체들조차 새로운 활로가 없는 것으로 낙담하는 경향이 없지 않다. 그러나 인권의 정치규범으로서의 측면에도 주목하게 되면, 이러한 상황으로부터 활로 모색이 가능해질 것이다. 헌법재판소 등에 의한 '법률에 대한' 인권보장은 국회에 의한 '법률에 의한' 인권보장의 보조적 역할을 하는 것이 필요하다. '헌법재판소에 물어보는 정치'가 아니라 '주권자에게 물어보는 정치', '주권자의 대표들에게 물어보고 다그치는 정치'가 평화권의 지평을 넓힐 수 있을 것으로 판단된다.

헌법규범은 국가권력의 구체적 작용의 준거가 되기도 하지만 국민의 헌법실천에 있어서도 준거기능을 한다. 물론 운동과 정치의 장에서 평화권과 같은 인권 개념이 차지하는 역할은 미확정적이고 유동적이기는 하다. 하지만 정치적 잠재력과 역동성 면에서 새로이 그리고 적극적으로 주목하고 평가해야 할 부분이 많다고 할 것이다.

헌법재판소와 같은 사법기관을 통해 구제받을 수 있도록 평화권 개념을 더욱 엄밀히 벼리는 작업과 더불어 평화운동의 지평 확대를 위한 유연하고 탄력적인 정치규범으로서의 평화권의 내용을 벼리는 작업이 필요하다.

II. 세계 각국의 평화주의와 평화권

세계 각국의 헌법, 특히 2차 세계대전 이후 제정된 헌법들은 평화주의원리를 명문으로 규정하고 있다. 이는 두 번에 걸친 세계대전을 통해 평화적 생존이 전제되지 않고는 근대적 의미의 헌법이 추구하는 인권 보장이 사상누각에 불과함을 절감했기 때문이다.

명문화된 평화 관련 헌법조항들은 그 나라의 역사적, 정치적, 국제관계적 특수성을 반영해 몇 가지로 유형화할 수 있다. 침략전쟁 포기와 주권제한형, 침략전쟁 포기와 비무장형, 침략전쟁 포기와 전수방위형, 영세중립화형, 비동맹 군축형, 사회주의헌법의 침략전쟁 부인형으로 크게 구분된다.

1. 평화주의 헌법의 유형

1) 침략전쟁 포기와 주권제한형[59]

침략전쟁을 포기하되 집단적 안전보장을 위해 주권의 하나인 군사고권을 제한할 수 있다는 침략전쟁 포기와 주권제한형이다. 이 유형은 독일, 이탈리아 같은 2차 세계대전 전범국가들에게서 공통적으로 발견된다. 전범국가들에뿐만 아니라 프랑스 같은 연합군 국가들의 헌법에도 나타난다.

---

59   深瀬忠一, 『戰爭放棄と平和的生存權』, 岩波書店, 1988.

(1) 프랑스 헌법

프랑스의 경우 1946년에 제정된 제4공화국 헌법 전문에서 "프랑스공화국은 국제공법의 원칙을 따른다. 공화국은 정복 목적의 모든 전쟁을 기도하지 않으며 어떠한 인민의 자유에 대한 무력행사도 하지 않는다. 상호성의 유보하에 프랑스는 평화의 조직과 방위의 조직을 위한 주권제약에 동의한다"라고 규정하고 있다.

이러한 규정은 가깝게는 2차 세계대전의 승전국이면서도 동시에 피해자로서 프랑스의 전쟁에 대한 반성에 기초한 것이며, 멀게는 프랑스 헌정사에 뿌리를 두고 있다. 근대 시민혁명의 전형이라고 할 수 있는 1789년 시민혁명 이후 만들어진 최초의 공화국 헌법인 1791년 제1공화국 헌법 제6편에는 "프랑스 국민은 침략을 목적으로 하는 전쟁을 포기하고 인민의 자유에 대한 어떠한 무력도 행사하지 않는다"라고 규정되어 있다. 1848년 제2공화국 헌법 전문에서도 "프랑스공화국은 자국민을 존중하듯 외국민을 존중한다. 또한 정복 목적의 전쟁도 기도하지 않으며 어떠한 인민의 자유에 대해서도 무력을 행사하지 않는다"라고 규정했다.

나아가 1946년 제4공화국 헌법을 만들기 위해 1945년 제헌의회에 제출된 급진사회당 인권선언 초안 중에는 최근 관심이 높아지고 있는 평화적 생존의 권리를 암시하는 '생존의 권리(Droit de la vie)는 인권 중 제1인권이며, 생존의 권리란 전쟁을 폐지하는 것을 의미한다'는 규정도 존재한다.

(2) 이탈리아 헌법

이탈리아의 항복 과정은 독일이나 일본 등 다른 전범국에 비해 그리 격렬하지 않았다. 2차 세계대전 중인 1943년 7월 시실리 섬에 연합군이 상륙하고 이탈리아의 전세가 불리해지면서, 7월24일 원로원이 투표로 무솔리니를 해임했다. 새로이 수상에 임명된 바돌리오는 한편으로는 항전하면서 다른 한편으로는 연합국과 물밑교섭을 진행했다. 그러한 양면전략 끝에 1943년 9월 3일 휴전협정에 조인했고, 9월 8일 아이젠하워 연합군사령관이 이탈리아의 항복을 공식발표했다.

이러한 항복 과정을 반영해 이탈리아는 전범국가로서 연합국의 관리하에 비교적 순조롭게 새로운 헌법을 제정했다. 1947년 12월에 공포한 새로운 헌법에는 침략전쟁의 부인과 주권제한의 의사를 다음과 같이 밝히고 있다. "이탈리아는 타국민의 자유를 침해해 국제분쟁을 해결하는 전쟁을 부인하고 타국과 상호 대등한 조건하에 평화와 정의를 확보하기 위한 질서에 필요한 주권제한에 동의하고 이러한 목적의 국제조직을 추진하고 조장한다."

(3) 독일 헌법

독일도 이탈리아와 마찬가지로 연합국의 관리하에 동독과 서독으로 나뉘어 새로운 헌법을 제정했다. 1949년 5월 23일 본에서 제정되었으나 독일 통일까지의 기본법으로 성격을 규정한 탓에 '본 기본법'으로 불렸던 서독헌법의 제24조는 주권이양과 집단적 안전보장을 위한 주권제한을 다음과 같이 명문화하고 있다. "연방은 법률에 의해 그 주권적 권리(Hoheitsrechte)를 국제기관에 인도할 수 있다(1항). 연방은 평화를 유지하기 위해 상호집단안전보장제도에 참가할 수 있다. 이 경우에는 연방은 평화롭고 또 영속적인 질서를 유럽 및 세계의 각 국가 간에 유지하고 또한 보장할 수 있는 주권작용의 제한에 동의한다(2항). 국제분쟁을 규제하기 위해 연방은 일반적 포괄적 의무적 국제적 중재재판협정에 참가한다(3항)."

제26조에서는 프랑스, 이탈리아와 마찬가지로 다음과 같이 침략전

쟁의 금지를 명문으로 규정하고 있다. 즉 "1항 국가 간의 평화적인 공동생활을 교란할 우려가 있고 또한 그러한 의도로 행해지는 행위, 특히 침략전쟁의 수행을 준비하는 행위는 위헌으로 한다. 그와 같은 행위는 처벌한다. 2항 침략수행을 위한 무기는 연방정부의 허가가 있는 경우에 한해 제조, 운반 또는 거래할 수 있다. 그 세목은 법률로 정한다."

그러나 이러한 평화주의 원칙은 한국전쟁이 있던 1950년부터 크게 후퇴하기 시작했다. 1950년부터 개헌 움직임이 일기 시작해, 미국·영국·프랑스·서독 평화 조약 및 유럽방위공동체 조약이 맺어진 1952년에는 개헌 움직임이 본격화하기 시작했다. 1954년 10월에는 점령 종결과 함께 독일의 NATO 가입 승인이 이루어졌다. 최대 50만 병력을 상한선으로 하는 재무장, 전략병기 제조에 관한 서유럽연맹의 허가 등을 조건으로 했으나, 집단적 안전보장군으로서의 유럽군이 아니라 서독의 개별적 군대가 나토체제에 가입하는 형태로 재군비가 이루어졌다는 것은 평화주의원리의 커다란 후퇴였다.

1956년 3월 19일 제7차 서독 헌법 개정 시에는 제17조a에 군인군속 일반시민의 기본권 제한 규정을 두었다. 문민통제를 위해 45조a에 연방의회 외무 방위위원회 설립을 규정하고, 87조a에 군대의 수, 장비와 조직의 대강, 그리고 이에 대한 예산규모, 군대 출동의 원칙을 규정하는 등 평화주의 원칙 고수를 위한 노력의 흔적이 없는 것은 아니었다. 그러나 제96a에 우리의 군사재판소에 해당하는 국방군 형사재판소를 두고, 제143조a에서는 국내 긴급사태의 경우 군대동원을 규정하는 등 많은 문제점을 노정했다.

1968년 6월 24일의 제17차 헌법개정에서는 징병제를 명문화하고 긴급사태에 관한 헌법규정을 긴박사태(87a), 전방위사태(12a), 방위사태(53a) 등으로 규정했다. 제115조a에서는 방위사태에 대한 상세 규정을 두고 있다. 제12조a 1항에서는 '남자에 대해서는 18세부터 연방 국경경비대 또는 민간방위단에서 역무에 종사할 의무를 부가할 수 있다'고 국방을 의무화했다. 제12조a 2항에서 '양심상의 이유로 무기를 드는 것을 거부하는 자에 대해서는 대역에 종사할 의무를 부과할 수 있다'라고 하여 양심을 이유로 한 대체복무를 규정하고 있으나, 제17조a에서는 '병역 및 대역에 관한 법률은 집회의 자유 등의 기본권을 제한할 수 있다'고 규정해 전 국민적 항의와 운동이 이어진 바 있다. 독일 통일 후인 1990년 10월 3일에 개정되어 현재에 이르고 있는 현행 독일 헌법에도 이러한 규정이 이어지고 있다.

2) 침략전쟁 포기와 비무장 헌법형

(1) 일본국헌법

두 번에 걸친 세계대전이 결국 자위를 명분으로 한 군대에 의한 전쟁이었다는 점에 비추어 본다면 침략전쟁 포기를 확실히 담보하는 길은 군사력을 아예 포기하는 것이다.

침략전쟁 포기와 비무장 평화주의의 대표적인 헌법은 1946년 제정된 일본국헌법이다. 일본국헌법은 그 전문에서 전 세계 인민(people)의 평화적 생존을 명문화하고 제9조에서는 다음과 같이 이를 구체화하고 있다. "일본 국민은 정의와 질서를 기조로 하는 국제평화를 성실히 희구하고 국권의 발동인 전쟁과 무력에 의한 위협 또는 무력행사를 국제분쟁의 해결수단으로서는 영구히 포기한다(1항). 전(前) 항의 목적 달성을 위해 육해공군 및 그 밖의 전력을 보유하지 않는다. 국가의 교전권은 인정하지 않는다(2항)."

같은 전범국가이면서도 일본의 경우, 독일·이탈리아의 경우와 다른 형태로 평화주의를 규정한 데에는 몇 가지 요인이 있다. 첫째, 이탈리아 (1943년 9월 8일 항복), 독일(1945년 5월 7일 항복) 점령의 경우 연합국에 의한 계획이 사전에 합의되어 이루어진 반면, 일본의 경우에는 1945년 7월 17일 포츠담선언에서 일본 점령 계획에 대한 합의 불발 및 소련의 뒤늦은 참전(1945년 8월 8일 대일선전포고)으로 인해 사실상 미국에 의한 점령이 진행되었다. 둘째, 독일, 이탈리아와 달리 일본 정부는 패전으로 인한 일왕(天皇)의 안위 문제를 염려해 미국과 물밑 거래를 진행했다. 즉 히로히토 왕 등 일본 정부가 오키나와를 군사기지로 내주되 본토는 비무장 평화주의하에 두고자 했던 것이다. 그리고 이러한 평화주의원리를 헌법의 최고 원리로 삼아 왔다. 1954년부터 사실상의 군대에 해당하는 자위대를 두는 등 재무장을 하고 있으나 헌법의 평화주의적 제한 때문에 자위대의 해외 전투활동 금지, 비핵3원칙 등 국가권력을 견제하는 원리들은 나름의 기능을 하고 있다.

독일과 달리 일본국헌법은 한 차례의 명문 개정도 허용하지 않고 평화주의원리를 고수하고 있다. 하지만 2013년 현재 세계 제4위의 막대한 군사비를 쓰는 자위대를 '필요 최소한의 실력'이라는 궤변적 해석을 통해 허용함으로써 국내외의 평화주의 세력으로부터 헌법 위반이라는 거센 비판을 받고 있다.

(2) 중남미의 국가

① 코스타리카 헌법(군대 폐지)

1949년 11월에 만들어진 코스타리카 헌법 제12조도 일본국헌법 제9조처럼 '상설 군대를 금지'하고 있다. 그 세부 규정은 다음과 같다. "상비군으로서의 군대는 폐지한다. 경비 및 공공질서를 위해 필요한 경찰을 둔다. 대륙 간 협정이나 국방을 위한 군대를 둘 수 있다. 이 경우에도 군대는 문민에 복종한다. 군대는 개별적으로도 집단적으로도 성명을 내서는 아니되며 대표가 되어서도 아니 된다."

상설군대는 물론 비상설군대까지도 부정하고 있는 일본국헌법과 달리, 코스타리카 헌법은 엄밀하게 이야기하면 상비군 폐지 헌법이라고 할 수 있다. 코스타리카 헌법에서 상비군을 폐지한 것은 코스타리카의 잦은 내전과 깊은 연관이 있다. 1948년 2월에 있었던 대통령 선거에서 피겔레스 파는 칼데롱 파에게 접전 끝에 승리했으나, 의회에서 다수파를 차지하고 있던 칼데롱 파가 정권 이양에 협조하지 않았다. 이에 피겔레스 파는 무장봉기를 통해 정국을 진압하고 군대의 폐지를 선언하였으며, 이를 헌법에 규정했다.

무장봉기를 통한 내전 과정에서 무려 4,000여 명의 희생자가 나왔던 탓에 국민들 사이에서는 내전 방지책에 대한 강한 요구와 군비축소에 따른 재원을 경제 재건에 사용해야 한다는 열망이 있었다. 무장봉기를 한 피겔레스 자신도 상비군의 존재가 새로운 내전이나 쿠데타로 연결될 가능성이 있음을 간파하고 상설군 폐지 선언에 동참했다.[60]

코스타리카의 전향적인 헌법 탄생에는 이러한 역사적 배경과 함께 코스타리아의 높은 인권의식이 또 다른 배경으로서 존재한다. 코스타리카는 19세기부터 이미 사형제를 폐지하는 등 근대적 인권의식이 중남미의 다른 국가에 비해 상대적으로 높았으며, 초등학교 의무교육 역시 해당 지역 다른 국가들에 비해 일찍 도입하였다. 코스타리카 헌법 제78조에는 '고등교육을 포함해 국가의 공교육비는 GDP의 6% 이하여서는 안 된다'는 규정이 있을 정도이다.

코스타리카 평화주의 헌법의 상징성은 국제사회에서도 인정받고 있

---

60   笹本潤, 『世界の平和憲法』, 大月書店, 2010, 51쪽 이하.

는데, 유엔인권이사회의 평화권에 관한 실무그룹에서도 코스타리카 출신의 크리스티안 기예르멧 페르난데스(Christian Guillermet-Fernàn-dez)를 의장으로 선출했으며, 그의 조정과 보고하에 2013년 현재 평화권 선언 조문화작업이 진행되고 있다.

② 파나마 헌법(상비군 폐지)

파나마, 아일랜드, 리히텐슈타인, 산마리노 공화국, 모나코, 바티칸, 나울, 서사모아, 감비아 등의 헌법도 군사력에 대해 코스타리카와 유사한 헌법규정을 두고 있다. 코스타리카가 군대라는 제도 자체를 부정하고 있다면, 위 국가들은 상비군을 부정하고 있다는 차이가 있는 정도이다.

코스타리카의 이웃나라인 파나마에서는 1994년, 헌법에 군대 폐지를 규정했다. 파나마는 1968년부터 1989년까지 쿠데타의 악순환을 겪었다. 미국은 파나마의 수에즈운하를 안정적으로 운영하기 위해 1903년 수에즈운하 조약을 체결한 이래 오랫동안 파나마를 군사적으로 지배해 왔다. 그런데 미국과의 밀월관계 속에서 1983년 집권한 마누엘 노리에가(Manuel Noriega)가 1989년에 반미주의를 내걸자 미국은 파나마를 전격으로 침공한다. 파나마에서의 미국인 살인사건을 계기로 시작된 미군의 침공으로 3,000여 명의 파나마인이 사망하고 1만여 채의 가옥이 파괴되었다. 1만 5천여 명의 파나마군은 첨단장비로 무장한 미군 2만 4천여 명에게 제압되었다. 미군의 파나마 침공을 계기로 미국의 군사지배에 대한 반발이 거세지는 가운데, 미국은 이러한 반발을 누그러뜨리기 위해 파나마군을 파나마국가보안대로 바꾸어 군대색을 다소 탈색하기도 했다.

1989년 대통령이 된 엔다라는 이러한 국가보안대 창설방안에 반발해 군대를 아예 폐지하고 경찰대를 만들어 치안과 국방을 담당하도록 헌법을 개정했다. 물론 여기에 미국과 파나마 군출신의 반발이 없었던 것은 아니었다. 그러나 엔다라 대통령은 국민적 찬성에 힘입어 국방군 폐지, 경찰대 창설, 문민통제를 내용으로 하는 개혁을 실시하고 1994년 마침내 현행 파나마 헌법을 제정했다. 그리고 헌법 제310조는 '파나마공화국은 군대를 갖지 않는다. 모든 파나마인은 국가의 독립과 국토의 통일을 위해 무기를 들 의무를 진다'고 규정했다. 상설군대를 폐지하는 대신 비상설의 민방위대를 규정하고, 질서유지는 경찰력에 맡기는 내용이다.

③ 에콰도르 헌법(외국군의 군사기지 금지)
에콰도르는 1999년 태평양의 만타에 있는 이로이 알팔로국제공항을 군사기지로 미국에 10년간 제공하는 기지사용협정을 체결했다. 에콰도르에서의 마약거리 단속 등이 명분이었다. 그러나 미국이 파나마운하에서 미군기지를 철거한 해이기도 했던 점을 보면 대체 기지 및 중남미에서의 군사지배를 위한 거점을 찾는 과정에서 이루어진 기지사용협정이었다.

　실제로도 미국은 마약단속보다는 콜롬비아의 좌익게릴라 콜롬비아혁명군(FARC) 등을 단속하는 데 주력했고, 미군 주둔 기간 동안 오히려 마약거래는 물론 매춘 등 풍기문란행위가 늘어났다. 이에 따라 국민적 반발도 커져 기지의 존속보다는 철거에 찬성하는 여론이 반을 넘기게 되었고, 기지 철거를 공약으로 내세운 라파엘 코레아(Rafael Vicente Correa Delgado)가 대통령에 당선되었다. 2008년 국민투표를 통해 외국기지까지도 부인하는 헌법이 탄생했다.

　2008년 에콰도르 헌법 제5조에는, "에콰도르는 평화의 영토이다. 외국의 군사기지 및 군사목적의 외국시설은 허용되지 않는다. 에콰도르의 군사기지를 다른 나라의 군대나 치안을 위해 사용하는 것도 금지한다"라고 규정했다. 미군기지뿐만 아니라 모든 외국군에게 군사기지를 제공하지 않는다는 철저한 반외국기지 헌법이었다. 이에 기초해 코레아 대통령은 2009년 미군과의 기지사용협정을 갱신하지 않겠다는 뜻을 미국 측에 통고했고 미군은 철수하게 되었다.

에콰도르 헌법은 외국기지 배제 헌법으로서도 유명하지만, 군축을 헌법에 명문화한 부분도 주목할 만하다. 제416조 제4항에서는 "평화와 세계의 군축을 촉진한다. 대량파괴무기의 개발과 사용을 비난하고, 군사 목적으로 타국 영토에 기지와 시설을 두는 것에 대해 비난한다"라고 규정하고 있다. 다소 돌출되어 보이기는 하나 에콰도르 헌법은 2차 세계대전 이후 헌법에 명문화되기 시작한 평화주의를 소상히 규정하고 있다. 같은 제416조 제2항에는 "국제적 분쟁의 평화적 해결을 지지하고, 분쟁 해결을 위한 무력에 의한 위협이나 무력행사를 거부한다"라고 규정했으며, 제3항에는 "타국의 내정간섭 및 무력침공, 침략, 점령, 경제적 군사적 봉쇄 등 어떠한 형태의 간섭도 비난한다"라고 규정했다.

우리 헌법이 국제평화를 위해 침략전쟁을 부인하고(한국 헌법 제5조), 일본 헌법이 국제평화를 희구하며 국제분쟁의 해결을 위한 수단으로서 전쟁뿐만 아니라 무력행사와 위협을 포기(일본국헌법 제9조 후단)하고 있는 것과도 일맥상통한다. 거기에서 한 걸음 더 나아가 외국기지를 두지 않겠다는 것, 반평화적 군사외교행위에 대해서는 세계적인 비난이 필요하다는 점을 헌법에 규정했다는 점이 흥미롭다.

④ 팔라오 공화국 헌법(비핵헌법)
중남미에 위치하고 있지는 않지만 태평양의 조그만 섬나라 팔라오 공화국 헌법도 비무장 헌법, 특히 비핵헌법으로서 주목할 만하다. 팔라오는 1986년 신자유연합협정에 따라 50년간 재정지원을 받는 것을 조건으로 미국에 군사기지를 제공하고, 조건부로 핵무기 반입을 승인했다. 그러나

'전쟁에 사용할 핵무기, 화학병기, 가스 또는 생물병기 등 유해물질, 원자력시설 및 폐기물을 국민투표에서 3/4의 찬성 없이는 파라오 영역에서 사용, 실험, 저장 혹은 폐기할 수 없다'는 규정을 둠으로써 비핵헌법이라고 평가되고 있다.

3) 침략전쟁 포기와 전수방위형

(1) 필리핀 헌법

일본과 코스타리카 헌법이 비무장을 규정한 헌법이라면 1935년 필리핀 헌법은 군대를 두되 그 사명을 국토방위에 한정하는 전수방위 헌법조항화형 헌법이다. 여기에는 필리핀을 오랫동안 지배했던 스페인 헌법의 영향도 없지 않다. 1931년 스페인 헌법 6조는 국가정책 수단으로서의 전쟁을 포기하고 국군의 사명을 국토방위에 한정했다. 1977년 헌법에서는 전수방위를 위한 선전포고의 경우에도 곧바로 이러한 권리를 행사할 수 있는 것은 아니고, 사법·조정·중재 절차를 거쳐야만 선전포고할 수 있다고 한정했다.

이러한 스페인 헌법의 영향을 받은 1935년 필리핀 헌법에서는 "국책수행의 수단으로서의 전쟁을 포기하고 일반적으로 수탁된 국제법의 제 원칙을 국내법의 일부로 채용하고 평화, 평등, 정의, 자유, 협조 및 세계 각국 인민과의 친선 정책을 존중한다"라는 규정을 두었다. 이러한 조항은 1946년 개정헌법의 제2조 3항에 계승되었으며, 1973년 헌법과 1987년 신헌법 제2조 2항에도 계승되고 있다.

또한 신헌법은 에콰도르 현행 헌법처럼 외국군대의 기지를 두지 않는 조항과 비핵정책을 규정한 조항으로도 유명하다. 외국군대의 기지를 배제하는 조항은 제18조 제25항에 규정되었다. 필리핀 주둔 외국군대가 미군이었던 관계로 외국군대의 주둔 여부 문제는 미군기지 및 미군 주둔 문제로 다음과 같이 명문화되었다. "군사기지에 관한 미국과 필리핀 간 협정이 1991년 만료된 후에는 외국의 군사기지, 군대, 시설은 상원에 의해 조약이 정식으로 승인되고, 의회가 요구하는 경우에는 국민투표에서 투표자의 과반수에 의해 승인되고 더 나아가 상대국에 의해 조약으로 승인되는 경우를 제외하고는 허용되지 않는다."[61] 미군기지를 배제한다는 직접적인 표현을 쓰지 않고 경과규정의 형태를 둔 것은 아키노 대통령의 입지를 좁히지 않으면서도 당시의 정치 상황을 고려하기 위한 것으로 해석된다. 국민주권국가에서 주권에 막대한 영향을 미치는 외국군대의 주둔 및 기지의 문제를 국민과 국민의 대표에게 묻는 절차를 헌법에 정했다는 점에서 주목할 만하다.

이 규정에 의해 1991년부터 10년간 미군기지 사용을 연장하도록 한 '미국과 필리핀 간 우호협력과 안전보장에 관한 조약'이 1990년 필리핀 상원에 회부되었다. 그러나 상원의 승인을 받지 못했고, 미군은 1991년부터 클라크 공군기지와 수빅 해군기지를 필리핀에 반환했다. 현재 수빅 해군기지는 상업지역이 되어 경제적으로 번성하고 있으며, 클라크 공군기지는 민간 국제공항으로 개발되었다.

필리핀 헌법의 비핵헌법으로서의 성격은 1987년 제2조 8항 "필리핀은 국가이익에 따라 그 영역 내에서의 핵무기로부터의 자유를 정책으로서 확립하고 추구한다"라는 규정에서 드러난다. 이러한 규정에 따라 필리핀에서는 핵무기의 보유와 반입을 금지하는 법률을 제정했다.

필리핀의 헌법에서 비핵정책과 전쟁 포기를 규정한 것은 특별한 의미가 있다. 1991년 미군기지 사용기간 연장을 내용으로 하는 군사 조약

---

61   笹本潤, 『世界の平和憲法』, 66쪽.

인 '미국과 필리핀 간 우호협력과 안전보장에 관한 조약'이 국회 등에서 공론화되었을 때 이러한 헌법규정에 근거한 평화주의담론이 큰 힘이 되었기 때문이다.

다만, '미국과 필리핀 간 상호방위 조약'은 아직 존재하는데, 이에 근거해 '미군방문협정'이라는 새로운 협정이 맺어져서 테러 대비를 위한 미국과 필리핀 간 합동군사연습 등이 이루어지고 있다.[62]

(2) 대한민국 헌법

우리나라의 헌법도 평화주의를 헌법원리로 채택하고 있다. 87년 헌법은 제5조에서 다음과 같이 침략전쟁의 부인하고 국군의 사명을 국토방위, 즉 전수방위에 한정하고 있다. "1항 대한민국은 국제평화의 유지에 노력하고 침략적 전쟁을 부인한다. 2항 국군은 국가의 안전보장과 국토방위의 신성한 의무를 수행함을 사명으로 하며, 그 정치적 중립성은 준수된다."

이러한 헌법규정은 우연히 규정된 것이 아니라 매우 자각적인 형태로 규정되었다. 1948년 헌법 제정 당시에도 유력한 헌법초안자 중의 한 사람이었던 유진오는 침략전쟁을 부정하는 평화주의원리가 2차 세계대전 이후의 보편적 흐름이었음을 국회에서 설명했다. 다만, 우리나라의 경우 일제의 침략을 받은 국가로서 군대를 두지 않을 수 없다고 설명하고 군대를 두되 그 사명을 국토방위, 즉 전수방위에 제한할 것을 명확히 했다.

---

62   笹本潤, 『世界の平和憲法』, 67쪽.

4) 영세중립 및 비동맹 헌법화방식

(1) 영세중립형(오스트리아 헌법, 스위스 헌법)

평화주의를 실현하는 방식은 다양하다. 군대의 사명을 한정하거나, 비무장 평화주의를 규정하는 것도 한 방법이지만, 전쟁에 휩쓸리지 않도록 제도적 장치를 마련하는 것도 다른 방법이 될 수 있다. 두 번에 걸친 세계대전에서 보았듯이 국가들은 중립을 유지하지 못하고 어느 일방 군사동맹에 가담하면서 전쟁이 비롯되었기 때문이다. 따라서 영세중립을 선언하고 실천하는 것도 전쟁의 공포로부터 벗어나 평화적 생존을 확보하는 방편이 될 수 있다. 이러한 영세중립화 방식의 평화주의를 규정하고 있는 것은 오스트리아와 스위스 헌법이다.

오스트리아는 1955년 헌법 제1조에서 "대외적 독립을 확보하기 위한 자국의 영토불가침을 위해 자유의지로 영세중립을 선언한다. 오스트리아는 모든 수단을 다해 영세중립을 유지하고 옹호한다. 오스트리아는 장래 이 목적 달성을 위해 어떠한 군사동맹에도 가입하지 않고 자신의 영토 내에 어떠한 외국 군사기지도 두지 않는다"라고 규정하고 1965년 헌법에서도 국제기구의 요청에 따른 오스트리아 부대의 파견의 경우에도 '원조목적'에 한정하는 헌법규정을 두었다.

스위스는 이러한 헌법규정에 그치지 않고 정부 견해 차원에서까지 영세중립화 정책지침을 마련하고 있다. 스위스 정부의 견해에 따르면 "영세중립국은 전쟁에 휩쓸리지 않기 위한 모든 조치를 취해야 하며 전쟁에 휩쓸릴 가능성이 있는 행위를 해서는 안 된다." 전쟁을 개시하지 않을 의무, 중립 내지 독립을 옹호할 제1차적 의무를 지니며, 여기에 그치지 않고 적극적으로 전쟁에 휩쓸리지 않는 외교정책을 확립할 의무, 군사협정을 체결하지 않을 의무 등을 제2차적 의무로 해석하고 있다. 나아가 관세동맹, 경제동맹을 체결하지 않을 의무도 있다고 해석한다. 전시 중에는 일방국에 대한 적대행위를 금지함은 물론 군대 제공을 금지하며, 교전자 일방에 대한 주권이양 금지, 중립영역에 대한 불가침의무 등을 규정하고 있다.

다만, 민병제까지 폐지하지는 않았다. 성년 남자에게 군사훈련의무를 부여하고 있으며, 여성에게는 민간방위 협력의무를 규정하였다. 그러나 민병제를 둔다 하더라도 민병대의 중립의무를 명확히 하고 있다.[63] 1977년 국민투표로 양심적 병역거부는 부정한 바 있다.

(2) 비동맹 군축형(옛 유고슬라비아 헌법, 방글라데시 헌법)

전쟁에 휩쓸리지 않고 평화를 유지하기 위한 다른 방법은 다른 나라와 군사동맹을 맺지 않는 것이다. 전쟁의 씨앗은 각종 동맹으로부터 비롯되기 때문이다.

비동맹형 평화주의원리를 규정한 대표적인 나라는 옛 유고슬라비아의 1974년 헌법이다. 이 헌법에서는 "유고사회주의 연방공화국은 국제관계의 기초를 국가주권과 평등존중, 내정불간섭, 사회주의 국제주의 원칙 및 국제분쟁의 평화적 해결에 둔다. 유고는 유엔헌장을 준수하고 국제적 약속을 이행하고 국제조직 활동에 적극 참가한다"라고 규정했다. 단지 비동맹에 그치는 것이 아니라 점진적인 군축을 통해 완전한 군축을 달성하기 위해 노력할 것을 규정하는 한편 '무력의 행사와 위협을 부인'한다는 규정을 둔 바 있다.

유고 헌법이 동구 사회주의 국가의 대표적인 비동맹형 헌법이라면 아시아에서는 방글라데시가 대표적이다. 1973년 헌법 제25조도 비동맹

---

63   深瀬忠一, 『戦争放棄と平和的生存権』, 161쪽 이하.

을 통한 평화주의 실현을 위한 제 원칙을 규정하고 있다. 민족자결에 의한 신흥독립국으로서 방글라데시는 1954년 네루·저우언라이 공동선언(평화5원칙-영토와 주권 존중, 상호불가침, 내정불간섭, 호혜평등, 평화공존)을 존중하는 한편, 1955년 반둥 10원칙(기본권 및 유엔헌장의 존중, 주권 영토보전 존중, 인종간의 평등, 내정불간섭, 유엔헌장에 따른 집단적 자위권 존중, 타국 억압금지, 침략전쟁 무력행사 부인, 평화적 해결, 상호이해 촉진, 국제의무 존중)을 평화주의원리의 실천방침으로 삼고 있다.

5) 사회주의 헌법의 침략전쟁 부인형

사회주의 국가와의 전쟁을 경험한 우리나라로서는 사회주의 국가의 경우 호전적이며 전투적이기 때문에 사회주의 국가의 헌법 또한 대단히 반평화적 규정으로 일관하고 있을 것으로 생각하기 쉽다. 하지만 사회주의 국가도 평화주의원리를 헌법규정상으로는 유지하고 있다.

중화인민공화국 헌법(1993년 개정)은 전문에서 "중국은 독립 자주의 대외원칙을 견지하고, 주권과 영토보전의 상호존중, 상호불가침, 상호내정불간섭, 평등호혜 및 평화공존 5원칙을 견지하고, 각국과의 외교관계 및 경제 문화교류를 발전시킨다"라고 규정해 평화주의 원칙을 명시하고 있다. 나아가 "중화인민공화국의 무장력은 인민에 속한다. 그 임무는 국방을 강고하게 하고 침략에 저항하고 조국을 방위하고 인민의 평화로운 노동을 지키고 국가건설사업에 참가하고, 인민에 대한 봉사에 노력한다"라고 규정해, 군대의 존재를 인정하되 인민통제하에 두었다.

북한의 1998년 헌법 제17조도 그 한 예이다. 이에 따르면 "자주, 평화, 친선은 조선민주주의인민공화국의 대외정책의 기본이념이며 대외활동의 원칙이다. 국가는 우리나라를 우호적으로 대하는 모든 나라들과 완전한 평등과 자주성, 호상존중과 내정불간섭, 호혜의 원칙에서 국가적 또는 정치·경제·문화적 관계를 맺는다. 국가는 자주성을 옹호하는 세계 인민들과 단결하며 온갖 형태의 침략과 내정간섭을 반대하고 나라의 자주권과 민족적 계급적 해방을 실현하기 위한 모든 나라 인민들의 투쟁을 적극 지지, 성원한다"라고 규정하고 있다. 제59조에서도 "조선민주주의 인민공화국 무장력의 사명은 근로인민의 리익을 옹호하며 외래침략으로 부터 사회주의제도와 혁명의 전취물을 보위하고 조국의 자유와 독립과 평화를 지키는 데 있다. 제86조 조국보위는 공민의 최대의 의무이며 영예이다. 공민은 조국을 보위해야 하며 법이 정한 데 따라 군대에 복무해야 한다"라고 규정하고 있다.

현실의 사회주의 군대가 실질적으로 인민통제하에 있는지는 의문이지만, 명목상으로는 평화주의원리 가운데 침략전쟁 부인의 법리를 사회주의형으로 표현하고 있는 셈이다.

6) 평화조항의 부재와 의회통제형

2차 세계대전 이후의 헌법이 대체로 평화주의 관련조항을 헌법에 명문으로 규정함으로써 평화주의원리를 헌법의 기본원리로 채택하고 있는데 비해, 세계의 경찰을 자처하는 미국과 영국은 헌법 자체에 평화조항이 없다. 이로 인해 대내적으로는 입헌민주주의 국가를 자처하면서도 대외적으로는 전쟁국가임을 시사하고 있는 것은 아닌가 하는 비판이 있는 것도 사실이다.

(1) 의회의 전쟁선언권과 대통령의 군통수권
성문법 국가인 미국의 경우 전쟁과 조약체결에 관해 원칙적으로는 의회에 의한 통제를 규정하고 있다. "전쟁을 선언할 권한(declare war)을 의회가 갖는다"(제1조 제8절 제11항)라고 규정하고 있으며, "육해군의 통수 및 규율에 관한 법률을 정하는 것"(같은 절 제14항)도 의회의 권한이다. 군 조직의 편성 및 운영에 대한 법정주의를 규정한 셈이다. 그리고 "대통령은 육해군을 비롯한 군대의 총사령관이다"(제2조 제2절 제1항). 이에 따르면 의회가 전쟁을 선언하고 대통령이 군대의 총사령관직을 수행할 권한을 갖는 것으로 보아야 할 것이다.

1812년 영국과의 전쟁은 미국 의회가 전쟁을 선포하고 정부가 이를 수행하는 형태로 이루어졌다. 1차 세계대전 역시 의회에 의한 정식 선전포고가 있었던 전쟁이다.

하지만 대부분 의회의 선전포고 없이 이루어졌다. 링컨 대통령은 의회의 선전포고 없이 남부 연합과의 전쟁을 선포했으며, 연방대법원도 이를 지지했다.[64] 2차 세계대전 당시 루즈벨트 대통령은 의회의 선전포고가 있기도 전에 대통령의 권한으로 미국을 전쟁에 참가시켰다. 루즈벨트 대통령은 영국과 행정협정을 맺고 미국의 구축함을 영국에 양도했으며, 그린란드 등에 미군을 파견했다. 그리어(Greer)호 사건 이후에는 서경 26도 서쪽에서 발견되는 독일과 이탈리아의 선박에 대한 무차별 격침을 선언했다.

1950년 한국전쟁 시 트루먼 대통령은 한국 파병이 전쟁 행위가 아니고 경찰 행위이며 유엔 안보리의 결의로 이러한 경찰 행위가 정당화된다고 주장했다. 베트남전쟁의 경우도 사실은 의회에 의한 정식 선전포고 결의가 없이 이루어진 전쟁 행위였다. 1964년 8월 통킹만 공해상에서 미해군 함정이 월맹의 어뢰정에게 공격을 받은 후 의회가 만장일치로 대

---

64   Prize Case, 67 U.S. 635, 1863.

통령의 신속한 대응을 촉구하는 결의안을 채택했을 뿐이다. 존슨 대통령은 이러한 통킹만 결의와 동남아 조약(South East Asia Treaty: SEATO)[65]을 근거로 군총사령관으로서 권한을 행사해 베트남전쟁을 본격화했다.

미국의 경우, 건국 후 1971년까지 선전포고에 기초한 전쟁은 5개에 불과했으며 192개의 군사행동은 선전포고 없는 군사행동이었다고 한다.[66] 결국 미국의 대통령은 의회의 선전포고 없이 사실상의 전쟁행위를 해 왔으며, 의회 또한 이를 사후에 용인하는 패턴을 보여 왔다고 할 것이다. 이러한 추세에 대해 의회에서는 이렇다 할 문제제기를 하지 않았다.[67]

(2) '전쟁권 결의'를 통한 의회 통제

의회의 전쟁 선언과 대통령에 의한 수행이 아닌, 대통령에 의한 전쟁 수행과 의회의 용인 또는 추인이라는 헌법 무시적인 관행에 제동이 걸리기 시작한 것은 1960년대 후반이다. 베트남에서의 전쟁의 참상이 미국에 본격적으로 알려지면서 베트남전쟁에 참여한 미국의 행위에 반대하는 전국적이고도 전 국민적인 비판 여론이 일었다. 상원 외교분과위원회는 대통령들, 특히 루스벨트, 트루먼, 케네디, 존슨 대통령으로 이어지는 대통령들의 무제한적이다시피 한 독자적 전쟁권 행사를 지적하고 의회가 전쟁권을 회수할 것을 강력히 촉구했다.[68] 1971년에는 베트남전을 사

---

65   1954년 마닐라에서 조인된 동남아시아 집단방위조약. 태평양지역의 집단적 반공군사동맹이다. 미국, 영국, 프랑스, 호주, 뉴질랜드, 타이, 필리핀, 파키스탄 8개국으로 구성되어 있다. 동남아 조약기구 본부는 방콕에 있다.

66   Terry Emerson, "War Power Legislation: An Addendum", *West Virginia Law Review* 74, 1971; 이상돈, 「美國 憲法上 大統領의 戰爭權限」, 『저스티스』 23호, 1985, 50쪽에서 재인용.

67   미국에서의 대통령에 의한 이러한 전쟁행위의 추세에 대해서는 이상돈, 앞의 논문, 48-51쪽을 참조.

실상 용인한 통킹만결의(1964)를 폐지했고, 1973년에는 마침내 '전쟁권 결의(The War Powers Resolution of 1973)'를 채택했다.

'전쟁권 결의'는 전쟁을 선포함에 있어서 의회와 대통령의 공동결정을 주요한 내용으로 한다. 이를 통해 대통령이 사실상 행사하고 있는 전쟁권을 제한해 의회의 전쟁선포권을 실질적으로 회복하는 것이 목적이다. '전쟁권에 관한 결의'는 크게 네 부분으로 구성되어 있다. 첫째, 군통수권자로서의 대통령은 선전포고가 있는 경우, 또는 미국 영토나 부속령 또는 미군에 대한 공격이 있는 경우에 한해 미군을 전투에 투입할 수 있다. 둘째, 군대를 투입하기 전에도 의회와 긴밀히 협의(Consultation)하도록 했다. 이에 따르면 대통령은 전쟁 상황(hostilities)이 전개되고 미군 개입이 절박하다고 판단되더라도 군을 투입하기 전에 의회와 협의해야 한다. 일단 군이 투입된 경우에도 완전 철군까지 의회와 정기적으로 협의해야 한다. 셋째, 외국에 주둔하고 있는 기존의 미군 병력을 현저하게 증강시킨 경우, 선전포고는 없지만 전투가 곧 발생할 것 같은 상황이 벌어져 군을 투입해야 할 경우에도 대통령은 하원의장과 상원의장에게 48시간 내에 문서로 보고해야 한다. 넷째, 의회는 선전포고 없는 미군 투입 상황에 대한 보고를 받은 경우 60일 내에 전쟁을 선언하거나 전쟁행위를 특별히 인정하는 입법조치를 취하거나 60일의 기간을 연장하는 경우 등이 아니면 대통령의 이러한 군 운용을 중지시켜야 한다.

그러나 의회에 의한 전쟁권 결의는 실제 운용에 있어서는 대통령의 전쟁권을 그다지 견제하지 못했다. 베트남과 캄보디아에서의 철수작전의 경우, 의회는 사후에 보고를 받았으며 사전통지를 받은 경우에도 의

---

68 National Committments, Sen. Rep. No. 797, 90th Cong. 1st Sess, 1967; Gerald Gunther, *Constitutional Law* (10th Ed.), 1980, pp.416-422; 이상돈 같은 논문 51쪽에서 재인용.

미 있는 협의가 이루어지지 않았다. 레이건 대통령은 1982년 레바논 파병 시에 1,200여 명의 해병대를 파병하면서도 이러한 파병이 단독파병이 아니라 다국적군의 일환으로 파병되는 것이므로 전쟁권 결의가 적용되지 않는다고 했다. 1983년의 그라나다 침공 시에는 하원의장과 상원의장에게 보고서를 제출하기는 했으나 전쟁권 결의를 무시하는 파병행위를 계속했다.

전쟁권 결의가 실효성을 갖기 위해서는 대통령의 군사행동을 종료시킬 수 있는 권한이 실효적이어야 한다. 그러나 전쟁권 결의 제5조(section)가 규정한 입법적 거부권에 대해 연방대법원은 상하 양원 중 어느 한 의회의 결의로 입법적 거부를 하게 하는 것은 양원제 원칙과 대통령의 법률안 회부권을 침해하는 것으로 권력분립의 원칙에 위반된다고 위헌판결을 내리기도 했다.[69] 전쟁권 결의는 전쟁권이 본질적으로 의회의 권한이라는 헌법 제정자의 입법 의도에 기초하고 있으나 실효성을 결여하고 만 것이다.

(3) 전쟁권 결의의 부활

의회에 의한 전쟁권 통제 문제는 2000년대 들어 이라크전쟁을 계기로 다시 부활했다. 의회는 2007년 대통령의 전쟁에 관한 권한을 제한하는 결의안을 추진했으며, 2007년 1월 30일 상원에서는 '미연방의회는 전쟁을 멈추게 할 수 있는 권한이 있는가'라는 청문회를 열기도 했다. 각계에서 활약 중인 헌법 전문가 5인을 증인으로 채택해 열린 이날 청문회에서는 군통수권자인 미국 대통령이 주도하는 전쟁을 의회가 중단시킬 수 있는 권한이 있는지에 대한 헌법 해석을 둘러싼 날선 토론이 이어졌다.

---

69   INS vs Chadha, 103 S.Ct. 2764, 1984. 이에 대한 상세한 내용은 이상돈, 「입법적 거부에 대한 미 연방대법원의 위헌판결」, 『고시계』, 1984년 10월, 95-106쪽을 참조.

2013년 이후 시리아에 대한 군사공격과 관련해 버락 오바마 미국 대통령이 전쟁선포권을 의회에 일임하면서 다시 화제에 올랐다. 1973년 의회의 '전쟁권 결의'에 따르면 대통령은 군사행동 개시 전에 의회와 협의해야 한다. 일단 군사행동에 들어가면 48시간 이내에 의회에 보고해야 한다. 60일 이내에 의회가 전쟁선포를 하지 않거나 명시적인 입법 조치를 취하지 않으면 대통령이 전쟁을 선포할 수 없다.[70]

오바마 대통령을 견제하려는 공화당 등 국회의원들의 움직임과 노벨 평화상 수상자임에도 불구하고 이렇다 할 평화적인 역할을 하지 못한 오바마 대통령은 시리아전쟁이 '오바마의 전쟁'으로 기록되는 것을 두려워해, 전쟁권 결의를 활용, 전쟁 결의를 의회에 미루었던 것은 아닌가 생각된다.

공화당 스콧 리걸 하원의원 등의 서한의 다음 문구는 전쟁권 결의가 갖는 헌법적 의미를 다시 한 번 상기시킨다. "미국에 대한 직접적인 위협이 존재하지 않을 때 의회의 사전 허가를 받지 않고 우리의 군대를 시리아에 개입시키는 것은 헌법에 분명하게 기술된 권력분립 원칙을 위반하는 것"[71]이다.

7) 소결

프랑스의 예에서 보듯 1차 세계대전 전에도 전쟁 위법화를 필두로 하는 평화주의 사상이 헌법에 명문화되는 경우가 있었다. 하지만 전쟁 위법화가 보편적으로 헌법에 명문화된 것은 2차 세계대전 이후의 일이다.

그렇다면 침략전쟁 위법화를 규정한 1928년의 켈로그-브리앙조약

---

70   "오바마, 자신이 친 '금지선' 덫에 걸렸나", 미디어 오늘, 2013년 9월 2일.
71   "美 의회서 '시리아 공습 사전승인' 요구 움직임", 서울신문, 2013년 8월 28일.

은 무엇이었을까. 1차 세계대전 후에 맺은 켈로그-브리앙조약은 전쟁 위법화를 헌법 차원의 것이 아니라 국제법의 일반 원리로 확립하게 된 획기적인 사건이었다. 즉 국가와 국가 간의 약속 차원에서 원리화된 것이었다. 그러나 국가와 국민 간의 법원리, 즉 국민이 국가권력을 견제하는 원리로 확립되었다고는 할 수 없었다.

국민이 국가권력을 견제하는 원리로서 헌법원리화된 것은 다름 아닌 2차 세계대전 후이다. 이때부터 일반적으로 침략전쟁 부인의 법리가 헌법규범화되었다. 헌법규범화는 평화주의가 국가와 국민 간의 관계에도 적용되는 원리로 격상되었다는 것을 의미한다. 즉 평화권같이 국민의 인권 보장을 위한 국가권력 제약의 원리로 기능하기 시작한 것이다. 그 방식은 각국의 역사적·정치적·국제관계적 상황에 따라 침략전쟁 포기와 주권제한형, 침략전쟁 포기와 비무장형, 침략전쟁 포기와 전수방위형 등으로 나누어 볼 수 있다. 우리 헌법은 침략전쟁 포기와 전수방위형 평화주의원리 국가에 해당한다.

2. 국제사회의 평화주의와 평화권

1) 20세기의 평화주의

2차 세계대전의 참화와 핵무기 같은 대량살상무기에 대한 우려로 인해 각국 헌법에는 나름의 평화주의원리가 규범화되었고, 국제사회에서 평화권 논의가 활성화되었다. 하지만 이는 평화에 관한 사상의 일반화 때문이기도 했다. 인류는 1차 세계대전을 거치면서 전쟁을 위법화했고 국제연맹 등 국제기구를 만들어서 세계적인 평화체제를 만들고자 했다. 그러나 2차 세계대전이 다시 일어났다. 이에 국가 간의 약속만으로는 전쟁을 막을 힘이 부족함을 알게 되었고, 개별 국가의 헌법에 평화주의를 규정해 개별 국가의 주권자가 국가를 규제하게 했던 것이다.

이하에서는 평화주의와 평화권이 헌법규범화되기 이전의 국제적인 평화주의 사조를 부전조약(켈로그-브리앙조약), 국제연맹, 국제연합 등으로 이어지는 일련의 과정을 통해 살펴보기로 한다.

(1) 윌슨과 국제연맹

3·1운동에 영향을 주었던 민족자결주의 등으로 알려진 우드로 윌슨(Thomas Woodrow Wilson, 1856~1924)은 평화주의 사상가로도 유명하다. 윌슨은 1차 세계대전을 세계 최후의 전쟁이라 생각해 참전하면서 '14개조 제안'을 내놓았다. 전후에는 항구적인 세계평화를 위한 국제조직이 필요하다고 역설했다. 윌슨은 유럽대륙에서 횡행하던 힘의 우위를 통한 정치, 즉 권력정치(Power Politics)를 극복하면서도 레닌의 볼셰비키혁명에 대항하기 위해 국제사회의 질서 있는 진보와 법의 지배가 확보되어야 한다고 생각했다. 이를 위해서는 평화를 강제할 집단적 안전보장체제가 필요하다고 보았다.

① 1차 세계대전과 윌슨의 평화사상

윌슨은 미국의 버지니아주의 스턴튼이라는 곳에서 장로교 목사인 아버지와 목사의 딸인 어머니 사이에 태어났다. 윌슨은 종교적이고 학구적인 분위기에서 성장해 변호사가 되었으며, 나중에는 프린스턴대학 등에서 교수를 역임했다. 장로교의 전통, 미국 독립선언의 정신, 벤담 등 영국의 자유주의 사상가 등의 영향 아래 대학교수로 지내던 윌슨은 1910년 뉴저지 지사선거에서 당선된 후 1912년에 민주당 대선후보가 되고 1913

년에는 대통령이 되었다.

대통령 선거에서 라이벌이었던 루스벨트의 정책에 비판적이었던 윌슨은 필리핀에 자치를 허용하는 등 반제국주의 노선을 표방하는 듯한 정책을 취했다. 그러나 민주주의와 법치가 확실히 보장된 정부만이 존중할 가치가 있으며, 그렇지 못하다고 여겨지는 국가에는 힘으로라도 개입해서 민주주의와 자유가 뿌리 내리게 해야 함을 선언하기도 했다. 요즘 미국 대외정책의 화두였던 불량국가론과 그에 대한 무력개입론의 원조였다고도 할 수 있다.

윌슨이 미국의 고립주의적 전통을 깨고 무력개입론을 적극적으로 펼치기 시작한 것은 1차 세계대전 개입 결정이다. 1차 세계대전 참전을 결심하면서는 그는 '이 전쟁은 모든 전쟁을 끝내기 위한 전쟁이 되어야 하며 악의 축인 독일과 오스트리아를 무찌른 다음에는 누구나 자유와 평화를 누리는 이상적인 국제질서를 수립할 수 있다'라고 주장했다. 이처럼 그는 참전을 국익을 위한 것이 아니라 그보다 더 높은 숭고한 이상을 위한 거룩한 희생으로 묘사했다.

1918년 1월 8일의 '14개조 제안'은 많은 반향을 일으켰다. 제1조에서는 비밀외교의 금지와 조약의 공개적 체결, 제4조에서는 국내적인 안전과 양립할 수 있는 필요최소한까지의 군비삭감, 제5조에서는 식민지 주민과 정부 쌍방의 이해관계가 공평하게 조정되어야 한다면서 주권평등과 민족자결주의를 주장했다. 제6조부터 제13조까지는 당면한 국제적 현안과 실천과제에 대해 언급했는데, 민족자결주의를 구체화한 것으로 볼 수 있다. 그중 제6조는 러시아에서 군대를 철수하고 모든 형태의 원조를 제공하겠다는 내용이다. 이는 10월혁명으로 사회주의 정부를 수립한 러시아 정부가 1차 세계대전의 전선에서 이탈하려고 하자 이를 무마하기 위한 것이었다.[72]

'14개조 제안' 중 가장 큰 반향을 불러일으킨 것은 제14조 국제연맹의 창설에 대한 제안이었다. 윌슨은 강대국도 약소국도 정치적 독립과 영토보전을 상호보장하는 것을 목적으로 하는 규약을 맺고 국제연맹을 형성해야 한다고 주장했다. 이는 오로지 힘이 국제질서를 말한다고 생각하던 그때까지의 국제관계 상식을 뒤흔드는 것이었다.

② 국제연맹의 성립

윌슨이 제창한 세계적인 차원의 평화체제 구상은 1차 세계대전 후 파리에서 열린 종전회의인 파리강화회의에 추진력을 부여했다. 윌슨이 준비하고 조정한 국제연맹규약은 1919년 1월 25일 파리강화회의 제2차 총회의 연맹규약초안위원회에 정식으로 제기되었다. 윌슨의 규약초안은 수차례의 토론과 협의를 거듭한 끝에 프랑스 대표 L. 부르주아(L. Bourgois)의 국제군 창설구상 등을 포함해 1919년 2월 14일에 가까스로 성안되었다. 그러나 당장 미국의 상원의원들이 먼로주의, 내정불간섭, 탈퇴권, 의회 권한의 확보, 영국과 평등한 지위 확보를 거세게 요구했다. 이러한 요구를 반영한 최종수정안이 1919년 4월 28일 성립했다.

그러나 1차 세계대전 중에 체결된 각종 비밀 조약에 기초해 승전국이 패전국에 영토를 요구하고, 민족자결원칙을 파기하는 영토 복귀가 이루어지는 등 패전국에 불리한 현실이 전개되었다. 게다가 윌슨의 모국 미국에서조차 1919년 11월 19일에 국제연맹 가입이 거부되었다. 비록 이러한 현실적 어려움이 있었지만 세계 최초의 세계평화기구 국제연맹은 1920년 1월, 24개국을 가맹국으로 해 출범했다. 출발부터 약체였던 탓에 연맹은 2차 세계대전을 막지 못하고 말았지만 세계적인 평화체제

72　深瀨忠一, 『戰爭放棄と平和的生存權』, 47쪽 이하.

논의에 공헌한 바는 적지 않았다.

월슨의 평화사상과 관련해 국제연맹규정을 살펴보면 다음과 같다. 월슨의 '14개조 제안' 중 민족자결권의 전제조건이라고 할 수 있는 연맹국의 영토보전에 관한 조항이 연맹의 규정에 반영되어, 연맹국의 영토보전 및 현재의 정치적 독립을 존중하고 외부침략에 대응할 것을 약속한다(제10조)고 규정되었다. 제8조에서는 '14개조 제안'의 필요최소한의 군비로의 군축에 대한 내용을 부연해 규정하고 있다.

국제평화를 주요 목적으로 하고 있는 국제연맹의 규약은 전쟁을 금지하기 위해 일반적인 조약 형태로 체결된 최초의 조약이었다. 국교단절에 이를 정도의 위험이 있는 분쟁은 평화적으로 해결할 의무를 정했고, 국제재판의 판결 또는 이사회 보고 후 3개월간은 전쟁을 할 수 없도록 금지했다. 판결 또는 보고서에 따른 가맹국에 대해서는 그 후에도 전쟁의 대상으로 삼을 수 없도록 했다. 다만, 연맹은 가맹국 전체로 구성되는 총회와 이사회 및 사무국을 두고, 의결은 전원일치에 의하도록 하였다. 이는 사안에 대한 충분한 토의와 심의를 할 수 있게 하지만, 실질적으로는 아무것도 결정할 수 없게 되는 맹점을 내포했다. 따라서 이사회에서 전원일치로 권고가 얻어지지 않을 경우 예외적으로 전쟁에 호소할 수 있다고 해 사실상 전쟁에 기댈 명분을 주기도 했다.

국제연맹의 설립은 1차 세계대전 이후 파리강화조약의 국제법상 가장 중요한 정치적 발명이라고 평가된다. 이는 근대 시민혁명기의 각종 평화사상, 프랑스혁명기의 정복전쟁포기론, 칸트 등 19세기 평화사상의 집대성이라고 할 수 있다. 물론 영미권적 전통에 치우쳤으며 선진국 국익 중심이었고, 자본주의 경제체제의 옹호를 바탕에 깔고 있었다는 한계가 있었다. 그러나 민족자결을 확보하기 위한 보편적인 집단안전보장체제 구축, 군축, 전쟁과 폭력 대신 평화적·법적 수단에 의한 분쟁의 해결,

국제사회의 정의에 합치하는 평화적인 변화와 진보가 필요하다는 것을 주요 내용으로 하는 윌슨의 평화사상은 평화주의운동에 커다란 족적을 남겼다.

(2) 사회주의적 평화사상과 운동

① 장 조레스의 평화주의사상

장 조레스(Jean Jaurès, 1859~1914)는 프랑스 사회당의 결성자이자, 국제사회주의 운동의 조직자로서 과감한 반전평화론을 주창했던 정치가였다. 조레스는 프랑스혁명의 근간 이념인 공화주의를 철저히 할 것, 노동운동에 의해 사회의 진보를 달성할 것, 조국애와 국제평화 확보를 위한 연대가 필요하다는 것을 내용으로 하는 평화사상을 주장한 사상가이기도 했다. 독일과 프랑스의 화해를 호소하며 평화 유지에 노력을 기울였으나 1914년 우파(국가주의자) 라울 발랭에게 암살당했다.

조레스는 조국방위를 명분으로 시작한 나폴레옹전쟁(1797~1815)이 점차 침략전쟁으로 변질되고 유럽 각국과 60여 회나 되는 전투를 벌이는 것을 엄중히 비판했다. 그는 나폴레옹이 혁명을 내세워 군사독재를 강화하는 것을 보면서, 군부에 의한 억압정치와 호전성에 맞서 인권을 보장하기 위해서는 평화가 불가결함을 깨달았다. 조레스는 군부를 통제하고 전쟁을 피하여 평화를 확보하기 위해서는 의회제와 민주주의가 결합해야 한다고 주장했다.

19세기 말 유럽은 제국주의적 식민지 확장 전쟁이 정점에 달하고 있었다. 조레스는 국가 정복과 전쟁을 통하지 않은 평화적인 문화의 상호교류와 인간적인 식민지 정책을 기대했으나 현실은 반평화적이고 비인간적이었다. 그는 원래 공화파였지만, 세계 최초의 노동자 자치정권이었던 파리 코뮌(1871. 3. 18~1871. 5. 28) 등을 거치면서 마르크스주의

연설하고 있는 장 조레스

의 영향을 받아 반제국주의 입장을 분명히 했다. 평화는 사회주의와 무산자 대중의 국제적 연대로 확보된다고 생각하고 행동했으며, 아시아와 아프리카 각국의 독립운동을 촉구했다.

당시 대부분의 사회주의자들이 자본주의가 존속하는 이상 전쟁은 불가피하다고 한 데 반해, 조레스는 자본주의의 개혁을 통해 전쟁을 피할 수 있다고 주장했다. 전쟁 회피의 수단으로는 평화외교와 국제적 중재를 내세웠다.

군대에 대한 새로운 구상도 피력했다. 조레스는 당시의 군대의 모습에 비판적이었다. 군대가 대내적으로는 인민 억압의 수단으로 작용하고 대외적으로는 침략수단화될 뿐만 아니라 군인들이 폐쇄적인 직업집단화되어 시대적 흐름과 진보를 막는 것에 대해 못마땅해 했다. 그래서 그는 군대를 방위적이고 효과적인 민병조직으로 꾸려 군사력이 확충되는 것을 저지하고 전쟁을 방지하고자 했다. 이러한 구상을 담은 '1910년 법안'을 의회에 제출했다.[73]

이에 따르면 군대는 국가의 독립과 국토보전을 위한 목적으로만 존재해야 한다. 누가 보더라도 명백하게 방위적인 것이 아닌 일체의 전쟁은 범죄이다. 명백하고 분명하게 방위적인 것은 정부가 분쟁관계에 있는 외국에 대해 중재를 통해 분쟁을 해결할 것을 제안한 경우뿐이다(제16조). 조레스는 분쟁의 해결방법으로서 중재를 중시했다. 제17조에서는 공개적이고 성실하게 중재를 통한 해결을 제안하지 않고 전쟁을 개시한 모든 정부는, 프랑스는 물론이고 인간에 대한 반역자이며 조국과 인류에 대한 공적이라고 규정했다. 뿐만 아니라 이러한 행위에 동의하는 모든 의회도 중죄인이며 해산되어야 한다고 했다. 시민들은 이러한 정부를 타

---

73 深瀬忠一, 『戰爭放棄と平和的生存権』, 65쪽.

도하고 선의의 정부를 세워야 할 의무를 지니며, 새로 들어선 정부도 국가적 독립을 옹호하면서 중재를 통해 외국에 대한 적대적 군사행동을 중지 또는 예방할 것을 제안해야 한다고 했다.

조레스의 이러한 법안은 저항권의 평화주의 버전이라고 할 수 있다. 폭군방벌론과 마찬가지로 전쟁을 추구하고 평화를 저해하는 정부 및 의회 모두가 평화권의 이름으로 교체되어야 하며, 전쟁이 아닌 평화적 방법을 통한 분쟁의 해결과 사전예방의 중요성을 강력히 표현한 법안이다. 문제는 중재의 규범력이다. 이를 위해 프랑스 정부가 이니셔티브를 쥐고 보다 완전한 중재 조약이 성립할 수 있도록 요청하는 조항을 제18조에 두었다. 당시로서는 이상주의적이고 독창적인 평화주의 사상이었으나 평화권 논의가 활발한 오늘의 시점에 비추어 보면 매우 선구적이다. 평화권의 법적 성격, 즉 대국가적인 성격과 국제적인 성격을 동시에 갖고 있음을 꿰뚫고 입법부와 행정부를 견제하는 것은 물론 행정부에게 평화외교에 적극적으로 나설 수 있도록 촉구하는 내용을 담고 있었던 것으로 보인다.

② 레닌의 사회주의적 평화주의

조레스의 평화주의 사상이 다소 이상적이었다고 한다면, 레닌(1870~1924)의 평화주의 사상은 다소 이념적이었다고 할 수 있다. 잘 알려져 있듯이 레닌은 볼셰비키혁명 이론가이다. 레닌은 전쟁을 정의의 전쟁과 부정의의 전쟁으로 크게 구분했다. 지배계급이 피지배계급을 억압하고 착취하기 위한 전쟁을 부정의의 전쟁이라고 해 부인한 반면, 피착취계급이 생존과 자립을 위해 억압계급에 저항하는 전쟁은 정당성을 인정하고 옹호했다. 노예소유자에 대한 노예의 전쟁, 지주에 대한 농노의 전쟁, 자본가에 대한 프롤레타리아의 전쟁, 식민지 해방을 위한 전쟁은 역사적 진보성을 인정하고 정의의 전쟁이라고 했다.

　자본주의하의 전쟁 분석은 계급론과 결부되어 독창성이 있다. 레닌은 자본주의하, 특히 제국주의 단계에 이른 자본주의하에서는 전쟁이 불가피하거나 내재된 측면이 있다고 생각했다. 자본주의 사회가 계급 간의 투쟁을 내재하고 있어 계급 간 전쟁이 불가피하다고 보았기 때문이다. 이러한 상황 인식하에서 전쟁을 근원적으로 없애기 위해서는 부르주아계급에 의한 지배체제를 타도하고 프롤레타리아 계급이 사회주의적 소유 및 경제 사회, 정치권력을 획득해 계급을 소멸시켜야 하며, 그렇지 않은 한 평화가 확보되지 않는다. 그래서 레닌은 제국주의국가가 일으키는 전쟁은 노동자계급의 국제적 연대에 기반한 반제국주의적 반전평화운동으로 저지되어야 하고, 이를 통해 사회주의 혁명으로 전화되어야 한다고 했다.

　레닌의 사회주의적 평화주의사상은 그 독창성에도 불구하고, 정의의 전쟁이라는 명분 아래 죽어간 사람이 얼마나 많은지, 누가 죽었는지, 전쟁을 통해 과연 평화가 찾아왔는지를 살펴보면 재고의 여지가 적지 않다. 특히 전쟁이 일반 민중에게 미친 피해는 20세기 들어 급격히 증가했다. 20세기의 전쟁은 19세기의 전쟁과 달리 총력전화되어 군인이 아닌 민간의 피해가 막대했다. 이는 전쟁에 의한 사망자 수를 비교해보면 알 수 있다. 18세기에는 440만 명, 19세기에는 830만 명이었던 것이 20세기에는 1986년에 이미 9,880만 명을 넘어섰다.[74] 전쟁의 발생 건수만 보

74　山内敏弘, 『平和憲法の理論』, 251쪽. 20세기 전쟁과 집단학살로 인한 희생자의 숫자는 학자들마다 일정한 편차를 가지고 있다. 루돌프 럼멜의 경우 국가에 의한 학살이라는 개념을 통해서 신중하게 계산한다면 1억 6,919만 8천 명이 희생된 것으로 추정한다(Rudolph Rummel, *Statistics of Democide: Genocide and Mass Murder Since 1990*, LIT Verlag, 1997, p. 335). 윌리엄 에카르트는 1900~1998년 사이에 8,522만 7천 명이 전쟁과 관련해 희생되었으며, 이들 가운데 절반 정도를 민간인으로 본다(William Eckhardt, "Civilian Deaths in Wartime", *Bulletin of Peace Proposals* 20(1), 1989, p. 90).

더라도 20세기의 전쟁은 19세기의 전쟁과 자릿수를 달리한다. 18세기에는 68건이었던 전쟁이 19세기에는 무려 205건으로 늘어나고, 20세기에 들어서면 237건으로 늘어났다. 10만 명 이상 전사자를 낸 전쟁도 19세기에는 14건에 불과했으나 20세기에는 3배 이상 늘어났다. 백만 명 이상의 희생자를 낸 전쟁은 19세기에는 두 건밖에 없었으나 20세기에는 13건이나 있었다.

1차 세계대전에서는 약 2,000만 명이 희생되었고, 2차 세계대전에서는 약 3,800만 명이 희생되었다. 문제는 이러한 희생자의 상당수가 전투에 직접 참가하지 않은 민간인이라는 사실이다. 1차 세계대전 전까지는 희생자 중 일반인이 5% 정도에 불과했으나, 2차 세계대전에서는 48%까지 늘어났고, 베트남전쟁의 경우 90%에 이르게 되었다.[75] 한국전쟁의 경우도 민간인 희생자가 60%를 넘는다.[76] 대량살상무기의 발전으로 일반 주민이 직접적으로 최대의 피해자가 된다는 것은 히로시마와 나가사키의 원폭 투하에서 잘 알 수 있다.

파시스트에 의한 전쟁은 물론 계급혁명을 위한 전쟁에서도 일반인의 피해가 막심하다는 것을 고려한다면 개개인의 평화적 생존을 고려하지 않은 전쟁은 설득력을 잃었다. 이에 따라 전쟁을 예방하고 평화를 확보하고 실현하는 것이 인권 보장의 전제조건이라는 것이 국제적으로 인식되고 있다.

---

75   足立純夫, 『現代戦争法規論』, 啓正社, 1979, 219쪽; 山内敏弘, 『平和憲法の理論』, 251쪽에서 재인용.

76   국방군사연구소 편, 『한국전쟁 피해통계집』, 국방군사연구소, 1996, 145쪽. 남한의 경우 군인 희생자 숫자는 621,479명(전사, 부상, 실종/포로)이었고 민간인 희생자 숫자는 906,436명이었다(사망, 학살, 부상, 행방불명). 북한의 경우에도 군인 희생자가 2,035,000명, 민간인 희생자는 1,500,000명에 달했다. 한국전쟁으로 인한 직접적인 인명피해의 통계는 집계기관마다 차이를 보이며, 특히 북한 측 희생자 통계는 그 차이가 더욱 크지만 그럼에도 공통적으로 분명한 것은 전체 희생자 중 압도적인 민간인 비중이다.

(3) 전쟁위법화와 켈로그-브리앙조약

전쟁으로 인한 피해의 질적인 변화에 호응해 과거에는 주권국가의 당연한 권리로 여겨졌던 전쟁권이 국제적으로 위법화되었다.

① 아리스티드 브리앙의 평화사상

전쟁을 위법화하자는 국제적인 주장을 국제규범화하는 데 주역을 담당한 사람 중 아리스티드 브리앙(Aristide Briand, 1862~1932)이 있다. 브리앙은 프랑스의 정치인으로, 낭트에서 태어나 법률을 공부한 뒤 신문기자, 변호사, 국회의원 등을 지냈으며 프랑스 사회당의 서기장을 역임하기도 했다. 브리앙은 온건좌파를 중심으로 연립내각을 구성해 수상을 11회, 외무부장관을 10번이나 역임했다.

　브리앙은 조레스와 마찬가지로 프랑스 인권선언을 평화사상의 원점으로 하면서 여기에 공화주의와 사회민주주의를 접합했고, 유럽이 하나의 연방이 되어야 함을 주창했다. 윌슨의 국제연맹규약에 찬성하면서도 패전국에 가혹한 내용을 담고 있다는 비판을 견지했다. 하지만 1925년의 로카르노조약(The Locarno Treaty)과 1928년의 부전조약 체결 등 평화주의 역사에 획기적인 전기를 마련했으며, 그 공으로 노벨평화상을 수상하기도 했다.

　로카르노조약은 1925년 10월 16일 영국, 프랑스, 독일, 이탈리아 등 유럽 7개국에 의해 체결된 국지적이지만 보편적 안전보장 조약으로 집단안전보장의 역사에 있어서 전기를 마련한 조약이다. 부전조약은 미국과 프랑스의 쌍무 조약의 형태를 띠고 있지만 보편적 안전보장 조약이며, 전쟁위법화를 문서로 명기한 최초의 국제 조약이다. 1925년의 로카르노조약이 보편적 안전보장 조약의 형태를 갖추었으나 정작 중요한 서구 열강 중 하나인 미국이 참가하지 않았던 바, 이를 보완하기 위해 프랑스가 주도적으로 미국에 외교교섭을 해 양자 조약의 형태로 1928년 부전조약을 맺은 것이다. 조약에는 프랑스와 미국 이외에도 로카르노조약 체결국 모두가 이를 승인하고 그 밖의 나라도 참가해 15개국 체제로 발족했으나 1938년에는 당시 세계 국가 수의 90%에 육박하는 63개국이 참가했다.

부전조약의 핵심은 전쟁위법화를 선언한 제1조이다. 즉 체약국은 국제분쟁의 해결을 위해 전쟁에 호소해서는 안 되며, 국가 간 상호관계에 있어서 국가정책의 수단으로서 전쟁을 포기할 것을 각국 인민의 이름으로 엄숙히 선언했다. 제2조에서는 평화적 수단에 의한 분쟁의 처리와 해결을 촉구하고 있다.

국제연맹규약이 원칙적으로 전쟁을 금지하면서도 예외를 두어 전쟁을 용인하고 있는 데 반해, 부전조약은 국가의 정책수단으로서의 전쟁을 아무런 유보 없이 부인하고 전쟁 자체를 본질적으로 정당하지 못하며 위법한 것이라고 규정했다는 점이 획기적이다. 그러나 전쟁을 일반적으로 금지했을 뿐, 금지된 전쟁이 구체적으로 어떠한 전쟁인지는 명확하지 않다. 브리앙은 이런저런 연설에서 '이기적이고 자의적인 전쟁'을 언급하기도 하고 그가 주도한 프랑스 측의 조약원안에는 '침략전쟁'이라고 되어 있지만, 무엇이 자의적인 전쟁이고 무엇이 침략전쟁인지는 여전히 불명확하다.

조약 조문상 자위권 발동 행위로서의 전쟁을 금지하는 것은 아니라는 유보조항을 둔 것은 아니지만, 브리앙과 켈로그가 남긴 기록 등에서는 자위권 발동으로서의 전쟁을 유보하고 있음을 알 수 있다. 그런데 문제는 무엇이 자위의 전쟁이고 무엇이 침략전쟁인가에 대한 구별과 보편적 정의가 존재하지 않았다는 점이다. 뿐만 아니라 전쟁이라는 제도 자체를 부정하면서 이러한 금지규정에 위반해 전쟁을 일으킨 나라를 제재하는 수단은 일절 규정하고 있지 않다. 결국 전쟁을 금지하고 국제평화를 확보하기 위한 세계적 연대체제나 위정자의 책임감, 또는 국제적인 여론에 의한 통제력에 기댈 수밖에 없었던 것이다. 이렇듯 부전조약은 국제법 차원에서 전쟁을 위법화하는 규정을 세우는 데에는 큰 공헌을 했으나 전쟁을 일으키려는 국가를 당장 견제하기 위해 헌법규범화라는 과제를 남겼다.

② 절대주의 평화사상

전쟁위법화의 국제규범화라는 역사적 의의를 가졌지만 과제 역시 남긴 부전조약을 뛰어넘고자 하는 평화주의 사상이 없었던 것은 아니다. 부전조약의 다른 당사자인 미국의 경우 자위의 전쟁과 침략전쟁 모두를 전면적으로 불법화하자는 전쟁 비합법화(outlawry of war)의 운동과 퀘이커 교도들에 의한 절대주의 평화사상이 있었다.

시카고에서 활약하던 솔로몬 레빈슨 변호사는 1918년 '전쟁의 법적 지위'라는 논문을 발표하고 전쟁의 전면적 비합법화를 주창하고, 이를 위한 미국위원회를 조직했다. 또한 무력에 의한 제재가 아닌 각국의 약속과 여론에 의해 전쟁 폐지를 담보하자고 일관되게 주장했다. 그리고 레빈슨은 국제법을 법전화할 것, 국제분쟁에 대한 강제관할권을 갖는 국제재판소를 창설할 것, 개별 국가는 전쟁 선동자 처벌 법안을 제정할 것 등을 주장했다.

레빈슨의 평화주의 사상의 독창성은 자위전쟁과 침략전쟁을 모두 비합법화하자는 데 있다. 침략전쟁과 자위전쟁은 구별 자체가 어렵기 때문이다. 어떤 나라도 스스로를 침략자라고 인정할 리 없고, 침략과 자위의 구별은 매우 상대적이며, 판정의 기준도 존재하지 않고 강제도 불가능에 가깝다. 따라서 레빈슨은 무력 제재의 한계를 직시하고, 국제재판소의 판결을 강제하기 위해 국제경찰군 같은 또 다른 이름의 무력 통제도 부인했다. 다만 타국의 공격에 대한 단순한 반격은 용인했다. 이때 반격을 '용인'한다는 것은 반격을 입법화해서는 안 되지만 공격에 대한 즉각적인 대응 자체는 인정할 수 있다는 뜻으로 볼 수 있다.

절대주의 평화를 주장하며 타국의 전쟁이나 폭력에 대해서도 무저항주의를 표방한 것은 퀘이커교도들이다. 17세기 중엽 영국에서 일었던 종교개혁의 일파로 조지 폭스(George Fox, 1624~1691)가 제창하고, 윌리엄 펜(William Penn, 1644~1718)이 대중화한 퀘이커교는 일관되게 절대적 평화주의를 신봉하고 실천하고자 했다. 펜은 북아메리카의 델라웨어강 서안의 땅에 대한 지배권을 허가받아 이 지역을 펜의 숲이 있는 지역이라는 뜻의 펜실베이니아라고 명명하고, 퀘이커교도를 중심으로 하는 자유로운 신앙의 새로운 세상으로 만들고자 했다. 퀘이커교도들은 인디언들과도 우호적으로 지내는 한편, 여러 세대에 걸쳐 노예제 철폐, 여성의 권리 신장, 금주, 사형제도의 폐지 등을 주장했다.

1914년 12월 영국의 케임브리지대학에 모인 퀘이커교도 등은 절대평화주의 강령을 작성하고 모임의 이름을 '우정과 화해의 모임(Fellowship of Reconcililation, 이하 FOR)'이라 하고 예수의 생애와 죽음에 있어서 나타난 사랑만이 악에 이길 수 있는 힘이라고 했다. 그리고 기독교인으로서는 전쟁을 하지 않을 것, 인류 보편의 교회를 세울 것, 예수 그리스도에 대한 충성심이 국가에 대한 충성심보다 우월하다는 것 등을 주요 내용으로 하는 5원칙을 선언했다.

1916년 영국에서 징병령이 발령되고, 1917년 미국에서도 징병령이 발령되자 퀘이커교도들은 양심적 병역거부자(Conscientious Objectors)가 되었다. 정부로부터 양심적 병역거부자로 인정받으면, 산림보호, 야생생물 보존, 젖소의 품종검사, 정신병동의 보조원 등 비전투적 업무에 종사하는 민간인공공봉사단(Civilian Public Service Camp, 이하 CPSC)에서 일했다.[77]

정부로부터 양심적 병역거부자로 인정받지 못하고 투옥된 사람도 많았는데, 영국의 경우 1만 6천여 명에 달했고 그중 600여 명은 FOR의 회원이었다. 영국과 미국 이외에도 독일, 프랑스, 오스트리아 등에 양심적 병역거부자들이 있었다. 이들은 1차 세계대전 후인 1919년 네덜란드에 모여 국제 우정과 화해의 모임(International Fellowship of Reconcililation, IFOR)을 만들었다.

2차 세계대전에 임박해서는 IFOR의 회원이면서 영국노동당 내각의 각료였던 G. 란스베리와 미국의 N. 세야 등이 중심이 되어 2차 세계대전을 저지하기 위한 국제적인 활동을 전개하기도 했다. 이 활동에 참여했던 이들은 전쟁이 일어나자 양심적 병역거부를 했다. 영국에서는 약 6만명, 미국에서는 약 7만여 명이 국가로부터 양심적 병역거부자로 인정받는 대신 CPSC에서 공익근무를 했다. 미국의 퀘이커교도들은 적을 죽이기보다 차라리 죽임을 당하는 편이 되고자 병역을 거부했으며 멸시와 조롱을 받으면서도 평화의 회복과 건설에 매진했다.[78]

---

77 深瀨忠一, 『戰爭放棄と平和的生存權』, 74쪽 이하.

78 이러한 퀘이커적 전통을 이어받아 현재 한국에서도 '비폭력 평화물결' 등의 평화운동단체가 활동하고 있다. '비폭력 평화물결'은 2002년 평화운동가인 박성준 씨가 미국의 데이비스 하스오 씨 등이 중심이 된 '비폭력적인 평화세력(Nonviolent Peaceforce)' 등과의 교류를 통해 창립한 평화운동단체이다. 한강하구언의 평화적 이용, 이라크 파병 반대운동 당시 인간방패 운동 등으로 유명하다.

2) 평화권 논의의 국제화

(1) 루아르카 평화권 선언

평화권의 국제적 확산과 관련해 주목할 만한 것 중 하나는 스페인의 국제인권법협회이다. 스페인 국제인권법협회는 유엔 인권최고대표부에서 활동한 까를로스 빌랑 듀랑(Carlos Villàn Duran)이 제창해 2004년 8월 8일 스페인 인권연구소(Spanish Human Rights Institute)로 출발했다. 그 후 교수와 법조인, NGO 활동가 등 100여 명의 전문가 집단으로 조직을 확대해, 스페인 북부 아스트리아스 지역에 기반을 두고 활동하고 있는 단체이다.

　이 단체는 평화권과 관련해 국제적 캠페인에 주력하면서 전문가 회의, 유엔활동, 국가 간 공조활동을 추진하고 있다. 2005년 2월 26일에는 국제기독협회(WCC), 평화권 국제감시위원회(The International Observatory of the Human Right to Peace, IOHRP), 평화권 일본위원회(The Japanese Committee on the Human Right to Peace, JCHRP), 국제평화도시협회(The International Association of Peace Messenger Cities, IAPMC) 등이 평화권에 대한 국제적인 캠페인에 동조해, 스페인 국제인권법증진협회(Spanish Society for the Advancement and Development of International Human Rights Law, SSIHRL)로 이름을 바꾸어 활동하고 있다.

　2006년 10월 30일에는 루아르카 평화권선언을 발표했다. 루아르카 선언(Luarca Declaration on the Human Rights to Peace)은 우연하고 일회적인 선언이 아니라 위에서 언급한 국제적인 캠페인의 결과이며, 게르마니카(2005년 11월), 오비에도(2006년 7월), 카나리아 제도(2006년 8월), 빌바오(2006년 9월), 마드리드(2006년 9월), 세빌리아(2006년 10월)

에서 꾸준한 검토회의를 진행한 결과이기도 하다.

루아르카선언은 앞서 언급한 유엔의 평화권에 관한 선언과 결의들에 기초한 18개 조항으로 구성된 평화권 선언이다. 루아르카선언에서는 평화권의 주체를 개인과 집단으로 보는 한편 양심적 병역거부, 군축, 평화에 대한 요구와 정보요구권으로 보았다. 평화권의 실천을 위해 정부, 국제기구 및 개인들에게 평화권 실현의무를 부과하고 있다. 흥미롭게도 이 선언은 평화권이 현실화되기 위해서는 유엔안보리가 민주화되어야 한다는 점을 다음과 같이 지적하고 있다. "안전보장이사회의 구성과 절차가 현대 국제사회를 적절하게 대표하고 있는지, 또한 시민사회와 다른 국제적 행위자들을 위한 투명한 실행방식이 설립되어 있는지 지속적으로 검증되어야 한다."

(2) 산티아고 평화권 선언

2010년 12월 10일에는 평화권을 유엔에서 채택할 것을 목표로 한 새로운 선언이 산티아고에서 이루어졌다. 루아르카선언을 주도했던 스페인 국제인권법협회를 중심으로 전 세계의 비정부기구들이 작성한 이 산티아고 평화권 선언(Santiago Declaration on the Human Right to Peace)은 루아르카 평화권 선언을 계승한 것이다. 루아르카선언과 같이 양심적 병역거부, 군축을 평화권의 내용으로 규정함과 더불어 인간안보의 중요성을 강조하고 있다. 한편, 루아르카선언보다 진일보해 제7조 1항 전단에서는 군비축소로 얻게 되는 자원을 공정하게 재분배하도록 요구할 권리를 규정하고 있고, 후단에서는 기지의 점진적 폐지에 대해 규정하고 있다.

루아루카선언에서는 전쟁, 전쟁범죄, 인도에 반하는 죄와 같은 잔혹행위에 반대하고 저항할 권리를 규정하는 데 그치고 있다. 그러나 산티아고 평화권 선언에서는 이러한 잔혹행위에 불복종할 의무를 진다고 규정하는 한편 이 같은 군상관의 명령에 불복종한 경우에는 군법 위반이 되지 않는다고 했다. 나아가 자신이 낸 세금이 군사 목적으로 사용되는 것을 반대하는 납세자를 위해 납세의무자가 받아들일 수 있는 대체 조치를 제공할 의무를 국가에 지우고 있다.

산티아고 평화권 선언의 또 다른 중요한 특징은 무력에 의한 인도적 개입을 부인하고 이른바 '예방전쟁'을 평화에 대한 범죄행위로 규정했다는 점이다. 평화권 실현을 위한 의무에 대해 규정한 제2장 제13조에서는 다음과 같이 규정했다. "국가는 평화를 구축하고 정착시키기 위한 조치를 취할 필요가 있다.……하지만 이것이 어떠한 국가에도 타국의 영역에 간섭하는 자격을 부여하는 것은 아니다"라고 했다. 같은 조항 후단에는 최후적이고 보충적 수단으로서 국제연합의 틀 내에서의 군사행동을 불가피하게 인정하면서도, 그러한 틀을 벗어나는 군사행동은 평화권에 반하며, 국제연합의 틀 내라고 하더라도 선제적인 공격, 즉 예방전쟁은 평화에 대한 범죄행위라고 규정했다.

예방전쟁을 평화권 침해행위로 보는 것에 가장 반발한 것은 미국이었다. 미국은 2003년 유엔의 승인 없이 대량살상무기를 보유한 이라크가 일으킬지도 모를 전쟁을 사전에 예방한다는 명분으로 이라크에 선제공격을 했다. 그러나 이라크전쟁에 정당성을 부여해주었던 대량살상무기에 대한 정보가 과장 내지 조작되었음이 밝혀졌고 전쟁도 장기화되었다.

미국은 평화에 관한 문제는 유엔인권이사회의 결의사항이 아니라 유엔 안전보장이사회의 결의사항이라는 명분으로 반대했다. 이에 동조해 일본과 우리나라가 반대했으며, 영국, 프랑스 등 강대국도 이에 동조하고 있다. 스페인 정부는 처음에는 반대했다가 스페인 국제인권법협회 등의 활동에 영향을 받아 2010년 산티아고 평화권 선언 이후 유엔에서 논의되는 평화권 선언에 찬성을 표명하고 있다.

(3) 일본 국제법률가협회와 평화권 보급운동

평화권에 대한 가장 본격적인 논의가 있었으면서도 평화권 선언의 국제
화에 뒤늦게 뛰어든 것은 일본이다. 일본의 경우, 1962년 호시노 야사부
로가 「평화적 생존권론」이라는 논문을 통해 평화권이 인권임을 제창했
다. 1973년에는 나가누마소송 1심 판결에서 법원이 평화적 생존권이 인
권이라고 판시한 바 있다. 1968년 세계인권선언에서 인권과 평화의 상
관관계에 본격적으로 주목하기 시작하고, 1969년 오슬로회의에서 평화
권에 대해 구체적으로 언급하기 시작했던 것을 보면 더욱 그러하다.

국제화에 뒤늦게 합류한 데에는 여러 가지 원인이 있겠지만, 그중
하나는 일본의 평화운동이 방어적 차원에서 이루어졌다는 것이다. 일본
정부는 1950년대부터 수차례에 걸쳐 비무장평화주의를 규정한 일본국
헌법 제9조를 개정하고자 했다. 호헌세력은 이러한 정부 측의 공세에 맞
서 헌법 제9조를 지키는 데 전력을 다했고 나름의 성공을 거두었다. 그
결과 전후 60여 년이 지난 오늘날에도 명문개헌을 이룰 수 없었고, 일본
정부는 일본국헌법 제9조를 변형되게 해석해 자위대를 유지하고 있다.

그런데 1990년대 들어서면서부터 이러한 호헌운동이 일국적 평화
주의라고 개헌론자들에게 공격받고, 또 호헌운동 세력의 힘이 예전만 못
해지면서 일본의 평화주의가 세계적으로도 쓸모가 있고 보편적인 것임
을 강조할 필요성이 생겨났다. 특히 동구권이 몰락하면서 인권의 보편성
이 세계적으로 강조되다 보니 평화적 생존권의 선도성과 보편성이 부각
되었다.

평화권 국제화에 일찍이 눈을 뜬 곳은 국제민주법률가협회(Interna-
tional Association of Democratic Lawyers, IADL) 산하의 일본국제법률

가협회(Japan Lawyers International Slidarity Association, JALISA)이다. 일본국제법률가협회는 2010년 3월 19일 제네바의 유엔 유럽본부에서 '인민의 평화에 대한 권리의 촉진'에 대한 세미나를 개최하기도 했다.

일본국제법률가협회가 중심이 되어 2000년에는 일본국헌법(전문)에서 명문으로 규정하고 있는 평화적 생존권을 전 세계에 알리기 위한 캠페인이 시작되었다. 2008년 5월 4일에는 평화권의 근거가 되는 일본국헌법 제9조를 세계에 알리기 위한 '제9조 세계회의'가 개최되었다.[79] 전 세계 41개국으로부터 200여 명의 패널들이 참가하고 2만 명 이상이 참가한 가운데 성대히 개최된 9조 세계회의에는 우리나라에서도 이석태 변호사, 양심적 병역거부자 임재성 씨 등이 참가했다. 분쟁과 비폭력, 아시아와 9조, 평화와 여성, 환경과 평화, 핵과 9조, 9조의 위기, 세계화와 전쟁, 군대 없는 세상 등의 분과회의가 열렸다.[80]

앞서 언급한 평화권 선언에도 평화권 일본위원회(The Japanese Committee on the Human Right to Peace, JCHRP)가 적극적인 활약을 했다. 평화권 일본위원회에는 국제민주법률가협회 이외에도 일본민주법률가협회 및 저명 헌법학자들도 관여하고 있다. 공동대표 중 한 사람인 니이쿠라 오사무 교수는 변호사이자 일본국제법률가협회 회장이며, 사무국장을 맡고 있는 사사모토 준 변호사는 일본국제법률가협회의 사무국장이기도 하다.

2011년에는 스페인 국제인권법협회의 주요 구성원들을 일본에 초청해 평화권에 대한 강연과 심포지엄을 개최하기도 했다. 2013년 8월 3일에는 유엔인권이사회에서의 평화권 선언이 급진전되고 있음에 발맞추어 전문가 회의가 열렸다. 이 회의에는 필자도 참여했는데 40여 명의 전

---

79   9条世界会議実行委員会編, 『9条世界会議の記録』, 大月書店, 2009.
80   9条世界会議実行委員会編, 『9条世界会議の記録』, 92쪽 이하.

문가(법학교수, 변호사 등)가 참석해 6시간이 넘는 열띤 토론을 했다. 제 1부에서는 유엔인권이사회 평화권 자문위원회의 일본 측 자문위원인 고베대학의 사카모토 시게키 교수의 보고, 일본 측 NGO를 대표해 활발한 의견 개진을 이어왔던 사사모토 준 변호사의 경과보고가 있었다. 제2부에서는 국제법과 헌법과의 경계선에 있는 평화권에 대해 학제 간 발표와 토론이 이어졌는데, 와세다대학의 모가미 교수가 국제법과 입헌주의의 관점에서 평화권에 대해 검토했고, 전국헌법학회 회장 등을 역임한 메이지대학의 우라타 이치로 교수(전 히토츠바시 대학)의 발표가 있었다. 제3부에서는 2008년 나고야 평화권소송의 담당변호사였던 카와구치 아키라 변호사가 재판규범으로서 평화권의 가능성에 대해 나고야 평화권소송을 소재로 해 발표했다. 이 회의를 계기로 일본의 경우 유엔에서의 평화권 선언에 대한 좀더 적극적인 대응 태세가 갖추어질 것으로 전망된다.

4) 광주 아시아인권선언과 평화권 선언

한국 사회도 평화권을 수용하고 국제적으로 활성화하기 위한 논의가 활발하다. 우선 2008년 광주에서 열린 아시아인권선언을 들 수 있다. 이 선언은 광주민주화운동을 인권운동으로 승화시키고 이를 위한 운동의 일환으로 민주화운동의 성지 광주에서 아시아인의 인권선언을 했다는 점에서 우선 획기적이다. 아시아인권선언은 아시아 지역의 민중들이야 말로 오랫동안 식민지통치로 인한 자유와 권리 침해, 착취와 억압에 시달린 사람들이며, 이들에게 평화와 인간존엄이 양도할 수 없는 권리임을 선언했다.

선언은 인권 옹호가 개별 국가의 책무임과 동시에 아시아라는 국제사회의 책임임을 적시하고 있다. 또한 지속 가능한 환경보호의 필요성을 역설하고(2-9), 모든 인권 가운데 생명에 대한 권리가 가장 중요하며, 이에 기초해 평화권을 규정하고 있다(4-1 이하). 선언에서는 아시아 민중들이야말로 전쟁과 내전으로 인해 커다란 곤혹과 비극을 체험했던 바, 모든 개인은 평화롭게 살 권리를 갖는다고 명백히 규정했다. '전쟁과 내전은 문명의 혜택을 누리는 삶 혹은 평화적 생활을 갈구하는 그 어떤 희망도 거부하고 있기' 때문이다. 모든 개인과 집단은 경찰과 군대에 의해 자행되는 폭력을 포함한 모든 형태의 국가폭력으로부터 보호받을 권리가 있음을 규정하고 있다. 또한 평화권이 보장되기 위해서는 국가와 기업 그리고 시민사회 차원의 제반활동이 인간의 안전을 존중해야 하며, 사회 경제적 약자들의 안전을 고려해야 한다고 천명하고 있다. 이상에서 보듯 광주 아시아인권선언은 아시아판 루아르카선언, 산티아고선언이라고 해도 과언이 아닐 것이다.

　평화권이 국제적으로 각광을 받으면서 이를 국내적 차원에서 수용할 수 있는지 여부에 관한 논의도 활발해지고 있다. 2012년 11월 참여연대 평화군축 센터를 비롯한 평화단체들은 유엔 등 국제사회에서 이루어지고 있는 평화권 논의가 국내에서 수용될 여지가 있는지에 대한 토론회를 주최했는데, 이 자리에서 미국과 일본, 독일 등에서의 진행되고 있는 평화권 논의를 확인하고 이를 국내 평화운동에서 원용할 수 있는가에 대한 토론이 이어졌다. 특히 제주 강정마을 해군기지 강행과 관련한 저항운동으로 기소되어 재판 중인 활동가들을 위한 변론에 있어서 평화권이 어떤 실질적 의미를 가질 수 있는지를 검토하는 계기로 작용하였다.

제2부 대한민국 헌법과 평화권

© 연합뉴스

1953년 한미상호방위조약에 가조인한 이승만 대통령과 델레스 미국 국무장관. 당시 우리 헌법에는 외국과의 군사조약에 대한 헌법상 근거조항은 없었고, 미군은 1962년 헌법이 개정될 때까지 어떤 의미에서는 헌법적 근거 없이 9년간 대한민국에 주둔하였다.

I. 개헌사와 평화주의

헌법은 근대적인 국민국가 탄생의 산물이다. 그러나 현대적 의미의 헌법
은, 국민국가 단위의 고뇌만으로는 인권보장 및 헌법실천의 틀을 확정할
수 없는 복잡한 국가 간 관계하에 있다. 특히 국가안보 또는 동맹이라는
이름으로 이루어지는 국가 간 수직적 또는 수평적 관계는 인권보장에도
많은 영향을 미친다.

 동맹과 안보라는 이름으로 치러진 두 번의 세계대전은 인권을 송두
리째 박탈한 주범이었다. 그래서 1차 세계대전 후 전쟁, 특히 침략전쟁
이 인권침해의 주범임을 확인하고 이를 되풀이하지 않기 위한 국가 간
약속으로 전쟁을 불법화하는 부전조약(켈로그-브리앙조약, 1928. 8. 27)
을 맺었다.

 그러나 그로부터 15년도 되지 않아 발생한 2차 세계대전은 부전조
약을 무용지물로 만들어버렸다. 그리고 개별 국가 단위에서 국가권력을
견제하지 않으면 전쟁을 방지할 수 없다는 헌정사적 교훈을 인류에게 다
시 던져주었다. 2차 세계대전 후에 개정되거나 제정된 헌법들에는 평화
주의의 원리가 다양한 형태로 명문화되었다.

 평화주의가 국제법원리가 아닌 헌법원리로 자리 잡은 것은 큰 의미
를 가진다. 평화주의가 단순한 정치적 선언에 그치는 것이 아니라 헌법
의 각 조항을 비롯한 모든 법령해석의 기준이 되며, 입법권의 범위와 한
계, 그리고 국가 정책결정의 방향을 제시하고, 국가기관과 국민이 함께
존중하고 준수해야 할 최고의 가치규범이라는 의미이기 때문이다.

 그렇다면 우리의 개헌사는 평화주의원리의 헌법적 의미에 얼마나
충실했을까. 한국 사회에서 인권보장이 동맹, 안보, 또는 비상사태라는
이름으로 크게 좌지우지되었던 점을 고려한다면, 이에 대한 헌정사적 고

찰과 분석이 절실하다. 이제까지 조명되지 않았던 평화의 관점에서 개헌
사를 조망하고 평화담론의 심화를 촉진하며, 이를 통한 헌법논의의 사회
화를 증진해 볼 필요가 있다.

　　우리 헌법은 5차례의 전면개헌과 4차례의 부분개정을 거쳤다. 이 중
평화주의원리 및 내용상 특징적인 변화가 있었던 5차례의 전면개정헌법
을 평화주의원리의 수용기, 잠식기, 괴리기, 형해화기, 지체기로 구분해
서 분석한다.

1. 1948년 헌법제정과 평화주의원리의 제한적 수용

1) 평화주의의 수용

1948년 헌법은 짧은 감격과 긴 실망이 교차하는 헌법이었다. 식민통치
에서 벗어난 신생국가의 헌법은 국민의 총의를 모아 만들어야 했으나,
결국 그러지 못했다. 남한만의 단독정부가 수립되었고, 헌법제정에 항의
하는 사람들은 제주4·3사건에서처럼 폭도로 몰리거나 제헌 과정에서 제
외되었다.[1]

　　몇 가지 긍정적인 측면은 있었다. 대표적인 예가 부전조약의 법리
가 헌법에 명문으로 규정되었다는 점이다. 1948년 헌법은 전문에서 "밖
으로는 항구적인 국제평화의 유지에 노력"할 것을 선언하고, 제6조에서
"대한민국은 모든 침략적인 전쟁을 부인한다. 국군은 국토방위의 신성한
의무를 수행함을 사명으로 한다"라고 규정했다.

1　　이경주, 「건국헌법의 제정과정」, 『헌법학연구』 제4권 제3호, 1998.

국토방위를 임무로 하는 군대라 하더라도 군대를 용인한 이상, 이에 따른 여러 가지 헌법적 제약이 가해졌다. 대통령은 선전포고와 강화에 대한 권리를 갖고(59조), 국군 통수권을 갖되 국군의 조직권과 편성권을 대통령 등의 명령으로 자의적으로 행사할 수 없고, 국민의 대표기관인 의회가 정하는 법률에 정한 바에 따르도록 했다(61조). 또한 선전포고와 강화의 경우에도 대통령이 독단으로 결정할 수 없고, 국무회의의 의결과 국회의 동의를 받도록 해 문민통제의 길을 열어 두었다.

1948년 헌법은 외국군의 주둔 또는 집단적 자위권에 대한 실체적 절차적 규정을 두고 있지 않다. 각종 조약에 대한 국회동의권을 규정한 42조의 경우에도, '국회는 국제조직에 관한 조약, 상호원조에 관한 조약, 강화조약, 통상조약, 국가 또는 국민에게 재정적 부담을 지우는 조약, 입법 사항에 관한 조약의 비준과 선전포고에 대해 동의권을 가진다'라고 규정하고 있을 뿐이다.

2) 1948년 헌법제정과 평화 및 안보 구상

1948년 헌법은 같은 맥아더 사령부하에서 제정된 일본국헌법[2]과 달리 비무장 평화주의를 규정하지 않고 위에서 언급한 것처럼 군대를 두되 그 임무를 국토방위에 한정하는 자위군 형태의 군대를 두도록 규정하였다. 식민지 지배의 쓰라린 경험으로부터 비롯된 자위의식과 미국의 동북아 전략에 의한 것이었다.

---

2 1946년 일본국헌법은 제9조 1항에서 침략전쟁을 부인하고, 제2항에서 전력(戰力) 포기를 규정했다.

(1) 자위를 위한 자생적 군대 창설 움직임

일본의 식민통치가 막을 내리고 새로운 독립국가 건설의 서막이 열리면서 우리나라도 군대를 가져야 한다는 열망 또한 높았다. 외세에 대항할 수 있는 자위력을 구비하지 못한 탓에 일본의 식민통치가 초래되었다는 반성 때문이었다. 좌우를 막론하고 새로운 국가의 방위군임을 표방하며 조직한 사설군사단체는, 이러한 자위력에 대한 민족적 열망의 부분적 표현이었다.

　　우파에서는 '조선임시군사위원회'(1945년 8월 말)와 학병단이 대표적이었다. '조선임시군사위원회'는 일본육군사관학교의 출신자가 중심이 되었다. 그들은 국군편성을 위한 초안을 미군정청에 제출하는 등 발빠른 움직임을 보였다.[3] 좌파에서는 '조선국군준비대'와 학병동맹이 대표적이었다. '조선국군준비대'는 조직력과 인원 면에서 상당한 규모를 보였던 것으로 알려져 있다. 여운형 등을 중심으로 한 건국준비위원회가 1945년 9월 6일 전국인민대표자회의를 열어 선포한 '조선인민공화국'의 경우도 '국방군의 즉시 편성'을 주요한 시정방침의 하나로 내걸고 있었다.[4]

(2) 조선의 국방계획과 미군정에 의한 군사력의 정비

조선인들이 자위력 또는 방위군으로서의 군사력을 준비하는 가운데, 1945년 10월 31일 미군정장관 아놀드 소장은 치안 총책임자인 쉬크(Lawrence E. Schick) 준장으로부터 보고서를 하나 상신받았다. 「조선의 국방계획」이라는 제목의 이 보고서는 '미군정청이 해야 할 우선적인 임무의 하나가 (조선의)국방을 위한 준비작업'이라는 내용을 담고 있었다.

3　　한용원, 『창군』, 박영사, 1984, 27쪽.
4　　민주주의민족전선, 『조선해방연보』, 문우인서관, 1946, 233쪽 이하.

이 보고서는 경찰력을 지원하기 위한 군대를 발전시킬 것을 권고하면서 육군·공군은 4만 5천 명, 해군·해안경비대는 5천 명으로 하자는 제안을 담고 있었다. 좀더 구체적으로 이야기하면, 육군·공군은 3개의 보병사단으로 구성되는 1개의 군단과 1개의 항공수송대와 2개의 전투비행중대로 할 것을 제안했다.

이에 공감한 하지(John Rheed Hodge)는 1945년 11월 13일, 군정법령 28호를 공포했다. 여기에는 국방사령부(Office of Director of National Defense)의 설치(제1조), 군무국(Bureau of Armed Forces) 및 육해군부(Army and Navy Department)의 설치(제2조)가 규정되어 있었다. 이 조치는 조선인들의 사설군사단체 해체(제3조)를 전제로 했다.

미국 합동참모부는 두 달간에 걸친 침묵 끝에 1946년 1월 "조선군부대의 창설은 조선을 독립시키기 위한 국제적인 결정에 관련된 문제이다. 따라서 이 부대의 설치는 연기해야 할 것이다"[5]라고 연기론을 표명했다. 그것은 적극적인 금지를 의미하는 것이 아니라 점령통치에 관한 기본방침이 정해지지 않아 다른 연합군 참전국 등 국제사회의 눈치를 보기 위한 것이었다. 결국 국방부의 명칭이 경무부(Department of Internal Security)로 변경되어 군 창설을 위한 예비작업이 진행되었다. 1945년 12월 5일에는 간부 양성을 위한 군사영어학교가 설치되었으며, 1946년 6월에는 조선경비대(Korean Constabulary)가 발족했다.[6]

미군이 군대창설에 적극적으로 나서게 된 데에는 두 가지 이유가 있었다고 판단된다. 대내적으로는 경찰력만으로는 사설 군사단체들을 제

5 *Foreign Relations of the United States* 1946 Vol. 6, p. 1157.
6 원래 Constabulary라는 개념은 2차 세계대전 후 동북아시아, 그리고 필리핀 등에서만 제한적으로 사용했던 개념으로서 궁극적으로 군대로의 발전을 상정한 개념이었다. 실제 우리나라에서도 조선경비대는 1948년 대한민국 국군으로 증강 재편되었다.

압할 수 없었고,[7] 대외적으로는 동북아시아에서 소련에 대항하는 전초기지로서 한국군의 준비가 필요했던 것이다.

(3) 한국군의 창설과 군사법제

미군정의 종료와 더불어 1948년 8월 15일 남한 단독의 대한민국 정부가 수립되었다. 이에 따라 남조선과도정부하의 통위부는 새로운 정부조직법에 따라 국방부로, 조선경비대와 조선해안경비대는 각각 국방군으로 개칭, 발족되었다. 그리고 1948년 11월 30일 국군조직법에 따라 육군과 해군으로 정식 편입 법제화되었다.[8] 당시 육군은 장교를 합해 약 5만여 명, 해군은 지상병력과 해상병력을 모두 합해 2,500여 명의 규모였다.

각 군은 국방부 산하에 참모총장을 두고 정규군과 예비군의 전신인 호국군을 조직했다. 육군 중심의 한국군 구상에 따라 공군에 관해서는 "육군에 속한 항공군은 필요한 때에 독립한 공군으로 조직할 수 있다"(국군조직법 23조)라는 형태로 유보조치를 취했다가, 1949년 10월 1일에 이르러서야 1,600명 규모의 소규모 공군을 만들었다.

1949년 8월 6일 병역법이 공포되어 이듬해인 1950년 1월 6일 제1회 전국 일제 징병검사가 실시되었다. 그러나 미국의 한국군 10만 명 동결계획에 따라 1950년 3월 징병제가 폐지되고 지원병제가 실시되었다.[9]

대규모 병력증원이 이루어진 것은 한국전쟁 발발 이후였다. 1950년

---

7 특히 1945년 10월 15일 남원 지역에서 일어났던 사건이 직접적인 계기가 되었다. 남원사건이란 인민위원회의 지도를 받는 국군준비대 남원지부와 인민위원회가 경찰 및 미군과 충돌한 사건이다. 이 사건에 충격을 받은 경찰의 미국인 고문 아고(Reamer Argo)는 경찰을 지원하는 군대의 창설에 적극적으로 나섰다. Bruce Cumings, *The Origins of the Korean War: Liberation &the Emergence of Separate Regimes, 1945-1947*, Princeton: Princeton University Press, 1981, p. 170.

8 한용원, 『창군』, 102쪽.

9 한홍구, 『대한민국史』, 한겨레신문사, 2003, 266쪽 이하.

9월 15일 이후 전시동원체제하의 병역법과 임시법령조치에 따라 제2국 민병을 소집했으며, 1950년 12월 21일(법률 제172호) 민방위군 설치법에 따라 민방위군이 설치되었다. 전쟁의 장기화에 따라 한국군 10만 명 동결정책이 폐지되고 1951년 5월 25일의 병역법 개정에 따라 오늘날과 같은 징병제가 부활했다.

징병제에 따라 국가가 무제한적으로 군대에 사람을 공급할 수 있는 체계가 마련되었다. 1952년 10월 말에는 군의 규모가 25만 명에 이르렀으며, 한미 간에 46만 3천 명으로의 정원 증원에 합의함에 따라 더욱 급격한 증원이 이루어져 1954년에는 65만 명이 되었다.[10]

3) 1948년 헌법상 평화주의의 의의와 한계

침략전쟁 부인의 법리가 주목받지 못하는 오늘날과 달리, 1948년 헌법 제6조가 침략전쟁의 부인을 규정한 것은 당시로서는 특필할 만한 사항이었다.[11] 이에 대해 헌법초안의 기초위원이었던 유진오는 다음과 같이 서술했다.

> "제6조에서 침략전쟁을 부인한다고 규정하고 있는데 그것은 다음과 같은 의미입니다. 현재 세계의 중요한 국가가 '전쟁포기에 관한 조약'에 가입하고 있습니다. 그리고 거기에는 전쟁포기에 관해 규정하고 있습니다. 이 헌법초안은 그 기본정신을 승인하고 있는 것입니다.……군대는 침략전쟁을 행하는 군대가 아니고 국토방위의 수행을 사명으로 하는 방위적인 군대

---

10 아이젠하워정권은 미국의 군사원조 부담을 줄이고 재정균형을 맞추기 위해 감군을 추진했으며, 1960년대 케네디 정부 때 감군계획이 구체화되었다

11 박일경, 「우리나라의 헌법과 평화주의」, 『법정』 제10권 제7호, 1955, 3쪽.

입니다."[12]

이와 같이 1948년 헌법의 평화주의는 침략전쟁의 부인, 개별적 자위권의 용인, 군에 대한 문민통제를 내용으로 하는 것이었다. 이는 미국의 동북아군사전략과도 배치되지 않았다. 미국은 일본 본토는 군국주의를 염려해 비무장화하되, 오키나와 일대에 공군력을 강화하고, 소규모 육군 중심의 군대를 남한에 편성하려 했기 때문이다. 그러나 국토방위를 의무로 규정하면서도, 전후 독일 헌법과 달리 양심을 이유로 한 대체복무의 가능성 등에 대해서는 침묵했다.

2. 평화주의원리의 잠식과 1962년 헌법

1) 안보조약을 등장시킨 1962년 헌법

박정희가 군사정변으로 정권을 찬탈한 후 만들어진 1962년 헌법은, 1948년 헌법의 평화주의원리를 대대적으로 잠식한 헌법이었다.

제4조에서는 국군의 사명이 국토방위라는 문구를 삭제하고, '대한민국은 국제평화의 유지에 노력하고 침략적 전쟁을 부인한다'는 규정만을 두었다. 선견지명이 있었는지는 모르지만, 1965년 베트남전쟁에 한국군이 국토방위 이외의 임무로 파병되었는데도 불구하고 이렇다 할 헌법적 비판이 치열하지 않았던 데에는 외국군의 주둔과 해외파병의 여지를 열어 둔 헌법의 영향도 있을 것이다.

---

12   국회도서관입법자료국, 『헌법제정회의록』(헌정사료 제1편), 국회도서관, 1967, 102쪽.

제56조 2항에서는 "국군의 외국에의 파견 또는 외국 군대의 대한민국 영역 안에서의 주류에 대하여도 국회는 동의권을 가진다"라고 규정했다. 제56조 1항에서는 "국회는 상호원조 또는 안전보장에 관한 조약, 외국 군대의 지위에 관한 조약 또는 입법 사항에 관한 조약의 체결, 비준에 대한 동의권을 가진다"라고 규정했다. 1954년 헌법이 상호원조에 관한 조약의 국회동의권만 규정한 데 비해, 1962년 헌법은 한미상호방위조약과 같은 외국과의 군사동맹을 염두에 둔 규정들을 두었고, 군사조약의 국회동의권이 최초로 헌법에 명문으로 등장했다.

박정희의 군대를 동원한 정권 찬탈은 당시 매그루더(Carter. B. Magruder) 유엔군사령관의 작전통제권을 이탈해 이루어졌기 때문에[13] 우여곡절이 많았지만,[14] 1962년 헌법하의 한미관계는 그다지 어렵지 않았다. 안보조약의 헌법적 근거가 마련된 것 이외에도 1966년에는 그동안 치외법권적 권리를 누리고 있었던 주한 미주둔군의 지위에 관한 협정, 즉 한미행정협정이 체결되었다. 1965년 7월에는 베트남전에 한국군이 파병되기도 했다.

1953년 10월 1일 한미상호방위조약이 정식 서명되고 다음날 발효되었지만, 당시 헌법에는 외국과의 군사조약에 대한 헌법상 근거조항이 없었다. 한미상호방위조약 체결 후 이루어진 1954년 11월 27일의 제2차 헌법개정은 초대 대통령에 한해 3선 제한을 철폐하고, 국무총리제를 폐지하는 등 이승만의 권력을 강화하는 것을 골자로 했을 뿐, 한미상호방

---

13   김일영, 「5.16군사쿠데타, 군정 그리고 미국」, 『국제정치논총』 제41집 제2호, 2001.

14   결국 미국 정부는 쿠데타 세력을 인정했고, 그에 따라 5월 23일부터 25일 사이 매그루더 등 미군 지도부는 쿠데타 주도 세력과 일련의 회담을 가졌다. 그 결과 5월 26일 "국가재건최고회의는 유엔군사령관에게 모든 한국군의 작전통제권이 복귀되었음을 밝히는 바이며 유엔군사령관은 공산 침략으로부터 한국을 방어함에 있어서만 그 작전통제권을 행사한다"는 공동성명을 발표했다. 조성렬 외, 『주한미군』, 한울, 2003, 81쪽.

위조약의 헌법적 근거 마련과는 무관했다.

　극단적으로 이야기하면 약 9년 동안 주한미군은 헌법에 의거하지 않은 채 존재했다. 물론 정부가 일반적 조약체결권을 가지며, 그 일환으로 조약을 체결했다고 할 수는 있다. 하지만 조약이라고 해서 다 허용될 수 있는 것은 아니다. 조약 내용이 헌법원리, 이 경우 평화주의원리에 반해서는 안 된다. 그러한 관점에서 보면 1962년 헌법개정은 1953년 한미상호방위조약을 사후 추인하는 성격의 헌법개정이었다고도 할 수 있다.

2) 안보 관련 법제의 체계화

(1) 한미상호방위조약과 동북아 군사동맹의 대두

한미상호방위조약 같은 안보조약이 헌법에 명문 근거 없이 1953년에 먼저 등장한 것은 휴전을 앞당기고자 했던 아이젠하워와 휴전을 반대하는 이승만 사이의 외교적 거래의 산물이기도 했다.

　정치적으로 궁지에 몰렸던 이승만은 미국의 제한전쟁에 반대해 북진통일을 주장하거나, 주권의 일부를 제한하더라도 미국과 군사동맹을 체결, 약한 통치기반을 강화하려는 의지가 강했다. 실제 1953년 6월 로버트슨 미국무차관보가 휴전예비회담을 위해 서울에 체류하고 있던 18일 동안 휴전 반대와 북진 시위가 절정에 달했다고 당시 신문은 보도했다.

　미국의 정책입안자들은 이승만보다 훨씬 앞서 한미상호방위조약과 같은 군사조약을 구상하고 있었다. 이미 일본과 미일안보조약(1951. 9. 8)을 체결하고 동북아시아에 군사적 네트워크를 만들고 있었다. 주일미군사령관을 겸하고 있던 클라크 유엔사령관은 회고록에서 다음과 같이 기록하고 있다. "1952년 5월 말, 나는 워싱턴 당국으로부터 중요한 훈령을 받았다. 그것은 필리핀과 ANZUS 간 체결된 방위조약 형식에 따라 미국과 한국 간 상호방위조약 체결을 위한 협의를 할 용의가 있음을 이 승만에게 전하라는 훈령이었다.……이승만은 휴전이 성립하기 전에 한 미상호방위조약 체결을 원할 것이며, 휴전 성립 전에 조약이 체결되면 휴전에 대한 이승만의 완고한 태도는 완화될 것이라는 우리들의 견해를 워싱턴에 전달했다. 다만, 휴전안에 대한 공산 측의 답변을 얻고 휴전 일 정이 명확해지기 전까지는 이승만에게 미국의 한미안보조약체결 의사를 알리지 않기로 합의했다."[15]

결국 1953년 7월 27일 휴전협정이 조인되고 얼마 지나지 않은 1953 년 8월 8일, 변영태 외무부장관과 댈러스 미국무장관은 한미상호방위조 약을 체결하기로 합의하고 이에 가서명했다. 이어 1953년 10월 1일 정 식 서명되고, 1954년 11월 17일의 비준문서 교환을 거쳐 그 다음날부터 발효되었다.

두 번에 걸친 세계대전을 통해 전쟁위법화의 법리가 헌법에 명문화 된 국제적 흐름과 반대로 2차 세계대전 후 재편된 세계 질서의 군사적 기초는 지역적인 집단군사동맹체제와 개별적인 군사동맹체제였다. 일 부 주장처럼 한미상호방위조약은 우리가 원해서 체결한 조약도, 미국이 우리를 위해서 체결한 조약도 아니었다. 미국의 대외 군사외교전략의 큰 흐름 속에서 한미 간 군사동맹의 법제가 형성된 것이었다.

지역적 군사동맹 구축은 미일안보조약과 한일국교정상화로 나타 났다. 미국과 일본은 일본국헌법 9조에도 불구하고 자위대를 증강하고, 1960년에는 구안보조약을 개정해 신안보조약을 체결했다. 신안보조약 은 구안보조약(1951년 9월 8일)상의 미군 임무를 극동에 한정하지 않고 태평양(제1조)으로 확장함으로써, 한미상호방위조약 전문과 제3조의 태

15   마크 크라크, 『다뉴브강으로부터 압록강까지』, 국제문화출판공사, 1981, 456쪽.

평양 조항을 오버랩시키고 있다. 한미상호방위조약이 쌍무적인 방위를 약속한 군사조약인 데 반해 미일 신안보조약은 일본의 침략 상황에 대한 미국의 편무적 방위를 약속한 군사조약이라는 일정한 차이는 있다. 그럼에도 불구하고 미군을 통한 한·미·일 삼각군사동맹의 단초를 마련한 것이라고 할 수 있을 것이다.

미국과 한국, 그리고 일본의 군사적 협력의 매개고리는 유엔군사령부이다. 주한미군사령부와 별도로 존재하는 유엔군사령부는 미국을 비롯한 캐나다, 호주 등 16개국이 참가하고 있다. 유엔군사령부는 한반도의 정전협정을 감시하고, 정전상태가 깨졌을 때 유엔군의 전투태세를 갖추는 것을 주 임무로 한다. 추가적으로 후방군사지원 역할도 하고 있다. 즉 유엔군사령부는 유사시 한반도로 출동하는 미군이 일본기지를 자유로이 사용할 수 있게 하는 통로이다. 이를 위해 유엔군과 일본 사이에는 유엔군의 일본 주둔에 따른 지위협정을 1954년에 체결했다. 이 유엔군 주둔 지위협정 제5조 2항에는 "유엔군은······일본과 미국 간의 안전보장에 기초해 미국이 사용하고 있는 시설과 기지를 사용할 수 있다"라고 규정하고 있다.[16]

2013년 현재 유엔군사령부는 전투병력 없이 용산에 있는 사령부에 약 300명이 근무하고 있다. 원래 유엔군사령부는 일본의 도쿄 인근 가나가와현 자마(座間)라는 곳에 있었는데, 1957년에 용산으로 옮겨왔다. 자마에 남아 있던 유엔군사령부 후방지휘소는 현재 도쿄 부근 요코타기지로 옮겨와 있다. 요코타 후방지휘소에는 4명의 상근요원과 7명의 비상근요원이 근무한다. 7명의 비상근요원은 7개국의 주일대사관 무관이 겸임한다. 그 밖에 주일 미군기지 중 핵심적인 7개소(자마기지, 요코스카군항,

---

16   체결 경위에 대해서는 李京柱,「朝鮮半島の平和体制と日米安保」,『法律時報』 安保改定50
        周年増刊 ,日本評論社, 2010년 6월, 147-148쪽.

표 1. 한미일 군사협력 관련조약 일람표

	성격	조인 시기	군사협력 관련 사항
샌프란시스코 강화조약	서방 측 연합군과 일본 간의 평화조약	1951. 9. 8.	서방 47개국만 조인 미일관계 정상화
미일안보조약	연합군 철수 따른 주일미군 주둔 근거조약	1951. 9. 8.	일본 유사시 미군이 일본기지 사용 일본 영역+극동 조항
미일주둔군지위협정	미군의 일본 주둔에 따른 지위협정	1952. 2. 28.	
유엔군과 일본 간 주둔군지위협정	유엔군의 주둔에 따른 지위협정	1952. 6. 1.	한반도 유사시 미군이 중심, 유엔군도 일본기지 사용
한미상호방위조약	한국과 미국 간 미군 주둔 조약	1953. 10. 1.	태평양 조항
한일협정	한일 간의 관계조약	1965. 12. 18.	한일관계 정상화
한미주둔군지위협정	미군의 한국 주둔에 따른 지위협정	1966. 7. 9.	

사세보군항, 요코타기지, 오키나와의 카데나 항공기지와 후텐마 공군기지)
가 유엔군의 기지로 지정되어 유엔기를 걸고 출입하고 있다.

한·미·일 삼각군사동맹의 다른 변에 해당하는 한일관계의 정상
화를 위해서는 미국의 압력과 지원하에 한일 간 기본 관계에 관한 조약
(1965. 6. 22)이 체결되었다.

(2) 안보 관련 법제의 체계화

한미상호방위조약 체결에 이은 후속조치로 헌법에 안보 관련 근거가 등
장한 데 이어, 한미상호방위조약을 통해 대외적인 안보 관련 법제 정비
의 물꼬가 트였음을 앞에서 살펴보았다. 이에 탄력을 받아 대내외적 안
보 관련 법제의 정비가 더욱 급속히 이루어졌다.

우선 주둔군지위협정 체결이 이루어졌다. 미군은 1948년부터 주둔
하며 오랫동안 특권을 누렸다. 1948년 8월 24일 미국이 한국과 체결한
'과도기의 잠정적 군사 및 안보에 관한 행정협정'에 의거해 주한미군은

'중요한 지역과 시설에 대한 통제권과 인원에 대한 치외법권'을 누릴 수 있었다. 미군이 한국전쟁으로 주둔하면서 한국 정부는 1950년 7월 12일의 소위 '대전협정'(주한미군의 범법행위의 관할권에 관한 협정)을 통해 미군에게 특권적 지위를 다시 부여했다. 정작 한미상호방위조약이 체결된 뒤에는 체결에 따른 주둔 및 주둔에 따른 후속조치로 당연히 체결되어야 할 주둔군의 지위에 관한 협정이 체결되지 않은 채 13년 만인 1966년 7월 9일에 최종 확정되었다. 13년 동안 미군이 치외법권적 지위를 누린 셈이다.

대내적으로는 전쟁을 위한 기본적인 인적·물적 조달의 법체계가 갖추어졌다. 1963년에 제정된 징발법은 전쟁에 대비한 물적 조달체계를 갖추는 것이었다. 징발법은 전시 사변 또는 이에 준하는 국가 비상사태에 대비해 긴요한 물자와 시설을 총체적으로 징발하기 위한 물적 동원법제이다. 이에 따르면 징발관은 시도지사 등 자치단체장이 되는 것이 원칙이지만, 군작전을 이유로 현역장교가 될 수 있었다. 또 자치단체장이 되더라도 국무총리의 명령으로 현역장교 등에게 다시 위임할 수 있었다. 즉 군인이 필요에 따라 얼마든지 개인의 동산, 부동산 및 특허권 등 재산에 관한 각종 권리마저 징발하는 것을 내용으로 했다. 나아가 징발법은 미군기지를 위한 토지징발 기능도 담당했다. 주한미군 사용면적 7천 3백만 평 가운데 20%를 차지하는 토지가 징발법에 의해 징발되어 사용되었다.[17]

인적 동원법제인 병역법은 1948년 8월 6일 제정되어 이미 실시되고 있었다. 징병제에 기초한 1948년 병역법은 미국의 군 정원 동결정책으로 인해 1950년 3월 지원병제로 전환되었다. 1951년 5월 25일의 병역법 개정으로 징병제로 다시 전환되어, 1954년부터 65만 대군이 되었다.

---

17 "미군부지 개인 땅 환매, 또 하나의 과제", YTN, 2004. 8. 26.

65만 대군의 유지가 적정한가에 대해서는 한미 간 의견 차이가 있었다. 1960년대 초 케네디정권은 제3세계 국가의 개발을 위해서는 군사 부문보다는 경제부흥이 우선되어야 한다고 보고 한국군의 감군계획을 구체화했다.[18] 우리나라는 전쟁으로 모든 것이 피폐해진 상황에서 징병제 실시로 늘어난 65만 대군을 감당할 경제적 능력이 없었고, 군 유지를 위한 물적 자원은 전적으로 미군 원조에 의존하던 상황에 비추어 본다면, 감군 논리는 나름의 타당성을 가지고 있었다.

박정희 정권은 1965년 베트남 파병을 통해 감군 논의를 피해가고자 했다. 1968년 북한 특수부대의 청와대 기습사건과 푸에블로호 사건 등으로 한반도의 긴장이 고조되자 감군 논의는 완전히 물 건너가고, 오히려 1968년 향토예비군법을 제정해 군사력 증강에 박차를 가했다.

박정희 정권은 물적·인적 동원체계뿐만 아니라, 평화적 통일보다 대결을 고취하는 '2대 안보형사법'을 정비했다. 1961년 7월 3일 반공법 제정과 1962년 9월 24일 국가보안법 개정이 그것이다. 반공법은 그간 악명 높았던 국가보안법보다 처벌 범위나 대상, 형량 등이 훨씬 확대되고 강화된 모습을 띠었다.

첫째, 북한과 이에 연관된 반국가단체뿐만 아니라 공산 계열 전체가 처벌 범위에 포함되었다. 둘째, 반국가단체의 목적 수행과 관계없는 찬양, 고무, 동조 등의 행위가 처벌받게 되어, 표현의 자유 등 인권이 심각하게 침해될 여지를 내포하고 있었다. 반공법은 북한의 침략에 대해 소극적으로 자기방어를 하는 것이라기보다는, 적극적으로 반공체제 강화를 목적으로 하는 반평화적 법률이었다.[19]

18   한홍구, 『대한민국史』, 268쪽.
19   박원순, 『국가보안법연구1』, 역사비평사, 1989, 197쪽 이하.

3) 안보법체계의 평화주의원리 잠식과 1962년 헌법

불법적인 정권 탈취에도 불구하고 박정희 정부가 미국의 승인을 받고 정권을 출범시킨 1962년, 헌법 제56조 제2항에서 "국회는 상호원조 또는 안전보장에 관한 조약……외국 군대의 지위에 관한 조약의 체결 비준에 대한 동의권을 가진다"라고 하면서 처음으로 우리 헌법상 안전보장 관련 조약에 대해 언급했다.[20] 이는 미국의 전후체제(Pax Americana) 군사적 재편에 조응하는 것이었다. 이것이 군사조약에 대한 실체적 규정인지 절차적 규정에 불과한 것인지에 대해서는 논란의 여지가 있다.

전후체제, 즉 냉전체제의 특징은 사회주의 봉쇄(containment policy),[21] 한국과 같은 구 식민지의 재편, 독일과 일본의 재건으로 요약된다. 이와 같은 전후 자본주의질서 재편은 미국이 주도했다. 북대서양조약기구(NATO, 1949. 4), 미필리핀상호방위조약(1951. 8. 30), 미오스트레일리아, 뉴질랜드조약기구(ANZUS, 1951. 9. 8), 미일안보조약(1951. 9. 8), 동남아조약기구(SEATO, 1954. 9. 8), 중동조약기구(CENTO, 1954. 2. 24) 등이 그 예이다. 특히 태평양 지역에서는 전후체제가 미국

---

20 1948년 헌법과 1960년 헌법은 똑같이 제42조에 "국회는 국제조직에 관한 조약, 상호원조에 관한 조약, 강화조약, 통상조약, 국가 또는 국민에게 재정적 부담을 지우는 조약, 입법사항에 관한 조약의 비준과 선전포고에 대해 동의권을 가진다"라고 규정하고 있을 뿐, 안전보장과 관련한 군사조약이나 주둔군의 지위에 관한 협정에 대한 국회동의권에 대해 언급하고 있지 않다.

21 1947년 3월 미국은 반공(反共) 군사경제원조의 원칙을 정한 트루먼독트린을 발표, 봉쇄정책을 개시했다. 그해 6월 마셜플랜이 발표되었고, 7월에는 그것을 정식화한 '소련의 행동원칙'이라는 이른바 X논문이 발표되었다. X논문이란 G. F. 케넌이 익명으로 『포린 어페어즈(Foreign Affairs)』지 1947년 7월호에 발표한 논문이다. 여기서 케넌은 "소련은 팽창의 욕구와 대외적인 적개심을 가졌기 때문에 미국은 그것을 봉쇄하고 그 내부 변화를 기다려야 한다"라고 주장했다. 그러기 위해서는 "미국의 장기적이며 인내성 있는, 그러나 확고하고 조심스러운 저지(containment) 정책이 필요하다"라고 말했다.

과 캐나다, 미국과 일본, 미국과 한국 간 개별동맹과 미국·호주·뉴질랜드 간 다각동맹으로 나타났다.

태평양 지역 군사동맹체제의 주요 기반은 바로 한·미·일 군사동맹 체제이다. 미국을 정점으로 일본이 중요한 위치를 차지하고, 한국이 주변부를 차지하게 짜여 있다.

이러한 대외적 조건을 기반으로 1962년 헌법하에서는 안보법체계가 본격적인 틀을 형성하게 되었다. 개별적으로 1962년 헌법 이전에도 한미상호방위조약, 국가보안법, 병역법 등이 존재했다. 하지만 한미상호방위조약의 경우, 헌법적 근거가 명확치 않았다. 전쟁을 위한 인적동원 체계로서의 병역법은 존재했으나 물적 동원체계로서의 징발법도 성립되지 않았었다. 그런데 1962년 헌법하에서는 헌법원리로서의 평화주의가 포기되지 않았음에도 불구하고, 이를 잠식하는 안보 관련 법체계가 틀을 갖추게 됨으로써, 헌법체계를 잠식하는 모습을 띠었다.

헌법의 평화주의원리가 안보법체계에 의해 잠식당했지만, 그 원리를 적극적으로 해석할 수 있는 명맥마저 사라진 것은 아니었다. 안전보장 관련 조약에 대한 문구가 헌법에 등장했지만, 실체적 규정이라기보다 절차적 규정의 성격이 강했다. 국회의 동의 없이도 주둔할 수 있다는 실체적 규정이 아니라, 국회의 동의가 없으면 인정될 수 없다는 절차적인 규정에 불과하다고 해석할 수 있었다. 필리핀의 경우 '미 필리핀 안보조약'의 10년 연장에 대한 상원의 승인을 얻지 못해 결국 미군은 클라크 공군기지와 수빅만 해군기지를 필리핀에 반환했다.

1962년 헌법은, 평화주의원리의 관점에서 보면, 1948년 헌법에 비해 많은 후퇴가 있었다. 하지만 전문에서 "밖으로는 항구적인 국제평화의 유지에 이바지함"을 여전히 규정했으며, 제4조에서 침략전쟁 부인의 법리를 규정함으로써 명문상으로는 여전히 넓은 의미의 평화주의원리에 포괄될 수 있는 여지를 남겨두었다.

3. 평화주의원리의 형해화와 1972년 헌법

1) 안보이데올로기의 헌법화

1972년 10월, 이른바 유신헌법과 유신체제가 탄생했다. 박정희 자신이 집권자였음에도 불구하고, 출범 과정은 쿠데타와 다르지 않았다. 정상적인 국회가 있었으나, 박정희 정부는 1971년 12월 6일 남북 간의 긴장완화를 도모한다는 명분 아래 국가비상사태를 선포하고, 같은 해 12월 27일에는 '국가보위에 관한 특별조치법'을 제정했다.

'국가보위에 관한 특별조치법'[22]은 12개 항으로 이루어졌다. 대통령으로 하여금 국가안보에 효율적으로 대처할 수 있도록 국가비상사태 선포 권한을 부여하고, 비상사태 시에는 특별한 조치(국가동원령 선포, 군사목적을 위한 세출예산 조정, 옥외집회나 시위의 규제 및 언론출판에 대한 특별한 조치, 노동자의 단체행동권 제한, 경제규제조치)를 취할 수 있음을 골자로 했다.

이에 기초해 박정희 정부는 1972년 10월 17일 전국에 비상계엄을 선포하고, 10월 27일까지 새로운 헌법을 확정한다고 선언했다. 이러한 쿠데타적 절차를 통해 확정된 1972년 헌법은 평화주의원리와 거리가 먼 내용 일색이었다.

---

22 국보위 특별조치법에 대한 위헌결정(1994. 6. 30/92헌가18). 이 법은 1981년 폐지되었으나 폐지법 부칙에 '이 법에 근거한 대통령령에 대해서는 대체입법이 제정될 때까지 유효하다고'고 규정되어 있어 1994년까지 실질적 효력을 유지하였다.

1978년 박정희 대통령이 한미연합사령부 창설식에 참석했다. 주한미군의 주둔은 물론, 정치적
의사표현은 국가의 안전보장이라는 자의적 해석이 가능한 개념으로 통제되었다.

공산주의의 부정을 통한 자유민주적 기본질서[23] 공고화를 새로운 헌법의 기조로 삼음으로써, 북한과의 평화공존보다 대결을 제1의 목표로 내걸었다. 이를 위해 국민의 자유와 권리도 유보될 수 있음을 헌법에 명확히 했는데, 인권 제한의 목적으로 국가의 안전보장이 명문으로 규정되었다. 이제까지 헌법, 특히 1962년 헌법에서조차 인권 제한의 목적은 질서유지나 공공복리에 한정되었고, 자의적 판단이 가능한 추상개념인 국가안전보장은 헌법상의 개념이 아니라 국가정책상의 개념 범주에 머물러 있었다. 그런데 박정희 정권은 질서유지 개념을 대외적인 질서유지와 대내적인 질서유지로 나누고, 대외적인 질서유지를 국가안전보장이라 이름 붙였다. 그러나 실제로는 정부에 반대하는 국내 정치세력들을 옭아매는 데 악용되었다.

나아가 인권의 본질적인 내용은 금지할 수 없다는 내용을 삭제함으로써 국가안보를 명분으로 인권의 본질적인 내용까지 침해했던 인권 암흑기가 시작되었다. 국가안보를 이유로 국민들의 평화적 생존은 오히려 어려워졌다.

2) 국가안보의 법제화

평화주의원리의 헌법조문상의 변질은 국가정책과 입법으로 이어졌다. 입법의 측면에서 보면, 우선 1973년 '군수조달에 관한 특별조치법'이 제정되었으며, 이에 따라 방위산업육성이 적극 추진되었다. 1974년부터

---

23   자유민주적 기본질서가 자유주의적 민주주의(Liberal Democracy)로부터 후퇴한 자유로운 민주주의(Free Democracy)를 의미하며, 표현의 자유 등을 제한하는 가치절대주의적인 퇴행적 헌법원리라는 지적에 대해서는 국순옥, 「자유민주적 기본질서란 무엇인가」, 『민주법학』 제8호, 1994; 국순옥, 「헌법학의 입장에서 본 자유민주주의의 두 얼굴」, 『민주법학』 제12호, 1997.

시작된 율곡사업은 주로 해외에서 수입되던 주요 무기나 장비의 구입을 국내 생산으로 충당하는 계기가 되었다.

1973년 4월 19일부터는 '을지훈련73'이 실시되었으며, 군사력 증강을 위해 자주국방을 위한 군사전략 수립, 중화학공업 발전에 따라 고성능 전투기와 미사일 등을 제외한 장비의 국산화, 독자적인 군사전략과 전력증강계획의 발전과 같은 지침이 하달되었다. 율곡사업[24]의 진행에 따라 노후장비의 교체, 전방지역 축성, 고속정 건조, 항공기(F4팬텀) 구매 등의 전력증강 사업이 집중적으로 이루어졌다.[25]

1975년에는 이른바 안보4법이 유신국회를 통과했다. 우선 민방위기본법(7. 25)은 '적의 침공이나 전국 또는 일부 지방의 안녕질서 유지'를 목적으로 제정되었고, 군사작전상 필요한 노력지원 등 일체의 자위적 활동(제2조)을 내용으로 했다. 이를 위해 중앙정부 차원에서는 국무총리 산하에 중앙민방위협의회를 두고, 지방에는 지역민방위협의회를 두었다. 국무총리를 보필해 민방위업무를 총괄하는 내무부장관에게는 민방위업무 '협조'(제8조)라는 이름으로 막대한 동원 권한을 부여했다. 협조 요청을 할 수 있는 대상은 중앙관서, 공공단체 및 사회단체뿐만 아니라 민간사업체에 이르렀다.

민방위기본법에 열흘 앞서 제정된 사회안전법은 국가의 안전을 목적으로 내세운 법이었으나, 사실은 공안사범의 손과 발을 묶어두기 위

---

24 박정희 정부는 닉슨독트린에 따른 주한미군 부분 철수에도 불구하고 한국군 현대화계획에 진전이 없자, '율곡사업'으로 명명된 이른바 자주국방정책을 추진하게 되었다. 이 과정에서 심지어 핵무기 개발을 추진함으로써 미국과 심각한 갈등을 빚기도 했다. 이성훈 · 지효근, 「한미동맹의 변화와 한국의 군사력 건설」, 문정인 외, 『협력적 자주국방과 국방개혁』, 오름, 2004, 167쪽 이하.

25 1992년까지 3차에 걸쳐 이루어졌던 율곡사업은 그 후 방위력 개선사업으로 명칭이 바뀌어 추진되고 있다.

한 것이었다. 근대적 의미의 형법은 범죄 사실에 상응한 형벌의 체계이
다. 그러나 사회안전법은 공안사범에 대해서는 범죄 없이도 인신을 구속
할 수 있도록 했다. 정권에 비판적인 사람들을 반체제사범으로 몰아가고
있던 국가보안법처럼 논란의 소지가 많은 특정 범죄를 범할 우려가 있는
사람들을 교육개선이라는 이름으로 가둘 수 있는 법이었다. 1974년 12
월 31일에는 내무부의 한 국에 불과하던 치안국을 치안본부로 승격 발족
시켰다.[26] 1975년 8월 19일에는 치안본부에 방위과와 소방과를 없애고
작전과를 신설해 치안을 군사작전화했다. 내무부에는 민방위본부를 신
설해 평시 내무행정조차도 전시 내무행정화했다.

방위세법은 '국토방위를 위해 국방력 증강의 필요 재원 마련'을 명
분으로 특별세를 부과하는 것이었다. 교육법개정을 통해서 대학에는 학
도호국단을 조직했다.[27]

미군주둔에 관한 모든 비판적 담론은 반공법으로 금압되었다. 닉슨
독트린에 기초한 미국의 군사력 재편 계획에 따른 주한미군 감축 가능
성을 논의한 일반 시민들은 유언비어·날조라고 해서 반공법으로 처벌되
었다. 심지어 거대 언론사인 문화방송의 홍용주 사장은 미국의 한국 주
둔을 국가적 이익 차원에서 재고해야 한다는 논문 작성으로 인해 반공법
위반혐의로 처벌받았다.[28]

박정희 정부는 병역법에 따라서 인적 자원을 동원하고, 징발법에 따
라서 필요한 물적 자원을 동원하는 것은 물론 토지 및 각종 시설 사용권
을 획득했다. '군수조달에 관한 특별조치법', '민방위기본법', '반공법' 등
안보 관련법을 통해 사기업 영역은 물론 국민 개개인의 정신 영역에 이

26　치안본부는 1991년 경찰청으로 승격되었다.
27　김영명, 『한국현대정치사』, 을유문화사, 1992, 316쪽.
28　박원순, 『국가보안법2』(국가보안법적용사), 역사비평사, 1992, 482쪽 이하.

르기까지 국가안보를 이유로 인권을 제한하고 동원할 수 있는 총체적 법
제가 마련되었다.

3) 적대적 의존관계의 제도화와 평화주의의 형해화

남한에서 유신체제의 등장은 북한의 유일체제[29] 등장과 대칭을 이루었
다. 1972년 남북한에는 각각 기존 헌법이 폐지되고 새로운 헌법이 만들
어졌다. 남북한이 서로 상대방과의 적당한 긴장과 대결국면을 조성해 이
를 대내적 단결과 통합 혹은 정권 안정에 이용하는 관계에 있었기 때문
이다.[30]

유일체제에 대응한 1972년 헌법은 평화주의원리가 변질되어 형해
화된 헌법으로 기록될 만하다. 1972년 헌법은 국가안전보장이라는 추상
개념이 기본권제한 사유로 헌법에 등장함으로써 주권자를 위한 헌법이
아니라 국민을 통치하기 위한 헌법이었다. 제32조 2항 "국민의 자유와
권리를 제한하는 법률의 제정은 국가안전보장, 질서유지 또는 공공복리
를 위해 필요한 경우에 한한다"라는 규정에서도 알 수 있듯이 질서유지
또는 공공복리 이외에 국가안보라는 사유로도 기본권을 제한할 수 있는
길이 열린 것이다.

안전보장이라는 추상개념은 질서유지에 포함될 수 있는 개념이다.
그럼에도 대내적인 질서유지와 대외적인 질서유지의 개념을 분리해 대
외적인 개념을 국가안전보장이라는 개념으로 포장한 것이다. 결국 박정
희 독재정권에 반대하는 정치적 의사표현은 국가의 안전보장이라는 다

29 역사문제연구소 편, 『분단50년과 통일시대의 과제』, 역사비평사, 1995, 152쪽 이하.
30 백낙청, 『분단체제변혁의 공부길』, 창작과 비평, 1994; 백낙청, 『흔들리는 분단체제』, 창작
    과 비평, 1998.

의적이고 추상적이며 자의적 해석이 가능한 개념 아래 금압되었다.

4. 평화주의원리의 괴리와 1980년 헌법

1) 평화주의원리의 장식적 복원

1980년 헌법은 1962년 헌법과 마찬가지로 군사정변을 통해 정권을 찬탈한 정치군인들이 주도해 만들었지만 몇 가지 차이점이 있었다. 대표적으로 침략전쟁 부인의 법리를 유지하면서 국군의 사명을 국토방위에 한정하는 규정을 다시 삽입했다.

속기록 등이 남아 있지 않아 그 동기는 실증적으로 밝혀지지 않았지만, 1980년 헌법하의 헌정사가 인권탄압과 환경파괴로 얼룩졌음에도 불구하고 환경권과 같은 새로운 인권을 규정하고, 행복추구권과 같은 포괄적 권리를 헌법에 명문으로 규정했다는 점 등이 눈에 띈다. 아마 헌법의 최고규범성을 무시하고 오히려 현실 은폐를 위한 장식물이나, 반헌법적 사고의 연장선상에서 보기 좋고 듣기 좋은 선언적 문구쯤으로 생각하고 복원하지 않나 생각된다. 그래서인지 평화주의를 선언하는 방식도 규모가 커져 전문에서 "밖으로는 항구적인 세계평화와 인류공영에 이바지함"이라는 표현으로 확대되었다.

1980년 헌법이 국군의 사명을 국토방위로 한정한 것은 그저 수사적인 복원에만 그친 것이 아니었다. 실제적으로는 오히려 뒷걸음친 흔적도 엿보인다. 제4조 2항에서 "국군은 국가안전보장과 국토방위의 신성한 의무를 수행함을 사명으로 한다"라고 해 국가안전보장이라는 추상개념을 국군의 사명에 슬그머니 밀어넣고 있는 것이다.

주권자인 국민의 안전을 굳건히 하는 데 반대할 사람은 많지 않다. 하지만 국가권력을 견제하기 위한 문서인 헌법에 주권자의 권리 제한을 위한 개념인 국가안전보장 개념이 들어가는 것은 여전히 헌법을 '권리보장을 위한 문서'가 아니라 '통치를 위한 문서'로 생각하는 것과 무관하지 않다. 1980년 광주를 비롯해 각종 계엄령의 예에서 보듯이 군대가 국토방위와 무관하게 사용될 수 있는 무력집단이었음을 상기할 때, 군대의 사명은 대단히 명백하게 규정되어야 한다. 베트남 파병과 이라크 파병 등에서도 알 수 있듯이 국가의 안전보장이라는 추상개념으로 국군의 사명이 후퇴한 것은 평화주의 관점의 헌정사에 있어 매우 개탄스런 일이다.

2) 반평화세력의 집권과 비수평적 한미동맹

1980년 헌법전에서 평화주의 관련 조항이 장식적으로 일부 복원된 배경에는 1980년 헌법 제정자들의 반평화주의적 정권 찬탈 과정이 있다.

1980년 5월 31일 전두환은 최규하 정부를 강요해 국가보위비상대책위원회령을 대통령령으로 발부하고, 이 설치령에 의거해 국가보위비상대책위원회를 설치했다. 동 위원회는 대통령을 의장으로 하고 8명의 각료와 14명의 장군 등 26명으로 구성되었으며, 상임위원회를 두고 전두환이 위원장이 되었다. 상임위체제 아래 실권을 상실한 최규하 대통령은 학생시위, 광주문제 등에 책임을 진다는 이유로 1980년 8월 16일 재임 225일 만에 사퇴했다.

이러한 정권 찬탈 과정은 유신헌법을 부정하고 새로운 민주적 헌법을 제정하고자 하는 흐름을 부정하는 것이었다. 1979년 12월 8일, 긴급조치9호가 해제됨에 따라 봇물이 터진 듯 활성화되던 개헌안 마련 및 개헌 논의는 1980년 5월 17일의 비상계엄으로 전면 중지되었다.

자생적 개헌논의를 초토화시킨 뒤, 국가보위비상대책위원회의 상임위원회는 13개 분과위원회를 설치하고 국정 전반에 대한 통제기능을 강화하는 한편, 1980년 10월 27일 새 헌법공포와 함께 '국가보위입법회의'로 확대 개편되었다. 국보위는 국가보위라는 명분하에 입법권과 행정권을 무시하고 군사정변을 위한 혁명위원회의 기능을 수행했다. 전두환은 '민주주의의 토착화, 복지국가의 건설, 정의사회의 구현, 국민정신 개조'라는 허울좋은 4대 국가지표를 제시하며 대통령에 취임했다.

5·17비상계엄은 국가긴급권이 인권보장과 권력분립을 추구하는 자유주의적 입헌주의와 얼마나 모순되는 것인지를 극명하게 보여주었다. 국민의 인권을 보장해야 할 국가의 비상한 사태는 정치적 야만을 감추기 위한 논거에 불과했으며, 오히려 국민의 생명권과 인신의 자유를 극도로 침해되는 결과를 야기했다. 5·17계엄 당시의 헌법(1972년 헌법) 제54조 3항에 열거된 영장제도, 언론출판집회결사의 자유 박탈은 물론이고, 수많은 인명이 살상되었으며, 불법적이고 반헌법적인 인신구속이 줄을 이었다.

1980년 헌법의 제정과정은 반평화주의적 세력의 집권 과정을 보여줌과 동시에 한미동맹관계의 현주소를 보여주었다. 1978년 '한미연합군사령부 구성에 관한 협정'에서는 "1950년 조인된 UN 사령관의 작전통제권이 연합사령부 설치 이후에도 폐기되지 않는다"라고 함으로써 작전통제권이 미국이 있음을 확인했다. 작전통제권을 행사하고 있는 미국이 5·18 진압군의 이동을 용인·방관함으로써 전두환 정부의 반평화적인 집권 과정에 미국이 개입했음이 밝혀지기도 했다.

작전통제권의 역사는 한미동맹의 수직적인 구조를 단적으로 나타낸다. 1950년 이승만은 '현재의 적대상태가 지속되는 동안'이라는 단서를 달아 군령권과 군정권 모두를 포괄하는 개념인 작전지휘권(Operational

Command)을 유엔군사령관에게 이양했다. 작전지휘권은 1953년 10월 한미상호방위조약에서 작전계획수립 및 명령시달 등 전쟁임무 수행에 필요한 권한에 해당하는 작전통제권(Operational Control)으로 조정됐다. 이후 1974년 9월 주한유엔군사령부, 주한미군사령부 및 주한미군 제8군사령부가 합쳐져 통합사령부가 설치되었고, 같은 해 유엔군 작전명령권이 한·미 합참의장회의로 이전되었다. 1978년 한미연합사령부(CFC)가 창설되어, 한국군에 대한 전시·평시의 작전통제권이 유엔군사령관에서 연합사사령관으로 위임되었다. 실질적으로 주한미군이 전시·평시의 한국군에 대한 작전통제권을 행사하고 있었던 것이다.[31] 광주민주화운동 과정은 이러한 반평화적이고 비수평적 한미동맹의 현주소를 역설적으로 밝혀주었다.

3) 평화주의원리의 현실 괴리와 1980년 헌법

1980년 헌법에서 평화주의원리가 장식적으로 복원된 것은 반평화세력의 집권 과정이 보여주는 역설이다. 동시에 평화주의원리를 실천할 헌법주체의 말살 과정 및 부재와도 밀접한 관련이 있다.

1980년 12월 26일 국가보위입법회의 법제사법위원회는 반공법과 국가보안법을 통합한 국가보안법 개정 법률안을 제안하고 가결했다. 제안이유서에서는 (구)국가보안법의 미비점을 보완하기 위해 제정된 반공

---

31 1992년에는 한미연합야전사령부(CFA)가 해체되었으며 제24차 한미연례안보협의회의(SCM)에서 평시 작전통제권을 한국군에 이양하기로 합의, 94년 12월에 평시 작전통제권은 한국군에 반환되었다. 그러나 전시 작전통제권은 여전히 한미연합사 사령관(주한미군사령관)에게 있다. 전시에는 육·해·공군 각 군 본부와 비작전 행정부대를 제외한 한국군의 모든 작전부대가 연합군사령부 예하의 구성군 사령부에 편재돼 한·미 연합군사령관의 작전 통제를 받게 돼 있다.

법의 미비점을 보완하기 위해 양 법률상의 유사 또는 동일 규정을 단일
화한다고 했다. 그럼에도 불구하고 반공법상의 독소조항인 찬양고무 등
의 조항이 아무런 비판 없이 국가보안법에 통합됨으로써 비판적인 정치
논의는 물론 건전한 평화담론이 형성될 수 없었다.

　　제도권 정당과 사회단체의 경우에도 평화주의원리에 관해서는 무
지에 가까운 상태였다. 평화주의 관점에서 보면 신민당의 헌법안은 매우
실망스러웠다. 유신정부에 대한 대항세력으로서 새로운 흐름의 창조자
여야 할 신민당의 헌법안은, 유신헌법과 마찬가지로 국군의 사명을 국토
방위에 한정하는 조항을 두고 있지 않았다. 인권제한의 목적에서 국가안
전보장을 삭제하고 질서유지로 일원화한 조항만이 유일하게 의미를 가
질 뿐이었다. 신민당뿐만 아니라 대한변호사협회의 헌법안에는 아예 침
략전쟁의 부인의 법리를 헌법에 명문으로 규정하고 있지 않았다.

　　1980년 헌법제정기의 평화담론이 무지 상태를 벗어나지 못한 것은
유신 치하의 언론과 표현의 자유에 대한 극악한 탄압에 기초한다. 극도
의 탄압으로 평화나 미군 문제 등에 대한 필화사건조차 생겨나지 못했
다. 이 시기에 '반제민족해방투쟁'을 선언하며 활동했던 남민전(남조선민
족해방전선주비위원회) 같은 조직은 절망적인 독재정권하에서 평화담론
이 존재할 수 있었던 유일한 형태였을지도 모른다.[32]

　　평화담론의 질식 상태는 1980년 헌법하에서도 마찬가지였다. 오늘
날 각종 사회활동단체 등을 통해 공론화되고 있는 비핵문제, 전쟁반대의
문제는 용공이적으로 가차없이 처벌받았다. '한반도의 핵기지화, 대리전
쟁터화'에 반대하는 전국 대학 '삼민투위' 소속 대학생들의 평화담론은
북한을 찬양고무하는 행위로 엄단되었다. '삼민투위' 자체가 이적단체로

32　박원순, 『국가보안법2』(국가보안법적용사), 485쪽.

규정당하고 그 활동이 이적행위로 매도되었다. '민족해방민중민주주의 혁명(NLPDR)' 이념이 보급되면서 이 계열의 대학생들이 주장하던 반전 반핵 평화운동, 전쟁 분위기를 고취시키는 한미 간 군사합동훈련 반대도 반미 주장이 의심된다고 해서 국가보안법 적용 대상이 되었다.[33]

5. 평화주의의 지체와 1987년 헌법

1) 평화주의의 지체

지금까지의 헌법은 주로 위로부터 일방통행식으로 제정 또는 개정된 헌법이어서 정작 중요한 헌법 실천주체가 부재한 헌법이었다. 이에 비해 1987년 헌법은 헌법 실천주체의 일부 복원 또는 형성이라는 측면에서, 헌정사상 남다른 의미를 갖는다.

우선 1987년 헌법은 위로부터의 개헌이 아니라 아래로부터의 요구로 개헌된 헌법이었다. 이전까지 9차례의 크고 작은 개헌은 4·19 이후의 1960년 헌법 개정을 제외하면 대부분 위정자의 집권 기간 연장을 위한 정략적 차원에서 정부 형태를 중심으로 이루어졌다. 이에 비해 1987년 헌법개정은 대통령을 직접 선출하겠다는 국민들의 요구가 발화점이 되어 이루어졌다.

또한 그간 남용되었던 대통령의 비상적 권한을 축소한 헌법이었다. 1972년 헌법 제53조의 긴급조치권은 입헌주의 기반을 송두리째 거부하는 반헌법적 헌법조항이었다. 국가안보 등이 위협을 받는 경우만이 아니

---

33   박원순, 『국가보안법2』(국가보안법적용사), 489~498쪽.

라 받을 우려가 있는 경우까지도 긴급조치발동 사유로 규정했던 이 헌법 하에서는 헌법에 대한 논의조차도 긴급조치위반으로 구속사유가 되었다. 이런 헌정사에 비추어 본다면 그러한 자의적 조항을 없애고 긴급명령과 긴급재정경제처분 명령으로 구체화 및 세분화한 것은 헌법의 복권을 위한 진일보였다.

그러나 평화주의의 관점에서 보면 1987년 헌법은 무심한 헌법이다. 정치군인의 발호를 막기 위해 국군의 정치적 중립성을 규정했다고 하나, 다음과 같이 1980년 헌법의 후퇴한 평화주의 관련 규정을 그대로 답습하고 있다. "제5조 1항 대한민국은 국제평화의 유지에 노력하고 침략적 전쟁을 부인한다. 2항 국군은 국가의 안전보장과 국토방위의 신성한 의무를 수행함을 사명으로 하며, 그 정치적 중립성은 준수된다."

이런 상황에서 양심을 이유로 한 대체복무 요구자들이 군사재판을 받게 된 경위와 그 과정의 인권문제, 그들의 주장 등이 헌법 차원에서 논의되기란 어려웠다. 1970년대 들어서면서 입영률 100% 달성이라는 병무청의 실적주의와 당시 사회분위기가 맞물려, 정부가 여호와의 증인 신도들의 집회장소를 급습해 일단 군부대로 입영대상자를 연행한 후 그곳에서 영장을 발부하는 식의 강제입영을 시도했었다. 이에 여호와의 증인 신도들은 병역거부 입장을 군부대에 가서 밝히게 되었다. 이것이 관행처럼 되어 여호와의 증인 신도들의 경우 매년 군사법원에서 재판을 받게 되었다. 그러나 이러한 헌법현실은 개헌 시에 반영이 되기는커녕 논란조차 되지 못했다. 여호와의 증인 신도들이 다수라고는 하더라도 양심을 이유로 한 대체복무 요구자들이 매해 500~700여 명에 이르렀는데도, 병역법의 인권조화적 해석을 통한 적용문제, 양심과 병역의무를 조화시킬 수 있는 대체복무 논의는 평화담론 영역에 발을 붙이지 못했다.

2001년 4월 16일 양심적 병역거부자가 1년 6개월의 징역을 선고받은 것이 군사법원이 아닌 민간법원이었다는 점이 획기적인 사건으로 기록될 정도였으니, 양심 실천의 자유는 물론 평화담론이 상당히 지체되어 있었다는 점을 짐작해볼 수 있다.

2) 급변하는 한미관계와 약진하는 평화운동

(1) 급변하는 미국의 군사전략과 한미관계

평화주의에 무심한 태도에도 불구하고 우리 헌법을 둘러싼 대내외적인 상황은 매우 급변하고 있다. 우선 2000년대 들어 미국의 군사외교전략의 발본적인 변화에 따라 평화주의원리를 둘러싼 주변 환경 변화도 뚜렷하다.

변화의 동력은 역설적이게도 부시 행정부의 새로운 안보정책과 국방정책이다. 미국은 일방적 패권을 공고히 하기 위해 과거와 같은 봉쇄전략에서 탈피해 개입전략으로 궤도를 수정하는 한편, 전 세계적인 차원에서 해외주둔군 재배치를 시도하고 있다. '해외미군재배치계획(GPR=Global Posture Review)'이라고 불리는 국방전략 검토이다. 이에 기초해 전방배치군 중심의 고정지역방어 개념에서 벗어나 초국가적이고 비대칭적인 새로운 위협, 즉 테러 등에 대비한다는 명분으로 신속기동군 위주의 주둔군배치를 꾀하고 있다.

이 변화는 'Joint Vision 2020'이라는 군사변환(Military Transformation)으로 구체화되고 있다. 군사변환은 효과 위주와 신속결정작전, 비선형전투, 초점화된 군수지원, C^4ISR(Command, Control, Communication, Computer, Intelligence, Surveillance, and Reconnaissance)을 통한 첨단상황인식체계를 특징으로 하는 새로운 전쟁 패러다임에 맞추어 군사혁신을 이룩하고 군사작전의 전 영역에서 압도적 우세를 실현하

려는 것이다.[34]

변화된 미군의 해외주둔 정책은 군사혁신과 맞물려 대규모의 상시
주둔보다 유사시 중장거리 투사능력을 중시한다. 예방적 선제공격[35] 및
주둔지역 방어 외에 다목적 활용성을 중시하는 것이 특징이다.

미군의 정책변화에 따라 주한미군의 전력 규모와 구조에도 변화가
일어나고 있다. 한국 내 산재한 기지들의 효율적 통폐합과 주한미군의
재배치가 이루어지고 있다. 용산기지의 이전과 평택미군기지의 확대재
편이 그 단적인 예이다. 한미 당국은 2003년 11월 17일의 제35차 한미
연례안보회의 공동성명 제4조에 명시된 바와 같이 전략적 유연성에 합
의하였다.

이에 따라 유사시 입법의 정비도 속도를 더해가고 있다. 비상대비
자원관리법(2004년 일부개정), 통합방위법(2006년 3월 일부개정)의 개정
이 그 대표적인 예이다. 통합방위법은 테러 등 이른바 비정규전에 효율적
으로 대처하기 위한 민관군 통합방위체제를 내용으로 한다. 그러나 적의
침투나 도발 또는 이에 준하는 비상사태 등을 군이 자의적으로 판단하거
나 남용할 수 있는 여지가 있어 개정을 둘러싼 논란이 끊이질 않았다.

(2) 약진하는 평화운동

미국의 일방주의 노선, 선제공격 노선으로의 군사전략 변화는 87년 헌법
의 평화주의를 크게 위협한다. 침략전쟁을 거부한 헌법에도 불구하고 이
라크 파병이 이루어졌으며, 전략적 유연성에 기초한 신속기동군으로 주
한미군 재편이 이루어지고 있다. 여기에는 한미상호방위조약이라는 장

34　渡辺治, 『戰爭と現代』, 大月書店, 2003, 82쪽 이하; 문정인 외, 『협력적 자주국방과 국방개
　　혁』, 206쪽 이하.
35　정욱식, 『2003년 한반도의 전쟁과 평화』, 이후, 2003, 212쪽 이하.

치 또한 기능했다.

미국 군사전략의 공세적 변화는 역설적이게도 한반도 평화운동의 대항력과 다양성을 높이는 계기가 되었다. 종래의 평화운동은 주한미군 철수의 다른 이름, 친북운동으로 매도되던 상황이었다. 그러나 미군의 군사전략 변화로 인해 평화운동은 핵문제, 군축문제, 이라크 파병문제, 미사일방어시스템 문제, 기지문제, 환경오염문제 등 다양한 형태로 전개되고 있다.

이러한 다양한 평화운동은 헌법의 평화주의원리를 적극 원용하기 시작했다. 이라크 파병 반대 운동의 경우 미국의 이라크전쟁이 침략전쟁이며, 침략전쟁에 한국군을 파병하는 것은 헌법 제5조 1항 침략전쟁 부인의 법리에 어긋나고, 국군의 사명을 국토방위에 한정한 제5조 2항에도 어긋난다고 했다.[36]

평화주의에 기초한 헌법실천운동은 인권 영역으로까지 그 지평을 확대하고 있다. 평화적 양심에 기초한 병역거부자의 등장 및 평택 미군기지 이전 반대 투쟁에서 주창된 평화권 논의가 대표적인 예이다.

평화권에 기초한 평화운동은 헌법소송으로 이어졌다. 2003년 미국이 발표한 '해외미군재배치계획'으로 미군기지의 공격적 재편이 이루어지고, 이를 뒷받침하기 위해 '평택으로의 미군기지 이전협정'(정식명칭은 '대한민국과 미합중국 간의 미합중국 군대의 서울지역으로부터의 이전에 관한 협정')이 체결되었다. 평택 주민들은 이 조약이 주민들의 평화적 생존권을 침해한다고 주장하며 2005년 평택미군기지이전 위헌소송(2005헌마268)을 제기했다. 헌법재판소는 2006년 2월 23일, '평택으로의 미군기지 이전협정'이 미군기지 이전에 불과해 평화적 생존권을 침해하지 않

---

36   이경주, 「이라크 파병과 헌법」, 『기억과 전망』, 민주화운동기념사업회, 2004.

는다고 기각했다. 그러나 사법사상 처음으로 평화적 생존권이 권리로 언급되었다.

평화운동진영은 매년 실시되고 있던 전시증원(RSOI)훈련이야말로 평화권을 침해한다며, 2007년 헌법소송을 제기했다. 그러나 헌법재판소는 평택미군기지이전 위헌소송으로부터 불과 3년 만인 2009년 5월 28일, 입장을 180도 바꾸었다. '평화적 생존권은 구체적 권리가 아니며' 따라서 한미전시증원연습에 의해 침해된 기본권이 없으므로 각하한다는 것이었다. 평화권이 외교안보정책에 미치는 실천적 성격으로 인해 헌법 재판소가 입장을 바꾼 것이었다.

평화권을 주장한 두 헌법소송을 통해서 평화적 생존권은 평화운동은 물론이고 헌법학계의 논의의 반열에 당당히 오르게 되었다.[37] 비록 헌법재판소에 의해 재판규범으로서의 성격은 거부당했다고는 하나, 주권자인 국민들에게는 평화주의원리에 기초한 기본권 및 정치규범의 하나로 인식되는 계기가 되었다.

3) 기로에 선 평화주의

미국 군사외교전략의 변화 결과, 주한미군의 전략적 유연성이 강조되고 있다. 이는 한반도가 우리 의사와 관계없이 전쟁에 휘쓸릴 가능성이 높아짐을 의미한다. 한국의 이라크 파병에서 볼 수 있듯이, 우리는 미국과의 군사조약에 기초해 명분 없는 침략전쟁에 동원되고 있는 실정이다.

이라크 파병의 경우, 전후 복구와 의료지원 명분으로 2003년 5월 파병(서희부대 573명, 제마부대 100명)이 시작되었다. 파병 후 전쟁 시작

---

37   한국헌법학회, 『헌법 판례 100선』, 법문사, 2012. 1987부터 2012까지의 주요 헌법 판례 100선을 뽑은 이 책에 평화적 생존권 판례 역시 수록되어 있다.

의 근거가 허위임이 영국의 버틀러보고서, 유엔사찰단의 보고서 등을 통해 드러났다.[38] 하지만 한국은 많은 참여 국가들이 이라크에서 철수한 이후에도 철수를 주저해 민간인이 피해를 당하기도 했다. 2004년 2월에 이라크 파병안이 국회를 통과한 상태에서, 한국군의 추가파병계획에 제동을 걸기 위해 파병철회를 요구하는 단체에게 납치된 김선일 씨가 2004년 6월 22일 비참하게 살해되었다. 한국 정부는 같은 해 8월 3일, 비전투병 위주의 파병이라는 논리를 내세워 3,000여 명의 부대(자이툰부대)를 추가 파병했다. 이라크에서 한국군이 최종적으로 철수(자이툰부대, 다이만부대)한 것은 2008년 12월 말이다.

평화주의적 관점에서 보면 1987년 헌법은 지체된 헌법이기는 하다. 그러나 지체된 헌법의 최소한마저도 형해화 내지 공동화의 길로 갈 것이냐 아니면 평화주의원리의 대항담론적 가능성을 발견하고 이에 기초해 평화주의의 지평을 넓힐 것이냐 하는 중대한 기로에 놓이게 되었다.

평화주의원리를 위협하는 이러한 대외적인 정세에 대항담론을 구축하기 위해서는, 평화주의원리에 입각한 국가가 될 수 있게 국가권력을 견제하는 평화국가 만들기라는 실천프로그램으로 이어져야 한다.

첫째, 침략전쟁 부인의 법리를 실효화하는 길을 강구해야 한다. 이를 위해 정부의 정책결정과 국회의 비준동의 과정에 주권자인 국민과 그들의 대표인 국회의 참여가 적극 보장되어야 한다.

둘째, 국군의 사명이 방어적인 것임을 명확히 해야 한다. 국군의 사명을 국토방위에 한정하고, 87년 헌법에서 국군의 사명으로 되어 있는 국가의 안전보장을 삭제하거나 국토방위와 동일한 개념으로 한정 축소해야 한다.

---

38 이라크파병 반대비상국민행동 정책사업단 편, 「이라크 파병연장 반대의 논리」, 2005, 13~32쪽.

　　셋째, 평화국가는 군축국가여야 한다. 방어적인 개별적 자위권을 인정한다 하더라도 적정 규모로 군축을 동반해야 한다. 현재 국군의 규모나 주한미군의 규모, 배치형태 등은 1954년 체제를 60년 동안 답습하고 있다. 열전과 다름없는 극심한 냉전기의 대결구도에 대응하기 위한 규모 및 배치를 유지하고 있는 셈이다. 이를 교류와 평화의 시대에 맞게 적정화해가는 과정을 동반해야 한다. 서울 주변 미군기지의 양적 축소와 평택의 미군 확대 재배치는 당연한 것이 아니다. 탈냉전기에 적합한지, 우리 헌법의 평화주의에 맞는 배치 형태인지 고민해야 한다. 미군의 재배치문제뿐만 아니라 한국의 군사 규모도 적정한지, 징병제만이 자위를 위한 유일한 길인지에 대해서도 검토가 필요하다.

　　넷째, 병역의무를 당장 삭제하기 힘들다면 병역의무와 인권을 조화시켜 양심에 따라 대체복무를 선택할 수 있는 길을 열어두어야 한다. 독일은 1949년 본 기본법 제정 당시부터 병역의무에 대한 결부조항으로 대체복무조항을 둔 바 있다. 87년 헌법하에서 굳이 개헌을 하지 않더라도 방안이 없는 것은 아니다. 우선 병역법 88조 징집거부의 '정당한 사유'로 평화주의적 양심 등 내면적 사유도 인정하고, 이들에 대해 대체복무법을 합리적인 선에서 만들면 된다.[39]

　　다섯째, 한미상호방위조약과 같은 집단적 자위권이 우리 헌법의 평화주의원리와 정합적인지 논의해야 한다. 나아가 전략적 유연성 개념처럼 평화주의의 근간을 흔드는 개념이 공론화 과정 없이 정부 간에 일방적으로 결정되는 것 역시 방지해야 할 것이다.

39　2001년 12월 17일에는 평화주의적 양심에 기초해 오태양 씨가 양심적 병역거부와 대체복무를 선언한 바 있다. 2002년에는 '양심에 따른 병역거부권 실현과 대체복무제도 개선을 위한 연대회의'가 발족했으며, 민주사회를 위한 변호사모임은 2002년 4월 제58차 유엔인권위원회에서 한국의 양심적 병역거부 상황을 보고했다.

여섯째, 평화국가는 비핵국가여야 한다. 중앙정부 차원의 비핵선언 뿐만 아니라 지방정부 차원에서의 비핵자치체 선언도 필요하다.

6. 소결

이상 평화주의 관점에서 개헌사를 일괄했다. 이제까지의 개헌논의는 우리가 교과서적으로 알고 있었던 정부 형태의 변화뿐만 아니라 평화주의 원리의 변천이기도 했다.

1948년 헌법은 제한적이기는 하지만 침략전쟁 부인의 법리가 헌법전으로 수용된 헌법이었다. 1962년 헌법에서는 군사조약에 관한 절차적 규정의 명문화 및 안보법체계의 등장함으로 인해 평화주의원리가 잠식되었음을 알 수 있었다. 1972년 헌법에서는 침략전쟁 가담 여지를 헌법적으로 열어두고 국가안보라는 이데올로기적 추상개념으로 인권을 제약함으로써 평화주의원리를 형해화시켰다. 1980년 헌법은 개헌 주체의 정권 찬탈 과정의 반평화성을 화려한 장식으로 덮기 위해 평화주의 관련 규정을 장식적으로 복원했다. 1987년 헌법은 아래로부터의 요구에 의한 헌법이었음에도 불구하고, 1980년 헌법의 평화주의 수준을 답습하는 등 평화주의에는 무심한 헌법이었다. 이러한 일련의 고찰을 통해 평화주의 원리의 역사적 변천 과정에는 국내 정치적 역학관계뿐만 아니라 미국의 군사외교전략과의 상관관계가 반영되고 있음을 알 수 있었다.

이러한 무심하고 지체된 87년 헌법의 평화주의마저 현재 기로에 서 있다. 2000년 이후 미국의 공세적이고 선제예방적인 군사외교전략의 변화는 평화주의의 최소한을 담고 있는 87년 헌법마저도 공동화시킬 수 있는 위협요인이다. 이에 대항하기 위한 평화주의 담론에 기초한 헌법 실천이 필요하다. 평화가 담보되지 않는 곳에는 인권도 민주주의도 존립할 수 없기 때문이다. 실천프로그램으로서 헌법의 평화주의에 이념적 바탕을 두고 평화적 생존권을 권리적 기반으로 하는 평화국가 만들기가 요구된다. 개헌사를 평화주의적 관점에서 통찰해야 하는 현재적 의미는 바로 여기에 있다.

II. 1987년 헌법 평화주의의 내용과 한계

1987년에 전면 개정된 87년 헌법은 몇 가지 측면에서 평화주의원리를 포기하지 않은 헌법으로서, 그 가능성과 한계를 살펴볼 필요가 있다. 87년 헌법의 평화주의가 의미하는 규범적 내용을 평화주의원리에 맞추어 검토해보자.

1. 침략전쟁의 포기

87년 헌법은 침략전쟁을 포기한 헌법이다. 1차 세계대전 후, 국제 사회는 전쟁의 위법화를 선언하고 이를 국제법화했다. 앞서 살펴본 켈로그-브리앙조약이 그렇다. 그러나 이때는 국제법적 차원의 규범화에 불과했다. 2차 세계대전 후에 만들어진 세계 각국의 헌법에서는 다양한 형태로 평화주의, 그리고 침략전쟁 부인을 헌법규범화한다.

우리 헌법도 1948년 헌법 전문에서 국제평화주의를 규정하였다. 이를 구체화해 제6조 1문에서 대한민국은 모든 침략전쟁을 부인함을 규정한 바 있다. 1962년 헌법에서는 평화주의가 전문에서 조문으로 편입되어 그 규범적 성격을 더욱 강화했다. 87년 헌법에서도 국제평화주의의 규범력을 제고하기 위해 제5조 1항에 규정하여 침략전쟁의 부인을 명확히 하고 있다.

2. 개별적 자위권과 국토방위 의무

87년 헌법은 침략전쟁을 부인하되 자위의 권리는 포기하지 않았다. 국군의 사명을 국토방위에 한정하고 있으므로 개별적 자위권을 인정하고 있는 헌법이라고 할 수 있다. 헌법 해석은 다양하게 이루어질 수 있다. 그중 기본이 되는 것은 문리해석이다. 이것으로 부족하면 제정자의 입법의도 등을 고려하는 목적론적 해석을 한다.

문리해석의 방법에 따르면 헌법 제5조는 국군의 사명을 '국토'에 한정한다. 우리 헌법 제5조의 뜻은 외부로부터의 침략에 대한 방위, 즉 자위권만을 인정함을 쉽게 알 수 있다.

제정자의 입법 의도 등을 고려하는 목적론적 해석에 따라 우리나라 헌법 제정과정에서의 속기록을 보더라도, 1948년 헌법의 평화주의는 수사적 차원의 산물이 아니라 자각적으로 헌법규범화되었다는 것을 알 수 있다. 기록에 따르면, 세계적으로 보편화되고 있는 평화주의를 받아들일 것에 대한 이야기와, 규범적 의미에 대한 논의가 있었다. 다만 우리의 경우는 비무장평화주의까지는 가지 않고, 군대를 규정하되 그 임무는 국토방위에 한정한다고 되어 있다. 오랫동안 전쟁의 참화를 겪었지만, 그것이 식민화된 상태에서의 전쟁경험이었기 때문에 자위권까지 부정하기는 힘들었다. 자위의 범위를 국토방위로 한정, 축소함으로써 자위권의 변질과 남용을 경계했다. 그것이 국군의 사명을 국토방위로 한정한 1948년 헌법 제6조 2문의 규범적 의미내용이며, 87년 헌법 제5조 2항 전문의 의미내용이다.

3. 국군 법정주의와 의회중심주의

87년 헌법은 국군을 두고, 자위권이 인정되는 경우에도 국군통수권이 통수권자인 대통령에 의해서 자의적으로 행사되지 못하도록 두 가지 견제장치를 두고 있다.

첫째, 국군의 조직과 편성을 법률에 근거하도록 했다. 국군을 두더라도 국군의 조직과 편성 여하에 따라서는 자위를 위한 국군이 아니라 침략군이 될 수 있으며, 우리 헌정사에서 보는 것처럼 국민을 위한 군대가 아니라 국민에 대한 군대가 될 수 있다. 그러므로 국민의 대표기관인 국회가 제정하는 규범인 법률의 형식을 취할 것을 규정한 것이다. 둘째, 국군이 자위권을 행사하기 위해서는 국회의 동의를 받아 선전포고의 절차를 거치도록 하고 있다.

그러나 법정주의와 의회중심주의의 원칙을 취하고 있다고 하더라도 반드시 평화주의원리에 철두철미한 것은 아니다. 국회 구성원 다수가 헌법의 평화주의원리를 이해하지 못하고, 헌법의 명문규정을 무시한다면 의회중심주의도 무기력할 수밖에 없다. 대표적인 예가 이라크 파병으로, 국회 동의에 의해 파병이 진행되었다.

의회가 헌법의 기본원리인 평화주의를 무시하고 반입헌주의적일 때 견제장치로 생각해 볼 수 있는 것은, 헌법재판소와 같은 헌법전문가에 의한 위헌법률심사제이다. 그러나 위헌법률심사제도를 비롯한 각종 헌법소송에 있어서도 헌법재판소의 재판관이 헌법의 규범내용을 잘 이해하지 못하거나 그 구성이 국민의 사회학적 의사분포와 유리되면 평화주의원리를 훼손할 수 있다. 이라크 파병을 둘러싼 국회 다수에 의한 파병 결의와 관련법에 대한 헌법재판소의 각하결정은 이를 단적으로 말해준다.

4. 집단적 자위권의 인정 여부

2003년과 2004년 이라크 파병과 관련해 국군이 '국토'를 벗어난 외국 이라크에서 전쟁업무에 종사하는 것이 과연 자위권에 해당할 수 있을 것 인지가 논란이 되었다. 이라크 파병의 실체법적 근거로 거론되는 것은 한미상호방위조약이다. 자위권에는 외부의 침략에 대해 침략을 당한 국 가가 개별적으로 맞서는 방법과 다른 나라와 군사동맹을 맺어 맞서는 방 법이 있다. 우리 헌법의 자위권이 개별적 자위권만 인정하고 있는 것인 지, 한미동맹과 같은 집단적 자위권까지 보장하고 있는지에 대해서는 좀 더 면밀한 헌법해석론적 고찰이 필요하다.

　　1948년 헌법에는 한미상호방위조약과 같은 군사조약에 관한 명문 규정이 없었다. 제42조에 상호원조에 관한 조약을 명시하고 있지만 안 전보장조약에 관한 일체의 규정이 없다. 박정희 정권이 쿠데타 후 만든 1962년 헌법이 제56조 1항에 국회의 동의를 받는 경우에는 안전보장 에 관한 조약을 체결할 수 있다는 규정을 두고 있는 것에 비하면, 1948 년 헌법제정 당시에는 한미안보조약 같은 군사조약을 염두에 두지 않았 거나 부정한 것으로 보아야 할 것이다. 그러나 1962년 헌법의 경우도 명 문규정은 실체적인 것이 아니라 절차적인 것이었다. 다만 1962년 헌법 은 침략전쟁을 부인하고 있을 뿐 국군의 사명을 국토방위에 한정한다는 규정을 삭제함으로써 규제의 틀을 약화했다. 그렇다고 곧바로 해외파병 이 합리화되는 것은 아니다. 국제법적으로는 켈로그-브리앙조약 이후 전 쟁이 원칙적으로 위법화되었기 때문이다. 유엔 헌장 규정에 따른 엄격한 요건하의 집단적 자위권 행사도 생각해볼 수 있으나, 어디까지나 잠정적 인 조치에 불과하다.[40]

　　1980년 헌법에는 국군의 임무를 국토방위로 규정함과 동시에 국가

안전보장이라는 개념이 헌법에 등장한다. 헌법제정권자들이 의도했든 의도하지 않았든 간에 국군을 해외에 파병하거나 군사조약을 맺어 집단적 자위권을 행사할 수 있는 헌법적 근거조항이 생긴 셈이다. 그러나 침략전쟁을 부인한 제5조 1항과의 정합성을 위해서는 안전보장의 개념을 국토방위와 같은 것으로 매우 한정적으로 해석해야 남용의 위험이 없다.

　최근에는 한미상호방위조약을 인정하되, 미국의 새로운 군사전략이 그 틀에서 벗어나고 있는 흐름을 막아야 한다는 지적이 확산되고 있다. 지금처럼 대한민국의 국토방위 또는 공동방위를 위해서만 주한미군이 움직이는 것이 아니라, 주한미군의 전략적 유연성이 강조되어 신속기동군으로 위상이 강조되고 그 임무와 활동범위가 재조정된다면, 집단적 자위권에 대한 의구심과 상호방위조약의 헌법과의 정합성문제는 점점 더 심각해질 가능성이 있다.

5. 평화권

평화권의 이념적 기초는 87년 헌법의 평화주의원리이다. 평화주의란 헌법의 기본원리 중 하나이며, 헌법의 이념적 기초, 지도원리를 의미한다. 87년 헌법의 경우 전문과 본문의 제5조(침략전쟁 부인, 국군의 사명으로

40　유엔헌장 **제40조** 사태(평화에 대한 위협, 평화의 파괴 또는 침략행위에 의한)의 악화를 방지하기 위해 제39조의 규정에 의한 권고를 하고 또는 조치를 결정하기 전에 안전보장이사회는 필요하거나 또는 바람직한 잠정조치에 따르도록 관계당사자에게 요구할 수 있다. 이러한 잠정조치는 관계당사자의 권리, 청구권 또는 지위를 해치는 것은 아니다.
　　제42조 안전보장이사회는 제41조(비군사적 조치)에 규정한 조치로는 불충분하다고 인정되거나 불충분하다고 판단한 때에는 국제평화 및 안전을 유지 또는 회복하기 위해 필요한 공군, 해군 또는 육군의 행동을 취할 수 있다. 이 (군사)행동은 유엔 가맹국의 공군, 해군 또는 육군에 의한 시위, 봉쇄 그 밖의 행동을 포함할 수 있다.

서의 국토방위) 등에 표현되어 있다. 헌법원리로서 평화주의는 다른 헌법
조항을 비롯한 모든 법령의 해석기준이다. 입법권의 범위와 한계, 국가
정책결정의 방향을 제시하는 것이어서 국가기관과 국민이 존중해야 할
최고의 가치규범이다.

평화권은 평화주의를 인권적 관점에서 재구성한 것이다. 평화주의
에 기초해 침략전쟁을 부인하지 않으면, 두 번에 걸친 세계대전에서 보
는 것처럼 침략전쟁이 난무해 인간의 평화적 생존이 위협받을 것이다.
평화적 생존이 보장되지 않은 상황에서, 즉 사람이 죽거나 죽을 상황에
서는 사생활의 자유, 거주이전의 자유, 표현의 자유 같은 자유와 권리는
제대로 보장받을 수 없다. 그래서 국가가 전쟁을 하지 않도록 국가권력
을 견제할 필요가 있는데, 이것이 바로 평화권이다. 국가가 전쟁을 대외
정책수단으로 삼지 않도록 평화권이라는 인권의 이름으로 견제할 수 있
어야 한다.

평화권이야말로 인권의 출발점이지만, 과연 평화란 무엇이며 평화
적 생존은 무엇을 의미하는지에 대해서는 다양한 의견이 존재한다.

우선, 평화가 무엇이냐라는 논쟁거리가 있다. '전쟁이 없는 상태'가
평화라는 좁은 해석이 있는가 하면, 평화학이나 정치경제학 등에서는
'빈곤, 기아 등 구조적 폭력이 없는 상태'가 진정한 평화라는 넓고 근원
적인 해석도 있다. 광의의 평화 개념을 취하는 것이 근본적이긴 하지만,
다른 인권보다 태어난 지 얼마 안 되는 새로운 권리, 즉 제3세대 권리인
평화적 생존권이 마치 모든 인권을 가리키는 포괄적 인권 개념으로 변할
우려도 없지 않다. 따라서 '평화적 생존'의 의미를 지나치게 넓지 않게
특정해 보는 것도 단기적으로는 무의미한 일이 아니다.

그렇다면 평화적 생존이란 일단 모든 전쟁과 공포로부터 벗어나서
생존하는 것으로, 매우 좁게는 전쟁과 군대 없이 평화적으로 생존하는

것을 의미하게 된다. 이러한 평화적 생존의 개념에 기초하면 평화권은 징병거부권을 핵심으로 한다. 조금 더 넓게 해석하면 전쟁과 군대 없는 평화적인 삶뿐만 아니라 군사적 목적을 위한 기본권 침해 없이 사는 것, 전쟁 위험에 처하지 않고 평화적으로 생존할 권리까지 포함한다. 일본국 헌법의 경우, 전문에서 "우리는 전 세계의 인민이 평등하게 공포와 결핍으로부터 벗어나 평화롭게 생존할 권리를 갖고 있음을 확인한다"고 명시하고 있다.

우리 헌법의 경우는 어떨까. 평화권이 헌법적 근거가 있는지, 헌법에 명문규정이 있는지를 따져볼 필요가 있다. 87년 헌법에 명문은 존재하지 않는다. 그렇다고 헌법의 권리가 아니라고는 할 수 없다. 생명권과 알 권리, 그리고 사상의 자유가 헌법에 명문규정이 없어도 인간의 생래적 권리이듯이, 평화권 역시 헌법에 열거되지 않았지만 경시해서는 안 될 제3세대 인권이다. 87년 헌법 제37조 1항에서는 '국민의 자유와 권리는 헌법에 열거되지 아니한 이유로 경시해서는 안 된다'고 규정하고 있다. 따라서 평화권이 인간의 존엄과 권리를 향상시키는 인권임을 생각한다면 비록 헌법에 열거되지는 않았다 하더라도 경시해서는 안 될 인권이다.

헌법재판소도 2006년 2월 23일 평택주민들이 낸 용산기지 이전협상 관련 헌법소원을 각하하면서, 헌법 제10조와 제37조 1항으로부터 평화권을 이끌어낼 수 있으며, "그 기본 내용은 침략전쟁에 강제되지 않고 평화적 생존을 할 수 있도록 국가에 요청할 수 있는 권리"라고 해 평화권의 권리성을 인정한 바 있다. 2009년 전시증원연습과 관련한 헌법소원에서는 구체적 권리가 아니라고 했지만, 그 경우도 재판관 9인 중 4인은 평화권의 권리성을 인정했다. 따라서 헌법재판소의 구성이 바뀌게 되면, 평화권의 구체적 권리성이 회복될 가능성도 적지 않다. 물론 이러한 기대를 모두 떠나서 현재의 상태에서도 정치적 헌법규범으로서의 평화권은 여전히 유효하다.

평화와 평화적 생존의 개념을 어떻게 파악하는가에 따라서 평화권의 내용이 많이 달라진다. 개별 국가의 역사적, 국제관계적 특수성, 개별 국가의 국가와 국민의 관계 등에 따라서도 평화권의 의미내용은 큰 편차를 보인다. 비교헌법사적으로 보더라도 그렇다.

종합해 보면 평화권에 포함될 수 있는 내용들로는 다음을 들 수 있다. 국가에 의한 침략전쟁의 부인, 집단적 자위권의 부인, 군비보유의 배제, 국가에 의한 평화 저해 행위(무기수출)의 배제, 국가에 의한 평화적 생존 저해 행위(징병제)의 배제, 군사적 목적의 기본권제한(재산 수용, 표현의 자유 제한) 금지, 전쟁 위험에 처하지 않을 권리 등이다.

현행 우리 헌법의 규정과 체계를 고려해 본다면, 87년 헌법 제5조는 37조 1항과 더불어 평화권의 헌법적 근거가 될 수 있다. 이에 기초해 평화의 내용을 살펴보면 침략전쟁의 부인, 개별적 자위권의 인정과 문민통제권 등을 포함한다고 할 수 있다. 이를 대내외적인 측면으로 표현하면, 대내적으로는 침략을 위한 군사적 목적의 기본권제한과 본질내용 침해 금지를 요구할 권리, 타국에 대한 무력공격에 가담하지 않도록 요구할 권리, 군사외교정책이 전쟁 위험을 유발하지 않도록 요구할 권리를 의미한다. 대외적으로는 타국에 대해도 자국을 전쟁 위험에 끌어들이지 않도록 요구할 권리 등을 포함한다.

평화권의 효력은 국가에 미친다. 평화권은 국가권력을 견제하고 국가권력의 간섭으로부터 개인을 방어하는 권리이다. 평화적 생존을 저해할 우려가 있는 평택기지 건설을 위해 토지소유권을 제한하거나 수용하려 하는 경우, 이러한 간섭의 배제를 국가에 대해 요구할 수 있는 권리이다.

또 평화권은 타국에 의해 전쟁 위험에 처할 위험을 거부할 수 있는 대국제적인 방어권이기도 하다. 평택에 미군기지가 확장 이전되면서 평택주민들은 평택미군기지가 중국 등 외국을 염두에 둔 신속기동군 기지로 사용될 것을 우려했다. 우리 의사와 관계없이 미국이 주도하는 전쟁에 휩쓸릴 위험성이 있으며, 이것이야말로 평화권의 침해라고 항의할 수 있을 것이다.

6. 87년 헌법상 평화주의의 한계

87년 헌법을 검토한 결과, 평화주의원리가 규범적 의미를 찾아볼 수 없는, 그저 선언적 의미에 불과한 것은 아니었다. 이라크 파병문제, 한미상호방위조약문제, 미군기지 평택 이전 문제, 한반도 전쟁위기 문제 등 굵직한 현안과 밀접하게 관련되어 있으며, 충분히 인권 친화적으로 원용될 수 있음을 알 수 있었다.

　87년 헌법은 이상과 같은 여러 가능성에도 불구하고 평화주의원리에 충실해지는 데 몇 가지 한계점을 내포하고 있다. 이를 헌법 내재적인 문제, 조약과의 문제, 법제도의 문제로 나누어 살펴보자.

1) 헌법 내재적 문제

(1) 영토조항

87년 헌법은 제4조에서는 통일을 지향하고 평화적 통일정책을 수립하고 이를 추진한다고 규정하고 있다. 그런데 제3조에서 "대한민국의 영토는 한반도와 그 부속도서로 한다"라고 규정함으로써, 한반도의 휴전선 이북에 있는 북한은 반국가단체가 된다. 북한과 남한이 적대 관계에 있었고,

동족상잔의 전쟁을 치루었고, 현재도 적대적 관계와 교류가 교차되고 있는 것은 분명하다. 하지만 헌법이 평화주의를 기본원리의 하나로 삼고 있는 이상 헌법의 다른 조항이 평화주의 관련 조항에 위반해서는 안 된다. 남북한이 유엔에 동시 가입해 국제적으로 국가성을 인정받고 있는 상태에서 영토조항을 이유로 북한을 반국가단체로 규정하고, 대결 상대로 상정하는 것은 평화주의라는 헌법원리의 최고규범성에 반한다.

북한도 영토조항을 두고 있다는 견해가 있다. 1948년 북한헌법의 수도조항 때문으로, 1948년 헌법 제103조는 '조선민주주의 인민공화국의 수도는 서울이다'라고 해 여러 가지 추측을 불러 일으켰다. 1972년 헌법 제149조에서는 '조선민주주의 인민공화국의 수도는 평양이다'라고 수도조항을 개정했다.

북한의 급변사태 발생 시 남한 정부가 북한에 개입하기 위한 근거조항으로 영토조항이 필요하다는 주장이 있다. 전혀 일리가 없는 것은 아니지만, 급변사태가 발생하면 영토조항이 존재하더라도 우리에 앞서 중국이 '조중우호협력 및 상호원조에 관한 조약'(1961)을 확대해석하여 개입할 개연성이 높다.[41] 그 경우 중국과 남한 정부의 대립과 무력충돌이 예측 가능하다. 급변사태가 발생해 무력 충돌로 이어지지 않도록 교류와 협력을 통해 북한을 평화통일 상대로 연착륙시켜, 중국 등 외세가 개입할 여지를 없애는 것이 평화주의에 충실한 길이다.

---

41   조중 우호협력 및 상호원조에 관한 조약 제2조 "체약쌍방은 체약 쌍방 중 어느 일방에 대한 어떠한 국가로부터의 침략이라도 이를 방지하기 위하여 모든 조치를 공동으로 취할 의미를 지닌다. 체약 일방이 어떠한 한 개의 국가 또는 몇 개 국가들의 연합으로부터 무력침공을 당함으로써 전쟁상태에 처하게 되는 경우에 체약 상대방은 모든 힘을 다하여 지체없이 군사적 및 기타 원조를 제공한다."

(2) 자유민주적 기본질서에 입각한 통일정책

87년 헌법 제4조는 대한민국은 통일을 지향하며 평화적 통일정책을 수립하고 이를 추진한다고 규정하면서, 그 평화적 통일정책이 자유민주적 기본질서에 입각함을 천명하고 있다.

자유민주주의(Liberal Democracy)란 자유주의와 민주주의가 결합한 것으로서, 자기와 다른 사고를 하는 사람들의 표현의 자유를 인정하는 가치상대주의에 기초한 헌법원리이다. 그러나 자유민주주의하에서도 나치와 같은 반자유민주주의적 전체주의 정권이 출현함에 따라, 2차 세계대전 후 서독 헌법에서는 자유민주적 기본질서(Freiheitliche demokratische Grundordnung, Free Democracy)라는 새로운 개념이 등장했다. 전체주의와 같은 자유의 적에게는 자유를 제한할 수 있다는 내용이었다. 그 후 자유민주적 기본질서는 공산주의와 전체주의를 동일시하면서 반공산주의를 의미하는 것으로, 자유민주주의로부터 더욱 후퇴하게 된다. 독일연방헌법재판소의 결정 내용을 통해 이를 확인할 수 있는데, 자유민주적 기본질서란 인권의 보장, 국민주권의 원리, 권력분립의 원리, 책임정치의 원리, 행정의 합법률성, 사법권의 독립, 복수정당제와 정당활동의 자유보장을 의미한다.

우리나라 헌법은 1972년 유신헌법부터 자유민주주의에서 후퇴한 내용을 담은 자유민주적 기본질서라는 개념을 헌법에 규정하여 현재에 이르고 있다. 독일의 경우 자유민주적 기본질서를 폭력적 지배, 자의적 지배를 반대하는 개념으로 사용하고 있는 데 비해, 우리나라의 헌법재판소는 자본주의 체제와 동일시하고 있다. 헌법재판소는 자유민주적 기본질서란 기본권의 보장, 권력분립, 의회제도, 복수정당제도, 선거제도, 사법권의 독립뿐만 아니라 사유재산과 시장경제를 골간으로 하는 경제질서라고 판시한 바 있다. 헌법재판소의 결정에 따라 헌법 제4조를 이해하면 자유민주적 기본질서에 입각한 통일정책은 북한을 전면부정하는 통일정책을 의미하게 된다. 결국 북한은 대화와 교류를 통한 평화통일의 파트너가 아니라 대결 또는 제압의 상대일 뿐이다.

북한 역시 사회주의적 통일정책에 기반하고 있다는 주장도 있다. 1972년 북한 헌법 제5조에서는 "조선인민민주주의공화국은 북반부에서 사회주의의 완전한 승리를 거두고 전국적 범위에서 외부세력을 몰아내고, 민주주의적 기초 위에 조국을 평화적으로 통일하고 완전한 민족적 독립을 달성하기 위해 투쟁한다"라고 규정하고 있었다. 전국적 범위, 즉 한반도 전체의 반외세 통일을 염두에 두고 있었다. 그러나 1998년 헌법 제9조에서는 "조선인민민주주의공화국은 북반구에서 인민정권을 강화하고 사상, 기술, 문화의 3대 혁명을 힘 있게 벌여 사회주의의 완전한 승리를 이룩하며 자주, 평화통일, 민족 대단결의 원칙에서 조국통일을 실현하기 위해 투쟁한다"라고 규정하고 있을 뿐 전 한반도적인 적화전략이 적어도 헌법 명문상으로는 쇠퇴하고 있는 듯 보인다.

(3) 국방의 의무와 병역거부

87년 헌법 제39조는 "모든 국민은 법률이 정하는 바에 의해 국방의 의무를 진다"라고 규정하고 있다. 이 경우에도 인권과 국방의무를 조화시킬 수 있는 길이 전혀 없는 것은 아니다. 대체복무제가 그것이다.

우리나라의 병역법체계는 이미 헌법에 규정된 국방의 의무를 전 국민의 현역복무, 집총복무로 이해하지 않고, 국가안보에 기여할 의무, 재해방지 의무 등 포괄적이고 넓은 뜻으로 이해해 왔다. 이에 기초해 방위소집제도, 공익근무요원제도, 산업기능요원제도 등 광범위한 대체복무제가 이미 실시되고 있다.

독일 헌법 12조a에서는 비록 1항에서 "남자에 대해서는 18세부터 연방국경경비대 또는 민간방위단에서 역무에 종사할 의무를 부가할 수 있다"라고 규정하면서도, 2항에서 "양심상의 이유로 무기를 드는 것을 거부하는 자에 대해서는 대역에 종사할 의무를 부과할 수 있다"라고 해 열린 태도를 취하고 있다.

2) 한미상호방위조약의 문제

침략전쟁을 부인하고 국군의 사명을 국토방위에 한정하는 데 있어 큰 한계 중 하나는 한미상호방위조약이다. 한미상호방위조약의 전문에는 "당사국 중 어느 1국이 태평양 지역에 있어서……무력공격에 대해 자신을 방위하고저……집단적 방위를 위한 노력을 공고히 할 것을 희망해"라고 규정하고 있다. 제3조에서는 "각 당사국은 타 당사국의 행정지배하에 있는 영토와 각 당사국이 타 당사국의 행정지배하에 합법적으로 들어갔다고 인정하는 금후의 영토에 있어서, 타 당사국에 대한 태평양지역에 있어서의 무력공격을 자국의 평화와 안전을 위태롭게 하는 것이라고 인정하고 공통한 위험에 대처하기 위해 각자의 헌법상의 절차에 따라 행동할 것을 선언한다"라고 규정하고 있다. 이는 국군이 국토가 아닌 태평양 지역에서 전쟁을 할 경우를 상정하고 있다. 헌법에 집단적 자위권에 대한 실체적 규정이 없음에도 불구하고 집단적 방위를 명시하고 있어 헌법의 평화주의원리와의 정합성이 문제가 된다.

군축을 위한 노력에도 장애물로 등장할 가능성을 내포한다. 제2조 2 문에서 "당사국은 단독적으로나 공동으로나 자조와 상호원조에 의해 무력공격을 저지하기 위한 적절한 수단을 지속하며 강화시킬 것이며, 본 조약을 이행하고 그 목적을 추진할 적절한 조치를 협의와 합의하에 취할 것이다"라고 규정하고 있기 때문이다.

3) 법제도의 문제

평화주의가 헌법원리라는 것은 이 원리에 반하는 헌법규정이 있어서는 안 된다는 것을 의미한다. 동시에 하위규범인 법률이 평화주의 헌법원리에 위반되어서는 안 된다는 것을 의미한다.

그러나 국가보안법 제2조에서는 "이 법에서 반국가단체라 함은 정부를 참칭하거나 국가를 변란할 것을 목적으로 하는 국내외 결사 또는 집단으로서 지휘통솔체제를 갖춘 단체를 말한다"라고 해, 북한을 대화와 교류를 통한 평화통일의 대상이 아니라 반국가단체로서 의율해야 할 대상으로 본다.

병역법도 문제점이 없지 않다. 양심적 병역거부에 대한 엇갈린 판결도 평화주의를 기본원리로 생각하는지의 여부와 밀접한 연관이 있다. 병역법 제88조 1항에서는 "현역입영 또는 소집통지서를 받는 사람이 정당한 사유 없이 입영 또는 소집기일부터 다음 각 호의 기간이 경과해도 입영하지 아니하거나 소집에 불응한 때에는 3년 이하의 징역에 처한다"라고 하고 있다. 이때의 정당한 사유를 그저 신체상의 사유를 의미하는 것으로만 생각하고, 종교적 양심 또는 평화주의사상과 같은 내심의 자유를 정당한 사유로 인정하지 않으면 양심적 병역거부가 유죄가 된다. 독일처럼 당장 헌법개정이 이루어지지 않더라도, 최근 국회에 대체복무에 관한 법률안이 제출되었듯이 내심의 사유를 인정할 수 있는 길을 열어두는 것도 평화주의원리를 구체화하는 방안 중의 하나이다.

병역법이 인적자원의 징발에 관한 법이라면 징발법은 물적자원의 징발에 관한 법이다. 징발법은 유사시의 국가안보를 이유로 한 전격적인 물적자원 징발의 길을 열어두고 있다.

긴급사태법의 대표격인 계엄법도 문제이다. 헌법 제77조 제3항에 의하면, "비상계엄이 선포된 때에는 법률이 정하는 바에 의해 영장제도, 언론·출판·집회·결사의 자유에 관해 특별한 조치를 할 수 있다"라고 규정한다. 그런데도 계엄법 제9조 1항을 보면 "비상계엄지역 안에서 계엄사령관은 군사상 필요한 때에는 체포·구금·압수·수색, 거주이전, 언론·출판·집회·결사 또는 단체행동에 대해 특별한 조치를 취할 수 있다", 동법 제9조 3항을 보면 "작전상 부득이한 경우에는 국민의 재산을 파괴 또는 소훼할 수도 있다"라고 규정하고 있다. 이는 헌법에서 열거하지 않고 있는 기본권까지 하위규범인 계엄법에서 제한할 수 있도록 하는 것으로 인권침해적 요소를 많이 내포한다.

긴급사태권을 헌법에 규정하는 것 자체가 헌법을 스스로 부정할 수 있는 요소를 내포하고 있다고 해 평화주의 헌법학에서는 긴급사태권에 대해 부정적 또는 소극적 자세를 취하고 있다. 우리의 헌정사를 보면 1950년 이후 2번의 경비계엄과 10번의 비상계엄이 있었다. 한국전쟁 때 한 번을 제외하고는 정치적 반대자들 또는 국민의 정당한 정치적 의사표현을 금압하기 위한 계엄이었다. 이를 생각하면 계엄법이 평화주의원리와 친화적이지 않다는 것을 알 수 있다.

4) 법의식의 문제

(1) 안보이데올로기와 대결의식

이와 같이 헌법 조항 내 반평화적인 조항이나, 법률 가운데 평화주의에 배치되는 규정이 있다. 이처럼 평화주의가 최고규범성을 발휘하지 못하는 상황은 국가의 안전보장이라는 개념이 이데올로기화되어 국민적 지지를 상당수 확보하고 있는 것과 무관하지 않다. 헌법은 기본권보장의 문서가 아니라 국민을 통치하기 위한 문서이고, 만약의 사태, 유사시 사태에 대비하지 않으면 안 된다는 의식이 자연스럽게 자리 잡고 있는 것이다.

1948년 헌법 제28조에서 기본권제한에 관한 일반적 법률유보조항을 두면서도 기본권제한 사유를 "질서유지와 공공복리를 위해 필요한 경우에 한한다"라고 제한했다. 군인 출신이 만든 최초의 헌법인 1962년 헌법의 제32조 2항에서도 여전히 '질서유지와 공공복리'만을 규정하고 있었다. 1972년 헌법 제32조에 등장한 '국가안전보장' 개념은 다분히 정략적인 개념이었다. 이 개념이 이데올로기화해 오늘날 평화주의가 정착하는 데 장애물로 작용하고 있으며, 입헌주의의 존립을 위태롭게 하고 있다는 비난을 받고 있다.

대결의식은 헌법상에만 존재하는 것이 아니다. 동족상잔의 비극을 겪었으면서도 평화를 기원하기보다는 전쟁을 기념하는 상징물과 기념관이 많은 상황을 통해, 대결의식이 일반인들의 관념 속에서도 폭 넓게 자리 잡고 있다는 것을 알 수 있다.

5) 소결

87년 헌법의 평화주의는 2차 세계대전 이후 전쟁위법화라는 평화주의 흐름의 보편성을 반영하고 있지만, 분단이라는 특수성에 의해 침략전쟁 포기 전수방어형 평화주의로 성문화된 유형에 해당한다. 그러나 이제까지는 규범력을 갖지 않는 정치적 선언 정도의 수준으로 이해해 온 것이 솔직한 헌법현실이었다.

평화주의, 평화권에 근거해 이라크 파병에 반대하고, 미군기지 평택 이전에 반대하는 소송과 법률개폐운동이 활발해지고 있는 것은, 평화주의원리가 법령해석과 국가 정책결정의 기준이 되며 국가기관과 국민이 함께 존중하고 준수해야 할 가치규범이 된다는 사실을 보여주는 헌법현상이다. 한국사회는 평화주의원리의 복권 또는 현재화 과정의 출발선상에 있다고 해도 과언이 아니다.

분단된 한반도에서 평화주의가 현실화되는 과정은 평화주의 조항을 둘러싼 국가의사와 지배적 담론, 그리고 그에 대항하는 지배담론의 이데올로기적 사회관계의 각축이다. 평화주의 문제가 법적 규범력을 보다 확대하기 위해서는, 규범 자체의 존부문제뿐만이 아니라 평화주의를 둘러싼 헌법제도와 헌법의식의 문제에 대한 이해, 평화주의를 둘러싼 사회관계에 대한 총체적 이해와 분석 및 헌법 실천이 병행되어야 한다.

제3부 한국사회 평화권의 쟁점

대한민국은 국회의 동의를 얻어 전투병을 파병하고 이라크 전쟁에 참전했지만, 합헌적 행위였는
지에 대해서는 논란의 여지가 있다.

I. 이라크 파병과 평화권

1. 파병은 헌법적으로 정당한가

2003년 5월 이라크 파병이 시작되었다. 많은 국민들의 우려와 반대에도 불구하고 전후복구와 의료지원을 명분으로 서희부대 573명, 제마부대 100명이 1차로 파병되었다. 2004년 8월에는 자이툰부대가 추가 파병되었다. 그러나 대량살상무기의 제거라는 미국의 애초 발표와 달리, 이라크에는 이렇다 할 대량살상무기의 흔적조차 없었다. 오히려 대량살상무기가 존재한다는 정보가 조작되었다는 보고서가 제출되면서 국제법과 우리 헌법에서 금지하는 침략전쟁의 성격을 발견하게 된다.

논란의 여지가 많은 전쟁에 한국군이 해외파병되는 근래의 사례는 더 있다. 2010년부터 아프가니스탄 바그람 지역 등에 오쉬노부대가 파병되어 있다. 아프가니스탄 파병의 역사도 짧지 않다. 2001년 12월 해군 수송지원단의 일원으로 해성부대가 파견되어 2003년 9월까지 활동했으며, 2002년 2월부터는 동의부대가 의료지원단으로 파병되어 2007년 12월까지 활동했다. 2003년 3월에는 다산부대가 건설공병지원단으로 파병되어 2007년 12월까지 활동했다. 미국의 요청에 의해 1991년 걸프전쟁에 한국군 해외파병이 시작된 지 벌써 20여 년의 세월이 흘렀다. 반대와 우려에도 불구하고 파병이 일상화되고 있는 것이다.

현상적 측면에서 한발짝 물러서서 보면 이라크파병 반대, 아프가니스탄 파병 반대의 목소리는 과거 베트남 파병 반대의 목소리와 조금 다른 측면이 있다. 파병 반대의 논거로 헌법이 언급되고 있다는 점이다. 우리 헌정사를 돌이켜보면, 침략전쟁을 부인하고 국군의 임무를 국토방위에 한정한다고 규정한 헌법 제5조가 1948년 제헌 헌법 이래 9차례에 걸친 헌법개정에도 불구하고 변함없이 자리를 지키고 있다. 파병 반대의 목소리에 설득력을 보태고, 그 지지 기반을 넓힐 수 있었던 데에는 파병의 헌법적 근거에 대한 의문 확산이 큰 역할을 했다.

2. 평화주의의 헌법규범화

1) 평화주의와 국제법

일반적으로 평화란 폭력적 전쟁의 부재 상태를 의미한다. 규범학의 관점에서는 전쟁과 같은 폭력이 있어서는 안 된다는 당위, 즉 반폭력주의로 생각해야 한다. 그래야만 단순히 폭력을 행사하지 않는다는 의미의 비폭력주의에 그치지 않을 수 있다. 그렇기 때문에 헌법의 평화주의원리는 전쟁과 폭력의 부재라는 소극적 의미를 넘어서서 구조적 폭력의 극복이라는 적극적 의미까지도 포함한다고 볼 수 있다. 빈곤과 기아 그리고 억압 하에서는 인권도 보장되지 않을 뿐 아니라, 우리 헌법에서 명시하고 있는 '평화와 인류공영'에의 근본적인 길이 열리지 않기 때문이다. 이런 다양한 평화 개념에 기초한 헌법의 평화주의원리가 규범화된 지 오래이다.

평화주의원리를 규범화한 규범학의 선구자는 국제법이다. 국제법에서는 이미 1차 세계대전을 거치면서 전쟁위법화라는 평화주의의 가장 핵심적인 원칙을 국제규범화했다. "조약 체결국은 국제분쟁 해결을 위해 전쟁에 호소하지 말 것이며, 또한 상호관계에서 국가정책의 수단으로서의 전쟁을 포기할 것을 각자 인민의 이름으로 엄숙히 선언한다(제1조)"라고 시작되는 부전조약(1928)은 전쟁과 평화에 대한 역사적 전환점이 되었다.

2차 세계대전 후에는 평화의 파괴를 평화적 수단으로 해결한다는 대의명분하에 유엔을 설립하는 한편, 그 헌장을 통해 평화주의를 구체화했다. 침략에 대한 유엔총회의 결의에 따르면 무력행사의 전형은 전쟁이며, 전쟁 이외에 평화적 봉쇄도 무력에 포함시킬 수 있다. 타국 영토로 침입하기 위해 무장부대를 조직하거나 그에 참여하거나 선동하는 것은 금지된다.

무력행사의 전형으로서 침략전쟁의 개념은 폭이 넓다. 유엔총회 결의(3314-XXIV)에 따르면 침략은 다른 나라의 주권, 영토보전 혹은 정치적 독립에 대해 유엔헌장과 일치하지 않는 방법으로 무력을 사용하는 것을 의미한다. 제3국을 침략하는 데 자국영토를 이용하도록 허락하는 행위, 심지어 비정규군을 파견하는 것도 침략에 해당한다. 동 유엔총회의 결의에서는 침략전쟁은 평화에 대한 범죄이며, 침략으로 확보되는 영토 취득이나 이익도 합법적으로 승인되지 않는다(제5조)고 강조했다.

전쟁의 수행방식에 대해서도 여러 가지 제약이 가해지고 있다. 현대전쟁의 잔혹성과 그 파괴력을 고려하면 대량살상무기, 가공할 파괴력을 가진 무기가 동원되는 '정의의 전쟁'이란 불가능하기 때문이다. 특히 핵을 사용한 전쟁은 예방적 전쟁, 악의 축 제거, 정권교체 등 어떠한 이유로도 정당화될 수 없다.

2) 전쟁위법화의 헌법규범화

2차 세계대전 후에는 전쟁위법화의 정신이 국제법적 원칙에서 더 나아가 헌법규범화되기 시작했다. 독일과 일본은 침략전쟁의 소지를 없애기 위해 무력마저 포기하는 헌법을 제정한 바 있다.

일본은 전쟁위법화를 규정한 헌법을 개정하지 않고 68년이 지난

2014년 1월 현재까지도 유지하고 있다. 일본국헌법 전문에는 평화적 생존권을 규정하고 제9조에서는 일체의 전쟁 포기를 규정하는 한편, 이를 위한 전력도 보유하지 않을 것을 규정하고 교전권을 부인한다. 일본에는 19만여 명의 자위대가 존재하는데, 헌법학의 다수설은 자위대를 헌법에 위반되는 존재로 본다.

일본에서 전쟁위법화가 무력포기로까지 이어진 데에는 여러 가지 요인이 있다. 결정적인 요인은 전쟁을 일으킨 국가에 대한 징벌로서의 무장해제이다. 사상사적으로는 메이지시대 이후 가늘게나마 명맥을 유지해 오던 군사소국주의 또는 평화주의사상이 패전을 계기로 규범화에 적게나마 영향을 미쳤을 것이다. 시대사적으로는 1928년 부전조약 이후의 평화주의사상과 보편적인 흐름을 같이하고 있다.

독일도 1949년 본 기본법은 침략전쟁을 부인하는 규정을 명확히 했다. 본 기본법 제26조 제1항에서는 "국가 간 평화적인 공동생활을 교란할 우려가 있고 또한 그 의도로 행해지는 행위, 특히 침략전쟁의 수행을 준비하는 행위는 위헌으로 하며 그와 같은 행위는 처벌한다"라고 규정했다. 신앙과 양심의 자유를 규정한 제4조 3항에서 이른바 양심적 병역거부권을 명기하여 장래에 징병의 가능성을 시사하기는 했으나, 군대에 관한 일체의 규정을 두지 않았다. 이러한 상태는 1954년 서독의 파리협정을 통해 나토 가맹이 결정되고 재군비를 위한 헌법개정이 있기 전까지는 계속되었다.

독일의 경우, 1954년의 헌법개정을 통해 징병제 규정과, 1956년의 비상사태에 관한 규정이 대폭 추가되었다. 그 경우에도 요건을 엄격히 하고 문민통제를 가하는 등 평화주의의 원칙 자체는 포기하지 않았다. 전쟁무기와 관련해서도 제26조 제2항에서는 "전쟁수행을 위한 무기는 연방정부의 허가가 있는 경우에 한해 제조, 운반 또는 거래"할 수 있으며, 그러한 경우에도 의회 제정 법인 법률로 정하도록 했다.

침략전쟁 부인의 헌법규범화는 침략국에만 한정되지 않는다. 피침략국의 경우에도 침략전쟁을 부인하는 것은 물론, 군대의 존재를 인정하더라도 그 활동을 강하게 제약했다. 필리핀은 헌법 제2조에서 "필리핀은 국가정책의 수단으로서 전쟁을 부인하며 일반적으로 승인된 국제법규와 원칙을 국법의 일부로 채택하며, 평화, 평등, 정의, 자유, 협력 및 모든 국가와의 우호정책을 고수"할 것을 규정하였다.

3. 헌정사와 평화주의

1) 1948년 헌법과 평화주의

1948년 대한민국 헌법의 경우도 제6조 1항에서 일체의 침략전쟁을 부인했다. 아홉 차례의 크고 작은 헌법개정에도 이 조항은 변함없이 유지되어 87년 헌법의 제5조에 이르고 있다. 1948년 5월 10일 남한만의 단독선거를 통해 구성된 제헌국회에서 헌법초안 기초위원이었던 유진오가 평화주의에 관한 헌법규정과 관련해서 했던 설명은 대한민국 헌법의 평화주의 조항이 단순히 구색을 갖추기 위한 평화 선언에 그치는 것이 아니라, 전쟁위법화의 보편적 정신에 기초해 침략전쟁을 부인했다는 것을 명확하게 인식했음을 보여준다.

1948년 헌법은 군대를 포기하지 않았다. 거기에는 여러 가지 요인이 작용했다. 우선 미국의 군사전략상 군대 없는 한반도를 상상하기 힘들었을 것이다. 식민지 침략을 당한 국가로서도 군대라는 무력을 보유할 필요성이 절실했다. 좌우파를 막론하고 해방 직후 사설군사단체를 조직하고 새로운 국가의 군대가 될 것임을 앞다투어 표방했던 것은, 스스로를 지키는 방위군, 즉 자위의 군대가 필요했음을 시사한다.

1948년 헌법은 군대의 임무에 명확한 제한을 두었다. 해외파병을 거부하고 오로지 국토방위에 전념할 것에 한정한 것이다. 이때의 국토란 대한민국의 영토를 의미하는 것으로 보아야 한다. 1948년 헌법은 개별적 자위권을 규정했을 뿐, 해외파병은 물론 한미상호방위조약에서와 같은 태평양 지역을 수비범위로 하는 집단적 자위권을 상정하고 있다고는 할 수 없다. 1948년 헌법 제6조 2항이 군국의 존재를 임명하되 국토방위에 그 임무를 한정한 것은 앞서 살펴본 평화주의정신의 규범화라는 보편성을 반영한 것이었다고 할 수 있다.

2) 9차례에 걸친 헌법개정과 평화주의

평화주의의 최소한으로서 침략전쟁을 부인하는 정신은 군사정변 후 개정된 1962년 헌법에서도 계속되었다. 1962년 헌법 제4조의 '대한민국은 국제평화의 유지에 노력하고 침략적 전쟁을 부인한다'는 규정이 그것이다.

1962년 헌법은 평화주의의 공고화라는 측면에서는 후퇴한 헌법이었다. 첫째, 군대의 사명을 국토방위에 한정한다는 규정을 삭제함으로써, 침략전쟁을 부인한다는 평화주의원리의 적용 범위에 대한 제한을 약화시켰다. 이는 한미상호방위조약의 체결과도 직결된다. 1953년 10월 1일 체결된 한미상호방위조약은 '타 당사국에 대한 태평양지역에 있어서의 무력공격'을 자국에 대한 무력공격으로 인정하고 이에 대해 공동대처할 것을 규정하고 있다. 1962년 헌법의 설계자들이 의도했든 의도하지 않았든 국토방위 규정의 삭제는 한미상호방위조약의 방위범위를 추인하는 기능을 했다.

둘째, 대통령의 자문기관으로서의 국가안전보장회의를 신설해 군사정책 및 대외정책에 있어서 대통령의 독단적 판단에 대한 정당성의 외피를 강화하고자 했다. 이는 국가안전보장이라는 개념이 헌법에 등장하는 계기를 만들었다고도 할 수 있다. 국가안보 또는 국가안전보장이라는 추상적이고 다의적 개념은 국가보안법에 등장해 인권을 제한하는 역기능을 담당해 왔다. 이러한 헌정사적 사실에 비추어 본다면, 이 개념은 비록 대통령 자문기관의 이름을 빌려 등장했다고는 하나 각종 안보법 체계의 헌법적 정당화의 첨병이었다고 할 수 있다. 기본권제한의 목적으로 국가의 안전보장이 추가되지 않은 것이 오히려 위안이었다.

1972년 헌법은 1962년 헌법보다도 더욱 후퇴했다. 1962년 헌법과 마찬가지로 침략전쟁을 부인했으나 군대의 임무를 명확히 하지 않았다. 기본권제한의 목적으로서의 질서유지를 대내적인 것과 대외적인 것으로 나누어 대외적인 것을 국가안전보장이라는 규정으로 표시했다. 유엔인권이사회의 2013년도 평화권선언초안을 보면, 국가의 안전보장을 대신하여 인간의 안전보장을 내걸고 평화권의 핵심적 영역의 하나로 삼고 있다. 이러한 초안 규정은 우리의 1972년 헌법에서 비롯한 87년 헌법 37조 2항의 기본권제한 사유로서의 안전보장이 시대적 흐름과도 동떨어져 있음을 보여준다.

1972년 헌법에 국가의 안전보장이 기본권제한 사유로 등장하는 것은 국가안보라는 추상개념을 위한 기본권 제약을 헌법적으로 정당화시킨 것이다. 이를 현실화시킨 것은 개별 입법뿐만 아니라 헌법에 긴급조치권 조항 신설, 그리고 아홉 차례에 걸친 긴급조치권의 발동이다. 대통령의 판단으로 '국가의 안전보장 등의 위협을 받거나 받을 우려만 있으면' 언제든지 긴급조치권을 발동하고 국민 인권을 안전보장을 위해 제한할 수 있도록 했다. 이러한 의미에서 1972년 헌법은 대외적인 방위개념으로서의 국가안보를 대내적인 정권안보로 환치시키고 이를 헌법전화한 것이었다.

1980년 헌법은 침략전쟁 부인을 확인하고 국군의 사명을 국토방위에 한정했다는 점에서는 1948년 헌법의 평화주의로 회귀했다고 할 수 있다. 그러나 국가의 안전보장이라는 새로운 규정을 추가해 국군의 사명을 국토방위 이외의 영역으로 확장할 수 있는 여지를 남겼다. 또한 긴급조치를 비상조치로 이름만 변경했을 뿐 그 본질에는 변화가 없었다.

1987년 헌법은 1980년 헌법과 마찬가지로 침략전쟁을 부인하고 국군의 사명을 국토방위에 한정했다. 다만 군의 정치적 관여를 막기 위해 군의 정치적 중립성에 관한 조항을 규정하고, 비상조치권의 남용을 방지하기 위해 긴급명령과 처분권으로 이를 분리해 그 요건을 강화했다.

평화주의원리는 아홉 차례에 걸친 개정에도 불구하고 침략전쟁을 부인한다는 공통된 분모를 변함없이 유지해 왔으며 국군의 사명을 해외방위가 아닌 국토의 방위에 한정해 왔다.

4. 87년 헌법과 평화주의의 규범구조

1) 침략전쟁의 부인

87년 헌법 제6조는 대한민국은 일체의 침략전쟁을 부인한다고 규정한다. 이는 침략주의를 포기하고 평화주의를 선언한 것으로서 헌법 전문의 "세계평화와 인류공영에 이바지하며"라는 문구와 동일한 정신이다.[1] 침

---

1   유진오, 『新稿 憲法解義』, 탐구당, 1953, 52쪽.

략적 전쟁에 대해서는 여러 가지 의미규정이 있을 수 있으나 유엔헌장 제2조 4항에 의하면 다른 국가의 영토적 안전과 정치적 독립에 대한 위협 또는 무력행사를 의미한다. 좁은 의미에서의 무력행사라고 할 때는 영토의 확장·국가정책의 관철·국제분쟁해결을 위한 수단으로 행하는 무력행사를 의미한다. 이는 "국방군은 국토방위의 신성한 의무를 수행할 것을 사명으로 합니다. 즉 국방군은 다른 나라를 침략하지 않을 것을 미리 정하고 있는 것입니다"[2]라는 헌법제정과정에서의 헌법기초위원들의 설명을 통해서도 확인할 수 있다.

침략전쟁을 부인한다는 의미는 각국의 헌법에 따라 다른 모습으로 나타난다. 침략전쟁을 부인한다고 하더라도 자위권을 인정하는 나라가 있는가 하면, 자위권마저 부인하는 나라도 있다. 자위권을 인정한다고 하더라도 군사력에 의한 자위권을 인정하는 경우와 그렇지 않은 경우로 나누어 볼 수 있다.[3]

2) 개별적 자위권의 인정과 군사력에 의한 자위권

(1) 헌법상의 자위권과 국제법상의 자위권

87년 헌법 제5조 2항은 "국군은 국토방위의 신성한 의무를 수행할 것을 사명으로 한다"라고 규정해, 침략전쟁 부인이 자위를 위한 전쟁의 부인은 아님을 명확히 하고 있다. 국토방위를 위한 국군을 승인하고 있다는 점에서 무력에 의한 자위권을 규정하고 있음을 알 수 있다. 이때 국토방위권은 국제법에 있어서 자연법상 권리로서의 자위권을 의미하지 않으며, 어디까지나 헌법상의 국토방위권을 의미한다.

2 　국회도서관입법자료국, 『헌법제정회의록』(헌정사료 제1편), 148쪽.
3 　深瀬忠一, 『戰爭抛棄と平和的生存權』, 岩波書店, 1987, 150쪽 이하.

국제법상 자위권으로서의 국토방위권에 대해서는 이론이 없지 않으나 공통된 점은 다음과 같다. 첫째, 자위권은 무력공격에 대한 권리이다. 둘째, 자위권은 무력행사의 권리이다. 그렇지만 무력공격에 대한 무력행사의 권리는 자연법상의 권리라기보다는 실정국제법상의 권리로 보아야 한다. 무력행사는 1차 세계대전 이후 원칙적으로 위법화되었고, 대표적으로 1928년의 부전조약 제2조와 유엔헌장 2조 3~4항에 나타나 있다. 자위권은 무력행사 금지 원칙의 예외로서 위법성 조각사유[4]이며, 일정한 무력행사를 예외적으로 합법화했을 뿐이다. 무력행사위법 원칙이 성립하기 전인 19세기까지는 '자기를 보존하기 위해 필요한 모든 것을 할 수 있는 권리'로서의 자기보존권(right of self-preservation)이 주장되었다. 그렇지만 1차 세계대전 후 자기보존권이 부정됨으로써 자위권 관념이 명확해졌다. 현재에도 자기보존권과 결부된 자위권이 주장되는 경우가 있다. 그러나 현재의 국제법의 일반적인 조류에 비추어 본다면 자위권은 자연법상의 권리가 아니라 국제관습법과 유엔헌장에 기초한 실정국제법상의 권리이다.[5]

국제법상의 자위권 개념은 헌법상의 자위권 개념과 엄격히 구별되어야 한다. 국제법은 원칙적으로 국가 상호 간의 관계를 규율하고, 헌법은 국가기관 상호 간의 관계와 국가권력과 국민과의 관계를 규율하는 것이 원칙이다. 따라서 양자는 차원을 달리한다.

헌법상의 자위권으로서의 국토방위권은 타국과의 관계에서 행사되는 것으로 보기보다는 다른 국가기관 그리고 국민과의 관계에서 국가기

---

4   위법성 조각사유란 형사법에서 일반적으로 사용하는 용어로서 범죄는 위법할 것을 요건으로 하는데, 자위권 행사로서의 정당방위라든지 긴급피난과 같은 경우는 범죄의 구성요건은 충족했지만 위법성을 조각할 수 있는 사유가 있으므로 불구하고 이를 처벌할 수 없다.

5   浦田一郎, 『現代の平和主義と立憲主義』, 日本評論社, 1995, 142쪽.

관이 갖는 권리문제로 보아야 한다. 국토방위를 위해 국회와 대통령이 어떠한 권한을 갖고, 표현의 자유와 신체의 자유 등의 인권을 어떻게 제약할 수 있는가에 대한 헌법상의 근거를 제공하는 것으로 파악해야 한다. 87년 헌법의 제60조에서 선전포고 및 외국 군대의 주둔 등에 대해 국회가 동의권을 행사하도록 한 것이나, 제89조에서 군사에 관한 주요 사항을 국무회의의 심의를 받도록 규정한 것, 제37조 2항에서 국가안보를 목적으로 국민의 인권을 제한할 수 있다고 규정한 것 등이 그것이다.

국토방위권을 아무리 폭 넓게 해석한다 하더라도 해외에 군대를 파견하는 것을 정당화하지는 못한다. 그것이 평화와 재건을 위한 것이든 대량살상무기의 제거를 위한 것이든 마찬가지이다.

(2) 개별적 자위권과 집단적 자위권

군사력으로 뒷받침되는 자위권을 헌법이 인정한다고 할지라도 거기에는 몇 가지 개념상의 구별이 필요하다. 개별적 자위권을 의미하는지, 집단적 자위권까지 포함하는 것으로 이해해야 하는지 구분해야 한다.

개별적 자위권은 외부로부터의 자국에 대한 무력공격에 대해 방위적 무력을 행사하기 위해 국가가 국민의 자유와 인권에 대한 제약을, 경우에 따라서는 일정한 한계하에서 할 수 있다는 것을 의미한다. 집단적 자위권은 자국에 대한 직접적인 무력공격이 아닌 동맹국의 무력공격에 대해 무력을 행사하기 위해 국가가 자국민의 자유와 인권을 제약하는 것이다.

우리 헌법이 국군의 사명을 국토방위에 한정한 것은 개별적 자위권만을 규정한 것으로 파악해야 한다. 1948년 헌법 제6조의 제정과정은 많은 시사점을 제공해 준다. 1948년 헌법 제6조의 무력에 의한 자위권의 규범적 의미가 개별적 자위권에 한정되는 것임은 건국 헌법의 제정과

정에서도 엿볼 수 있다. 헌법초안자 중의 한 사람인 유진오는 "세계의 중
요한 국가가 '전쟁포기에 관한 조약'에 가입하고 있습니다. 그리고 거기
에는 전쟁포기에 관해 규정하고 있습니다. 이 헌법초안은 그 기본정신
을 승인하고 있는 것입니다. 전쟁을 포기한다고 하는 것은 국가를 방위
할 권리와 의무마저도 포기한다는 의미는 아닙니다"[6]라고 밝힌 바 있다.
국가를 방위할 권리와 의무는 포기하지 않고 있으나, 타국을 방위할 권
리와 의무까지 보유하고 있는 것으로 해석해서는 안 된다는 뜻을 내포한
것으로 봐야 한다. 타국과의 군사동맹을 체결하고, 이를 통해 자국의 방
위와 거리가 있는 전쟁에까지 참여할 것인지는 염두에 두고 있지는 않았
다는 것이다.

87년 헌법 제60조에 의하면 국회가 국군의 외국 파견 또는 외국 군
대의 대한민국 영역 안에서의 주류에 대한 동의권을 규정하고 있다. 이
조항은 해외파견과 외국군주둔의 합법성의 근거는 될 수 있더라도 집단
적 자위권의 근거가 될 수는 없다. 이 조항은 어디까지나 국민의 대표기
관인 국회가 외국에의 군대 파견 및 외국 군대의 국내 주류 여부에 대한
동의 권한을 갖는 것을 의미할 뿐이다. 따라서 국회의원들은 헌법원리의
하나인 평화주의원리와 그 최소한의 표현인 헌법 제6조에 적합한지 여
부에 대한 판단에 기초해 동의 여부를 결정해야 한다. 설령 국회의 다수
결로 여당이 일방적으로 이를 결정하더라도 그것이 평화주의 헌법원리
에 반한다면 합법적이기는 하되 헌법적 정당성을 갖는다고 판단하기는
힘들다. 2004년 5월 일부의 국회의원들이 '국군부대의 이라크 추가파견
중단 및 재검토 결의안'을 국회에 제출한 것은 평화주의원리에 입각한
헌법적 정당성의 재검토 필요성을 제기했다는 점에서 헌법적 평가를 받

---

6   국회도서관입법자료국, 『헌법제정회의록』, 136쪽.

아야 한다.

두 번에 걸친 세계대전이 모두 자위를 위한 전쟁을 명분으로 선포되었고, 군사동맹을 통한 집단적 자위권의 행사라는 실체를 갖추고 있었다. 양차 세계대전의 반성으로 1948년 헌법에 제정된 이래 진퇴를 거듭하며 현재에 이르고 있는 자위권 규정은 집단적 자위권이 아니라 개별적 자위권으로 이해하는 것이 평화주의원리에 적합하다.

(3) 자의적 자위권 행사의 금지

87년 헌법은 국군의 사명으로 국토방위를 규정하지만, 위에서 말한 규범내용상의 제약 이외에도 별도의 제약을 덧붙이고 있다. 군대의 실체를 인정하되 입헌적 통제에 의하도록 했다. 국군통수권자인 대통령이라 할지라도 자의적 판단에 의한 자위권행사를 해서는 아니되며 평화주의 조항과 같은 헌법 및 국민의 대표기관에서 정한 법률에 따라야 한다고 규정했다(제74조 1항). 또한 국토방위를 위한 자위군으로서의 군대의 조직과 편성도 국민의 대표기관에서 정한 법률로 통제(제74조 제2항)한다고해 집행권에 의한 자의적인 자위권 행사를 금지하고 있다.

이 점은 1948년 헌법의 제정과정에서도 비교적 자각적으로 논의되었다. 헌법 초안자 중 유진오는 다음과 같이 입헌적 통제의 필요성과 그의의에 대해 역설했다. "국방군의 조직과 편성은 법률로 정한다고 규정하고 있습니다. 따라서 국방군에 관한 문제는 여기서 해결됩니다."[7]

국군에 대한 입헌적 통제는 87년 헌법의 제60조에서 선전포고 및외국 군대의 주둔 등에 대해 국회가 동의권을 행사하도록 한 것이나, 제89조에서 군사에 관한 주요사항을 국무회의의 심의를 받도록 규정한 것

---

7 국회도서관입법자료국, 『헌법제정회의록』, 148쪽.

에도 잘 나타난다. 제37조 2항에서는 국가안보를 목적으로 국민의 인권
을 제한하더라도 의회제정법인 법률에 의할 것임을 명시하고 있다.

국군이 무력행사는 자위권 행사에 한정되어야 하며, 그 경우에도 자
의적인 자위권의 행사가 이루어지지 않아야 된다는 것이 87년 헌법의 의
미내용이다.

(4) 안전보장

87년 헌법은 국군의 역할을 '국토방위'에 한정하지 않고 '국가의 안전보
장'도 명문에 추가하고 있다. 1980년 헌법 이래 규정되어 온 국군의 사
명으로서 안전보장의 의미내용은 그다지 명확하지 않다. 그것이 국토방
위를 넘어서는 집단적 자위권의 행사를 통한 포괄적 국토방위까지를 포
함하는 것인지에 대해서는 그 의미가 불분명하다. 대부분의 헌법교과서
가 87년 헌법 제5조 2항의 해석과 관련해, '국가의 안전보장'과 '국토방
위'를 동어반복으로 해석하는 경향이 있다.

'국가의 안전보장'은 '국토방위'보다 넓은 뜻으로도 볼 수 있다. 이라
크에 파병을 않거나 추가파병을 미룸으로써 한미동맹에 균열이 생기고
국가의 안전보장이 위협받는다는 논리가 대표적이다. 이러한 논리는 파
병 거부가 과연 국가의 안전보장에 어떠한 형태로 영향을 미치는지 근거
가 박약하다. 스페인, 온두라스, 도미니카공화국 등이 2004년에 이라크
에서 철군을 결정하거나 발표하거나 완료했으며, 미국의 전통적 동맹국
중 하나인 필리핀도 철군했지만 그 국가들의 안전보장이 위협받았다는
근거는 없다.

파병이 국가안보에 기여할 수 있을지도 의문이다. 이라크에 파병한
군대는 재건지원에 어울리지 않는 전투병 중심의 부대이다. 게다가 특정
지역을 전담하는 부대인데, 이를 위해 강한 화력으로의 무장이 필요했

다. 파병과 관련한 한미 협의 시 미국 측도 이러한 이유로 중무장한 부대의 파병을 요구했던 것으로 알려졌다. 즉 이라크 현지 사정이 재건지원과 평화유지군으로서 국군을 파견하기 위한 전제조건을 갖추지 못하고, 제2의 전쟁 또는 민중봉기의 양상을 띠었던 상황에서 국가의 안전보장을 오히려 해치고 테러의 위협에 직면하게 하는 역효과를 냈던 것이다.

국가의 안전보장이라는 문구는 평화주의원리에 비추어 명확하고 구체성 있는 개념으로 해석해야 한다. 그것이 힘들다면 헌법개정 시에 삭제하는 것이 평화주의원리에 충실한 것이라고 생각한다.

5. 소결

87년 헌법 제5조는 다음과 같은 규범적 의미를 갖는다. 첫째, 다른 국가의 영토적 안전과 정치적 독립에 대한 위협 또는 무력행사를 해서는 아니된다. 둘째, 군대라는 무력을 인정하지만 군대의 임무는 국토방위, 즉 자위에 한정된다. 또한 이때의 자위권은 자기보존권(right of self-preservation)으로서의 자위권이 아니라 국제관습법과 유엔헌장에 기초한 실정 국제법상의 권리이다. 셋째, 국토방위라는 자위권의 경우에도 동맹국의 무력공격에 대해 더불어 무력을 행사하는 집단적 자위권을 의미하는 것이 아니다. 동맹국의 무력공격에 가담해 타국을 침략할 수 있다는 것은 더더욱 아니다. 국토방위는 글자 그대로 외부로부터의 자국 국토에 대한 무력 공격에 대한 방위권, 즉 개별적 자위권을 의미하는 것으로 한정 해석해야 한다.

2003년 3월 20일 미국과 영국이 주도한 이라크 침공은 우리 사회에게 개별적 자위권 문제와 헌법상 평화주의를 다시금 묻게 한 경험이었다. 한국군 파병 과정에서 미국과 우리 외교통상부 등이 유엔결의 1438호와 1511호를 언급하며 국제법적으로는 종전이 선언되었다는 명분을 내세웠다. 그러나 그 내용을 자세히 보면 전쟁 종식을 선언하기는커녕 전쟁 종식에 관한 언급조차 보이지 않는다. 2004년 6월 유엔결의 제1546호도 1511호에 이어 이라크 내 다국적군의 주둔을 현실로 인정했지만, 이 역시 정당성을 부여하기보다는 현실적으로 다국적군의 점령 시한과 주둔 조건을 엄격하게 제한하는 결의였다고 보는 것이 정확하다.

국제법적으로 전쟁이 종식되기 위해서는 평화조약 등의 조약 체결이 필요하다. 따라서 '전후 이라크' 재건을 지원하기 위해서는 우선 미국-이라크 간 평화조약 체결이 우선이었다. 그러나 우리 정부의 파병동의안은 앞에서 언급한 유엔 결의안조차 언급하고 있지 않은 상황에서 전후 이라크 재건과 같은 명목을 내세우면서 헌법상의 원칙을 피해가려고만 했다.

정부의 이라크 파병은 미국의 일방외교로 이루어지고 있는 이라크의 영토적 안전과 정치적 독립에 대한 무력행사에 가담하는 것이 된다. 평화주의원리 및 그 최소한의 표현인 헌법 제5조, 즉 침략전쟁을 반대하고, 군대의 임무를 국토방위에 한정하고 있는 것에 반하는 일련의 국가행위였다고 할 수 있다. 나아가 파병의 전제가 바뀌었는데도 국민의 대표기관인 국회에서 재검토를 하지 않는 것은 헌법 60조의 국회동의권에 대한 왜곡이었다고 할 수 있다.

정치적 결단에 기초해, 동맹국의 요청에 일단 부응하는 모습을 취해 앞으로 있을지도 모르는 한반도에서의 전쟁을 저지하기 위한 발언권을 확보하고, 이를 통해 국가의 안전보장에 기여한다는 논리가 있었다. 그러나 그것은 논리적도 현실적으로도 타당하지 않으며 우리 헌법의 평화주의가 갖는 보편성에 반한다. 미군의 파괴행위와 이라크 포로에 대한 인권침해에 가담해 한반도의 평화적 생존을 확보한다는 것은, 헌법의 평화주의원리에 대한 모독이며 근대적 의미의 헌법에 대한 몰지각에 더 가깝다.

역설적이게도 이라크 파병은 국군이 국토가 아닌 먼 이라크 땅에 파견되는 것이 헌법적으로 정당한지에 대한 의문을 던졌다. 국군의 국토방위 임무를 태평양 지역으로 확대하고 있는 한미상호방위조약이 과연 우리 헌법의 평화주의원리와 그에 기반을 둔 평화권에 적합한지에 근본적 접근으로 접근할 수 있는 계기를 마련한 것이었다.

II. 매향리소음피해소송[8]과 평화권

소음이란 일반적으로 과도한 소리(excessive sound) 또는 바람직하지 못한 소리(unwanted sound)이다. 이 가운데 많은 사람이 불쾌감을 느끼는 음을 상식적, 통계적으로 정해 인간의 생활에 지장을 주는 것은 규제 대상으로 하고 있다.[9]

소음은 단순히 시끄러운 소리에 그치지 않고 때로는 공해가 되어 인간의 정신을 황폐화시키며, 인간다운 환경에서 살 수 있는 권리를 침해하기도 한다. 군사훈련으로 인한 소음은 오폭에 대한 불안감까지 겹쳐 안전하고 건강한 생활, 즉 평화적 생존을 침해한다. 2010년 '국제평화권회의'에서 채택된 '산티아고 평화권선언'과 2006년 '스페인 국제인권법협회'에서 채택된 '루아르카 평화권선언', 그리고 유엔의 평화권 관련 보고서들은 전쟁의 위협과 불안으로부터 벗어나 안전하고 건강한 환경에서 살 권리를 주요한 평화권의 하나로 명시하고 있다.

1. 미군사격장과 주민들의 평화적 생존

경기도 화성군 우정면에 소재한 매향리 일대의 연안해역과 해안지역에는 미국의 태평양 미공군사령부 산하 대한민국 주둔 제7공군 소속 미군 전용 사격장이 설치되어 있다. 특히 매향리 해안으로부터 1.6km가량 떨어진 농섬을 중심으로 반경 약 690만 평의 해상사격장이 설치되어 있었는데, 매향리 일대 지상에 설치된 29만 평의 육상사격장을 합하면 약

---

8   서울지방법원 2001. 4. 11/98가단55916 손해배상. 이하 인용되는 내용은 모두 이 판결문.
9   정만조, 「소음규제」, 『법조』 제27권 제12호, 법조협회, 1978, 15쪽.

700만 평이 넘는 지역이 미군 사격연습장으로 사용되고 있었다.

매향리 일원의 육상과 해상에 걸친 사격장은 한국전쟁이 한창이던 지난 1951년 미군이 매향리 앞 농섬을 표적으로 해 사격훈련을 시작함으로써 사실상 설치되었다. 1954년경 미군이 위 해안 지역에 주둔을 시작했으며, 1968년경 농섬을 중심으로 한 연안해역과 이에 접속한 해안지역을 수용하였다. 1980년경 추가적으로 해안지역을 수용함으로써 소송 당시와 같은 규모의 사격장을 갖추게 되었다.

매향리사격장은 매향리 일대가 높은 산이 없는 구릉지대이고, 안개 끼는 날이 거의 없으며, 해상표적물과 지상표적물이 근접해 해상 및 육상사격장의 동시 운영이 가능하다는 점에서 아시아 지역에서 최적의 공군사격장으로 평가되었다. 이에 따라 대한민국에 주둔한 미 제7공군 소속 전투기의 사격훈련뿐만 아니라 극동 지역에 배치된 미군 소속 전투기의 사격훈련에도 이 사격장을 이용하였다.

훈련은 공휴일을 제외하고 월요일부터 목요일까지는 대개 오전 9시경부터 오후 10시 사이에, 금요일에는 대개 오후 6시까지 매일 이루어졌다. 미군은 매향리사격장에서 통상적으로 해상표적물 및 지상표적물에 대해 전투기에 의한 폭탄투하 및 기관총사격 훈련을 실시하였다. 이는 지상표적물에 대한 사격훈련은 전투기가 매향리 일대의 상공을 선회하다가 이화리 방향에서 석천리를 거쳐 매향리 방향으로 급강하면서 지상표적물에 대한 사격을 실시하고 다시 급상승하는 식으로 이루어졌다.

이때 발생하는 소음은 평균 90dB 이상으로 구 김포공항보다 심했다.[10] 주택건설촉진법이 정하는 사업주체는 택지에 건설될 공동주택의

---

10   국회 국방위원회, 「사격장 소음공해 피해 보상에 관한 청원 검토 보고서」, 1990년 3월; 국방부, 「고온리(매향리) 미공군 비행사격장 인근 피해주민 대책에 관한 청원검토」, 1997년 1월.

소음도가 건설부 고시가 정하는 바에 따른 측정 소음도를 기준으로 해 65dB 미만이 되도록 해야 할 의무를 지고 있는 것에 비하면[11] 대단히 높은 수치이다. 일반적으로 코 고는 소리가 85dB이라 하고, 잔디 깎는 기계나 도로공사 시의 굴착기 굉음이 90dB라고 하는데, 매향리 주민들은 매일 이런 굴착기 굉음 속에서 살았던 셈이다.

1997년 10월경 사단법인 시민환경연구소가 매향리사격장에 인접한 매향1·2·3리의 5개 지점에서 주간 사격훈련 시 발생하는 소음을 측정했다. 그 결과에 따르면 실외의 소음도는 94~133.7dB이었고, 문을 닫은 경우 실내의 소음도는 61.2~84.9dB 정도, 문을 열었을 경우 실내의 소음도는 117.5dB 정도까지 되는 것으로 나타났다. 제트기의 이착륙 소리가 120dB이라 하고 헤비메탈 연주회의 소리가 110dB라고 하니, 매향리 주민이 겪었을 불안전하고 불쾌한 환경은 짐작이 가고도 남는다.

매향리 일대에서 수십 년 동안 농업과 어업을 하며 살아온 전만규 씨를 비롯한 원고들은 이러한 매향리사격장 훈련과정의 소음과 오폭 등의 사고로 인해 일상생활 전반에 걸쳐 각종 신체적, 경제적, 정신적 피해와 그로 인한 상당한 정신적 고통을 당해 왔다.[12] 그래서 반대집회 등을 하다가 결국 1998년 국가를 상대로 손해배상소송을 제기하기에 이르렀다. 소송은 2001년 4월 1심에서 일부 승소했고, 2004년 3월12일 대법원에서도 일부 승소했다.

---

11   이와 관련된 판례로는 대법원 2000. 9. 8/98다26859 손해배상(기).

12   가까운 일본의 경우 미나마타병을 비롯한 전통적인 공해 소송에 그치지 않고 공항소음과 기지의 비행소음으로 인한 새로운 공해 소송이 줄을 이었다. 이러한 영향으로 우리나라의 학설과 법원도 공권력이 야기한 것이든, 사인이 야기한 것이든 소음공해로 인한 많은 기본권침해를 손해배상의 대상으로 삼기에 이르렀다. 앞으로 군사훈련과 관련된 소음공해, 군사훈련으로 인한 생활방해에 대해서는 평화적 생존권 침해의 법리를 전개할 필요가 있다.

2. 사격장 소음은 평화로운 생활 방해행위

이 사건은 한미상호방위조약 제4조에 의하여 체결된 한미행정협정 제23조 및 한미행정협정의 시행에 관한 민사특별법 2조에 따른 국가배상 문제를 다툰 사건이다. 민사특별법 제2조에 의하면 미군이 점유, 소유 또는 관리하는 토지의 공작물과 시설 또는 물건의 설치나 관리의 하자로 인해 대한민국 이외의 제3자에게 손해를 가한 때에 국가는 국가배상법의 규정에 의해 그 손해를 배상한다고 되어 있다. 주민들은 위 규정을 법적 근거로 미군이 점유·관리하는 매향리사격장의 설치·관리상 하자로 인해 인근 지역 주민들에게 피해가 발생했으며, 그것이 사회통념상의 수인한도를 넘었다고 주장하는 소송을 제기하였다.

법원은 매향리사격장에서 사격훈련이 실시되는 동안에는 그 소음수준이 공항소음피해 지역에 상당하다고 다음과 같이 인식하였다.

"현재 군용사격장의 소음에 관한 국내의 공법적 규제는 존재하지 않고, 다만 민간항공기의 소음과 관련해 항공법 및 동법 시행규칙에 그 규제기준이 설정되어 있을 뿐이다. 이에 의하면 항공기소음영향도(WECPNL) 90 이상의 지역을 이주대책수립 내지 방음시설설치가 시행되어야 하는 공항소음피해 지역으로, 80 이상의 지역을 방음시설설치가 시행되어야 하는 공항소음피해 예상 지역으로 규정하고 있다.

그런데 매향리사격장 인근 지역의 소음 정도를 항공기소음영향도로 환산할 경우 1일 83.2 정도로서 공항소음피해 예상 지역에 준하는 수준에 이르고, 매향리사격장에서 사격훈련이 실시되는 동안에는 그 소음 수준이 항공기소음영향도로 환산해 103 이상으로 공항소음피해 지역에 상당한 수준이다."

법원은 이러한 소음이 매향리 주민의 특별한 희생에 해당한다고 판단하였다. 그 논거는 다음과 같다.

"환경정책기본법상에서는 일반 공업 지역의 환경소음 수준을 주간 70dB, 야간 65dB로, 도로변 공업 지역의 환경소음 수준을 주간 75dB, 야간 70dB로 규정하고 있는 바, 매향리사격장에서의 사격훈련으로 인한 1일 평균소음 수준은 70dB 정도로서 공업 지역의 환경소음 수준에 이르고 있다. 매향리사격장은 아시아에서 최적의 사격장으로 평가되어 주한미군뿐 아니라 극동 지역에 주둔하는 미군의 전투기 사격훈련에 사용되어 오고 있고, 위와 같은 훈련을 통한 미군의 적정한 공군력 유지는 남북이 대치하고 있는 상황의 한반도에서 전쟁을 억지하는 기능을 하고 있는 점에서 매향리사격장은 공공성을 보유하고 있는 시설이라 할 수 있다. 이러한 공공성은 매향리사격장의 소음으로 인한 피해의 수인한도를 결정함에 있어 하나의 요소로 고려되어야 한다.

매향리사격장에 위와 같은 공공성이 인정되어도 그 공공성으로 인한 이익은 매향리사격장의 인근 주민들만이 아닌 대한민국의 국민들이 일반적으로 누리는 것인 반면 매향리사격장의 소음으로 인한 피해는 그 인근 주민들에게만 국한되는 바, 매향리사격장 인근 주민들이 그 사격장의 소음으로 인해 입고 있는 피해를 보상받을 정도의 특별한 이익을 위 사격장의 존재로 인해 얻고 있지 않는 한, 매향리사격장의 설치로 인한 공공적 이익을 받고 있는 사람들 가운데 일부 소수자에 불과한 그 사격장 인근 주민들에게만 위와 같은 특별한 희생을 요구하는 것은 불공평하다. 또한 사격장 내 부지를 경작함으로써 얻는 이익도 매향리사격장의 존재로 인한 피해를 상쇄할 만큼의 특별한 이익이라고 볼 수 없다.

매향리사격장에서 발생하는 소음으로 인해 그 인근 주민들이 입는 피해는 사회통념상 그 수인한도를 넘으므로, 미군은 매향리사격장의 설치, 관리상의 하자로 인해 전만규 씨 등을 포함한 사격장 인근 주민들에게 신체적, 정신적 피해 및 생활방해의 피해를 발생시키는 위법행위를 범해 왔다고 할 수 있다."

그리고 이러한 판단에 기초하여 다음과 같이 일정한 금전적 손해배상을 할 것을 국가에 명하였다. "소음성 난청, 고혈압, 스트레스, 수면장애, 불안감 등의 신체적 정신적 피해가 인정되며 원고 전만규 등에게 천만 원 및 1998년 3월 12일부터 완제일까지 연 25%의 비율에 의한 금원을, 원고 하달성 등에게는 구백만 원 및 1998년 3월 12일부터 2001년 4월 11까지 연 5%, 그 다음날부터 완제일까지 연 25%의 각 비율에 의한 금원을 각 지급하라."

3. 매향리소송의 소송상의 쟁점

1) 피해의 인정 방법

공해소송은 다른 소송에 비해 공해와 피해 간 인과관계 입증이 더 어렵다. 그 이유는 첫째, 공해에 있어서는 가해행위와 피해 간 인과관계의 계열이 상당히 깊고 또 장기간에 걸친다. 둘째, 비록 엄밀한 자연과학적 인과관계의 입증까지는 아니라고 하더라도 과학적 입장에서 모순 없이 설명될 수는 있어야 하는데, 원인규명을 위한 조사기술이 아직 충분히 개발되어 있지 못하다. 셋째, 일반적으로 공해의 피해자는 영세민이 많다. 이런 사정으로 공해소송에서는 피해자 측의 인과관계 입증 부담을 완

화·경감시키는 한편, 상대적으로 가해자 측의 반증 범위를 넓힐 필요가
있다.[13]

이 사건 재판부는 소음으로 인한 피해를 인정하는 데 있어서 지역주
민의 진술증거도 증거자료가 될 수 있음을 인정하는 등 몇 가지 진일보
한 측면을 보였다. 첫째, 법원은 이 사건에서처럼 사격장에서 발생하는
소음으로 인해 그 인근 지역의 주민에게 일반적으로 미치는 피해는 그
성질상 과학적 방법과 정확한 자료에 의하더라도 이를 객관적으로 파악
하기가 사실상 불가능하고, 실제로 소음에 노출되고 있는 사람이 개별적
으로 받는 피해를 따로 판단하는 것도 마찬가지로 불가능하다고 보았다.
따라서 그 지역주민에 대한 역학조사 결과나 지역주민의 진술은 비록 주
관적인 요소를 동반한다고 하더라도 이와 같은 유형의 피해사실을 인정
하기 위한 중요한 증거자료가 될 수 있다는 점을 인정했다.[14]

둘째, 주민 전원이 피해를 입었음을 인정했다. 법원은 매향리사격
장의 소음이 인근 지역의 주민들에게 신체적, 정신적 피해와 생활방해
를 초래할 가능성은 일정한 소음이 미치는 범위 내에 사는 주민 모두에
게 있다고 보았다. 신체적, 정신적 조건이나 생활 조건 차이에 따라 그러
한 피해가 현실화하지 않은 주민에게도 피해 발생 가능성은 있다. 지역
주민을 집단적으로 관찰해 일부 사람에게 어느 정도의 확률로 소음 등에
의한 피해가 발생하고 있다고 추정되거나 일부 사람에게 실제로 피해발
생 사실이 인정되고, 그 외의 사람에게도 같은 위험성이 발생하고 있음
이 명백하다면 주민 전원에 대해 소음으로 인한 최소한의 피해가 있다고
볼 수 있다고 했다.

---

13   이용우, 「공해소송에 있어서의 판례동향」, 『사법행정』, 37쪽.
14   개연성이론을 정면으로 취급해 이를 긍정한 최초의 판례로는 대법원 1974. 12. 10/72다
      1744 참조.

특히 매향1~5리, 석천3리 지역의 일부 주민들에게 어느 정도 확률로 매향리사격장의 소음에 의한 신체적·정신적 피해가 발생하고 있음이 추정되며, 신체적·정신적 증상의 호소율이 그 증상에 따른 피해의 발생률에 비해 높을 뿐 아니라, 다른 지역의 증상 호소율에 비해도 현저히 높게 나타났다. 이에 비추어 위와 같은 신체적, 정신적 피해의 발생이 추정되지 않는 주민들에게도 그와 같은 위험성이 발생하고 있음도 인정했다.

2) 소음 등으로 인한 피해의 범위와 정도

사격장의 소음으로 인한 신체적, 정신적 피해와 생활방해는 인정하면서도, 소음으로 인한 생업의 피해와 오폭 등으로 인한 불안감에 대해 서울지방법원은 매우 소극적인 자세를 취했다. 특히 오폭 등으로 인한 불안감에 대해 법원은 오폭 등의 사고발생율에 대한 통계적 자료나 그 피해 상황에 대한 객관적인 자료가 없음을 이유로 주민들이 불안감을 느끼게 되었다는 것을 인정하지 않았다.

그러나 서해안 주변 마을이면 어디서나 양식업이 이루어지고 있으나 사격훈련의 위험으로 인해 당국이 주변 해안 지역에 대한 양식업 면허를 내주지 않고 자연산만 채취하도록 하고 있었다. 농섬과 육상사격장 주위가 위험 지역으로 설정되어 그 지역을 우회해 어업을 영위할 수밖에 없어 승선료를 추가로 지출하는 등 어업에도 큰 지장을 받고 있었다. 매향리사격장에서 발생하는 소음으로 인해 사육가축들이 쉽게 병을 앓고 사산이 잦으며 젖소의 경우 착유량이 줄고 폐사하기에 이르렀다는 점 등을 인정하지 않았던 것은 문제이다.

신체적·정신적 피해 및 생활방해와 관련해서는 비록 주관적 요소를 동반한 지역주민의 진술의 증명력을 인정하면서도, 생업 문제에 관해서는 이렇게 소극적인 태도를 취한 것은 이해하기 힘들다. 신체적·정신적 피해 등에 대한 보상에 비해 생업피해 등에 대한 보상액에는 많은 비용이 들기 때문에 이와 같은 판단을 했을지 모른다. 그러나 주민들의 생업피해는 생존권의 문제이기도 하다는 점을 고려한다면 전면적인 재검토가 필요하다.

3) 사격장의 공공성과 수인한도의 형평성

재판부는 원고 전만규 등의 수인한도를 정함에 있어서 매향리사격장의 공공성을 참작할 필요는 없다고 판단했다. 매향리사격장이 동북아시아에서 미군의 적정한 공군력을 유지하는 데 일조하고 있으므로 안보적 측면에서의 공공성이 있는 것은 사실이지만, 공공성을 이유로 매향리사격장 주민들에게만 특별한 희생을 요구하는 것은 불공평하다고 판단했기 때문이다. 1974년 이후 매향리사격장 내의 외곽 유휴지 10만여 평을 주변 농민들에게 1년간 평당 150만 원 정도의 임대료를 받고 임대해 사격훈련이 없는 주말 등에 경작하게 해 오고 있는 사실 등이 있다고는 하나, 그것이 매향리사격장의 존재로 인한 피해를 상쇄할 만큼의 특별한 이익이라고 볼 수 없다고 한 점 또한 평가할 만하다.

   이러한 판결은 일본의 도쿄 서부에 위치한 요코다(橫田)기지 소음공해소송의 1, 2심 판결과 대단히 유사한 구조를 가진다. 요코타기지소음공해소송이란 미군비행기 기지에 관한 것으로 원고 측이 1981년 미군비행기 소음을 이유로 미군비행기의 비행금지를 청구하는 한편, 미군비행기에 의한 소음피해에 대한 손해배상을 청구한 사건이다. 도쿄 고등재판소는 소음으로 인한 미군비행기의 비행금지는 사법부가 판단할 수 없는 부분이라 하여 각하하고 소음으로 인한 피해에 대해서만 인용했다.[15] 재판부는 기지의 문제는 국가의 존립과 안전에 관한 문제이며, 미일안보조약에 따른 것으로 고도의 공공성을 가지지만, 아무리 공공성이 높더라도 그 이유 하나만으로 전체의 이익을 위해 일부의 특별한 희생을 방치하는 것은 형평의 관념에 반하므로 소음으로 인한 신체적, 정신적 피해에 대해 배상해야 한다고 판결한 바 있다.[16]

이는 요코다기지소음공해소송 2심판결에 앞서 내려졌던 아쓰키(厚木)기지 소음공해소송에 비하면 대단히 진일보한 것이었다. 아쓰키기지 소음공해소송은 아쓰키기지 주변의 주민들이 자위대비행기 및 미군비행기의 이착륙으로 인한 소음이 환경권과 인격권을 침해한다고 해 1976년에 소송을 제기한 사건이다. 원고 측 주민들은 비행금지 및 일정 시간대에는 원고들의 거주지에 침입하지 말 것, 소음으로 인한 피해에 대해 배상할 것 등을 요구하였다. 이에 대해 재판부는 미군기의 이착륙에 관해 일본의 민사법원이 판단하는 것은 불가능하며 부적합한 청구라고 하여 각하하였다. 자위대의 운용 및 국방의 문제는 고도의 공공성을 띠는 문제이며, 소음피해는 그러한 공공성에 비교하면 수인한도의 범위에 있으므로 일부 주민의 특별한 희생도 있을 수 있다고 한 바 있다.[17]

4) 위험에 대한 접근문제

공공성이 인정되는 영조물의 경우, 그 인근 지역에 영조물에서 발생하는 소음으로 인한 위험이 존재하고 그 피해의 발생이 예상됨에도 불구하고, 그러한 위험으로 인한 피해문제를 이용할 의도를 가지고 그 인근지역에

---

15 「横田基地騷音公害訴訟」, 『判例時報』 第1245号, 3쪽 이하.
16 森島昭夫 外, 「横田基地騷音公害控訴審判決」, 『ジュリスト』 第895号, 1987, 32쪽 이하.
17 「厚木訴訟第1審判決」, 『判例評論』 第292号, 1973, 189쪽 이하.

전입한 자, 그러한 위험의 존재를 인식하고 이에 의한 피해 발생의 가능성을 용인하면서 또는 과실로 인해 그러한 인식을 하지 못한 채 그 인근 지역으로 전입한 자는, 실제의 피해 정도가 입주 시의 예측을 초과하는 정도에 이르거나 그 전입 후 침해 행위의 정도가 급격히 증대했다는 등의 특별한 사정이 없는 한 그 피해를 수인하지 않으면 안 되고, 따라서 그 피해로 인한 손해배상을 청구할 수 없다고 했다.

이를 이 사건에 적용해보면, 소음으로 인한 피해의 위법성을 인정하더라도 문제는 원고들이 소음으로 인한 일정 정도 위험의 존재를 인식하고 그로 인한 피해를 용인하면서 그 위험에 접근했다면, 이는 위험에의 접근의 법리에 따라 손해배상을 청구할 수 없다고 보는 것이 손해배상청구의 법리 중 하나이다.

매향리사격장이 1951년경 설치된 이후 현재까지 전투기에 의한 사격훈련이 지속적으로 실시되어, 앞서 본 바와 같은 소음이 발생되어 왔다. 그렇기 때문에 매향리사격장 설치 후에 매향리사격장에서 발생하는 소음으로 인한 일정 정도의 위험의 존재를 인식하고 인근 지역에 거주를 시작했으므로, 피고 중 하달성 씨 등은 그 손해배상을 구할 수 없다고 피고인 대한민국은 주장했다.

다행히 법원은 원고들의 전입 시의 나이, 결혼 등 기타 전입의 경위에 비추어 원고들이 매향리사격장 인근의 소음피해 지역으로 전입할 당시 소음으로 인한 피해 가능성을 인식하고 이를 용인했다거나 과실로 이를 인식하지 못했다고 보기 어렵다고 해 이러한 법리 적용을 배제하고 있다.

4. 평화권과 매향리 소송

1) 평화권 실현을 위한 소음소송

매향리 소송 판결은 미군 사격훈련장에서의 소음으로 인한 피해에 대해 대한민국 정부에게 민사적으로 배상하라는 형태로 진행되었으나, 평화권 실천이라는 측면에서도 다음과 같은 점에 주목해야 한다.

첫째, 소음으로 인한 피해가 인간의 존엄과 가치를 침해하며 인간다운 생활을 할 권리를 침해하고 있음을 명백히 했다. 이러한 헌법적 가치를 민법 제751조에서는 "타인의 신체, 자유 또는 명예를 훼손하거나 기타 정신상 고통을 가한 자는 재산 이외의 손해에 대해도 배상할 책임이 있다"라고 규정하고 있다. 한미행정협정 제23조 및 한미행정협정의 시행에 관한 민사특별법 제2조도 미군이 점유, 소유 또는 관리하는 토지의 공작물과 시설 또는 물건의 설치나 관리의 하자로 인해 손해를 가한 때에는 그 손해를 배상한다고 규정하고 있다.

둘째, 소음공해사건의 외형을 띠고 있음에도 불구하고 본질적으로는 국가 간의 상호 대등성, 주한미군의 존재에 대한 근본적 성찰을 바탕으로 제기되고 있었다. 사법부가 비록 사격장 관리로 인한 소음피해문제를 다루고 있기는 하지만 일본의 아쓰키소음공해 사건에서처럼 미군비행기의 운용과 관련된 것이라고 해서 이에 대한 사법판단을 아예 회피하는 것이 아니라, 적어도 공공성과 피해의 형평성을 근거로 적극적인 사법판단을 시도하고 있다는 점은 주목할 만하다.

셋째, 군사기지 인근 주민의 피해에 기초한 평화권운동이라는 점이다. 기지의 존재로 인한 피해의 대응방식은 다양할 수 있다. 이 소송의 경우 주민의 권리보전, 건강과 생활환경, 군사적 불안감으로부터 벗어나 안전하고 쾌적한 환경에서 살 권리를 보전한다는 현실적이고도 절실한 요구에 기초했다. 궁극적으로는 이러한 기지소송이 평화주의의 실현을 염두에 두고 진행되었다는 점에서 평화권 실천에 있어 중요한 이정표가 될 수 있다.

산티아고선언(2010. 12. 10) 제3조는 인간의 안전보장, 안전하고 건강한 환경에서 살 권리가 평화권의 내용임을 밝히고, 다음과 같이 규정하고 있다. "개인은 공포 및 결핍으로부터의 자유를 포함한 인간의 안전보장의 권리를 갖는다. 모든 인민과 개인은 안전하고 건강한 사적·공적 환경에서 생존하고, 국가 또는 비국가의 어느 주체에 의한 것이든 신체적·심리적 폭력과 위협으로부터 보호받을 권리를 갖는다." 유엔인권이사회의 평화권 선언 초안 제10조에도 "모든 사람은 위험한 인위적 방해로부터 자유로운 환경에 있을 것을 포함해 안전하고 청결하며 평화적인 환경에 대한 권리"를 갖는다고 했다.

주민들은 매향리사격장에서 매일 되풀이되는 군사훈련의 굉음과 오폭 등으로 인한 심리적 위협으로부터 보호받을 권리가 절실했을 것이다. 이러한 군사훈련이 군사동맹에 비롯한 것이라고 한다면, 평화권의 내용 중의 하나인 군축의 권리(루아르카선언 제11조)도 원용할 수 있다.

2) 국가주의적 공공성과 평화주의적 공공성

이 판결과 관련해 지적하지 않으면 안 되는 것은 매향리사격장의 공공성 문제이다. 일반적으로 공공시설의 공공성이란, 공공시설이 그 사회의 생산과 생활의 일반적 조건을 보증하고, 특정한 사인과 사기업의 이익에만 제공되는 것이 아니라, 모든 국민에게 평등하고 쉽게 이용될 수 있어야 한다. 그 건설과 관리에 있어서 주변 주민의 기본적 인권을 침해하지 않

고 가능한 한 복지를 증진하는 것을 조건으로 해야 한다. 공공시설의 설
치와 개량의 가부에 대해 주민의 동의를 얻는 민주적 절차도 보장되어야
한다.[18]

일본의 저명한 행정법학자 무로이 쓰토무(室井力)는 이러한 논의를
진전시켜 공공성의 판단기준으로 인권·민주·평화, 그리고 주권을 든다.
인권은 공공성의 실체적·가치적 측면이며, 민주주의는 공공성의 절차
적·제도적 측면이다. 평화적 생존권이라는 실질적 가치의 공익성과 더
불어 평화적 생존권 보장을 위한 절차적 제도가 바로 공공성이라고 했
다. 현대 국가는 이러한 공공성의 내용을 일부 특권층을 위한 '특권적 공
공성'과 일반적 국민의 시민적·생존권적 공공성으로 나눌 수 있다고 보
고, 특권적 공공성을 버리고 시민적 생존권적 공공성을 실현하는 것이
법학의 과제라고 지적한 바 있다.[19]

매향리의 미군사격장이 이러한 공공성의 정의와 원칙에 충실했는지
의문을 가지게 된다. 재판부는 "사격훈련 등을 통한 미군의 적정한 공군
력 유지는 남북이 대치하고 있는 한반도에서 전쟁을 억지하는 기능을 하
며 그러한 점에서 공공성을 보유하고 있는 시설"이라고 판단했다. 힘의
우위에 기초한 안전보장 확보라는 기존 관점에 기초해 살펴본다면 재판
부의 판단처럼 미군에 사격연습장을 제공하고, 이를 통해 미군이 적정한
공군력을 유지하고, 이것이 한반도의 안보측면에서의 공공성을 향상 또
는 유지시켰다고 할 수도 있다.

그러나 동북아시아에서의 적정한 공군력 유지가 안보를 증진시키는

---

18 宮本憲一, 『現代資本主義と國家』, 岩波書店, 1981, 305–306쪽; 宮本憲一, 「公共性とはなに
    か」, 『法律時報』第45卷 第13号, 日本評論社, 1963, 13쪽.
19 室井力, 「國家の公共性とその法的基準」, 室井力 外, 『現代國家の公共性分析』, 日本評論社,
    1990, 14쪽 이하.

것인지를 전쟁과 평화의 관점에서 보면 의문의 여지가 있다.[20] 오히려 적정한 공군력의 유지가 공군력 경쟁을 촉진시키고 이로 인한 긴장을 유발시키는 것은 아닌가 하는 점이다. 더군다나 냉전을 전제로 체결된 한미 상호방위조약과 그에 따른 미군주둔이 과연 한반도의 안보상황을 호전시킬 것인가, 아니면 고착시킬 것인가 하는 점에 대한 냉정한 판단이 뒤따라야 한다. 남북 간 대화와 협력에도 불구하고 미군의 공군력이 한반도에서 전쟁을 가상한 공군사격연습을 이어가고 있다면, 이것이 과연 남북 화해에 득이 될지 실이 될지는 다시 한 번 생각해봐야 한다.

군사적 공공성이 존재한다 하더라도, 그 특권적 지위를 인정하지 않고 일반행정의 공공성과 마찬가지로 취급해야 하는지도 신중히 고려해야 할 문제이다. 고도의 공공성을 이유로 수인한도를 넓히거나 특별한 희생을 일부에게만 요구하는 것은 헌법의 정신에도 어긋난다. 그렇게 되면 대한민국 국민을 위한 공공성이 아니라 대한민국이라는 국가와 미국을 위한 공공성에 불과하다는 비난을 면하기 어려울 것이다.

공공성의 원칙은 매향리사격장의 경우에도 해당한다. 상호방위조약의 존폐에 관한 문제는 논외로 하고 분단국가의 특수성 때문에 상호방위조약이 존재한다고 재판부처럼 인정한다 하더라도, 이것은 주권국가로서의 독립성과 최고성을 보증하는 것이어야 하며, 체결국 일방의 이익에 제공되는 공공성이어서는 안 된다.

현대 사회에서 공공성은 더 적극적 성격을 갖는다. 어떤 시설이 공공성을 갖는다면, 평화권을 침해하지 않고 적극적으로 주민의 권리와 안녕을 향상시켜야 한다.

---

20 전쟁과 평화에 관한 문제에 대해서는 山內敏弘, 『戰爭と平和』, 岩波書店, 1995, 33쪽 이하; 芝田進午, 『戰爭と平和の論理』, 勁草書房, 1992, 5쪽 이하.

3) 매향리의 평화

전만규 씨 등 매향리 주민들이 1998년 소송을 제기한 후, 국방부 등은 뒤늦게 소음피해에 대한 검토보고서를 작성했다. 그후 미공군은 육상사격장에 대한 폭탄투하 훈련을 중단했다. 2000년 8월 18일에는 육상사격장에서의 기관총사격이 중지되었으며, 2003년 11월에는 매향리의 사격장 관리를 한국 측에 이양한다는 각서를 체결했다. 국방부는 매향리와 농섬 일대의 육상 해상 사격장 719만 평을 인수해 사격장을 폐쇄하기 시작했고, 2005년 8월 12일에는 54년 만에 완전히 폐쇄했다.

전만규 씨 등 주민 14명이 제기한 제1차 매향리 소송에 이어 매향리 주민 1천 9백 명이 미군전투기 사격훈련으로 소음피해를 봤다며 380억 원의 손해배상을 제기한 제2차 매향리 소송에 대해 서울 중앙지법은 2005년 11월, 대법원의 판결 취지에 따라 일부승소 판결을 내렸다.

소송 결과를 바탕으로 화성시는 매향리 일대의 94만 9천 평방미터의 땅에 2013년까지 평화공원을 조성할 것을 공약했다. 국회에서는 매향리의 쿠니사격장을 국가운영 공원으로 조성하자는 '매향리 공원조성 특별법안'이 발의되기도 했다.

III. 제주해군기지와 평화권

1. 강정마을의 평화적 생존 파괴

제주도는 화산 폭발로 만들어진 섬이 바다와 어우러져 경치가 수려하기로 유명하다. 화산섬이라 물이 많지 않지만, 제주도 서귀포 인근의 강정마을은 유독 물도 많고 경치가 아름답다. 그래서 사람들은 이곳을 예부터 일강정이라고 했다. 강정이란 하천이 바다로 흘러들어가는 곳이라는 뜻인데, 그중에서도 으뜸이라는 뜻으로 일강정이라고 불렸던 모양이다. 토질이 비옥하고 물이 좋은 데다가 일조량이 많아 이곳 주민들은 농업과 어업을 생업으로 하여 천혜의 조건에서 풍족한 수확을 거두며 평화롭게 살고 있었다.

강정마을은 용암바위로도 유명하다. 구럼비 바위라고 불리는 용암바위는 바위 하나가 무려 1.2km에 달한다. 예부터 마을 사람들은 구럼비 바위를 신성시하고 마을의 상징으로 여겨왔다. 세계적으로도 희귀한 이 바위는 붉은발 말똥게(Sesarma intermedium)의 서식지이기도 하다. 붉은발 말똥게는 최상급 수질의 강정, 즉 하천이 바다로 흘러가는 곳에 산다.

평화롭기만 했던 이 마을이 시끄럽기 시작한 것은 2007년 초부터이다. 해군은 제주도 화순을 최적의 해군기지로 꼽고 이를 추진했다. 그러나 주민들의 완강한 저항에 밀려 이를 포기하고, 제주 남원읍 위미리를 사업대상 지역으로 정했다가 여기서도 저항이 거세지자 서귀포시 강정으로 방향을 돌렸다. 해군 측은 주민들의 반발을 우려해 편법적으로 주민총회를 개최했고, 주민 1970여 명 가운데 불과 87명이 참석해 해군기지 유치를 결정했다. 일반적인 회의의 의결정족수를 채우지 못한 것은

물론이고 토론 한 번 없는 총회였다. 이 결정으로 주민과 정부 간, 주민
과 주민 간 분열과 갈등으로 이어져 마을의 평온과 평화적인 생존이 송
두리째 날아가기 시작했다.

강정에 해군기지를 유치하기로 한 결정 절차와 실체적인 부분에 대
한 문제제기와 농성이 수년간 이어졌다. 그러던 2011년 9월 2일 새벽,
서귀포시 강정마을 해군기지 건설 반대농성 현장에 경찰 병력이 전격 투
입되었다. 경찰은 이날 "해군기지 사업장 울타리 공사를 방해하는 사람
들을 막겠다"며 새벽 5시 30분께 강정마을에 13개 중대 1,000여 명을
투입했다. 경찰은 중덕해안 삼거리에서 농성 중인 주민과 시민단체 활동
가, 종교인 등 100여 명을 밀어냈으며, 해군은 굴착기 2대를 동원해 주
민들이 공사를 방해하는 것을 막기 위한 200여m의 울타리 설치 공사를
벌였다.

경찰이 농성자들을 몰아내 접근을 막는 가운데, 해군은 공사장 어귀
에 울타리를 쳐 언제든 공사를 재개할 준비를 마쳤다. 주민들은 "4·3사
건 이후 육지 경찰이 또 폭거를 저질렀다"라고 항의했다. 야당과 시민단
체 등도 물리력을 동원한 정부의 해군기지 건설 강행을 비판했다.

고권일 강정마을 해군기지 대책위원장은 중덕삼거리에 설치한 5~
6m 높이의 망루에 올라가 쇠사슬로 몸을 묶은 뒤 저항했으며, 주민과
활동가들도 경찰에 맞서 몸싸움을 벌였다. 경찰은 이 과정에서 홍기룡
제주군사기지 저지 범도민대책위원회(도민대책위) 공동집행위원장, 이
강서 신부 등 35명을 연행했다. 결국 해군은 3시간 만에 울타리 설치 공
사를 마무리했다. 이날 오후엔 서귀포시 공무원들이 공사장 주변에 설치
된 천막과 펼침막 등을 강제 철거했다.[21]

21 "강정마을 경찰 투입, 주민들 '폭거'", 한겨레신문, 2011. 9. 3.

뿐만 아니라 제주해군기지 건설을 위해 서귀포시 강정마을 주민들이 강정의 상징으로 여겼던 해군기지 예정지 내 구럼비 바위 해안의 암반 깨기 공사도 시작되었다. 주민들의 반대에도 불구하고 구럼비 바위 발파 공사는 2012년 3월 7일부터 본격적으로 진행되었다.

2. 해군기지 건설은 평화권의 침해

제주해군기지 문제와 관련해 평화적 해결을 촉구하는 제주도의회 의원들의 반발도 거셌다. 제주도의회는 2012년 9월 6일부터 서울 정부중앙청사 정문 앞에서 1인 시위에 들어갔다. 제주도의회 의원들은 제주시청 어울림 마당에서 '강정마을 공권력 투입 규탄 및 평화적 해결 촉구 결의대회'를 열고, 공권력 투입에 대한 정부 사과와 주민의 생존권 보장, 주민투표 수용, 구속된 주민 활동가 석방 등을 요구하는 결의문을 발표했다.

제주도에 건설 예정인 것이 단순한 관광미항이 아니라 해군기지를 목적으로도 하고 있음을 밝히는 '제주해군기지 이중협약서'가 밝혀지면서, '기항지'가 아니라 해군기지 건설 문제임이 드러나고 말았다.[22] '이명박 정부 들어 한미 전략동맹을 내세워 한미동맹의 지역적·지구적 역할을 스스로 강화하고, 북한의 비대칭 위협을 내세워 공격적인 군사력, 특히 미 해양전력의 한반도 전진배치를 정당화해 온 결과, 미국과 중국 간 해상에서의 군사갈등이 한반도 주변에서 극적으로 심화되고 동북아 신냉전적 대결구도가 강화'[23]된 점을 고려하면, 강정마을이 그리고 제주가

---

22   "해군기지 이중협약서에 제주도민 경악", 한겨레신문, 2011. 9. 7.
23   참여연대, 「미국의 해양전략과 해군기지 건설의 위험성」, 참여연대 이슈리포트, 2011, 28쪽.

주민들의 의사와 무관하게 전쟁 위험에 처할 개연성도 높아지고 있다.

중국은 관변학자들을 통해 "한국 정부가 건설을 강행하는 제주해군기지가 미국 주도의 미사일방어(MD)시스템 계획에 이용될 수 있을뿐더러, 미국의 중국 봉쇄에 활용될 가능성"을 지적하고, 제주도가 '혐오의 땅으로 바뀔 수 있다'고 비난하기도 했다.[24] 이런 상황에서 항의의 목소리가 곳곳에서 높아졌으며, 대항담론으로 평화권 또는 평화적 생존권에 대한 논의가 주목받았다.

정부는 몇가지 논리를 들어 제주에 해군기지가 건설되어야 함을 주장했다. 첫째, 중국, 일본과 해양에서 갈등이 발생하는 경우를 위한 대비책이다. 그러나 한국은 일본의 해양 위협에 대해서는 대비하지 않고 RIMPAC[25] 등 해양군사훈련을 오히려 함께하고 있다. 결국 한·미·일의 해군력을 바탕으로 중국의 해상활동을 통제하겠다는 논리에 불과하게 될 수 있다. 중국 본토에 인접한 제주도에 미군도 이용할 수 있는 한국군의 전략해군기지가 건설되면, 중국의 탄도미사일이나 유도미사일 공격으로부터 스스로를 방어해야 하는다는 부담으로 인해, 강정마을을 비롯한 제주도가 공군부대, 특수부대, 병참부대로 요새화하지 않을 수 없는 부담을 지게 될 수 있다.[26]

둘째, 미국의 군사력 감축에 대비해 자주국방 차원에서 해군력을 강화하고 제주해군기지도 건설해야 한다는 주장이다. 이 구상은 상대적으

---

24 "중 관변학자, 해군기지 맹비난 '제주도 혐오의 땅으로 바뀌고 있어…관광 거부해야'", 한겨레신문, 2011. 9. 8.

25 "Rim of the Pacific Exercise"의 줄임말. 한반도 등 태평양 지역의 유사시 태평양의 중요 해상 교통로의 안전을 확보하는 것으로, 태평양 연안국 해군 간의 연합작전 능력을 강화하는 것을 목적으로 한다. 1990년부터 미국을 중심으로 2년마다 실시되고 있는데, 이를 다국적 해군 연합기동훈련으로, 환태평양군사훈련이라고도 부른다.

26 참여연대, 「미국의 해양전략과 해군기지 건설의 위험성」, 33쪽.

로 약화된 미국이 동맹국 해군의 힘을 빌려 세계의 모든 전략적 해역에 미 해군력의 전진배치를 유지 보장하고, 해양타격, 해양방어, 해양기지화 등을 망라하는 압도적 제해권을 계속 지켜나가겠다는 전략이다. 최근 미군이 해외 미 해군기지를 더 건설하지 않고 동맹국에 더 많은 기항지를 요구하는 이유도 이러한 전략을 배경으로 한 것으로 보인다. 한국은 이 구상에 적극 동참해 대량살상무기 확산방지구상(PSI), 미국 주도의 연합해군 참여(청해부대), 한·미·일 미사일 방어체제 상호운용성 보장을 목적으로 하는 한·미·일 이지스함정 간의 공동훈련(RIMPAC)을 수행하고 있다. 제주에 해군기지가 건설되고 거기에 미 해군의 기항을 보장한다면, 미 해군은 해양기지화, 해양방어 개념에 따라 제주도 서남방해양에서 핵항공모함과 핵잠수함, 이지스함을 동원해 중국과 북한을 바다로부터 봉쇄하고 MD 시스템을 운용할 가능성도 배제할 수 없다.

정부는 강정에 건설할 제주해군기지는 미군기지가 아니므로 미 함정이 드나들지 않을 것이라고 한다. 하지만 미국과 해양전략을 공유하는 한국 해군 기동전단의 전초기지가 될 제주해군기지가 미국 해군의 기항지로 이용되지 않을 것이라고는 확신할 수 없다.[27]

이러한 대내외적인 상황은 강정에 해군기지가 건설되면 중국 등 외국을 염두에 둔 신속기동군 기지로 사용될 것이라는 우려를 낳고 있다. 그리고 그렇게 되면 우리 의사와 관계없이 미국이 주도하는 전쟁에 휩쓸

---

27 참여연대, 「미국의 해양전략과 제주해군기지 건설의 위험성」. 이 참여연대 이슈 리포트에서 김형준은 중국과 한국간의 상호의존이 심화되는 가운데, 한미동맹에 의거해 미국의 대중국 봉쇄정책에 적극적 참여를 요구받을 경우 한국은 심각한 딜레마에 처할 것이라고 지적했다. 이남주는 만약 평택 또는 신설될 제주해군기지가 미국의 해양전략에 따라 이지스 탄도미사일 방어함정, 핵잠수함, 핵항공모함의 기항지로 활용되어 대중국 봉쇄정책에 이용될 경우, 중국이 해군기지를 공격하거나, 공격까지는 아니라고 할지라도 중요한 작전대상으로 정할 가능성이 있음을 지적했다.

리게 될 위험성이 있으며 이것이야말로 평화적 생존권의 침해라고 항의
하고 있는 것이다.

3. 강정마을의 평화권

강정마을 해군기지 건설 관련 사건은 평화권 관련 소송으로도 주목할 만
하다. 전쟁에 대한 염려와 불안에서 벗어나 평화로운 생존은 모든 인권
의 출발점이라는 '공지의 사실'이 강정마을 경찰 투입을 계기로 다시금
환기되고, 평화권 침해를 주장하는 일련의 소송이 이어졌다.

　　제주해군기지 평화권 소송은 크게 세 가지 형태로 나누어볼 수 있
다. 우선 형사소송이다. 2012년 3월 구럼비 발파를 즈음해 반대하는 사
람들에 대한 체포, 연행이 급증했다. 이들에 대해 집회 및 시위에 관한
법률위반, 재물손괴죄, 일반교통방해죄, 공무집행방해죄 등의 죄목으
로 60여 건의 형사재판이 진행 중이다. 재판을 받고 있는 사람은 200여
명으로, 마을 주민, 종교인, 마을 지킴이, 단체활동가, 단기방문자 등 다
양하다. 이들에게 선고된 벌금 액수는 2억 6천여 만 원으로 매우 많다.
2013년 3월 현재 대부분 1심재판이 끝났으나, 유죄를 선고한 1심재판에
대해 대부분이 상고에 들어갔다.

　　이들은 평화권 수호를 위한 비폭력적인 방법의 저항은 정당행위로
무죄임을 주장했다. 어떤 행위가 정당행위로 인정되기 위해서는 행위의
동기나 목적이 정당해야 하고, 행위의 수단이나 방법이 상당해야 하며,
그러한 행위를 통해서 보호하려는 이익과 침해되는 법익이 균형을 이루
어야 한다(법익의 균형성). 그리고 행위가 긴급성이 있어야 하며, 그러한
행위 이외의 다른 수단이나 방법이 없어야 한다(보충성의 원칙). 평화권

을 지키기 위하여 비폭력적인 방법을 동원해 최후적 수단으로 저항할 수밖에 없었다는 것이다.

둘째, 행정소송이다. 군사시설을 건설하기 위해서는 국방부장관이 국방 및 군사시설사업의 실시계획을 승인해야 한다. 실시계획을 승인함에 있어서는 절대보전지역의 경우 변경처분을 해야 하고, 이에 따른 환경영향평가를 해야 한다. 강정마을 사건의 경우 절대보전지역 해제의 사유가 불분명하고, 환경영향평가도 부실하게 했으므로, 국방 및 군사시설사업의 실시계획을 승인한 국방부의 처분을 무효화는 소송이 제기되었다. 법원은 이유가 없다고 이를 기각했다(대법원 2012. 7. 5/2011두 19239). 강정에 해군기지를 건설하기 위해서는 일부 바다를 메워야 하고, 이를 위해서는 공유수면 매립에 대해 정부가 승인처분을 해야 한다. 주민들은 공유수면 매립을 승인한 정부의 행정처분 취소를 요청했고, 정부는 이를 거부했다. 그리고 이러한 거부처분의 취소를 요구하는 소송을 진행했으나 패소했다.

셋째, 민사소송이다. 대표적인 것은 김황식 당시 국무총리를 상대로 한 '1원 소송'이다. 이 '1원'소송은 공사진행으로 인해 정신적인 고통을 받았으므로 국가가 주민 등에게 위자료로 1원을 배상하라는 내용이다. 국무총리를 상대로 하게 된 것은 국무총리실에서 작성한 입출항관련 보고서가 사실과 달랐기 때문이다. 총리실에서 작성한 크루즈선 입출항 관련 보고서에서는 강정마을에 항구가 건설되면 대형 크루즈선도 충분히 정박할 수 있다고 했다. 정부는 그간 강정마을에 건설될 항구가 해군기지만이 아니라 대형 크루즈선도 정박할 수 있도록 건설되는 민군복합형 관광미항이라고 주장했고, 그 주장의 근거가 국무총리실에서 작성한 크루즈선 입출항 관련 보고서였다. 그러나 강정항은 대형 크루즈선의 자유로이 정박할 수 있는 항구가 아니었다. 그럼에도 불구하고 공사가 진행되어 정신적 고통을 받았고, 그로 인한 손해를 배상하라는 소송이 전국적으로 진행되었다.

그 밖에도 해상공사 저지를 위해 바지선에 올랐던 강동균 회장 등이 폭행당한 사건에 대한 손해배상청구소송, 바다에서 해군해난구조대 대원들이 평화활동가 송강호 씨를 폭행한 것과 관련한 손해배상청구소송 등의 1심재판이 진행되었으나 결국 패소하고, 2013년 12월 현재 항소심이 진행 중이다.

이러한 소송들은 형태도 다르고 원고도 다르지만, 평화권의 침해를 하나의 법익으로 한다는 공통점이 있다. 평화활동가 여옥은 해군기지 건설에 반대하는 과정에서 구럼비 바위 발파에 쓰일 화약운송 차량에 쇠사슬로 자신들의 몸을 묶고 이에 반대하다가, 결국 일반교통방해죄로 기소되어 1심에서 유죄를 선고 받았다. 그는 항소이유서에서 다음과 같이 밝히고 있다(전문은 부록의 자료10 참조).

"저희는 제주해군기지를 건설한다는 것이 강정주민들의 평화적인 생존의 권리를 침해하는 것이자 제주도민들, 더 나아가서는 대한민국, 동아시아, 전 세계인을 전쟁과 무력 갈등이라는 더 큰 위협에 빠트리는 중대한 위법적 행위가 될 수 있다고 생각합니다. 제주해군기지는 한국에서 추가적으로 기지를 건설한다는 것이 국가안전보장에 얼마나 큰 이득이 되는 것인지에 대해 해석이 분분하며 여전히 이에 대해서 국가는 제대로 된 답변을 주지 못하고 있습니다.

해군이 해군기지의 필요성에 대해 늘상 언급하는 남방해역보호와 이어도 수역보호는 해군이 아닌 해경이 해야 할 업무입니다. 역사가 이전보다 진보한다고 평가될 수 있는 단 한 가지는 국내외 갈등문제에 있어서 폭력으로만이 아닌, 제도나 정책적 수단을 국가가 취할 수 있게 된 데 있습니다.

따라서 국가안보는 군사적인 방법뿐만 아니라 외교·경제·문화적 방식으로도 얼마든지 구현할 수 있습니다. 오히려 과잉된 위협인식과 이를 해결하는 방법으로서 군사적 해법이 유일하다고 보는 행위 자체가 한국을 신냉전체제로 편입시키는 퇴보적 발상일 뿐입니다.……때문에 이를 막기 위해 차량에 몸을 결속시킴으로써 구럼비 발파에 쓰일 화약운송을 막았던 저희의 행위는 위협에 대항해 평화롭게 살고자 하는 시민적 권리를 행사한 것이며, 그러하기에 현 정권이 하지 못한 국가의 공적인 업무를 저희가 수행한 것이라 생각합니다."

강정마을의 농민들은 천혜의 조건에서 풍족한 수확을 거둔 농사를 작파하고 싶은 생각이 없으며, 평화롭게 생존하고 싶어 한다. 해군기지 공사부지의 복판이자, 주민들의 반대 농성장 복판이기도 한 구럼비 바위를 향하는 좁은 농로에 10여 명의 아주머니들이 쇠사슬로 서로를 묶어 드러누워 항의를 시작한 밤, 이들이 오이를 안주 삼아 했다는 말이 이런 상황을 대변해 준다. "마늘 농사 지어 3,000~4,000만 원씩 벌던 부촌이 해군기지 때문에 생지옥이 됐다."[28]

2012년 잘못된 안보갈등과 긴장 때문에 피해를 입은 3개 지역(강정, 평택, 그리고 김포의 애기봉) 주민들의 다음과 같은 공동 평화권 선언에는 그들이 원하는 바가 무엇인지 담겨 있다(전문은 부록의 자료9 참조).

"우리는 평화로운 공동체를 유지하고 각자 평화로운 삶을 유지하기 위해 다음과 같은 천부의 권리를 가진다. 우리는 어떤 상황에서라도 인간으로서의 존엄성과 기본권을 보장받을 권리가 있다. 우리는 우리의 미래와 우

---

28   "평화 잃은 4년, 강정마을은 지금 폭풍전야", 한겨레신문, 2011. 7. 27.

리 마을의 미래를 우리 스스로 결정할 자기결정권을 가지며 스스로 결정한 대로 살 권리와 그렇게 행복을 추구할 권리를 가진다.

우리는 후손들에게 사람답게 살 수 있고 자연환경과 조화를 이루는 세상을 만들어 줄 권리가 있다. 자연환경을 파괴하지 않고 거기에 깃들어 사는 많은 생명들을 보존하는 것은 우리가 공동체 속에서 평화롭게 살 권리에 필수적이다.우리는 우리 공동체의 삶의 방식에 따라 노동하고 살 권리가 있고, 공동체의 문화적 자연적 유산과 전통을 유지하고, 국가의 인위적인 조작에 의한 갈등에 처하지 않고 살 권리가 있다. 이는 평화롭게 살 권리의 필수적인 요소이다."

IV. 양심적 병역거부와 평화권

1. 징병제 국가에서의 평화권

2001년 공론화된 양심적 병역거부 문제는 10년이 넘는 시간 동안 늘 뜨거운 사회적 이슈였다.[29] 오랜 시간 동안 수많은 이들이 병역거부를 이유로 감옥에 갔고, 감옥행이 계속 이어지고 있지만 군복무라는 한국 사회의 가장 민감한 부분이 맞물린 문제였기 때문이다. 2007년 9월 국방부가 양심적 병역거부자들을 사회복무제로 편입하겠고 발표함으로써 이 문제 해결의 실마리가 보였으나, 정권이 바뀐 이후 국민 정서를 이유로 무기한 유보되었다. 2013년 12월 현재, 수감된 양심적 병역거부자들은 700명 정도이다.

양심적 병역거부자란 평화주의원리에 따라 평화로운 생존을 선택한 사람이다. 다시 말해 "징집대상자로서 양심상의 이유나 종교적·인종적·도덕적·인도주의적·정치적 또는 유사한 동기로부터 나오는 깊은 신념에 따라 군복무 혹은 다른 직간접적인 전쟁 및 무력 행위에 참여하는 것을 거부하는 사람"이라고 정의할 수 있다.[30]

이러한 개념 정의를 조금 다른 각도에서 고찰해보면, 결국 양심적 병역거부란 징병제 국가에서의 평화권의 주요한 내용 중의 하나라고 할 수 있다. 모병제 채택 국가에서 군대에 가지 않고 평화적 생존을 영위하려는 자는 모병에 응하지 않으면 된다. 그러나 징병제를 채택하고 있

---

29 이재승, 「양심적 병역거부를 처벌하는 병역법의 위헌심판사건 참고인 의견서」, 『민주법학』 제45호, 2011; 조국, 『양심과 사상의 자유를 위해』(개정판), 책세상, 2007.

30 Amnesty International, Conscientious objection to military service, London : A. I., 1991, p. 2.

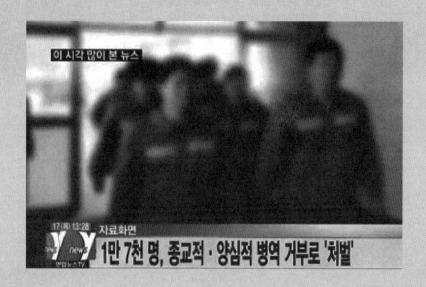

이 시각 많이 본 뉴스

17(목) 13:28 자료화면

1만 7천 명, 종교적 · 양심적 병역 거부로 '처벌'

대한민국에서 종교적, 양심적 이유로 병역을 거부해 징역형을 받은 사람의 수는 1만 7천 명이 넘는다. 2012년 현재 절도, 폭행, 상해, 사기, 횡령, 강도, 살인, 폭력행위등 처벌법으로 교정시설에 수형되어 있는 사람의 수는 약 1만 8천 명 정도이다.

는 나라에서는 평화주의적 양심과 징병제가 충돌하게 된다. 유엔인권이
사회의 제77호 결의에서는 징병제 채택 국가의 경우 양심적 병역거부를
인정하고 다양한 형태의 대체복무를 도입할 것을 촉구하였다.

대체복무제란 징병제도를 채택하고 있는 국가에서 군복무를 대신해
공익요원 등으로 일하게 하되, 군복무에 해당하는 기간 또는 그 이상을
근무하게 해, 개인의 평화적 양심도 존중하고 징병제도의 전체적인 틀도
유지하는 제도이다.

2008년 현재 병역제도가 확인된 170여 개국 중 83개국이 징병제도
를 유지하고 있다. 이 중 31개국에서 '양심적 병역거부권'을 법적·제도
적으로 인정하고 있다.[31] 수치상으로만 본다면 병역거부를 인정하는 국
가가 과반이 안 되지만, 병역제도가 느슨해서 대체복무제가 아니더라도
다른 방법이 있는 국가가 대부분이다. 절차적 민주주의가 확보된 국가
중에서는 터키 정도를 제외하고는 한국이 유일하게 양심적 병역거부를
인정하지 않고 있다.

2. 양심적 병역거부권의 비교헌법

양심적 병역거부권이 근대적 헌법체계에서 명문화된 최초의 사례는
1776년 미국 펜실베이니아 주 주 헌법 제8조 "집총을 하는 것에 양심적
가책을 느끼는 사람이 대체복무를 하려 한다면 집총하도록 강제할 수
없다"이다. 이후 미국은 주별로 병역거부를 인정해오다가 2차 세계대전
중 민간공공근무(civilian public service)제도를 마련했다. 1941년부터

---

31   진석용정책연구소, 「종교적 사유 등에 의한 입영거부자 사회복무 체계 편입 방안 연구(요
        약본)」(2008년 병무청 용역 연구결과보고서), 병무청, 2008, 17쪽.

1947년까지 152개의 민간공공근무 캠프에서 병역거부자들이 국가적으로 중요한 업무에 관여했다. 병역거부가 전쟁 시에도 적극 인정되었음을 보여주는 사례이다.

독일의 경우 전후 헌법에 양심적 병역거부권을 규정(제4조 3항: "누구든지 양심에 반해 군복무를 강요당하지 않는다")하고, 이러한 권리를 뒷받침하기 위해 대체복부제도를 운영해 왔다. 독일은 2011년 징병제는 폐지했는데, 폐지 전까지 현역복무와 대체복무의 기간은 각각 9개월씩이었다(해외봉사는 11개월).[32] 초창기에는 대체복무가 현역복무보다 길었지만, 제도 시행과정에서 형평성을 확인하면서 같은 시간으로 점차 조정되었다.[33]

현재 유럽에서는 양심적 병역거부권의 위상이 해당 사회의 인권 수준을 평가하는 척도로 인정된다. 유럽연합이 2000년 제정한 기본권헌장(Charter of Fundamental Rights of the European Union) 제10조 제2항은 "양심적 병역거부권은 인정된다. 각 국내법은 그 권리의 실행을 가능하게 해야 한다"라고 규정하면서 양심적 병역거부권이 양심과 사상, 종교의 자유의 구체적 실현 형태임을 명문화했다.

우리나라와 같이 분단 상태에 있는 대만도 2000년 7월부터 대체복무를 허용하고 있다. 종교나 양심상의 이유뿐만 아니라 심신장애 질병으로 고생하는 가족이 있어 부양이 필요한 경우까지 대체복무를 허용한다.

우리나라에서는 60년이 넘는 시간 동안 여호와의 증인 신도들을 중심으로 양심적 병역거부가 꾸준히 이어졌다. 안타깝게도 이들은 가혹한

---

32 진석용정책연구소, 「종교적 사유 등에 의한 입영거부자 사회복무 체계 편입 방안 연구(요약본)」, 62-63쪽.
33 독일의 양심적 병역거부권의 행사 실태에 대해서는 이재승, 「독일에서 병역거부와 민간봉사」, 『민주법학』 제20호, 2001을 참조.

처벌을 받아 왔지만 사회적 쟁점이 되지 못했다. 반공과 냉전의 논리만이 허락되던 권위주의 정부하에서 양심적 병역거부자는, 병역기피자이며 이단종교자라는 이중의 낙인 아래 사회적 주목을 받을 자격조차 얻지 못했다. 민주화 과정에서도 우리 사회에서 양심의 자유는 주로 '사회안전법'에 따른 전향 및 보안감호처분제도, 그 후신인 준법서약서 제도 및 '보안관찰법'에 따른 보안관찰제도 등과 관련해 논의되어 왔기 때문에, 이 문제는 매우 늦게 주목을 받기 시작했다.

2000년대에 들어서면서 수많은 여호와의 증인 신도들이 집총거부를 이유로 수형생활을 하고 있고, 전과자로 살아가고 있다는 사실이 언론에 새롭게 부각되었다. 시민사회가 곧바로 대응책을 모색하면서 하나의 사회적 쟁점으로 부상했다. 이후 2001년 12월, 여호와의 증인이 아닌 불교신자 오태양의 공개적인 병역거부 선언은 이 문제를 특정 종교의 문제가 아닌 보편적 인권 문제로서 인식시키는 데 큰 계기가 되었다.

평화권에 관한 산티아고선언과 루아르카선언 제5조, 그리고 유엔인권이사회 평화권선언초안(2013) 제5조에는 양심적 병역거부가 평화권의 주요 내용의 하나라고 다음과 같이 명시하고 있다. "모든 인민과 개인은 어떠한 국가로부터도 적으로 간주되지 않을 권리를 갖는다. 개인은 평화에 위협이 되는 활동에 대해 시민적 불복종권과 양심적 병역거부권을 갖는다. 개인은 군사적 의무에 관해서 양심적 병역거부자의 지위를 얻을 권리를 갖는다. 어떠한 군사, 치안기구의 구성원도 침략전쟁, 유엔에 의해서 허가되지 않은 국제적 군사작전 또는 국제인권법 및 국제인도법의 원칙과 규범에 반하는 그 밖의 무장작전에 참가하지 않을 권리를 갖는다. 또한 위 원칙과 규범에 명백히 반하는 명령에 불복종할 권리를 갖는다. 이에 더해 집단살해, 인도에 반한 범죄, 전쟁범죄의 실행, 참가 명령에 불복종할 의무를 진다. 이 같은 군상관의 명령에 불복종한 경우에는 군법위반이 되지 않는다."

3. 양심적 병역거부에 대한 즉문즉답

양심적 병역거부의 비교헌법적 의의에도 불구하고 이에 대한 다양한 의문과 논란이 있다.

첫째, 양심에 따른 병역거부자들에 대한 대체복무제도가 실시되면 병역기피의 수단으로 악용될 수 있다는 주장이 있다. 독일은 물론 대만의 경우 대체복무 자체가 만만치 않게 힘들고 복무기간도 길기 때문에 신청자가 급증하지 않았다. 현재 우리나라에서 운용되고 있는 공익근무요원제도를 곰곰이 살펴보면, 과거 방위제도일 때는 현역보다 복무기간이 짧은 관계로 병역기피의 수단이 되는 경우가 있었으나, 복무기간이 현역보다 길어진 이후에는 병역기피의 통로로 악용되고 있지 않다.[34]

둘째, 양심에 따른 병역거부자들을 처벌하지 않기 위해 대체복무제도를 개선하는 것은 한국의 현실에서 시기상조가 아닌가 하는 견해다. 경제력에서는 우리의 1/30, 인구에서는 우리의 1/2에 불과한 북한을 상대로 대한민국은 69만 대군을 운용하고 있다. 미국이나 유럽 국가, 그리고 대만도 전쟁 중 또는 분단 중임에도 불구하고 대체복무제도를 도입했으며, 이를 통해 오히려 병역의무제도가 다양화되었다. 병역거부권을 인정하지 않는 나라 중에 실제로 병역거부자를 처벌하는 나라는 한국을 제외하고는 6개국에 불과하다.[35] 한국의 국제적 위상을 고려할 때 2006년

---

34 국회 국방위원회, 「병역법중개정법률안 공청회: 양심적 병역거부자에 대한 대체복무제도 도입 관련」 공청회 자료집, 2005년 3월 17일, 한홍구 진술 요지 10쪽.

35 국회 국방위원회, 「병역법 중 개정법률안 공청회: 양심적 병역거부자에 대한 대체복무제도

부터 이어진 유엔과 국제사회의 권고는 이미 민망한 수준이다. 시기상조가 아니라 너무 늦은 것이다.

셋째, 양심에 따른 병역거부자들을 위한 대체복무제도를 시행할 경우, 여호와의 증인 신자가 급격히 늘어나는 것 아닌가 하는 의문도 적지 않다. 이는 대체복무가 특권이나 면제라는 인식에서 비롯된 오해이다. 형평성 있는 대체복무라면 그것을 위해 종교를 바꾸거나 가질 것이라는 예상은 상식적이지 않다. 양심적 병역거부가 공론화되면서 여호와의 증인이 아닌 사람들 중에서도 대체복무를 요구하는 사람들이 등장하고 있는데, 이는 병역거부의 문제가 특정 종교의 문제로 한정되지 않음을 보여준다. 2001년 12월 불교신자이자 평화운동가인 오태양 씨가 양심에 따른 병역거부와 대체복무를 요구했고, 초등학교 교사인 최진 씨는 아이들에게 평화를 가르치던 사람이 총을 들 수 없다고 병역거부 및 대체복무를 요구했으며, 임재성 씨는 사회운동을 통해 얻은 평화적 양심에 따른 병역거부 및 대체복무를 요구했다.

한국 사회의 현재 여건으로 보면 양심적 병역거부자들에게 대체복무제가 허용된다고 하더라도, 당장은 매우 힘든 복무환경에서 현역기간의 1.5배 이상 긴 기간 동안 복무하게 될 가능성이 높다. 대체복무가 특권과는 거리가 먼 또 다른 고행일 수도 있음을 인정한다면, 대체복무제를 위해 종교를 바꾸고 양심을 거짓으로 꾸미는 일이 만연할 것이라는 생각은 기우에 지나지 않는다.

도입 관련」 공청회 자료집, 11쪽.

4. 대체복무제와 사법부

양심적 병역거부에서 쟁점이 되는 부분은 집총을 거부하는 양심의 자유와 국방의 의무와의 충돌이다. 우리나라의 법체계는 이미 헌법에 규정하고 있는 국방의 의무를 전 국민의 현역복무, 집총복무로 이해하지 않는다. 국가안보에 기여할 의무, 재해방지 의무 등 포괄적이고 넓은 뜻으로 이해해 왔다. 이는 우리나라에 이미 대체복무가 광범위하게 시행되어 왔음을 통해서 증명된다.

현역복무에 대한 대체복무의 효시는 방위소집제이다. 우리나라에서는 1969년 2월 현역복무의 대체복무로서 방위소집제가 시행되었다. 1973년에는 특례보충역이라는 이름으로 한국과학기술원생, 군수산업체 및 연구기관에 종사하는 연구원 등으로 하여금 대체복무를 하도록 규정했다.

2011년 8월 31일 현재 공익근무요원 5만 4천여 명, 산업기능요원 등 2만여 명, 전문연구요원 6천여 명, 공중보건의 5천여 명, 전·의경 2만 천여 명 등 10만 명이 넘는 젊은이들이 현역이 아닌 대체복무를 통해 병역의무를 대신하고 있다(2005년만 하더라도 대체복무를 수행하는 이들이 20만 명에 달했지만 사회복무제로의 변화, 전경 축소 등으로 최근 급감했다).

이러한 상황에도 정부와 사법당국은 병역법 제88조 제1항[36]을 매우 좁게 해석해 입영 이전, 양심을 이유로 한 입대를 거부하거나 대체복무를 희망한 자들을 정당한 이유 없이 소집에 불응한 자들이라고 해 병역거부 전과자로 만들고 있다. 입영 이후의 집총거부자는 군형법상 항명죄

36　병역법 제88조 제1항. 현역입영 또는 소집통지서를 받은 사람이 정당한 사유 없이 입영 또는 는 소집기일부터 다음 각 호의 기간(현역입영의 경우 3일)이 경과해도 입영하지 아니하거나 소집에 불응한 때에는 3년 이하의 징역에 처한다.

로 처벌받는다. 그 결과 매해 500명 이상의 양심적 병역거부자들은 대부분 1년 6월(2001년 이전까지는 3년)을 형을 선고받고 감옥에 가고 있다.[37] 해방 이후 현재까지 만 7천 명이 넘는, 전과자 아닌 전과자가 양산되고 있는 셈이다.

사법부는 양심적 병역거부에 대해서 초창기부터 비교적 전향적인 입장을 보였다. 2002년 1월 29일 서울남부지방법원은 병역법 규정에 대해 사상과 양심의 자유, 종교의 자유, 인간의 존엄과 가치, 행복추구권·평등권 등 헌법상 기본권을 침해한다는 이유로 위헌법률심판을 제청함으로써 양심적 병역거부자들에 대한 처벌의 타당성을 둘러싼 찬반논의가 촉발되었다. 이후 2004년 5월 같은 서울남부지방법원에서 양심적 병역거부에 대한 '무죄' 판결이 1심에서 내려지면서 대법원의 입장이 시급하게 요구되었다.

2004년 7월 15일 대법원 판결(2004도2965)과 2004년 8월 26일 헌법재판소의 결정(2002헌가1)은 양심에 따른 병역거부권을 헌법상의 권리로 인정하지 않았다. 그럼에도 판결 내용에는 전체 대법관 12명 중 절반인 6명은 '이 사회의 소수자에 대한 국가와 사회의 관용' 차원에서 '대체복무제도를 도입할 필요성이 있다'고 인정했으며, 이 제도의 시행은 결과적으로 '자유민주주의 이념의 정당성'을 더욱 높일 것이라고 주장했음을 알 수 있다. 헌법재판소에서도 합헌의견을 낸 7명의 재판관 중 5명은 '양심적 병역거부자의 수가 아직 소수에 불과하지만 입법자는 양심

---

37 통계상 2001년부터 2011년 12월까지 병역법 제88조 제1항으로 실형선고를 받아 확정된 사람은 6,428명이고, 그중 99.65%인 6,405명이 1년 6월의 실형을 선고받은 것으로 나타났다(병무청 정보공개자료, "연도별 병역거부자 현황 및 형사처벌 통계"; 2012. 1. 12, 김수정, 「양심에 따른 병역거부의 실태와 현황: 지난 10년을 중심으로」, 서울대공익인권법센터·건국대법학연구소·대한변협인권위원회, 「한국의 양심적 병역거부권: 대체복무 도입의 가능성」 토론회 자료집, 2012, 38쪽에서 재인용).

적 병역거부를 둘러싸고 사회적 갈등이 발생했다는 사실을 충분히 인식했을 것'이라며 '이제는 양심적 병역거부자들의 고뇌와 갈등을 외면하지 말고 나름대로 국가적 해결책을 모색, 입법을 보완하는 방안을 숙고해야 할 때'라고 밝혔다.

표 2. 병역거부권 국가별 인정현황(*자유권규약 미가입국)

	'거부권'을 인정하지 않는 국가	'거부권'을 인정하는 국가
아시아 (16)	대한민국, 베트남, 부탄*, 북한, 싱가포르*, 인도네시아, 중국*, 카자흐스탄, 캄보디아, 타이, 투르크메니스탄, 필리핀 (12)	대만, 몽골, 우즈베키스탄, 키르기스스탄 (4)
중동 (7)	레바논, 시리아, 예멘, 이라크, 이란, 쿠웨이트 (6)	이스라엘 (1)
유럽 (22)	벨로루시, 터키 (2)	그루지야, 그리스, 노르웨이, 덴마크, 독일, 러시아, 리투아니아, 몰도바, 세르비아, 스웨덴, 스위스, 아르메니아, 아제르바이잔, 알바니아, 에스토니아, 오스트리아, 우크라이나, 키프로스, 폴란드(2010 징병 폐지 예정), 핀란드 (20)
아프리카 (26)	기니, 기니비사우*, 나미비아, 니제르, 리비아, 마다가스카르, 말리, 모로코, 베냉, 세네갈, 세이셜, 소말리아, 수단, 알제리, 에티오피아, 이집트, 적도기니, 중앙아프리카공화국, 차드, 콩고민주공화국, 탄자니아, 토고, 튀니지 (23)	모잠비크, 앙골라, 카보베르데 (3)
중미 (4)	과테말라, 도미니카공화국, 멕시코, 쿠바* (4)	
남미 (8)	베네수엘라, 볼리비아, 칠레, 콜롬비아, 페루 (5)	브라질, 에콰도르, 파라과이 (3)
합계 (83)	52	31

출처: 2008년 병무청 용역 연구결과보고서, "종교적 사유 등에 의한 입영거부자 사회복무 체계 편입 방안 연구(요약본)", 진석용정책연구소, 17쪽.

표 3. 최근 10년간(2004~2013. 6. 30) 병역거부자 발생 현황

구분	계	2013.6	2012	2011	2010	2009	2008	2007	2006	2005	2004
인원(명)	6,090	100	598	633	721	728	375	571	781	828	755

출처 : 형혁규·김성봉, 「이슈와 논점: 양심적 병역거부에 대한 논의 현황과 향후 과제」, 국회입법조사처, 2013.

5. 대체복무제의 도입 제안

2007년 국방부는 "타 사회복무자보다 '난이도가 높은 분야'에서 '현역의 2배 수준의 기간' 동안, '합숙 근무'"를 양심적 병역거부자들이 수행하는 대체복무안으로 제시한 바 있다.[38] 이때 양심적 병역거부 사유는 종교적 신념에 한정하고, 예비군의 병역거부권이나 복무 중 병사의 병역거부권은 인정하지 않았다.

2004년 17대 국회에서 임종인 의원과 노회찬 의원 각각의 대표발의로 제출된 병역법개정안과 2011년 18대 국회에서 이정희 의원과 김부겸 의원 각각이 대표발의해 제출된 병역법개정안의 공통적 특징은 현역 복무의 1.5배 복무기간으로 대체복무를 설정하는 것이다. 예비군 및 복무 중 병사의 병역거부권 인정에 대해서는 의견이 갈렸다. 2013년에도 19대 국회에서 전해철 의원 등의 발의로 병역법 개정안이 제출되었다.

제안하는 대체복무제는 먼저 4주의 군사훈련을 해당 업무 훈련으로 대체하고, 현행 시행되고 있는 사회복무 중 합숙복무로 수행할 수 있는 영역에서 현역 복무의 1.5배 이내의 기간으로 복무 조건을 구성하는 것이다. 현역복무와 다름없는 합숙복무라면 그 형평성에 있어서 기간이 중요할 것인데, 1.5배 정도의 복무라면 일정한 불이익을 주는 것이라 할 수 있다. 이 기간은 점진적으로 줄여나가야겠지만, 제도 도입 초기의 상황에서 사회적 우려를 불식시키고 그 자체로서 일정한 양심 증명의 기제로서 작용할 수도 있을 것이다.

양심적 병역거부 사유는 종교에 한정하지 않고 세속적 양심 역시 포괄해야 한다.양심적 병역거부의 사유가 특정 종교에서 일반 종교, 이후

---

38   국방부, 「「병역이행 관련 소수자」의 사회복무제 편입 추진 방안」, 2007. 9. 18.

세속적 신념으로까지 확대되었던 외국의 오랜 역사를 거꾸로 돌이켜 우리 사회가 다시 종교와 양심을 차별을 반복할 필요가 없기 때문이다.

복무 중에 생긴 양심 혹은 복무를 마친 후에 생긴 양심을 이유로 그 각각의 군사훈련을 거부하는 것 역시 양심적 병역거부권의 인정 범위에 속해야 한다. 양심이 형성되는 시점이나 계기를 정하는 것 역시, 내면의 진지한 소리라는 양심의 의미를 온전히 이해하지 못하는 것이다.

양심적 병역거부자를 심사하는 기관은 국방부–병무청과 일정한 독립성을 유지한 기관으로 구성되어야 한다. 양심 심사는 양심의 자유를 침해하는 역할을 할 수 있기에 최소한의 불가사유를 중심으로 운영되어야 한다. 사실상 일정한 불이익을 감수하면서까지 대체복무제를 택함으로써 이미 군사훈련을 거부하는 양심이 확인되었다고 보는 것이 타당하다.

마지막으로, 양심적 병역거부로 젊은이들이 감옥에 가는 상황에서 시급한 병역거부권 인정을 위한 제안을 해본다. 당장의 제도 도입을 전제로 일정한 시간 대체복무제 쿼터제를 시행하는 것이다. 병역제도 붕괴나 '사이비' 병역거부자들이 폭등할 것이라는 우려를 줄이면서도, 매년 600여 명 정도의 병역거부 전과자를 멈출 수 있다는 이점이 있다. 인원 수와 기간에 제한을 두어 시행하고, 그 결과에 따라 쿼터제의 확대 혹은 폐지를 논의하는 것이 제도 도입과 안착에 나름의 전략이 될 수 있을 것이다.

V. 외교안보의 민주화와 평화권

1. 외교안보의 소외자, 국민

1) 대통령도 기만한 전략적 유연성 합의과정

2006년 2월 2일 민주당 국회의원 최재천은 외교안보와 관련해 납득이 가지 않는 문건을 공개했다. 문건의 내용은 한미 간 군사외교라인에서 전략적 유연성에 대한 문안들이 교환된 것을 대통령이 적어도 1년 이상 몰랐다는 것이었다. 이를 뒷받침하기라도 하듯, 2003년 10월과 2004년 1월에 한국과 미국이 전략적 유연성을 지지하는 외교각서를 교환했음에도 불구하고, 대통령은 이를 모른 채 2005년 3월 공군사관학교 졸업식에서 '우리의 의지와 관계없이 동북아 분쟁에 휘말리지 않을 것'이라며 전략적 유연성에 반대하는 듯한 발언을 공개적으로 하기까지 했다.

　청와대는 물론 한미 간 외교안보라인도 발칵 뒤집혔다. 미국 측은 전략적 유연성에 관한 한미 간 협상이 상당 부분 진전되었다고 인식한 상황이었는데, 한국 대통령이 이를 부인하는 발언을 한 것이다. 이렇게 한국의 외교안보라인이 대통령의 사전, 사후 재가도 없이 전략적 유연성을 지지하는 내용의 외교각서를 교환한 사실이 밝혀지게 되었다. 명색이 군통수권자인 대통령이 안보와 직결되는 중대사안을 모르고 있었던 셈이다.

　외교부는 전략적 유연성에 대한 한미 간 외교각서 교환이 아니라 실무자 간 '습작' 차원의 각서 초안이 서로에게 전달된 것이라고 해명했다. 국가안전보장회의는 '외교부(2003. 10)가 미국 측에 전달한 각서 초안은 전략적 유연성의 필요성을 충분히 지지함을 밝힌 뒤 대한 방위공약의 유지, 한국의 안전 고려, 사전협의 의무 등 우리의 우려사항을 포함하고 있다'고 해 외교부가 그러한 각서를 교환한 것을 인정했다. 다만 외교부는, 국가안전보장회의에도 보고하지 않은 채 교환해 이를 통제하지 못했고 대통령에게도 보고하지 못했다고 밝혔다.

대통령실 국정상황실은 진상을 조사해 2005년 4월 8일에 대통령에 보고했다. 조사 내용에 따르면 상황의 진실은 더 심각하다. 외교부의 각서 교환 이후 국가안전보장회의가 이를 뒤늦게 인지했지만 '주한미군 병력의 전입(flow-in)과 전출(flow-out)의 유연성, 기지 사용의 유연성, 장비 사용의 유연성 등을 보고하지 않았다'는 것이다. 이는 사실상 전략적 유연성의 핵심이자 전부라고 할 수 있는 내용이었다.

대통령도 모르고 있던 상황에서 국민의 대표기관인 국회가 전략적 유연성에 대한 한미 간 논의를 제대로 이해했을 리 만무하다. 최재천 의원의 문건 공개는 뒤늦게나마 국민의 외교안보에 관한 알 권리를 충족시키기 위한 것이었다. 그러나 대통령에 대한 심각한 기만행위를 알리는 행태가 아니라, 전략적 유연성의 내용에 대한 국회차원의 논의 및 보고 형태를 취했더라면 더욱 좋았을 것이다.

2) 국민을 소외시키는 데 협조하는 헌법재판소

2006년 1월 19일 한미 양국 정부는 '동맹, 동반자 관계를 위한 전략대화 출범에 관한 공동성명'을 워싱턴에서 발표하고 전략적 유연성에 합의했다. 이에 대해 박 아무개 등은 한미 간 전략적 유연성 합의가 행복추구권 등을 침해한다고 위헌확인 헌법소원을 청구했다. 청구인들은 피청구인 대통령이 2003년 11월경 합참의장 김종환을 통해 미국과 주한미군의 군사임무전환에 관한 합의각서를 교환하고 연합군사능력증강에 관한 서

신교환을 하면서 전략적 유연성에 합의했다고 주장했다. 아울러 피청구인 대통령과 외교통상부장관이 2006년 1월 19일 미국 워싱턴에서 미국 국무장관 콘돌리자 라이스와 '동맹 동반자 관계를 위한 전략대화 출범에 관한 공동성명'을 발표하면서 전략적 유연성에 합의했다고 주장했다. 피청구인들의 위 행위로 인해 청구인들의 국민투표권(헌법 제72조, 제130조), 납세자의 권리(헌법 제37조 제1항, 제23조 제1항), 행복추구권(헌법 제10조)을 침해받았다고 해 그 위헌확인을 구하는 헌법소원심판을 청구했다.

청구와 관련해 전략적 유연성 합의에 의해 전쟁에 휩쓸릴 가능성이 높아졌음을 이유로 평화권 침해를 주장할 수 있었을 것이다. 하지만 헌법 재판소가 평택 미군기지 이전협정 소송에서 평화권에 대해 언급하기 전 상황이었으므로 행복추구권 침해 등을 이유로 청구한 것으로 생각된다.

박 아무개 등 청구인들은 피청구인 대통령이 국방부장관을 통해 그리고 외교부장관이 미국과 이른바 전략적 유연성에 합의했는데, '전략적 유연성'이란 9·11테러 후 미국의 대외 군사·외교전략이 변화됨에 따라 대두된 것으로 기존의 특정 위협의 대응을 위한 고정 배치에서 기동력을 위주로 하는 군사력 재편 추진을 내용으로 한다고 주장했다.

헌법재판소는 이와 관련해 우리나라의 반기문 외교통상부장관과 미국의 콘돌리자 라이스 국무장관이 2006년 1월 19일 워싱턴에서 양국 간 제1차 '한·미 동맹 동반자 관계를 위한 전략대화'를 갖고 발표했다는 공동성명의 주요 내용이 다음과 같다는 점을 확인했다. "반기문 장관과 라이스 장관은 주한미군의 전략적 유연성 문제에 관해 양국 정부의 양해 사항을 아래와 같이 확인했다. 한국은 동맹국으로서 미국의 세계 군사전략 변화의 논리를 충분히 이해하고, 주한미군의 전략적 유연성의 필요성을 존중한다. 전략적 유연성의 이행에 있어서 미국은 한국이 한국민의

항공기로 운반이 가능한 스트라이커 부대의 장갑차. 한미 간 전략적 유연성이 합의되면 주한미군
은 유연하게 전 세계 전쟁터로 기동할 수 있다.

의지와 관계없이 동북아시아 지역분쟁에 개입되는 일은 없을 것이라는 한국의 입장을 존중한다. 양국 장관은 공히 한반도에서의 항구적 평화체제를 위한 기반이 북한 핵문제의 해결과정에서 모색되기를 희망했다. 반기문 장관과 라이스 장관은 한반도에 평화체제를 구축하기 위한 노력이 한미동맹을 근간으로 한다는 점을 재확인했다." 그러나 이것이 '양국의 외교관계 당국자 간 동맹국에 대한 양해 내지 존중의 정치적 선언의 의미를 가지는 데 불과하다'[39]라고 하면서 헌법재판소는 본안에 대한 판단도 하지 않았다.

헌법재판소는 정부의 위와 같은 행위가 고도의 정치·외교적인 행위, 즉 통치행위이므로 헌법재판소의 헌법소원심판의 대상으로 삼을 수 없는 것이거나, 그렇지 않다고 하더라도 그로 인해 청구인들의 기본권이 침해되는 문제가 발생된다고도 볼 수도 없다고 판단했다.

3) 한일군사보호협정 사건

한일 간에도 군사외교문제에서는 국민과 국회의원을 소외시키는 일이 발생했다. 한국 정부와 일본 정부가 한일군사정보보호협정을 국회의 비준동의 없이 체결하려고 한 사건이었다.

군사정보보호협정(General Security of Military Information Agreement: GSOMIA)이란 국가 간 군사기밀을 공유할 수 있도록 맺는 협정을 의미한다. 이는 협정당사자 간에 정보제공의 방법, 정보의 보호와 이용방법 등을 규정하며, 한국은 2013년 현재 24개국과 협정을 맺고 있다.[40]

---

39   헌법재판소 2006. 5. 16/2006헌마500(한미 간 전략적 유연성 합의 위헌확인).
40   군사적 협조를 위해서는 정보의 교류와 물품의 상호제공이 필요하다. 우리나라는 24개
       국과 군사정보보호협정을 맺고 있으며, 이외에도 10국과 상호군수지원협정(Acquisition

정부는 북의 핵개발과 미사일 발사 등에 효과적으로 대응하기 위한 군사
정보협력의 필요성을 강조한다. 특히 일본의 경우 이지스함과 조기경보
의 수와 질에서 우리보다 앞서 양질의 군사정보를 얻을 수 있으며, 여기
에 우리 정부가 가지고 있는 사람으로부터 나오는 군사정보(HUMINT)
를 결합하면 한일 간 군사정보의 상생이 이루어진다고 설명한다.

　　한일 간의 군사정보보호협정은 우리나라가 맺은 다른 나라, 예를 들
어 러시아나 이스라엘 등과의 단순한 군사정보보호협정과는 의미가 다
르다. 가장 큰 차이점은 북한 또는 중국과 같은 가상 적국을 염두에 두고
추진되고 있는 미국의 군사전략 아래 준비되고 있다는 점이다. 미국은
2012년 6월 14일의 한미 간 외교국방장관회담(이른바 2+2)에서도 한·
미·일 간 군사협력의 필요성을 강조하였다. 한미 간, 그리고 미일 간에
는 군사정보보호협정 등이 이미 체결되어 있으나 한일 간에는 군사정보
보호협정이 체결되어 있지 않아, 동북아시아에서 미사일방어체제 같은
군사전략 수립에 어려움이 있기 때문이다. 결국 한일 군사정보보호협정
의 수혜자는 미국이 된다. 북한과 중국을 염두에 둔 미국의 군사전략하
에서 전개되는 이 협정은 오히려 동북아시아의 긴장과 갈등이 증폭시킬
수 있다.

　　둘째, 한일 간 군사정보보호협정은 일본 자위대의 한반도 진출 기회
를 준다는 점에서 우리나라가 다른 나라들과 맺은 군사정보보호협정과
의미가 다르다. 칸 나오토 일본수상은 한반도 유사시 북한 내 일본인(예
를 들어 피랍자 등)을 구출할 수 있는 대책이 있느냐는 질문에 대한 답변
에서 한일 간 군사정보의 교류 필요성을 언급한 적이 있다. 한반도 유사
시 자위대가 남한의 공항과 항만을 통해 북한에 접근할 수밖에 없는데,

and Cross-Serving Agreement:ACSA)을 맺고 있다. 상호군수지원협정으로는 한미 간 상
호군수지원협정이 대표적이다.

군사정보보호협정 같은 것이 없으면 이러한 정보를 얻을 수 없다는 것이다. 결국 일본에게 우리의 주요한 군사정보가 유출되는 것이다.

한일 간 군사정보보호협정은 2010년부터 국방 당국 간에 논의되어 오다가, 외교부가 이를 마무리 하려고 했던 사안이다. 국방부와 외교부는 한일 간의 특수성을 고려해 '한일 간 군사정보보호협정'의 명칭을 '한일 간 정보보호협정'으로 바꾸고, 조약의 형식도 협정으로 바꾸었다. 협정(agreement)은 행정권에 속하는 사항으로 입법부의 동의 없이 체결이 가능하기 때문이다.

국가안보 및 국민의 안위와 관련된 군사외교적인 내용의 조약임에도 불구하고, 2012년 6월 26일에는 차관회의도 생략한 채 국회 모르게 국무회의에서 체결을 의결하고, 6월 29일 전격적으로 서명하려고 했다. 이를 뒤늦게나마 알아차린 야당의 반대와 비난 여론에 부딪히자, 서명식 30분 전에 전격적으로 체결이 무기한 연기되었다. 국회에서 협의한 뒤 이를 다시 추진하겠다는 것이었다.

미국 주도의 미사일방어체제를 구축하는 등 한·미·일 삼각군사동맹 강화라는 목적이 농후한 이 협정은, 동북아시아의 긴장과 갈등을 조장해 분쟁에 휩쓸릴 가능성을 오히려 높이는 조약이다. 군사정보보호협정은 군사정보를 제공받는 나라가 지켜야 할 정보보호 원칙과 절차를 정한 것이다. 정보를 제공한 나라가 해당 정보를 보호하는 것과 같은 수준으로 정보 제공을 받은 나라가 정보를 보호할 의무를 지닌다는 측면에서 자칫하면 군사기밀보호법의 적용 제한을 통해 정보주권이 제약될 수 있다.[41] 미국과 일본 간 체결한 정보보호협정에 의거해 일본에서는 비밀정보의 범위가 확대되고 처벌이 강화되는 경향을 보여 왔다. 이에 따르면

41　"국민의 통제를 받지 않는 협정은 이제 그만", 프레시안, 2013. 7. 19.

군사외교에 관해 국민의 알 권리 제약에도 이를 수 있다는 점에서 평화권과 충돌한다.

4) 위협 해석, 군사정책 수립의 군 독점

헌법재판소와 대법원에서 위헌판결을 내린 유신헌법의 긴급조치 조항과 그 근거가 된 유신헌법 제53조는 국민이 평화적 생존과 관련된 외교안보문제에서 소외되는 상황의 헌법적 본산이다. 유신헌법 53조는 국가안보가 중대한 위협을 받거나 받을 우려가 있어 신속한 조치가 필요하다고 판단할 때에 긴급조치를 내릴 수 있다는 내용이다. 우선 국가안보가 위협받는 경우뿐만 아니라 위협받을 우려가 있는 경우까지 긴급조치를 내릴 수 있었다는 점이 문제다. 국가긴급권이 남용되기 때문이다. 1980년 헌법에서는 국가긴급권을 발령하기 위한 요건을 엄격히 해 국가안보를 위협하는 교전상태나 그에 준하는 비상사태로 제한했다. 현행 1987년 헌법에서는 이를 더 엄격히 해 국가안위에 관계되는 중대한 교전상태에 있어서 국가를 보위하기 위해 긴급한 조치가 필요하고, 국회의 집회를 열 수 없는 경우에 한해 긴급명령을 발령할 수 있도록 했다.

그러나 요건을 엄격히 한다고 해서 문제가 크게 달라지지는 않는다. 국가안위에 관련되는 것인지 아닌지, 국가안보가 위협되는지 안 되는지에 대한 해석과 그에 기초한 군사정책의 수립을 군이 독점하기 때문이다. 군정권 행사에 있어서 정작 중요한 군인의 정원 책정은 국방장관의 품신과 대통령 승인으로 끝이 난다. 주권자인 국민은 물론 국민의 대표기관인 국회가 개입할 여지가 없다. 중장기 국방계획 역시 대통령의 승인으로 끝이 난다. 남북 간의 긴장을 유발하는 군의 작전계획은 포괄적 위임에 기초해 군이 작성한다.

오히려 주권자인 국민이 외교안보문제와 위협인식에 대해 문제를 제기하거나 다른 목소리를 내는 경우는 국가보안법 등으로 처벌받기도 한다. 천안함 사건이 발생한 뒤 이와 관련해 참여연대 등 시민단체가 진상규명과 관련한 서한을 유엔 안보리에 보낸 사건에서, 검찰은 이들을 국가보안법 위반 혐의로 기소했다.[42] 비정부기관에서 안보위협에 대해 조사하고 다른 목소리를 내지 못하도록 정부기관, 특히 군에서 이를 독점하고 있는 것이다.

2. 국회도 외교안보에서 소외된 상황

1) 전략적 유연성과 평화

전략적 유연성 문제는 대통령에 대한 보고 누락 여부뿐만 아니라 정부기밀 유출문제로 다루어지기도 했다. 2006년 2월 초 언론에서 주한미군 전략적 유연성 협상에 관한 정부기밀 유출문제 차원에서 집중적으로 다룬 적이 있었다. 주로 보수적인 언론매체의 상당수가 국가안전보장회의와 국정상황실 등의 기밀문건이 국회의원을 통해 외부로 유출된 것에 대해 문제를 제기했다. 국회의원의 자질과 정부의 무능을 연일 질타하면서, 좌파정권 내의 권력다툼으로 보고 국가의 안위에 큰 구멍이 생긴 듯이 유난을 떨었다.

　　그러나 정작 국가안위를 위협하는 큰 문제는, 이미 2003년에 외교부, 국방부 관료들이 독단적으로 미국 측의 전략적 유연성 요구를 용인

42　"참여연대 안보리서한 검찰 수사착수", 문화일보, 2010. 6. 16.

했으며, 관련 협상들에 의혹을 제기해 온 시민단체는 물론 국민들에게
계속 거짓말을 해왔다는 점이었다.

우리 헌법 74조를 언급할 것도 없이 대통령은 군정(양병)권과 군령
(용병)권의 책임자이다. 그러나 양병과 관련된 중요한 문제인 전략적 유
연성문제를 주권자를 대리해 통수권을 갖고 있는 대통령에게 보고하지
않은 채 외교부가 전략적 유연성에 관해 미국 측과 각서를 교환했고, 한
동안 대통령은 이 사실을 알지 못했다. 외교각서 교환의 핵심 역할을 했
던 담당 관료는 전략적 유연성 업무를 총괄하는 주미공사(1급)로 옮겨
갔고, 외교안보정책을 총괄 조정했던 이종석 전 사무차장은 통일부 장관
을 지내기도 했다.

유연성이라는 부드러운 표현에도 불구하고 주한미군의 전략적 유연
성이 의미하는 바는 매우 강경하고 공세적이다. 종래의 해외 주둔 미군
은 해당 주둔지역에 대한 외부의 침략에 대해 수동적이고 자위적인 방위
나 봉쇄를 그 주요한 전략으로 삼고 있었다. 이에 비해 유연성이라는 개
념이 도입되면 해당 주둔지역이 아닌 곳에도 적극적이거나 공격적인 목
적으로 출동할 수 있도록 군의 역할이 바뀐다는 것을 의미한다. 주한미
군이 한국에 방위를 위한 목적으로만 주둔하는 것이 아니라, 경우에 따
라서는 중동에도 파견될 수 있고, 중국에 대해 적극적인 역할을 할 수 있
는 군대로 그 성격을 탈바꿈한다는 것이다. 이를 위해서는 전방배치군
형태의 군대를 신속기동군 형태의 군대로 재배치하지 않을 수 없다.

전략적 유연성은 주변국에 엄청난 영향을 미치는 미국 군사전략상
의 일대 전환점이라고 할 수 있다. 이런 군사전략의 큰 변화, 다시 말해
총론의 근본적 변화에 대해서는 우방이라 할지라도 동의하기 힘든 부분
이 있을 수 있다. 하지만 그간 한국 정부와 미국은 총론에 대한 명확한
동의가 없는 상황에서 각론부터 이를 진행해 왔던 것이다.

이로 인해 연합토지관리계획, 용산 미군기지의 이전, 평택으로의 미군 재배치 등은 실용주의적 자주파의 성과물이라고 보기 어려워졌다. 사실상 주한미군은 신속기동군으로 그 역할과 활동범위를 넓히면서 총론적인 군사전략 변화를 위한 조정이었던 셈이다.

2) 외교안보와 국회의 소수파

국회가 외교안보 분야에서 소외된 데에는 국회 소수파가 심의표결권을 행사할 수 없다고 보는 헌법재판소의 헌법해석 태도가 일조했다. 지난 2006년 한미자유무역협정 체결 때 정부는 국회의 동의도 받지 않고 이를 추진했다. 그리고 국회 내의 소수파가 이에 대한 이의제기를 위해 권한쟁의심판을 청구한 적이 있다.

　헌법재판소는 국회의 의사가 다수결에 의해 결정되었음에도 다수결의 결과에 반대하는 소수의 국회의원에게 권한쟁의심판을 청구할 수 있게 하는 것은 다수결의 원리와 의회주의의 본질에 어긋날 뿐만 아니라, 국가기관이 기관 내부에서 민주적인 방법으로 토론과 대화에 의해 기관의 의사를 결정하려는 노력 대신 모든 문제를 사법적 수단에 의해 해결하려는 방향으로 남용될 우려도 있다고 했다. 결국 국가기관의 부분 기관이 자신의 이름으로 소속기관의 권한을 주장할 수 있는 '제3자 소송담당'을 명시적으로 허용하는 법률 규정이 없는 현행 법체계에서는, 국회의 구성원인 국회의원이 국회의 조약에 대한 체결·비준 동의권의 침해를 주장하는 권한쟁의심판을 청구할 수 없다는 것이다.[43]

　또한, 국회의원의 심의·표결권은 국회의 대내적인 관계에서 행사

43　헌법재판소 2010. 12. 28/2008헌라7(국회의원과 국회의장 등 간의 권한(FTA)쟁의)

되고 침해될 수 있을 뿐 다른 국가기관과의 대외적인 관계에서는 침해될 수 없는 것이므로, 국회의원들 상호 간 또는 국회의원과 국회의장 사이와 같이 국회 내부적으로만 직접적인 법적 연관성을 발생시킬 수 있을 뿐이고, 대통령 등 국회 이외의 국가기관 사이에서는 권한 침해의 직접적인 법적 효과를 발생시키지 않는다고 했다. 이와 더불어 논리에 기초해 피청구인인 대통령이 국회의 동의 없이 조약을 체결·비준했다고 하더라도 국회의원인 청구인들의 심의·표결권이 침해될 가능성은 없다고 했다.[44]

유일하게 송두환 재판관만이 반대의견을 개진해 의회 내 소수파들의 권능을 보호할 필요성을 다음과 같이 역설했을 뿐이다. 정부와 의회가 다수당에 의해 지배되어 의회의 헌법상 권한이 행정부에 의해 침해되었거나 침해될 위험에 처했음에도 불구하고 의회의 다수파 또는 특정 안건에 관한 다수 세력이 의회의 권한을 수호하기 위한 권한쟁의심판 등 견제수단을 취하지 않음으로써 의회의 헌법적 권한이 제대로 수호되지 못하고 헌법의 권력분립 질서가 왜곡되는 상황하에서는, 의회 내 소수파 의원들의 권능을 보호하는 것을 통해 궁극적으로는 의회의 헌법적 권한을 수호하기 위해, 그들에게 일정한 요건하에 국회를 대신해 국회의 권한침해를 다툴 수 있도록 하는 법적 지위를 인정할 필요가 있고, 그 구체적 방안으로서 '제3자 소송담당'을 인정할 필요가 있다는 주장이었다.

이 사건 같은 권한쟁의심판에서 '제3자 소송담당'은 적어도 국회의 교섭단체 또는 그에 준하는 정도의 실체를 갖춘 의원 집단에게는 권한쟁의심판을 제기할 수 있는 지위를 인정해야 할 것이다.

44   헌법재판소 2007. 10. 25/2006헌라5(국회의원과 대통령 등 간의 권한쟁의)

3. 국회에 의한 통제

외교안보 분야에서 국민과 국회가 소외되지 않기 위해서는, 우선 헌법 제60조 국회의 동의권을 실질화시키기 위한 정부의 태도변화와 이를 견인하기 위한 헌법해석이 절실하다. 우리 헌법 제60조는 "국회는 상호원조 또는 안전보장에 관한 조약, 중요한 국제조직에 관한 조약, 우호통상항해조약, 주권의 제약에 관한 조약, 강화조약, 국가나 국민에게 중대한 재정적 부담을 지우는 조약 또는 입법 사항에 관한 조약의 체결, 비준에 대한 동의권을 가진다"라고 규정하고 있다.

이에 대해 정부는 '조약의 체결 비준에 대한 동의권은 조약체결과정 전반에 관한 국회의 참여권을 내포하지 않는다'[45]는 입장이다. 그러나 이때의 동의권이 실질화되기 위해서는 조약체결에 대한 동의권을 조약 체결과정 전반에 대한 동의 및 그 체결 과정 전반에 대한 정보제공, 이에 대한 국회의 의견진술 청취권의 보장을 통한 실질적인 동의권한을 의미하는 것으로 해석해야 한다. 이미 국제사회에서도 조약에 관한 법을 만들어 구체화한 사례가 있다. 1980년 발표되고 한국도 가입한 '조약(법)에 관한 비엔나협약(Vienna Convention on the Law of Treaties)'에서는 국제관습법을 성문화했다. "조약이란 일반적으로 국가 대표자가 협상, 조약문의 채택, 확정, 조약의 서명 비준 또는 조약 가입, 비준서를 교환 또는 기탁하는 절차에 의해서 체결된다"라고 해 조약 체결 전반에 대한 동의 과정으로 이해하고 있다.

외교안보에 관한 조약에 있어서도 국제법의 이러한 법리가 적용되어 국회가 조약체결 전반에 대한 동의권을 가져야 한다. 정부는 조약 체

---

45   헌법재판소 2007. 10. 25/2006헌라5(국회의원과 대통령 등 간의 권한쟁의)

결과정 전반에 대한 정보를 제공하고, 국회는 이에 대한 의견 진술 청취권의 보장을 통한 실질적인 동의권한을 가져야 할 것이다.

한미 FTA와 같은 외교통상 관련 사항도 마찬가지이다. 한미 FTA는 주권의 제약과 입법사항에 관한 조약으로, 헌법 제60조 1항의 국회동의를 필요로 하는 조약이다. 그럼에도 불구하고, 2006년 9월 7일 대통령 등이 국회의 조약 체결 비준에 대한 동의를 받지 않고 한미 FTA 협상을 진행했다. 게다가 국회 및 국회의원에 대한 정보 제공 의무를 이행하지 않은 부작위 등으로 말미암아 국회의원들의 조약 체결 비준에 대한 동의권한을 침해했다. 전략적 유연성의 경우는 그 정도가 더욱 심해서, 형식적으로 조약이 아니라는 명분 하나로 그 어떤 민주적 통제에서도 벗어나 있었다.

4. 외교안보 분야 시민통제 입법운동

외교안보 분야에서 국민과 국회가 소외되지 않기 위한 또 다른 대책은 헌법 제60조 국회의 동의권을 실질화하기 위한 절차법 마련이다.

외교안보문제가 국민의 안위와 평화적 생존에 중요하다는 점을 감안한다면, 우리 헌법 제70조가 규정하고 있는 국민투표권도 적극적으로 활용해볼 수 있다. 헌법의 국민주권 원리가 국민의 직접적인 정치 참여를 배제하고 있지 않고, 국민투표권을 제도화하고 있는 이상 헌법원리적으로 불가능할 것도 없다. 게다가 우리 헌법 제70조는 '외교, 국방, 통일 등 국가안위에 관한 중대한 영향을 미치는 사안에 대해서는 국민투표'를 할 수 있다고 규정하고 있다. 국민투표가 실시되면 당면한 외교 국방 현안에 대한 쟁점이 공론화되고, 국민적 관심이 극대화될 것이 분명하다.

다만 국민투표 실시의 경제적 비효율성 등을 고려한다면, 외교안보 관련 조약 체결에 관한 절차법의 제정과 국민참여를 제도화하는 방식도 고려해 볼 수 있다.

우리 헌법은 제12조에 적법절차의 원칙을 규정하고 있다. 적법절차의 원칙은 형사절차의 진행에서 비롯한 것지만, 오늘날에 있어서는 행정절차는 물론이고 국가권력의 행사 일반에 광범위하게 적용되고 있다. 1996년에 제정되고 그 후 수차례에 걸쳐 개정된 행정절차법이 그 예이다. 행정절차법은 일반행정절차에 대해 규정하고 있을 뿐이지만, 그 외연을 외교안보분야, 특히 외교안보 관련 조약의 절차법 제정으로 확대할 필요가 있다.

이미 우리 정부는 FTA와 관련한 사회적 홍역을 치루면서 국회에서 여야가 합의해 '통상조약의 제정절차 및 이행에 관한 법률(이하 통상조약 절차법)'을 2012년 1월 17일 제정해 7월 18일부터 시행하고 있다. 당시 야당인 민주당이 발의하고 여당인 한나라당이 합의한 이 절차법에 따르면 통상조약의 체결단계를 체결계획의 수립단계, 통상협상의 진행과정, 통상협상의 결과의 단계로 나누고, 개별 과정에서의 보고 및 의견 제시 과정을 거쳐야 한다.

통상조약절차법을 원용하자면 외교안보 관련 조약 절차법도 협상 전 절차와 협상 중 절차, 협상 후 절차로 나누어 규정하면 된다. 각 단계마다 국민과 국회의원이 의견을 개진할 수 있도록 하면 될 것이다. 문제는 이러한 의견 개진이 단순한 의견 나열에 그치지 않고 외교안보관조약 체결을 견제하고 통제할 수 있도록 하기 위해서는, 국회가 협상 개시에 대한 동의권이라든가 협상에 조건을 부과할 수 있도록 해야 한다는 것이다. 이를 위해 외교안보조약 체결과 관련한 정보공개 청구가 내실화되어야 한다. 정보공개의 청구의 남용을 막기 위해서는 현행 정보공개법('공공기관의 정보공개에 관한 법률') 등이 참고될 수 있다.

외교안보 분야 조약에 관한 절차법은 헌법의 평화주의 및 평화권의 절차적 내용을 보장하는 것이다. 개별 인권의 보장에 있어서도 해당 인권의 실체적 보장뿐만 아니라 절차적 보장도 중요해지는 점을 고려한다면, 그 중요성은 아무리 강조해도 지나치지 않다. 한반도의 군사외교환경이 크게 변하고 있는 상황, 즉 전략적 유연성 개념의 도입에 따라 한반도가 전쟁에 휩쓸릴 위험성이 증대하고 있는 상황을 고려하면 더욱 그러하다.

평화권은 평화권 침해행위에 대한 자유로운 비판과 진실한 정보의 요구권을 중요한 권리내용으로 한다. 평화권에 관한 루아르카선언은 제15조에서 평화에 대한 요구한 진실한 정보청구권을 다음과 같이 규정하고 있다. "평화권을 침해하거나 위협하는 어떤 행위에 대해서도 비판할 권리가 있으며, 이를 위해서는 갈등과 관련한 객관적 정보를 얻을 권리를 가지고 있다." 제8조에서는 다음과 같이 참여의 권리를 규정하고 있다. "모든 이들은 그들의 개인적이든 집단적이든 평화와 관련된 집단적 관심과 요구에 대해 자유롭고 공개적인 표현을 보장하는 특정한 매커니즘이나 기구를 설립할 권한을 갖는다."

5. 국방안보정책과 사회적 합의

1) 견제와 균형

안보의 궁극적인 목적은 국민의 안전이며, 외교안보정책은 주권자의 평화권과 밀접하게 연관되어 있다. 따라서 위협에 대한 다양한 해석과 예산 배정의 우선순위 등에서 국민의 의견을 반영하고, 관련 정보를 국민에게 공개하는 것은 국민주권국가에서 당연한 일이다. 국민이 직접 참여하기 힘든 경우에는 국가기관 상호 간 견제와 균형, 국가기관 내 견제와 균형 및 자기통제 등을 모색해야 한다. 세세한 군사작전계획까지를 모두 공개하고 거기에 국민의 참여를 요구하는 것은 무리가 있다. 그러나 국민의 평화적 생존과 직결되는 군사작전 계획의 대강 등에 대해서는 국민적 합의 또는 사회적 합의가 필요하다.

　　그러나 현실은 이와 거리가 멀다. 국방부는 북한의 붕괴를 대비하는 작전계획을 국방부가 단독으로 발전시키거나, "NLL 대비계획" 등을 단독으로 수립해 시행하고 있다. 이명박 정부에서는 국가안전보장회의와 같은 안보정책 조정기구를 폐지하고, 통일부는 대북압박정책을 집행하는 부서로 성격을 바꾸고, 외교통상부는 냉전적인 대미편중외교의 첨병으로 내세웠다.[46]

　　유엔인권이사회 자문위원회의 평화권 선언 초안 제2조 제8항도 국방안보정책의 민주적 통제에 대해 다음과 같이 규정하고 있다. "각국은 군사력 및 관련 예산의 민주적 통제를 보장하고, 국가 및 인간의 안전보장 필요성과 인간안보정책, 그리고 방위 및 안전보장예산에 관한 공개토론을 보장해야 한다. 또한 의사결정자가 민주적 감독기관에 대해 설명책임을 지도록 해야 한다."

2) 평화외교

한국 정부는 이라크, 아프가니스탄 파병 등 미국의 요청에 따라 국민적

46　참여연대, 「2012 한국사회 개혁방향과 과제」, 2012, 197쪽.

합의 없이 해외파병을 강행해 온 측면이 있다. 국제분쟁에 대한 외교적 예방과 노력 대신 군사적 개입을 우선시하는 정책을 전개해 해외파병이 일상화되었다. 헌법이 규정한 국회의 동의권을 침해하는 형태로 PKO법 등을 제정하기 에 이르렀다.

역대 정부는 무기산업을 국가전략 산업 혹은 신성장동력 산업으로 육성해왔다. 특히 이명박 정부는 무기수출 세계 7위 국가 진입을 목표로 해 무기산업을 진흥했다. 또한 지뢰, 확산탄(cluster bomb) 등 비인도적인 살상무기를 분쟁지역에 수출하는 한편, 확산탄금지협약과 대인지뢰 금지협약에는 가입하고 있지도 않다.

유엔인권이사회 자문위원회의 평화권선언 초안도 "국제개발협력을 위한 자원의 촉진과 제공이 평화권 달성을 위한 것이어야 한다"(제13조 2항)라고 하면서, "개별 국가들도 평화권 침해를 예방하고 유엔의 유효성을 강화해야 한다"(제13조 5항)라고 했다.

공적개발원조(ODA)와 관련해 한국 정부는 지난 몇 년 동안 예산을 확대하고, 법체제를 정비(국제개발협력기본법 제정)했다. 그러나 단기적 이익, 가시적 성과 위주로 원조정책을 펼침으로써 원조를 받는 나라의 복지 증진과 원조의 효과성 증진이라는 국제규범에는 미치지 못하고 있다. 게다가 30여 개의 정부 부처와 각 기관들이 각기 공적개발원조 예산을 편성하고 집행함으로써 분절적이고 파편적인 원조를 시행하고 있다. 국무총리실 산하에 국제개발협력위원회를 설치하고, 이를 통해 실질적인 심의와 조정을 시도했으나, 소기의 목적을 달성하고 있지 못하다.

한국 정부의 외교가 평화주의를 실천하고 평화권을 보장하기 위해서는 종래의 갈등 유발적 외교를 탈피해 갈등 예방적인 평화외교를 전개해야 한다. 이를 위해서는 국민 대다수의 장기적이고 지속적인 이익에 부합하도록 외교의 윤리성, 투명성, 국제적 책임성을 강화하고 외교정책 결정에서의 민주주의를 확대해야 한다.[47]

47   참여연대, 「2012 한국사회 개혁방향과 과제」, 2012, 195쪽.

제4부   일본의 평화권

2004년 이라크에 파병된 일본 자위대

I. 평화주의와 일본국헌법

평화권 논의가 가장 활발하고 풍부한 곳은 일본이다. 1946년에 만들어
진 일본 헌법(정식 명칭은 일본국헌법. 이하 '일본국헌법')[1]은 헌법 전문에
전 세계의 국민이 공포와 결핍으로부터 벗어나 '평화 속에서 생존할 권
리'가 있다고 규정하고, 이를 뒷받침하기 위해 제9조에 비무장 평화주의
를 규정하고 있다. 일본의 헌정사를 보면, 지난 66년 동안 단 한 차례의
헌법개정 없이 현재에 이르고 있지만, 이러한 평화주의 관련 조항을 개
정하고자 하는 움직임과 이를 지키려는 평화애호세력의 일진일퇴의 공
방전이 전개되었으며, 현재에도 계속되고 있다.

　　헌법이 정치의 뒤편에 있었던 우리의 헌정사와 비교해, 일본의 경우
헌법이 정치사의 주 무대가 되고 있다. 어떤 연유로 일본국헌법이 정치
적 밀고 당기기의 중심에 서게 되었는지, 왜 이러한 헌법규정을 두게 되
었는지에 대해 검토해보자.

1. 일본국헌법의 평화주의와 평화권

일본국헌법은 1946년 11월 3일 공포되어 6개월 후인 1947년 5월 3일부
터 시행되었으며, 한 차례의 명문개헌도 없이 60년 이상 유지되고 있다.
일반적으로 근대적 의미의 헌법은 기본적 인권의 존중과 국민주권을 그
핵심원리로 하며 그 밖에 여러 헌법원리들을 국가의 헌정사에 따라 추가
해 기본원리로 삼고 있다. 일본국헌법의 경우 기본적 인권의 존중과 국

1　근대 이후 일본 헌법에는 두 가지가 있다. 1889년 헌법의 정식 명칭은 大日本帝国憲法(이
　른바 메이지헌법)이고, 1946년 헌법은 日本国憲法이 정식 명칭이다.

민주권을 기본으로 하면서도 평화주의를 헌법의 중요한 기본원리로 삼고 있다.

이러한 평화주의원리는 일본국헌법의 전문과 제9조에 터 잡고 있다. 우선 전문에서 평화적 생존권에 대해 언급하고, 이를 구체화하기 위해 다음에서 보는 것처럼 제9조에서는 전력포기에 기초한 비무장평화주의를 규정하고 있다.

> **제1항** 일본 국민은, 정의와 질서를 기조로 하는 국제평화주의를 성실히 희구하고, 국가권력의 발동에 의한 전쟁과, 무력에 의한 위협 또는 무력의 행사는, 국제분쟁의 해결 수단으로서는, 이를 영구히 포기한다.
>
> **제2항** 전항의 목적을 달성하기 위해, 육해공군 그 밖의 전력(戰力)[2]은 이를 보유하지 않는다. 국가의 교전권은 인정하지 않는다.

이러한 일본국헌법 제9조를 일본의 헌법학계에서는 일반적으로 전쟁포기, 군비철폐, 교전권의 부인[3]을 의미한다고 해석해 왔다. 전후 일본 헌법학의 대부라고 할 수 있는 미야자와 도시요시(宮澤 俊義)는 9조에 대해 다음과 같이 설명한다.

---

2   전력(戰力)을 어떻게 번역할 것인가는 매우 큰 고민거리이다. 일반적으로 군사력으로 번역할 수 있을 것이나 일본 정부가 자위대를 자위대를 군사력이 아닌 실력이라고 강변하는 등 전력(戰力) 개념을 교묘히 변형해 자위대를 합리화하고 있는 바, 일단은 원어 그대로 전력으로 직역하기로 한다. 다음은 역대 일본 정부의 전력에 대한 견해이다. 1946년 7월 요시다내각: 자위권을 인정하는 것은 유해하다. 1952년 11월 요시다내각: 전력이란 근대전쟁 수행에 도움이 될 장비를 말한다. 1954년 12월 하토야마내각: 자위권, 자위전쟁은 합헌이다. 1957년 4월 기시내각: 핵무기는 공격적이므로 보유할 수 없다. 1972년 11월 다타카내각: 자위를 위한 필요최소한의 전력은 위헌이 아니다. 1967년 12월 사토내각: 비핵3원칙은 국시이며 핵은 보유하지 않는다. 浦田一郎, 『自衛力論の論理と歷史』, 日本評論社, 2012, 222쪽 이하.

3   浦部外, 『註解日本國憲法』上卷, 靑林書院, 1984, 164쪽 이하.

"세상에서 전쟁을 없애기 위해서는 모든 나라가 절대로 전쟁을 하지 않겠다고 결심할 필요가 있다. 그러나 결심만으로는 불충분하다. 수많은 군대와 군함, 비행기를 갖고서 전쟁을 하지 않겠다고 약속하는 것은 어불성설이다. 전쟁을 정말로 안 하겠다고 결심한다면, 군대는 필요 없는 것이므로 군대를 전부 없앨 필요가 있다.……이런 생각에서 헌법 제9조에서 전쟁을 포기했다.……전쟁을 포기한다고 하는 것은 첫째는, 전쟁을 부인한다는 것이고, 침략전쟁뿐만 아니라 자위전쟁도 포기한다는 뜻이다. 둘째는, 무력의 행사나 위협도 포기한다는 뜻이다. 셋째는, 군비를 철폐한다는 뜻이다."[4]

이와 같은 통설의 견해를 최고재판소는 적극적으로 받아들이고 있지는 않다.[5] 하지만 지방법원 차원에서는 이와 같은 통설의 견해를 받아들여 좀더 적극적인 사법적 판단을 시도한 바 있다.

예를 들어 나가누마(長沼)소송에서의 삿포로지방법원의 1973년 판결이 그것이다. 방위청이 홋카이도(北海道)의 나가누마라는 지역에 항공자위대의 지대공 미사일기지를 건설하기 위해 보안림지정을 해제한 것에 대해 지역주민들이 반대했다. 주민들이 보안림지정 해제 처분의 취소를 청구한 이 소송에서 삿포로지방법원은 다음과 같이 통설의 견해를 비교적 명쾌하게 수용한 바 있다. "헌법 제9조 2항에서 모든 '전력(戰力)'을 보유하지 않는다고 한 이상 군대 그 밖의 전력에 의한 자위전쟁·제재를 위한 전쟁도 사실상 행할 수 없게 되었다. 일본국의 자위권행사에는 외교교섭, 경찰력, 군민봉기, 침략국 국민의 재산 몰수·국외 추방 등이 생각될 수 있을 뿐이다. 자위대의 편성·규모·장비·능력을 살펴보건대 자

---

4   宮澤俊義, 『あたらしい憲法のはなし』, 朝日新聞社, 1947, 61쪽 이하.
5   最判 1982. 9. 9, 民集 36券 9号.

위대는 명백히 '외적에 대한 실력적 전투행위를 목적으로 하는 인적, 물적 수단으로서의 조직체', 즉 군대이며, 제9조가 이를 금지하고 있는 '육해공군'이라는 '전력'에 해당한다."[6]

　뿐만 아니라 이 사건에서 삿포로지방법원은 보안림지정 해제 처분이 일본국헌법 전문에서 규정하고 있는 평화적 생존권을 침해했다고 판단한 바 있다. 2008년에도 나고야고등법원에서는 이라크파병과 관련한 헌법소송에서 평화적 생존권을 긍정하는 판결을 내린 바 있다.

　이상과 같은 특징의 일본국헌법을 이해하기 위해서는 두 가지 접근이 필요하다. 하나는 일본에 왜 이러한 평화권을 규정한 평화주의 헌법이 제정되었는가 하는 점이고, 다른 하나는 다소 이상주의적으로도 보일 수 있는 이러한 평화주의 헌법이 왜 60여 년 넘게 지속되었으며 그 사상적 기반은 무엇이었는가 하는 점이다.

　이하에서는 첫째, 일본국헌법의 제정과정을 통해 비무장평화주의와 평화권을 규정한 경위에 대해 살펴본다. 둘째, 일본 근현대사를 통해 평화주의사상의 뿌리가 있었는지, 있었다면 이것이 전후 일본국헌법과 어떻게 연속 또는 단절되는지를 살펴보기로 한다. 셋째, 그 한계는 무엇인지, 넷째, 이러한 평화주의에 기초한 평화권 운동이 어떻게 전개되었는지를 살펴보고자 한다.

6　判例時報 712号, 1973. 9. 7.

2. 전쟁책임과 일본국헌법 제9조

1) 일본국헌법 제9조의 제정과정

(1) 모스크바3상회의와 극동위원회

현행 일본국헌법은 2차 세계대전에서 일본의 패전을 계기로 만들어졌다. 이러한 일본의 패전은 일본 정부가 1945년 8월 14일 포츠담선언을 수락해 연합국에 무조건 항복을 하면서 시작되었다. 포츠담선언은 2차 세계대전 종전 직전인 1945년 7월 25일 독일의 포츠담에서 미국, 영국, 중국 3개국 수뇌회담의 형식으로 열렸는데, 일본에 대해 항복을 권고하고 2차 세계대전 후의 대일 처리방침을 협의하기 위한 것이었다.

이 선언은 모두 13개 항목으로 되어 있는데, 전문에 해당하는 제1항부터 5항까지 일본의 무모한 군국주의자들이 세계 인류와 일본 국민에게 지은 죄를 뉘우치고 이 선언을 즉각 수락할 것을 요구하고 있다. 제13조에서는 일본 군대의 무조건 항복을 규정했다. 이 선언 제8조는 일본의 주권을 일본의 혼슈, 홋카이도, 규슈, 시코쿠와 연합국이 결정하는 작은 섬에 국한될 것이라고 해 한반도 해방의 근거가 된 것으로 유명하다. 또한 포츠담선언에는 일본의 전후개혁의 큰 지침들, 즉 일본국헌법의 평화주의의 기초가 된 군국주의 배제(제6항), 군대의 무장해제(제9항), 전쟁범죄자의 처벌, 민주주의의 부활과 기본적 인권의 존중(제10항)이 규정되었다.

일본의 점령에 대해서는 제7항에서 보장점령을 할 것을 규정했으나 누가 어떻게 어떤 방식으로 어떤 조건을 보장[7]받기 위해 점령할 것인

7　"무장해제, 전쟁 배상금 지불 등 일정 조건의 이행을 강요하고 확보하기 위한 점령(guarantee occupation)"

가가 명확히 합의되지 못했다. 게다가 소련이 뒤늦게 참전하면서 합의가 미루어지고 결국 일본에 대한 점령은 독일 등에서와 같은 연합국의 사전 합의에 의한 분할점령이 아니라 미국의 단독점령으로 시작되었다.

1945년 12월 모스크바에서 미·영·소 3국의 외무부장관이 모스크바에 모여 회의(모스크바3상회의)를 하고 그 결과 대일 정책의 최고의결기관으로 소련 등 11개국이 참여하는 극동위원회를 설치한다고 결의했다. 소련 등이 참가하는 극동위원회가 발족되고, 일본의 헌정기구의 근본적 개편에 관해서는 극동위원회의 승인을 얻어야 했으므로[8] 극동위원회가 활동을 시작하는 1946년 2월 16일 이전에 일본의 헌정질서를 재편해 미국이 원하는 방향으로 기정사실화할 필요가 있었다.[9] 미국은 미국 이외의 연합국가들이 일본에 대한 점령통치에 관여하기 전에 일본을 미국식의 체제로 재편해 두기 위하여 헌법개정작업을 서둘렀다.

(2) 국체유지(國體護持)와 GHQ의 헌법초안

일본 점령군 사령관 맥아더는 점령 초기부터 일본 정부에 메이지헌법의 개정을 촉구했다. 그러나 마쓰모토 조지(松本 烝治) 국무대신이 이끄는 헌법문제위원회의 작업은 진척이 느렸을 뿐만 아니라, 이른바 갑안이니 을안이니 하는 일본 정부 측 초안[10]들은 모두가 점령군이 동의할 수 있는 수준과는 너무나도 동떨어진 것이었다.

1946년 2월 2일 마이니치 신문의 특종 보도로 드러난 두 개의 초

---

8   일본에 대한 점령 관리방식을 둘러싼 1946년 12월 16일의 모스크바3상회의 결과에 의하면 '일본의 헌정기구(constitutional structure)의 근본적인 개혁'은 미국, 영국, 중국, 호주 등 11개국이 참가하는 극동위원회가 활동을 시작하면(1946년 2월 26일) 그 결정에 따라야 했다. 豊下樽彥, 『日本占領管理體制の成立』, 岩波書店, 1992, 361쪽 이하.

9   管英輝, 『米ソ冷戰とアメリカのアジア政策』, ミネルヴァ書房, 1992, 195쪽 이하.

10   佐藤達夫編, 『日本國憲法成立史』第1卷, 有斐閣, 1962, 373쪽.

안 모두 일왕(天皇)을 패전 전과 같은 형태로 온존시키는 방향이었다. 이는 미국이 생각했던 어느 정도 설득력을 갖는 수준의 헌법개정, 즉 왕제(天皇制)에 대한 과감한 손질과는 거리가 먼 것이었다. 그래서 연합국최고사령부(General Headquaters/Supreme Commander for the Alied Powers, 이하 GHQ)의 사령관 맥아더는 1946년 2월 3일 민정국장 휘트니[11]에게 3가지 원칙(일왕은 국가의 상징적 원수로 하고, 전력[戰力]은 포기하며, 봉건제도는 폐지한다)을 제시하면서 일본국헌법의 초안을 작성할 것을 지시했다.

　휘트니 국장은 케디스,[12] 허시,[13] 라우엘[14] 등으로 운영위원회를 꾸리고 일본국헌법초안을 위한 기초작업을 급히 진행, 약 9일 후인 1946년 2

11　Coutney WHITNEY는 1897년 워싱턴 D.C.에서 태어났으며, 1918년 조지 워싱턴 로스쿨에 입학해 1921년에 졸업한 후 1924년부터 1926년까지 필리핀 마닐라에서 군 복무를 했다. 1927년 군 제대 후 1939년까지 마닐라에서 변호사로 일했다. 1940년 다시 군에 복귀해 맥아더 사령부의 게릴라 작전부대에서 일했다. 1943년부터는 미태평양육군(USAF-PAC)의 민정국에서 근무했고, 1945년 4월부터는 연합국최고사령부(SCAP)의 민정국장으로 근무(준장)하면서 맥아더의 직접 지시를 받아 일본국헌법 제정에 관여했다.

12　Charles Louis KADES는 1906년 뉴욕에서 태어났으며, 코넬대학에서 학사(A.B.)를 한 뒤 1930년 하버드 로스쿨을 졸업(LL.B)하고 1933년까지 실무에 종사했으며, 1933년부터 1937년까지 행정부에서 일했다. 1940년에는 재무성에 근무했고, 1943년부터 1945년에는 전쟁성(Dept of War)에 근무했다. 1945년부터 1949년까지 연합국최고사령부(SCAP) 민정국 운영위원회에 근무(육군대령)하면서 일본국헌법 제정과정에 관여했다.

13　Alfred Rodman HUSSEY는 1901 생으로 1925년 하버드 대학에서 학사(A.B)를 취득하고 버지니아대학 로스쿨을 졸업(LL.B), 1930년부터 12년간 변호사로 일하다 1942년 9월 해군에 입대했다. 1945년에는 하버드대학의 민정(Civil Affairs)프로그램에 참가했다. 1945년 6월부터 연합국최고사령부(SCAP) 민정국의 운영위원회에서 근무(해군중령)하면서 일본국헌법 제정과정에 관여했다.

14　Milo E. ROWELL은 1902년 캘리포니아의 프레즈노에서 태어났으며, 스탠퍼드대학 졸업 후, 하버드 로스쿨에 입학했다가 2년차에 스탠퍼드대학 로스쿨에 전입학해 졸업했다. 1926년부터 1943년까지 프레즈노에서 변호사로 실무에 종사했으며, 회사와 정부기관 관련 법률업무를 주로 담당했다. 육군군정학교, 시카고대학에 개설되었던 민정훈련학교 등을 졸업하고 태평양지구 육군 제30부대를 지휘했다. 그리고 육군중령으로 연합국최고사령부(SCAP) 민정국 운영위원회에 근무했다.

월 13일 헌법초안(맥아더헌법초안, 이하 GHQ초안)[15]을 제시하고 이것을 일본 정부안으로 공표하도록 했다. 골자는 일왕(天皇)을 정치적 실권이 없는 상징적 존재로 하되 전력(戰力)은 폐지한다는 것이었다.

(3) 일본국헌법 제9조의 제안자

전력 폐지, 상징적 왕제(天皇制)를 뼈대로 하는 GHQ안이 순수하게 맥아더가 낸 아이디어에 기초한 것인지, 일왕(天皇)을 살리기 위해 일본 측이 맥아더에게 아이디어를 주고 그것에 기초해 나온 것인가에 대해서는 의견이 엇갈린다.

현행 일본 헌법을 개정하려고 하는 정치세력들은 GHQ안이 맥아더의 아이디어이고 그것을 일본에게 강요한 것이라고 주장한다. 그렇지만 헌법제정 과정을 더 깊이 실증적으로 살펴보면 일방적 강요라고는 보기 어렵다. 오히려 일왕(天皇)을 살리기 위해 일본 측이 정치공학적으로 움직인 결과로 보는 게 타당하다.

① 시데하라 제안설

일본 측이 일왕(天皇)을 살리기 위해 주도적으로 헌법초안을 만들었다는 대표적인 주장은 시데하라 제안설이다. 이를 좀더 구체적으로 살펴보면 다음과 같다.

1945년 8월 30일 연합군최고사령관 맥아더는 일본 점령을 개시해, 9월 2일에는 항복 문서에 조인을 받았다. 도쿄만에 정박한 미국의 전함 미주리호 위에서 시게미즈 마모루(重光 葵)와 우메즈 요시지로(梅津 美治郎)가 전권을 위임받아 항복 문서에 조인했다. 맥아더는 일본에 군정을

---

15   古關彰一, 『新憲法の制定』, 中央公論社, 1989, 96쪽 이하.

실시할 것을 요구했으나, 일본 외무성이 간접통치를 간청해 결국 점령은 간접통치의 방식을 취했다. 그 결과 일왕과 국가의 권한은 연합군사령관에게 종속되었다. 연합군은 비군사화와 민주화를 위주로 점령정책을 실시하기 시작했는데, 이때 일본 측 시정책임자는 시데하라 키주로(幣原喜重郎) 수상이었다.

GHQ는 10월 4일, 일왕에 대한 자유로운 토론, 정치범 석방, 사상경찰 폐지, 내무대신과 특고경찰 전원 파면, 통제법규의 폐지 등을 주요 내용으로 하는 「민주화지령」을 발표했다. 이는 군국주의와 국가주의를 일소하기 위한 것이었다.

이러한 일련의 사태에 직면한 시데하라 수상의 고민은 왕제(天皇制)의 장래였다. 특히 연합국에 속한 소련, 호주 등은 일왕의 존재 자체를 위험하게 생각했다. 전쟁이 일왕의 이름으로 시작되고 종결되었기에, 극동위원회를 비롯한 국제 여론은 전쟁을 일으킨 장본인인 일왕의 처벌을 강력하게 요구하고 있었다. 그래서 시데하라는 병중에도 불구하고 천황제를 유지하는 데 골몰했다. 고민 끝에 그가 내린 결론은 다음과 같은 것이었다.

"이(일왕 처벌 문제-저자) 때문에 맥아더가 상당히 곤란에 처해 있는 것 같다.……전쟁포기를 세계에 밝혀, 일본 국민은 이제 전쟁을 하지 않을 것이라는 결심을 밝혀 신용을 얻고, 천황을 정치적 심볼로 할 것을 헌법에 명시하면 강대국들도 이에 응할 수 있을 것이다."[16]

맥아더 자신도 전쟁포기의 제안자와 관련해, "이 아이디어(전쟁포

---

16   田中英夫, 『日本國憲法制定過程の覺え書』, 有斐閣, 1979, 94쪽.

기)는 시데하라가 가르쳐준 것이다"[17]라고 회고했다.

　　시데하라 제안설은 헌법초안 작성을 직접 지휘했던 휘트니(Whit-ney) 국장의 회고에서도 엿볼 수 있다. 휘트니는 맥아더노트의 제2원칙(군비폐지)은 맥아더 원수가 시데하라 수상과의 회견 직후에 적어 넣은 일반원칙을 표현한 것이라며, 다음과 같이 1946년 1월 24일의 상황을 술회하고 있다. "오후 두 시 반에 시데하라가 물러난 뒤 맥아더를 만나러 방에 들어갔다. 회견 전과 다른 맥아더의 표정을 통해 무언가 중대한 일이 일어났음을 직감했다. 맥아더는 다음과 같이 설명했다. 그(시데하라-저자)는 새로운 헌법을 제정할 때 전쟁과 군비를 영구히 포기하는 조항을 넣을 것을 제안했다.……그리고 헌법초안의 준비를 서두르도록 나에게 지령을 내렸는데, 이때 다음 원칙을 반드시 넣어야 한다고 했다. '국권의 발동에 의한 전쟁은 포기한다'. 이 원칙은 총사령부의 운영위원회가 만든 초안(GHQ초안-저자)에 들어 있다. 총사령부와 마쓰모토위원회 구성원 사이에 한 달여에 걸친 헌법초안에 대한 토의가 있었음에도 불구하고 전쟁조항만은 일본 측으로부터 한 번도, 그리고 어떠한 형태로도 반대나 고충을 들어본 적이 없었다."[18]

② 맥아더 제안설
군사력 폐지와 상징적 왕제(象徵天皇制)는 맥아더도 일찍이 생각했던 것으로 맥아더가 제안자라는 설도 있다.

　　원활한 점령통치를 위해 일왕의 이용가치에 주목한 것은 2차 세계대전이 끝날 무렵이었다고 한다. 맥아더는 세계대전의 전세가 이미 기울었

17　Douglas. MacAthur, *Reminiscences*, New York: McGraw-Hill, 1964, pp. 302-303.
18　憲法制定の經過に關する小委員會, 『日本國憲法制定の由來』, 時事通信社士, 1961, 271-272쪽.

음을 감지하고 일본 패전 이후의 점령 과정에서 일왕을 활용하는 것에 대해 생각하게 되었다. 이오지마(硫黃島), 오키나와(沖繩) 등을 점령하는 과정에서 일어났던 일본군의 격렬한 저항을 피하기 위한 묘안을 고민해 왔던 스팀슨(H·L·Stimson) 미육군장관도 일찍이 일왕의 존재를 주목했다.

> "각지에 산재해 아무런 권위에도 복종하려 하지 않는 일본군을 확실하게 항복시키기 위해서는 천황을 존속시켜 천황을 미군의 지휘감독 아래 둘 필요가 있다. 천황은 일본인의 국가관에 있어서 유일한 권위의 원천이 아닌가."[19]

또한 맥아더 자신도 이러한 일왕의 이용가치에 대해 주목했다. 한 발의 총성도 없이 한 방울의 피도 흘리지 않고 일본 본토를 점령할 수 있었던 데에는 일왕의 항복선언이 절대적인 영향력이 있었음을 간파한 맥아더는 이에 놀라면서도 동시에 일왕을 점령통치에 효과적으로 이용하는 방법을 생각했다.

맥아더 사령관이 전력(戰力)폐지를 규정한 이러한 헌법안의 작성을 지시한 것은 단순히 일왕을 살려 점령통치에 이용하기 위한 것만은 아니었다. 그것은 일부에서 주장하는 것처럼 전쟁의 참화를 일선에서 겪은 맥아더가 전쟁에 대한 회의와 반성 때문에 평화주의자로 재탄생해서 그런 것은 더더욱 아니었다. 그는 여전히 '병기와 전쟁, 더욱이 희생적 행위를 전문으로 하는 직업은 국가를 위해 여전히 필요하며 전쟁에서는 승리만이 최고이다'라고 직업군인으로서의 사고를 일본국헌법 제정 후에도 변함없이 술회하고 있다.[20]

---

19   憲法制定の經過に關する小委員會,『日本國憲法制定の由來』, 75쪽.
20   Theodore H. McNelly, "General MacArthur's Pacifism", *International Jounal on*

　　노회한 직업군인 맥아더는 2차 세계대전을 좌우했던 것이 공군력이라고 본능적으로 판단하고 있었다. 그래서 "일본 본토를 전력(戰力)을 폐지한 형태의 헌법 아래 두고, 그 대신 강력한 공군기지를 오키나와에 두면 동북아시아에서 미국의 이해는 얼마든지 관철시킬 수 있을 것"[21]이라고 생각했다. "미국의 전략상의 경계선은 이미 남북아메리카의 서해안에 있는 것이 아니라, 아시아대륙의 동해안선에 위치한다"라고 전제하고 "과거에는 방위문제의 중심이 필리핀 부근에 있다고 보았지만 이제는 그렇지 않다"[22]라고 맥아더는 생각했다. "미국이 전략상의 경계선으로 삼아야 할 곳은 알류우산열도, 일본의 구 위임통치제도, 필리핀, 오키나와를 포함한 유(U)자형 지역이고, 오키나와는 이 중에서도 사활적 중요성을 갖는 지점"[23]이라고 보았다. 즉 맥아더는 오키나와의 군사화를 전제로 본토의 비무장화를 생각하고 있었던 것이다.

③ 제9조의 제안자

위와 같은 맥아더의 인식은 헌법 제9조의 제안자가 누구였는가 하는 문제를 이해하는 데 많은 시사점을 준다. 일설에는 일본국헌법 제9조에 대한 맥아더의 생각을 1935년의 필리핀 헌법에서 구하기도 한다. 물론 1935년 필리핀 헌법은 제2조 제4절에서 "필리핀은 국책수행의 수단으로서의 전쟁을 포기하고, 일반적으로 확립된 국제법의 제 원칙을 국가

　　World Peace 6(1), 1989, pp. 41-59.

21　"Views of General of the Army Douglas MacArthur on Rearmament of Japan" (Annex B of JCS 1380/48) April 16, 1948, U.S. National Archives; 古関彰一, 「日米安保条約の締結と日本の自衛権」, 『獨協法学』 第34号, 77쪽에서 재인용.

22　*Foreign Relations of the United States 1948 VI*, "Conversation between MacArthur and Kennan" March 5, p. 701.

23　*Foreign Relations of the United States 1948 VI*, "Conversation between MacArthur and Kennan" March 5, p. 704.

법의 일부로 채용한다"라고 규정하고 있다. 그리고 맥아더가 1935년 필리핀 국민군의 군사고문이었고, 따라서 GHQ초안을 만들 때 필리핀의 1935년 헌법을 염두에 두었으리라[24]는 것은 충분히 생각해볼 수 있다. 하지만 위에서 살펴본 바와 같이 맥아더의 비무장 개념이 '본토만의 비무장'임을 생각해볼 때, 필리핀 헌법과의 관련을 유추해 맥아더를 평화주의자·이상주의자로 규정하는 것은 논리적 비약일 것이다.

일본국헌법 제9조는 일왕(天皇)을 전범으로부터 제외해 살려보고자 하는 일본 측의 물밑교섭과 미국, 특히 맥아더의 군사전략 개념이 빚어낸 합작품이라 보는 것이 오히려 타당하다. 다시 말해 일본국헌법 제9조를 평화주의자 맥아더가 자기 이상을 실현하기 위해 일본 측에 일방적으로 강요했다는 주장은 그다지 현실성을 갖지 못한다.

2) '피뢰침'으로서의 일본국헌법 제9조

(1) 일본 정부의 수락

이러한 우여곡절 끝에 만들어진 GHQ초안은 1946년 2월 13일 일본 정부 측에 전달되었다. 이 자리에 일본 정부에서는 요시다 시게루(吉田 茂) 외무대신, 마쓰모토(松本) 국무대신 및 시라스 지로(白洲 次郎) 종전(終戰)연락국사무국차상 등이 참가했다.[25] 휘트니는 "일전에 일본 측이 제출한 헌법개정안은 자유와 민주주의의 문서라고 보기 곤란해 최고사령관이 이를 수용할 수 없다고 합니다"라고 전제하고서, "일본 국민이 과거와 같은 부정과 전제적 지배로부터 자신들을 지킬 자유롭고 근대적인 헌법

---

24   古關彰一, 『新憲法の制定』, 105쪽.
25   リチャード. B. フイン, 『マッアーサーと吉田茂』上, 同文書院インアーナショナル, 1993, 156쪽 이하.

을 강렬히 요망하고 있음을 고려해 작성된 이 문서(GHQ안-저자)가 일본 정세가 요구하고 있는 원리들을 구현하고 있으므로 이를 전하라고 명령했습니다"[26]라고 했다.

이에 대한 일본 정부 내의 반발도 만만치 않았다. 3월 18일 마쓰모토 국무상은 자신의 안을 옹호하기 위해 「헌법개정안 설명 보충」을 총사령부에 제출했다. 그러나 총사령부는 이를 단호히 거절했다. 2월 22일 일본 정부는 시데하라 수상이 맥아더와 직접 회담하게끔 해 맥아더의 진의를 확인하고자 했다. 그러나 맥아더와의 회담 후 시데하라 수상은 이 GHQ초안의 핵심사항으로 천황을 국가의 상징으로 하는 규정과 전쟁포기 규정을 맥아더가 대단히 열심히 설명했음을 각료들에게 생생하게 소개했을 뿐이었다. 왕이 실권 없는 상징에 불과할 수도 있다는 데 놀란 각료들이 기나긴 난상토론에 들어간 것은 당연한 일이었다.

한편으로 당시의 시데하라 수상을 비롯한 일부 권력자들은 오히려 연합국에 의한 점령관리체제의 진전이 왕제(天皇制)의 폐지에 이르게 될지도 모른다는 데에 더 큰 두려움을 가지고 있었다.

이러한 사태의 추이와 관련해 자신의 안위를 누구보다 민감하게 받아들인 것은 일왕(天皇) 자신이었다. 전범문제를 누구보다 고민했던 일왕은 이를 위한 보여주기의 하나로 1946년 1월 1일 '인간선언'[27]을 하기

---

26   高柳賢三 外, 「一九四六年二月一三日, 最高司令官に代わり, 外務大臣吉田茂氏に新しい日本國憲法草案を手交した 際の出来事の記録」, 『日本國憲法制定の過程』 第1卷, 有斐閣, 1972, 323쪽.

27   다음은 '인간선언'의 내용이다. 맥아더 등 연합국 또는 외국의 입장에서 보면 당연한 내용이지만, 왕을 현인신(現人神)으로 취급하고 왕의 뜻대로 정치를 해왔던 일본의 상황에서는 매우 놀라운 선언이었다. 이제는 왕이 공론에 따라야 한다는 점과 평화주의를 추구해야 한다고 밝힌 점은 전범처리에 대한 압력을 피하기 위한 것으로, 매우 정치적인 선언이었다고 평가할 수 있다.

"일찍이 메이지(明治)천황은 메이지 초 국시로서 5개조 서약문을 내리셨다. 말하기를.

도 했다. 그간 현인신(現人神)으로 군림했던 일왕은 '인간선언'을 안간힘을 써서 발표했다. 요시다를 데리고 시데하라가 일왕을 방문해 이 헌법개정안에 관한 의견을 요구했을 때, "놀랍게도 천황은 주저하는 기색도 보이지 않았다. 오히려 천황은 시데하라에게 설령 자신의 정치적 기능 모두를 빼앗기더라도 전면적 지지를 보내도록 권유했다"[28]라는 것이다.

결국 일왕을 전범으로 처벌할 것을 요구하는 세계 여론이 비등하는 가운데, 마쓰모토의 헌법개정안 정도로 이 파고를 헤쳐나갈 길이 없다는 것을 누구보다 빨리 간파한 것은 다름 아닌 일왕과 시데하라였던 것이다. 시데하라 수상과 일왕은 결국 맥아더 사령부가 작성한 헌법초안을 받아들이는 것만이 일왕의 목숨을 보전하는 길임을 알고 이를 수락했다.[29]

(2) 징벌적 의미로서의 일본국헌법 제9조

이상과 같이 일본국헌법 제9조는 일왕에게 돌아갈 낙뢰를 회피하기 위한 피뢰침으로서의 역할을 했다.

물론 일본국헌법 제9조는 평화주의이념을 선구적으로 구현하고 있다. 앞서 언급했듯이, 헌법학자 미야자와 도시요시(宮澤 俊義)는 제9조

---

1. 널리 논의를 일으키고, 천하의 정치는 공론으로 결정해야 한다.
1. 상하의 마음을 하나로 하고, 왕성하게 경륜을 펴야 한다.
1. 관리와 무사가 같이 서민에 이르기까지, 각기 그 뜻을 이루어, 뭇 사람의 마음으로 하여금 게을리 하지 말 것을 요한다.
1. 예로부터의 나쁜 습관을 타파하고, 세상의 도리에 기초해야 한다.
1. 지식을 세계에서 구하고, 크게 황국의 기틀을 떨쳐 일으켜야 한다.
짐의 생각은 공명정대하고, 또 무엇을 덧붙이겠는가? 짐은 이에 서약을 새롭게 해 국운을 열어 가고 싶다. 당연 이 취지에 맞추어, 예로부터의 나쁜 습관을 제거하고, 민의를 창달하며, 관민 모두 평화주의를 관철하고, 교양을 풍부히 해 문화를 구축하고, 그럼으로써 민생의 향상을 도모하고, 신일본을 건설해야 한다."

28 憲法制定の經過に關する小委員會, 『日本國憲法制定の由來』, 301쪽.
29 浦田一郎, 『現代の平和主義と立憲主義』, 日本評論社, 1995, 6쪽.

의 대해 다음과 같이 설명했다. "세상에서 전쟁을 없애기 위해서는 모든 나라가 절대로 전쟁을 하지 않겠다고 결심할 필요가 있다". 이는 1928년의 켈로그-브리앙조약(부전조약)을 염두에 두고 있는 것 같다. 이를 체계화해 후카세 타다카즈(深瀬 忠一)는 일본국헌법 제9조는 1928년의 켈로그-브리앙조약을 헌법에 선구적으로 명문화했다고 했다.[30] 그러므로 일본국헌법 제9조는 비록 미군의 점령하에 만들어졌다고 할지라도 보편적인 이념을 구현한 것이며, 이를 지켜야 한다는 논리이다.

이러한 논리에도 문제점이 없지는 않다. 일본국헌법 제9조를 이와 같은 몰역사적인 헌법정신에 근거해 강조하는 것은 자칫하면 일본국헌법 제9조에 대한 징벌적 의미를 망각하는 논리로 연결될 가능성이 있다.[31] 그리고 왜 군비철폐를 명문으로 규정했는가에 대한 직접적 계기를 설명하지 못하는 맹점도 가지고 있다.

3) 전 세계 인민의 평화권

(1) 일본국헌법 전문의 평화권

비무장 평화주의는 일본국헌법제정과정에서 권리로 업그레이드되었다. 앞에서 보았듯이 전력(戰力)폐지 규정을 두어 평화주의를 실질화하는 동시에 헌법에 평화권을 명문화했다. 즉 일본국헌법 전문 제2단에는 '우리는 전 세계의 인민(all peoples of the world)이 다 같이 공포와 결핍으로

---

30   深瀬忠一,『戰爭抛棄と平和的生存權』, 68쪽: 155쪽 이하.
31   직접적인 연관성은 없으나 전쟁책임을 망각하고자 하는 정치논리로 등장한 '보통의 국가'론, '보통의 헌법'론 역시 몰역사적인 헌법정신에 기초하고 있다. '보통의 헌법'론이란 군대를 규정한 헌법을 지칭하는 것으로 군대를 갖지 못하도록 규정한 헌법은 '이상한 헌법'이라는 것이다. 이는 자위대를 합헌화시키려는 개헌 논의와 연결된다. 이러한 비판적 논지를 펴는 것으로서는 浦田一郎,『現代の平和主義と立憲主義』.

부터 벗어나(free from fear and want) 평화 속에 생존할 권리(the rights to live in peace)를 갖고 있음을 확인한다'고 명시되었다. 1984년 유엔 총회에서 이루어진 인민의 평화에 대한 권리선언(Declaration on the Right of Peoples to Peace)이 1946년 일본국헌법의 전문에는 이미 명시되어 있었던 것이다.

원래 일본 정부가 마련한 헌법개정안들, 예를 들면 마쓰모토안 등에서는 평화권에 대한 명문의 규정이 없었다. 왕과 군대의 존재를 전제로 하되, 군부독재의 위험성을 완화하는 정도의 개혁에 그쳤던 헌법이었기 때문에 평화권에 대한 명문의 규정이 없었던 것은 물론이었다.

평화권과 관련한 조항, 즉 전 세계의 인민이 평화적 생존을 위해 공포와 결핍으로 벗어나야 한다는 개념은 GHQ가 마련해 일본 측에 제시한 헌법안(GHQ안)에서 비롯한다. 그런데 '평화 속에 생존할 권리'를 확인한다는 표현은 GHQ 1946년 2월 10일 이전의 초안에는 없었던 문구이다. 2월 10일 이전의 초안에는 '일본은 평화를 유지하고 전제와 예속(slavery), 압박과 편협을 지상으로부터 영구히 제거할 것을 지향하며, 이를 위해 헌신하는 국제사회에서 명예로운 지위를 차지하려 한다'고 되어 있었다.

이것이 1946년 2월 12일 초안에서는 다음과 같이 변화한다. '우리들은 평화를 유지하고, 전제와 예속, 압박과 편협을 지상으로부터 영원히 제거할 것을 지향하며, 이를 위해 헌신하는 국제사회에서 명예로운 지위를 차지하려 한다. 모든 나라의 인민은(all peoples) 다 같이 공포와 결핍으로부터 벗어나 평화 속에 생존할 권리를 갖는다'라고 문구가 추가되었다.

(2) 전쟁과 평화적 생존

2차 세계대전 종전을 전후해 영국과 미국 등 연합국 진영에서는 전쟁의 참화에 대한 반성과 평화적 생존을 갈구하는 내용을 각종 선언과 헌장의 명분으로 전면에 내세우는 경향들이 있었는데, 2월 10일 이전의 GHQ 초안도 이러한 경향을 반영하였다.

영국과 미국이 중심이 되어 발표한 '대서양헌장(Atlantic Charter)'은 그 대표적인 문서이다. 이는 2차 세계대전 당시인 1941년 8월 14일 미국 대통령 루스벨트와 영국 총리 처칠이 대서양 해상의 영국군함 프린스 오브 웨일스(Prince of Wales)호에서 회담 후 발표한 공동선언이다. 이 대서양헌장은 2차 세계대전 후 전 세계 인민의 복지와 평화에 관한 양국 정책의 공통원칙을 다음과 같이 밝히고 있다.

① 양국은 영토의 확대를 원하지 않는다. ② 관계 주민의 자유의사에 의하지 아니하는 영토 변경을 인정하지 않는다. ③ 주민이 정체(政體)를 선택하는 권리를 존중하며, 강탈된 주권과 자치(自治)가 회복될 것을 희망한다. ④ 세계의 통상 및 자원에 대한 기회균등을 도모한다. ⑤ 노동 조건의 개선과 경제적 진보 및 사회보장을 확보하기 위해 경제 분야에서 국제협력을 도모한다. ⑥ 나치스의 폭정을 파괴한 다음 모든 인류가 공포와 결핍으로부터 해방되어 생명의 보전이 보장되는 평화를 확립한다. ⑦ 공해(公海)의 자유항행을 확보한다. ⑧ 침략의 위협을 주는 나라의 무장을 해제하고, 항구적이며 전반적인 안전보장제도를 확립하며, 군비 부담의 경감을 조장한다.

모든 인류가 공포와 결핍으로부터 해방되어 평화적 생존이 확보되어야 한다는 사고는, 거슬러 올라가면 루스벨트의 생각과도 밀접하게 연관되어 있다. 1940년 11월 삼선에 성공한 루스벨트 대통령은 1941년 6월 의회에 보내는 연두교서에서 "언론의 자유, 신앙의 자유, 공포로부터의 자유, 결핍으로부터의 자유"를 언급하며 민주국가를 하나로 뭉쳐 이네 가지의 자유를 구현하는 세계를 재건해야 한다고 역설한 바 있다. 물론 루스벨트가 세계를 재건하기 위해 평화적 수단만 사용하지는 않았다. 즉 미국의 이익을 위해 꼭 방위할 필요가 있다고 생각되는 국가들에게 무기대여 협정에 따라 원조해 줄 것을 의회에 호소했고, 이를 위해 공포와 결핍으로부터 해방된 인류의 평화적 생존을 역설했을 수도 있다. 미의회는 루스벨트의 이 연두교서에 호응해 70억 달러의 지출을 승인하는 무기대여법(Lend Lease Act)을 통과시키기도 했다.

보편적인 언어와 가치로 표현된 이 '네 가지 자유'는 1941년의 대서양헌장, 1942년의 연합국 공동선언을 거쳐 국제연합 헌장의 인권과 평화 관련 조항으로 진화했고, 1948년 12월 10일 국제연합 총회에서 채택된 세계인권선언의 전문에 자리 잡게 된다.

(3) 평화권의 명문화

일본 헌법의 평화권은 연원을 따져 올라가면 전쟁의 참화에 대한 반성과 새로운 인류사회에 있어서 필요한 보편적인 인간의 권리를 명문화한 것이었다고 보아야 할 것이다. 비록 일본 헌법에 명문화된 것이기는 하지만, 인류의 염원을 반영한 것이고 그래서 후일 유엔 등 국제사회에서도 평화권이 논의되고 명문화된 것이라고 볼 수 있다.

그 계기를 마련한 것은 GHQ민정국이었다. GHQ민정국장은 휘트니가 담당하고 있었고, 허시, 케디스, 라우엘 등의 장교들과의 합작으로 GHQ안이 나오게 되었다. 당시 GHQ에는 뉴딜기에 로스쿨을 다니면서 전향적인 사고를 지니게 된 법률가 출신의 위관급 영관급 장관들이 다수

자리하고 있었다.[32] 이들은 비록 큰 틀에서는 미국의 이익을 위해 복무하고 있었지만, 패전국 일본을 인류의 보편적 이념과 전향적 권리로 재구성하고자 하는 노력도 했다. 이러한 이들의 노력은 평등권, 사상의 자유 등 여러 분야에서 엿보이는데, 비록 전문에 쓸 수밖에 없었다고는 하나 평화권을 헌법에 명문화했던 것도 이러한 시대적 흐름과 무관하지 않다.

평화권이 규정된 전문에 특히 힘을 쏟은 것은 허시였다. 케디스의 증언에 따르면, 문장에 일가견이 있어 참모로서 맥아더 사령관의 연설문 초고 등을 늘 썼던 허시가 다소 이상적으로 보이기까지 하는 내용의 전문 작성에 심혈을 기울였다는 것이다.[33] 그리고 전문 작성의 주요한 근거가 되었던 것은 대서양헌장, 유엔헌장, 그리고 미국 헌법, 링컨의 게티스버그연설, 테헤란회의선언, 미국독립선언 등이었다고 한다.[34]

평화권의 원조격인 도쿄대학의 요코타 키사부로(橫田 喜三郎) 교수는 '공포와 결핍으로부터 벗어나 평화 속에 살 권리를 갖는다'라는 전문의 표현 중 '공포와 결핍으로부터 벗어나(free from fear and want)'에 주목하고 이것이 루스벨트의 4개의 자유, 즉 신앙의 자유, 언론의 자유, 공포로부터의 자유, 결핍으로부터의 자유 중 평화와 관련한 후반부의 두 개의 자유에서 연유한다고 분석하고 있다.[35]

평화와 관련된 인류의 이상과 염원을 1946년 2월 12일의 초안에서 화룡점정한 셈이 되었다. 평화를 권리화하려던 보편적인 국제사회의 흐름이 패전국 일본의 헌법 제정이라는 특별한 계기를 맞아 명문화했고, 명문화된 평화권 조항이 유엔에서의 평화권에 관한 각종 논의를 거쳐 다

32   古関彰一, 『新憲法の誕生』, 中央公論社, 1989, 101쪽.
33   鈴木昭典, 『日本国憲法を生んだ密室の9日間』, 創元社, 1995, 276쪽 이하.
34   鈴木昭典, 『日本国憲法を生んだ密室の9日間』, 275쪽.
35   橫田喜三郎, 『戦争の放棄』, 国立書店, 1947, 36쪽 이하.

시 인류사회에 반항되는 형태를 띠고 있다고도 볼 수 있다.

3. 일본의 근현대사와 평화주의사상

일본국헌법에서 차지하는 평화권과 평화주의의 위치가 매우 중요함에도
불구하고 이에 대한 회의적인 목소리가 전혀 없지는 않다. 비무장평화주
의가 지나친 이상론이라는 주장, 평화주의가 외부로부터 강요된 외래사
상이라는 주장이 그 대표적인 예이다. 이 중 평화주의가 외부로부터 강
요된 것이라는 주장은 일본국헌법을 개정하려는 움직임에서 비롯된 것
이고 일본국헌법을 옹호하는 다수로부터 많은 반발을 사기도 했다. 또한
헌법제정사에 대한 본격적인 연구와 평화주의사상의 뿌리에 대한 연구
를 촉발하는 계기가 되었다.

그렇다면 평화주의는 과연 외부로부터 강요된 것에 불과한 것일까.
이하에서는 자유민권기의 대표적 사상가 중 나카에 초민(中江 兆民), 러
일전쟁기의 우치무라 간조(內村 鑑三), 고토쿠 슈스이(幸德 秋水), 일본국
헌법제정기의 다카노 이와사부로(高野 岩三郎)의 평화주의사상들을 조
명해 본다.

1) 자유민권기의 나카에 초민과 평화주의

(1) 나카에 초민과 이와쿠라(岩倉)사절단 비판

나카에 초민(1847~1901)은 토사(土佐) 지역 영주(藩主)의 하급무사의
아들로 태어났다. 나가사키 등에서 프랑스학문(佛學)을 배우고 1871년
의 이와쿠라 사절단에 유학생으로 참가했으며, 1874년 귀국 후 원로원

에서 서기관으로 일하기도 했다. 그러나 1877년 이후에는 메이지 정부에 비판적인 관점을 가진 자유민권운동진영의 이론가로 문필활동을 했다. 그는 서구사회의 경험을 통해 메이지 정부의 군사대국주의 노선에 비판적이었다.

메이지 정부는 조선의 1882년의 임오군란과 1884년의 갑신정변 등을 계기로 군비를 증강하고 중국 진출을 위한 군비증강을 서두르는 한편, 이러한 대국주의 노선을 법적으로 체계화하기 위한 메이지헌법 제정에 착수했다. 이것이 나카에 초민에게는 수백 년 축적된 외국의 문명에 현혹되어 하룻밤에 일본을 영미와 유럽의 국가처럼 만들고자 하는 겉모습에만 현혹된 부질없는 짓으로 보였다. 나카에 초민은 이와쿠라 사절단에 참여해서 본 서구사회를 반면교사로 삼고자 했던 것이다.

(2) 산수이진 게이린몬토(三醉人經綸問答)와 평화주의

이와 같은 나카에 초민의 생각은 세 명의 취중 토론집이라는 의미의 『산수이진 게이린몬토』라는 책을 통해 간접적으로 표출되었다. 이 책에는 3명의 인물이 등장하는데 양학신사(洋學紳士)는 비무장, 중립, 절대평화, 민주주의자를 상징하며, 동양호걸(東洋豪傑)은 부국강병, 아시아침략론자를 상징한다. 그리고 남해선생(南海先生)은 점진적 개량주의자를 상징한다.

평화주의자를 상징하는 양학신사는 다음과 같이 평화주의의 필요성을 역설했다. "해군, 육군과 같은 군비를 철거하고 열강국의 만분의 일에도 미치지 못하는 무력을 버릴 것, 무형의 의리를 가지고 학술을 진흥하고 국가를 예술작품처럼 잘 다듬어 나갈 것, 이를 통해 서구열강으로 하여금 감히 내 나라를 침범하지 못하게 하는 것이 진정한 옳은 길이다."[36]

이에 맞서 동양호걸(東洋豪傑)은 열강에 맞서기 위해서는 나라의 부

를 살찌우고 군사력을 증강해야 한다고 주장하면서 아시아침략론을 전
개한다.

한편 남해선생(南海先生)은 다음과 같이 점진적 개량주의를 역설한
다. "입헌제를 수립하고 평화우호 외교를 원칙적으로 전개해야 한다. 이
에 기초해, 국위를 손상받지 않는 한 고압적으로 나오거나 무력을 휘두
르지 아니하며, 언론 출판 등에 관한 모든 규제는 점차 완화하고 교육과
상공업은 차츰 융성하게 해야 한다."[37]

이 중 누가 나카에 초민의 본심을 나타내고 있는가에 대해서는 의견
이 분분하지만, 부국강병론과 침략전쟁론이 조류를 이루던 시대에 군비
철폐에 기초한 평화주의를 역설할 수 있었던 안목과 혜안은 높이 평가할
필요가 있다.

(3) 토착병론(土着兵論)

나카에 초민은 시노노메(東雲)신문에 한 기고를 통해서도 징병제에 기초
한 상비군을 폐지하고 민병대에 해당하는 토착병만을 둘 것을 주장했다.
이는 왕의 군대를 해체해 인민의 군대를 창설하자는 뜻이었다. 나카에
초민은 상비군의 폐해를 다음과 같이 주장했다. "첫째, 징병은 빈민의 자
식들이 가장 큰 희생자이다. 둘째, 평시에도 병사를 상비군으로 두는 것
은 인민의 부담을 무섭게 하며, 조세를 낭비하며 경제원칙에 반한다. 셋

---

36 "水陸軍備を撤去し、諸强國萬分の一にも足らざる腕力を棄てて、無形の理義を用ひ、大に學
術を興して、其國をして極て精細に彫鐫したる美術の作物の如き者と爲らしめ、諸强國をし
て、愛敬して犯すに忍びざらしめんと欲する、是なり"; 中江兆民, 『三醉人經綸論』, 岩波文
庫, 1997; 色川大吉, 『自由民權』, 岩波新書, 1981, 96-97쪽에서 재인용.

37 "立憲制を說け、……外交の方針としては、平和友好を原則とし、國威を傷つけられないか
ぎり、高壓的に出たり、武力を振ったりせず、言論、出版などあらゆる規則は、しだいに
ゆるやかにし、敎育や商工業は、しだいに盛んにする"; 深瀨忠一, 『戰爭拋棄と平和的生存
權』, 94쪽.

째, 상비군은 인민을 억압하는 데 사용된다. 넷째, 상비군은 무기를 독점하고 인민을 무기로부터 격리해 무력한 존재로 전락시키는 등 잠재적 위험성이 큰 존재다."[38]

2) 러일전쟁과 평화주의사상

(1) 우치무라 간조의 기독교적 비전(非戰)론

후발 자본주의국 일본에 있어서 19세기 말~20세기 초반은 전쟁의 시대였다. 그럼에도 불구하고 어떠한 전쟁이든 결국은 탐욕과 타락으로 점철되고 말 것이라고 주장한 기독교 사상가가 있었으니, 우치무라 간조였다.

우치무라 간조(1861~1930)는 조슈 다카사키(上州高崎)라는 지역의 무사(藩士) 아들로 도쿄에서 태어나 도쿄외국어학교 등에서 공부했다. 1778년 세례를 받고, 1884년 미국에 유학해 신학 등을 공부하고 귀국했다. 1897년부터 이듬해인 1898년에 걸쳐 진보잡지『요로즈초호(万朝報)』의 기자로 활동했다. 사회주의 사상가로 알려진 고토쿠 슈스이(幸德秋水) 등과 이상단(理想団) 등을 결성하기도 했으며, 1차 세계대전을 전후해 평화주의를 주창했다.

우치무라가 처음부터 평화주의를 역설한 것은 아니었다. 청일전쟁과 관련해 우치무라 간조는 '일청전쟁의 의미(日淸戰爭の義)'라는 글을 쓰고 오히려 일본의 전쟁 목적의 정당성을 옹호하기도 했다. 그는 '일본의 천직(日本國の天職, 1892)'이라는 논문에서 일본의 역할을 '동서양의 매개자'로 보고 진보적 서양이 보수적 동양을 계몽하는 데에서의 '중재인'으로 보았다. 즉 청나라가 조선을 예속화하고 근대화를 방해하고 있

---

38   色川大吉,『自由民權』, 岩波新書, 1981, 99쪽.

으므로 조선의 진보를 돕고 있는 일본을 방해하는 청나라를 각성시킬 필요가 있고 조선의 독립을 실현시켜 '동양의 개혁'을 이루어야 한다는 취지이다.

그러나 그가 정의의 전쟁이라고 생각했던 청일전쟁은 탐욕스러운 전쟁으로 타락하고, 승리에 대한 과다한 배상과 영토 할양을 강요했다. 그는 이를 통해 일본도 결국 사회, 풍속, 도덕의 모든 면에서 피폐해지고 있음을 자각하게 되었다. 청일전쟁의 결과로 중국의 분할이 촉진된 사실도 알게 되었다. 그는 이러한 현실을 직시하고 다음과 같이 전쟁에 대한 비판을 시작했다.[39]

"나는 러일전쟁만을 해서는 안 된다고 주장하는 것이 아니고 전쟁이 절대 폐지되어야 한다고 주장하는 사람이다. 전쟁은 사람을 죽이게 되는데 이는 대죄악이며 대죄악을 범한 개인도 국가도 이익을 얻을 리 없다고 생각한다."[40]

그는 비전론(非戰論)으로 전향한 이유를 다음과 같이 주장했다.

"첫째, 신약성서 전체의 정신에 의하면 십자가의 복음은 전쟁을 부정하고 어떠한 경우에도 전쟁을 부정한다. 둘째, 자신의 경험상 폭력에 대해 선을 가지고 대항하는 것이 마음의 평화를 가져왔고 신을 위한 사업에 정진할 수 있었다. 셋째, 과거 10년간의 전쟁은 전승국이든 패전국이든 쌍방

---

39   鈴木範久,『平和の道-內村鑑三目錄7』, 教文館, 1995, 47쪽.

40   "余は日露非開戰論であり許でない、戰爭絕對的廢止論である、戰爭は人を殺すことである、爾うして人を殺すことは大罪惡である、爾うして大罪惡を犯して個人も國家も永久に利益を收め得やう筈はない"; 鈴木正,『時代に反する思想』, 北樹出版, 1997, 61쪽 이하.

에 백해무익함을 가르쳐 주었다. 넷째, 미국의 평화주의적 신문의 전쟁비
판론에 영향을 받았다."⁴¹

(2) 고토쿠 슈스이의 사회주의적 평화주의

우치무라 간조가 기독교에 기초한 평화주의자였다고 한다면 고토쿠 슈
스이(1871~1911)는 사회주의에 터 잡은 평화주의자였다. 그는 청년기
에 많은 영향을 받은 나카에 초민의 자유민권사상을 급진화해 혁명적 민
주주의 및 사회주의사상을 전개하고 러일전쟁 전부터 제국주의론에 기
초한 반전평화를 주장했다.⁴² 고토쿠 슈스이는 1901년 『20세기의 괴물
제국주의』를 출판하고 제국주의전쟁의 필연성과 자본주의 체제의 몰락,
노동자 공유 사회로의 변혁을 강조하였다. 그리고 형제애에 의한 세계평
화가 약탈적 제국주의를 타도하는 길이라고 주장했다. 그의 사회주의적
평화주의는 다음과 같은 문장에서 가장 축약적으로 표현된다.

> "만일 세계만방에 지주나 자본가 계급이 없고 무역시장의 경쟁이 없고,
> 재화와 부의 생산이 증대하면서도 그 분배가 공평하게 되어 저마다의 인
> 생이 즐거워지기를 원한다면, 과연 누가 군비를 확장하고 전쟁을 하려고
> 하겠는가. 전쟁의 비참한 죄과가 일소되어야 전 인류의 이상이 비로소 실
> 현된다고 할 것이다. 사회주의는 한편으로는 민주주의를 의미하고 다른
> 한편으로는 위대한 세계평화주의를 의미한다 할 것이다."⁴³

---

41 深瀬忠一, 『戰爭抛棄と平和的生存權』, 97쪽.
42 幸德秋水, 山本正美 解題, 『帝國主義論』, 岩波文庫, 1952.
43 "若し世界萬邦, 地主資本家の階級存するなく, 貿易市場の競爭なく, 財富の生産饒多にし
　　て, 其分配公平なるを得, 人人各生を樂しむに至らば, 唯か爲めにか軍備を擴張し, 唯か爲
　　にか戰爭を爲すの要あらんや。是等悲慘なる災厄罪過は爲めに一掃せられて, 四海兄弟の
　　理想は於是手始めて實現せらるるを得可き也。社會主義は一面に於て民主主義たると同時

3) 일본국헌법 제정기의 민간헌법초안과 평화주의사상

이러한 자유민권기, 그리고 러일전쟁기의 평화주의사상은 패전 후 일본국헌법이 제정되던 시기에도 면면히 이어졌다. 다카노 이와사부로(高野岩三郎)는 1945년 11월 일본공화국헌법사안요강(日本共和國憲法私案要綱)이라는 민간헌법초안을 만들고, 이어 1945년 12월 28일에는 헌법연구회를 통해 헌법초안요강(憲法草案要綱)을 발표하였다.

이때 그는 평화주의사상이 터 잡아야 일본인들의 인격완성과 사회도덕이 확립될 수 있음을 주장하고, 이를 다음과 같이 헌법초안에서 조문화했다.

日本國ノ統治權ハ日本國民ヨリ發ス

(일본국의 통치권은 일본 국민으로부터 나온다)

天皇ハ國政ヲ親ラセズ國政ノ一切ノ最高責任者ハ內閣トス

(천황은 국정을 친히 관장하지 않고 모든 국정의 책임자는 내각으로 한다)

天皇ハ國民ノ委任ニヨリ專ラ國家的儀禮ヲ司ル

(천황은 국민의 위임에 의해서만 국가적 의례를 주관한다)

國民ハ民主主義並平和思想ニ基ク人格完成, 社會道德確立

(국민은 민주주의와 평화사상에 기초한 인격완성, 사회도덕의 확립)

諸民族トノ協同ニ務ムルノ義務ヲ有ス

(다른 민족과의 협동에 종사할 의무를 갖는다)

이러한 다카노 이와사부로의 헌법초안은 국민주권, 왕의 지위 변경,

に、他面に於て偉大なる世界平和の主義を意味す。"

평화주의를 선구적으로 규정한 것이었다. 메이지헌법이 군주주권, 절대적 군주의 지위를 고집하고, 평화주의에 대해 침묵했고, 패전 직후의 마쓰모토 조지 등에 의한 헌법초안이 일왕제 유지와 군대의 존속을 규정했던 것에 비하면 매우 발전한 것이다. 더구나 GHQ 헌법초안의 기본 골자가 왕의 헌법상의 지위 변경과 국민주권, 전쟁포기, 봉건제의 철폐였다는 점을 고려한다면 다카노 이와사부로의 민간헌법초안이 오늘날 주목받고 있는 일본국헌법의 평화주의에 가장 근접한 것이라고 할 수 있다.

GHQ가 마련한 일본국헌법초안 작성에 직접 관여했던 비아테 시로타 고든(Beate Sirota Gordon)은 일본 내에서 외국헌법자료가 많은 도쿄대 도서관, 히비야 도서관 등을 돌며 세계 각국의 헌법을 망라해 수입하고, 민간의 헌법을 수집했으며, 일본국헌법이 다름 아닌 일본의 각종 헌법 논의에서 구체적인 아이디어를 얻었음을 밝히고 있다.[44] 일본국헌법 제정과정 연구의 권위자인 고세키 쇼이치(古関彰一) 교수는 GHQ민정국에서 헌법초안 작성의 역할을 했던 알프레드 허시(Alfred R, Hussey)의 보존문서에 다카노 이와사부로 등이 작성한 헌법초안요강(憲法草案要綱) 영역본이 있었던 것 등을 이유로 들면서 다카노 이와사부로 초안이 GHQ초안 작성에 실질적인 영향을 미쳤다고 분석하고 있다.[45]

일본 근현대 사상사에 대한 이런 인식에 바탕해서 보면 일본국헌법의 평화주의사상은 단순한 외래사상이라기보다는 근대기 일본의 평화주의사상과 맥을 같이하고 있음을 알 수 있다. 다만 일본국헌법의 평화주의사상이 일본 근현대 사상사에서 살펴볼 수 있는 평화주의사상, 특히 다카노 이와사부로의 민간헌법초안을 통해 볼 수 있는 평화주의조항을

---

44 ベアテ・シロタゴードン, 『1945年のクリスマス: 日本国憲法に「男女平等」を書いた女性の自伝』, 柏書房, 1995, 149쪽 이하.

45 古関彰一, 『新憲法の誕生』, 中央公論社, 42쪽.

통해 현행 일본국헌법에 직접 계속되었는지에 대해서는 좀더 총체적인 역사인식이 필요하다. 일본국헌법이 연합군의 점령하에서 제정되었고 전범국가에 대한 징벌적 요구가 강했던 시대 상황에 대한 종합적인 이해가 필요하기 때문이다.

4. 개헌 시도와 평화운동의 전개과정

일본 정부와 일본 지배층의 주류는 헌법제정 이후 10년간 전쟁포기, 군비철폐, 교전권의 부인을 핵심 내용으로 하는 일본국헌법 9조의 개헌을 공공연히 주장하지 않았다. 패전 직후 국제사회의 엄혹한 비판여론, 왕제(天皇制) 유지에 대한 눈치보기 등이 작용했을 것이다. 그 결과 일본 정부를 비롯한 당시 일본 지배층의 주류는 헌법전을 당장 부정하기보다는 현실 체제에 합치되게 하는 정책을 추진하기도 했다.

　이러한 개헌소극정책의 주요 담당자는 시대하라 수상의 뒤를 이어 수상이 된 요시다 시게루(吉田 茂) 총리였다. 그는 1947년 5월부터 1948년 3월까지 사회당의 가타야마 테츠(片山 哲)가 연립여당의 수상을 하고, 1948년 3월부터 10월까지 자유당의 아시타 히토시(芦田 均)가 약 6개월의 단명 총리를 한 기간을 제외하고 약 십 년에 걸쳐 수상을 지내면서 전후 일본 정부의 헌법정책의 근간을 형성했다. 요시다정권의 보수적 헌법정책은 한마디로 헌법 제9조를 유지하면서 주한미군을 받아들여 재군비를 추진하는 것이었다.

　일본국헌법의 평화주의는 태동 과정의 징벌적 성격과 출산 과정의 우여곡절에도 불구하고, 전쟁의 참화를 뼈저리게 경험한 일본 국민에게는 대단히 전향적인 의미를 가졌다. 제9조가 있는 한 징병제도는 부활할 수 없으며, 군사기지 건설을 위한 토지 수용이나 군사기밀보장을 이유로 한 표현의 자유 등에 대한 규제가 적어도 헌법논리상으로는 불가능하기 때문이다.

일본국헌법의 평화주의는 전후 일본 민주주의의 견인차 역할을 했으며 호헌운동은 전후 민주주의 운동의 핵심적 요소였다. 이하에서는 이러한 인식을 바탕으로 일본국헌법을 개정하려는 움직임과 이를 지키려는 평화주의 세력의 헌정사적 공방전의 과거와 현재를 살펴보기로 한다.

1) 1950년대의 복고적 개헌론과 호헌평화운동

1952년 샌프란시스코 강화조약이 발효되면서 일본국헌법의 운영은 새로운 시대에 접어들었다. 헌법을 정부에 '강요한(押しつけ)' 점령군이 없어졌기 때문에 보수지배층은 공공연한 헌법개정과 패전 전 통치체제로의 복귀를 시도했다.

요시다내각에 반대하는 보수세력의 분파는 1952년 2월 8일 개진당(改進党, 1954년부터 民主党)을 결성하였다. 그리고 반(反)요시다의 기치를 선명히 하기 위해 대미의존적 색채를 강하게 띠고 있는 요시다정권을 비판하고 내셔널리즘을 이데올로기로 내세웠다. 이를 위해 자주외교, 자주방위, 안보조약 개정, 일본국헌법개정을 주장했다. 특히 자위력의 점진적 증강을 내세우는 자유당에 반대해 공공연한 재군비를 주장하고 이를 위해 일본국헌법 제9조 2항을 삭제하자는 개헌론을 주장했다.[46]

미국 측도 상호방위원조(MSA)법에 의거한 방위원조를 이유로 일본 측에 군비증강을 요구했다. 이를 위해서는 일본국헌법 제9조의 개헌이

---

46   渡辺治, 『日本國憲法改正史』, 日本評論社, 1987, 238쪽.

필요했다. 특히 1953년 일본을 방문한 닉슨 부통령이 '전쟁포기헌법을 제정한 것은 실수였다'고 연설한 것은 미국의 영향력을 인정하는 것으로 보이기도 했다.

개헌에 소극적이었던 요시다의 자유당은 1953년 4월의 총선에서 과반수를 얻지 못하자 상호방위원조협정에 따른 미국 측의 군비증강 요구라는 현안을 해결하기 위해 개헌에 적극적이었던 개진당과 제휴했다. 결국 개헌론이 보수층의 합의사항처럼 되었다. 개헌을 목적으로 하는 헌법조사회를 양당 산하에 설치했으며 국회 내 헌법조사회의 설치를 요구했다. 그러나 사회당을 비롯한 야당이 호헌을 천명하며 거세게 반발했다. 그 결과 헌법조사회의 국회 내 설치가 무산되고, 1956년에 내각 산하에 설치되었다.

헌법조사회의 개헌활동은 재군비와 헌법과의 모순을 해결하는 데서 출발했지만, 이데올로기적으로는 일본국헌법이 점령군에 의해 강요된 것이므로 자주적 헌법을 개정해야 한다는 주장에 탄력을 받았다. 또한 개헌론은 일왕을 통치체제의 근간으로 재정립할 것을 염두에 두었으며, 전후개혁, 즉 일본국헌법의 도입에 따른 민주적 시스템을 폐기하고 군주제하의 집권적 시스템으로의 회귀를 지향했다는 점에서 복고적 개헌론이라 할 수 있다.

개진당(改進黨)의 뒤를 이은 민주당은 1955년 총선에서 제1당으로 부상했고, 요시다 시게루의 자유당은 민주당과 1955년 합당하고 1958년 총선거에 임했다. 하지만 복고적 개헌론에 반대하는 국민 여론을 등에 업고 호헌을 천명한 사회당이 450여 석의 의석 중 무려 166석을 차지해 개헌저지선을 훨씬 넘어서게 됐다. 1950년대 이후의 경제성장과 일본국헌법에 따른 지방자치제와 같은 전후개혁은 복고적 개헌론에 쉽게 동의할 수 없는 분위기를 만들었고, 사회당 등 호헌세력의 분투와 국민적 저항에 부딪혀 복고적 개헌론은 좌절하고 말았다.

이러한 움직임의 원동력은 호헌운동에 터 잡은 전후 민주주의 운동
이었다. 이 운동은 정부가 추진한 미국과의 일방적 강화조약과 안보조약
에 반대해 소련 등 다른 연합국과의 전면적인 강화를 주장하는 운동에서
시작해, 파괴활동방지법 반대, 안보조약에 따른 기지확장에 대한 반대운
동, 원수폭 반대 평화운동으로 대중적 기반을 넓혔다. 이러한 투쟁의 과
정에서 사실상 사회당·공산당·노동조합과 지식인의 연합이 형성되어
1960년 안보투쟁에서 정점에 달했다.[47]

2) 1960년대의 평화운동과 해석개헌의 시대

1950년대 후반부터 1960년에 걸쳐 정부의 복고주의적인 정책에 반대해
일어났던 전후 민주주의 운동, 평화주의 운동의 고양, 특히 1960년 안보
조약 개정 반대투쟁, 호헌운동의 고양은 자민당 정부가 복고주의적 정책
을 포기하도록 압박했다. 헌법학자 호시노 야사부로(星野 安三郎)는 일
본국헌법 전문에 있는 '평화 속에서 생존할 권리'라는 개념을 체계화해
평화적 생존권을 주창했다.

안보투쟁의 고양을 본 정부는 헌법개정을 일단 단념하고 '소득배증
계획'으로 대표되는 경제주의적 정치를 전개했다. 안보투쟁으로 물러난
기시 노부스케(岸 信介)내각의 뒤를 이은 이케다 하야토(池田 勇人)는 재
임 중에는 헌법개정을 하지 않겠다는 성명을 내고 헌법정책의 전환을 표
명했다. 헌법개정안을 만드는 것을 목적으로 내각에 설치되어 심의를 계
속했던 헌법조사회가 1964년에 보고서를 제출했지만 이를 사장시켰다.

---

47   渡辺治, 『現代日本社會論』, 勞動旬報社, 1996, 40쪽 이하.

이후 자민당 내각은 이케다의 개헌소극정책을 답습하게 되었다.

안보투쟁을 계기로 한 평화운동의 배후에는 안보조약 개정으로 일본이 미국에 의한 전쟁에 휩쓸려 들어가 평화적 생존이 위태로워지지 않을까 하는 국민의 반발과 경계심이 있었다. 그래서 평화적 생존권이 평화운동의 중요한 권리 개념이 되었다. 1960년대에는 에니와(惠庭)사건, 나가누마(長沼)소송과 같이 자위대에 반대하는 헌법재판운동이 평화적 생존권을 기반으로 전개되었다.

한편 안보투쟁, 베트남반전평화운동의 고양 등으로 인해 정권의 안위가 위태롭게 되자 일본 정부는 자위대가 '자위를 위한 필요최소한의 실력'이므로 헌법에 위반되지 않는다고 강변하는 한편 자위대의 팽창에 대한 갖가지 제약을 받아들일 수밖에 없었다. 일본 정부는 1967년 '비핵3원칙'[48]을 표명하고 '무기수출금지3원칙'[49]도 발표했다. 이 중 '비핵3원칙'은 1971년 국회에서 결의의 형태를 취하게 되어 일본 정부를 구속했다. 이러한 원칙들로 인해 일본은 강대국 가운데 유일하게 핵무기를 보유하고 있지 않다. 일본의 대기업들도 군수산업에 진출하는 것을 주저하게 되어 일본은 경제대국이면서도 미국과 같은 군산복합체가 존재하지 않는다. 또한 1967년 일본 정부는 방위비를 GNP의 1% 범위 내에서 억제한다는 방침을 내각회의(閣議)에서 결정해 방위비 증강의 제약되었다.

48 비핵3원칙(Three Non-Nuclear Principles)이란 원래 사도 에이사쿠(佐藤英作)정권 아래에서 오키나와 반환을 실현하기 위한 전략의 하나로 언급되었다. 그러나 야당이 국회의결에 부칠 것을 제안하는 등 적극적 공세에 나서면서 1971년 11월 국회에서 의결되어 오히려 정부를 구속하는 원칙의 하나가 되었다. 경위야 어찌됐든, 그리고 경과가 불만족스럽기는 했지만, 사토 수상은 비핵3원칙으로 인해 노벨평화상을 수상했다.

49 무기수출금지3원칙이란 1967년 4월 사토 에이사쿠 총리가 중의원 결산위원회에서 '외국환 및 외국무역 관리법 및 수출무역 관리령'을 어떻게 운용할 것이냐 하는 의원들의 질문에 답하는 형태로 제시된 것이다. 사토 총리는 공산권, 국제연합 결의 등에서 무기수출이 금지되어 있는 국가, 국제분쟁의 당사국 또는 그 우려가 있는 국가로의 무기수출을 인정하지 않는다고 답변했다.

3) 1980년대의 헌법개정 움직임과 평화주의운동의 정체

1980년대 들어 헌법 상황은 큰 변화의 계기를 맞는다. 그 배경에는 일본의 경제대국화가 자리 잡고 있었다. 좀더 구체적으로 이야기하면 다국적화한 일본 자본의 해외진출이 늘어나 이를 군사적으로 보호할 필요성이 증대했고, 미국은 경제적 기반이 약해지면서 일본에 대한 군사비의 증액을 요구하는 등 군사적 요구가 늘어나 헌법개정에 대한 요구가 다시금 증대되었다는 것이다.

이러한 내외의 정치경제적 지형의 변화에 기초해 헌법개정을 정력적으로 추진했던 것은 나카소네 야스히로(中曾根 綱弘)정권이다. 나카소네는 '전후정치의 총결산'을 슬로건으로 내세우고 방위비의 총량규제 틀이었던 GNP 1%를 무너트리고 예산 가운데 방위비의 비율을 25년 만에 증대시켰다. 뿐만 아니라 유사법제의 정비 추진, 국가비밀법안의 추진, 이란-이라크전쟁에 기뢰 제거를 위한 자위대의 함정(掃海艇, mine-sweeper) 파견을 추진하는 한편 내셔널리즘을 환기하기 위해 교과서 검정을 강화하고 야스쿠니신사에 참배하는 등 우익적인 활동을 추진했다. 게다가 전후 평화주의운동의 중심축 중 하나였던 노동조합운동이 기업주의적으로 변질되고,[50] 시민사회의 고전적 군국주의 부활에 대한 경계심이 약해져 자위대와 안보조약을 용인하는 현상유지적인 것으로 민심이 변화하면서 나카소네류의 개헌 주장이 힘을 얻을 수 있었다.

그러나 자위대의 해외 출동과 국가비밀보호법의 추진과 같은 군국

---

50 일본의 기업이 연공서열과 종신고용 등에 기초한 노사관계를 구축하면서 노동조합이 회사 측과 대립하기보다는 회사 측에 적극 협력해 고용을 안정시키고 회사를 통한 복지를 증진시키게 되는 노사협조주의로 전환된 상황을 일컫는다. 일본의 저명한 정치학자이자 헌정사 연구자인 와타나베 오사무는 이를 기업지배라고 분석했다. 渡辺治, 『「豊かな社会」日本の構造』, 労働旬報社, 1990.

주의의 부활을 상기시키는 움직임이 노골화되자 일본 국민의 평화주의적 의식도 다시금 고양되었다. 결국 국가기밀보호법은 국민적 반대에 부딪혀 폐안되었고, 유사법제는 아예 국회 제출마저 좌절되었다. 야스쿠니 참배도 중단되었다. 나카소네는 복고주의적 국가의식을 함양하기 위해 야스쿠니신사 공식참배를 '결행'했으나 한국, 중국 등 아시아 각국의 거센 반발에 부딪혔고 결국 중지했다.

　　이란-이라크전쟁 시에는 걸프만에 기뢰 제거를 명분으로 함정을 파견하려고 했으나 평화운동 세력의 반발에 부딪혔고, 정부 내에서조차 이견이 분분해 결국 포기했다. 예를 들어, 당시 관방장관이었던 고토다 마사하루(後藤田 正晴)는 국무대신임에도 불구하고 국민 감정을 이유로 들어 소해정 파견에 반대했다. 결국 일본 국민들의 평화주의적 의식 고양으로 나카소네가 추진했던 1980년대의 개헌도 좌절됐다.

4) 국제 공헌을 앞세운 1990년대 이후 현재까지의 개헌론과 평화운동

1990년부터 현재까지는 평화헌법의 새로운 시련기이다. 군사대국화와 신자유주의의 창궐에 따른 헌법 유린의 시대였다고도 할 수 있다. 한동안 포기되었던 명문개헌이 국제 공헌을 명분으로 새로이 추진되는 한편 일본국헌법 제9조에도 불구하고 각종 법률의 제정을 통해 일본국헌법의 평화주의를 무력화시키고자 했던 시기였기 때문이다. 이는 동시에 새로운 평화운동의 성장을 예고하는 시기이기도 하다.

(1) 1990~2000년

① 다국적 기업의 아시아 진출과 군사대국화정책

패전 후 지속되던 경무장평화주의에 기초한 군사소국주의 노선은 1990
년대에 들어서 크게 동요했다. 군사대국주의노선으로의 정책 전환이 시
도되었기 때문이다.

사실 37년간 장기집권당이었던 자민당의 전통적인 지지기반은 농
민과 자영업자였다. 자민당은 이들의 보호와 이익 확보를 주요 통치술
로 삼았다. 하지만 1980년대 중반부터 본격화한 다국적기업의 해외진출
은 자민당에게 전통적인 지지기반 방기와 새로운 지지기반 선택을 강요
했다.

이는 일본 사회의 구조변화와 밀접한 관련이 있다. 상품수출주도형
의 일본 경제는 1970년대의 오일쇼크를 거치면서 커다란 변화를 보였
다. 감량경영과 노동자 압박을 통해 강화된 경쟁력을 바탕으로 재빨리
오일쇼크로부터 벗어났고, 그에 기초해 구미시장에 수출을 전개했지만
그 반대급부도 만만치 않았다. 무역마찰이 강화되면서 미국은 물론이고
유럽에서도 무역제한이 취해졌기 때문이었다.[51] 그래서 상품수출에 따른
무역마찰을 피하면서도 미국과 유럽 시장을 유지하기 위해 본격적인 자
본진출을 개시했다. 상품수출주도형 경제의 한계를 실감해 가전산업 등
의 제조업이 미국 등에 대한 수출판매 거점을 확보하기 위한 자본진출을
본격화한 것이다

다국적기업의 이해 보장은 일국 내 규제완화와 정치노선 변화만으
로는 달성할 수 없었다. 자본운동이 일국 내에 그치지 않고 다국적인 자
본 진출에 근거하고 있기 때문에, 인건비 등이 비싼 국내에 자본을 투자

---

51   渡辺治, 『豊かな社会日本の構造』, 212쪽 이하.

하는 것보다는 풍부한 이윤확보의 길을 열었지만, 다른 한편으로는 자본
을 투자한 나라의 정치 정세 등에 따라서는 원금 확보도 힘들다는 불안
정성을 가지고 있기 때문이다. 따라서 다국적 자본이 진출하는 지역에서
의 정치적·군사적 힘의 우위가 확보되어야만 했다.

　일본이 경제력의 우위에 기초한 자본 투자에 그치지 않고 정치적·
군사적 힘의 우위를 확보하기 위해서는 넘어야 할 산이 험난했다. 진실
성 여부는 차치하더라도 침략전쟁에 대한 반성 위에 무력 없는 평화국가
로 거듭날 것을 다짐하고 있는 일본국헌법(일명 평화헌법) 때문이었다.
이러한 헌법의 명문규정은 평화운동진영의 입장에서는 버팀목이 되었으
나 개헌세력의 입장에서는 걸림돌이 되었다. 사실상 군대라고 할 수 있
는 자위대가 존재하지만, 그 역시 명분상으로는 외부의 침략으로부터의
자위를 내걸고 있기 때문에 해외에 군대를 파병하는 것은 원칙적으로 불
가능했다. 또한 일본은 미국과 미일안보조약이라는 군사조약을 체결하
고 있다.

　일본 정부가 추구하는 타개책은 두 가지로 요약된다. 첫째는 자위대
를 '자위를 위한 필요최소한의 실력'이 아니라 일본의 국군으로 규정하
는 헌법개정을 시도하는 길이다. 다른 하나는 미국에 편승해 해외파병의
실적을 조금씩 축적해 자유로운 해외파병의 길을 확보하는 것이다.

② 평화유지활동(PKO)법안과 국제공헌론

일본 정부가 포착한 자위대의 해외파병 실적을 쌓을 기회는 1991년의
걸프전쟁이었다. 1990년 8월 이라크가 쿠웨이트를 침공하고 미국을 중
심으로 한 동맹군이 이에 대항했다. 이때 일본 정부는 이러한 전쟁을 국
제공헌, 즉 자위대의 해외파병을 위한 돌파구로 활용하고자 했다. 우선
동맹군에 대한 총 130억 달러에 이르는 자금협력과 수송협력을 했다.[52]

또한 걸프전쟁이 종결 된 직후인 1991년 4월 24일에는 자위대법 99조에 근거해 '기뢰 제거 및 처리'를 명분으로 걸프만에 함대를 파견하고, 이는 무력행사가 목적이 아니므로 헌법에서 금지하는 무력행사에 해당하지 않는다고 발표했다.[53]

전선에서의 전투와 구별된다고 발표한 일본 정부의 견해와 달리, 그 실질을 보면, 물자수송 등의 후방지원과 재정지원도 일본 헌법 제9조에서 금지하는 전쟁수행을 사실상 가능케 하는 힘, 즉 전력(戰力)의 행사에 다름 아니었다.[54] 후방지원의 경우 일본 헌법 제9조에서 금지하는 무력행사에 해당하지만, 무력행사에 해당하지 않는다고 가정하더라도 같은 법에서 마찬가지로 금지하고 있는 '무력에 의한 위협'에 해당한다고 할 수 있다. 기뢰의 제거 및 처리가 군사활동임은 상식에 속하는 것으로 이 또한 헌법에서 금지하는 무력행사와 다르지 않다.

결국 애초 제출되었던 평화유지활동(PKO)법안은 반대여론과 야당의 비협조로 폐안이 되었다. 1992년 6월 15일 평화유지활동(PKO)협력법(정식명칭은 '국제연합평화유지활동 등에 대한 협력에 관한 법률')으로 옷을 갈아 입고서야 국회를 통과할 수 있었다. 무력행사를 목적으로 하지 않는 평화유지활동에 대한 자위대의 참가는 헌법 위반이 아니라는 논리였다. 이는 무력행사를 목적으로 하든, 하지 않든 간에 해외에 자위대를 파병하는 것은 위헌이라는 종래의 견해를 변경한 것이었다.

다만 새로운 법안에는 다음과 같은 다섯 가지 전제조건이 붙었다. '첫째, 분쟁당사자 간의 정전합의가 존재할 것, 둘째, 일본이 참가하는 것에 대해 분쟁당사자가 합의해 줄 것, 셋째, 분쟁당사자에 대해 중립

---

52 "북한 이용해 족쇄 풀려는 자위대", 한겨레21, 2010. 12. 24.
53 綠風出版編輯部編, 『PKO問題の爭點(分析と資料)』(增補版), 綠風出版, 1992, 290쪽.
54 浦田一郞, 『現代の平和主義と立憲主義』, 26쪽.

적일 것, 넷째, 이상의 조건이 무너졌을 때는 자위대를 철수할 것, 다섯째, 무기의 사용은 자위를 위한 최소한도에 그칠 것(PKO참가 5원칙)' 이 그것이다. PKO참가 5원칙 이외에 '평화유지군(PKF: Peace Keeping Forces) 불참가의 원칙'이 덧붙었다. 즉 해외에 파병된 자위대원이 군사적인 유엔평화유지활동에 참가해서는 안 된다는 것이었다.[55]

③ 가이드라인과 주변사태법

'전투행위 종결 후'의 후방지원을 내용으로 하는 PKO법이 우여곡절 끝에 국회를 통과했다. 이는 미국과 일본 정부가 원래 의도한 바와는 거리가 있었다. 미국은 미군의 유사시 작전행동에 대한 일본 측의 후방지원을 강하게 요구하고 있었고, 일본으로서도 유사시 자위대의 해외파병을 가능하게 하는 법제도 정비의 필요성을 느끼고 있었기 때문이었다.

미일 간에 1997년에 마련된 미일방위협력지침(이른바 가이드라인)은 이러한 미국의 대외정책 변화가 동북아시아에 적용된 경우이다. 여기에서 미국은 미국이 지배하는 국제사회의 질서를 형성하는 데 있어서 일본의 제한적인 군사적 기능을 적극적으로 요구했다. 그 결과 주변사태법은 한반도 위기 상황 등 일본의 주변에서 전투행위가 일어났을 때도 자위대를 파견할 수 있도록 하는 내용을 담게 되었다.

일본 주변 지역에서의 일본의 평화 및 안전에 중대한 영향을 주는 사태에 일본이 미군에 대해 실시하는 후방지원을 정한 이 주변사태법은, PKO법보다 미국의 후방지원 요구에 적극적으로 부응하는 일본 정부의

---

55 PKO법은 2001년 가을 임시국회에서 일부개정되었다. 개정내용은 해외에 파견된 무장자위대원이 군사적인 유엔평화유지활동(PKF 본체 업무)을 실시할 수 있도록 하는 것이었다. 자세한 내용은 澤野義一, 「PKO改定とPKO協力の問題点」, 山内敏弘, 編, 『有事法制を検証する』, 法律文化社, 2002, 68쪽 이하.

자세를 보여주고 있다. PKO법이 정전 후에 자위대 파병을 통해 평화유지 참여 및 후방지원 등을 하겠다는 내용을 중심으로 하고 있는 데 비해 주변사태법은 정전 후가 아닌 전투행위 지역이라도 일본의 주변사태인 경우에는 파병할 수 있다는 내용을 담았기 때문이다. 국내외의 반발을 우려해 후방지원과 '일본 주변의 사태'에 대해서만이라는 두 개의 단서를 단 것이었다.

1992년의 PKO법과 1999년의 주변사태법은 일본의 군사적 참여를 위한 일련의 수순 밟기였다. PKO법이 평화유지라는 명분하에 해외파병의 물꼬를 텄다는 점에서는 획기적이기는 하나, 정전 후의 파병에 불과해 실효성이 떨어진다고 생각했던 미국과 일본은 전투행위 시의 일본의 후방지원을 끌어낼 필요성을 절감했다. 주변사태법은 이러한 미국의 요구와 이에 편승한 일본의 필요에 의한 법이었다.

(2) 2001~2013년

주변사태법은 일본에 대한 침략이 없더라도 일본 주변의 사태에도 자위대가 활동할 수 있게 된 것이다. 그러나 일본 주변이 아닌 경우에는 자위대를 파견할 수 없는 한계가 여전히 남아 있었다. 2001년 4월 등장한 고이즈미정권은 같은 해 9월 11일 미국에서 발생한 테러를 계기로 일본 주변이 아닌 곳에도 자위대 해외파병을 법제화하려 했을 뿐만 아니라 이를 통해 평화헌법을 무력화하고 헌법을 개정하려고 했다.

① 테러특별법과 해외파병

일본 정부는 일본 주변이 아닌 곳에 자위대를 파병할 수 있는 명분을 9·11 테러에서 찾았다. 미국도 뉴욕에서 2001년 9월 11일에 일어난 동시다발 테러를 세계질서의 적극적인 재편에 이용했고, 이를 위해 세계 각국에 군사적 협력을 요청했다.

　미국의 요청에 가장 적극적이고 민감하게 반응한 것은 일본 정부였다. 일본의 주변이라고 할 수 없는 중동에까지 자위대를 파병하는 전례를 만들고자 이러한 요구에 편승했던 것이다. 고이즈미 준이치로 일본 총리는 미국에 대한 동시다발 테러가 있은 지 불과 2주도 지나지 않은 9월 25일 신속하게 테러 현장을 방문하는 한편, 미국으로 떠나기 직전인 9월 22일에는 총 7개 항목의 테러대응책을 발표했다. 그 내용은 다음과 같다. 첫째, 미군 등이 주도하는 보복공격에 자위대가 후방지원한다. 둘째 주일 미군시설의 경비를 강화한다. 셋째, 정보수집을 위해 자위함을 파견한다. 넷째, 출입국관리에 관한 국제협력을 강화한다. 다섯째, 주변국에 대해 경제지원을 한다. 여섯째, 난민지원을 한다. 일곱째, 경제의 혼란 회피를 위한 국제적인 협력을 한다. 전쟁 위기를 동반한 국제 현안이 발생했을 때 일본의 수뇌부가 이처럼 발 빠르게 움직인 일은 패전 후 군사외교사상 지난 수십 년 동안 없었던 일이었다.

　제1야당이면서도 자민당과 같은 보수적 색채의 민주당[56]도 자위대 해외파병을 용인해 결국 테러대책특별법이 국회에서 통과되었다. 후방지원이라는 단서가 여전히 붙기는 했으나 일본의 주변사태가 아니더라

56　민주당은 시민운동가 출신의 칸 나오토(菅 直人), 자민당 출신의 하토야마 유키오(鳩山 由紀夫), 하토야마 구니오(鳩山 邦夫) 등과 사회민주당과 신당 사키가케(新黨先驅) 등에서 이탈한 의원들이 1996년 10월의 중의원 선거를 앞두고 1996년 9월 28일 만든 정당이다. 구 사회당 계열의 사민당 출신 31명, 신당 사키가케 출신 14명 등 총 57명이 참여했으며, 칸 나오토가 정무, 하토야마 유키오가 당무 담당 공동대표로 취임했다. 그 후 마찬가지로 자민당 출신의 오자와 이치로 등에 의한 이른바 자유당이 2003년에 합류해, 보혁 혼합당이 되었다. 시작은 과거의 사회당 계열 등 이른바 리버럴한 정치세력들에 의했으나, 오자와 이치로 등의 합류 등을 통해 결과적으로는 보수정당화했다. 2009년 8월 30일 총선에서 선풍을 일으켜 일본 헌정사상 단일정당으로서는 처음으로 중의원에서 308석을 획득하여 하토야마 유키오가 제93대 총리에 취임했으나, 오키나와의 후텐마기지 이전 문제로 단명했다. 2012년 12월 중의원 총선에서는 참패해 60석에도 미치지 못하는 정당으로 주저앉았다.

도 자위대가 해외에 파병될 수 있는 길이 열린 것이다. 테러에 대응하는 외국군대에 대한 물자보급 수송과 같은 지원협력활동, 수색구조활동, 피해민 구원활동을 주요 내용으로 하는 이 법률은 미군지원이라는 색깔을 완화하기 위해 유엔의 권위를 빌리기도 했다. 그 결과 테러대책특별조치법의 정식 명칭은 법률 이름으로서는 세계적 유례를 찾아볼 수 없이 길었다. 이 법의 정식 명칭은 '2001년 9월 11일 미국에서 발생한 테러공격 등에 대응해 이루어진 유엔헌장의 목적 달성을 위한 외국 국가들의 활동에 대해 일본이 실시하는 조치 및 관련된 유엔의 결의 등에 기초한 인도적 조치에 관한 특별조치법'이다.

이 유례없이 긴 이름의 테러대책특별조치법은 공동여당 내의 이견으로 인해 2년의 한시입법으로 되어 있다. 이 테러대책특별조치법은 자위대를 '후방지원'의 명분으로 전시에도 해외에 파견할 수 있게 했으며, 완화된 무기사용기준으로 인해 경우에 따라서는 자위대가 해외에서 무기도 사용할 수 있게 했다.

종합해보면, 테러특별법은 종래의 해외파병을 위한 미군지원법에 비해 다음과 같은 특징을 갖고 있다.

첫째, 정전합의를 전제로 하지 않는다. 1992년의 PKO법(유엔평화유지활동협력법)은 정전합의가 성립된 곳에만 자위대를 파병할 수 있도록 제한했다. 캄보디아, 모잠비크, 르완다, 골란고원, 동티모르와 같이 정전합의가 성립한 지역에만 파견이 가능했다. 테러조치특별법은 비록 전투행위가 이루고지고 있지 않은 지역, 즉 후방에 자위대를 파병할 수 있도록 제한하고 있지만, 정전합의 후가 아닌 전투행위 시에도 파병할 수 있도록 하고 있다.

둘째, 일본 주변이 아니더라도 자위대를 파병할 수 있도록 했다. 주변사태법은 자위대를 파병해 미군을 지원할 수 있는 범위로서의 일본 주

표 4. 일본 유사입법의 추이

	일본 내외	전투 종결 여부	후방지원 여부	무기사용	국회 동의	수상
PKO법 (1992)	일본 외 단, 평화유지활동	전투 종결	비군사활동	X 단, 기뢰 제거 가능	사전동의	미야자와
주변사태법 (1999)	일본 외 단, 주변	전투 중	후방지원	X	사전동의	오부치
테러특별법 (2003)	일본 외 중동까지도	전투 중	후방지원 물자 보급 수송X	무기사용 완화	사후동의	고이즈미
이라크특별법 (2003)	일본 외 중동까지도	전투 중	후방지원 물자 보급 수송, 수색구조, 피해민 구원, 안전확보 지원 활동(무기, 탄약, 병력 수송)	무기사용 완화		고이즈미
무력공격사태법 (2003)	일본 무력공격	전투 중 무력공격 예측 상황까지	민간기업, 지자체 동원			고이즈미

변을 극동아시아 및 동남아시아로 제한하고 있다. 이에 비해, 테러조치특별법은 세계의 어느 곳에라도 파병할 수 있도록 하고 있다.

셋째, 무기사용의 기준을 완화했다. 주변사태법에서는 자신과 동료대원의 신체를 지키기 위한 경우에 한정해 무기사용을 허용한다는 규정을 두었다. 이에 비해 테러조치특별법은 난민과 미군 등의 부상병을 방호하기 위해서도 무기를 사용할 수 있도록 하고 있다. 난민이나 미군 부상병을 치료하고 있는 야전병원에 침입해 오는 경우에는 무기를 사용해 이를 격퇴할 수 있게 되는 것이다. 이는 자위권행사를 위한 자위대 파병으로 이어진다. 오사마 빈라덴이 이끄는 조직이 미군뿐만 아니라 미군을 지원하는 나라를 대상으로 또다른 보복공격을 하겠노라고 호언하고, 인도네시아의 일본 대사관이 위협을 받았다는 점 등을 감안한다면 일본이 전쟁에 휩쓸릴 개연성은 그 어느 때보다도 높아지고 있다. 일본 스스로가 전쟁에 휩쓸려 평화적 생존권이 침해될 가능성을 일부러 만들고 있는 실정인 것이다.[57]

넷째, 국회의 사전승인 없이 자위대를 파병할 수 있다. 테러조치특별법은 사전승인 없이 자위대의 해외파병을 결정하고서 20일 이내에 국회의 사후승인을 구하도록 하고 있다.

다섯째, 육상수송은 제외하기는 했으나 외국 영역에서, 그것도 전투행위 시에 무기와 탄약의 수송을 가능하게 하고 있다.

결국 일본의 '주변사태가 아니더라도' '전투행위 시 해외파병'을 하여 '후방지원'을 할 수 있는 법을 만든 것이다. 이를 뒷받침하기 위해 일본 정부는 테러조치특별법에 그치지 않고 자위대법도 개정했다. 즉 방위비밀 누설을 엄벌하는 자위대법도 지난 2001년 9월 18일 중의원에서 통과되었다.

② 이라크 공격과 이라크 특별법

2003년 3월 20일 미국 등이 이라크전쟁을 개시했다. 고이즈미정권의 일본은 이를 계기로 자위대의 해외파병의 길을 더욱 넓히고 유사법제를 구축하기 위해 발 빠르게 움직였다.

우선 고이즈미정권은 무력공격사태법이라는 유사법제에 대한 전체 개정에도 박차를 가했다. 그 결과 무력공격사태법, 자위대법, 안전보장회의설치법의 개정에 성공했다. 무력공격사태법에 따르면 자위대는 일본에 대한 무력공격이 이루어진 경우뿐만 아니라 무력공격이 예측되는 경우에도 대응할 수 있다. '무력공격 예측 사태'라는 개념은 전수방위의 개념의 근간을 무너뜨리는 것이었다. 가령 미국이 북한을 공격하는 경우 상대국인 북한이 일본을 공격하기 전이라도 무력공격이 예측된다면, 자위대가 출격할 수 있다는 것이다. 뿐만 아니라 민간기업과 지방자치단체도 전쟁에 동원할 수 있게 되었다. 평화주의원리에 따라 국가긴급권을

57　小林武, 『平和的生存権の弁証』, 日本評論社, 2006, 114쪽 이하.

부인한 일본국헌법을 뒤흔드는 법률개정이 이루어진 것이었다.

2003년 7월 26일에는 이라크특별법이 제정되었다. 미국의 이라크 군사점령을 지원하기 위해 자위대를 파견하는 데 근거가 되는 법이었다. 이에 기초해 같은 해 12월에는 선발대가 파견되었고, 이듬해인 2004년 1월부터는 본진이 파견되었다. 무장한 자위대가 전쟁이 이루어지고 있는 지역에 최초로 파병된 것이었다. 이 특별법에서는 자위대가 '안전확보 지원활동'이라는 이름으로 외국땅에서 무기와 탄약, 병력수송 등의 활동을 자위대가 할 수 있도록 했다. 주변사태가 아닌 외국에 전투행위 시에도 자위대를 파병해 병력수송 등의 전투행위나 다름없는 지원활동을 하는 법으로 한 발 더 나아간 것이다. 일본국헌법의 제9조를 무색하게 하는 내용이었다. 사실상 일본을 전쟁에 휩쓸리게 할 수 있는 이러한 활동은 평화적 생존권을 침해하는 것으로서 일본 내 평화운동진영의 위기감을 더욱 고조시켰다.

이에 일본 각지에서 평화적 생존권 소송이 제기되었다. 대부분의 평화적 생존권 소송이 각하되었으나, 전후 평화운동사상 획기적인 판결 내용이 나고야에서 나왔다. 자위대의 이라크파병 금지 등을 다툰 이 소송에서 법원은 자위대의 이라크파병이 이라크특별법에 근거한 행동이라고 해서 파병을 금지하지는 않았다. 하지만, 2008년의 이 판결 내용은 평화적 생존권이 구체적인 재판규범이며 이라크파병이 평화적 생존권을 침해한다고 밝혀 평화적 생존권 소송의 새로운 지평을 열었다. 1973년 9월 7일의 나가누마소송 1심판결에서 평화적 생존권을 재판규범이라고 인정한 이래 35년 만의 일이었다.

③ 헌법조사회의 설치와 좌절

일본은 군사대국화를 지향하고 자위대를 해외에 파병하기 위한 길을 조금씩 열어왔다. 1992년 PKO법은 정전 후에 자위대를 파병하는 것을 내용으로 하고, 1999년의 주변사태법은 정전 후가 아닌 전투행위 지역이라도 일본의 주변사태인 경우에는 파병할 수 있다는 내용을 담았다. 2001년의 테러특별법은 '주변사태가 아니더라도' '전투행위 시 해외파병'을 해 '후방지원'할 수 있도록 만든 것이고, 2003년의 이라크 특별법은 일본 주변의 사태가 아닌 외국에서 전투행위 시에도 자위대를 해외에 파병해 병력수송 등의 전투행위나 다름없는 지원활동을 할 수 있도록 한 발 더 나아간 것이었다.

이렇게 조금씩 파병의 지역, 상황, 활동 범위를 넓혀가는 방식은 헌법 제9조를 무력화하기 위한 것이기도 했다. 일본국헌법 제9조가 개헌되지 않아서 이라크특별법에도 불구하고 자위대가 전면적으로 미군과 공동의 군사행동을 할 수는 없었기 때문이었다. 다른 한편으로는 헌법 제9조와 일본의 평화운동진영이 건재하기 때문이었다. 결국 군사대국화를 막는 마지막 빗장은 일본국헌법 제9조였다.

그런 의미에서 2000년 2월 17일은 일본 헌정사에 기록될 만한 날이었다. 1947년 현행 일본 헌법 시행 후 거듭되는 개헌과 호헌의 공방이 있었지만 국회 주도의 헌법개정 논의는 처음 있는 일이었기 때문이다. 그간의 헌법 공방이 주로 정부여당과 시민사회 간 정치적 공방의 형태로 벌어졌다고 한다면, 이번에는 여야의 합의로 국회 내에 헌법조사회를 설치한 것이다.[58] 소선거구제를 중심으로 하는 선거구제의 개편을 내용으로 하는 정치개혁으로 사회당이 사실상 해체되고 민주당이 제1야당으로 등장하면서 가능해진 일이었다.

일본 헌정사상 헌법조사회가 설치된 것은 처음 있는 일이 아니다.

---

58   "日 헌법조사회, 전쟁포기 개정도 검토 대상", 연합뉴스, 2002. 7. 24.

이미 1956년 6월 1일에 공포된 헌법조사회법에 따라 헌법조사회가 설치된 적이 있다. 현행 일본 헌법이 제정된 이래 헌법을 개정하려는 움직임은 1952년 샌프란시스코 강화조약 이후 파상적으로 되풀이되었다. 1953년에는 헌법개정을 위한 국민투표법안이 만들어지고, 자유당과 개진(改進)당이 헌법개정안이 발표하는 등 어느 때보다도 개헌을 위한 집권여당의 움직임이 고양되던 시기였다. 그러한 분위기는1957년, 정부에 헌법조사회를 설치하는 것으로 이어졌다. 집권 여당이었던 자민당의 강공에도 불구하고 계속되는 시민사회의 반대로 국회 차원의 설치로 이어지지 않고 결국 정부에 설치하는 형태에 그친 것이었다. 게다가 야당인 사회당과 공산당이 참가를 거부함으로써 명분을 잃었으며, 이렇다 할 결론이 없는 보고서를 1964년에 작성하는 것으로 수명을 다했다.[59]

이와 달리 2000년 2월의 헌법조사회는 국회 내에 설치되었다는 특징을 갖는다. 헌법조사회는 5년간 활동하며, 헌법의 제정과정 및 개정논의에 대한 보고서를 작성해 이를 중참의원에게 제출하는 것이 임무였다. 헌법조사회장 무라카미 마사쿠니(村上 正邦)는 헌법조사회가 5년간의 조사활동 후 제출하는 보고서에 따라 약 3년에 걸쳐 새로운 헌법초안을 만들고, 이에 기초해 2008년 정도에는 일본국회가 새로운 헌법제정에 착수할 수 있을 것이라고 했다.[60]

자민당은 창당 50주년이 되는 2005년까지 새로운 헌법초안을 만들고, 헌법개정절차법을 만들기로 하는 등, 2003년 자위대의 이라크파병 후 개헌작업을 가속화했다. 고이즈미에 이어 수상이 된 아베 신조(安倍晋三)내각(제1차 내각: 2006. 9. 26~2007. 8. 27)은 임기 중 개헌을 공약하기도 했다. 임기 중 개헌을 공약한 첫 번째 내각인 제1차 아베내각은

---

59   法律時報臨時增刊, 『憲法調査會報告書』, 日本評論社, 1964.
60   "日 개헌가능성 첫 시사 '2008년 초안'", 동아일보, 2000. 1. 18.

개헌절차법의 제정에 착수했다. 여기에 자민당 출신의 오자와 이치로(大澤 一郎)가 제1야당인 민주당의 당수가 되면서 개헌 관련 절차법인 '국민투표법'이 2007년 5월 가결되었다.

그러나 개헌을 목표로 한 아베정권의 행보에 불안감을 느낀 국민들의 견제심리와 평화운동의 재점화로 인해 2007년의 참의원선거에서 자민당이 대패하고 제1차 아베정권은 붕괴했다.

호헌정당이었던 사회당이 해체되고 그 뒤를 이은 민주당은 보수적 성격이 강했다. 그러자 아베정권을 붕괴시키는 데 일조한 평화운동진영에는 과거와 다른 새로운 운동 주체가 형성되었다. 노벨문학상을 수상한 오에 겐자부로(大江 健三郎) 등 지식인 9명이 2004년 6월 발기한 '9조의 회'가 바로 그것이다. 아베내각이 임기 중 개헌을 공언하며 발족한 2006년 가을에는 전국적으로 5,000여 개, 2011년 가을에는 7,528개의 '9조의 회'[61]가 결성되었다고 한다.

'9조의 회'는 이제까지의 호헌운동과는 다른 새로운 특징을 가지고 있었다. 과거의 평화운동과 호헌운동에는 미일안보조약과 자위대의 존재에 반대하는 사람들이 주로 참여했다. 그러나 '9조의 회'에는 현실적으로 자위대의 존재는 인정하면서도, 자위대가 해외에서 군사행동까지 하는 것에는 찬성할 수 없다는 사람들도 대거 참여했다. 과거의 호헌운동 조직과 달리 중앙조직을 갖지 않고 각 지역과 직장의 '9조의 회'가 자발적으로 자기들이 하고 싶은 방식으로 활동하는 방식을 취했다. 이른바 네트워크형 사회운동조직이 등장한 것이다. 발기인과 중앙의 사무국은 필요최소한의 조직에 그치고 하는 일도 전국적인 동향 파악과 소개, 개별 9조의 회 상호 간의 교류 촉진과 연 1회의 강연회 개최를 주관하는 정

---

61   '9조의 회' 일본 홈페이지 주소는 http://www.9-jo.jp

9조의 회 강연 포스터. 9조의 회는 노벨문학상 수상자 오에 겐자부로를 비롯한 9명의 일본 지식인들이 시작한 일본의 평화헌법 수호 운동.

도에 그쳤다.

'9조의 회'는 대규모 집회나 기민한 통일 행동은 취하지 않았으나 개헌에 반대하는 분위기를 고양시켰다. 고이즈미내각이 한참 개헌에 열을 올리던 2004년에는 개헌에 찬성하는 여론이 65%였으나, '9조의 회' 발족 이후 점점 낮아져서 2005년에는 60.6%, 2006년에는 55.5%, 2007년에는 46.2%로 내려갔다. 급기야 2008년에는 개헌찬성이 42.5%, 개헌 반대가 43.1%를 차지하는 역전극이 벌어지기도 했다.

'9조의 회'의 운동에 호응해 자위대의 이라크파병에 반대하는 운동이 고양되었고, 전국적으로 이라크파병이 평화적 생존권을 침해하는 것이라는 이라크파병 위헌소송이 이어졌다. 많은 경우 패소했으나 2008년 나고야 고등법원에서는 이라크파병이 일본국헌법 제9조 1항에 위반해 평화적 생존권을 침해한다는 판결을 내렸다(2008. 4. 7/판례시보 2056호 74쪽). 나가누마 판결 이래 35년 만이었다.

아베내각 붕괴 후 민주당이 집권여당이 되었다. 민주당 당수 하토야마 유키오(鳩山 由紀夫)는 수상이 되기 전에는 개인적으로 헌법초안을 발표하는 등 개헌에 열심이었으나 수상 취임 후에는 여론을 의식해 구체적인 개헌 조치를 취하지 않았다. 그러나 그 뒤를 이은 칸 나오토(菅直人) 수상은 자민당의 요청을 받아들여 휴면 상태에 있던 국회의 헌법조사회를 다시 가동시키도 했다.

2012년 12월 26일 제46회 중의원 총선거에서는 노다 요시히코(野田 佳彦) 대표가 이끄는 여당인 민주당이 기존 230석의 1/4에도 미치지 못하는 57석을 얻어 참패한 반면, 아베 신조 총재가 이끄는 제1야당인 자민당이 무려 294석을 얻어 압승했다. 제2차 아베 신조내각이 탄생한 것이다. 자민당은 2005년 신헌법초안을 발표한 이래 이렇다 할 적극적인 움직임을 보이지 않다가 2012년 2월에 헌법개정원안을 발표하고 4월

28일에는 '일본국헌법개정초안'을 발표했다. 아베 총리는 참의원 선거에서도 과반수의 의석을 차지해 중·참의원을 자민당이 지배하는 시대가 다시 열렸다. 다만, 참의원 선거의 압승에도 불구하고 개헌발의선인 2/3 이상의 의석을 단독 확보하는 데에는 성공하지 못했다. 그러나 국민들의 자민당 지지를 개헌안에 대한 지지로 파악하고 다시금 개헌론을 쟁점화하고 있다.

II. 일본국헌법 평화주의의 한계

1. 기로에 선 일본국헌법의 평화주의

일본 정부는 "자위대는 헌법 제9조에서 규정한 전력(戰力)이 아니라 자위를 위한 필요최소한의 실력이다"[62]라는 궤변으로 일관하고 있다. 현재 일본의 자위대는 세계 제4위(594억 달러)에 이르는 군사예산을 쓰는 중국 다음의 아시아 최대의 군사적 조직이다. 지난 2013년 1월 아베 정부는 2013년도(2013. 4~2014. 3) 방위예산을 11년 만에 다시 증액하기로 했다. 노다 정부에서 책정해 두었던 방위예산 4조 6천536억 엔(약 56조원)에 약 1천억 엔(약 1조 2천억 원)을 늘리기로 했는데, 미국, 중국, 영국에 이어 세계에서 네 번째로 많은 방위비를 쓰고 있다. 일본의 방위비는 남북한의 방위비를 합한 것보다 많고, 대한민국 방위비(약 308억 달러)의 약 2배에 이른다.[63]

일본의 육상자위대·해상자위대·항공자위대의 인원과 각군 종별 부대 편성, 방비 등 방위력의 정비·유지·운용에 대해서는 「국방의 기본방침」에 따른 「방위계획의 대강」과 매 단계에서의 「중기(5개년) 방위력 정비 계획」 등에 명시되어 있다. 병력은 육상자위대 17만 9380명, 해상자위대 4만 5752명, 항공자위대 4만 7207명, 합계 27만 2339명이 정원이다. 그리고 현재 23만 8000여 명이 자위대원으로 활동하고 있다.[64]

---

62 이와 같은 일본 정부의 공식견해가 정식화된 것은 "鳩山內閣統一見解"(1954. 12. 22)이다. 이처럼 조문을 바꾸지 않고서 문안의 해석만을 달리해 개헌에 버금가는 효과를 거두는 편법을 일본의 헌법학계에서는 '해석개헌'이라고 비판하고 있다. 명문개헌을 하지 못하는 것은 여러 가지 이유가 있지만, 헌법학계와 국민들의 반대 여론이 거센 것이 가장 큰 이유이다.

63 국방부, 「국방비, 대한민국의 생존과 국민 행복을 지키는 원동력」, 2013, 52쪽.

64 日本國勢図會, 『日本國勢図會』, 533쪽.

군대라고 표현하지 않고 자위대로 표현한다든지, 병사를 대원이라고 하고 장교를 간부라고 한다든지, 구축함이라는 용어를 쓰지 않고 호위함이라고 하는 것은 헌법위반이라는 비판을 피하기 위한 개념 조작적 성격이 짙으며 사실상 군대이다. 게다가 1997년 9월 17일에는 국제평화유지활동에 협력한다는 명분으로 육상자위대 시설(공병)대대를 캄보디아에 파병했다. 자위대라는 이름으로 재군비한 지 꼭 43년 만의 일이었다.

냉전 해체 후 논리적으로는 무력에 의한 평화주의보다는 무력에 의하지 않는 평화주의의 가능성이 더욱더 높아지고 있다. 일본국헌법의 평화주의사상은 그 실천을 위한 좋은 조건을 갖추고 있다. 역사적 우여곡절이야 어찌 되었건 일본국헌법은 가장 철저한 형태의 비무장평화주의를 규정하고 있고 평화주의의 관점에서만 본다면 가장 선구적 헌법이다.

그런데도 일본 정부는 오히려 시대의 흐름에 역행해 대미종속 아래 군사대국화의 길을 모색하고 있다. 1990년대 이후 미국의 압력을 명분으로 PKO법, 주변사태법, 테러대책특별법 등으로 이어지는 유사시법제를 정비하면서 자위대의 해외파병을 조금씩 진행시키고 있다. 일본의 국회에는 공산당을 제외한 여야의 합의로 헌법조사회를 설치되어 활동 중이며, 집권 자민당은 2012년 4월, 일왕(天皇)을 국가원수로 하고 자위대를 자위군으로 하는 복고적인 헌법개정안을 마련하였다.

헌법개정의 핵심은 자위대의 국군으로의 전환일 것인데, 일본국헌법의 평화주의는 이제 커다란 기로에 서게 되었다. 아베정권은 9조 개헌을 우회하기 위해 헌법개정 절차에 대해 규정한 일본국헌법 제96조를 먼저 개정할 것을 제안하였다. 일본국헌법 제96조는 헌법개정 시 중의원과 참의원 2/3 이상의 찬성과 국민투표에서 과반수의 찬성을 얻도록 규정해 헌법개정을 매우 어렵게 하고 있다. 이로 인해 개헌의 탄력성이 떨어져 시대 변화에 능동적으로 대처하기 어렵다는 명분으로 이 조항의 개정을 주장하고 있다.

야스쿠니신사 참배를 공언하고, 자위대를 자위군으로 규정한 헌법 초안을 마련한 자민당 정권에서의 96조 개헌론의 의미는 선명하다. 위헌적인 존재인 자위대를 헌법합치적 존재로 만들려는 것이고, 일본은 평화주의 헌법의 선구적 모델로서 일본국헌법이 세계평화에 이바지하느냐 아니면 군사대국화의 논리에 퇴패해 과거로 회귀하느냐 하는 중대한 갈림길에 있다.

일본이 세계평화에 공헌하기 위해서는 몇 가지 한계를 극복해야 한다. 첫째, 피해자로서의 평화주의를 가해자로서의 평화주의로 확산해야 한다. 둘째, 가해자로서의 평화의식 확산을 위해 침략의 과거사 문제를 직시해야 한다. 대표적인 예가 일본국헌법의 국민 개념이다. 우리 헌법도 인권 관련 조항의 주어를 대부분 국민으로 하고 있기 때문에 이를 문제 삼는 것이 이상할 수 있지만, 사실 인권조항의 주어는 인간은 또는 누구든(person)이 되어야 한다. 더군다나 조선인, 중국인을 강제연행해 수많은 재일 외국인이 있는 일본의 경우는 이에 대한 문제의식이 각별해야 한다. 셋째, 일본국헌법이 선구적으로 규정한 평화적 생존권을 세계화해야 한다. 특히 미국의 군사전략 변환에 따라 군사기지 재편과 그에 따른 전쟁가능성의 고조되는 상황에서는 이를 저지하기 위한 연대권으로서 평화권에 주목할 필요가 있다.

2. 피해자로서의 평화주의와 가해자로서의 평화주의

전후 일본 정치의 핵심적 화두는 일본국헌법과 일본국헌법이 규정한 평화주의를 둘러싼 평화운동이라고 해도 과언이 아니다. 자유민권기 이래

의 평화주의사상과 같은 저류의 흐름이 평화주의를 지켜내고 일본 정치
의 복고화·반동화를 막는 견인차 역할을 했던 것도 사실이다.

전후의 평화주의는 몇 가지 특징을 갖고 있다. 첫째, 전후의 평화주
의운동은 주로 피해자로서의 평화주의사상에 기초하고 있다. 2차 세계
대전과 같은 전쟁을 일으킨 결과 히로시마, 나가사키에 원자탄이 투하되
는 등 막대한 전쟁의 폐해를 경험했으니 다시는 전쟁 피해를 입어서는
안 되겠다는 폭넓은 국민적 공감대가 형성되었다는 것이다.

1954년부터 시작된 원폭수폭금지운동에는 광범위한 국민이 참가해
평화운동이 대중적으로 성립하는 계기가 되었다. 1951년 원수폭금지 세
계대회에 제출된 원수폭금지서명운동에는 무려 3,000만 명이 넘는 사람
이 참여했다. 1981년 가을부터 1982년 6월에 걸쳐 개최된 제2회 유엔
군축특별총회(SSDII)를 맞이해서도 전국적인 서명운동이 전개되었는데
무려 8,000만 명의 서명 용지를 모아 제출하기도 했다.[65]

원수폭금지운동 등의 평화운동 외에도 비핵자치체운동이 활발하게
전개되었다. 비핵자치체임을 선언한 지방자치단체의 수는 1982년부터
점점 증대해 1999년에는 1,455개 자치체에 이르렀는데, 이는 전국 지방
자치체의 44%에 이른다.

둘째, 가해자로서의 평화주의 의식의 결핍이다. 물론 전후의 일본
정치가 대미종속하의 재무장을 추신하는 과정에서 평화주의사상에 기초
한 평화운동 또한 이를 저지하는 총력전의 양상을 띠었던 것은 분명하
다. 그러나 일본 헌법의 평화주의가 갖는 가해자책임의 함의는 평화주의
운동 가운데서도 이렇다 할 가시적 성과를 거두지 못했다.

예를 들면 일본 정부는 샌프란시스코 강화조약에 의해 주권을 회복

65 　安田浩,「戰後平和運動の特質と当面する課題」,『日本社会の対抗と構想』, 大月書店, 1998,
271쪽.

하면서 전쟁희생자에 대한 원호를 재개했다. 우선 '전상병자 전몰자 유족 등 원호법'이 제정되었다. 하지만 구 식민지 출신자들은 외국인이라는 이유로 배제되었다. 1953년 8월 군인은급(恩級)법이 부활되고 이후 미귀환자, 인양자, 피폭자를 대상으로 하는 각종 원호입법이 제정되었지만 원폭피해자의 의료 등에 관한 3개의 법률을 제외하고는 국적조항을 이유로 식민지시대 일본이 피해를 입혔던 사람들을 오히려 제외시켰다. 그러나 이에 대해 이렇다 할 저항은 보이지 않는다.

역사교과서 왜곡문제도 지적하지 않을 수 없다. 1982년 역사교과서 왜곡파동 때에는 3·1운동을 데모와 폭동으로 규정했으며 출병을 파견으로 고쳐 쓰도록 했다. 2001년 교과서왜곡에서 '새로운 역사교과서를 만드는 모임'은 일본군 위안부를 매춘부라고 했다. 일본의 평화주의사상이 가해자로서의 책임에 기초한 평화주의사상으로 폭을 넓히기 위해서는 앞으로도 예견되는 이러한 교과서 공방에 적극적인 모습을 띠어야 할 것이다.

지도급 인사들의 망언과 망동도 이어지고 있다. 아베 총리는 2006년 제90대 총리에 취임해 평화헌법의 개정을 공언하고 야스쿠니 참배를 주장했다가 총선에서 패배해 단명총리로 불명예 퇴진했다. 그러나 2012년 12월 제96대 총리에 오르자마자 또다시 평화헌법의 개정과 이를 위한 헌법 96조의 개정을 주장하고 야스쿠니 참배를 공언하였으며, 급기야 2013년 12월 26일 참배를 강행하였다. 이를 염두에 둔 것인지, 일본 야구팀 요미우리 자이언츠의 경기에 96번 등번호의 유니폼을 입고 시구를 했다. 이는 96조를 개정해 비무장평화주의를 규정한 9조를 다시 개정하고, 이를 통해 일본을 군대를 갖춘 자이언츠로 만들겠다는 신호를 담은

66   和田進, 『戰後日本の平和意識』, 靑木書店, 1997, 148쪽 재인용.

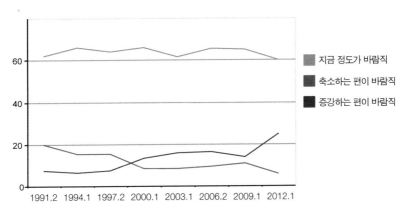

그림 1. 자위대·국방문제와 관련된 여론조사 중 자위대의 방위력
출처: 内閣府大臣官房政府広報室, 「自衛隊·防衛問題に関する世論調査」, 2012

퍼포먼스로 비판받았다. 그로부터 일주일 후에는 후쿠시마지진 피해 지역을 방문하는 길에 항공자위대를 방문했는데, 731이라는 숫자가 선명한 항공자위대의 비행기에 올라 득의양양한 포즈를 취하기도 했다. 731부대는 조선, 중국 등 식민지인을 대상으로 생체실험을 했던 악명 높은 군부대였다.

이러한 문제는 평화조항에 대한 분열된 헌법의식으로 나타나기도 한다. 시기에 따라 다소의 부침은 있지만, 비무장 평화주의를 규정한 일본국헌법을 개정하는 것에 대해서는 다수의 국민이 반대하면서도 비무장평화주의에 배치되는 자위대의 존립에 대해서는 60% 이상의 국민들이 찬성하는 여론조사 결과는 이러한 의식을 잘 보여준다. 비무장 평화주의 헌법 덕분에 군사비를 줄이고 경제를 발전시켜 현재의 윤택한 생활이 보장되는 것도 잃고 싶지 않으며, 현재의 안정된 생활을 송두리째 앗아갈지도 모를 개헌에도 역시 반대하는, 어떤 의미에서는 이기주의적인 평화주의라고도 할 수 있을 것이다.

무엇보다 문제인 것은 전후 평화주의운동이 재군비, 즉 일본국헌법

제9조의 개정에 반대하면서도 일왕 히로히토의 전쟁책임 문제는 언급하지 않는다는 점이다. 일본국헌법의 제정과정에서도 언급했듯이 일본국헌법의 제9조는 일왕의 전쟁책임을 면하기 위한 피뢰침의 역할을 했다는 사실을 직시한다면 일본국헌법 제9조에 대한 개정 논의는 전쟁책임 문제의 공론화로 이어져야 할 것이다.

3. 전쟁책임을 무시한 국민 개념

1) 재일외국인 배제를 위한 '국민'

일본국헌법은 제1조에서 "천황의 지위는 주권이 존재하는 일본 국민의 총의에 기초한다"고 하여 일왕이 주권자임을 부정하고, 전문 제1단에서는 "주권이 국민에게 있음을 선언하고 이 헌법을 확정한다"라고 함으로써 국민주권주의를 명확히 했다. 그리고 기본권의 향유주체를 신민(臣民)에서 국민으로 바꾸었다. 제11조에는 "국민은 모든 기본적 인권의 향유를 방해받지 않는다", 제14조에는 "모든 국민은 법앞에 평등하다"라고 규정하고 있다. 1948년에 제정된 한국 헌법에서 "모든 국민은 법 앞에 평등하다"라고 규정한 조항과 마찬가지다.

  기본권 향유주체가 국민으로 표기되었다고 하더라도 패전 후 일본과 식민지로부터 해방된 한국의 상황은 180도 달랐다. 패전 후 일본에는 강제징용 및 기타의 사유로 일본에 체류하고 있는 외국인이 500여 만 명(그중 재일한국/조선인은 250여 만 명)을 헤아렸다. 그러나 "일본 국민의 요건은 법률로 정한다"라고 해 기본권의 향유주체를 국민이라는 협소한 울타리에 가두고, 일본 내 외국인을 배제하려 했다. 그와 같은 움직임은 일련의 입법에서 찾아볼 수 있다. 자신들의 의지와는 상관없이 일본에 강제연행되어 일본에 체류하고 있던 재일외국인에 대한 아무런 법적 처우가 언급되지 않은 채 1950년 5월 4일 「국적법」이 제정되었다. 이어 소련을 제외한 연합국과 일본 간의 전쟁종결선언에 해당하는 샌프란시스코 강화조약(일명 평화조약)[67]이 발효되는 1952년 4월 28일부터는 이제 법형식논리상으로도 재일외국인들은 외국인일 수 밖에 없었다.[68] 1952년 4월 30일의 「전상병자 전몰자 유족 등 원호법」(이하 「원호법」)의 부칙 제2항에서는 "호적법의 적용을 받지 않는 자는 당분간 이 법률을 적용하지 않는다"라고 함으로써 결국 호적법의 적용을 받는 것이 국민임을 명확히 했다.

물론 표현의 자유와 같이 모든 사람들을 인권의 향유주체로 규정한 조항도 없지 않다. 그러나 주요 규정에 대해서는 '국민'을 그 향유주체로 하고 있다. 특히 법 앞의 평등과 관련해서는 집요하게도 국민이 그 주체임을 명시하고 있다.

인권의 향유주체를 헌법에서 '누구든(person)'으로 통일하지 않고 '국민'으로 한 것은 헌법조항만의 돌출적인 부분은 아니었다. 일본국헌법이 제정되기 이전인 1946년 4월 2일에 발표된 「일본에 있는 비(非)일

---

67 샌프란시스코 강화조약은 1951년 9월 8일 조인되어 1952년 4월 28일 발효되었다. 그 주요한 내용은 첫째, 연합국과 일본국 사이의 전쟁 상태를 종결, 주권을 회복한다(제1조)는 것이고, 둘째, 일본의 영토주권을 제한한다(제2조~4조)는 것이다. 특히 제2조에서는 '일본국은 조선의 독립을 승인하고 제주도, 거문도 및 울릉도를 포함한 조선에 대한 모든 권리와 권원 및 청구권을 포기한다'고 규정함으로써 한국의 독립을 추인했다. 조약의 전문 및 교섭경위에 대해서는 大嶽秀夫, 『戰後日本防衛問題資料集』第2卷: 講和再軍備本格化, 三一書房, 1992, 177쪽 이하.

68 1952년 4월 19일, 일본 법무부민사국장에 의한 通達(「平和條約の發效に伴う朝鮮人臺灣人等に關 する國籍および戶籍事務の處理について」)에서는 조선 및 대만이 조약 발효일로부터 일본국 영토에서 분리됨에 따른 조치로서 '조선인 및 대만인은 일본 내지에 있는 자를 포함해 일본 국적을 상실한다'고 규정했다(法務民事甲第438号).

본인의 입국 및 등록에 관한 각서」와 1947년 5월 2일 「외국인 등록령」에서는 "재일외국인을 당분간 외국인으로 간주한다"라고 해 외국인을 인권의 향유주체로부터 배제할 뜻을 내비쳤다. 특히 1945년 12월 (개정)중의원선거법 부칙에서는 "호적법의 적용을 받지 않는 자의 선거권을 당분간 정지한다"[69]라고 해 외국인의 참정권 부인의 뜻을 구체화했다.

전범수형자의 보상요구에 대해서도 국민이 아니라는 이유로 원호법 부칙2항을 들어 이를 거부하면서도, 수형자에 대한 형집행만은 계속했다. 샌프란시스코 강화조약 제11조에 의해 형집행 의무가 규정되어 있기 때문에 형집행을 계속해야 한다는 것이었다. 즉 전쟁범죄 시에 일본 국적이었으면 샌프란시스코 강화조약까지는 일본 국적 소유자라는 것이다.

여기에서도 엿볼 수 있듯이, 일본 정부는 강제연행되어 일본에 체류 중인 재일외국인들의 권리 향유는 적극적으로 제한하면서도 이들의 권리 제한은 폭넓게 인정하는 등 '국민' 개념이 자의적으로 운용되고 있다.

2) 전후보상과 '국민'

일본국헌법이 비록 일왕을 상징적 존재로 남기기는 했으나, 일왕이 주권자임을 정면으로 부정하고, 전문 제1단에서는 "주권이 국민에게 있음을 선언하고 이 헌법을 확정한다"라고 함으로써 국민주권주의를 명확히 했다. 이와 같은 획기적인 변화에도 불구하고, 자신들의 의지와는 상관없이 일본에 강제연행되어 일본에 체류하고 있던 재일외국인의 법적 처우는 그리 달라진 것이 없었다. 이들에 대해 아무런 법적 처우도 언급되지

---

69   비록 일본 내지(內地)에 국한되었다고는 하지만, 패전 전에는 조선인과 대만인에 대해도 일본 내지에 사는 경우 제국신민(帝國臣民)으로서 참정권이 인정되었다. 중의원 선거에는 총12명이 입후보했고, 박춘금(朴春琴) 씨가 도쿄에서 2번 당선된 바 있다.

않은 채 1950년 5월 4일 「국적법」이 제정되고, 호적법의 적용을 받는 자를 국민이라고 규정하였다. 이러한 점이 전쟁책임과 어떠한 상관관계에 있는지 살펴보고자 한다.

(1) 의무만 부과하는 '신민'
① 호적에 의한 내지인과 외지인의 구별

외국인을 배제하기 위해 호적법을 기준으로 내지인과 외지인을 구별하는 법해석은 식민통치시대의 법제에 뿌리를 둔다. 일본은 조선과 대만을 합병해 식민통치를 행하면서도 메이지헌법을 식민지에 적용하지 않았다. 입헌주의학파라 불리는 미노베 타쓰키치(美濃部 達吉)[70]조차도 식민지에는 메이지헌법이 적용되지 않는다고 했다. 식민지에 메이지헌법 적용을 주장한 것은 오히려 신권주의학파인 호즈미 야쓰카(穗積 八束)[71]였다. 그러나 그 경우도 인권보장이나 내외평등과는 거리가 멀었고 제국의 영토인 이상 당연히 적용되어야 한다는 차원의 패권주의적 발상에 지나지 않았다.

메이지헌법의 적용을 받는 것은 '일본인으로서 피를 나눈 사람들', 즉 (일본)호적법(戸籍法)의 적용대상자에 불과했다. 조선민사령(朝鮮民事令, 1912)과 조선호적령(朝鮮戸籍令) 적용대상자, 그리고 대만인(臺灣本島人)에 대한 특별율령(特別律令, 1932), 대만총독부령(臺灣總督府令, 1933), 호구규칙(戸口規則, 1935) 적용대상자는 외지인으로 취급되어 일본 신민에 포함되지 않았다. 인권조항이 장식적 의미밖에 갖지 못했던

---

70   미노베의 헌법사상에 대한 분석으로서는 김창록, 「일본에서의 서양 헌법사상의 수용에 관한 연구」, 서울대학교 박사학위논문, 1994, 68쪽 이하.
71   호즈미의 헌법사상에 대한 분석으로는 김창록, 「일본에서의 서양 헌법사상의 수용에 관한 연구」, 33-51쪽.

메이지헌법의 신민에도 외지인들은 끼지 못했던 것이다. 외지인들에게는 식민지 외지인으로서의 의무만이 존재할 뿐이었다.

② 국적보유자＝호적을 내지에 두고 있었던 자

호적에 의한 내외차별은 일본이 전쟁에 패한 후에도 계속되었다. 1945년 12월에 개정된 중의원선거법 부칙에서는 여전히 '호적법 적용을 받지 않는 자의 선거권을 당분간 정지'한다고 해서 일본 민족으로서의 피를 공유하지 못한 자를 배제했다.[72] 재일조선인은 치안문제와 결부시켜 생각했을 뿐이며, 단속의 대상일 뿐이었다. 1946년 4월 2일 「일본에 있는 비(非)일본인의 입국 및 등록에 관한 각서」를 GHQ가 발표하자 일본 정부는 「외국인 등록령」(1947. 5. 2)을 발표하고, '당분간'이라는 조건을 붙였지만 외국인으로 간주한다는 뜻을 명확히 했다. 등록대상이 된 조선인들은 등록과 관련된 각종 의무를 져야 했고 의무위반자에 대해서는 형벌과 퇴거명령을 가했다.[73]

일본의 민주화 달성을 위한 총화로서 일본국헌법이 제정된 이후에도 이러한 상황은 그다지 변하지 않았다. 1950년 5월 4일 「국적법」에는 재일외국인, 특히 60여 만 명에 달하는 재일조선인의 법적 처우에 대한 아무런 규정이 없다. 다만 1952년 「법률 제126호」에서 재일 조선인의 잠정적 재류만을 인정하고 있을 뿐이었다.[74] 더군다나 1952년 4월 30일 제정된 「전상병자 전몰자 유족 등 원호법」(이하 「원호법」) 부칙 제2항에서는 "호적법의 적용을 받지 않는 자는 당분간 이 법률을 적용하지 않는

72   姜尙中, 『アジアから讀む日本國憲法』, かもがわ出版, 1993, 21쪽.

73   姜徹, 『在日朝鮮人の人權と日本の法律』, 雄山出版社, 1994, 151쪽; 福岡安則, 『在日韓國人. 朝鮮人』, 中公新書, 1993, 38쪽; 內海愛子, 『朝鮮人BC級戰犯の記錄』, 勁草書房, 1982.

74   姜徹, 『在日朝鮮人の人權と日本の法律』, 152쪽.

다"[75]고 하여 호적에 의한 내외차별을 명확히 하고 있다.

(2) 재일외국인을 배제한 '국민'

호적에 의한 내외차별이 일소될 수 있는 계기가 전혀 없었던 것은 아니었다. 미국을 비롯한 연합국은 새로운 헌법의 제정을 통해 일본의 전쟁책임을 묻고 인권을 존중하는 평화적인 국가로 태어날 수 있도록 하고자했다. 포츠담선언 수락은 일본의 최종적이고 무조건적인 패전을 의미했으며, 패전국 일본에 대한 연합국의 태도는 강고했다. 일본이 다시금 전쟁을 일으키지 않도록 무장을 해제하는 것이 급선무였지만, 그에 못지않게 중요시 된 것은 일본이 두 번 다시 군국주의 국가가 되지 않도록 국가적 토양을 바꾸는 작업이었다.

이러한 방침은 점령 이전 단계에서도 명확히 드러났다. 1945년 6월 12일 삼성조정위원회(SWNCC)가 작성한 「(일본)항복 후의 미국의 초기 대일 방침」(이하 「초기대일방침」) 에서는 군정의 목적을 비군사화, 민주화, 자유주의화라고 설정하고, '인권 존중'을 강조했다. 이러한 「초기대일방침」을 구체화한 것이 「일본 통치제제의 개혁(Reform of Japanese Government System)」이라는 문서였다.

① '사람'을 고수한 GHQ초안

미국이 1946년 1월 7일 「일본통치제제의 개혁」이라는 문서에서 인권을 강조한 것은 메이지헌법하의 인권 상황에 대한 통렬한 비판이었다. "일본의 국민은 특히 과거 15년간 사실상 헌법이 그들에게 보장하고 있는 인권의 대부분을 빼앗겼다. 헌법에서조차 법률에 의하면 제한할 수 있다

---

75   姜徹,『在日朝鮮人の人權と日本の法律』, 173쪽.

고 해 많은 국민이 무권리 상태에 있었을 뿐만 아니라 이를 일본 신민에 한정하고 있어서 더욱더 문제였다"라고 지적해,[76] 군국주의 국가의 토양 이 인권 무시와 내외차별에 의해 형성되었음을 밝혔다.

이와 같은 상황 인식에 기초해 「일본통치체제의 개혁」이라는 문서 에서는 "일본 신민 및 일본의 통치권이 미치는 범위에 있는 모든 사람(all persons within Japanese jurisdiction)에 대해 기본적 인권을 보장해야 한다"라고 특별히 명시했다. 자신들의 의사와 관계없이 일본에 끌려와 있는 재일조선인 등 많은 외국인을 겨냥해 이 문서가 위와 같이 규정한 것임은 두말할 나위가 없다.

> "일본의 헌법(메이지헌법-저자)은 다른 헌법에 비해 기본적 제 권리가 제 대로 보장되고 있지 않다. 모든 사람(all person)에 대해 기본권을 인정하 는 것이 아니라 일본 신민에 대해서만 적용한다고 규정해, 일본에 있는 다 른 사람들은 보호대상에서 제외하고 있기 때문이다."[77] 그러므로 "일본 신 민 및 일본의 통치권이 미치는 범위 내에 있는 모든 사람에 대해 기본권 을 보장한다는 취지를 헌법에 명문으로 규정해야 한다(explicit provision in the constitution). 이는 민주주의이념 발달을 위한 건전한 조건을 창출 하고, 일본에 있는 외국인(foreigners in Japan)에게도 이제까지 누리지 못했던 보호를 부여하기 위한 것이다."[78]

1946년 2월 13일에 일본 정부 측에 전달된 GHQ초안[79]은 이상과

---

76   高柳賢三 外, 『日本國憲法制定の過程』, 有斐閣, 1972, 429쪽.
77   高柳賢三 外, 『日本國憲法制定の過程』, 431쪽.
78   高柳賢三 外, 『日本國憲法制定の過程』, 433쪽.
79   高柳賢三 外, 『日本國憲法制定の過程』, 274-275쪽.

같은 「일본통치체제의 개혁」이라는 문서의 지적을 다음과 같이 구체화
하고자 했다.

> 제13조: 모든 자연인은 법 앞에 평등하다(All natural persons are equal
> before the law). 인종, 신조, 성별, 사회적 신분, 카스트 제도나 출신국
> (national origin)에 따라 정치적 관계, 경제적 관계 또는 사회적 관계에
> 서 차별해서는 안 된다
> 제16조: 외국인은 법의 평등한 보호를 받는다(Aliens shall be entitled to
> the equal protection of law).

② 일본 정부의 변칙, '국민'

GHQ초안을 비밀리에 전달받아 일본 정부가 자신들의 문장으로 재구성
해 처음 선보인 것은 1946년 3월 5일이다. GHQ초안에서 "모든 자연인
은 법 앞에 평등하다"라고 한 것을 일본 정부는 "모든 국민은 법률 앞에
서 평등하다"라고 수정했다. 이에 대해 GHQ 측은 '국민'을 '자연인'으로
되돌려 놓으라고 지적했다. 그리고 일본 정부안이 '인종, 성별, 사회상의
신분 및 문벌'이라고 표현한 곳에 'national origin'(일본 외무성 번역으로
는 '국적 기원')이 들어 있지 않다고 지적했다.

이에 대해 일본 측에서는 GHQ초안의 제16조에 "외국인은 법의 평
등한 보호를 받는다"라고 규정하고 있는데, 이 조항과의 관계는 어떻게
되느냐고 반문했고, 이에 대해 GHQ 측은 일본 국민과 평등하게 보호를
받는다는 의미라고 응답했다.[80]

결국 GHQ초안의 제16조가 삭제되었으나 일본 정부의 3월 5일 초

80　佐藤達夫, 『日本國憲法成立史』第3卷, 有斐閣, 1994, 118쪽.

안은 다음과 같이 수정되어 「일본통치체제의 개혁」의 지적을 아직은 크게 벗어나지 않았다.

> 모든 자연인은 일본 국민인가의 여부를 묻지 않고 법 앞에 평등하며, 인종, 신조, 성별, 사회상의 신분 또는 문벌 또는 국적에 의한 정치상, 경제상 또는 사회상의 관계에서 차별을 받지 않는다.[81]

GHQ 측은 이상과 같이 협의된 내용을 포함한 초안 전체를 3월 5일 중에 발표할 것을 제안했다. 그러나 일본 정부는 자구 정리와 그 밖의 준비 등의 형편을 이유로 발표를 하루 연기했다. 이 단계에서도 재일외국인을 평등조항으로부터 배제하기 위한 시도가 있었다. GHQ의 지적에 따라 삽입하기로 했던 national origin을 삭제했으며, '일본 국민의 여하를 불문하고(日本國民タルト否ト =Japanese or alien)'가 다시 삭제되었다.

이상과 같은 일본 측과 GHQ의 줄다리기 끝에 발표된 3월 6일 초안의 평등조항은 그 주어를 '모든 사람은'이라고 유지하기는 했으나 다음과 같은 문구로 바뀌어 있었다.

> 모든 사람은 법 앞에 평등하며, 인종, 신조, 성별, 사회적 지위 또는 문지에 의한 정치적, 경제적 또는 사회적 관계에서 차별을 받지 않는다.[82]

---

81 "凡テノ自然人ハ其ノ日本國民タルト否ト ヲ問ハズ法律ノ下ニ平等ニシテ人種、信條、性別、社會上ノ身分若ハ門閥又ハ國籍ニ依リ政治上、經濟上又ハ社會上ノ關係ニ於テ差別セラルルコトナシ"; 佐藤達夫, 『日本國憲法成立史』第3卷, 165쪽.

82 "凡テノ人ハ法ノ下ニ平等ニシテ人種、信條、性別、社會上ノ身分若ハ門閥ニ依リ政治上、經濟上又ハ社會上ノ關係ニ於テ差別セラルルコトナシ"; 佐藤達夫, 『日本國憲法成立史』第3卷, 190쪽.

일본 정부는 여기에 만족하지 않고 그 후에도 세 차례에 걸쳐 GHQ
와의 끈질긴 줄다리기를 시도했다. 일본 정부는 '모든 사람은'을 '국민은'
으로 바꾸고, '누구든'을 '국민'으로 변경한다는 내부 방침까지 정했다.[83]
그러나 GHQ의 긍정적인 대답을 얻지 못할 것으로 예상해 결국은 세 차
례에 걸친 교섭에서 이를 내비치지 않았다. 교섭의 결과라고 내놓은 4월
13일 초안에서는 교묘하게도 영문은 그대로 놓아둔 채 일본어 번역문을
다른 조항과 함께 슬그머니 다음과 같이 바꾸었다.

> 모든 국민은 법 앞에 평등하며, 인종, 신조, 성별, 사회적 지위 또는 문지
> 에 의한 정치적, 경제적 또는 사회적 관계에서 차별을 받지 않는다.[84]

변경의 이유는 간단했다. 이 조항이 속한 장의 명칭이 '국민의 권리
와 의무'이므로 그 주어도 모두 국민으로 바꾸어야 한다는 것이었다. 그
결과 '모든 사람은'이 '모든 국민은'으로 바뀌었다. 다만, 제16조(청원권),
제18조(고역[苦役] 금지), 제20조(신교의 자유), 제31조~제35조(적법절
차 등)의 주어는 GHQ의 요구대로 그 주체를 누구든(person)으로 남겨
두었다.

이런 줄다리기는 자신들의 의사와 관계없이 일본에 끌려와 일본에
정주하고 있는 많은 외국인들을 전후보상으로부터 배제하기 위한 것이
었다. 정확히 이야기하면 의무는 지우되 권리의 향유주체가 되지 못하도
록 하기 위한 일본 정부의 의도가 깔려 있었다.

83　佐藤達夫, 『日本國憲法成立史』第3卷, 242쪽.

84　佐藤達夫, 『日本國憲法成立史』第3卷, 338쪽.

(3) 전쟁책임과 '국민'

새로운 헌법의 제정으로 말미암아 일본 민족이라는 말은 우익의 전매특허가 되고 평화주의 진영 또는 양식 있는 일본 사람들에게는 기피해야 하는 단어가 되었다. 일본 민족에게만 인정되던 신민의 권리가 일본인으로 바뀌었다고는 하지만 내용상 변한 것은 별로 없었다. 일본 국민 또는 국민주권이라는 말에서 국민의 범위가 결국은 호적법을 토대로 했기 때문에, 일본 국내에 거주하는 옛 식민지 출신자는 여전히 국민에서 배제되었다. 대표적인 예가 호적에 의한 원호대상자의 차별[85]이다.

원래 일본 패전 전부터 실시되고 있던 전쟁희생자에 대한 원호정책을 점령군은 못마땅해 했다. 특히 1945년 11월의 GHQ각서 제338호에서 GHQ는 "군대에 복무했다고 해서 일반인보다도 두텁게 보상하는 제도는 군국주의의 온상이므로 이를 인정할 수 없다"라고 했다. 결국 1946년 2월 군인은급은 폐지되고, 같은 해 9월에는 공습피해자를 대상으로 한「전시재해보험법 및 전상자에 관한 군사부조법」까지 폐지했다. 그리고 필요한 경우에는 일반적인 사회보장제도를 통해 구제해야 한다고 하여, 이를 위해 생활보호법이 제정되었다.

미군점령기에는 이러한 정책이 유지되었으나, 1952년 4월 28일 샌프란시스코 강화조약의 발효로 일본이 주권을 회복하게 되자 일본 정부는 다시금 전쟁희생자의 원호를 재개했다. 우선 전상병자 전몰자 유족 등 원호법(1952년)이 제정되어 '전상병자'와 '전몰자 유족'이 그 대상이 되었다.

군에 복무했으면서도 옛 식민지 출신자들은 외국인이라는 이유로 원호에서 배제되었다. 전범수형자의 보상 요구에 대해서는 원호법 부칙2항

---

85   佐藤達夫, 『日本國憲法成立史』第3卷, 173쪽.

을 들어 "조선인들은 일본의 국적은 가지고 있어도 식민지에 호적을 두고 있기 때문에 일본의 호적법이 적용되지 않는 자들이므로 원호법의 적용대상에서 제외"[86]되었다. 이후 미귀환자, 인양자, 피폭자 등을 대상으로 각종 원호입법이 제정되었다. 이들 대부분은 '국적조항'을 두고 있다.[87]

그 밖에 각종 사회보장관계법령으로부터 국적에 의한 차별이 이어지고 있다. 국민연금법이 피보험자의 자격을 '일본 국내에 주소를 둔 20세 이상 60세 미만의 일본 국민(제7조)'으로 했다가, 김현균(金鉉鈞) 씨 소송[88]을 계기로 1982년 '일본 국내에 주소를 둔 20세 이상 60세 미만인 자'로 개정되었다. 생활보호법(1950년) 제1조에서 "생활이 곤궁한 국민에 대해……최저생활을 보장한다"라고 규정했다가, 1981년 일본이 난민조약에 가입하면서 국적조항을 삭제하기 위해 국민을 주민으로 바꾸었을 뿐이었다.

---

86 구 서독의 연방전쟁희생자원호법(Bundesversorgungsgesetz)은 독일 국적 보유자의 여부를 묻지 않고 해당자는 급부청구권을 갖는다고 했다.

87 예외적으로 「국적조항」이 없는 법률이 있는데, 그것은 「원폭피해자의 의료 등에 관한 법률」, 「원자폭탄피해자에 대한 특별조치에 관한 법」, 「원자폭탄피해자에 대한 원호에 관한 법률」이다. 이 법에서는 일본에 재류하는 원폭피해자에 대해서는 국적과 관계없이 수혜대상이 된다.
일련의 원호입법의 「국적조항」의 부당성을 다투기 위한 4건의 재판이 도쿄, 오사카, 교토, 오츠의 재판소에서 있었다. 1994년 7월에는 도쿄지방재판소가, 1995년 10월에는 오사카지방재판소가 원고패소판결을 내렸다. 도쿄지방재판소의 경우 "입법부작위의 상황에 있음"을 지적하는 데 그쳤고, 오사카지방재판소의 경우 "위헌의 의심이 있다"고 지적하는 데 머물렀다. 도쿄지방재판소의 원고인 석성기(石成基, 1921년생) 씨는 군속으로 남방전선에 끌려나가 부상을 입고 오른팔을 절단(제3항 病)했다. 같은 부상을 당한 일본인 상이군인은 1952년 원호법 제정부터 1993년까지 6000여만 엔의 보상을 받은 바 있다.

88 1910년부터 일본에 거주하고 11년에 걸쳐 보험료를 납입, 1983년 항소심에서 승소. 吉岡增雄 外, 『在日外國人と日本社會』, 社會評論社, 1984, 141쪽 이하.

4. 가해자로서의 평화주의를 위하여

일본국헌법은 평화주의사상의 측면에서 보면 선구적인 헌법이다. 그것은 일본이 전범국가였기 때문에 가능했다. 이러한 평화주의가 전후 민주주의 운동의 근간이 된 것은 자유민권기 이래의 전통적인 평화주의사상에도 간접적으로 기초하고 있다. 그러나 다른 전범국가에 비해 일본이 유독 군비철폐를 동반한 비무장평화주의 헌법을 규정하게 된 데에는 이 조항이 일왕의 전쟁책임을 회피하기 위한 피뢰침 역할을 했기 때문이었을 것이다. 이러한 역사적 우여곡절에 더해 전후 일본 국민의 평화주의사상과 운동이 일본국헌법의 개악을 저지해 현재에 이르고 있다.

이때의 평화주의는 피해자로서 전쟁의 참화에 대한 기억에 기초한 것이어서 가해자로서 전쟁책임을 동반한 평화주의로의 발전의 과제를 안고 있다. 결국 일본의 평화주의사상의 현재 모습인 일본국헌법의 평화주의가 보편적인 평화주의의 모델이 되기 위해서는 가해자로서 평화에 대한 폭넓은 인식의 제고가 필요하다. 일왕의 전쟁책임 문제를 비롯한 일본군 위안부문제의 진상규명 및 사죄 등과 같은 역사문제에 대한 진지한 노력이 필요하다. 그리고 재일조선인을 비롯한 재일외국인을 배제하기 위해 의도적으로 바꿔치기한 '국민' 개념을 글자 그대로 해석할 것이 아니라 '누구든(person)'으로 확대해석해 재일외국인들의 부당한 권리 침해를 방지해야 한다.

III. 일본에서의 평화권 사례

일본국헌법의 평화주의와 평화권은 제정과정의 한계와 우여곡절, 운영과정의 문제점에도 불구하고 주목할 만한 많은 사례를 남기고 있다. 특히 미국의 동북아시아 군사전략의 변화 및 이에 편승한 일본의 군사대국화노선의 추구로 평화가 위협받게 되자, 이에 대항하는 과정에서 평화권의 보호영역에 대한 논의가 풍부해졌다. 이하에서는 미군기지 재편 문제, 과거의 미군기지 문제, 안보조약의 문제 등에 관한 평화권 사례를 검토해 본다.

1. 일본에서의 전략적 유연성과 동북아시아의 평화권

미국은 2000년 들어 군사변환(Military Transformation)과 해외미군재배치계획(GPR)에 따라 주일미군의 재조정 작업에 본격 착수했다. 미국이 구상했던 주일미군 재편의 목표는 중앙아시아, 인도양의 벵골만, 한반도의 동해에 이르는 활 모양의 지역을 총지휘할 광역사령부를 만들고 일본을 그 기지로 하는 것이었다. 이 구상의 밑그림은 미국 내 일본 전문가들이 만든 '아미티지-나이보고서'(2000)였다.

미일 양국은 2002년 12월 16일 외무 및 국방장관급 미일안전보장협의회(2+2 전략회의)를 갖고, 국제 정세에 관한 의견을 교환하여 주일미군의 재조정 필요성에 인식을 같이했다. 2005년 2월 19일 2+2 전략회의를 다시 갖고 '전략적 유연성'에 기초한 미일 간의 공통된 전략목표를 담은 공동성명을 발표했다.

이에 따르면 미국 워싱턴주에 있는 육군 제1군단 사령부가 가나가와(神奈川)현의 자마(座間)기지로 이전해 위에서 언급한 활 모양 지역의 광역사령부가 되고, 일본 항공자위대 총사령부가 도쿄 서부의 요코타(橫田)에 있는 주일미공군 사령부(제5공군)로 이전하고, 괌에 있는 미 13공군사령부도 요코다기지로 통합하는 것이었다.

전력(戰力)을 금지한 일본국헌법과 전략적 유연성에 관한 미·일 간의 군사적 융합이 진행되고 있는 것도 문제이지만, 우리의 입장에서 보면 미국의 군사재편 및 전략적 유연성에 편승한 일본의 군사대국화가 한반도 유사시를 상정하고 있는 것도 우려의 대상이다.

2006년 3월 25일부터 31일까지 '한·미·일 연합전시증원(RSOI) 및 독수리훈련(FE)'이라 불리는 대규모 군사훈련이 있었다. 규모가 방대해 세계 최대 규모였다고 알려져 있는 이 훈련에 핵추진 항공모함을 비롯해 신속 기동타격대인 스트라이커 여단이 참가했으며, 각종 핵무기와 관련된 군사장비로 무장한 무력이 한국, 일본 그리고 괌에서 합동군사훈련을 했다. 스트라이커 부대[89]는 미 육군이 분쟁지역에 신속히 파견해 전쟁 업무를 수행하기 위해 편성한 신속기동여단으로 구성되어 있다.

한편 키 리졸브(Key Resolve)훈련도 동북아시아에서 꾸준히 실시되고 있다. 키 리졸브훈련은 주한미군과 해외 미군이 한국군과 함께 벌이는 군사훈련으로, 독수리 훈련(Foal Eagle)과 통합되어 실시되고 있

---

89 미국 정부가 1999년 육군의 편제 개편을 단행하면서 이듬해부터 창설하기 시작한 신속 기동군을 말한다. 규모는 1개 여단 규모이며, 편제는 3개 보병대대, 1개 기갑대대, 1개 포병대대 및 지원대대로 구성된다. 병력은 3600~3700명이며, 스트라이커 장갑차량 300대와 M198 155㎜ 곡사포, 토우(TOW) 대전차미사일 등으로 무장해 유사시 세계 어떤 지역이라도 96시간 안에 배치가 가능하다. '스트라이커'라는 명칭은 2차 세계대전과 베트남전쟁에서 전사한 두 병사의 성(姓)에서 따온 것이다. 이 부대의 가장 큰 특징으로는 가볍고 단단한 장갑차량을 들 수 있다. 미국 육군과 해병대에서 운용하는 주력 전차인 M1A1의 경우 무게가 67톤에 달해 분쟁지역에 배치할 경우 한 달 이상이 걸린다. 그러나 스트라이커부대의 장갑차량은 17.2톤밖에 되지 않아 C-130 수송기에 4대를 실을 수 있고, 최고 98㎞의 시속으로 달릴 수 있어 신속한 실전 배치가 가능하다.

다. 이 가운데 키 리졸브 훈련은 한미연합사가 한반도 유사시 미군 증원 전력을 재빨리 전개해 신속한 역공을 취하는 과정 가운데 지휘소훈련을 지칭하며, 독수리 훈련은 한미연합군의 군사작전을 실제로 전개하는 야외 전술기동훈련이다. 이는 1976~94년에 진행되다가 중단된 팀스피릿 (Team Spirit)훈련과 그 이후 이뤄진 한미 연합전시증원연습(RSOI, Reception, Staging, Onward Movement, Integration)을 대체해 2008년부터 진행되었다

이러한 일련의 흐름은 일본의 미군기지 재편이 단순한 일본의 중무장화에 그치는 것이 아니라, 미국과 일본, 미국과 한국 간의 양자적 군사관계를 한·미·일 간의 3각 군사동맹으로 만들기 위한 마스터플랜 아래 이루어지고 있는 것은 아닌가 하는 의문을 자아내고 있다. 이는 동북아시아에서 전쟁이 발생할 가능성을 높이는 것이고, 그만큼 동북아시아 지역 주민들의 평화적 생존권에 위협을 가하는 일이다.

2. 미일안보조약과 평화적 생존권

주일미군 재편과 그에 따른 전략적 유연성의 증대가 평화적 생존권을 위협한다는 인식 아래, 미군 주둔의 근거가 되는 미일안보조약의 내용과 이에 따른 미군 주둔, 그에 저항하는 평화권운동의 역사와 현재를 살펴본다. 그리고 주일미군기지 재편의 본질을 분석하고, 평화권을 통한 연대의 가능성과 의의 등을 모색해보고자 한다.

1) 미일안보조약의 구조와 문제점

미군의 일본 주둔의 근거가 되는 것은 1960년에 성립한 '미일상호협력 및 안전보장에 관한 조약(이하 신안보조약)'이다. 미일 간의 안보에 관한 조약은 1951년 9월 8일 체결된 '미일안전보장조약'(이하 구안보조약)에서 비롯되었으며, 현재의 안보조약(신안보조약)은 구안보조약을 개정함으로써 성립된 것이다.

구안보조약은 미군 주둔의 근거법을 만들기 위한 것이었다. 1945년 8월 말부터 미군이 주둔했으면서도 미군 주둔의 근거를 1951년에야 비로소 마련한 이유는 미군의 점령 상태를 종식시키는 평화조약이 1951년 9월에 체결되었기 때문이다. 미군의 법적 지위라는 측면에서 이야기하면, 미군은 미일안전보장조약 체결 전에는 점령통치를 위한 연합군의 일원으로 주둔했고, 미일안전보장 이후에는 이에 의한 주일미군으로 주둔했다.

(1) 미군점령과 일본국헌법의 제정

미군이 일본에 처음 주둔하기 시작한 것은 1945년 8월 말이다. 2차 세계 대전 결과로 전범국 일본을 점령한 미군은 연합군의 이름으로 일본에 대한 점령통치를 실시했다.[90]

전범국 독일에 대한 점령통치는 미·영·소 3국의 협정과 의정서에 기초해 점령의 구체적 내용이 명확히 규정되었다. 그에 따라 연합국의 일원인 미국, 영국, 프랑스, 소련 4개국이 독일을 분할 점령했다. 반면, 같은 전범국인 일본의 경우는 미국에 의한 단독점령이 실시되었다. 일본

---

90   연합군은 1945년 10월 미국의 맥아더를 최고사령관으로 하는 연합군 최고사령관 총사령부(GHQ)를 도쿄에 설치했으며, 일본 정부에 지령과 권고를 통해 간접통치방식을 취했다.

항복 시 연합국 간에 '맥아더를 연합국 최고사령관으로 하며, 항복 이후 일본에 대한 통치권은 연합국 최고 사령관에 종속된다' 정도의 합의만이 존재했기 때문이다.

점령통치기구에 대한 합의가 늦어진 것은 일본의 항복(1945년 8월 15일)이 독일(1945년 5월 7일)에 비해 늦어진 것도 있지만, 뒤늦게 참전한 소련과 이를 견제하려는 미국이 일본 항복 후 질서를 둘러싸고 서로 치열한 각축전을 벌였기 때문이다. 동유럽과 발칸지역 그리고 일본을 비롯한 극동아시아의 점령통치기구 문제를 둘러싸고 1945년 9월 11일부터 런던에서 5개국 외무장관 회의를 열어 합의를 시도했으나 결국 성과를 내지 못했다.[91] 일본의 점령통치 문제는 결국 미군에 의한 일본 점령이 개시된 이후인 1945년 12월 모스크바3상회의에서야 결정되었다. 그 결과 동유럽은 소련이, 일본은 미군이 점령하되, 일본에 대한 점령통치 문제는 1946년 2월 26일에 발족될 극동위원회에서 결정하도록 했다.[92]

하지만 미국은 결정내용을 어기고 소련이 참가하는 극동위원회가 발족되기 전에 일본의 전후 질서를 미국식 체제로 재편하기 위해 일본 정부에 헌법개정을 종용했다. 그 결과 극동위원회가 제 기능을 발휘하기 전인 1946년 2월 초에 헌법초안을 마련하고 같은 해 11월 3일 서둘러 일본국헌법을 공포해버렸다. 공포된 헌법은 비군사화라는 연합국의 점령통치 정책을 계승하면서도 미국식의 민주화를 근간으로 하는 것이었다.

특히 비군사화 정책의 일환으로 이루어진 침략전쟁포기와 상비군을 부정한 헌법 9조[93]는 일본국헌법을 평화헌법으로 특징짓는 계기가 되었

---

91   豊下楢彦, 『日本占領管理體制の形成』, 岩波書店, 1992, 34쪽 이하.
92   豊下楢彦, 『日本占領管理體制の形成』, 343쪽 이하.
93   일본국헌법 제9조 제1항: 일본 국민은 정의와 질서를 기조로 하는 국제평화를 성실히 희구하고, 국권의 발동에 의한 전쟁과 무력에 의한 위협 또는 무력행사는 국제분쟁의 해결수단으로서 영원히 포기한다. 제2항: 전항의 목적 달성을 위해 육해공군 기타 전력을 보유하지

다. 이로써 일본은 군사력에 의한 개별적 자위권은 행사할 수 없게 되었
으며, 집단적 자위권에 해당하는 타국과의 군사동맹은 원칙적으로 맺을
수 없게 되었다.

(2) 1951년의 구안보조약

이러한 일본국헌법하의 비군사화정책은 1950년의 한국전쟁 등을 계기
로 재무장 정책으로 본격 변화했다. 전범국 일본을 재무장시키기 위해서
는 비군사화정책의 고수를 강조하는 소련이 참여하는 극동위원회를 무
력화시키고, 주변국을 안심시킬 필요가 있었다. 이를 위해 강화(평화)조
약이 필요했다. 그리고 친미정치인들을 활용하기 위해 점령정책의 징벌
적 내용도 완화할 필요가 있었다. 미군의 일본 주둔은 미국의 전략적 필
요에 의한 것이기도 했지만, 주변국을 안심시키는 역할도 했다.[94]

    1951년 9월에 체결된 미일안보조약은 미군의 일본주둔에 대한 법
적 근거가 되었다. 전쟁 상태를 종식하는 강화조약의 결과, 주둔의 근거
가 없어진 미군으로서는 안보조약이라는 외투를 입고 계속 주둔하게 되
었다. 이는 연합군의 일원이 아닌 미군으로서의 주둔이었다.

    미일 안보조약에 따른 기지 제공은 전토(全土)기지 방식을 채택했
다. 제1조에 의하면 '미국이 육해공군을 일본 국내 및 그 부근에 배비할
권리를 일본은 허한다'고 했는데, 어느 특정된 지역에 한정해 미군을 주
둔시키는 것이 아니라 미군이 원하면 일본의 국내 및 부근의 어느 곳이
든 기지를 둘 수 있는 매우 굴욕적인 내용이었다.

    굴욕적인 내용은 그뿐만이 아니었다. 제1조 후단에는 '일본국에 대

    않는다. 국가의 교전권은 인정하지 않는다.

94   이를 위해 다국 간 협정으로부터 양국 간 협정에 이르기까지 다양한 의견이 있었으나 결국
      미일 간의 양자 간 조약으로 결정되었다. 豊下楢彦,『安保條約の成立』, 岩波新書, 3쪽 이하.

규모 내란 및 소요를 진압하기 위해' 미군을 사용할 수 있다고 규정했다. '내란조항'은 일본 사회의 자주적 변혁 또는 개혁 움직임도 미국의 입장에 따라 진압할 수 있다는 의도를 명백히 한 것이었다.

미일안보조약은 미군의 배타적 주둔권을 보장하기 위한 문서이기도 했다. 제2조는 미군이 주둔하는 동안에는 '미국의 사전동의 없이' 제3국의 군사기지를 둘 수 없음은 물론이고 주둔은 물론 연습도 허용할 수 없으며, 심지어 통과도 허용하지 않는다는 내용으로 이루어져 있었다.

전토기지 방식에 의한 배타적 주둔권에도 불구하고 이 조약의 유효 기간은 명시되지 않았다. 제4조에 따르면 '미국과 일본' 양 당사국이 안보에 관해 충분하다고 인정하지 않는 한 조약의 효력이 인정되는, 다시 말하면 경우에 따라서는 무기한 조약이었다.

구안보조약은 비무장평화주의를 규정한 일본국헌법의 평화주의에 반해 미군을 주둔시키는 것이었고, 주일미군의 존재로 인해 무력분쟁에 휩쓸릴 가능성을 높히는 행위로 평화적 생존권을 침해하는 조약이었다. 이는 주일미군의 존재 등을 다룬 1959년의 스나가와 판결의 요지이기도 하다.

(3) 1960년의 신안보조약

구안보조약의 이러한 문제점은 일본 국내의 보수적 세력은 물론 많은 평화애호세력들의 반발을 샀다. 일본 정부는 이러한 불만을 배경으로 헌법에 반하는 군사조약을 폐기해 평화적 생존권을 보장하기보다는 군사조약을 인정하되 문제점의 일부만 개선하는 방향으로 안보조약 개정을 시도했다. 구안보조약에는 미국의 일본 방위의무가 불명확하기 때문에 이를 명확히 해야 한다는 것이 당시 기시 노부스케(岸信介)내각의 안보조약 개정을 위한 대의명분이었다.[95]

개선을 명분으로 내건 일본 정부의 선전과 달리 내용의 일부는 미일 간의 군사협력체제를 더욱 강화하는 것이어서 국민의 안보조약 반대 여론이 전국적으로 일었다. 신안보조약의 체결에 반대하는 시위가 이어졌으며, 강행 체결이 임박할 즈음에는 연일 3만여 명의 군중들이 국회의사당 주변을 에워싸고 시위를 벌였다. 전후 60년의 평화운동 역사를 보더라도 가장 고양된 대중투쟁이 전개되었으며, 평화의식의 고양을 가져왔다.

신안보조약은 결국 강행 타결되고 말았지만, 평화운동의 영향으로 이후 일본 정부는 자의반 타의반으로 평화외교와 관련한 일련의 대원칙을 천명했다. 첫째, 방위비를 국민총생산의 1% 이하로 한다. 둘째, 자위대의 해외파병은 금지한다. 셋째, 핵은 갖지도, 만들지도, 반입하지도 않는다(비핵3원칙),[96] 넷째, 무기수출은 금지한다.

전 국민적인 안보조약 반대투쟁 덕분에 구안보조약의 몇몇 독소조항들이 개정되었다. 말 많던 내란조항은 삭제되었다. 조약의 기한은 10년간 유효하되, 조약을 종료시킬 의사가 있을 때는 1년 전에 통고하는 것으로 되었다. 또한 제5조 1항에는 미국의 방위협력의무가 명기되었다. 제4조에는 안보조약의 실시와 관련해 양국이 수시협의할 것을 명기했다. 조약에는 사전협의의 교환 공문이 첨부되었다. 이에 따르면 미군배치에 있어서의 중요한 변경, 장비에 있어서의 주요한 변경(특히 핵병기의 배비), 일본 영역 외에서 미군의 작전행동을 위한 기지 사용 시에는 미군은 일본 정부와 사전에 협의한다고 약정되었다.[97]

---

95 吉岡吉田, 『米日安保体制論』, 新日本出版社, 1977, 281쪽 이하.

96 1972년에는 비핵3원칙을 국회에서 의결했다.

97 베트남전쟁, 걸프전쟁(일본에서는 灣岸戰爭)에서도 일본의 기지는 미군기의 출발기지로 사용되었으나 오늘날까지 사전협의 대상이 된 바 없다.

그러나 신안보조약은 개선만 된 것은 아니었다. 제6조에 따르면, 전토기지 방식의 군사기지 제공 방식은 여전히 변하지 않았다. 같은 6조에 따르면 주일미군의 역할이 일본에 대한 외부로부터의 무력공격뿐만 아니라 극동지역에서의 안전유지로 확대되었다. 뿐만 아니라 군사력을 부정하고 있는 일본국헌법 제9조에도 불구하고 '무력공격에 저항하는 능력'을 유지 발전시키도록 했다(제3조). 전쟁에 휩쓸려 평화적 생존권이 오히려 침해될 가능성을 증대시킨 것이었다. 일본에 대한 외부로부터의 무력침공에 대비한 미일 방위협력을 위해, 작전지휘권을 비밀각서를 통해 미국에 넘겨주었다. 이로써 미국 주도의 무력분쟁에 일본이 휩쓸릴 가능성이 더욱 높아지고 말았다.

한편 안보조약에 반대하는 국민적 저항에 밀려 본토 기지의 3/4을 축소했으나 오키나와에는 미군기지의 3/4이 집중되었다. 오늘날 미군기지 재편과 관련한 평화적 생존권 및 반기지 투쟁이 오키나와를 중심으로 펼쳐지고 있는 것도 신안보조약에 따른 결과이다.

(4) 평화권을 침해하는 안보조약

신안보조약은 위에서 언급한 것처럼 구안보조약에 비해 몇 가지 차별성을 가진다. 첫째, 내란조항이 삭제되었다. 둘째, 조약의 종료 절차가 명확해졌다. 셋째, 미국의 방위협력의무가 명기되었다. 넷째, 미군 주둔과 관련해 일본과 협의하도록 명기했다. 다섯째, 지리적 범위를 일본 영토에서 극동으로 확대했다. 하지만 신구 안보조약은 공통점도 많다. 첫째, 기지 제공을 전토기지 방식으로 함으로써 미군이 마음만 먹으면 어디든 기지를 설정할 수 있도록 하고 있다. 둘째, 일본의 방위력 증강의무를 명기하고 있다.

신안보조약은 1953년 체결된 한미상호방위조약과도 많은 공통점

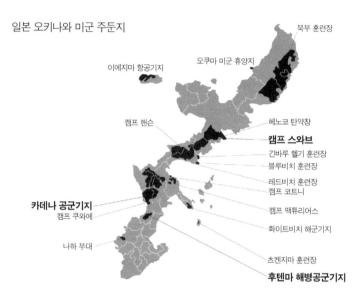

일본 오키나와 미군 주둔지

북부 훈련장
오쿠마 미군 휴양지
이에지마 항공기지
캠프 핸슨
헤노코 탄약창
캠프 스와브
긴바루 헬기 훈련장
블루비치 훈련장
레드비치 훈련장
캠프 코트니
카데나 공군기지
캠프 쿠와에
캠프 맥튜리어스
화이트비치 해군기지
나하 부대
츠켄지마 훈련장
후텐마 해병공군기지

일본 오키나와 미군 주둔지 지도. 오키나와 섬의 20%가 미군 기지로 사용되고 있다. 오키나와에 있는 가데나 공군기지와 후텐마 해병대 기지는 동북아시아 최대의 미군기지이로. 아래 사진은 도시 한 가운데 위치한 후텐마 해병대 기지의 모습이다.

및 차이점을 가지고 있다. 가장 두드러지는 공통점은 한미상호방위조약과 미일 신안보조약은 전토기지 방식의 불평등한 군사기지 제공 방식을 따르고 있다는 점이다. 한국과 미국에 있어서 군사기지 재편의 문제가 국민적 동의 없이 진행되고 있는 것도 바로 이러한 전토기지 방식에 기인한다.

　다른 공통점은 두 조약 모두 평화적 생존권을 침해하고 있다는 점이다. 한미상호방위조약은 쌍무조약이므로 우리의 의지와 관계없이 전쟁에 휩쓸릴 가능성을 높인다. 미일안보조약은 비록 편무조약이라고는 하나 냉전체제하 주일미군의 존재 자체가 일본을 전쟁에 휩쓸리게 할 가능성을 높였다는 점에서 상호공통적이다. 나가누마기지소송은 이러한 평화적 생존권 침해 상황에서 비롯된 것이었다.

　두 조약의 차이점은 한미상호방위조약이 태평양 지역에서 한국과 미국 영토의 외부침략에 대한 한미 간 군사적 공동대응을 목적으로 하고 있다면, 미일 신안보조약은 일본 영토상에서 일본 또는 미국에 대한 외부침략에 미일 간의 군사적 공동대응을 목적으로 하고 있다는 점이다.

　신안보조약 제5조는 일본의 자위대와 미군의 공동행동(작전)에 대해 "각 체약국은 일본국의 시정(施政)하에 있는 영역에서 어느 한 쪽에 대한 무력공격이, 자국의 평화 및 안전을 위험에 빠지게 하는 것임을 인정해 자국의 헌법상 규정 및 절차에 따라서 공통의 위험에 대처하도록 행동한다"라고 규정했다. 여기서 미일공동작전행동은 일본의 영역 내여야만 한다는 점을 규정하고 있다.

　이러한 조항은 주일미군을 전략적 유연성 개념에 따라 신속기동군으로 재배치하는 데 걸림돌이 되고 있다. 군사조약으로서의 성격을 띠고 있지만, 온전한 쌍무적 성격이 빈약한 셈이다. 그것은 집단적 자위권을 부정하고 비무장 평화주의를 규정한 일본국헌법 9조의 제약 때문이다.

한·미·일 삼각군사동맹이 완성되려면, 동맹국에 대한 공격을 자국에 대한 공격으로 간주해 반격할 수 있는 쌍무적인 집단적 자위권을 용인하는 방향으로 일본국헌법 제9조를 개정해야 한다. 2004년 4월 자민당의 개헌안 제9조 2의 2항과 3항에 집단적 자위권행사를 위한 근거조항을 삽입한 것도 바로 이러한 이유 때문이다.[98] 미국이 영향력을 행사해 만든 헌법임에도 불구하고 오히려 개헌을 요청하고 있는 상황인 것이다.

2) 평화권 침해를 가속화하는 군사융합

미일 신안보조약의 그 편무적 성격에도 불구하고 최근 일본에서 전개되고 있는 일련의 군사기지 재편과 군사적 융합의 현실은 미일 신안보조약을 마치 쌍무성을 띤 한미상호방위조약처럼 만들어가고 있다. 주한미군과 한국군이 연합군 체제를 유지하고 있는 데 비해, 일본의 자위대는 일본 영역 밖에서의 미군의 군사행동에 대해 공동 군사행동을 취할 수 없다. 일본 영역 밖에 파병되더라도 걸프전쟁에서처럼 분쟁 종료 후에 어뢰 제거와 같은 비전투적 행동을 취하거나, 이라크전쟁에서처럼 분쟁지역에 파견되더라도 미군의 후방지원을 하는 형태인데, 이를 질적으로 변모시키려 하고 있는 것이다. 그 대표적인 움직임이 미국의 군사변환 정책과 이에 따른 주일미군 재배치계획이다. 2006년 5월 1일 양국의 국방·외무장관(2+2)은 미일안전보장협의회를 열고 포괄적인 '안보전략' 변화에 합의했다.

앞서 잠시 언급했듯이, 이에 따르면 미국의 워싱턴주에 있는 미육군 제1군단 사령부가 도쿄에 인접한 가나가와(神奈川)현의 자마(座間)기지

---

98   李京柱, 『アジアへの仲間入りの憲法』, 法律時報臨時增刊號, 2013, 38.

로 2008년까지 이전해 거점사령부(UEX)[99] 역할을 한다. 또한 일본 자위
대 항공 총사령부는 주일 미공군기지가 있는 도쿄 서부의 요코타(橫田)
로 2010년까지 이전한다. 오키나와에 있는 미해병대는 괌으로 2012년
까지 이전하고, 오키나와의 항모탑재기는 야마구치(山口)현 이와쿠니(岩
國)로 이전하게 된다. 또한 일본자위대의 일부를 개편해 중앙즉응사령부
를 만들어 자마기지에 배치한다는 것이다.

다만, 이에 대한 일본 국민들의 반대 여론도 만만치 않아 2+2 전략
회의에서 합의한 공동성명 내용은 그대로 실현되지는 않고 있다. 미육
군 제1군단을 자마기지로 이전해 광역사령부(UEY)로 규정하고 거기에
4성장군을 임명하려던 계획은 중지되었다.[100] 평화운동세력의 반발에 부
딪힌 일본 정부는 미일안보의 범위는 일본 영토에 대한 외부로부터 침
략을 저지하는 것에 한정되며, 확대해석 하더라도 필리핀을 넘지 못한다
(미일안보조약 6조 극동조항)고 미국에 난색을 표명했다. 제13공군사령
부를 요코다기지로 옮기는 것도 좌절되었다. 미일안보조약 제6조의 극
동조약에 따르면 필리핀 이북(극동지역)을 제외한 지역에 출동이 어렵다
는 것이었다. 그러나 일본 항공자위대 사령부를 미군 제5공군사령부가
있는 요코다기지로 이전하는 것은 관철되었다.

---

99   미육군은 미래형 전력 개념으로 광역사령부UEY(Unit of Employment-y)와 거점사령부
     UEX: Unit of Employment X)'를 제시하고 있다. 이에 따르면, 미 육군의 미래 목표전력
     은 실제 전투부대인 UA(Unit of Action)와 이를 운영·지휘하는 UEX, 그리고 증강된 군
     단급 규모인 UEY(Unit of Employment-y) 등으로 구성된다. 이 중 UEX는 군단과 사단
     의 중간 규모로서 최첨단 장비로 무장된다. UEX에는 기갑 UA를 비롯한 보병UA, 항공UA,
     지원UA와 스트라이커 여단 등이 소속된다. UEX는 평시에는 실전부대를 갖지 않으나 유사
     시 기동력을 크게 늘려 여단 규모의 실전부대로 작전을 지휘한다.
100 "美 육군 1군단 日 자마 이전 중지", 서울신문, 2009. 12. 10.

3. 기지에 반대하는 평화권

미군과 자위대, 그리고 이를 위한 기지의 존재 및 재편에 직면해, 일본에서는 이를 둘러싼 평화권소송 및 평화권운동이 확산되고 있다. 사실 그러한 평화권운동은 역사적으로 뿌리가 깊다. 오늘날처럼 전면적인 군사변환의 차원은 아니지만, 기지의 확장과 이전을 둘러싼 오랜 공방의 역사를 가지고 있다.

오늘날의 반(反)기지투쟁은 이러한 공방과 연속성을 가지고 있다. 이를 고려해 이하에서는 평화권운동의 과거와 현재를, 대표적 소송을 중심으로 살펴보기로 한다.

1) 평화권 소송의 과거

(1) 스나가와 투쟁과 평화적 생존권(주일미군과 평화권 침해)
반기지투쟁사에서의 이정표는 스나가와(砂川)마을 투쟁이었다. 도쿄도 서부에 위치하고 있는 다치카와(立川)에는 미군비행장이 있었다. 한국전쟁 직후인 1954년 미국은 태평양 일대에서 공군의 제공권 제고를 위해 다치카와 비행장을 확장하기로 했다. 확장 대상은 다치카와 비행장 옆의 스나가와라는 마을이었다.

일본 군국주의 시절에는 제국군대에 기지를 제공한다는 명분 때문에 삶의 터전에서 내몰렸고 패전 후에는 미군기지 건설 때문에 내몰렸던 스나가와마을 주민들은, 비행장 확장공사에 또다시 내몰리게 되자 반대투쟁에 나서게 되었다. 주민들은 일치단결해 우선 기지확장을 위한 수차례의 측량에 반대했다. 그런데도 도쿄도(都)가 이를 강행하자 더욱 격렬히 항의했다. 항의 도중 일부 주민은 철책을 뚫고 들어가기도 했다. 이에 일본 정부는 구 미일안보조약에 기초한 미일행정협정에 따른 형사특별법 제2조 위반으로 주민들을 기소하기에 이르렀다.

도쿄지방재판소의 다테(伊達) 판사는 1959년 3월 30일 이들에 대해 전격적으로 무죄를 선고했다. 주일미군이 비무장평화주의를 규정한 일본 헌법의 평화주의에 반하는 존재이고, 주일미군으로 인해 무력분쟁에 휩쓸릴 가능성이 높다는 것이 판결의 요지였다. 미일행정협정에 따른 형사특별법 제2조의 형벌이 경범죄처벌법보다 더 무거운 것도 헌법위반이라는 것이었다.

미일안보조약 개정 논의가 한창이던 터라 긴장한 검찰은 고등법원에 항소하지 않고 이례적으로 최고재판소에 비약상고 했고, 최고재판소는 1심의 무죄선고를 파기해 돌려보냈다. 그 결과 도쿄지방재판소의 다른 재판부에서는 1961년 3월 27일 주민들에게 경미한 2000엔 벌금의 유죄판결을 내렸다.

비록 최고재판소에서는 졌지만, 이후 스나가와 미군기지 확장반대투쟁은 때마침 활발해지고 있던 전국 각지의 베트남 반전운동과 맞물려 공감대를 확산했다. 결국 1968년 12월 19일 미공군사령부는 다치카와시의 미군기지를 스나가와 지역으로 확장하려던 계획을 전면 중지했다. 그 후 1977년에는 확장하려던 다치카와시의 미군기지마저도 일본 정부에 반환하였다. 그 기지의 대부분은 현재 50여 만 평의 평화공원이 되었다.

(2) 나가누마 사건과 평화적 생존권(자위대를 위한 보안림지정 해제 처분과 평화권 침해)

나가누마(長沼) 사건은 나가누마마을 주민들이 항공자위대의 미사일기지 설치에 반대한 운동이다. 나가누마는 일본 열도 최북단 홋카이도(北海道)에 위치한 인구 2만여 명의 조그만 시골마을로, 우리의 군 정도의 크기이다. 삿포로(札幌)시가 넓어지면서 전원생활을 하며 출퇴근하려는 사람이 늘었지만, 고원평야의 쌀농사자 주된 수입원인 농촌이었다. 그리고 마을 한편에는 수해방지 등을 위한 숲(保安林)의 일종인 수원(水源) 함양림 마오이(馬追)산이 버티고 있다.

이 시골 마을에 미국과 일본 정부는 대소련 방공기지의 책무를 맡기려고 했다. 이에 일본 정부는 방위력 증강 계획을 세우고 그 일환으로 이곳에 항공자위대 기지와 나이키 미사일을 배치하고자 했다. 이를 위해서는 막대한 토지가 필요했는데, 일본 정부는 이를 위해 나가누마 내에 있는 마오이산 일대 약 10만 평(35헥타르)을 제공하기로 했다. 이를 위해 보안림지정을 해제하고자 했고, 해제 처분을 위한 법리상의 명분으로 들고 나온 것이 다름 아닌 '공공의 이익'이었다.

지역주민 173명(이후 소송인단은 359명으로 늘어났다)은 기지 건설을 위한 보안림지정 해제 처분이 공익을 증진시키는 것이 아니라 오히려 공익을 해칠 수 있다고 주장했다. 보안림 해제 처분이 이루어진 1969년 7월 7일, 주민들은 이를 취소하라는 소송을 즉각 제기했다. '공익'을 이유로 보안림지정을 해제하는 것은 정부의 행정편의이자 정부가 생각하는 공익일 뿐이지 주민들의 공익, 즉 평화적 생존에 대한 배려와는 아무런 관계가 없다는 것이다.

나가누마에서의 나이키 미사일기지 건설을 둘러싼 공방의 시작은 조촐했지만, 같은 해인 1969년의 나리타공항 건설 예정지인 산리즈카(三里塚)의 투쟁, 도쿄대학의 야스다(安田)강당 점거사태 등 여타 사회운동으로 이어지면서 일본 사회를 격랑으로 밀어 넣었다.

이 와중에 주민들의 소박한 생각에 손을 들어준 것은 후쿠시마 시게오(福島重雄)라는 젊은 판사였다. 그는 사법개혁을 추동하기 위해 결성된 청년법률가협회의 회원이기도 했다.

후쿠시마 판사는 1973년 9월 7일, '일본 헌법에 비무장평화주의를 규정하고 있는데도 그 규모로 보나 장비로 보나 군대에 해당하는 자위대를 두는 것은 헌법원리에 반하며, 따라서 자위대의 일부인 항공자위대의 미사일기지 선설을 위한 보안림지정 해제는 공익과 무관하다'고 판결했다. 주목할 부분은 정부의 보안림지정 해제 처분이 일본국헌법 전문에서 규정하고 있는 평화적 생존권을 침해했다고 판단했다는 점이다. 나이키 미사일기지가 설치되면 유사시 상대국의 첫 번째 공격 목표가 되는 바, 이는 '주민들의 평화적 생존의 권리를 침해하는 공권력 행사'라는 점을 확인한 것이다.[101]

하지만 나가누마 미사일기지 사건 1심판결은 이후 뒤집혔다. 고등재판소는 1976년 8월 5일, 자위대와 같은 고도의 정치적 성격을 갖는 국가적 행위는 위헌무효로 명백히 확신할 수 없는 이상 사법심사의 대상이 될 수 없다고 판결했다. '통치행위론'이라는 논리였다. 1982년 9월 최고재판소가 상고를 기각함으로써 14년에 걸친 재판은 종결되었고, 결국 나가누마에는 항공자위대의 미사일기지가 설치되었다. 현재는 나이키 미사일 대신 패트리어트 미사일이 배치되어 있다.

비록 미사일기지가 설치되었고 현재까지 유지되고 있지만, 그리고 고등재판소와 최고재판소에서 패소했지만 의미 있는 사례임에는 틀림이 없다. 그간 추상적으로만 논의되던 평화적 생존권, 평화와 인권을 연결해주는 평화적 생존권이 재판규범으로도 기능할 수 있다는 가능성을 발견했기 때문이다.

---

101 「訴訟記錄: 長沼ナイキ基地訴訟」自衛隊裁判, 法律時報臨時增刊, 1975, 163 이하.

(3) 에니와 사건과 군형법 적용

일본 홋카이도의 에니와(惠庭)라는 마을(지금은 에니와시)은 선선하고 목초지도 많아 목장을 하며 지내면 딱 좋은 곳이라고 한다. 에니와라는 지명은 홋카이도 선주민인 아이누족 말로 '뾰족한 산'이라는 뜻인데, 이곳에 산이 하나 있어 그 산의 이름에서 지명이 유래했다.

그런 평화로운 곳에서 낙농업을 하며 살던 노자키(野崎) 형제에게 고민거리가 하나 생겼다. 육상자위대의 포탄연습장이 옮겨 오면서 밤낮 없이 쏘아대는 포탄소리 때문에 젖소의 젖이 제대로 나오지 않게 된 것이다. 노자키 형제를 비롯한 포탄연습장 주변의 마쓰시마마을 낙농가들은 수차례에 걸쳐 평화적인 방법으로 자위대 측에 연습 중지 등의 대책을 강구해주도록 요청했다. 그러나 자위대 측은 이에 묵묵부답으로 일관했다. 이에 노자키 형제와 주민들이 1962년 12월 11일과 12일 이틀간에 걸쳐 항의의 의미로 자위대의 연습용 통신선을 절단해버린 사건이 발생했다.

일본 검찰은 자위대법 제121조 군용시설 손괴죄에 해당한다며 이 사건을 기소했다. 노자키 형제는 군용시설 손괴죄를 적용하기에 앞서 자위대가 과연 헌법에 적합한 존재인지, 군사력을 금지한 일본 헌법의 정신에 맞는 것인지 따져보라고 주장했다. 이를 위해 군사전문가, 헌법연구자 등을 증인으로 신청해 자위대에 대한 실태심리를 주장하기도 했다.

자위대에 대한 실태심리가 인정되어 본격적인 헌법재판이 시작되었다. 그때까지만 해도 보수적인 법원의 경향에 비추어 피고인은 물론 변호인단도 이렇다 할 큰 기대를 하지 않았다. 그런데 뜻밖에도 홋카이도 지방재판소는 노자키 형제에게 무죄를 선고했다. 자위대법 제121조에 따르면 '무기, 탄약, 항공기, 그 밖의 방위에 필요한 물건을 훼손할 것'을 범죄구성요건으로 하고 있는데, 연습용 통신선은 '그 밖의 방위에 필요한

'물건'에 해당하지 않는다는 것이다. 따라서 자위대법 121조 군용시설 손 괴죄를 마구잡이식으로 적용하는 것은 죄형법정주의에 반한다고 했다.

1심판결에 대해 검찰이 항소를 포기함으로써 사건은 노자키 형제의 무죄로 일단락되었다. 검찰로서는 1심판결에서 패소한 셈이었지만 항소를 포기했다. 판결문에서 자위대가 위헌인지 여부에 대해서는 언급을 피하고 있었고, 2심에 가서 자위대의 위헌 여부가 본격적으로 논란이 되면 정치적으로 부담이 되기 때문에 그 정도 선에서 수위를 조절한 것이다.

2) 평화권 소송의 현재

(1) 자위대 해외파병과 평화권 소송

일본 법원의 평화적 생존권에 대한 소극적인 태도에 편승한 일본 정부가 일본국헌법 9조를 없는 셈 치거나 부정하거나 파괴해 가던 상황에 직면해, 평화적 생존권을 지키기 위한 법률운동도 활발하게 진행되고 있다. 1990년대부터 활발하게 전개되었는데, 이 시기의 소송들을 시민평화소송운동이라고 부른다. 시민평화소송이 평화적 생존권을 법리적 근거로 하여 이루어졌다는 점에서 평화적 생존권 소송이라고 부르기도 한다.

미국은 1991년 걸프전에 자위대 파견과 전쟁비용 부담을 요청했고, 일본 정부도 이에 편승해 자위대 해외파병의 길을 닦고자 했다. 이에 일본 전국 각지에서 미국이 주도하는 전쟁의 비용을 부담하는 일본 정부의 행위는 일본국헌법 제9조에 위반하며 평화적 생존권이 보장하고 있는 '전쟁에 가담하지 않을 권리'를 침해하고 있다는 이유로 소송이 제기되었다. 도쿄, 나고야, 오사카, 히로시마, 가고시마 등 전국 각지에서 4,000명이 넘는 시민이 국가를 상대로 자위대 파견금지처분, 자위대 파견 근거법들의 위헌 확인 및 자위대 파병에 대한 국가배상소송을 제기했다.

더불어 걸프전쟁 후 기뢰 제거를 목적으로 한 해상자위대의 함정 파견도
소송 대상이 되었다.

1992년 PKO법이 제정되고 이에 기초해 자위대를 캄보디아에 파병
한 데 대해, 1993년 도쿄, 나고야, 오사카 등에서도 소송이 제기되었다.
그 밖에 골란고원에 자위대가 파병된 것이 위헌인가를 다투는 '골란고원
PKF 위헌소송', 테러대책특별법에 대한 위헌소송도 제기되었다.

대부분의 법원은 평화적 생존권이 재판규범이 될 수 없으며 따라서
소송의 이익이 없다고 해 기각했다. 예를 들면 테러특별법 관련 소송에
서 도쿄고등법원이 내린 다음과 같은 판단이 가장 전형적이다. "평화적
생존권이라는 개념 자체는 이념 내지 목적을 나타내는 추상적인 개념으
로서 평화의 핵심을 이루는 것이며, 이를 확보하기 위한 수단과 방법도
복잡다단한 국제 정세에 따라 다종다양하며 명확히 특정하기 어렵다. 이
개념의 내연은 불명확하고 외연은 애매해 권리로서 일의적이고 구체적
인 내용을 갖는다고 하기 어렵다. 평화적 생존권을 근거로 해 개개인에
게 구체적 권리가 보장된다고 한다든지 법률상 구체적 이익이 보장된다
고 할 수도 없다."

우리의 헌법재판소도 2007년 전시증원연습 위헌소송(헌법재판소
2009. 5. 28/2007헌마369)에서 이러한 일본의 논리를 유사하게 적용한
사례가 있다.

(2) 나고야 이라크파병 정지소송

나고야에서도 전국적인 평화적 생존권 소송에 발맞추어 1991년에 자위
대파병 금지를 요구하는 소송이 제기되었다. 평화유지군법(PKO법)이
제정되자 캄보디아에 평화유지군의 일환으로 자위대를 파견하는 것의
금지를 요청하는 소송을 제기한 것이다.

기각될 것이 예견되는 상황에서도 재판에 호소한 것은 상황의 절박함 때문이다. 일반적인 법률운동으로서의 재판투쟁이 신체적 손해라든가 경제적 손해 같은 것을 입었기 때문에 일으키는 경우가 대부분이라고 한다면, 평화적 생존권 소송은 손해를 입히지 않기 위해서 일으킨 소송이었다는 점에서도 주목할 만하다. 청구인들은 자위대의 해외파병을 통해 다른 사람, 특히 외국에 손해를 끼치고 싶지 않고 침략전쟁에 가담해 결과적으로 사람을 죽이는 일에 가담하는 것을 피하고 싶다는 이유를 담았다.

자위대 해외파병행위가 평화적 생존권의 구체적 내실을 침해한다는 것을 적극적으로 나타내기 위해 원고의 대부분에 해당하는 3,200여 명이 개별적인 진술서를 작성해 제출했다는 점은 특기할 만했다. 변호인들은 원고들에게 왜 이라크전쟁을 용납해서는 안 되겠다고 분노와 슬픔을 느끼게 되었는가를 자신의 삶에 비추어 쓰도록 했다. 2차 세계대전 때의 공습으로 부모를 잃은 경험, 오키나와전투 때 경험, 제자를 전장에서 잃은 슬픔, NGO 활동가로 베트남전쟁 시 베트남에서 활동했던 경험, 재일 한국인으로서 겪은 식민지와 전쟁의 경험 등 각자의 다양한 경험에 기초해 자신의 평화적 생존의 구체적 내실이 침해되었다고 진술서를 작성했다. 작성된 진술서의 일부는 법정에서 한 번에 4명씩 각 15분, 모두 3시간여에 걸쳐 직접 진술되었다. 그 결과 평화적 생존권이 추상적이지 않고 개개인의 인격적 핵심에 매우 깊이 관여되어 있다는 것을 호소할 수 있었다.

나고야 고등법원은 이라크파병이 이라크특별법에 기초한 방위장관의 권한에 기초한 것이어서 파견금지 청구를 받아들일 수 없고, 평화적 생존권 침해에 기초해 개개인이 입은 피해가 민사소송상의 손해배상청구를 인정할 정도에는 이르지 못한다고 기각했다.

그러나 나고야 고등법원은 평화적 생존권이 추상적인 권리에 지나지 않는다고 하는 종래의 법원 입장을 변경해 평화적 생존권이 구체적 권리라고 인정하는 한편, 공군자위대의 이라크파병이 이라크특별법에서조차도 금지하고 있는 '전투지역' 파병에 해당한다고 인정했다. 나가누마 소송에서 비록 1심법원이었다고는 하나 법원이 평화적 생존권의 재판규범성을 인정한 이래 35년 만의 쾌거였다. 일본 정부는 법원이 사건을 기각판결했기 때문에 최고재판소에 상고하지 않아 판결이 확정되었다.

이전까지는 정부의 헌법위반 행위를 법원에서 다투게 되더라도 평화적 생존권은 재판규범이 아니기 때문에 요건을 충족하지 못한다는 견해가 대부분이었다. 하지만 나고야 이라크파병 저지 소송 이후로는 적어도 본안심사에서 정부의 헌법위반 행위를 다툴 수 있는 여지가 확대되었다는 점에서 재판운동의 측면에서도 매우 획기적인 일이 아닐 수 없다.

법원의 입장을 두 개로 나누어 살펴보면 다음과 같다.

① 자위대의 이라크 파병에 대하여

이라크에서는 다국적군과 국가에 준하는 조직이라 인정되고 있는 무장세력 간에 국제적인 무력분쟁이 일어나고 있다고 할 수 있다. 특히 수도 바그다드는 미군과 무장세력이 서로 대항하는 가운데 다수의 일반 시민 희생자가 속출하고 있는 지역이며, 그야말로 국제적인 무력분쟁의 일환으로 사람을 살상하고 물건을 파괴하는 행위가 나타나고 있는 지역이다. 이는 이라크특별법에서의 (파병을 금지하고 있는) '전투지역'에 해당한다고 할 것이다.

공군자위대는 미국의 요청으로 2006년 7월 이후, 미군 등의 조정을 받고 바그다드공항에 공수활동을 하고 있으며, C130H 수송기로 주 4~5회, 정기적으로 쿠웨이트의 알리 알 살렘(Ali Al Salem)공군기지로부터 바그다드공항으로 무장한 다국적군 병사를 수송하고 있는 것이 인정된다. 이러한 공군자위대의 공수활동은 주로 이라크특별법상의 안전확보 지원활동 명목으로 이루어지고 있고, 그 자체만으로는 무력행사에 해당하지 않는다고 할지라도 현대전에 있어서는 보급활동 또한 전투행위의 주요한 요소이다. 그렇다면 공군자위대의 공수활동은 다국적군의 전투행위에 필요불가결한 후방지원이다. 따라서 이러한 공수활동 가운데 적어도 다국적군의 무장병력을 전투지역인 바그다드로 공수하는 것은 타국의 무력행사와 일체화된 행동이며 스스로 무력행사를 한 것이라는 평가를 받을 수밖에 없다.

그러므로 현재 이라크에서 이루어지고 있는 공군자위대의 공수활동은, 가령 정부와 같은 헌법 해석을 취하고 이라크특별법을 합헌이라고 하더라도, 무력행사를 금지한 이라크특별법 제2조 2항 및 활동지역을 비전투지역으로 한정한 같은 조 제3항에 위반한 것이며, 헌법 제9조 제1항에 위반하는 활동을 포함한다고 할 수 있다.

② 평화적 생존권에 대하여

평화적 생존권은 모든 기본적 인권의 기초이며, 그 향유를 가능하게 하는 인권이다. 헌법 전문에서 평화로운 가운데 생존할 권리를 명시하고 있듯이 헌법 9조가 국가 행위의 객관적 세도로서 전쟁포기와 전력불보유를 규정하고 있다. 나아가 인격권을 규정한 헌법 제13조를 비롯해 헌법 제3장이 개별적인 기본적 인권을 규정하고 있다. 이로부터 평화적 생존권은 헌법상의 권리로 인정되어야 한다. 평화적 생존권은 국면에 따라서 자유권적, 사회권적 또는 참정권적인 모습으로 나타나는 복합적인 권리라고 할 수 있다. 따라서 법원에 그 보호와 구제를 구하고 법적 강제조치의 발동을 청구할 수 있는 구체적 권리성이 긍정되는 경우가 있다. 예를 들면 헌법 제9조에 위반하는 국가의 행위, 즉 전쟁의 수행, 무력의 행사 등과 전쟁의 준비행위 등에 의해 개인의 생명과 자유가 침해되거나 침해의 위기에 빠진 경우, 현실적인 전쟁에 의한 피해와 공포에 처해지는 경우, 헌법 제9조에 위반하는 전쟁수행 등에 가담 또는 협력을 강제당하는 경우에는 법원에 해당 위헌행위의 금지를 청구하거나 손해배상 청구 등의 방법으로 구제를 요구할 수 있다고 할 수 있다. 그러므로 그러한 범위 내에서는 평화적 생존권은 구체적 권리성이 있다.

3) 반기지투쟁과 평화권

평화적 생존권 소송 못지않게 평화적 생존권을 위한 사회운동도 활발하게 전개되었다. 현재 반기지투쟁의 최전선은 야마구치(山口)현 이와쿠니(岩國)와 오키나와이다. 이하에서는 주일미군 재배치와 관련한 최근의 반기지 평화권운동의 현황을 살펴본다.

(1) 이와쿠니의 반기지운동
일본 열도 남단의 야마구치(山口)현 이와쿠니(岩國)에는 2010년 5월 활주로 확장공사가 완료되었다. 2006년 5월 1일 미일안전보장협의회에서 전략적 유연성 개념에 기초한 미군기지 재편의 일환으로 현재 아쓰기(厚木)기지에 있는 FA-18 등 항모함재기 57대와 미군 1,600명을 이와쿠니로 2014년까지 이전하기로 최종 합의했기 때문이다. 또한 오키나와의 후텐마기지에 있는 KC-130 공중급유기부대도 이와쿠니로 거점을 옮기기로 했다. 이에 따라 활주로 확장은 물론 사령부와 지원시설, 가족시설과 이를 위한 주택을 건설하겠다고 밝혔다. 도쿄 인근 가나가와현의 아트수지에 있는 미해군 'SS키티호크 항공수송부대'도 이와쿠니시 미 해병대 항공부대로 이전 배치하기로 했다.

이와쿠니에는 2014년 현재 미 해병대 기지가 있으며, 3,500여 명의 미 해병대원이 주둔 중이다. 이 기지는 일본의 해상자위대도 공동으로 사용하고 있다. 한반도로의 출격기지의 자리를 부여받고 있으며 핵병기 조립 작업소가 있다.[102]

이러한 일련의 과정은 현지주민들과 아무런 사전 상의 없이 진행되었다. 이에 주민투표를 실시하기로 했으며, 2006년 3월 12일 미군기지 이전에 대한 주민투표를 실시했다. 총 유권자 8만 5,000명 중 58%인 4만 9,300여 명이 투표에 참여했다. 유권자의 58%가 참여한 이 투표에서 87%의 주민은 기지 이전에 반대표(43,433명)를 던졌다. 찬성은 10%(5,370여 명) 수준이었다. 조례에 따르면, 투표율이 50%를 넘으면 유효하다.

뿐만 아니라 2006년 4월 23일 진행된 이와쿠니 시장선거에서는 미군기지 이전 반대를 내건 무소속의 이하라 카츠스케(井原勝介)가 시장에 당선되었다. 자민당은 이하라 후보에 맞서 기업가 출신의 아지무라 타로(味村 太郎) 후보를 추천했다. 아지무라 후보는 미군기지를 받아들이는 대신 정부보조를 확대해 지역발전을 꽤하자고 유권자를 설득했다. 또 아지무라 후보를 위해 당시 유력한 차기수상 후보였던 아베 신조(安倍晉三) 관방장관이 적극적 지원유세를 진행하기도 했다.

주민투표 결과는 법적 구속력이 없다. 하지만 조례에 따라 시장과 시의회는 투표 결과를 시정에 반영해야 한다. 따라서 이와쿠니 주민투표 결과는 정부의 미군부대 이전 배치계획에 큰 걸림돌이 될 것으로 보인다.[103]

---

102 總點檢, 『在日米軍基地』, 日本共産黨出版局, 121쪽 이하.

103 미군 부대 이전에 대해 반발한 것은 이와쿠니시뿐만이 아니다. 가나가와현 자마(座間) 시

(2) 오키나와의 평화적 생존

오키나와는 류큐(琉球)국의 후신으로 아열대 기후에 산호빛 바닷물이 넘실거리는 아름다운 섬나라이다. 일본 국토 면적의 0.6%밖에 되지 않는 이곳에 미군기지가 현 면적의 10.7%(오키나와섬의 19.4%)를 차지하고 있다. 미군이 일상적으로 사용할 수 있는 전용시설에 한해서 볼 때에는 일본 전국 미군기지의 74.9%가 오키나와현에 집중되어 있다. 그 때문에 대부분의 미군기지는 주택지역 안 또는 그 주변에 있고 "기지 안에 오키나와가 있다"고 얘기될 정도이다.

오키나와는 미군이 2차 세계대전 직후 점령해 식민통치를 하다가, 1972년 일본에 뒤늦게 반환한 곳이다. 샌프란시스코 강화조약은 제3조에서 류큐제도(오키나와) 등의 지역에 관해서는 본토와는 따로 취급하기로 하고, 이 지역들을 UN의 신탁통치하에 들어갈 때까지 미국의 통치권을 인정했다. 이 결과 오키나와는 1972년 5월 15일, 〈오키나와 반환협정〉이 발효될 때까지 미국의 통치하에 남게 되었다. 따라서 오키나와의 미군기지는 위 날짜까지 일미안보조약에 의하지 않고 미군이 자유롭게 쓸 수 있는 기지였다.[104] 본토의 미군기지는 거의 다 구 일본군의 시설을 그냥 접수한 것이었는데, 오키나와에서는 2차 세계대전의 지상전투로 점령된 토지 이외에 미국의 통치하에서 '불도저'로 미군에 접수당한 토지까지 기지가 되었다.

약 5만여 명의 주일미군 대부분은 오키나와현에 있는 부대에 주둔하고 있다. 미군기지의 용도별 사용 상황을 보면 '훈련장'이 시설 수

민 1,800여 명도 11일 '캠프 자마' 이전 반대 시위를 벌였다. 일본 정부는 워싱턴에 있는 미육군 제1사령부 본부를 '캠프 자마'로 이전키로 합의한 상태라고 강조했다. 자마시의 호시노 카츠지(星野勝司) 시장도 이날 미군기지 이전을 반대하며 도심 중앙에 있는 공원에서 캠프 재마 정문 앞까지 항의시위를 벌였다

104　浦田賢治, 『沖縄米軍基地法の現在』, 一粒社, 2000, 26쪽 이하.

나 면적에 비해 많다. 모두 17개 시설, 무려 16,854ha(전 기지면적의 68.7%)이고, 실탄 사격훈련, 낙하산 강화훈련, 부대의 상륙훈련 등이 매일같이 행해지고 있다. 다음으로 면적이 큰 것은 '창고'이며, 3개 시설, 3,280ha(전 기지면적의 13.4%)를 차지하고 있으며 각 군이 필요로 하는 탄약의 종합 저장시설 및 군수물자 보급시설로서의 역할을 맡고 있다. 세 번째로 면적이 큰 것이 '비행장'시설이다. 카데나(嘉手納)비행장과 후텐마비행장의 2개 시설, 2,479ha이다. 이 두 시설은 모두 오키나와 본섬의 중북지구에 있고 각각 공군과 해병대의 중추기지이다. 그 밖에 '군인막사'시설, '통신'시설, '항만'시설 및 '의료'시설 등이 존재한다.

그러다 보니 오키나와에서는 크고 작은 미군 범죄는 물론이고 반기지투쟁이 끊임없이 전개되어 왔다. 복귀 후부터 1997년 12월 말까지 미군 구성원 등에 의한 형사범 검거 인원은 4,694명이고, 검거 건수는 4,867건이다. 그중 흉악범(살인, 강도, 방화, 강간)은 517건에 달하며 민간인에 대한 살인사건은 12건이 발생했다. 전 검거인원에서 차지하는 미군 구성원 등의 비율은 약 5.7%이다. 검거인원은 1995년에 62명, 1996년에 33명으로 복귀 직후와 비교하면 감소하고 있으나 미군 구성원 등의 범죄가 주민·현민들을 위험 속에 살게 하고 있는 것은 여전하다. 1995년에는 3명의 미 해병대원이 12살 일본 소녀를 강간해 거센 사회적 반발을 샀다. 주민들은 거세게 미군철수를 주장했으며, 2006년 1월에도 미군이 한 일본인 여성을 살해해 물의를 빚었다. 당시 주일미군 사령관은 주민들의 거센 항의에 밀려 일본 국방성 관계자에게 직접 사과까지 했다.

반기지 평화적 생존권 운동의 타깃이 된 곳은 후텐마비행장이다. 후텐마비행장은 기노완시(宜野灣市)의 중앙부에 위치한 미 해병대 제3해병 원정군의 거점 비행장이다. 헬리콥터 부대를 중심으로 64대의 항공기가 배치되어 있으며 재일 미군기지 속에서도 유수의 헬리콥터 기지이다. 시설의 면적은 480.6만㎡로 기노완시 전 면적의 25.3%을 차지하며, 시설 주변은 주택 밀집지역이다. 이 시설은 항공기의 소음에 의한 주거환경이나 교육환경에 대한 악영향, 항공기의 추락이나 불시착 등의 사고 다발지역 진흥개발의 저해 등 그 폐해나 위험성이 일찍부터 지적되어 왔다. 오키나와현 및 기노완시도 조기 반환을 강하게 요구해 왔다. 미일 양국 정부는 1996년 4월에 발표된 중간보고에서 "5년 내지 7년 이내에 충분한 대체시설이 완성된 이후에 반환한다"라고 반환 합의를 발표했으나 대체시설의 현내 이설이 조건이었다.

대체시설의 이전지에 대해서는 후보지가 나올 때마다 관계 시정촌(市町村)의 반발을 초래했다. 여기저기 헤맨 끝에 일본 정부는 1997년 11월에 나고시(名護市) 헤노코(邊野古)의 캠프 슈와부 앞바다(沿岸)의 해상 헬리포트 기지 건설을 제시했다. 이에 대해 본거지 나고시에서는 건설의 찬반에 시민의 의견이 양분되어 동년 12월 21일에 투표를 실시했다. 그 결과 건설 반대표가 과반수(52.85%)를 차지했다.

오타(大田) 당시 오키나와현 지사는 1998년 2월 ① 건설 반대 의사가 과반수(52.85%)를 차지한 나고시 시민투표의 결과, ② 환경의 악화, ③ 현내 각종 시민단체의 반대 등을 이유로 해상 헬리포트 기지 건설 거부를 정식으로 표명한 바 있다.

2006년 4월 23일 실시된 오키나와시 시장선거에서는 일본공산당, 사민당, 사회대중당, 민주당, 자유연합이 공동추천한 토몬 미츠코(東門美津子) 후보가 자민당과 공명당 연립여당이 추천한 쿠와에 사치오(桑江朝千夫) 후보를 누르고 시장에 당선됐다. 토몬 후보는 미군기지 재편과 관련해 '오키나와는 더 이상의 부담을 질 수 없다. 일본과 미국 정부는 미군기지를 정리 축소하라'고 요구했으며, 선거운동 기간 중 신기지 건설뿐만 아니라 카데나기지로 항공자위대 전투기가 이전하는 것도 반대한다고 주장했다. 2006년 실시된 나고시 시장선거에 나선 후보 3인 모두 캠프 슈와브 앞바다의 해상 헬리포트 기지 건설안을 반대했다.

2009년 민주당은 오키나와 소재 미군기지를 일본 밖으로 이전한다는 것을 공약으로 내걸고 총선에서 승리했다. 그리고 이를 지지하는 사회민주당(구 사회당 후신)과 연립했다. 2010년 1월 오키나와의 나고시장 선거에서는 후텐마 기지 수용에 반대하는 시장이 당선되었다. 이로 인해 미일 간의 갈등이 고조되었다.

하토야마 총리는 2010년 4월 22일 미일 간의 갈등을 봉합하기 위해 후텐마기지의 현내(나고시 캠프 슈와브) 이전에 전격합의했다. 23일 오키나와를 방문하면서, 한반도의 천안함사건(2010년4월2일)을 들어 동아시아 안보환경에 대한 위협이 증대되었다는 이유로 오키나와 소재 주일미군기지의 현외 이전을 포기하고, 현내의 헤노코의 캠프 슈와브 연안으로의 이전이 불가피함을 언급했다. 후텐마기지 이전 등 오키나와의 주일미군기지 문제로 미일 간의 갈등이 불거진 지 9개월 만의 일이었다.

이러한 내용을 담은 2010년 미일안전보장협의회(2+2 외교국방장관 협의체) 공동성명이 발표되었다. 사회민주당이 이에 강력 반발했다. 공동성명에 대한 각료서명을 거부한 사회민주당 당수 후쿠시마 미즈호(福島 瑞穗) 소비자 담당 장관은 전격 파면당했다.

일련의 반기지투쟁의 영향과 신속기동군화 전략에 따른 군사변환에 맞물려, 오키나와 미군기지 재편과 이를 둘러싼 반기지운동은 여전히 진행 중이다. 후텐마비행장을 2014년까지 이전하기로 했으나 이전 대상지인 나고시에서는 거센 반발을 하고 있다. 이런 가운데, 미국과 일본은 2012년 미일안전보장협의위원회를 열고 2006년 5월의 미군기지 재편 로드맵에 정해진 계획의 조정을 결정했다. 평화적 생존권 요구에 밀린 일보 후퇴인 셈이다. 이에 따르면 미군의 괌 이전과 호키나와현 기노

완시 후텐마기지 이전을 분리해, 일단 오키나와 주둔 미 해병대 8,000
명 중 4700명을 먼저 괌으로 이전한다는 것이다. 또한 나머지 해병대 중
1,500명 규모의 해병대는 일본 본토인 야마구치현 이와쿠니기지로 이전
할 것으로 예상된다.[105]

4. 한·미·일 군사동맹화에 대항하는 평화권연대

이상과 같은 주일미군기지 재편의 역사와 현황 및 이를 둘러싼 반기지
운동을 보면 주한미군기지 재편과 주일미군기지 재편은 다음과 같은 차
이점과 공통점을 갖는다.

우선 주일미군기지 재편은 일본국헌법 제9조와의 밀접한 갈등 저촉
관계 속에 진행되고 있다는 차이점을 가진다. 첫째, 일본의 주일미군 주
둔 및 기지 재편은 일본국헌법 제9조의 제약을 풀어야 신속기동군화할
수 있다. 방어적 집단적 자위권행사 자체도 헌법에 반하는 것이지만, 주
일미군이 신속기동군화하기 위해서는 헌법 제9조를 개정해야 하기 때문
이다. 둘째, 반기지운동이 평화적 생존권을 지키기 위한 평화운동으로서
의 성격과 호헌운동으로서의 성격을 동시에 갖는다.

한편, 주일미군기지 재편과 주한미군 재편은 다음과 같은 공통점을
갖는다. 첫째, 주일미군 재편은 형식적으로는 기지가 축소되는 것처럼
보인다. 그간 미군범죄자의 온상이었던 오키나와의 해병대가 괌으로 이
전하는 것을 보면 미군범죄의 가능성은 줄어들 것이고, 일부 기지는 전
면 반환된다. 하지만 실제로는 재편 강화되고 있다. 항모탑재기들이 이

---

105 "괌, 美 아태지역 전략거점 뜬다…주일 해병 4700명 이전", 머니 투데이, 2012. 2. 8.

와쿠니로 이전해 기동력을 강화하고 있으며, 자위대 역시 행동반경 확대
를 위해 유사법제를 매듭지었으며, 자위대에 즉응사령부를 만드는 등 신
속기동군화를 염두에 둔 미일 간의 군사융합이 이루어지고 있다는 점에
사태의 심각성이 있다.

이는 주한미군의 일부철수, 주한 미군기지의 통폐합과 일부반환, 용
산미군기지의 평택으로의 이전, 주한미군 2사단의 후방배치[106] 등이 이
루어지고 있는 한국의 상황과 매우 흡사하다. 이로써 한미동맹이 약화되
는 것이 아니라 사실은 신속기동군으로의 재편이 이루어지고 있는 것과
유사한 형태를 띤다.

둘째, 한·미·일 간의 군사협력관계가 동맹화하고 있다고 하는 점이
다. 특히 일본의 경우 편무적 군사협력체제의 성격을 넘어 미일 양국 군
대의 융합화를 도모하고 있다. 종래 한·미·일 간의 군사협력관계가 미
국을 중심으로 한 양자관계가 중심이었다면, 이제는 미국을 정점으로 하
는 삼국 간 군사협력체제로 구체화되어 가고 있다는 사실이다. 이를 도
식화하면, 주일미군기지가 후방에서 군사력을 비축하고 집결해두는 '전
력투사허브'(PPH: Power Projection Hub)라면, 주한미군기지는 전방에
서 실제로 군사작전을 하는 전진기지 역할을 하는 '주요작전기지'(MOB:
Main Operating Base)라고 할 수 있다.

셋째, 평화와 인권의 가교로서 평화적 생존권이 대항담론의 축을 형
성하고 있다는 점이다. 평택 미군기지 반대투쟁의 경우도 단순한 기지
이전 반대투쟁을 넘어 평화적 생존을 확보하기 위한 투쟁으로 승화되고

---

106 지상 전력의 주력인 미 2사단은 이미 2005년 6월 미래형 사단인 '운용부대 X (UEX · Unit
of Employment X)'로 개편을 마친 상태다. 몸집을 가볍게 해 더 이상 한반도 '붙박이군
(軍)'이 아니라 전 세계 분쟁지역에 기민하게 투입될 수 있는 '기동군'으로 탈바꿈한 것이
다. 2사단 예하 1여단도 새로운 편제인 '작전부대'(UA · Unit of Action)로 바뀌었다.

있다. 한일 양국에서 일어나고 있는 반기지투쟁은 단순한 집단이기주의 현상이 아니다. 동북아시아에서 한·미·일의 군사동맹화에 맞서 평화적 생존권을 확보하기 위한 인권운동이자 평화운동으로 적극적으로 위치 지울 수 있다. 자국민의 의지와 관계없이 전쟁에 휩쓸리는 것을 저지하는 헌법실천운동이면서, 동시에 동북아시아가 미국의 군사전략에 휩쓸려 군사대결이 고조되는 것을 저지하는 동북아시아 평화운동의 지역운동으로서의 성격을 갖는 것이다.

제5부 한반도 평화체제와 평화권

© 연합뉴스

1953년 정전협정문서에 서명하는 유엔 측 해리슨 수석대표.

I. 평화체제와 분쟁의 평화적 관리

한반도 평화권 실현의 가장 중심에는 평화체제 수립이 있다. 이를 위해서는 분쟁을 평화적으로 관리할 수 있는 시스템 구축이 필요하다. 분쟁의 평화적 해결은 평화권의 주요 내용 중 하나이기도 하다. 산티아고선언 제3조에서는 평화권의 주요 내용으로 '분쟁의 평화적 해결' 원칙을 명문화하고, 이러한 해결 원칙 준수를 자국 정부에 요구할 수 있는 것이 바로 평화권이라고 했다. 루아르카선언 제2조는 갈등의 평화로운 해결을 규정하고 있다. '평화권에 관한 유엔인권이사회 자문위원회 보고서'의 평화권선언 초안에서도 분쟁의 평화적 수단에 의한 해결에 대해 규정(제1조 제5항)하고 있다.

아래에서는 한반도 평화체제와 관련된 논의를 개괄하고, 그중 평화권 실현의 관건인 분쟁의 평화적 관리에 대해 살펴본다.

1. 천안함 사건과 평화체제

1) 천안함 사건의 역설

2010년 3월 26일 백령도 근처 해상에서 해군초계함 'PCC-772천안'(이하 천안함)이 침몰했다. 천안함 침몰 원인을 조사한 민·군 합동조사단(윤덕용 공동조사단장, 이하 합조단)은, 2010년 5월 20일 오전 10시 조사 결과를 공식 발표했다. 합조단은 북한이 어뢰로 천안함을 공격했다고 하면서, 한글로 1번이라고 쓰인 북 어뢰 추진부와 함께 북한의 수출용 무기 소개책자(카탈로그)를 그 결정적인 증거로 제시했다.

이에 발맞추어 정부는 2010년 5월 24일 개성공단 사업을 제외한 남북 경제협력 및 교류협력을 전면 중단하는 조처를 취했다. 또 북한 상선의 남쪽 해역 운항을 불허하고, 대북 심리전을 재개하겠다고 했다. 이명박 당시 대통령도 이날 서울 용산구 전쟁기념관 호국추모실에서 천안함 침몰 사태와 관련한 대국민 담화를 발표했다. 여기에서 천안함 침몰을 "대한민국을 공격한 북한군의 군사도발"이라고 규정하고, "북한은 자신의 행위에 상응하는 대가를 치르게 될 것이다. 북한의 책임을 묻기 위해 단호하게 조처해 나가겠다"고 강조하는 한편, "북한이 추가 도발할 경우 군사적 대응을 불사하겠다"라고 덧붙였다.

시민단체가 이번 사건과 관련해 몇 가지 의문사항에 대한 추가조사를 요구하고 유엔에 서한을 발송한 데 대해서는 국가보안법을 적용하겠다고 해, 외교안보 영역은 여전히 민주화의 예외 지대임을 절감케 했다.

북한은 2010년 5월 21일 조평통 성명을 통해 현 상태를 전쟁 국면으로 간주하고 남북관계의 전면 폐쇄, 남북 불가침합의 전면파기, 남북 협력사업 전면철폐라는 강경한 입장을 발표했다. 5월 22일에는 인민무력부장 통지문을 통해 국방위 검열단을 무조건 받아들여 진상에 대해 다시 조사할 것을 주장하고, 5월 24일에는 인민군 전선중부지구사령관 이름으로 심리전 수단을 설치할 경우 직접 조준 격파사격을 개시할 것이라고 으름장으로 맞섰다.

천안함 사건을 전후한 남북관계의 널뛰기는 평화체제 구축이 얼마나 중요한지를 각인시켰다. 평화체제가 구축되더라도 분쟁에 대한 평화적 관리, 특히 군사문제의 평화적이고 실효적인 관리 없이는 모든 것이 치킨게임으로, 그리고 전쟁으로도 비화될 수 있다는 위기감을 증폭시켰다.

2. 평화체제의 개념

평화체제란 '평화에 관한 체제'이다. 이 '체제'를 어떻게 이해하느냐에 따라서 다양한 개념 정의 및 실천프로그램이 가능하다. 대표적으로는 '긴장 및 분쟁 요인 해결을 위한 제도화된 구조(system)'로 이해하는 입장과[1] '평화협정 등과 같은 평화에 관한 사회적·국제적 합의의 구조(regime)'라고 보는 입장이 있다.[2]

어느 입장이든 평화협정만이 평화체제의 전부는 아니라는 점을 확인하고 있다. 국교정상화, 지역안보조약, 불가침선언 같은 방법을 통해서도 평화체제의 구축이 가능하기 때문이다. 다만 시스템으로 이해하는 경우에는 국가 간 연방이나 국가연합처럼 비교적 높은 단계의 제도화된 구조로 이해하는 경향이 강하다. 이를 감안한다면, 레짐으로 이해하는 것이 평화체제 구축에 역동성을 가미할 것으로 보인다.

'평화'를 이해하는 방식의 차이에 따라서도 평화체제 구축의 행동계획(action plan)이 달라질 수 있다. '평화'를 '적대행위의 재발 방지' 정도의 수준으로 이해한다면, 1953년 이후의 상태를 평화체제로 규정할 수 있다. 이 경우는 진정한 평화상태라기보다 준평화 유지체제라고도 볼 수 있을 것이다. 다음으로 '평화'를 '평화의 유지와 회복(peace keeping)'으로도 이해할 수 있다.[3] 마지막으로 '평화'를 평화의 회복뿐만 아니라 '평화를 제도화시켜가는 적극적인 것'으로도 이해할 수 있는데, 이 경우 '평화'는 평화를 '건설 또는 구축(peace making)'하는 개념으로 이해된다.

1 　송대성, 『한반도 평화체제』, 세종연구소, 1998.
2 　곽태환 외, 『한반도 평화체제의 모색』, 경남대 극동문제연구소, 1997; 조성렬, 『한반도 평화체제』, 푸른나무, 2007.
3 　곽태환 외, 『한반도 평화체제의 모색』, 25쪽.

남북한의 첨예한 현실을 고려하여 '평화'를 '건설 또는 구축(peace making)하는 능동적인 개념'으로 이해하고, 평화'체제'를 평화협정 등과 같은 '평화에 관한 사회적 국제적 합의의 구조(regime)'로 이해하는 것은 정부 쪽이 아닌 사회운동을 하는 쪽에 필요하다. 그리고 그러한 입장이 어렵고도 첨예한 문제를 헤쳐 나아가는 데 현실적일 것이다.

평화체제와 대비되는 개념으로는 휴전체제 또는 분단체제가 있다. 휴전체제란 1953년 정전협정을 바탕으로 지난 60여 년간 유지되어 온 체제이다. 이는 무력화된 군사정전위원회, 군사정전위 이외의 대화채널 부재, 정치적 군사적 대결구조 등으로 특징지을 수 있다. 백낙청은 남북한이 이를 악용하며 상호 존립해 왔다는 점에 착안해 분단체제라는 용어를 쓰기도 했다.[4]

북측에서는 평화보장체계라는 개념을 쓰기도 한다. 그 전후 문맥을 볼 때 체제보장이 되는 상태 구축과 이를 위한 북미 간 대화를 의미하는 것으로 사료된다. 북측은 1990년대 후반부터 간헐적으로 이 평화보장체계라는 용어를 사용해, 이를 위한 잠정조치로 북미 간 장성급회담을 주장하고 있다. 2009년 대청해전 후에도 로동신문은 '평화보장 체계 수립이 급선무이다'라는 제목의 논평에서 '대청해전'을 거론하면서, "정전협정을 평화협정으로 하루 빨리 바꾸는 것은 조선반도에 새로운 평화보장체계를 구축하고 불안정한 현 정전상태를 공고한 평화상태로 전환시키기 위한 합리적인 방도이며, 여기에 기본 책임을 지니고 있는 당사자는 미국"이라고 지적하였다. 북미 간 대화를 강조하는 맥락으로 보인다.

평화체제 구축에 전통적인 평화협정이 필요한지, 이를 대체하는 협

---

4   분단체제론에 대해서는 백낙청, 『흔들리는 분단체제』, 창작과 비평사, 1998, 15쪽 이하. 분단체제론의 문제점에 대해서는 구갑우, 『비판적 평화연구와 한반도』, 후마니타스, 2007, 53-60쪽.

정 방식도 가능한지에 대해서는 논란이 있다. 전통적인 평화협정이란 전쟁원인과 책임규명, 배상 또는 보상, 전범처리, 사면 등을 규정하고, 이를 통해 전쟁을 종결하고 우호관계를 회복하는 방식이다.[5] 그러나 전통적인 평화협정은 승자가 패자에게 강요하는 불평등조약이 대부분이었다.

평화체제 구축 방식에는 평화협정 대신 평화에 관한 공동선언, 평화에 관한 일방선언과 묵시적 수락, 국교회복 등이 있을 수 있다. 2007년 남북정상회담에서 3자 또는 4자 종전선언의 가능성이 언급된 바 있다. 이 경우 3자 또는 4자 종전선언과 더불어 북미 간 국교정상화가 이루어진다면 평화체제의 기본이 이루지는 것이 아닌가 하는 주장이 제기되었고, 현재에도 주창되고 있다.

평화협정도 넓은 의미의 조약이지만, 미국의 경우 협정과 조약을 구분해 사용한다. 협정(agreement)은 행정협정이 전형적인데, 의회의 동의를 받지 않고 정부가 체결한다. 반면에 조약(treaty)은 상원의원 2/3 이상의 찬성 동의를 받아야 한다. 이 때문에 상원의 동의를 받기 어려운 평화조약(peace treaty)[6]보다는 평화협정(peace agreement)으로 해야 한다는 주장이 있는가 하면, 규범력을 제고하기 위해 조약으로 하고 의회의 동의를 받아야 한다는 주장도 있다.

이상과 같이 평화체제 및 평화협정은 한반도가 다시금 분쟁에 휩쓸리지 않고 평화권을 실현하는 데 있어 매우 핵심적인 개념이다. 이하에서는 비핵화, 군축, 분쟁의 평화적 관리문제 등 평화권의 쟁점을 집약적으로 담게 될 평화협정을 검토하고자 한다. 특히 현재 평화운동 단체 등

5　전쟁 종료의 방식으로서 휴전협정과 평화협정을 구별하고, 평화협정을 근대적 평화협정과 현대적 평화협정으로 나누어 설명하기도 한다. 이에 대해서는 최철영, 「국제법상 평화조약과 한반도 평화협정」, 『민주법학』 제35호, 2007, 153쪽 이하.

6　평화조약의 일반적 개념 및 사례에 대해서는 곽태환 외, 『한반도 평화체제의 모색』, 4-14쪽.

민간에서 발표한 민간초안 3개, (남북한)평화협정안(박명림), 한반도 평
화협정안(평화재단), (주한미군 몰아내는) 평화협정안(평통사)을 중심으
로 '평화협정과 평화체제'를 다룬다. 그리고 평화협정이 아닌 기존의 남
북 간 합의문서, 종전선언 및 국교수립 등에 의한 평화체제 구상을 '남북
기본합의서와 평화체제'에서 살펴본다. 이에 기초해 평화체제의 과제와
지향점에 대해서도 논의하고자 한다.

3. 평화협정안과 평화체제

1) 평화협정안 제안의 상황인식

평화협정은 선언문이 아닌 법조문의 양식을 취한다. 하지만 협정 당사자
의 정치적 타결 의지 및 준수 의지가 뒷받침되지 않으면 지켜지지도 않
을 뿐더러 협정의 주요 내용이 정치적으로 타결될 여지가 강하다. 그러
한 의미에서 각각의 민간 평화협정안이 갖는 정치적 상황인식에 대해 살
펴보는 것이 평화협정의 구체적 내용이나 향방을 살피는 데 중요한 의미
를 가진다.

　　우선 박명림안이 제시된 것은 2003년이다.[7] 북핵문제 해결을 위한
다자간 협의체로 제1차 6자 회담(2003. 8. 27~29)이 열리고 얼마 되지
않은 시점이다. 당시에는 비핵화문제보다는 평화협정 당사자가 남북한
이 되어야 한다는 문제의식이 강했다. 이 협정을 통해 박명림은 남북한
에 다각적인 메시지를 전달하고자 했다. 북에 대해 남한은 정전협정 서

7　　박명림, 「남북평화협정과 한반도 평화」, 2003년 민주주의법학연구회 심포지엄: "한반도 평
　　화와 민주법학", 2003.

명자는 아니지만 실질적 당사자라는 점, 남에 대해서는 남한이 평화협정의 당사자가 되기 위해서는 작전통제권이 환수되어야 한다는 점을 환기시키고자 했다.[8]

평화재단안은 2006년부터 준비되고 2007년에 발표되었다.[9] 이때는 2·13합의가 채택되고 핵문제와 평화협정이 선후의 문제에서 병행추진으로 방향을 잡던 시기였다. 평화협정 체결 문제가 가시권에 들어오기 시작한 시기의 민간초안이다. 평화재단은 평화협정 체결 이후 문제인 남북연합 구상을 공론화하기 위해 '남북한 통일협정안'까지 마련한 바 있다.

'평화와 통일을 여는 사람들'(이하 평통사)의 평화통일연구소는 2008년 1월 17일 '주한미군 내보내는 한(조선)반도 평화협정안'을 발표했다. 제목에서도 알 수 있듯이 평화협정이 체결되면 주한미군의 존재이유가 없어진다는 점,[10] 뒤집어 보면 한반도 통일을 방해하는 것은 주한미군이라는 점, 따라서 평화협정을 체결을 통해 주한미군을 내보내야 한다는 점을 강조했다.[11]

다양한 상황인식과 이에 따른 강조점의 차이에도 불구하고 향후 평화협정안에서 선비핵화냐 후비핵화냐의 문제, 구체적인 실천방안의 문제는 공통적인 쟁점이다. 그러한 의미에서 '9·19공동성명'과 그 실행원칙으로서 정립된 '2·13합의'는 평화협정을 논의하는 데 중요한 준거틀이 될 것으로 여겨진다.[12] 그러나 2·13합의 이후 남북관계의 우여곡절과

---

8 작전통제권의 개념에 대해서는 한용섭, 「전시작전통제권 환수문제」, 심지연 외, 『한미동맹 50년』, 백산서당, 2004, 61-97쪽. 작전통제권의 변천과정에 대해서는 조성렬, 『주한미군: 역사, 쟁점, 전망』, 한울, 2003, 195-203쪽.

9 "한반도 평화협정(안)을 제안한다", 평화재단 제8차 전문가포럼, 2007. 4. 18.

10 정전협정이 평화협정으로 대체될 때, 외국 군대 철수 문제의 해결이 불가결할 것이라는 주장에 대해서는 박현석, 「한국정전협정대체문제」, 『민주법학』 제20호, 2001, 95쪽 이하.

11 평화통일연구소, "주한미군 내보내는 한(조선)반도 평화협정(안)"(2008년 1월17일).

12 조민, 『한반도 평화체제와 통일방안』, 해남, 2007, 25-45쪽.

6자회담의 정체로 인해 그 준거틀로서의 의미가 잊혀져가고 있다.

하지만 2·13합의가 가진 원칙이 평화체제 구축에 중요한 기점이 됨은 변함이 없다. 2·13합의는 선비핵화 후 평화협정의 체결이냐, 평화협정 체결 후 비핵화냐의 문제를 선후의 문제가 아니라 동시진행의 문제로 파악하고 있다는 점에서 평화협정 체결 논의에서 중요한 자리를 차지하기 때문이다. 6자회담이라는 논의 틀이 공전을 거듭해 온 것은 사실 6자회담 자체가 선비핵화를 위한 논의 틀이었고, 이에 대해 북이 반발해 왔기 때문이다. 그러나 북한 외무성이 2010년 1월 11일 외무성 성명을 통해 다자회담 틀 내에서의 평화협정 가능성을 시사한 것은 6자회담의 틀 내에서 비핵화문제와 평화체제문제를 병행해 추진할 수 있다는 것이어서 병행추진의 원칙이 더욱 주목받게 되었다.

동시 진행하는 경우에도 평화협정을 비핵화의 입구에서 체결할 것인가, 비핵화의 출구쯤에서 체결할 것인가도 평화협정 체결 논의의 향배를 좌우할 수 있다. 비핵화의 입구로서의 평화협정이란 비핵화조치의 제1단계라고 할 수 있는 불능화단계까지 완료된 시점에서 당사국 간 평화협정을 체결하는 방식을 의미한다. 비핵화의 출구로서의 평화협정이란 비핵화조치의 2단계라고 할 수 있는 핵 폐기단계에 평화협정이 체결되는 것을 말한다.

2·13합의에서 도출된 '행동 대 행동의 원칙'도 평화협정 체결의 구체화와 관련한 중요한 원칙이다. 행동 대 행동의 원칙에 기초해 상호 조율된 조치란, 예를 들면 북한이 60일 내 핵시설을 폐쇄(shut down)할 경우 한국과 미국 등이 중유 5만 톤에 달하는 에너지를 우선 지원하고, 불능화까지 나머지 95만 톤을 5개국이 균등 분담하는 등의 조율된 조치를 취해 가는 것을 의미한다.

2·13합의에 의해 상호 조율된 조치로 평화협정에 이르게 되는 경우

에도 평화협정과 종전선언은 이원화될 수도, 일원화될 수도 있다. 일원주의란 포괄협정(umbrella agreement)을 맺고 이에 기초해 관계국 간의 관계를 규율하는 것이다. 예를 들면 남·북·미·중이 주체가 되어 포괄협정을 맺고 여기에 남북 간, 북미 간 부속협정을 첨부하는 방식이다. 2005년 말 당시 국무성의 동아시아태평양 담당 수석차관보였던 캐슬린 스티븐스(Kathleen Stephens)가 극비 방한해 당시 우리 외교부의 김숙 북미국장과 협의한 일이 있어 주목을 받았다.[13] 애틀랜틱 카운실(Atlantic Council, 위원장 제임스 굿비)이라는 싱크탱크가 미 한반도 전문가 46명에 의뢰해 2007년 4월 14일 발표한 초당적 공동연구보고서도 포괄협정 방식을 제안하고 있다.

이하에서 다룰 각종 평화협정안은 포괄협정 방식에 기초하고 있기 때문에, 한반도 평화체제 논의에 있어서 필수적이며 실제적인 검토사항이다.

2) 평화협정안의 쟁점

각종 평화협정안은 한반도의 평화권 실현을 위한 실체적 현안과 절차적 현안을 응축하고 있다는 점에서 평화권 실현의 '보고'이다. 평화협정안의 쟁점은 크게 전쟁의 종료 및 평화선언을 누가하고 이를 협정에 포함시킬 것인가의 여부, 평화협정의 체결 주체를 누구로 할 것인가, 핵 불능화단계에서 평화협정을 체결할 것인가 아니면 핵 폐기단계에서 체결할 것인가와 평화관리의 문제로 나누어볼 수 있다.

평화협정이 포괄협정의 형태를 취할 것인지, 개별 협정의 방식을 취

13 "美 스티븐스 동아태 수석부차관보 지난주 극비 방한", 동아일보, 2007. 1. 30.

할 것인지에 따라 다소의 차이는 있지만, 평화협정은 남북관계, 북미관계에 대해 규율해야 한다.

이상의 쟁점들을 도표화해 살펴보면 〈표 5〉와 같다.

평화재단안의 경우, 평화협정안을 이원화하고 있다. 포괄적 협정방식에 따른 평화협정안은 남·북·미·중이 주체가 되어서 평화협정을 맺고, 남북관계와 북미관계를 규율하는 부속문서를 체결할 것을 구상하고 있다.

포괄협정안은 비핵화의 입구, 즉 핵무기의 불능화와 폐기 약속의 단계에서 체결할 것을 상정하고 있다. 이에 비해 양자협정안은 비핵화의 입구단계인 불능화단계에서는 종전선언만을 하고 비핵화의 출구단계인 폐기단계에서 평화협정 체결을 예정하고 있다.

양자협정안을 체결할 경우, 북미관계의 정상화가 필요하다. 이에 대해서는 협정안의 부속문서 형태로 규율하는 것이 아니라 별도로 국교정상화를 추진하려 하고 있다. 이에 비해 포괄협정을 체결할 경우에는 부속문서를 통해 상호 간의 무력 불사용, 평화공존과 분쟁의 평화적 해결을 약속하고, 주한미군은 평화유지군으로 존속할 수 있다는 입장을 취하고 있다.

평통사안은 평화협정 체결을 남북한의 자주와 주권 실현의 일환으로 여기며, 주한미군은 이에 배치되는 존재로 인식해 이의 철수를 평화협정안의 주요한 과제 중 하나로 삼고 있다.

핵문제에 관해서는 비핵3원칙(제조, 접수, 배치 금지)에 기초하되, 다른 협정안들과 달리 '다른 나라로부터 핵우산을 제공받지 않는다'는 점을 명문화했다. 미국에 의한 남한의 핵우산 제공문제도 북한의 핵문제와 동일 선상에서 다루고 있다는 점에서 주목할 만하다. 또한 '한반도 비핵화'에서 한걸음 더 나아가 '한반도 비핵지대화' 개념을 취하고 있다.

표 5. 평화협정안의 비핵화, 남북관계, 북미관계 관련 규정

		평화재단안			박명림안	평통사안
		포괄협정안 (종전+평화협정)	양자협정안 종전선언	포괄협정안 평화협정	(종전+평화협정)	(종전+평화협정)
전쟁의 종료 및 평화선언		1조	1조 종전	1조 체제 존중	1-3조	전문/자주와 주권
주체		남북미중	남북미중	남북-궁극	남북-실질	남북미중
비핵화	9·19, 2·13	5조 불능화+폐기 약속	불능화단계	3조 폐기단계	27조	미군철수와 연계, 한반도 비핵지대화
	사찰	6조			29조 상호사찰	비핵3원칙(접수, 배치, 핵우산)
통일	특수관계	3조 특수관계			평화통일남북공동위원회	20조 특수관계
	유효기간	14조 통일까지		17조 통일까지		
타 조약	관계	10조 무관		9조 무관	군사동맹 불가담	폐기 해체-3년 내
	주한미군	11조 목적 범위 내		9조-제한적 외국군주둔	37조-제한적 허용	유엔사 해체(3조), 외국군 철수(4조)
협정 효력	국제보장	13조 유엔 사무국 등록		미중하기서명	미중 하기서명	미중 하기서명
	수정보완	15조		18조	파기무효	36조
	효력발생	12조 정본 교환일		16조 정본 교환일	정본교환일	서명과 동시
	서명주체	남북미중		남북+미중 하기 서명	남북미중	
남북관계 (부속문서)	기본선언	1조			1조 인간 존중, 적대관계 청산, 상호 존중	
	무력불사용	2조		2조	6조, 17조	15조 평화적 해결
	경계선	4조		4조 기본합의서 + 해상-공동어로	10~13조, 해상 계속 협의	지상-정전협정, 공중(해상, 지상) 해상-합의(부속), 잠정성
	군비통제	5조 남북군사공동위원회		6조 남북군사공동위원회	한반도평화관리 남북공동위원회	
	주민왕래	7조 유보(통일)		8조 유보(통일)	33조 유보(통일)	
	군사조약	8조		9조 제한적 주둔		비동맹
	법제도선	8조3항		9조3항		적대법규개정및폐지(14조2)
	과거청산	6조 남북화해공동위원회		7조남북화해공동위	전후처리특위	불문/인도주의적 문제 해결
	기구	9조 상주대표부		10조 상주대표부	상주대표부	
		10조 평화통일 남북공동위		10조 평화통일남북공동위	평화통일남북공동회의	
		11조 정상회담 정례화		12조 정상회담 정례화	상설협의기구	
북미관계 (부속문서)	무력불사용	1조	3조		7조	
	평화공존	2조	2조		5조	
	통일 지지	3조	4조			
	분쟁 평화 해결	4조	2조		9조(평화적 해결)	
	국교정상화	5조	별도추진		별도 추진	국교정상화 8조
	미군	6조 평화유지				
한중관계						
		2007. 2. 13 ′ 2007-8			2003	
기타		핵확산저지+수교			작전통제권	

평화협정 체결 주체 및 협정 서명 주체 문제에 있어서 3개의 민간초
안들은 약간의 상이점이 있다. 박명림안과 평통사안, 그리고 평화재단안
의 포괄협정안은 각각 남북한 또는 남·북·미·중이 체결 주체이면서 서
명 주체이다. 이에 비해 평화재단 제2안의 경우, 체결의 주체는 남북한
이지만, 미국과 중국이 하기서명하는 형태를 취하고 있다. 그러나 미국
과 중국과 같은 제3자의 역할은 하기서명자이든 협정 체결 주체로서의
서명자이든 간에 그 의미를 제한적으로 이해해야 한다. 그들의 이익을
한반도에 지속적으로 반영하기 위한 근거가 아니라 한반도 평화를 담보
하기 위한 규범 촉진자로서의 역할에 한정해야 한다.[14]

3) 평화협정안의 분쟁관리

평화협정안들은 분쟁관리 및 평화보장에 대해 빠짐없이 규정하고 있다.
대체로 남북한에 의한 평화관리, 남·북·미·중에 의한 평화관리의 국제
적 보장을 고려하고 있다.

평화재단안의 경우, '한반도 평화관리공동위원회'(제8조)에 평화협
정 이행과 평화관리 임무를 맡기고 있다. 동 위원회는 이 협정의 이행,
준수 과정을 감독하며, 이 협정에 위반하는 어떤 사건이라도 조사, 협의,
조정함으로써 평화적으로 해결하는 것이 주된 임무이다. 동 위원회는 남
북한이 주체가 되며, 그 구성도 남북한 동수로 한다. 이는 유엔인권이사
회 자문위원회의 평화권선언 초안 제1조의 원칙과도 일치한다.

위원회에서의 협의에도 불구하고 해결되지 않은 사건은 협정위반
관련자 혹은 동 위원회가 '한반도 평화관리 국제보장위원회'에 조정을

---

14   제3자의 평화협정 서명에 대해서는 최철영, 「국제법상 평화조약과 한반도 평화협정」, 155
　　　쪽 이하.

표 6. 평화협정안의 분쟁 및 평화보장 관련 규정

			평화재단안			박명림안	평통사안
			포괄협정안 (종전+평화협정)	양자협정안 종전선언	포괄협정안 평화협정	(종전+평화협정)	(종전+평화협정)
평화	관리	평화지대	7조		5조	14~16조	21조
		담당기구	8조 한반도 평화관리 공동위원회	5조 한반도 종전관리위원회	5조4,13조 한반도 평화관리 공동위원회	한반도 평화관리 남북공동위원회	4자 공동군사위(유엔사, 외국군 철수) 공동관리(22조-부속합의서)
		구성	남북 동수	참가국 동수		남북 각1인	남북대표
		임무		잠정종전관리		분쟁 해결, 관리	평화지대 전환, 공동어로(23조) 연합 연습 금지
	보장	명칭	9조 한반도 평화관리 국제보장위원회		14한반도 평화관리 국제보장위원회	22조 한반도 평화관리 국제조정위원회	국제평화 관리위
		구성	중, 미+추천(남북 각1인 제3국)		중미+2(추천)	협의 결정	5개국

의뢰할 수 있도록 안전판을 강구하고 있다. 동 위원회는 우선 한반도 평화관리위원회가 의뢰한 사안에 대해 심사하고 조정하고 일정한 권고안을 내는 것을 주된 임무로 하되, 협정의 이행과 준수 상황을 감시하는 역할을 겸한다. 이를 위해서는 남북한 당국으로부터 어느 정도 독립되어 있으면서도 남북한의 신뢰를 받는 국가들로 구성되어야 한다. 이에 동 협정안에서는 미국과 중국 그리고 남북한이 각각 추천한 국가들로 동 위원회를 구성하도록 한다.

박명림안은 정전협정상의 군사정전위원회를 대체하는 분쟁해결 및 평화관리기구로서 '한반도 평화관리 남북공동위원회'를 둔다. 동 위원회는 비무장지대의 평화지대 전환과 관리, 서해 평화수역 및 공동어로구역의 관리를 주된 임무로 한다. 나아가 정전협정에서의 중립국감독위원회를 대체하는 '한반도 평화관리 국제조정위원회'를 구상하고 있다.

박명림안에서는 남·북·미·중 4개국에 의한 '4자 공동 군사위원회'를 구성한다고 밝히고, 이를 통해 유엔사 해체, 군비통제의 역할을 부여한다. 동 위원회는 한반도에서 미군이 철수하고 북한의 핵문제가 해소되

면 해체할 것을 예정하고 있어, 어떤 의미에서는 한시적인 기구이다. 결국, 박명림안은 남·북·미·중 간의 거시적 현안은 이 '4자 공동 군사위원회'를 통해 문제를 해결하고, 미시적인 문제는 '한반도 평화관리 남북공동위원회'에 맡기는 투 트랙의 접근을 하고 있다고 볼 수 있다.

박명림안의 경우 '한반도 평화관리 남북공동위원회'에 남북한의 '외국군과의 연합 연습 및 훈련 중지'의 임무를 부여하고 있다. 이는 남한의 한미합동군사훈련 등 남북 간의 첨예한 갈등요소를 강하게 의식하고 있기 때문이다.

평통사안은 박명림안과 구조적인 공통점이 있다. 유엔의 해체와 외국의 철수 문제를 '4자 공동 군사위원회'에 맡기고, 경계선 관리 등 일상적인 평화관리 문제는 남북한에 맡기는 점에서 그렇다. 다만 박명림안이 남한의 유엔사 해체 및 북한의 핵무기가 폐기되면 '4자 공동군사위원회'가 해소된다고 하고 있는데 비해, 평통사안은 북한의 핵무기와 '4자 공동 군사위원회'의 해소 시기에 대해 이렇다 할 언급이 없다. 박명림안의 경우 평화체제와 핵 폐기를 양립할 수 없는 것으로 보는 분명한 입장을 취하고 있는 데 비해, 평통사안의 경우 적어도 평화협정안에서는 이에 대한 분명한 입장이 드러나 있지 않다는 점과도 관련이 있어 보인다.

박명림안은 정전협정하의 '중립국 감독위원회'를 '한반도 평화관리 국제조정위원회'로 명칭을 변경하고, 그 구성원은 협의해 결정할 수 있다고 하였다. 이에 비해 평통사안은 스위스, 스웨덴, 인도, 말레이시아, 브라질의 5개국 대표단에 의해 '국제평화감시단'을 구성한다고 밝히고 있다. 종래의 '중립국 감독위원회' 구성원이 유엔사령부 측에서 추천한 스웨덴과 스위스, 중국 인민해방군과 조선인민군에서 추천한 폴란드와 체코슬로바키아였다는 사실에 비추어 보면 그 선택의 기준이 꼭 분명한 것 같지는 않다. '국제평화감시단'의 역할도 '4자 공동 군사위원회'에 의한 유엔사 해체 및 외국군 철수가 제대로 이루어지는지의 감시·감독으로 규정하고 있는데, 평통사안의 정식명칭이 '주한미군 몰아내는 평화협정안'이라는 데에서도 알 수 있듯이, 주한미군 철수에 초점을 맞추고 있음을 알 수 있다.

이러한 평화관리기구들이 천안함사태와 같은 사건사고 발생 시 실효적으로 대처할 수 있을지는 의문이다. 평통사안의 경우, '남북 공동평화관리위원회'의 구성조차도 분명치 않을 뿐만 아니라 천안함사고와 같은 일이 논의 대상인지도 불분명하다. 가령 '남북 공동평화관리위원회'에 제소할 수 있다 하더라도 남북이 한쪽은 상대방이 범인이라고 하고 한쪽은 전적으로 부정하는 진실게임의 양상을 띠고 있는 사건사고의 경우, 공동위원회가 이를 본안으로 다룰 수 있을지 의문이다. 공동위원회가 다루지 못할 경우 국제감시위원회가 이를 다룰 수밖에 없는데, 국제감시위원회가 감시 대상인지도 명확하지 않으며, 유엔사 해체와 외국군 철수의 이행 감시를 주된 임무로 하는 이 위원회가 실제로 구성될 수 있을지도 의문이다.

박명림안의 경우 남북공동위원회에서 문제가 해결되지 않을 때에는 일방에 의한 국제조정위원회 제소가 가능하다고 되어 있으나, 구성과 역할을 남·북·미·중이 협의해 결정한다고 했을 뿐 구체적이지 못하다. 남·북·미·중이 그 구성에 쉽게 합의할 수 있을지도 미지수이다.

이에 비하면 평화재단안의 경우 '한반도평화 국제보장위원회'를 미국과 중국, 그리고 남북한이 추천한 제3자로 구성한다고 해 구성이 어려워 보이지는 않는다. 평화관리의 1차적 책임이 있는 '한반도 평화관리공동위원회'가 평화협정의 이행 준수뿐만 아니라 이 협정에 위반한다고 보이는 어떤 사건도 조사·협의·조정할 수 있다고 함으로써, 공동위원회의 평화관리 가능성이 엿보인다. 남북기본합의서 및 2007년 제2차 남북정상회담의 성과인 '남북군사공동위원회'를 규정하고 있으나, 그 구성 원칙과 권한 및 임무는 명확하지 않다. 공동위원회 멤버의 구성이나 실무적 대화 틀이 구체적이지 않아, 천안함 침몰사고와 같은 사건사고가 일어났을 경우 곧바로 실무적인 대화로 이어질지 역시 미지수이다.

4. 남북기본합의서와 평화체제

평화협정에 의한 한반도 평화체제의 구축 구상 이외에 우리가 생각해볼 수 있는 구상은 남북기본합의서 같은 기존 남북한 합의문서를 최대한 활용해 평화체제를 구축하는 것이다.

1991년 12월 13일, 남북 간에 합의 채택하고, 1992년부터 발효한 '남북기본합의서'의 정식명칭은 '남북 간의 화해와 불가침 및 교류협력에 관한 합의서'이다. 명칭에서도 알 수 있듯이 이 '남북기본합의서'의 주요 내용은 화해(제1장), 불가침(제2장), 교류협력(제3장)이다. 구성을 보면, 다소 불충분한 점도 있지만, 평화협정 체결 시의 주요 쟁점이 거의 포함되어 있다.[15]

이하에서는 남북기본합의서를 지렛대로 해 북미관계의 정상화 등 부가적 조치를 취함으로써 평화체제를 공고히 해야 한다는 구상과, 그러한 구상이 예정하고 있는 평화관리문제에 대해 살펴보기로 한다.

---

15   허문영 외, 『한반도 평화체제: 자료와 해제』, 통일연구원, 2007, 49-75쪽.

1) 남북기본합의서

(1) 7·4 남북공동성명의 승계

1991년의 '남북기본합의서'는 1972년 이후의 남북관계를 망라한 것이다. 대결과 긴장의 연속이었던 남북관계에 대화 국면이 펼쳐진 것은 아이러니하게도 남북 모두 장기집권의 새로운 국면을 맞이한 1972년이었다. 북측은 체제 세습에 기초한 장기집권의 틀을 만들고 있었고, 중소 분쟁의 틈새를 벗어나 남북 간 대화의 필요성이 높아졌다. 남측 역시 유신정부라는 이름의 박정희 1인 장기집권의 새로운 틀을 만들고 있었던 터라, 이를 위한 대의명분이 필요했다.

　　박정희와 김일성을 정상으로 하는 당시의 남북 당국은 대리인을 통해 남북 분단 후 처음으로 통일에 관한 대원칙에 합의했다. '7·4남북공동성명'이라는 이름의 성명으로 발표된 이 합의문은, '첫째, 외세에 의존하지 않고 간섭받지 않으며 자주적으로 통일한다. 둘째, 무력행사에 의존하지 않고 평화적 방법으로 통일한다. 셋째, 사상과 이념 및 제도의 차이를 초월해 단결한다'라는 내용을 담고 있었다. 이러한 대원칙에 합의한 후, 남북 당국은 합의사항을 추진하기 위해 '남북조절위원회'를 설치하기로 했다. 1991년의 '남북기본합의서'는 어떤 의미에서는 1972년의 '남북공동성명'에서 천명된 통일의 기본원칙을 재확인한 것이었다.

　　'남북기본합의서'는 남북 간의 국제법적 관계에 대해서도 역사적인 합의에 이르렀다. 남북은 유엔에 동시 가입하고 있지만, 상호관계는 국가와 국가 간의 관계가 아니라, '통일을 지향하는 잠정적인 특수관계'라는 것이다.

(2) 화해

'남북기본합의서'는 화해(제1장), 불가침(제2장), 교류협력(제3장)의 세 장과 각 장에 부속된 합의서로 구성되어 있다. 화해에 관한 원칙을 정한 제1장에서는 상호체제를 인정할 것(제1조), 상호 간의 내정문제에 간섭하지 않을 것(제2조), 비방과 중상을 금지할 것(제3조), 파괴와 전복행위를 금지할 것(제4조), 정전협정을 준수할 것(제5조), 판문점에 연락사무소를 설치할 것(제6조)을 약속했다.

이러한 내용은 평화협정에서 남북관계를 평화적으로 확립하기 위해 반드시 필요한 내용이다. 특히 부속문서에서는 '남북기본합의서'에서 한 발 더 나아가 구체적인 규정들을 두고 있다. 남북 간의 화해에 모순되는 법과 제도를 개정 또는 폐지할 것, 이를 위해 '법률실무협의회'를 설치할 것(부속합의서 제4조), 현재의 정전체제 준수 및 평화체제로의 전환을 위한 대책을 강구할 것, 합의사항을 이행하기 위해 '남북화해공동위원회'를 구성할 것 등이다. 다만, 북측이 제기한 단일 국가로서 국제기구 가입 건에서는 합의에 이르지 못하고 계속 논의하기로 미루었다.

(3) 불가침

'남북기본합의서' 제2장에서는 남북 간 불가침에 관한 원칙을 정했다. 상대방에게 무력을 사용하지 않을 것, 의견 대립과 분쟁을 대화와 협조를 통해 평화적으로 해결할 것을 대원칙으로 정하고 있다.

남북 간 불가침 문제에서 매우 민감한 사안인 경계선 문제에 대해서는 기본적으로는 현상유지를 원칙으로 하되, 향후 협의할 것을 약속했다. 특히 육상경계선과 달리 분란을 거듭하고 있는 서해안의 해상경계선, 즉 NLL 문제를 협의할 것, 육상경계선에 대해서는 1953년의 정전협정에서 규정한 군사경계선을 인정할 것을 분명히 했다.

　　남북 간 불가침원칙을 구체화하기 위해서는 군비통제, 군축문제 등 협의가 필요한 테마가 적지 않다. 협의를 위한 주체로는 '남북군사공동위원회'를 두었다. '남북군사공동위원회'는 대규모 부대의 이동, 군사연습의 통보, 대량살상무기의 단계적 제거 등을 포함한 단계적 군축 및 검증이 주요한 임무였다. '남북 불가침의 이행과 준수를 위한 부속합의서'는 평화협정 체결 및 평화체제 구축 과정에서 중요 논점이 합의되어 있다는 점에서 주목할 필요가 있다.

(4) 교류협력

'남북기본합의서'는 남북한 간 교류를 국가와 국가 간의 교류가 아닌 남북 내부 교류로 위치시켜, 물자의 교류, 합작투자 등 경제교류를 실시할 것을 합의하고 있다. 남북 내부교류라는 것은 일정한 우대조치가 취해진다는 의미이다. '남북기본합의서'의 정신에 따라 '남북교류기본법'은 남북 간에 거래되는 물품에 대한 면세 조치를 규정하였다.

　　남북 간 절단된 통로를 다시 잇는 것도 평화체제 구축에 필수적이다. '남북기본합의서'에서는 철도, 도로, 해로, 항공로를 잇기로 했다. 이에 기초해 남측에서는 인천항 등을 비롯한 3개 항구를, 북측에서는 남포항을 비롯한 3개 항구를 열기로 했다.

　　교육, 과학, 신문, 라디오 등 사회와 문화 등 다양한 분야의 교류에 대해서도 의견이 일치했다. 이에 따라 교류와 협력에 관한 구체적 조치가 합의되었다.

　　제한적이기는 하지만, 남북 간 왕래를 촉진하기 위해 신변안전과 무사귀환을 보증하기로 했다. 이를 위한 실무 및 절차를 논의하기 위해 '사회문화 교류협력 공동위원회'를 구성하기로 했다. 이 위원회는 장관 또는 차관급에서 위원장을 하고 부위원장을 포함한 9인의 위원으로 구성되어 연 4회 개최를 예정했다.

(5) 체결의 경위

'남북기본합의서'는 평화체제 구축 과정에서 논의하고 합의할 키워드, 즉 화해, 불가침, 교류협력을 포괄한다. 이렇게 주목할 만한 합의문서가 이미 존재하게 된 이유는 국내외적인 상황요인의 결합에서 찾아야 한다.

국제적인 요인으로는 소련의 붕괴와 그 후 탄생한 러시아가 남측과 국교를 수립한 것을 꼽을 수 있다. 고립감과 위기감을 느낀 북측은 남북 대화에 적극적으로 나서 활로를 모색했다.

내부적인 요인으로는 남과 북이 모두 대화의 필요성을 느끼면서 대남정책 또는 대북정책의 방향을 선회한 것을 꼽을 수 있다. 북한은 1988년 말 새로운 평화구상을 내놓았다. '포괄적 평화안'이라고 이름 붙인 새로운 평화구상은 군축과 긴장완화를 주요한 내용으로 하고 있다. 군축문제에 관해 북한은 일괄군축을 주장해 왔으나 단계적 군축안으로 입장을 선회했다. 미군철수 문제에 대해서도 즉시 일괄철수론에서 단계적 철수론으로 입장을 완화했다. 긴장완화를 위한 남북 장관급 또는 장관급 이상의 고위급 정치군사회담의 개최도 주장했다.

남측에서도 정치경제적으로 북한보다 우위에 서게 되었다는 판단 아래 북한에 적극적인 평화공세를 취하기 시작했다. 1988년 7월 7일에는 '민족의 자존과 통일번영을 위한 특별선언'(이하 '7·7선언')을 발표하였다. 이에 기초해 남북국회회담 및 남북정상회담을 추진하고자 했다.

남측은 북측이 제안한 남북 고위급 회담과 정치군사회담을 전격적으로 수용했다. 1990년 9월 4일부터 1991년 12월 13일에 걸쳐 역사적인 '남북고위급회담'이 서울과 평양에서 개최되었다. '남북기본합의서'는 남북 내부의 상황 및 국제적 요인이 맞물려서 빚어낸 한반도 평화체

제에 관한 문서였다.[16]

2) 남북기본합의서와 북미관계

'남북기본합의서'에는 앞서 살펴본 바와 같이 평화체제에 관한 주요 내용이 망라되어 있기에, 평화운동 진영에서는 평화체제 구축방안의 하나로 '남북기본합의서'에 주목하기도 한다.[17] 이들은 새로운 평화협정을 체결하기보다는 '남북기본합의서'의 규범력을 제고하는 것이 중요하다고 본다.[18] 실제 '남북기본합의서'를 비롯한 남북한의 평화에 관한 합의문서들의 체결과정을 보면, 협의 당시 남북 내부의 상황적 요인으로 합의에 이르지 못하고 힘 겨루기로 끝나는 경우가 많았다. 이미 합의한 문서들을 남북한의 국회에서 비준하는 방법 등을 통한 규범력 제고가 오히려 현실성이 있다는 주장에는 나름의 합리성과 설득력이 있다.

　'남북기본합의서'의 규범력이 제고된다고 하더라도, '남북기본합의서'가 담아내지 못하는 몇 가지 현안에 대해서는 별도의 논의가 필요하다. 가장 대표적인 것은 북미관계 현안에 대한 합의이다.

　미국은 정전협정의 서명 당사자 중 하나인 유엔군을 사실상 대신하고 있다. 북측은 북미 간 평화협정 체결을 주장하고, 이를 통해 북한의 체제보장을 받고자 하고 있다. 한때 북한은 평화협정을 통해 미군을 철수시키고, 남측보다 군사적으로 우위에 서고자 했다. 그러나 현재는 남측에 비해 정치·경제·군사 모든 면에서 뒤떨어지게 되어, 북미 간 평

16　김형기, 『남북관계 변천사』, 연세대학교 출판부, 2010, 165-184쪽.
17　대표적으로는 참여연대의 박순성(동국대)를 들 수 있다. "한반도평화협정(안)을 제안한다 (2)", 평화재단 제11차 전문가포럼 자료집 159쪽, 2007. 8. 23.
18　대표적인 논자로는 김낙중을 들 수 있다.

화협정을 통해 북한 체제를 국제법적으로 보장받고자 하는 것이다.

미국 역시 한반도의 평화적 관리를 위해서는 북한과의 관계 재설정이 필요하다는 데 생각을 같이한다. 그 방식으로는 쟁점이 많은 평화협정보다는 종전선언 및 국교정상화를 통한 북미관계 재설정을 현실적인 대안으로 생각하고 있는 듯하다. 실지로 미국 내에서는 최근 10여 년간 3단계의 관계정상화 로드맵이 논의된 바 있다. 이에 따르면, 북한의 비핵화문제가 일정한 진전(progress in motion)이 있는 경우에는 연락사무소(liasion Office)를 설치하고, 실질적인 진전(substantive progress)이 있는 경우에는 상주대표부(mission)을 설치한다. 비핵화문제가 검증을 통해 폐기 단계(irreversible denuclearization)에 이르고 북한의 인권문제가 일정한 진전을 보이는 경우에는 상주공관인 대사관(embassy)를 설치할 것을 내용으로 하였다.

이에 대해 북측은 2007년 말 3단계 로드맵을 뛰어넘어, 곧바로 국교정상화에 들어가기 위한 논의를 할 수 있다고 미국 측에 타진하였다.

3) 남북기본합의서의 분쟁관리

'남북기본합의서'는 남북이 합의한 화해와 교류에 관한 문서라는 점 이외에도, 분쟁의 평화적 관리에 관한 기본문서라는 점에서 주목할 만하다. 천안함 침몰과 같은 사건이 발생하고 난 후 남북한이 이를 관리할 만한 규칙이 없이 으르렁거리면서 치킨게임의 양상을 전개했다는 점에서 이러한 측면에 더욱 많은 주의를 기울일 필요가 있다.

무엇보다 주목할 만한 것은 '남북기본합의서'가 분쟁의 평화적 관리에 대한 대원칙을 제시하고 있다는 점이다. 그것은 바로 무력불사용(제9조)의 원칙과 분쟁의 평화적 해결(제10조)의 원칙이다. 이는 돌이켜보면 평화권에 관한 유엔인권이사회의 자문위원회가 제출한 평화권선언 초안 제1조의 원칙과 정확히 일치한다.

이에 기초해 남과 북은 불가침의 이행과 보장을 위해 합의서 발효 후 3개월 안에 남북군사공동위원회를 구성, 운영하기로 했다. 남북군사 공동위원회에서는 대규모 부대이동과 군사연습의 통보 및 통제문제, 비무장지대의 평화적 이용문제, 군인사 교류 및 정보교환문제, 대량살상무기와 공격능력 제거를 비롯한 단계적 군축실현문제, 검증문제 등 군사적 신뢰 조성과 군축을 실현하기 위한 문제를 협의 추진하기로 했다.

나아가 남북군사공동위원회를 구성하기 위한 원칙 및 절차의 구체적인 내용에도 합의했다. 남북군사공동위원회는 협의의 실질성을 기하기 위해 차관급으로 할 것, 위원회 운영을 위한 실무협의회를 따로 구성할 것 등을 규정하고 있다.

또한 천안함 사고, 연평해전 등과 같은 우발적 충돌에 대한 나름의 실마리도 찾을 수 있다. '남북 불가침의 이행과 준수를 위한 부속합의서' 제2장에 따르면, 남과 북은 우발적 무력충돌을 방지하고 분쟁을 평화적으로 해결하기 위해, "어느 일방이 이 합의서를 위반하는 경우, 공동조사를 해야 하며 위반사건에 대한 책임을 공동으로 규명하고 재발 방지 대책을 공동으로 강구할 것"(제8조)를 규정하고 있다.

북측은 천안함 침몰과 관련해 검열단을 보내겠다고 했고, 남측은 이 문제를 자체 국제조사단을 꾸려서 조사 발표하고 유엔 안보리에 회부했다. 결국 유엔안보리로부터 "두 당사자의 주장에 유의하지만, 평화적 방법으로 해결할 것을 촉구한다"는 문구 하나를 받았을 뿐이다. 이 과정에서 남북한의 불신은 더욱 깊어졌다.

유엔 안보리의 의장성명이 천명한 분쟁의 평화적 해결 원칙은 '남북기본합의서'의 분쟁의 평화적 해결의 원칙(제10조)과 다르지 않다. '남북 불가침의 이행과 준수를 위한 부속합의서'상의 '공동조사 및 재발방지대책 강구'(제8조)를 고려한다면, 남북한 모두 가까운 길을 두고 먼 길을 우회하고 있다는 생각을 지울 수 없다.

그 밖에도 남과 북은 우발적인 무력충돌과 그 확대를 방지하기 위해 쌍방 군사 당국자 간 직통전화를 설치·운영하고(제13조), 이 합의서 발표 후 1개의 실효성을 제고하기 위해 '남국군사분과위원회'를 구성해 불가침에 관한 합의 이행과 준수 및 군사적 대결상태 해소를 위한 구체적 대책을 협의할 것을 약속한 바 있다. 그러나 1992년 미국이 북한의 핵 개발 의혹을 제기하고, 이에 반발한 북한이 1993년 3월에 「핵확산금지조약(NPT)」 탈퇴 선언으로 맞서면서 무용지물이 되고 말았다.

이러한 한계에도 불구하고, 2000년 6·15공동선언 이후 '남북기본합의서'를 복원해야 한다는 목소리가 끊이지 않았다. 특히 평화체제에 관한 논의가 활성화되면서 '남북기본합의서' 및 남북기본합의서상의 분쟁관리 시스템이 새롭게 주목받게 된 것이다.

2007년 제2차 남북정상회담에서도 이 점에 주목해, 남북국방장관회담을 열어 이 문제를 논의하기로 했다. 남북국방장관회담에서는 1991년 남북기본합의서 채택 당시 설치하기로 합의했던 '남북군사공동위원회'를 가동하기로 합의했다. 이 '남북군사공동위원회'에서는 해상 불가침 경계선 문제와 군사적 신뢰구축 조치를 실효성 있게 논의하기로 했다. 군사공동위원회는 차관급(북측은 부부장급)이 맡고, 국방부와 합참, 외교부 국장급 인사 등 남북한의 군사외교상의 실질적 실무라인이 참가할 것을 약속한 바 있다.

5. 평화체제 구축의 과제와 지향점

앞에서 평화체제 구축을 위한 두 가지 구상, 즉 평화협정을 맺어 새로운 평화체제를 구축하는 방법, 기존의 남북관계 합의문서들을 총괄하되 규범력을 높이는 방법에 대해 살펴보고, 그 구상을 구체화하는 과정에서의 쟁점들에 대해 살펴보았다. 이하에서는 이러한 방법론의 차이에도 불구하고 여전히 과제로 남아 있는 부분들과 평화체제 구축이 궁극적으로 지향해야 할 점에 대해 살펴본다.

1) 분쟁해결의 당사자주의 원칙과 국제적 조정

평화체제를 확립하기 위해서는 남북한이 주체가 되어 분쟁을 평화적이고 실효적으로 관리할 수 있어야 한다. 이를 위해 우발적 충돌을 비롯한 남북한 간의 분쟁을 관리할 수 있는 관리시스템이 필요하다. 유엔인권이사회 자문위원회의 평화권선언 초안 제1조 5항에서는 모든 국가는 유엔헌장의 원칙에 따라 당사자가 된 분쟁해결을 (당사자가 주체가 되어) 평화적 수단으로 도모할 것을 규정하고 있다.

　　관리시스템에 대한 나름의 고민이 없었던 것은 아니다. 그러나 관리시스템이 기본적으로 남북한을 당사자로 하되, 당사자에 의한 해결이 원칙이고 국제적 조정은 보충성의 원칙에 따라야 한다는 점은 간과되었다.

(1) 분쟁해결의 당사자주의

분쟁은 남북한이 주체가 되어 평화적으로 관리할 수 있어야 한다. 천안함 사건에 대한 남북한의 태도는 당사자주의의 원칙에 어긋났다. 남측은 천안함 사건 후 곧바로 대량살상무기방지구상(PSI)에 따른 역내외 해상

차단훈련과 한미연합 대(對)잠수함훈련, 대북방송심리전을 전개했다. 북측도 이에 질세라 대북심리전 확성기에 대한 직접 조준격파를 경고하는 등 치킨게임의 양상을 띠었다.

남북의 대응태도는 남북기본합의서에도 반한다. '남북기본합의서'는 '무력사용 금지(제9조)'의 원칙을 규정하고 있다. 만일 북의 행위가 사실이라면 북측의 행위는 무력사용 금지의 원칙을 위반한 것이며, 남측의 대응 역시 이 원칙과 거리가 있다. '남북기본합의서' 제8조에 '남과 북은 어느 일방이 불가침의 이행과 준수를 위한 이 합의서를 위반하는 경우, 공동조사를 해야 하며 위반사건에 대한 책임을 규명하고 재발방지 대책을 강구한다'(제8조)고 규정하고 있음에도 불구하고 공동조사를 하지 않은 것도 문제이다.

특히 남측의 대응은 스스로 표명한 입장과도 모순된다. 이명박 정부는 6·15나 10·4 공동선언은 잘못된 정책 기조가 반영된 결과물이며, 향후 남북대화의 준거 틀은 기본합의서가 돼야 한다고 수차례 천명한 바 있다. "1992년 남북 기본합의서가 발표된 이후 남북 정상이 새로 합의한 것이 있으나, 가장 중요한 남북한 정신은 기본합의서"라고 밝히기도 했다. 그러나 천안함 사건에 대한 정부의 태도는 '남북기본합의서'의 규정과 정신에 어긋났다.

이명박 정부는 '남북한기본합의서'를 기본으로 하되 6·15선언과 10·4선언은 선별적으로 적용할 것을 밝힌 바 있다. 그러나 실제 정책 집행에 있어 6·15선언과 10·4선언이 선별되어 활용되었는지는 의문이다. 양 선언에는 천안함 사건을 비롯한 서해 평화정착과 관련한 중요한 합의가 포함되어 있다. 특히 10·4선언에서는 남과 북은 서해에서의 우발적 충돌방지를 위해 공동어로수역을 지정하고, 이 수역을 평화수역으로 만들기 위한 방안과 각종 협력사업에 대한 군사적 보장조치 문제 등 군사적 신뢰구축조치를 협의하기 위해 남측 국방부 장관과 북측 인민무력부 부장간 회담을 평양에서 개최하기로 한 바 있었다(제3조).

평화관리의 문제가 되는 것은 육상경계선보다는 해상경계선이다. 해상경계선에서의 비대칭적 분쟁이 문제가 되는 현실을 고려한다면, 10·4선언에서 남북한이 합의한 '서해안 평화수역'문제는 평화체제 구축에 있어서 매우 중요한 과제이다. 그 실천이 비대칭적 분쟁을 평화적으로 남북한이 관리할 수 있는 지름길이다. 그럼에도 불구하고 이를 활용하지 않은 것은 문제이다.

이러한 문제점을 해결하기 위해서는 우선, 남북기본합의서 및 제12차 남북국방장관회담에서 합의한 군사공동위원회가 조속히 가동되고, 군사적 신뢰조성 차원에서 그 임무를 확대할 필요가 있다. 남북한 군사동동위원회도 정례화되어야 한다. 이를 통해 천안함 사건에 관한 진상조사 문제를 비롯한 '해상불가침경계선 문제와 군사적 신뢰구축 문제' 등의 현안을 남북한이 주체가 되어 실효성 있게 관리하기 위한 첫걸음을 내딛어야 한다.

(2) 분쟁의 국제적 조정

천안함 사건을 둘러싼 남북한의 소모적 대응 양상에서 중재자로 나선 것은 중국이다. 중국은 정전협정상의 군사정전위원회를 소집하고 '4개국 공동조사위원회'를 꾸릴 것을 제안했다. 남측에서는 장성장 씨가 군사정전위와 별도로 공동조사단을 구성할 것을 제안한 바 있다.

천안함 사건의 진상에 대해 남북 간 진실게임이 전개되고, 국내외의 의문이 증폭되었다는 점을 고려한다면 각종 의혹에 대한 신뢰성 제고를 위해서라도 공동조사가 필요했다. 이 사건에서도 보았듯이 상호 간의 대응이 치킨게임의 양상을 띠게 되면 의도하지 않은 전쟁이 일어날 가능성도 없지 않다.

미국의 초당파적 싱크탱크인 애틀랜틱 카운실이 2007년 발표한 '한반도 및 동북아 평화안보 프레임워크' 보고서는 시사하는 바가 있다. 보고서는 남북한과 미국이 3자협정을 맺어 군사적 신뢰구축 조치를 취하고 병력을 재배치해야 하며, 상호 간에 협력적으로 위협을 감소시켜 가야 한다고 주장했다. 그리고 의도하지 않은 전쟁 가능성을 제거할 잠정 조처의 필요성을 역설한 바 있다.

민간에 의한 3개의 평화협정안과 1992년의 남북기본합의서 모두 의도하지 않은 전쟁 가능성을 제거할 만한 구체적인 내용이 충분치 않은 것은 문제이다. 남북한이 주도성을 가지고 분쟁을 평화적으로 관리하되, 불가피한 경우에 한해 국제사회의 도움을 받아야 한다. 국제사회에 호소하는 경우에도 곧바로 유엔으로 가지고 갈 것이 아니라, 한반도 평화체제 또는 동북아시아 평화체제 이해 당사자의 조정을 거칠 필요가 있다. 그런 관점에서는 이번에 중국 등이 제안한 일종의 '다자간 공동조사위원회' 구성도 사태를 평화적으로 조정할 수 있는 잠정적 대안이 될 수 있다. 의도하지 않는 사건이 전쟁으로 비화되는 것을 막을 수 있는 여과장치가 될 뿐만 아니라 잘 운영된다면 동북아평화체제를 위한 신뢰 조성에도 기여할 수 있을 것이다.

2) 외교안보 영역의 민주화

우발적 충돌이 전쟁으로 비화하지 않게 하기 위해서는 남북한의 자주적 관리시스템과 이를 보완하는 국제적 관리시스템이 필요하다. 보다 근본적으로는 안보위기 해석에 대한 민주적 통제가 절실하다.

천안함 사건의 경우, 참여연대를 비롯한 민간단체, 재미 한인과학자들을 중심으로 사건의 진상에 대한 의문점들을 제기했다. 정부는 이를 무시하는 한편 의문점을 제기한 참여연대 등의 민간단체를 국가보안법 위반혐의로 조사하겠다고 으름장을 놓았다. 산티아고선언 제8조는 "평화권을 위협하고 침해하는 일체의 사건을 비판할 권리"를 평화권의 주요 내용의 하나로 규정하였고, 평화권에 관한 유엔인권이사회 자문위원회의 평화권선언 초안 제7조에서는 "전쟁 또는 폭력을 유발하는 프로파간다 및 평화권 침해에 대해 반대할 권리"가 평화권이라고 선언하였다. 위와 같은 한국에서의 사태는 이러한 평화권의 내용에도 반한다.

이는 외교안보 영역이 민주화되지 않은 것과 밀접한 관련이 있다. 천안함 사건의 경우만 보더라도, 최소한의 사실관계들이 논리적으로 제시되지 않았다. 국방부는 천안함의 항적이나 당시 교신내용, 생존자들의 진술 등의 기초정보의 대부분을 공개하지 않았다. 민군 합동조사와 국제합동조사도 한국군 주도로 진행되었고, 거기에 참가한 민간이나 해외 조사단이 과연 제 역할을 했는지도 의문이다. 또 제 역할을 할 수 없었기 때문에 일부 위원들은 언론을 통해 공개적 반론을 전개하기도 했다. 나아가 최종발표 내용이 국회 보고내용과 다르거나 번복된 내용이 많아, 야당 및 기타 사회단체에서 이에 대응하기 매우 힘든 측면이 있었다. 그러한 의미에서 외교안보 영역에 있어서도 최소한의 알 권리 보장과 정보공개가 절실하다.

우리 군의 전술 전략을 노출하지 않는 것이 노출하는 것보다 공익이 큰 경우도 있을 테지만, 정작 국민이 알아야 할 것은 감춰지고 정작 중요한 군사기밀은 엉뚱하게 노출되고 있다는 것이 더 큰 문제이다. 2009년 1월 17일 북한 총참모부가 '전면 대결태세'를 천명한 적이 있는데, 당시 이상희 국방장관은 서해NLL에서의 북한군 응징계획을 보고했고, 통일부와 외교부의 만류로 받아들여지지는 않았다. 문제는 이 응징계획이 나

중에 조선일보 등에 대서특필되었다는 사실이다.[19]

그 보도 내용은 "합참과 해군 등 당국은 북한이 NLL에서 다시 도발할 경우 백령도 등에 배치된 K-9자주포, 해군 4500톤급 구축함, 초계함, 호위함 등의 76~127mm 함포, 공군 K-15K·KF-16전투기 등 지해공 전력을 총동원해 초기에 제압한다는 계획이다"라는 것이었다.[20] 그 뒤에도 북한의 도발은 시간문제라면서 북한의 도발 가능성을 강하게 암시하는 한편, 우리의 군사기밀을 연일 무차별적으로 보도하였다.

우리의 외교안보 영역에 대한 정보공개의 현실이 이렇다면, 외교안보 영역의 민주화와 관련해 두 가지 사실이 다시 한 번 논의되어야 한다. 첫째는, '위기'에 대한 해석을 정부가 독점해서는 안 된다는 점이다. 적어도 정부와 국회가 분점하는 형태가 되어야 한다. 이를 위해서는 정부가 과거의 국가안전보장회의와 같은 기능을 주도하더라도 국회 상임위가 일정한 역할을 해야 한다. 정보공개의 형태이든 상임위 방청의 형태이든 어떤 형태로든 국민이 참여하는 구조가 마련되어야 할 것이다.

둘째는, 군사외교 분야에서의 정보공개 범위를 결정하는 데 있어서 행정부, 특히 국방부가 이를 독점하는 형태는 벗어나야 한다는 것이다. 87년 헌법 제89조에 따르면 국무회의 심의사항에는 '선전, 강화, 기타 중요한 대외정책' 및 '군사에 관한 중요사항'이 규정되어 있다. 국무회의에서도 국방부가 이를 독점할 경우, 국민의 알 권리보다는 국방부의 이해관계에 정보공개 범위가 좌지우지될 가능성이 크다. 일각에서 천안함 사건의 진상조사가 남북한 간 군사외교 문제가 아니라 한국군 내부 '별들의 전쟁'이 아니냐는 조소가 있었다. 국민들의 눈에는 천안함 사건의 진상공개가 실체적 진실의 조사와 국민의 알 권리 충족을 위한 것이

---

19   김종대, 「군사기밀 언론공개, 북한에 도발의 초대장 보낸 격」, D&D Focus 2010년 5월호.
20   "남북(南北)해군, 두 차례 연평해전 후 전력(戰力) 세계 키웠다", 조선일보, 2009. 2. 16.

아니라, 국방관료 및 군장성의 승진·승급에 불리한 정보인지 아닌지가 공개의 기준이 됐을 수도 있다는 우려를 반영한 것이었다고 해도 과언이 아닐 것이다.

3) 동북아시아 평화체제의 병행추진

한반도의 평화체제를 둘러싼 관계국가의 입장은 복잡 미묘하다. 비핵화를 둘러싼 각국의 입장은 더욱 그렇다. 남측은 비핵화를 통한 관계정상화를 주장하고 있는 데 비해, 북측은 관계정상화를 통한 비핵화를 추구하고 있으며, 미국 측은 핵확산방지를 통한 관계정상화를 추구하고 있다. 이러한 입장의 차이가 대화와 소통의 부재를 초래하고 있다.

해결책이 없는 것은 아니다. 2005년 9월 19일의 6자회담 공동성명(9·19공동성명)에서는 한반도의 평화체제와 관련한 중대한 원칙에 이미 합의했다. 첫째는, 비핵화와 관계정상화가 선후의 문제가 아니라 병행추진되어야 한다는 점이었고, 둘째는, 한반도의 평화체제는 동북아시아 평화체제와 병행되어야 한다는 점이었다.

동북아시아 평화체제를 위한 평화포럼이 성공하기 위해서는 결국 그 기반이 될 6자회담도 업그레이드되어야 한다. 6자회담은 원래 북한 비핵화를 위한 압박수단으로 출발했다. 그간 6자회담 관련 당사국, 특히 북한이 6자회담에 소극적이었던 것은 바로 이런 이유 때문이다. 그런 연유 등으로 2008년12월 초 6자 검증의정서 채택 실패 후 6자회담은 표류를 거듭했다.

그러나 2010년 전후로 북한의 6자회담에 대한 태도가 변했다. 북한은 종래 북미 간 양자회담을 주축으로 하고 다자회담인 6자회담을 보조축으로 설정했으나, 2010년 1월 11일의 북한 외무성 대변인 성명에서는 양자회담만을 고집하지 않고 다자회담을 동시에 수용할 뜻을 밝혔다. 이에 발맞추어 중국도 6자회담 재개를 위한 3단계안을 제시하였다. 제1단계로 북미 간의 양자대화를 추진하되, 이와 동시에 예비 6자회담을 추진하고, 이 회담의 성과를 바탕으로 공식 6자회담을 추진하자는 것이다. 중국의 중재안에 따라 2010년 2월 9일 김계관이 중국을 방문해 우다웨이 6자회담 대표와 비핵화와 평화협정을 체결 논의를 50:50으로 의제화할 것을 논의한 바 있다.

2010년 3월에는 제2차 북미양자대회를 열어 6자회담을 재개할 것, 비핵화 및 평화협정 체결을 병행추진할 것이 합의했다. 이 회담에서는 비핵화의 진전 판단기준이 논란이 되었는데, 미북 간 구두합의 시의 핵심 쟁점은 다음과 같다. 첫째, 상호 동의하에 미신고지역 출입, 둘째, 우라늄 농축활동과 핵물질 해외확산, 셋째, 현장사찰과 표본채취이다. 또한 북핵무기의 폐기(dismantlement) 와 제거(elimination)의 문제가 논의 되었다.

천안함 사건이 발생하고 난 뒤인 2010년 4월 1일에도 청와대와 외교부를 방문한 커트캠벨 차관보가 북한에 대한 군사적 행동에 신중을 기할 것을 요청하면서, 평화협정으로 정전협정을 대처하는 문제는 남북이 중심이 되고 미국과 중국이 이를 보증하는 형태가 되어야 한다고 구체적인 모양새를 제시했다고 한다.[21]

동북아 평화체제가 병행추진되기 위해서는 남북한이 모두 변화해야 하며, 남측의 변화 과제도 적지 않다. 무엇보다도 한미군사동맹관계가 재조정되어야 한다. 그런 의미에서 남측이 평화협정을 비롯한 평화체제의 진정한 주인공이 되기 위해서는 군에 대한 작전통제권 환수가 절실하

---

21   박선원 전 청와대 행정관이 2010년 4월 22일 MBC라디오 "손석희 시선집중"에서 주장한 내용.

다는 박명림안의 지적은 시사하는 바가 크다. 2012년에 환수키로 했으나 한미 간 정상이 합의해 연기한 전시작전통제권의 조속한 반환문제 재공론화가 절실하다.

4) 통일 지향적 평화체제의 구축

한반도의 평화체제 구축은 통일을 지향해야 한다. 당연시 되던 이 명제를 새삼 강조하는 것은 남북한과 미국 중국 등 당사자 및 주변국의 평화체제 접근 방법에 나름의 문제점이 있기 때문이다.

북한의 경우, 잘 알려져 있듯이, 평화협정 체결을 오랫동안 주장해 왔다. 1962년 10월 23일 김일성은 미군철수를 전제로 한 남북한 평화협정 체결을 처음으로 주장했다. 그에 의하면 '미군을 철수시켜 남북 간 평화협정을 체결하고, 무력을 축소하는 것이 통일의 첫걸음'이었다. 그 후 대남 통일전략이 '남조선혁명론'으로 변화되면서 평화협정 체결을 주장하지 않았다. 하지만 '남조선혁명론'이 전도불투명하다고 여겨지자 1975년부터는 다시 평화협정체결론을 주장했다.

이때의 평화협정론은 남북한 간 평화협정이 아니라 북미 간 평화협정이었다. 1972년의 남북공동성명에서 평화통일 3원칙에 합의했음에도 불구하고 남북관계의 진전이 없었다는 점, 1973년 베트남과 미국 간 평화협정이 체결되어 베트남이 사회주의정권을 수립하게 되었다는 점이 요인으로 작용했을 것이다. 이후 북한은 북미 간 평화협정, 남북 간 불가침선언, 미군철수를 함께 취급하기에 이르렀다.

북한의 평화협정체결 주장의 지향점이 어디인지는 명확하지 않다. 한때 북한은 평화협정 체결을 위해 정전체제의 무력화를 시도했으며, 1992년에는 군사정전위 대표를 소환한 바 있다. 북미 간 평화협정체결과 미군철수를 강력히 주장하면서 미국과는 평화협정을 뛰어넘는 국교 정상화를 타진하기도 하고, 제1차 남북정상회담을 통해 밝혀졌듯이 주한미군의 한반도 잔류 가능성에 대해 언급하기도 했다.[22] 이러한 일련의 북한의 움직임을 통해서 알 수 있는 것은 북한이 평화협정을 통일로 가는 징검다리로만 보는 것이 아니라 북한의 체제보장을 위한 수단으로 보고 있다는 점이다. 다시 말해 현재는 평화협정 체결을 주장하고 통일의 방해물로 미군을 이야기하고 있지만, 북한의 체제가 보장된다면, 평화협정 체결 없는 평화체제나 미군 주둔하의 평화체제, 통일 없는 평화체제도 얼마든지 용인할 수 있다는 것이다. 평화협정을 비롯한 평화체제 구상은 평화통일의 원칙과 남북한의 주도성이라는 지향점을 다시 한 번 분명히 하는 것이 바람직하다.

5) 평화권 실천적 평화체제

평화체제는 평화권 실천적인 내용과 지향성을 가지고 있어야 한다. 그간 평화체제와 관련된 논의 가운데는 남북한의 기능주의적 접근에 의한 논의도 없지 않았다. 통일 과정과 통일 이후 과정의 지향점, 즉 평화적 수단에 의한 분쟁의 평화적 관리 및 체제에 대한 고려보다는, 상대방의 맹점을 우회적으로 공격하기 위한 평화체제 제안이나 비평화적 수단의 단계적 감축 및 조정에 대한 전략적 고려 없이 주장되는 내용도 없지 않았다.

이와 관련해 주목해야 하는 것은 유엔인권이사회가 추진하고 있는 '평화권에 대한 유엔인권이사회 자문위원회의 보고서'이다. 이 보고서는

---

22 한반도 평화체제 구축 후의 주한미군의 지위와 역할에 대한 분석에 대해서는 조성렬, 『주한미군: 역사, 쟁점, 전망』, 255–269쪽. 평화유지군으로서의 문제점에 대해서는 정욱식, 『동맹의 덫』, 삼인, 2005, 316–325쪽.

평화권선언을 위한 초안을 준비하고 있는데, 각종 민간평화협정안 및 남
북기본합의서 등의 내용도 상당 부분 이러한 평화권의 내용을 충족하고
있고 부분적으로는 향후 지향점으로 남겨두어야 할 부분도 있다.

　　평화권선언은 제1조에서 분쟁의 평화적 해결 및 민족자결권을 포함
한 모든 인권을 촉진할 것을 원칙으로 하고, 제2조에서는 국가의 안전보
장이 아니라 인간의 안전보장을 궁극적으로 추구할 것을 규정한다. 제2
조 8항에서는 '각국은 군사력 및 관련 예산에 대한 민주적 통제를 보장
하고, 인간 안전보장의 필요성과 그 정책을 보장하고, 시민의 안전보장
과 같이 시민의 관점에서의 안전보장 개념을 추구할 필요성'을 규정하였
있다. 3조 2항에서는 인간의 안전보장을 위해 군사예산은 필요최소한으
로 감축해야 한다고 했다. 제3조에서는 포괄적 군축에 대해 규정했는데,
제1항에서는 '각국은 포괄적이고 효과적인 국제 감독하에 협조적 방법
으로 합리적 기간 내에 군축을 추진해야 한다'고 규정했다.

　　한반도의 평화체제가 남북한이 힘을 합해 '강성대국'을 지향하고,
동북아시아의 군사대국으로 가려는 수단으로 전락해서는 안 된다. 한반
도 평화체제는 동북아시아 평화체제를 위한 전략적 사고와 목표하에서
추진되어야 하며, 그 내용은 평화권을 지향하는 체제가 되어야 한다. 이
러한 평화권 지향의 체제는 동북아시아 관련국들의 이해관계와도 맞아
떨어진다. 그렇지 않으면, 일본의 경우 통일된 한반도가 군사대국화될
것을 명분으로 군사대국을 지향할 수도 있으며, 중국도 자국으로부터
자주화된 군사대국으로서의 한반도를 경계해 오히려 통일의 방해세력이
될 수 있다.

　　평화권 지향의 한반도 평화체제는 9·19공동성명에서 천명하고 있는
동북아 평화포럼을 위한 모델이자 촉진제의 역할을 할 수 있을 것이다.

II. 통일헌법과 평화권

분쟁이 평화적으로 관리되고 평화체제가 확립되면 곧이어 직면할 문제
는 통일이다. 문제는 물리적 폭력 없는 평화통일만을 지향하는 것만으로
는 충분치 않고 사회 경제적, 구조적 폭력 없는 평화통일도 중요하다는
것이다. 동서독 통일의 경우, 평화적 수단으로 통일은 되었으나 사회 경
제적 격차와 구조적 폭력으로 다수의 민중은 오히려 평화적인 생존을 보
장받지 못하고 새로운 시련을 경험한 바 있다.

일찍이 평화적 수단에 의한 평화를 주창해 온 요한 갈퉁은 구조적
폭력 문제에 착안해 평화권 실현문제를 고민했다. 국제사회에서 진행되
고 있는 각종 평화권선언도 구조적 폭력으로부터의 평화권 실현 문제에
깊이 착목하고 있다. 산티아고선언 제2장에서는 인간의 안전에 대해 규
정하고 있고, 유엔인권이사회의 평화권선언 초안 역시 제2장에서 인간
의 안전에 대해 규정하고, 사회경제적 구조에 의한 폭력으로부터의 인간
의 안전과 이를 통한 평화적 생존에 대해 규정하고 있다.

그간의 통일헌법 논의는 대부분 정치적 통합 쪽에 지나친 무게를 둔
나머지, 통치구조 등 주변적이고 부차적인 문제들이 오히려 논의의 주된
대상이었다. 그러나 동서독 통일의 경우에서 보듯이 남북통일의 기나긴
여정에서 우리가 정작 관심을 가져야 할 부분이 사회경제적 통합이다.
정치적 통합에만 중점을 둔 통일헌법 논의는 지양되어야 한다.

이하에서는 분쟁의 평화적 관리에 의한 평화체제 확립에, 더해 통일
의 또 다른 과제이자 평화권의 주요 과제 중 하나인 사회 경제적 격차와
갈등 제거 및 이를 위한 체제통합적 경제조항과 사회적 기본권체계에 대
해도 살펴보고자 한다.

1. 통일헌법의 기본방향

1) 통일문제 접근의 방법론적 반성

민족공동체 형성이나 남북통합에 대한 남북한의 접근법 또는 통합에 관한 이론의 핵심을 단순화하면, 북한은 정치·군사 부문의 일괄적 타결을 중시하고, 정치적 해결을 통해 핵심 부분을 합의·실현해 이 부분이 선행된다면, 기타 영역에서의 타결은 쉽게 해결될 수 있다는 연방주의적 접근을 선호한다.[23]

남한은 시민사회끼리 경제 및 기술교류와 협력 증가가 신뢰구축과 여러 부문의 기능적 상호 의존성을 높이고, 이 기능적 상호 의존관계가 성립되면 공통의 통합이익을 산출하고, 이 공동이익은 두 사회를 불가분의 관계로 만들기 때문에 통합이 촉진된다는 기능주의 접근을 주장하고 있다. 기능적 협조관계는 다른 차원에서 협조관계를 유발해 결국 하나의 공동체가 형성된다는 논리이다.[24]

남북한 당국의 공동체 형성의 접근법은 대단히 주관철학적인 접근방법에 불과하다. 기능주의적 접근방법은 연방주의적 접근방법의 단점인 연방국가에 이르는 과정의 제시라는 점에서 주목할 만하지만, 기능주의적 교류협력이 아무런 제약 없이 이루어지고 있는 독일통일에서 동서독 민족공동체라기보다 '국가통일과 사회적 분열'이라는 반공동체성이 압도적이라는 현존의 역사적 경험이 그 문제점을 잘 보여준다.[25] 연방

23   황선대, 「남북한 통일방안」, 한림과학원 편, 『남북한 통합 그 접근방법과 영역(상)』, 소화, 1995, 136쪽 이하.
24   황선대, 「남북한 통일방안」, 134쪽 이하.
25   김국신 외, 『분단극복의 경험과 한반도 통일』, 한울, 1994, 46쪽 이하.

주의적 접근방법은 기능주의가 초래하기 쉬운 역기능적인 일방적 강요나 역류효과를 목적의식적인 정치적 지도력과 정치적 협상 및 타결로 저지시켜 통합이나 공동체로 발전시킬 수 있다는 의미에서 주목할 만하다. 하지만 이러한 두 가지 접근방법 모두 남북한의 정치권력이 주체가 되어 체제논리의 외연적 확장선에서 논의되고 있다는 점에는 변함이 없다. 즉 정치권에 의한 주관철학적 접근방법이라는 점에서는 유사성을 보인다.

주관철학적 접근방법에 비판을 가하는 통일문제 접근 방법 중 주목할 만한 것은 분단체제론적 접근방법이다. 특히 탈냉전 질서 속에서 남북한 관계를 바라보는 이론 틀의 혁신에 대한 요구가 상당하다는 점에서 이 접근법은 체계적인 평가와 검증을 받을 만한 가치가 있다.

분단체제론은 다음과 같은 가설로 요약된다. 첫째, 한국 사회의 주요 모순은 분단모순이다. 둘째, 주요 모순으로서의 분단모순은 그 주요 측면이 민주화, 부차적 측면이 자주화이다. 분단체제하에서 남북한 모두 의미 있는 변화는 불가능하며, 따라서 남북한의 통일 역시 선민주화 후 통일의 순서가 되어야 한다는 것이다. 셋째, 분단상황은 하나의 체제로서 분단체제를 형성하고 있으며 이는 세계체제의 하위체제이다.[26] 이러한 분단체제론은 남북한 사회의 상호연관성에 특히 주목한다. 남북한의 지배세력 간 대립만을 강조해온 종전의 사고에 비해 분단의 유지에서 오는 이해관계의 공유라는 측면을 부각시키고 있는 점은 괄목할 만하다. 하지만 분단체제론은 분단체제 자체에 대한 큰 폭의 변화가 없는 한 남북한 모두의 의미 있는 변화는 불가능하다는 다소 숙명론 내지 분단결정론적인 흔적이 있다.[27]

---

26   백낙청, 『흔들리는 분단체제』, 창작과 비평사, 1998, 90쪽 이하. 그 밖에도 분단체제론과 관련해서는 강만길, 『고쳐 쓴 한국현대사』, 창작과 비평사, 1994.
27   손호철, 「'분단체제론'의 비판적 고찰」, 『창작과 비평』 84호, 1994; 정대화, 「통일체제를 지

분단체제론적 접근방법의 문제의식을 공유하면서도[28] 기존의 통일 문제에 대한 접근방법에 나름대로의 성찰을 할 수 있는 길이 전혀 없는 것은 아니다. 남북한 당국간의 내재적 논리로 추진되고 있는 통일 논의를 지켜보면서도 이를 비판적으로 견제해 남의 민중과 북의 인민이 통일의 최대수혜자가 되도록 견인하는 접근방법이다. 이를 비판적-내재적 접근방법론이라고 한다. 이러한 접근방법에 기초한 한반도 분단 해결의 기본원칙은 우선 남의 민중과 북의 인민을 포함한 민족공동체 전 구성원의 합의에 기초해야 한다는 것이다.

현 단계에서 통일운동이 우선적으로 다루어야 할 전술적 과제는 통일 관련 정책입안자 및 집행자들을 그들 스스로가 한민족공동체통일방안의 실천적 강령으로 제시한 이른바 통일 3원칙[29]의 연쇄고리에 묶어두고, 그들로 하여금 적어도 이 3원칙, 즉 자주의 원칙, 평화의 원칙 그리고 민주주의 원칙을 실천에 옮기도록 강제하는 일이다.[30] 이와 같은 전술적 과제와 더불어 남측의 통일운동이 추구해야 할 전략적 과제는 민중적 합의에 기초해 한반도 분단모순의 해결을 적극적으로 추진할 수 있는, 평화적 수단에 의해 민족자결(평화권)을 지향하고 실천하는 민주연합정부 수립이다.[31] 이때 민족자결은 평화권과 밀접한 연관을 가진다.

향하는 '분단체제'의 탐구」, 『창작과 비평』 81호, 1993.

28　남북한의 적대적 공생관계라는 분단체제론의 문제의식을 공유한다고 보이는 것으로는 이원섭, 『새로운 모색-남북관계의 이상과 현실』, 한겨레신문사, 1997.

29　「한민족공동체통일방안」과 「남북기본합의서」에 대해서는 김명기, 『남북기본합의서 요론』, 국제문제연구소, 1992, 236쪽 이하; 258쪽 이하.

30　김대중 정부의 통일정책도 남북합의서의 이행을 천명하고 있으므로 이 원칙을 이행하도록 강제하는 것은 더욱더 실천적 의미를 갖는다.

31　국순옥, 「통일국가의 헌법과 기본적 인권의 체계」, 『공법연구』 제21호, 1993, 70쪽.

2) 통일헌법의 기본 시점과 방향

통일문제에 접근하는 방법론에 대해 이상과 같이 재검토한다고 하더라도, 통일국가헌법의 정치적 실천목표로 제시해야 할 새로운 사회체제를 현실에 앞서 제시하는 것은 대단히 어렵다. 하지만 그러한 어려움이 서로 다른 체제를 통합하는 데 있어서 상정할 수 있는 기본적인 방향에 대한 침묵을 합리화시켜주지는 못한다. 이와 같은 의미에서 아주 거친 형태로나마 통일의 대전제를 다음과 같이 제시해 볼 수 있겠다. 즉 통일은 일방에 의한 타방의 흡수통일이 아니라 새로운 공동체적인 질서를 형성하는 방향에서 이루어져야 한다.

그런 의미에서 유엔인권이사회 자문위원회의 평화권선언 초안 제2조 7항은 시사하는 바가 크다. 이 조항에서는 평화권이 "인간의 안전보장을 위한 것이어야 하며, 평화와 모순되는 구조적 불평등을 배척하고 빈곤을 없애기 위한 제도가 발전되어야 한다"라고 했다.

통일된 사회는 우선 분단된 사회보다 고도의 사회형태여야 한다. 고도의 사회형태가 확립되기 위해서는 통일된 사회의 역사적 과제가 평화권을 비롯한 인권의 확립에 있음을 확인해야 한다. 잘 알다시피 남북한 사회 모두 인권이 개화된 사회라고 하기는 어렵다. 따라서 통일헌법은 인간이 인간으로서 평화 속에서 살 수 있도록, 그리고 인간답게 살 수 있도록 인권의 확립을 그 과제로 삼아야 한다. 이때의 인권은 개인의 권리 확립 차원에서의 인권과 계층·계급, 지역적 갈등의 해소 및 권리 확립 차원의 인권 모두를 포괄하는 것이어야 한다.

개인적 권리 차원의 인권과 집단적 차원의 인권 확립을 과제로 하기 위해서는 인권에 대한 다음과 같은 기본적 관점의 제시가 필요하다.

첫째, 인권을 인류 역사의 전체적 발전과정과 연관시켜 이해하는 인류사적 관점이 필요하다. 이러한 관점을 갖게 되면 인권을 다음과 같은 두 가지 측면에서 상대화시켜 객관적으로 바라볼 수 있다. 인권이라는 개념은 인류사 가운데서도 자본주의적 발전단계에 들어서 비로소 성립하는 개념이다.[32] 봉건사회의 신분적 속박으로부터 인간이 어느 정도 정치적으로 해방되는 과정에서 나타난 것이 인권이다. 반면에 인권은 개인의 권리 확립이라는 위와 같은 진일보한 측면이 있음에도 불구하고 다음과 같은 한계를 갖는다. 노동의 결과가 노동주체에 귀속되지 않고, 오히려 노동주체에 대립하거나 노동주체를 지배하는 사회적 분업시스템, 즉 자본주의사회에 기초한다는 점이다.[33] 또 신분적 속박으로부터의 해방을 달성했음에도 불구하고 인간의 전면적 발달을 저해하는 사회적 분업체계가 재편 또는 고도화되었다는 점에는 변화가 없다는 점이다.

둘째, 인권은 특정한 역사적 사회구성체의 전체적 구조에 규정되는 특수한 논리구조를 갖는 이데올로기적 형태라고 이해하는 관점도 필요하다. 이는 인권을 '인간이 인간으로서 살아가기 위한 권리가 사회적으로 승인된 것'이라는 근원적 권리 사상에 더해 인권이 사회 형태의 전체 구조와 관련되고, 사회형태의 전환을 통해 궁극적으로 실현될 수 있다는 것을 승인한다는 의미이다.

위와 같이 인권 개념을 이해한다면, 통일된 사회의 인권 확립을 위해서는 개인의 권리를 확보하기 위한 체계의 수립 차원에 그치는 것이 아니라, 사회 형태의 전환을 위한 인권체계로 적극적으로 재구성할 필요가 있다.

북한사회는 물론 남한사회 역시 인권이 완전히 개화한 사회가 아니

32　渡邊洋三, 「現代資本主義と基本的人権」, 東大社会科学研究所 編, 『基本的人権』第1卷. 東大出版, 1968, 211쪽 이하.

33　吉田傑俊, 『現代民主主義の思想』, 青木書店, 1990, 19쪽.

라 오히려 개인의 권리 확립이 당면한 과제로 요청된다. 이를 감안한다면, 통일헌법에서의 인권체계는 두 마리의 토끼를 동시에 잡아야 하는 과제를 안게 된다.

통일헌법은 개인의 권리 확립을 당면한 목적으로 하면서도 계급적·계층적·지역적 갈등의 해소 및 권리 확립을 장기적인 목적으로 해야 한다. 유적(類的) 존재로서의 인간을 해방하기 위한 역사적 과제를 시야에 넣지 않고서는 인간의 자기소외를 극복할 수 없다. 이를 위해서는 자유·평등·권리보장과 같은 일반민주주의적 요구를 전면에 내세우면서도 소유 형태를 다양화할 필요가 있다. 이는 평화권 실현을 지향하고 실천하는 체제통합을 위해서도 반드시 필요하다.

2. 평화권 실현을 위한 체제통합적 경제조항과 사회적 기본권의 체계

통일헌법의 기본 방향이 이상과 같은 것이라고 한다면, 첫째, 경제조항이 체제통합적으로 규정되어야 하며, 둘째, 기본권 가운데에서도 사회적 기본권이 새롭게 체계화될 필요가 있다.

1) 경제조항과 체제통합

통일된 사회가 분단된 사회보다 고도의 형태가 되기 위해서는 사회 경제적 격차 및 차별 해소까지 염두에 둔, 평화권을 필두로 하는 인권의 확립이 역사적 과제이다. 이를 위해서는 소유형태가 다양화되어야 한다. 그것은 남북한 경제의 다음과 같은 특징에서 유래한다.

(1) 남북한 경제의 특징

남한 경제는 1950년대 전후 복구과정을 거치면서 원조에 의해 성장했다. 이 과정에서 국가는 국가 주도의 수출지향적 불균형 성장을 통해 근대화를 이루하고자 했다. 그 결과 급속한 산업화가 달성되었으나 동시에 부문 간, 지역 간, 계층·계급 간 불균형과 불평등이 수반되었다.

　　남한 내 소유구조의 불평등 문제는 정부의 집중적이고 특혜적인 정책으로 급속한 성장을 해 온 재벌에의 경제력 집중으로 대변된다. 과도한 경제력 집중과 재벌들의 투기적 행태는 도덕적 비난을 받았을 뿐만 아니라, IMF사태라는 경제위기까지 초래했다. 재벌의 성장과정은 합리적 기업경영을 통한 축적의 과정이었다기보다는, 이른바 정경유착이라 불리는 정부와의 은밀한 교섭을 통한 시장 외적 요인에 크게 힘입었다. 이러한 천민자본주의적 성격은 문어발식 확장을 통한 외연적 성장에서도 뚜렷이 드러난다.[34]

　　사회주의 건설을 지향하면서 경제복구를 시작한 북한은 자립적 민족경제건설 노선을 표방해왔다. 이 노선은 시기마다 그 강조점이 달라지긴 했지만, 지금까지 북한의 기본적인 경제노선으로 자리하고 있다. 북한의 자립적 민족경제건설 노선은 외세에 의한 분단상황에서 자본주의의 위협뿐만 아니라 사회주의 강국들 사이에서 자신의 정치적 자주성을 지키면서 경제를 건설하기 위해 북한이 선택한 경제건설 전략으로, 정치적 상황의 요구가 크게 작용했다.[35]

　　이러한 정책은 경제가 소규모이고 양적인 확대가 중요한 시기에는

34　김대환, 「남한 경제의 전개와 남북한 경제통합의 과제」, 역사문제연구소 편, 『분단50년과 통일시대의 과제』, 역사비평사, 1995, 173쪽 이하.

35　정재정, 「북한 경제의 전개와 남북한 경제통합의 과제」, 역사문제연구소 편, 『분단50년과 통일시대의 과제』, 역사비평사, 1995, 196쪽 이하.

나름대로의 효과를 발휘할 수 있지만, 기술과 같은 질적인 발전이 필요로 되는 시기에는 그 한계를 가질 수밖에 없다.[36] 북한의 사회주의 경제체제는 기본적으로 중앙집권적 계획경제체제이다. 정부가 사실상 모든 생산수단을 소유하고, 국민경제의 모든 부문을 직접 통제하는 체제를 유지하고 있다. 당의 노선과 정책에 의한 이러한 명령적 관리통제체제는 초기에는 유효했을 수 있지만, 경제 규모의 증대에 따라 현재는 비효율을 노정시켜 온 것으로 알려지고 있다.[37] 이는 정치논리의 과도화 및 관료주의의 폐해, 이와 관련된 경제주체에 대한 물질적 유인의 결여에서 나온 것이다.

(2) 소유구조

남북한 경제체제의 특징은 결국 소유구조의 문제에서 비롯된다. 통일된 남북한의 경제체제가 보다 고도의 사회관계를 창출하고 인간의 안전보장을 실현하기 위해서는 소유구조에 대한 전면적인 검토가 필요하다.

한 경제체제에서 소유 문제는 경제구조 전체에 영향을 미치는 가장 핵심적인 문제이다. 소유구조에 따라 그 경제의 운영방식과 절차가 결정되고, 인권의 체계도 영향을 받기 때문이다.

통일헌법의 경제조항은 노동의 결과가 노동주체에 귀속되지 않고, 오히려 노동주체에 대립하거나 노동주체를 지배하는 사회적 분업시스템을 지양하는 형태로 구성되어야 한다. 이를 위해서는 모든 사람의 평등한 소유를 원칙으로 하면서 소유의 집중에 의해 야기될 수밖에 없는 불평등의 심화를 원천적으로 방지해야 한다. 따라서 소유형태는 다양한 형태로 구상해야 한다.

---

36   이현영, 『시민을 위한 통일론』, 새길, 1995, 63쪽 이하.
37   정재정, 「북한 경제의 전개와 남북한 경제통합의 과제」, 207쪽 이하.

  평화권 실현을 위한 통일헌법의 경제조항은 노동의 결과가 국가에 귀속된 나머지 초래되는 사회주의적 소외형태도 동시에 극복해야 한다. 물론 사회주의 사회를 이론적으로 자본주의의 부정이라고 설명하는 입장도 있다. 생산수단의 사적 소유가 폐지되고 적대적인 계급이 존재하지 않는다는 것이다. 하지만 사회화된 생산수단과 개개의 노동주체와의 관계, 사회주의 사회의 관료적 병폐를 고려한다면 사회주의 사회 역시 소유형태에 대한 적극적인 재검토가 필요하다.

  이상을 종합해 본다면 소유형태는 다양화되어야 한다. 역사적으로 확인된 소유방식의 범주로는 개인적 소유, 협동적 소유, 국가적 소유를 들 수 있다. 첫째, 사적 소유는 생산수단과 생활수단을 개인이 소유하는 형태를 말한다. 사적 소유는 개인의 삶에서 선택의 자유와 관련되는 부분이다. 생활수단 및 생산수단에 대한 사적 소유의 형태를 인정하되 그 가운데 생산수단의 사적 소유의 집중을 막기 위한 제도적 장치가 필요하다. 둘째, 협동적 소유란 소생산자의 결합체인 협동조합에 의한 공동 소유, 즉 집단적 소유를 의미한다. 셋째, 국가 소유란 국가가 소유주로서 기능하는 범주이다. 국가 소유를 인정해야 할 부분은 막대한 자본투자를 필요로 하는 분야, 대중들의 생활에 필수적이고 보편적인 서비스를 필요로 하는 분야, 국가안보 관련 산업 등으로 설정된다. 이러한 모든 부분의 기능을 사적 기업에게만 부여할 수는 없다. 예를 들면 주로 정보통신산업, 철도, 전기, 수도, 가스 등 대중들의 의식주와 직접적으로 연관되면서도 많은 자본을 필요로 하는 부분이다.

  세 범주의 소유형태는 기계적으로 분리되어 존재하는 것이 아니다. 예를 들면 A라는 통신기업이 있을 때 이의 소유형태를 구상해 본다면, 국가가 50%를 소유하고 나머지 40% 정도는 그 기업의 노동자들이, 그리고 나머지 10%는 일반 개인들이 소유할 수도 있다. 이렇게 세 가지의 소유 범주는 서로 배타적인 것이 아니라 상호보완적인 것이 될 수 있다.

토지문제에는 그 특성상 주의가 요구된다. 토지는 인간의 생존과 생산을 위한 불가결한 기초로서 공익성을 갖지만 동시에 무한한 것이 아니다. 필요하다고 해서 마음대로 생산할 수 있는 것이 아니다. 따라서 농지 또는 농촌 토지문제는 이용권(사용가치)에 대한 소유권(가치) 우위의 질서하에서 토지 소유의 사적 성격과 토지 이용의 사회적 성격 간의 모순으로 집약된다. 이것은 권력과 경제력의 독점·집중화(특히 토지의 소유·이용독점·집중)에 따른 정부와 시장의 결함에 기인한다. 따라서 문제 해결은 근원적으로는 권력 독점과 경제력(토지 포함) 집중에 따른 정부와 시장의 실패를 극복하는 방향으로 토지제도를 포함한 정치경제 시스템을 개혁함으로써 이루어질 수 있다.[38]

남한의 경우 토지사유제에 기본을 두면서도 토지 소유 이용의 극심한 소수 집중 자체를 분산시키고, 소유권의 강화를 방지하면서 주민 주체와 지역 자립의 입장에서 이용권의 우위를 확보하며, 토지 이용의 공공성을 제고해야 한다.[39] 토지 이용 주체를 소유권 주체로부터 분리해 소유자보다도 이용자의 권리를 강화하는 이용권 우위의 토지 이용질서를 지향해야 한다. 토지공개념을 적극적으로 확대하고, 합리적 근거가 없는 토지 소유는 근절시키고, 지역 주민들의 참가를 통해 토지 이용계획을 수립해 서서히 이용권을 사회화해 가는 것이다. 이것은 토지를 국유화하고 중앙집권적으로 관리하는 지금까지의 사회주의와도 다르고 토지에 대한 시장의 실패도 벗어나는 길이다. 요컨대 소유권과 이용권의 주체를

---

38   황한식, 「통일국가의 토지문제와 소유·이용 시스템」, 『한반도 통일국가의 체제구상』, 한겨레신문사, 1995, 351쪽.

39   김민배, 「통일한국의 토지소유제도에 관한 연구」, 한림과학원 편, 『남북한 통합 그 접근방법과 영역(상)』, 소화, 1995, 317-322쪽.

중층화하고 다원화하는 지역 자립의 경제시스템을 상정하는 것이다.[40]

북한의 경우 농지의 국유화라는 현재의 기본 방향을 거꾸로 전환시키고, 현재 지배적인 협동조합적 소유 자체에 대한 국가적 강제의 배제를 지향해야 한다. 현재의 협동조합적 소유는 어떤 의미에서는 리동 단위의 집단적 소유(공유)라고 할 수 있다. 국가로부터 자유로울 뿐만 아니라 조합 구성원의 개성과 자율에 바탕을 두고 있다는 이중의 의미에서 자유로운 협동조합적 소유라고 보기는 어렵다. 그렇다면 국가적 강제가 없는 협동조합적 소유나 농민의 자유로운 토지 소유에 대한 생산자(농민)의 자유로운 선택권이 토지 소유의 지역화라는 틀 안에서 최대한 존중되어야 할 것이다.[41]

(3) 경제조항의 목적

통일국가의 수립은 남북한으로 단절되었던 두 부분의 경제가 하나로 결합되는 것을 의미한다. 단순히 있는 그대로의 상태에서 남북한 간의 경제교류를 해나가는 것은 단절된 두 경제권의 단순합이라는 수준에 머물러서는 안된다. 통일국가의 경제체제는 남북한 경제의 단순합 이상의 무엇을 전제로 해야 한다. 단순합 이상의 그것은 곧 민족경제의 실현이며, 통일경제의 체제원리도 민족경제의 실현과 직결된다. 민족경제는 보다 자유롭고 보다 평등한 인간개체의 결합에 의해 자주적으로 조직된 협동 사회적 공동체를 지향해야 한다.[42]

민족경제 실현의 초보적 단계는 남북한의 경제를 결합해 단일화된 국민경제권을 형성하는 일이다. 민족경제의 실현은 통일경제 없이는 이

40   황한식, 「통일국가의 토지문제와 소유·이용 시스템」, 366쪽.
41   황한식, 「통일국가의 토지문제와 소유·이용 시스템」, 368쪽 이하.
42   국순옥, 「통일국가의 헌법과 기본적 인권의 체계」, 21; 57쪽 이하.

루어질 수가 없다. 민족경제의 실현은 그 대상 공간을 한반도 전체로 넓혔을 때, 즉 통일경제의 수립을 통해 비로소 적극적이고도 실천적인 의미를 가진다.

통일국가가 수립되었다고 하더라도 그것 자체만으로 민족경제가 실현되는 것은 아니다. 현실적으로 그동안 분절되었던 남북한 경제를 하나의 통일경제로 결합하는 것은 결코 순탄치 않으며, 통일국가의 존재로 인해 사전적으로 보장되는 것도 아니다. 실제 통일 이후에도 일정 기간 동안 존재할 수밖에 없는 남북한 경제의 단절구조를 극복하고 유기적으로 결합해, 동일한 체제원리의 적용을 받는 민족경제를 수립하기 위한 의식적인 노력이 최우선적으로 기울여져야 한다. 이를 위한 주도적인 역할은 국가가 해야 한다.

국가적 소유 부문, 협동적 소유 부문, 사적 소유 부문을 통일적인 계획에 따라 상호조정하고 경제개혁의 주요사항을 토의하기 위한 과정에서, 국가의 지도력은 직능별 대표자로 구성된 경제평의회를 통해 관철되도록 해야 한다. 이와 같은 경제의 민주화가 뒷받침되지 않고서는 관료주의의 병폐가 되풀이되지 않으리라는 보장이 없으며, 제도적 장치의 마련이 필수적이다.

(4) 경제조항의 기본이념

국가의 주도적인 역할이 가장 기대되는 분야는 남과 북의 대표적 기업형태인 주식회사 기업과 국가기업이다. 주식회사 기업과 국가기업을 통일국가의 바람직한 형태로 변화시키는 과정야말로 체제통합적 경제체제 수립의 관건이다.

이를 민주적 참여기업이라 부르든 또다른 형태로 이름을 붙이든 간에, 그것은 다음과 같은 내용을 포함해야 한다. 자주관리나 공동결정 원칙에 지배되는 기업이어야 한다.[43] 이러한 기업의 소유구조는 다양할 수 있다. 그렇지만 어떤 경우에도 종업원 소유, 종업원 소유기금 소유,[44] 종업원 투자기금 소유, 사회기금 소유 등을 특징으로 하게 된다. 국가기업과 사유기업은 민주적 참여기업과 병존하되, 지배적 기업형태가 되지 못할 뿐이다. 통일국가의 경제체제는 민주적 참여기업이 지배적인 기업형태로 자리 잡은 경제체제인 것이다.

현재 남과 북의 대표적 기업형태인 주식회사와 국가기업은 이러한 민주적 참여기업의 모습과는 거리가 멀다. 남과 북이 모두 현행 기업체제의 민주적 기업체제로의 전환이 필요하다. 남과 북은 이 과정에서 입법으로 종업원 소유와 사회 소유, 자주관리와 공동결정을 촉진할 수 있는 각종 제도를 도입해야 한다.[45]

남한 사회의 경우 소유사회와와 경영민주화의 당위성과 합법성을 87년 헌법의 경제민주화조항에서도 찾을 수 있다. 87년 헌법 제119조 제2항은 경제민주화를 국가의 경제개입 목적의 하나로 명시하고 그 내용을 경제주체 간의 경제력 조화로 파악한다. 남한에는 경제력 집중 억제 및 경제력 분산을 위해 소유사회화와 경영민주화에 필요한 입법을 할 수 있는 헌법적 근거가 있다.

이처럼 통일헌법의 경제조항은 국가의 경제개입을 인정하되 민족경제의 수립을 위한 경제민주화에 기본이념을 두어야 한다.

---

43 곽노현, 「통일국가의 바람직한 기업상」, 『한반도 통일국가의 체제구상』, 한겨레신문사, 1995, 373쪽.
44 주성수, 「스웨덴: 경제민주주의 실험실」, 『사회민주주의와 경제민주주의』, 인간사랑, 1992, 462쪽 이하.
45 원기호, 「사회주의적 자주관리의 역사적 경험: 유고를 중심으로」, 『사회주의의 이론·역사·현실』, 민맥, 1991, 315쪽 이하.

2) 사회적 기본권의 새로운 체계

평화권 실현을 위한 통일헌법의 경제조항을 체제통합적 관점에서 이상과 같이 규정했을 때, 기본권의 체계는 커다란 영향을 받는다. 체제통합적 경제체제 건설을 위해 국가 개입의 여지를 강조하면, 국가로부터의 자유와 국가에 대한 자유의 영역이 동시에 존재하게 된다. 남한 경제 측의 생산수단이 소수 집중에서 벗어나고, 북한 경제 측의 생산수단이 국가적 소유로부터 다원화된다고 하더라도, 생산수단과 노동생산물의 관리, 그리고 그것을 둘러싼 의사결정 과정에서 소외되는 직접생산자의 인권보호가 필요하다.

(1) 통일헌법과 기본권

평화권 실현을 지향하는 통일국가의 헌법에서 기본권은 경제체제를 통합적으로 변화시키기 위해 국가의 주도적 역할을 인정하는 데 따른 모순과 문제점을 우선 시정하는 것을 목적으로 해야 한다. 즉 국가의 광범위한 개입으로 직접 생산 종사자로부터 유리된 관리자집단, 전문화·직업화된 관료가 존재할 것이다. 이들로부터 직접생산자의 인권을 보호할 수 있어야 한다.

통일국가의 경제체제하에서 개인은 자본주의체제 또는 사회주의체제하의 개인과는 다른 사회적 위치를 차지한다. 통일국가에서 개개인은 의식적으로 조직된 생산적 결합체의 일원으로서 자기의 노동과정 및 집단의 노동과정에 참여하는 주체여야 한다. 통일 이전과 달리 통일국가에서는 통치구조가 민주화되고 소유형태가 다원화됨에 따라 개인의 자유와 평등이 사실로서 존재할 수 있는 물질적 기반을 어느 정도 갖는다고 보아야 할 것이다.

생산수단의 소수집중이 수정되고, 국가적 소유가 다원화된다고 하더라도 그것이 논리 필연적으로 실질적 평등을 개인에게 부여한다는 것을 의미하지는 않는다. 자연적 특권에 의한 사실상의 불평등이 여전히 존재할 것이다. 육체적 노동과 지적 노동의 차이 또한 여전히 존재할 것이다. 따라서 통일헌법의 목표가 인간의 안전과 평화에 기반한 '개인의 자유로운 발전이 모두 사람의 발전의 조건이 되는 공동사회'의 실현에 있다고 한다면, 통일된 사회의 사회적 관계는 노동의 권리와 의무를 중심으로 하는 권리체계에 의해 매개되어야 한다.

통일 전의 헌법이 기본권의 핵심을 개인의 자유로운 소유권 보장이나 사회주의적 시민으로서의 의무에 중점을 두었다면,[46] 소유형태를 다양화시킨 통일헌법에서 기본권의 핵심은 이제 노동의 권리를 중심으로 한 사회적 기본권이 되어야 하며, 이것이 평화권 실현의 기반이 될 것이다.

(2) 사회적 기본권의 새로운 체계

노동의 권리는 생산수단의 소유형태가 다양화되고, 노동주체가 노동수단과 노동생산물의 배분과정에 참여하는 새로운 사회적 관계의 표현 형태이다.

노동의 권리를 구체적으로 분해해 살펴보면 다음과 같다.

첫째, 일할 기회의 보장을 국가에 요구할 수 있어야 한다. 통일헌법에서의 경제체제가 국가의 광범위한 개입의 여지를 남겨두는 형태이고, 국가가 적극적인 역할을 담당하는 체제라면, 국가에 대해 적극적인 행정상의 행위를 요구할 수 있어야 한다. 국가에 의한 권리침해의 구제를 사법기관에 요구할 수 있는 권리라고 할 수 있다.

46　金圭昇, 『朝鮮民主主義人民共和国の法と司法制度』, 日本評論社, 1985, 117쪽 이하.

둘째, 사회적 소유 영역에서 노동의 권리는 노동수단의 운용과 이에 참가할 권리를 포함하므로 대단히 적극적인 성격을 띠어야 한다. 이러한 권리는 노동조합이라는 형태를 띠거나 노동자협의회, 노동자·직원대표자회의, 상설생산자회의 등으로 불리는 개별 생산단위 집단을 통해 실현될 수 있을 것이다. 이는 생산자 민주주의의 확립과정이기도 하다.[47]

셋째, 노동자 평의회의 관할 사항에 속하지 않는 직접 생산자들의 일반적 관심사를 대변하기 위해 전국적 규모의 노동조합의 설립도 허용해야 한다. 노동의 권리는 노동생산물의 취득권, 즉 개인적 소유권과도 밀접한 관계를 갖는다.

넷째, 개인적 소유권은 통일국가의 경제체제하에서도 시민 재산권의 주요 형태이다. 이러한 재산권은 노동에 상응하는 배분의 결과로서의 개인적 소유에 그치는 것은 아니다. 생산수단의 운용주체로서, 사회적 총생산물의 일부로 구성되는 공동소비기금(주택, 문화·교육·보건시설)에 대한 일정한 이용권을 갖는 것도 당연히 포함해야 한다.

다섯째, 노동의 권리는 사회보장청구권과도 밀접한 관련을 갖는다. 사회보장을 받을 권리는 노동주체가 노동능력을 부분적 또는 전면적으로 상실한 때에 국가 또는 공동기금으로부터 추가배분을 받는 측면의 표현이기도 하다.

여섯째, 이와 같은 노동 권리의 구체적 내용은 주로 소유구조의 다양화에 따른 노동과 분배의 원칙을 전제로 하고 있는데, 노동의 양과 질을 기준으로 한다. 따라서 노동능력의 형성과 관련된 교육을 받을 권리도 노동의 권리와 관련해 논의하지 않으면 안 된다. 교육을 받을 권리는 단순히 분배원리하고만 관련을 갖는 것은 아니고, 통일국가의 시민을 지

---

47   국순옥, 「통일국가의 헌법과 기본적 인권의 체계」, 60쪽.

적·육체적으로 발전시킬 권리이기도 하다. 교육시설을 관리하는 국가에 대해 시민이 지적 향상의 기회를 적극적으로 요구하는 권리인 것이다.

3. 맺음말

이상 평화권 실현을 위한 통일헌법의 기본 방향을 체제통합적 경제조항과 사회적 기본권의 체계를 중심으로 살펴보았다.

통일헌법은 물리적 폭력의 배제뿐만 아니라 구조적 폭력을 배제해야 한다. 이를 위해 체제통합적 경제조항과 사회적 기본권의 체계화가 통일헌법 논의의 중심에 놓여야 한다. 체제통합적 경제조항과 관련해 관건적 위치를 차지하는 것은 소유의 형태를 다양화하는 것이다. 개인적 소유와 사회적 소유를 구분하고 사회적 소유에 있어서도 국가적 소유 부문과 협동적 소유 부문등을 구분해야 한다. 토지와 주요 생산수단을 제외한 그 밖의 모든 생산수단에 대해 사적 소유권이 폭넓게 허용되어야 한다. 사적 소유권은 시민사회가 자율적으로 운행하는 데 있어서 없어서는 안 될 물적 토대의 법적 매개수단이기 때문이다. 사회적 소유의 영역에서는 각 생산단위를 중심으로 노동자평의회를 조직해 생산자민주주의가 확립되도록 해야 한다. 그리고 노동자평의회의 관할 사항에 속하지 않는 직접 생산자들의 일반적 관심사를 대변하기 위해 전국적 규모의 노동조합의 설립도 허용되어야 한다. 나아가 공동체경제의 각 부문, 즉 국가적 소유 부문, 사회적 소유 부문, 협동조합적 소유 부문, 사적 소유 부문을 통일적인 경제계획에 따라 상호 조정하고 경제개혁에 관한 주요사항을 토의하기 위해 직능별 대표자로 구성된 경제평의회 등이 설치되어야 한다.

사회적 기본권의 체계에서 핵심을 이루는 것은 노동의 권리이다. 통일 전의 헌법이 자유로운 소유권 또는 노동의 의무에 기본권의 핵심을 두었던 것과 대조적이다. 통일헌법의 경제조항이 개인적 소유와 사회적 소유를 균형 있게 규정하는 것을 전제로 한다면 기본권의 체계도 변모하지 않을 수 없으며, 사회적 기본권 가운데서도 노동의 권리가 그 중핵을 이루어야 한다. 노동의 권리는 주요한 생산수단이 사회화되고 노동주체가 노동수단과 노동생산물의 소유주체가 되며, 집단으로서만 소유주체가 되어야 한다는 통일헌법의 이념에 따른 당연한 귀결이다. 주요 생산수단의 사회화는 것은 노동의 기회보장과 노동에 따른 보수의 보장을 국가에 대해 요구할 수 있는 권리를 필요로 하기 때문이다. 또한 노동의 권리는 사회보장을 받을 권리와도 직접적으로 연관된다. 노동주체가 노동능력을 부분적으로 상실한 경우 과거의 공동노동으로부터 추가적 배분을 받는다는 의미이다.

통일을 향한 기나긴 여정의 시작은 정치적 통합뿐만 아니라 사회경제적 통합도 요구하고 있다. 통일헌법의 기본 방향을 평화권의 온전한 실현을 위한 사회경제적 통합에도 중점을 두는 것은 이와 같은 이유 때문이다.

III. 민족자결권과 평화권

1. 북한의 핵실험

2013년 2월 12일 북한 조선중앙통신은 같은 날 오후 2시 43분께 제3차 핵실험을 성공적으로 진행했다고 발표했다. 2006년 10월 9일의 제1차 핵실험 성공 보도 및 2009년 5월의 2차 핵실험 성공 보도에 이어 세 번째이다. 1차 핵실험이 북한의 조선노동당 창립 60주년을 맞는, 10월 10일을 염두에 둔 것이었다면, 3차 핵실험은 연임된 오바마 대통령이 연두교서를 발표하기 하루 전날에 이루어진 것이어서 이번 발표가 결국 미국을 더욱 압박해 체제보장을 위한 담판을 염두에 둔 것이 아니냐는 분석이 나오기도 했다.

북한의 열띤 분위기와는 달리 남한의 평화운동 진영은 그야말로 할 말을 잃은 분위기였다. 대결과 안보의 척박한 땅에 뿌려진 평화의 싹이 움터 이제 겨우 발돋움하려는 순간 핵실험 폭풍이 몰아치고 말았기 때문이다. 게다가 북한 당국은 3차 핵실험에 앞서 지난 2013년 1월 23일 비핵화 포기선언을 했다. 지난 3월 5일에는 정전협정조차도 백지화한다고 일방적으로 발표했다.

그야말로 난국이다. 정치권도 북한의 핵실험에 대해 어떻게 대처할지 뾰족한 대답이 없지만, 평화운동 진영도 이렇다 할 답이 없어 보인다. 일부에서는 '북한 핵실험은 예견된 것으로 흥분할 일이 아니다. 북한의 핵과 미사일은 한국을 겨냥한 것이 아니다. 민족공조만이 살길이다'는 말이 들려온다. 한편에서는 '북한의 핵실험은 한반도의 평화정착과 비핵화에 정면으로 역행하고 동북아시아에 핵확산 도미노 현상을 초래한다'는 비판이 들려온다. 미국의 보수논객들 사이에는 비핵화정책이 실패했으니 북한의 핵확산을 방지하는 쪽으로 정책변화를 해야 한다고 하기도 한다.

1차 핵실험 후에는 북한과 중국, 그리고 미국이 비밀리에 회담을 통해 6자회담 복귀를 천명했고, 3차 핵실험 후에도 북한은 미국의 농구선수 로드먼을 초청해 농구시합을 관람하고 미국과의 대화를 원한다고 하고 있지만, 앞길은 여전히 불투명하다. 북핵문제가 결국은 우여곡절 끝에 극적으로 해결될 것이라는 전망보다는 지금까지 그래 왔던 것처럼 서로 간의 정치적 필요에 의해 대화 재개와 중단이 계속될 것이라는 예감뿐이다. 대화를 통한 평화적 해결에 대한 기대 수준도 바닥에 이른 느낌이다.

남과 북은 그간 핵문제에 관해 많은 것을 합의해 왔다. 1992년 2월 19일에 발효된 '한반도의 비핵화에 관한 공동선언'에서는 핵전쟁 위험을 제거하고, 평화와 평화통일에 유리한 조건과 환경을 조성하며, 아시아와 세계의 평화에 이바지하기 위해 '핵무기의 시험,제조, 생산, 접수, 보유, 저장, 배비, 사용을 하지 아니한다'고 선언한 바 있다.

1994년에는 한반도의 핵문제를 전반적으로 해결하기 위해 9월 23일부터 10월 21일까지 '제네바협상'을 했다. 북한 외교부의 강석주와 미국의 본부대사 로버트 갈루치가 대표로 나선 이 회담에서, 양측은 북한의 흑연감속 원자로를 경수로 원자로 발전소로 대체하기로 하고, 국제컨소시움을 구성해 2003년까지 총발전용량 약 2000MWe의 경수로를 제공키로 했다.

그동안 경수로 건설에 대한 우리 정부의 노력은 인정을 받아야 할 것이다. 경비의 70%를 부담하고 시공을 한전이 맡는 등 사실상의 공급자이기 때문이기도 하지만, 경수로 공사 자체를 남북한 평화정착의 지렛대로 인식해 왔기 때문이다. 그래서 정부로서는 경수로 건설을 중단하는

것을 수용하기 힘들었고, 지금까지 미국 강경파의 집중견제를 받으면서
도 6자회담 결과를 보고 중단 여부를 결정하자는 데까지 끌고 왔었다.

그러나 중수로가 아닌 경수로로도 플루토늄을 생산할 가능성이 보
인다는 미국의 압력에 밀려, 결국 2005년 6월 1일, KEDO[48]가 대북 경
수로 사업의 완전 중단과 청산을 결정했다. 남은 것은 북한 신포에 남은
거대한 콘크리트 덩어리와 450억 원어치의 장비, 미완성의 원자로 부품
기자재, 남북협력기금 경수로 계정의 부채 11억 3700만 달러이다. 결국
2006년 1월 8일 모든 요원들이 철수했다. 그리고 잃어버린 11년 세월은
핵실험이 되어 모두의 말문을 닫아버리게 한 것은 물론, 한반도와 동북
아시아가 핵무기로 인한 모진 시련의 끝자락에 서게 되었다.

그간 남북한의 정부나 민간은 평화문제에 관한 한 두루뭉술한 부분
이 있었다. 북한의 경우 민족 공조나 민족 자결을 주장해 왔었는데, 이는
경우에 따라서는 전쟁도 불사한다는 개념으로 인식하고 있는 것 같다.
사회주의 국가들이 전쟁의 정당화 논거로 자주 언급하는 정의의 전쟁론
에 기초하고 있다 할 것이다. 남한의 경우 스펙트럼이 다양하기는 하다.
평화운동 진영 가운데는 평화권을 주장하고, 이 경우 민족공조는 할 수
있지만 전쟁은 사양한다는 인식이 있었던 것 같다. 그간 평화적 프로세
스가 진행 중이어서 민족자결권과 평화권의 공통성과 상호소통성이 강
조되었으나, 기로에 선 지금은 민족자결권과 평화권의 차별성이 눈에 띄
고 있다. 답이 없어 보이는 것도 무리가 아니다.

---

48   Korean Peninsula Energy Development Organization의 약자. 1994년 10월 제네바에
서 체결된 미국과 북한 간의 합의문 이행과 북한에 대한 한국형 경수로 지원 및 대체에너
지 제공 등을 추진하기 위한 국제기구로서 한국, 미국, 일본 3개국이 1995년 3월 9일 뉴욕
에서 정식 출범시켰다. KEDO의 설립 목적은 약 1,000MW 용량의 한국표준형 경수로 2기
로 구성되는 대(對)북한 경수로 지원사업과 관련한 재원조달과 공급, 그리고 대북한 대체
에너지 공급 등이다.

2. 민족자결권과 평화권의 기로

1) 민족자결권과 전쟁

한 민족이 다른 민족이나 국가의 간섭을 받지 않고 자신의 정치적 운명을 스스로 결정하는 권리를 의미하는 민족자결권은, 1차 세계대전 후 미국 대통령 윌슨이 제창해, 2차 세계대전 후 국제사회에서 보편화된 원칙이다.

사회주의권에서 사용하는 민족자결권은 베트남 민족해방투쟁에서 직접적으로 유래한다. 호치민은 1919년 베르사유에서 열린 강화회의에 베트남 해방의 8개 강령을 제출했다. 이 회의는 마침 윌슨의 민족자결14원칙이 낭독되던 중이었다. 이때 호치민은 구엔 테 트루엔과 함께 '베트남인의 자결권' 등의 항목을 가지고 회의장을 찾았다. 비록 윌슨을 만나거나 프랑스 정부로부터 이렇다 할 약속을 받은 것은 아니었지만, 이 소식은 베트남인들을 흥분시키기에 충분했다.

민족자결권이 전투적인 성격을 띠기 시작한 것은 1945년 7월 열린 포츠담선언 이후이다. 포츠담선언에 따르면 일본군의 무장해제를 위해 북베트남은 중국이 점령하고 남베트남은 영국이 점령하되, 무장해제 후에는 베트남인이 아닌 프랑스인에게 다시 되돌려 준다는 것이었다. 윌슨류의 민족자결주의가 휴지조각이 되는 순간이었다.

이러한 국제정세에 직면해 베트남식 민족자결권의 주창자 호치민은 훨씬 더 복잡하고 위험스런 투쟁을 전개해야 했다. 장제스가 이끄는 중국을 몰아내기 위해 프랑스와 협상해야 했다. 중국에 마오쩌둥이 이끄는 공산정권이 들어선 후에는 중국과 협상을 하고, 프랑스와 대결(46년12월 이후)해야 했다. 1954년 5월 7일 디엔 비엔 푸 전투의 결과, 호치민이 이끄는 베트남 공화국이 프랑스에 대승을 거두었다. 그러나 이번에는 미국이 프랑스를 지원해 베트남 내정에 개입했으므로 미국과 대결하지 않으면 안 됐다.

1954년 5월에 시작된 제네바회담에서는 강대국들의 담합으로 약소국 베트남의 운명이 좌지우지되었다. 이에 따르면 베트남은 남북으로 분할되며, 베트남군은 남부에서, 프랑스군은 북부에서 철수해야 했다. 남베트남은 베트남으로 국제법상 인정을 받지만, 북베트남은 그대로 놓아둔다는 것이었다. 이렇게 되면 북베트남은 국제법상 반란집단으로 남게된다는 이야기였다. 남북 베트남을 통합하는 국민투표는 2년 뒤에 실시하되 그 관리는 프랑스가 맡는다고 했다.

위험하고 복잡한 국제정세 속에서 호치민의 민족자결권을 기치로 내건 베트콩과 베트남군은 공조해 통일을 위한 치열한 무장투쟁을 벌였고, 그 결과 1968년 1월 30일 구정 대공세를 감행, 남베트남의 36개 주요 도시와 촌락을 점령했다. 이에 대한 점령군 사령관 웨스트 모얼랜트 사령관의 다급한 북폭 요청은 거절되고, 존슨 대통령은 파리종전협상을 시작함으로써, 호치민이 내건 베트남인의 민족자결권이 전쟁으로 쟁취되었다.

전쟁으로 쟁취된 민족자결권은 수많은 희생자를 양산했다. 구정 대공세 때만 해도 일거에 3만 4천여 명의 사상자를 냈다. 10여 년에 걸친 베트남전쟁의 희생자는 추정치이기는 하지만 우리의 상상을 초월한다. 군 사망자 약 110만(북베트남 90여만, 남베트남 20여만), 군 부상자 약 200만(북베트남 150여만, 남베트남 50여만), 민간인 사망자는 남북베트남 합해 약 150여만, 민간인 부상자는 남북베트남 합해 약 300여만 명에 이른다. 민간인 피해 또한 막심해 전쟁으로 민족해방은 달성되었을지 몰라도 민중의 입장에서 보면 전쟁의 상흔은 오늘날까지도 계속되고 있다.

재래식 무기에 의한 전쟁만 민중의 피해가 심각한 것은 아니다. 핵무기 시대의 전쟁은 민중의 평화적 생존뿐만 아니라 민족 그 자체의 생존까지 위협한다. 원자폭탄 제조기술이 걸음마 단계에 불과했던 70여 년전, 1945년 일본의 히로시마(廣島)와 나가사키(長崎)에 미국이 원자폭탄을 투하해 발생한 사망자 수가 히로시마에서 14만 명, 나가사키에서 7만명 정도였다는 점을 고려하면, 앞으로 있을지도 모를 원자폭탄의 피해는 그것이 전술핵무기로 인한 것이든, 전략핵무기로 인한 것이든 상상을 초월할 정도로 심각할 것이다. 전후방 없는 공군력 위주의 총체전 상황하에서 민족은 오히려 전란의 수렁에 빠져 절멸의 위기에 처할 것이다.

2) 평화적 수단에 의한 민족자결권

평화권은 민족의 자결과 공조에 공감하되 전쟁에 반대하는 인권이다. 나아가 평화권은 어떤 형태의 전쟁에도 – 침략전쟁은 물론이고 이른바 정의의 전쟁에도 – 반대하는 권리이다. 이러한 컨셉은 유엔을 비롯한 국제사회에서 논의되고 있는 평화권의 내용과도 궤를 같이한다.

지난 2012년 6월에 유엔 인권이사회에 제출된 평화권선언 초안도 마찬가지이다. 모든 국가는 민족자결권을 포함한 인권을 기반으로 국제사회에서 평화의 확립, 유지 및 강화를 촉진해야 한다(제1조 제6항)고 해 민족자결권을 민족의 권리로 인정하면서도, 분쟁해결을 위해서는 평화적 수단을 이용해야 한다(제1조 제5항)고 했다.

생각건대, 베트남전쟁과 달리 지금의 국제 정세는 우리 민족이 사고무친의 상황에 있는 것도 아니다. 강대국의 일방적 담합으로 민족의 운명이 좌지우지될 상황에 놓여 있는 것만도 아니다. 물론 유엔이 미국에 의해 주도되고 있으나 국제 사회의 움직임, 특히 동북아시아의 정치지

형, 그리고 평화운동과 평화담론의 성장과 확산은 미국의 일방통행에 커다란 장애가 되고 있다는 데 주의를 기울일 필요가 있다.

평화권은 국가에 의한 침략전쟁을 부인하고 다른 나라와 군사동맹을 맺는 것도 거부한다. 두 차례에 걸친 세계대전 모두 집단적 자위라는 이름의 군사동맹에 의한 무력대결이었기 때문이다. 그럼에도 불구하고 한반도 주변에는 아직도 동맹구축을 위한 전쟁훈련이 계속되고 있다.

이제 미국은 일본까지 끌어들여 동북아시아의 새로운 군사동맹을 도모하고 있다. 세간에는 잘 알려지지 않았지만, 2006년 3월 25일부터 31일까지 '한미일 연합전시증원(RSOI) 및 독수리훈련(FE)'라 불리는 세계최대규모의 대규모 군사훈련이 전개되었다. 핵추진 항공모함을 비롯해 신속 기동타격대인 스트라이커 여단이 참가했으며, 각종 핵무기와 관련된 군사장비로 무장한 합동군사훈련이 한국, 일본, 그리고 괌에서 진행되었다. 전쟁연습훈련이라는 비난도 일리가 있었다.

이 중 스트라이커 부대는 미 육군이 분쟁지역에 신속히 파견해 전쟁업무를 수행하기 위해 편성한 신속기동여단으로 구성되어 있다. 나아가 미군이 베트남전 이후 최대 규모로 태평양 서부의 괌 인근에서 실시한 '용감한 방패(Valiant Shield) 2006' 기동훈련도 앞선 훈련들과 함께 진행된 바 있다.

같은 해 6월 25일부터 7월 29일까지는 미국의 환태평양 군사훈련, 이른바 림팩(RIMPAC: RIM OF THE PACIFIC) 훈련이 태평양에서 진행되었다. 림팩 훈련은 미국 태평양사령부의 지휘하에 격년제로 열리는 해상종합 기동연습으로 '2006 림팩'에는 우리 해군을 비롯해 미국, 영국, 호주, 캐나다, 칠레, 페루, 일본 등 8개국이 참여한 것으로 알려졌다.

북한의 미사일 발사로 인한 미국과 일본의 군사 경제적 대북압박 강도가 높아지고 있다. 그 어느 때보다도 한반도 평화 유지가 중요하게 제기되고 있는 가운데 미 항공모함의 입항은 그 자체만으로 침묵의 무력시위나 마찬가지이며, 북한 핵실험 못지않게 한반도 정세를 불안정하게 만들 수 있다. 한반도 내의 평화적 생존이 위협받고 있는 것이다.

3. 군확에 기초한 생존과 군축에 기초한 생존

평화권은 민족의 자결에 공감하면서도 군확이 아닌 군축을 지향한다. 군축의 출발점은 비핵화이다. 평화권을 확보하기 위해서는 무엇보다 핵무기의 배제가 우선되어야 한다. 그러한 의미에서 전 세계적인 비핵화 프로세스가 필요하다.

현재의 핵확산금지조약(NPT)체제는 진정한 의미의 비핵화체제라고 보기 어렵다. 강대국의 핵 보유는 용인하면서도 약소국의 핵 보유만을 규제하려 한다는 점에서는 핵 독과점체제를 유지하기 위한 기구에 불과할 수도 있다.

그렇다 하더라도 우여곡절 끝에 채택된 1992년의 '한반도 비핵화선언'은 획기적인 약속이다. 전쟁과 대결의 불씨가 남아 있는 한반도야말로 핵으로부터의 평화적 생존이 가장 절실하기 때문이다. 이 선언은 평화적 방법에 의한 통일의 첫걸음을 내딛는 것이었다. 결국 북한의 핵실험으로 인해 한반도 비핵화선언은 이제 종이쪽지에 불과하게 될지도 모른다. 새로운 형태의 비핵화선언이 나오더라도 이제 공신력이 얼마나 생길지 의문스럽다. 그렇지만 '한반도 비핵화선언'의 내용과 정신은 앞으로도 유의미하다.

평화권은 핵우산(nuclear umbrella)이나 확장억제정책(extended

deterrence)[49]도 거부하는 권리이다. 지난 2006년 10월의 한미연례안
보협의회(ROK-US Security Committee Meeting)에서는 미국의 '핵우
산 제공을 통한 확장억제의 지속'을 약속한 바 있다고 보도되기도 했다.
당사자 중 한 사람이었던 버벌 벨 주한미군사령관이 지난 10월 30일 기
자회견에서 변함없는 핵우산정책과 확장억제정책을 언급한 것은 일종
의 외교적 립서비스였다는 취지의 발언을 하기도 했다. 전문가들에 따르
면 과거 소련이 서유럽을 침공할 경우 소련 본토를 공격하겠다고 위협하
기 위한 개념으로 사용한 것이 확장억제의 개념이었다. 그렇다면 확장억
제가 아니라 전쟁유발의 개념이 될 수도 있다. 따라서 국민의 대표라 자
처하는 국회의원들이 핵우산정책이든 확장억제정책이든 민족의 생존을
절멸에 빠트릴 수 있는 핵무기 정책을 정부에 촉구하는 것은 북핵실험과
마찬가지로 한반도 비핵화의 협상력과 발언권을 스스로 저하하는 우행
이 될 수도 있다.

평화적 생존을 확보하기 위해서는 재래식 무기 및 핵 이외의 대량살
상무기의 축소가 필요하다. 1980년대 말부터 남한의 재래식 전쟁수행능
력 대 북한의 대량살상에 기반을 둔 억지능력 증강이라는 비대칭적 군비
경쟁(asymmetric arms race)이 진행되고 있다.

북한의 경우, 잘 알려져 있듯이 1998년 8월 22일 노동당 기관지 '로
동신문' 정론을 통해 처음 '강성대국'이란 정치적 구호를 내세웠다. "사
상의 강국을 만드는 것부터 시작해 군대를 혁명의 기둥으로 튼튼히 세우

---

49 핵우산정책이란 핵무기 보유국의 핵전력에 의해 국가의 안전보장을 도모하는 것을 말한
    다. 즉, 핵무기의 보복력 때문에 가상적국의 핵공격을 막을 수 있다는 의미에서, 핵에 대한
    방패라는 뜻을 의미이다. 한국은 한미상호방위조약에 의해, 실질적으로 미국의 핵우산 밑
    에 들어가 있다고 할 수 있다. 확장억제정책이란 좀더 적극적인 개념으로 미국이 동맹국에
    대한 적국의 핵공격을 억지하기 위해 기존의 전술 핵무기는 물론 전략핵무기까지 사용할
    수 있다는 개념을 의미한다.

고 그 위력으로 경제건설의 눈부신 비약을 일으키는 것이 주체적인 강성대국 건설방식"이라고 밝힌 바 있다. 이후 '강성대국'을 신년사 등에서 전격적으로 내세웠으며, '정치·사상의 강국', '군사의 강국', '경제의 강국'으로 나눠 추진하고 있다.

남한의 경우 '국방개혁 2020'에 따라 기술집약형 군 구조와 전력의 첨단화를 위해 2006~2020년간 총국방비 소요 621조 원 중 상당수를 전력투자 및 전력증강에 사용하겠다고 밝히고 있다. 국방부는 이러한 기본 목표를 달성하기 위한 국방개혁의 추진 방향으로 ① 국방의 문민 기반 확대(군은 전투임무수행 전념), ② 현대전 양상에 부합된 군 구조 및 전력체계 구축, ③ 저비용·고효율의 국방관리체제로 혁신, ④ 시대 상황에 부응하는 병영문화 개선이라는 네 분야를 제시하고 있다. '2020년까지 군병력을 50만으로 감군(減軍)'한다는 대대적인 언론보도가 있었지만, 실질적으로는 그동안 유지되어 온 한국군의 '양적 구조'를 '질적 구조'로 재편하는 군확을 꾀하고 있는 것이다. 이에 따르면 차기잠수함 등 51개 사업 52.6조 원이 소요되고 차기전차 등 14개 사업 14.9조 원이 투여되며, 전력투자비로 64조 원이 소요될 것이라고 한다.

'국방개혁 2020(안)'의 전체 내용은 매우 방대하지만, 핵심은 오히려 명확하다. 국방부는 국방개혁을 평화와 실질적 군축을 위한 프로세스로 보지 않고 한국군을 '효율적인 선진 정예 강군'으로 만들기 위한 프로세스로, 즉 남한판 강성대국으로 이해하고 있다.

4. 평화권 실현의 방도

1) 평화적 방법에 의한 평화

한반도는 전쟁의 상흔을 가장 집약적으로 가지고 있는 곳이다. 직접적인 전장이 되지는 않았지만, 일본의 식민지 지배로 인해 평화적 생존이 심대하게 침해받은 역사가 있으며, 일본의 군국주의 침략전쟁에 동원되어 많은 인명을 상실했다. 그리고 한국전쟁이라는 전대미문의 동족상잔의 비극을 거쳤다.

이러한 전쟁의 참화가 전쟁에 대한 참회로 이어지지 않고 대결과 긴장으로 이어진 것이 우리의 현실이다. 피침략의 역사와 그로 인한 피해의식이 전쟁에 대한 근본적 성찰의 발목을 잡고 있는 부분도 있다. 그렇다고 하더라도 전쟁을 기념하고 숭앙하는 하는 것 같은 일련의 분위기, 군확을 너무도 당연한 일로 받아들이는 것은 문제가 있다. 전쟁에 대한 사고가 안보지상주의로 발전해 급기야 안보를 위해 인권도 평화도 희생할 수 있다는 전도된 사고가 남과 북의 헌정사를 지배해 왔음을 돌이켜 보면 더욱 그렇다. 그런데도 군확만이 생존을 보장하고 군축은 생존과 거리가 있다는 사고까지 남과 북에서 나타나고 있다. 급기야 북은 핵실험으로 남은 핵우산정책과 국방개혁이라는 이름의 실질적 군확을 꾀하고 있다.

그런 의미에서 평화권에 관한 산티아고선언은 매우 상징적이다. 산티아고선언 제2조는 평화권의 주요한 내용 중 하나로 평화에 관한 교육을 받을 권리를 규정하고 있다. 유엔인권이사회 자문위원회 평화권 선언 초안도 제4조 제1항과 제2항에 걸쳐 평화교육을 받을 권리와 이를 위한 능력을 획득할 권리를 갖는다고 기술하고 있다. 안보지상주의에 매몰된 전쟁문화에 저항할 수 있는 교육, 평화의 교육을 권리라고 규정하고 있는 것이다.

나아가 비핵화에 터 잡은 군축이 진행되지 않으면 평화적 생존은 확보되기 힘들다. 대결과 긴장이 계속될 뿐이다. 군축에 기초한 평화적인 생존의 방도, 평화적 프로세스에 의한 생존의 방도가 남북한 모두에게 요구되는 때이다. 미국 역시 2013년 2월 12일 북한 핵실험에서 확인한 것처럼 대북 압박정책으로는 더 이상 군사외교적 성과을 얻어낼 수 없음을 인정하고, 한반도를 평화국가로 리모델링하는 프로세스에 동참해야 한다. 핵실험으로 요동치는 한반도의 평화정착은 평화국가만들기 프로젝트로 달성될 수 있다. 평화를 위한 평화적 방법의 민족공조에서 답을 찾을 때이다.

2) 동북아시아 비핵지대화

북한이 핵실험을 하자 남한에서도 이제는 우리도 핵무기를 개발해야 한다는 주장, 미국의 전술핵을 다시 들여와야 한다는 극단적인 주장이 일기도 한다.

일본도 일부에서는 파문이 크다. 일본 내에서는 미사일방위론과 적대국의 기지공격론이 강해진 것은 물론이고, 평화헌법 아래 종래의 비핵3원칙을 재검토해야 한다는 논의, 심지어는 핵무장론까지 등장하고 있다. 예를 들면 과거에 수상을 역임한 바 있는 우파정치인 나카소네 야스히로가 회장을 맡고 있는 세계평화연구소에서는 국제사회의 대변동에 대비해 핵문제를 검토해야 한다고 하면서 비핵3원칙의 재검토를 주장하고 있다. 나카니시라는 사람이 편집한 『일본 핵무장론의 원점』이라는 책에서는 일본의 핵무장에 대해 검토해야 한다는 주장까지 펴고 있다. 잡지와 매스컴 등에서도 핵무장론이 끊이지 않고 있는 실정이다.

북한의 핵실험의 파장이 일파만파 퍼지고 있는 것이다. 북한으로서는 체제안전보장을 위해 미국에 대한 압박의 수위를 높이고, 이를 통해 북미 간 직접대화 등을 노리고 있을 지도 모르겠다. 그러나 북한의 이런 이기적인 발상이 동북아시아의 핵도미노를 불러일으킬지도 모르며, 동북아시아 평화체제 구상에 얼마나 심대한 타격을 미치는지에 대해서는 이렇다 할 자각이 없는 듯하다.

핵무장 논의의 도미노 상황에서 생각해 볼 수 있는 비핵화방안은 비핵지대화조약이다. 구체적으로는 동북아비핵지대화조약이다.[50] 동북아라고 할 때 적용지역은 1차적으로 한반도와 일본으로 하면 된다. 비록 북한이 한반도 비핵화선언의 무효화를 주장하고는 있으나, 남북한 간 비핵화선언을 부활시키고 여기에 일본이 가담하는 형태로 비핵지대화조약이 추진될 필요가 있다.

체약국은 자신의 영역(영토, 영해, 영공)에 핵무기 및 핵폭발장치의 연구, 개발, 제조, 보유, 사용 등을 일절 금지해야 한다. 나아가 핵탑재함선의 기항(transit)도 금지되어야 한다. 이러한 조약의 내용이 실시될 수 있도록 '핵무기금지기구'를 설치해야 한다. 이 기구에는 감시, 사찰 및 시정조치의 권한을 부여하면 될 것이다. IAEA가 있기는 하지만, 그와 별도로 지역 차원에서도 이러한 기구를 만든다면 그 실효성이 더 커질 것이다.

남는 문제는 핵에너지의 비군사적 이용을 용인할 것인가이다. 후쿠시마에서의 참혹한 원전사고가 있었지만, 원자력 의존률이 높은 일본과

---

50 핵문제에 관한 국제법적 기준으로 통용되고 있는 1986년 "핵확산방지조약", 1996년 "포괄적 핵실험금지조약"의 현황과 문제점에 대해서는 이종선, 「핵비확산체제의 지속가능성: 구조적 한계와 극복방안을 중심으로」, 『비교민주주의연구』 제7권 제2호, 2011.

남한이 우선 반대할 가능성이 높다. 전력공급처가 마땅치 않은 북한의 경우도 마찬가지이다. 이 문제는 검토과제로 남겨 놓는 것도 한 방법이다. 동북아비핵지대화조약은 남북한과 일본 3개국이 시작하더라도, 의정서와 같은 것을 만들어 중국, 미국, 그리고 그 밖에도 러시아, 영국, 프랑스 등이 체약국에 핵을 사용하지 않고 배치하지도 않는다는 약속을 한다면 동북아 비핵지대화가 불가능할 것도 없다.

　　이미 세계 각지에는 비핵지대조약이 적지 않다. 중남미에서 체결된 토라테로르코조약(1967년 조인, 1968년 발효)이 그 시작이다. 1962년의 쿠바위기를 계기로 남미, 중미의 국가들이 참가하고 미국 등 5개 핵 보유국가가 의정서를 비준하였다. 참가국은 체약국 내에 핵무기의 제조, 저장, 배치, 사용을 금지한다고 약속했다. 1985년에는 남태평양지역의 라로통가조약(1986년 발효)이 체결되었다. 이는 남태평양에서의 프랑스의 핵실험 등을 계기로 호주, 뉴질랜드, 그 밖의 남태평양지역 국가들이 체결한 것으로, 핵무기뿐만 아니라 모든 '핵폭발장치'의 취득, 관리, 배치 등을 금지하고 있다. 의정서에는 미국을 제외한 나머지 핵 보유국이 서명했다. 1996년에는 아프리카비핵지대조약이 체결되어, 2009년에 발효되었다. 아시아지역에서는 1998년에 몽골이 비핵화되었고, 2006년에는 중앙아시아비핵지대조약이 조인되었다.

　　이제는 동북아시아의 평화권 실현을 위한 비핵지대화가 필요한 시점이다.

맺음말

평화권에 대한 이야기를 마무리하며, 다시금 강조하고 싶은 것이 있다. 평화권은 고답적인 무엇이 아니다. 지금 이 순간에도 가장 절박하게 호출되고 있다. 해군기지로 몸살을 앓고 있는 제주의 강정마을 주민들, 미군기지 이전문제로 평화적인 일상이 깨지고 만 평택의 주민들이 평화권 선언을 하였다.

평화권(the right to peace)은 평화롭게 살 권리를 말한다. 평화적 생존을 핵심으로 하는 평화권은 침략전쟁의 포기, 군축을 포함한 군비 보유의 배제, 집단적 자위권의 부인, 국가에 의한 평화저해 행위(무기수출)의 배제, 국가에 의한 평화적 생존 저해행위(징병제)의 배제, 군사적 목적의 기본권 제한(재산수용, 표현의 자유 제한), 전쟁위험에 처하지 않을 권리, 모든 종류의 폭력의 표적이 되지 않고 평화 속에서 살 권리(the right to live in peace)를 내용으로 한다.

평화권은 평화와 인권을 결합한 제3세대 권리이다. 평화가 보장되지 않고 인권이 보장되지 않는다는 자명한 진리는 2차 세계대전 이후의 각종 국제헌장과 조약 그리고 헌법 의 정신과 기본원리가 되었으며, 이 것이 유엔 차원에서 권리선언으로 준비되고 있는 것이다.

우리 헌법도 침략전쟁 부인의 법리를 헌법규범화하고 66년의 세월을 보내고 있다. 1948년 헌법은 침략전쟁을 부인하고 국군을 두되 그 사명을 국토방위에 한정하였다. 우여곡절의 헌정사의 와중에서 평화주의 원리는 잠식당하고 형해화되고 현실과 괴리되기도 하였으나, 실낱같이 복원되어 희망을 안고 달려왔다. 최근에는 골방에 갇혀 있는 평화주의를 불러내어 다양하게 현실에 적용하는 움직임이 어느 때보다도 활발하다. 평화권은 이러한 평화주의 다시보기의 일환이며 평화주의의 인권론적 표현이다. 평화권은 헌법에 열거되지 않은 권리이며, 평화와 인권을 결합한 융합인권이다.

그런데 2000대년 들어 활발해진 미국의 동북아시아에 있어서의 군사재편은 평화권을 위협하고 있다. 전방배치군에 불과하였던 주한미군이 후방배치군으로 재편성되고, 그 역할 또한 한반도에 있어서의 어떤 침략에 대한 방어에 그치는 것이 아니라 중동 지역까지도 염두에 둔 군대로 역할 변신을 시도하면서 한반도가 자신의 의지와 상관없이 전쟁에 휩쓸릴 가능성이 높아져 가고 있는 것이다. 평택과 제주 강정마을에서의 평화권선언은 바로 이러한 상황을 상징하고 있는 것이다. 나아가 한국사회에서 평화권이 실현되기 위해서는 전쟁에 휩쓸릴 가능성을 없애는 것 이외에도 양심적 병역거부권의 인정, 외교안보의 민주화 등의 각종 현안에 대하여 항의할 수 있어야 한다.

한반도에서 평화권이 보다 온전하게 실현되기 위해서는 평화체제를 만들어 가야 한다(peace making). 2013년은 정전협정이 체결된 지 60주년이 되는 해였다. 평화체제는 정전협정을 평화협정으로 바꾸어 평화체제를 공고히 하는 방법도 생각할 수 있으며, 남북기본합의서와 같은 종래의 남북간 합의서를 바탕으로 추진해나갈 수도 있을 것이다. 어떤 경우이든 분쟁을 평화적으로 관리할 수 있는 체제구축이 이루어져야 하며 이것이야말로 평화권 실현적 평화체제라 할 것이다.

뿐만 아니라 평화권은 국내법의 차원에서도 규범화되어 있기도 하다. 1946년 제정된 일본국 헌법의 전문에는 '전 세계 인민의 평화 속에 살 권리'를 명문화한 바 있다. 일본의 경우 전쟁책임을 묻는 형태로 비무장 평화주의하의 평화권을 규정하고 있다는 점에서 유례 없이 철두철미한 내용이 평화권의 보호영역으로 논의되고 있다. 이러한 내용을 개악하거나 변형하여 형해화하려는 움직임과 평화권을 지키려는 움직임 사이의 대항과 갈등은 전후 67년을 넘는 헌정사 가운데서도 계속되고 있다.

평화체제가 정착되면 이어 닥칠 문제는 통일이다. 통일은 물리적 폭력 없는 평화와 통일을 지향하는 것만으로는 충분하지 않고 사회경제적 구조적 폭력 없는 통일도 중요하다. 통일을 통하여 궁극적으로는 인간의 안전을 제고하는 것이 평화권을 실현하는 것이며 사회경제적 격차와 갈등제거 및 이를 통한 평화권 실현을 위해서는 체제 통합적 경제조항과 사회적 기본권의 체계에 대한 고찰이 필요하다.

평화와 통일을 위한 여정이 멀기만 한데, 핵문제라는 돌발변수가 발생하였다. 핵보유를 통한 자주는 논리적으로는 가능할 수 있으나 현실적으로는 수없는 무고한 민중의 목숨을 담보로한 정치논리일 뿐이다. 평화적 수단에 의한 민족자결권이 논의되어야 할 시점이며, 평화권에 주목해야 하는 또다른 이유이기도 하다.

이 책은 들어가는 말에서도 언급하였듯이 평화권에 대한 이해의 출발에 불과하다. 평화와 인권의 결합이라는 국내외적 시류를 반영하여 개념정리에서부터 우리 헌정사에의 적용, 비교헌정사적 접근을 한 것에 불과하다.

이러한 입문서의 한계를 극복하고 평화권 논의가 촉진되기 위해서는 유엔인권이사회의 평화권 선언 초안의 주요 테마이기도한 보다 많은 문제들, 예를 들면 인간의 안전보장(제2조), 군축(제3조), 평화교육(제4조), 평화유지(제8조)와 평화구축 활동 등에 대한 현실분석과 대응이 필요하다. 눈을 안으로 돌리면, 우리 사회와 역사의 평화사상은 없었는지, 분단과 전쟁을 거치면서 어떻게 단절되고 연속되었는지, 평화권이 뿌리를 튼튼히 하기 위해서는 지방자치운동과 결합되어야 하는데 어떻게 모델을 창출할 것인지, 노동운동과 평화운동은 어떻게 결합할 것인지, 직접행동 등 새로운 평화운동 양식의 실천적 의미에 대한 분석 등에 대한 보다 진전된 논의와 실천이 필요하다 하겠다.

이 책이 충분히 다루지 못한 부분이며 앞으로의 과제이자 숙제이기도 하다.

부록

출처

이 책의 내용은 저자의 아래 논문에 기초하고 있다.

「전쟁책임과 일본국헌법」, 『법사학연구』 19권, 1999

「한·일 헌법의 평화주의에 대한 비교연구」, 『세계헌법연구』 제4호, 1999

「일본의 군사대국주의와 평화헌법개정논의」, 『역사비평』 55호, 2001

「자위대해외파병과 일본국헌법」, 『헌법학연구』 7권 4호, 2001

「평화주의와 일본국헌법 그리고 평화운동」, 『일본사상』 45호, 2002

「매향리 소음피해소송의 헌법실천적 의의와 과제」, 『법학연구』, 2004

「이라크파병과 헌법」, 『기억과전망』 8호, 2004

「개헌사와 평화주의」, 『민주법학』 31호, 2006

「미군기지 재편과 일본의 반기지투쟁」, 『민주법학』 30호, 2006

「북핵문제와 평화국가 만들기」, 『문학동네』, 2006

「전략적 유연성 합의는 헌법의 평화국가의 원리와 충돌한다」, 참여연대 안국동窓,
    2006

「평화주의 원리, 그 가능성과 한계」, 『헌법다시보기』, 창비, 2006

「평화국가 만들기와 평화협정」, 『이론과실천』, 2007

「평화국가 원리와 한미연합증원훈련」, "미국의 군사훈련 RSOI 對 평화적 생존권"
    발표문, 2007

「평화적 생존권의 헌법실천적 의의」, 『민주법학』 41호, 2009

「평화체제의 쟁점과 분쟁의 평화적 관리」, 『민주법학』 44호, 2010

「강정마을과 평화적 생존권」, "동북아 해양갈등과 평화적 생존권 그리고
    제주해군기지" 토론회 발표문, 2011

참고문헌

강만길, 『고쳐 쓴 한국현대사』, 창작과 비평사, 1994.

강정구, 『민족의 생명권과 통일』, 당대, 2002.

계희열, 『헌법학(상)』, 박영사, 2005.

곽노현, 「통일국가의 바람직한 기업상」, 『한반도 통일국가의 체제구상』, 한겨레신문사, 1995.

곽태환 외, 『한반도 평화체제의 모색』, 경남대 극동문제연구소, 1997.

구갑우, 『비판적 평화연구와 한반도』, 후마니타스, 2007.

구갑우·이대훈·이경주, 「왜 지금 '평화국가'를 말하는가?: 한반도 분단체제 극복과 '평화국가'」,
　　'참여연대 평화군축센터 발족 3주년 기념 심포지엄 발표문, 2006. 8. 10.

구병삭, 『헌법학원론』, 박영사, 2007.

국방군사연구소 편, 『한국전쟁 피해통계집』, 국방군사연구소, 1996.

국방부, 「고온리(매향리) 미공군 비행사격장 인근 피해주민 대책에 관한 청원검토」, 1997. 1.

＿＿＿, 「국방비, 대한민국의 생존과 국민 행복을 지키는 원동력」, 2013.

국순옥, 「자유민주적 기본질서란 무엇인가」, 『민주법학』 제8호, 1994.

＿＿＿, 「통일국가의 헌법과 기본적 인권의 체계」, 『공법연구』 제21호, 1993.

＿＿＿, 「헌법학의 입장에서 본 자유민주주의의 두 얼굴」, 『민주법학』 제12호, 1997.

국회 국방위원회, 「병역법중개정법률안 공청회: 양심적 병역거부자에 대한 대체복무제도 도입
　　관련」 공청회 자료집, 2005. 3. 17.

＿＿＿, 「사격장 소음공해 피해 보상에 관한 청원 검토 보고서」, 1990. 3.

국회도서관입법자료국, 『헌법제정회의록』(헌정사료 제1편), 국회도서관, 1967.

권영성, 『헌법학원론』, 법문사, 2010.

김국신 외, 『분단극복의 경험과 한반도 통일』, 한울, 1994.

김대환, 「남한 경제의 전개와 남북한 경제통합의 과제」, 역사문제연구소 편, 『분단50년과
　　통일시대의 과제』, 역사비평사, 1995.

김명기, 『남북기본합의서 요론』, 국제문제연구소, 1992.

김민배, 「통일한국의 토지소유제도에 관한 연구」, 한림과학원 편, 『남북한 통합 그 접근방법과
　　영역(상)』, 소화, 1995.

김수정, 「양심에 따른 병역거부의 실태와 현황: 지난 10년을 중심으로」,
　　서울대공익인권법센터·건국대법학연구소·대한변협인권위원회, 「한국의 양심적
　　병역거부권: 대체복무 도입의 가능성」 토론회 자료집, 2012.

김영명, 『한국현대정치사』, 을유문화사, 1992.

김일영, 「5.16군사쿠데타, 군정 그리고 미국」, 『국제정치논총』 제41집 제2호, 2001.

김창록, 「일본에서의 서양 헌법사상의 수용에 관한 연구」, 서울대학교 박사학위논문, 1994.

김철수, 『헌법학개론』, 2007.

김태효, 「주한미군 재배치와 미국의 대 한반도 정책방향」, 『국방정책연구보고서』,

한국전략문제연구소, 2004.

김형기, 『남북관계 변천사』, 연세대학교 출판부, 2010.

마크 크라크, 『다뉴브강으로부터 압록강까지』, 국제문화출판공사, 1981.

민주주의민족전선, 『조선해방연보』, 문우인서관, 1946.

박명림, 「남북평화협정과 한반도 평화」, 2003년 민주주의법학연구회 심포지엄: "한반도 평화와
민주법학", 2003.

박원순, 『국가보안법2』(국가보안법적용사), 역사비평사, 1992.

_____, 『국가보안법연구1』, 역사비평사, 1989.

박일경, 「우리나라의 헌법과 평화주의」, 『법정』 제10권 제7호, 1955.

박현석, 「한국정전협정대체문제」, 『민주법학』 제20호, 2001.

백낙청, 『분단체제변혁의 공부길』, 창작과 비평, 1994.

_____, 『흔들리는 분단체제』, 창작과 비평, 1998.

서보혁, 「평화권에 관한 국제적 논의와 추세」, 『평화권의 국제적 논의와 한국에서의 수용
가능성』, 서강대학교 법학연구소 인권법센터 외, 2012. 10. 19.

서재정, 「미국의 군사전략변화와 한미동맹」, 『창작과비평』, 2004년 가을호.

_____, 「미군의 세계적인 '구조조정'과 용산」, 『민족21』, 2004. 2.

성낙인, 『헌법학』, 법문사, 2013.

손호철, 「'분단체제론'의 비판적 고찰」, 『창작과 비평』 84호, 1994.

송대성, 『한반도 평화체제』, 세종연구소, 1998.

역사문제연구소 편, 『분단50년과 통일시대의 과제』, 역사비평사, 1995.

원기호, 「사회주의적 자주관리의 역사적 경험: 유고를 중심으로」, 『사회주의의
이론·역사·현실』, 민맥, 1991.

유진오, 『新稿 憲法解義』, 탐구당, 1953.

이경주, 「주한미군 전략적 유연성과 대한민국 헌법」, 『안국동窓』, 2006. 3. 14..

이대훈, 「제주 해군기지 건설과 강정마을 시민/주민들의 평화권」, 『평화권의 국제적 논의와
한국에서의 수용 가능성』, 서강대학교 법학연구소 인권법센터 외, 2012. 10. 19.

이라크파병 반대비상국민행동 정책사업단 편, 「이라크 파병연장 반대의 논리」, 2005.

이상돈, 「美國 憲法上 大統領의 戰爭權限」, 『저스티스』 23호, 1985.

_____, 「입법적 거부에 대한 미 연방대법원의 위헌판결」, 『고시계』, 1984. 10.

이성훈·지효근, 「한미동맹의 변화와 한국의 군사력 건설」, 문정인 외, 『협력적 자주국방과
국방개혁』, 오름, 2004.

이용우, 「공해소송에 있어서의 판례동향」, 『사법행정』, 1985.

이원섭, 『새로운 모색-남북관계의 이상과 현실』, 한겨레신문사, 1997.

이재승, 「독일에서 병역거부와 민간봉사」, 『민주법학』 제20호, 2001.

_____, 「양심적 병역거부를 처벌하는 병역법의 위헌심판사건 참고인 의견서」, 『민주법학』
제45호, 2011.

이정희, 「한미상호방위 조약에 비추어 본 아태기동군화의 문제점」, 『주한미군 아태기동군화의
문제점과 대응방안 토론회 자료집』, 2005.

이종선, 「핵비확산체제의 지속가능성: 구조적 한계와 극복방안을 중심으로」,

『비교민주주의연구』 제7권 제2호, 2011.

이현영, 『시민을 위한 통일론』, 새길, 1995.

임재성, 「평화권, 아래로부터 만들어지는 인권: 한국사회의 '평화권' 담론을 중심으로」, 『경제와 사회』, 비판사회학회, 2011.

정대화, 「통일체제를 지향하는 '분단체제'의 탐구」, 『창작과 비평』 81호, 1993.

정만조, 「소음규제」, 『법조』 제27권 제12호, 법조협회, 1978.

정욱식, 『2003년 한반도의 전쟁과 평화』, 이후, 2003.

_____, 『동맹의 덫』, 삼인, 2005.

정재정, 「북한 경제의 전개와 남북한 경제통합의 과제」, 역사문제연구소 편, 『분단50년과 통일시대의 과제』, 역사비평사, 1995.

정종섭, 『헌법학원론』, 박영사, 2010.

정태욱, 『한반도 평화와 북한인권』, 한울, 2009.

조국, 『양심과 사상의 자유를 위해』(개정판), 책세상, 2007.

조민, 『한반도 평화체제와 통일방안』, 해남, 2007.

조성렬 외, 『주한미군: 역사, 쟁점, 전망』, 한울, 2003, 81쪽.

조성렬, 『한반도 평화체제』, 푸른나무, 2007.

조성렬, 「주한미군 전략적 유연성의 쟁점」, 『통일한국』, 평화문제연구소, 2006년 3월호.

주성수, 「스웨덴: 경제민주주의 실험실」, 『사회민주주의와 경제민주주의』, 인간사랑, 1992.

진석정책연구소, 「종교적 사유 등에 의한 입영거부자 사회복무 체계 편입 방안 연구(요약본)」 (2008년 병무청 용역 연구결과보고서), 병무청, 2008

참여연대, 「2012 한국사회 개혁방향과 과제」, 2012.

_____, 「미국의 해양전략과 해군기지 건설의 위험성」, 참여연대 이슈리포트, 2011.

최철영, 「국제법상 평화조약과 한반도 평화협정」, 『민주법학』 제35호, 2007.

한국헌법학회, 『헌법 판례 100선』, 법문사.

한용섭, 「전시작전통제권 환수문제」, 심지연 외, 『한미동맹 50년』, 백산서당, 2004.

한용원, 『창군』, 박영사, 1984.

한홍구, 『대한민국史』, 한겨레신문사, 2003.

허문영 외, 『한반도 평화체제: 자료와 해제』, 통일연구원, 2007.

형혁규·김성봉, 「이슈와 논점: 양심적 병역거부에 대한 논의 현황과 향후 과제」, 국회입법조사처, 2013.

황선대, 「남북한 통일방안」, 한림과학원 편, 『남북한 통합 그 접근방법과 영역(상)』, 소화, 1995.

황한식, 「통일국가의 토지문제와 소유·이용 시스템」, 『한반도 통일국가의 체제구상』, 한겨레신문사, 1995.

Johan Galtung, 강종일 외 옮김, 『평화적 수단에 의한 평화』, 들녘, 2000.

A. Baumgarten, "Das Recht auf Frieden als Menshenrecht", *Staat und Recht*, Jahrgang 3, 1954.

Amnesty International, *Conscientious objection to military service*, London : A. I., 1991.

Bruce Cumings, *The Origins of the Korean War: Liberation & the Emergence of Separate*

Regimes, 1945-1947, Princeton: Princeton University Press, 1981.

Carl Wellman, "Solidarity, the Individual and Human Rights." *Human Rights Quarterly* Vol. 22(3), 2000.

Conference on Peace & Human Rights=Human Rights & Peace, *Bulletin of Peace Proposals* Vol. 10(2), 1979.

Douglas Roche, *The Human Right to Peace*, Novalis, 2003.

Douglas. MacArthur, *Reminiscences*, New York: McGraw-Hill, 1964.

Karel Vasak, *A 30-year struggle*, The Unesco Courier, 1977.

Philip Alston, "Peace as a Human Right." *Bulletin of Peace Proposals*, International Peace Research Association, Vol. 11(4), 1980.

Rudolph Rummel, Statistics of Democide: Genocide and Mass Murder Since 1900, *LIT Verlag*, 1997.

Terry Emerson, "War Power Legislation: An Addendum", *West Virginia Law Review* 74, 1971

Theodore H. McNelly, "General MacArthur's Pacifism", *International Jounal on World Peace* 6(1), 1989.

William Eckhardt, "Civilian Deaths in Wartime", *Bulletin of Peace Proposals* 20(1), 1989.

"Conference on Peace and Human Rights=Human Rights and Peace", *Bulletin of Peace Proposals*, International Peace Research Association, Vol. 10(2), 1979.

9条世界会議実行委員会編,『9条世界会議の記録』, 大月書店, 2009.

ベアテ・シロタ ゴードン,『1945年のクリスマス: 日本国憲法に「男女平等」を書いた女性の自伝』, 柏書房, 1995.

リチャード. B. フィン,『マッアーサーと吉田茂』上, 同文書院インアーナショナル, 1993.

姜尚中,『アジアから讀む日本國憲法』, かもがわ出版, 1993.

姜徹,『在日朝鮮人の人權と日本の法律』, 雄山出版社, 1994.

古関彰一,「日米安保条約の締結と日本の自衛権」,『獨協法学』第34号, 1992.

_____,『新憲法の誕生』, 中央公論社, 1989.

高柳賢三 外,「一九四六年二月一三日, 最高司令官に代わり, 外務大臣吉田茂氏に新しい日本國憲法草案を手交した際の出來事の記録」,『日本國憲法制定の過程』第1卷, 有斐閣, 1972.

高柳賢三 外,『日本國憲法制定の過程』, 有斐閣, 1972.

管英輝,『米ソ冷戦とアメリカのアジア政策』, ミネルヴァ書房, 1992.

宮本憲一,「公共性とはなにか」,『法律時報』第45巻 第13号, 日本評論社, 1963.

_____,『現代資本主義と國家』, 岩波書店, 1981.

宮澤俊義,『あたらしい憲法のはなし』, 朝日新聞社, 1947.

吉岡吉田,『米日安保体制論』, 新日本出版社, 1977.

吉田傑俊,『現代民主主義の思想』, 青木書店, 1990.

金圭昇,『朝鮮民主主義人民共和国の法と司法制度』, 日本評論社, 1985.

内海愛子,『朝鮮人BC級戰犯の記録』, 勁草書房, 1982.

大嶽秀夫, 『戰後日本防衛問題資料集』第2卷: 講和再軍備本格化, 三一書房, 1992.

渡邊洋三, 「現代資本主義と基本的人權」, 東大社会科学研究所 編, 『基本的人権』第1卷. 東大出版, 1968.

渡辺治, 『「豊かな社会」日本の構造』, 労働旬報社, 1990.

_____, 『日本國憲法改正史』, 日本評論社, 1987.

_____, 『戦争と現代』, 大月書店, 2003.

_____, 『現代日本社會論』, 勞動旬報社, 1996.

鈴木敬夫, 「平和的生存権の国際的視野」, 『現代における平和憲法の使命』, 三省堂, 1986.

鈴木範久, 『平和の道−内村鑑三目錄7』, 教文館, 1995.

鈴木昭典, 『日本国憲法を生んだ密室の9日間』, 創元社, 1995.

鈴木正, 『時代に反する思想』, 北樹出版, 1997.

綠風出版編輯部編, 『PKO問題の爭點(分析と資料)』(增補版), 綠風出版, 1992.

李京柱, 「朝鮮半島の平和体制と日米安保」, 『法律時報』安保改定50周年增刊 ,日本評論社, 2010. 6.

_____, 『アジアへの仲間入りの憲法』, 法律時報臨時增刊號, 2013.

法律時報臨時增刊, 『憲法調査會報告書』, 日本評論社, 1964.

福岡安則, 『在日韓國人, 朝鮮人』, 中公新書, 1993.

山内敏弘『戦争と平和』, 岩波書店, 1995.

_____, 『平和憲法の理論』, 日本評論社, 1992.

森島昭夫 外, 「橫田基地騒音公害控訴審判決」, 『ジュリスト』第895号, 1987.

色川大吉, 『自由民權』, 岩波新書, 1981.

笹本純, 『平和への權利を世界に』, かもがわ出版, 2011.

笹本潤, 『世界の平和憲法』, 大月書店, 2010.

小林武, 『平和的生存権の弁証』, 日本評論社, 2006.

松井芳郎, 「国際法における平和的生存権」, 『法律時報』53卷 12号, 1981.

室井力, 「國家の公共性とその法的基準」, 室井力 外, 『現代國家の公共性分析』, 日本評論社, 1990.

深瀨忠一, 「戦争放棄と平和的生存権」, 岩波書店, 1988.

安田浩, 「戦後平和運動の特質と当面する課題」, 『日本社会の対抗と構想』, 大月書店, 1998.

田畑茂二郎, 『国際化時代の人権問題』, 岩波書店, 1988.

田中英夫, 『日本國憲法制定過程の覺え書』, 有斐閣, 1979.

足立純夫, 『現代戦争法規論』, 啓正社, 1979.

佐藤達夫, 『日本國憲法成立史』第3卷, 有斐閣, 1994.

佐藤達夫編, 『日本國憲法成立史』第1卷, 有斐閣, 1962.

中江兆民, 『三醉人經綸論』, 岩波文庫, 1997.

增雄 外, 『在日外國人と日本社會』, 社會評論社, 1984.

芝田進午, 『戦争と平和の論理』, 勁草書房, 1992.

清水雅彦, 「日本`国憲法の平和的生存権と`平和への権利'」, 『INTERJURIST』, 日本X国際法律家協会 171号, 2011.

澤野義一, 「PKO改定とPKO協力の問題点」, 山内敏弘 編, 『有事法制を検証する』, 法律文化社, 2002.

浦部外, 『註解日本國憲法』上卷, 靑林書院, 1984.

浦田一郎,『自衛力論の論理と歴史』, 日本評論社, 2012.

_____,『現代の平和主義と立憲主義』, 日本評論社, 1995.

浦田賢治,『沖縄米軍基地法の現在』, 一粒社, 2000.

豊下楢彦,『日本占領管理體制の形成』, 岩波書店, 1992.

幸德秋水, 山本正美 解題,『帝國主義論』, 岩波文庫, 1952.

憲法制定の經過に關する小委員會,『日本國憲法制定の由來』, 時事通信社士, 1961.

和田進,『戰後日本の平和意識』, 青木書店, 1997.

横田喜三郎,『戰爭の放棄』, 国立書店, 1947.

표 목록

자료

1. 평화에 대한 인류의 권리선언(1984)
   Declaration on the Right of Peoples to Peace(UN Doc. A/RES/39/11)

2. 아시아 인권헌장 중 평화권 부분(1998)
   Right to Peace in Asian Human Rights Charter(A peoples' Charter)

3. 유엔총회 평화권 촉진 결의(2003)
   Promotion of the right of peoples to peace(UN Doc. A/RES/57/216)

4. 루아르카 평화권 선언(2006, 축약번역)
   Luarca Declaration on the Human Rights to Peace

5. 일본 나고야 고등재판소 자위대의 이라크 파병 정지소송 판결문(2008)

6. 산티아고 평화권 선언(2010)
   Santiago Declaration on the Human Right to Peace

7. 유엔 인권이사회 자문위원회 평화권 보고서(2012)
   Report of the Human Rights Council Advisory Committee on the right
   of peoples to peace(UN Doc. A/HRC/20/31)

8. 평화권 유엔초안에 관한 실무그룹 간 자유토론 보고서(2013)
   Report of the Open-ended Inter-Governmental Working Group on the
   Draft United Nations Declaration on the Right to Peace
   (UN Doc. A/HRC/WG.13/1/2)

9. 잘못된 안보갈등과 긴장에 의해 피해를 입은 3개 지역 공동 주민 평화권 선언
   (2012, 제주 강정마을, 평택 대추리, 김포 애기봉 접경지역 주민들의 평화권 선언)

10. 제주 강정마을 해군기지 반대 직접행동 관련 항소이유서(2013)

11. 유엔인권이사회 자문위원회 평화권 초안에 대한 한국 시민사회 의견서 (2014)

1. 평화에 대한 인류의 권리선언(1984, A/RES/39/11)

유엔총회는,

유엔의 주요 목적이 국제 평화와 안전의 유지임을 재확인하며,

유엔헌장에 규정된 국제법의 기본적 원칙들을 유념하며,

인류의 삶에서 전쟁을 근절하는 것, 그리고 무엇보다도 세계적인 핵 재앙을 방지하는 것이 전 인류의 의지이자 염원임을 표하며,

전쟁 없는 삶은 국가들의 물질적 복지, 발전과 진보를 위해, 그리고 유엔이 선언한 권리들과 근본적인 인간 자유를 완전하게 실현하기 위해 주요한 국제적 전제조건임을 확신하며,

지구 상에 지속적인 평화를 수립하는 것은 핵 시대에 있어서 인간 문명의 보존과 인류의 생존을 위한 주된 조건을 대표한다는 것을 자각하며,

인류의 평화로운 삶을 유지하는 것이 각 국가의 신성한 의무임을 인식하며,

1. 우리 지구 상의 인류는 평화에 대한 신성한 권리를 가짐을 엄숙히 선언한다.

2. 인류의 평화에 대한 권리를 보존하고 그 이행을 증진하는 것이 각 국가의 근본적인 의무임을 엄숙히 신언한다.

3. 인류의 평화권 행사를 보장하는 것은 전쟁의 위협, 특히 핵전쟁의 위험을 종식시키기 위한 국가들의 정책을 요구한다는 점과, 국제관계에서의 무력 사용의 포기와 유엔헌장에 기초한 평화적 수단에 의한 국제분쟁의 해결을 요구한다는 점을 강조한다.

4. 모든 국가와 국제 조직은 국가적 및 국제적 수준 양쪽에서 적절한 방법을 통해 인류의 평화에 대한 권리 이행을 지원하는 데 전력을 다할 것을 호소한다.

⟨원문⟩

39/11. Declaration on the Right of Peoples to Peace

Distr. GENERAL

12 November 1984

A/RES/39/11

12 November 1984

Meeting no. 57

The General Assembly,

Reaffirming that the principal aim of the United Nations is the maintenance of international peace and security,

Bearing in mind the fundamental principles of international law set forth in the Charter of the United Nations,

Expressing the will and the aspirations of all peoples to eradicate war from the life of mankind and, above all, to avert a world-wide nuclear catastrophe,

Convinced that life without war serves as the primary international prerequisite for the material well-being, development and progress of countries, and for the full implementation of the rights and fundamental human freedoms proclaimed by the United Nations,

Aware that in the nuclear age the establishment of a lasting peace on Earth represents the primary condition for the preservation of human civilization and the survival of mankind,

Recognizing that the maintenance of a peaceful life for peoples is the sacred duty of each State,

1. Solemnly proclaims that the peoples of our planet have a sacred right to peace;

2. Solemnly declares that the preservation of the right of peoples to peace and the promotion of its implementation constitute a fundamental obligation of each State;

3. Emphasizes that ensuring the exercise of the right of peoples to peace demands that the policies of States be directed towards the elimination of the threat of war, particularly nuclear war, the renunciation of the use of force in international relations and the settlement of international disputes by peaceful means on the basis of the Charter of the United Nations;

4. Appeals to all States and international organizations to do their utmost to assist in implementing the right of peoples to peace through the adoption of appropriate measures at both the national and the international level.

2. 아시아 인권헌장 중 평화권 부분(1998)

> 세계인권선언 채택 50주년을 맞아 홍콩에 본부를 둔 아시아인권위원회가 1998년 5월 광주에서 '아시아 인권선언대회'를 개최했다. 이 대회에서 채택된 '아시아 인권헌장'에는 평화권에 대한 내용이 상당한 분량으로 할애되어 있다.

전문

오랜 세월 동안, 특히 식민통치 시절 아시아 민중들은 자신의 권리와 자유 전반을 침해당하는 고통을 받아 왔다. 오늘날에도 아시아의 많은 지역 주민들이 착취와 억압을 당하고 있으며, 많은 집단들이 증오와 적의를 품는 분열에 시달리고 있다. 하지만 평화와 인간의 존엄은 모든 개인, 단체들이 서로 평등하며 양도할 수 없는 권리를 갖고 있음이 인정되고 보호될 때만 가능하다는 것을 아시아 민중들은 점차 깨닫고 있다. 그들은 자신들을 위하여, 그리고 다가오는 후손들을 위하여 인간의 권리와 자유를 쟁취하기 위한 투쟁을 수행함으로써, 평화와 인간의 존엄을 획득할 결의를 보이고 있다. 바로 이 목적을 이루기 위하여, 평화가 보장되고 인간의 존엄성이 존중되는 세상에서 살기 위한 아시아 민중들의 소망과 열망을 확인하기 위하여 아시아 민중은 이 헌장을 채택한다.

헌장의 배경 설명

1-1. 인권과 자유를 위한 아시아인들의 투쟁은 깊은 역사적 뿌리를 가지고 있다. 그들은 시민사회를 짓밟는 억압에 대항하여 투쟁하였고, 식민주의자들이 가한 정치적 압제에 대항하여 투쟁하였으며, 민주주의를 확립하고 회복하기 위한 투쟁을 계속 전개해왔다. 지금은 그 어느 때보다 인간의 권리에 대한 재확인이 더욱 절박하게 요구되고 있다. 아시아는 급속한 변화의 시기를 경과하고 있으며, 그 변화는 사회구조, 정치제도, 경제에 영향을 미치고 있다. 또 아시아의 전통적 가치들이 이러한 변화를 주도하는 정치권력과 경제기구뿐만 아니라 새로운 형태의 개발과 과학기술에 의해서도 위협을 받고 있다.

1-2. 특히 경제가 시장경제화되고 세계화되면서 사적 부문과 공적 부문, 국가 부문과 국제 세계 간의 균형이 흔들리고 있으며, 빈곤층과 소외된 사람들의 상태가 악화되고 있다. 이러한 변화들은 아시아 민중의 삶 속에 내재되어 있는 여러 가지 가치 있는 요소들을 위협하고 있다. 과학기술이 인간성을 파괴하고 있고, 시장경제가 물질 위주의 가치관을 조장하고 있으며, 아시아 민중들이

오랫동안 유지해온 공동체적 질서를 해체시키고 있다. 사람들은 자신들의 삶, 자신들의 환경에 대한 통제력을 상실해 가고 있으며, 대대로 이어온 가정과 토지로부터 추방당하면서도 이에 대한 그 어떤 보호책을 갖지 못하는 공동체들도 있다. 지금 아시아 노동자들은 대대적인 노동 착취를 당하고 있다. 최소한의 생존조차 어려운 임금을 받는 경우가 허다하며, 항상적인 위험이 도사린 열악한 환경에서 일하고 있다. 가장 기본적인 노동자들의 권위와 노동법까지도 거의 지켜지지 않고 있다.

1-3. 아시아의 성장은 모순으로 가득 차 있다. 특정 집단이 넘쳐나는 풍요를 누리는 가운데 전면적인 빈곤의 심화가 공존하고 있다. 다수의 아시아 민중들의 건강과 영양과 교육은 인간 생명의 존엄성을 부정하는 끔찍한 수준에 있다. 동시에 귀중한 자원이 군비증강으로 낭비되고 있는데, 아시아는 세계 최대의 무기 구매자이다. 아시아 정부들은 생산의 증대와 복지 수준 향상을 위해 개발이 추진되어야 한다고 주장한다. 하지만 우리의 천연자원은 가장 무책임하게 고갈되고 있으며, 환경은 너무 악화되었고 그 결과 심지어 가장 부유한 층조차도 삶의 질이 현저하게 떨어졌다. 골프장 건설이 빈곤층과 소외된 계층의 보호보다 중요시되고 있다.

1-4. 아시아 민중은 최근 수십 년 동안 극단적인 민족주의, 왜곡된 이데올로기, 인종 차이, 여러 종교적 근본주의 때문에 발생하는 다양한 형태의 분규와 폭력에 의해 고통받았다. 폭력은 정부와 시민 사회의 특정 집단에 의해 자행되었다. 대다수 대중들 개인의 안전과 재산 보호, 공동체의 안전이 보장되지 않는다. 민중들이 살아온 공동체가 대규모로 해체되면서 난민의 수는 급증하고 있다.

1-5. 정부는 자신들에게 엄청난 권력을 부여해왔다. 그들은 민중의 자유와 권리를 억압하는 법률을 제정해왔고, 외국인 회사나 단체와 공모하여 국가 자원을 약탈하였다. 부패와 족벌 체제가 만연하고 있으며, 공적이든 사적이든 권력을 가지고 있는 사람들은 책임을 지지 않는다. 많은 국가에서 권위주의는 시민의 권리와 자유를 박탈하는 국가 이데올로기로 부상하였다. 그들은 시민의 권리와 자유는 아시아의 종교적, 문화적 전통에 적합하지 않는 서구 사상이라고 비난한다. 대신에 그들은 권위주의를 위장하기 위해 "아시아적 가치"라는 허위 이론을 장려하고 있다. 세계의 주요 지역들 가운데 유독 아시아만이 권리와 자유를 보호하기 위한 지역 공통의 공식 헌장이나 지역 기구가 없다는 것은 놀라운 일이 아니다.

1-6. 많은 아시아 국가에서 인권이 공적으로 무시되고 경멸받는 것과 대조적으로 권리와 자유의 중요성에 대한 아시아 민중들의 자각은 커지고 있다. 아시아 민중들은 그들의 빈곤과 정치적 무기력, 그리고 자유와 권리의 부활 간에 모종의 연관이 있음을 깨닫고 있다. 그들은 정치·경제 제도

가, 경제정의와 정치 참여, 그리고 책임성과 사회 평화를 보장받기 위해선 인권과 자유의 틀 속에서 운영되어야 한다고 확신한다. 또한 많은 사회 운동체들이 아시아 민중의 권리와 자유를 보장하기 위한 투쟁을 수행해오고 있다.

1-7. 인권에 대한 우리의 믿음은 어떤 추상적인 이데올로기 때문이 아니다. 인권에 대한 존중이야말로 공정하고, 인간적이며, 애정 있는 사회의 초석을 제공한다고 우리는 믿는다. 인간의 권리를 존중하는 제도는, 모든 인간은 태어나면서부터 평등하고 존엄한 삶을 살 수 있는 동등한 권리를 가지고 있다는 믿음에서 출발한다. 인권을 존중하는 제도는 우리 모두가 정책의 결정과 집행 과정에 참여함으로써 우리 자신의 운명을 스스로 결정할 수 있는 권리를 가지고 있다는 믿음에 기초한다. 그것은 우리가 우리의 문화를 발전시키고 향유할 수 있도록 해주며, 우리 자신의 예술적 충동을 표현할 수 있도록 해준다. 인권을 존중하는 제도는 다양성을 존중한다. 그것은 우리가 우리의 후손과 그들이 물려받을 환경에 대해 의무를 가지고 있음을 인정한다. 그것은 우리의 제도와 정책이 갖는 가치와 정당성을 평가하는 기준이다.

일반 원칙

2-1. 우리는 구체적인 권리들과 이를 보호하기 위해 필요한 제도와 절차들로부터 이들 권리 속에 깔려 있으며 이를 받아들이고 실행할 때 이들 권리가 완전히 실현될 수 있는 어떤 일반적인 원칙들을 이끌어 낼 수 있다. 아래에 논의되는 몇몇 원칙들은 우리 인권을 개선시킬 것이라고 믿는 공공정책의 기본틀을 제공할 것이다.

(중략)

평화권

4-1. 모든 개인은 평화롭게 살 권리를 갖는다. 그리하여 자신의 육체적, 지적, 도덕적, 정신적 능력을 충분히 계발할 수 있어야 하며, 어떠한 종류의 폭력의 대상이 되어서도 안 된다. 아시아 민중들은 전쟁과 내전으로 인하여 커다란 곤란과 비극을 체험하고 있다. 전쟁과 내전은 많은 사람의 생명을 앗아가고, 신체를 훼손시키며, 사람들로 하여금 다른 지방 내지 다른 나라로 떠나게 만들고, 많은 가족을 해체시키고 있다. 좀더 포괄적으로 말하자면, 전쟁과 내전은 문명의 혜택을 누리는 삶 혹은 평화적 생활을 갈구하는 그 어떤 희망도 거부하고 있다. 많은 나라에서 국가와 시민 사회가 심하게 군사화되어 모든 문제가 폭력에 의해 결정되고 정부나 군부가 가하는 그 어떠한 위협이나 공포로부터 시민들은 보호받지 못하고 있다.

4-2. 국가는 법률과 질서를 유지하는 책무를 진다. 이 책무는 폭력 사용에 있어서 엄격한 제한을 받는 가운데 실행되어야 하며, 인도주의적 법률을 포함하여 국제사회에 의해 확립된 여러 기준에 부합해야 한다. 모든 개인과 집단은 경찰과 군대의 의해 자행되는 폭력을 포함한 모든 형태의 국가 폭력으로부터 보호받을 권리가 있다.

4-3. 평화롭게 살 권리가 보장되려면, 국가와 기업과 시민사회 차원에서 이루어지는 제반의 정치·경제·사회적 활동들이 모든 국민의 안전을 존중해야 하며, 특히 사회적 약자의 안전만큼은 존중해야 한다. 국민들은 그들이 살아가는 자연 환경과의 관계에 있어서 안전을 보장받아야 하며, 정치적·경제적·사회적 환경과의 관계에 있어서도 안전을 보장받아야 한다. 억압과 착취, 그리고 폭력에 기대지 않고 사회 속에 내재하는 모든 가치있는 요소들을 훼손하지 않으면서, 자신의 욕구와 희망을 충족시킬 수 있는 정치, 경제, 사회적 환경을 보장받아야 한다.

4-4. 파시스트의 침략과 식민주의, 신식민주의 지배에 맞서 투쟁하는 가운데 아시아 국가들은 평화를 정착시키기 위해 중요한 역할을 했다. 이러한 투쟁 속에서 아시아 국가들은 주권의 보전과 강대국의 내정 불간섭이 얼마나 중요한가를 정당하게 강조했다. 그러나 외세의 강점 위협에 대항하여 주권을 보전하고 보호해야 할 필요 때문에 개인의 안전과 평화로운 생활의 권리를 박탈하여서는 안 된다. 그것은 외자 유치와 인권 탄압의 변명으로 사용되어서는 안 되는 것과 마찬가지이다. 나아가 국가는 국민의 개인적 안전을 국제사회에 보고해야 하며, 이를 거부하는 것은 결코 정당화될 수 없다. 국민이 평화롭게 살 수 있는 권리는 국가가 국제사회에 책임을 질 때만 보증된다.

4-5. 국제사회는 아시아의 전쟁과 내전에 깊이 연관되어 있다. 외국 국가들은 아시아의 각종 집단들을 대리자로 내세워 전쟁을 부추겨 왔고, 이들 내전에 개입된 집단과 정부에게 무기를 공급하였으며 이 무기 판매로 막대한 이윤을 챙겼다. 결과적으로 아시아 국가들은 국가의 개발 정책과 국민의 복지에 써야 할 막대한 공공자금을 무기 구입에 유용한 것이다. 군사기지를 비롯한 여러 군사 시설(흔히 외세의)은 인근 지역에 거주하는 주민들의 사회적, 육체적 안전을 위협해왔다.

〈원문〉
Right to Peace in Asian Human Rights Charter(A peoples' Charter)

PREAMBLE

For long, especially during the colonial period, the peoples of Asia suffered from gross violations of their rights and freedoms. Today large sections of our people continue to be exploited and oppressed and many of our societies are torn apart by hatred and intolerance. Increasingly the people realize that peace and dignity are possible only when the equal and inalienable rights of all persons and groups are recognised and protected. They are determined to secure peace and justice for themselves and the coming generations through the struggle for human rights and freedoms. Towards that end they adopt this Charter as an affirmation of the desire and aspirations of the peoples of Asia to live in peace and dignity.

BACKGROUND TO THE CHARTER

1.1   The Asian struggle for rights and freedoms has deep historical roots, in the fight against oppression in civil society and the political oppression of colonialism, and subsequently for the establishment or restoration of democracy. The reaffirmation of rights is necessary now more than ever before. Asia is passing through a period of rapid change, which affects social structures, political institutions and the economy. Traditional values are under threat from new forms of development and technologies, as well as political authorities and economic organizations that manage these changes.

1.2   In particular the marketization and globalization of economies are changing the balance between the private and the public, the state and the international community, and worsening the situation of the poor and the disadvantaged. These changes threaten many valued aspects of life, the result of the dehumanizing effects of technology, the material orientation of the market, and the destruction of the community. People have decreasing control over their lives and environment, and some communities do not have protection even against eviction from their traditional homes and grounds. There is a massive exploitation of workers, with wages that are frequently inadequate for even bare subsistence and low safety standards that put the lives of workers in constant danger. Even the most elementary of labour rights and laws are seldom enforced.

1.3   Asian development is full of contradictions. There is massive and deepening poverty in the midst of growing affluence of some sections of the people. Levels of health, nutrition and education of large numbers of our people are appalling, denying the dignity of human life. At the same time valuable resources are wasted on armaments, Asia being the largest purchaser of arms of all regions. Our governments claim to be pursuing development directed at increasing levels of production and welfare but our natural resources are being depleted most irresponsibly and the environment is so degraded that the quality of life has worsened immeasurably, even for the better off among us. Building of golf courses has a higher priority than the care of the poor and the disadvantaged.

1.4   Asians have in recent decades suffered from various forms of conflict and violence, arising from ultra-nationalism, perverted ideologies, ethnic differences, and fundamentalism of all religions. Violence emanates from both the state and sections of civil society. For large masses, there is little security of person, property or community. There is massive displacement of communities and there are an increasing number of refugees.

1.5   Governments have arrogated enormous powers to themselves. They have enacted legislation to suppress people.s rights and freedoms and colluded with foreign firms and groups in the plunder of national resources. Corruption and nepotism are rampant and there is little accountability of those holding public or private power. Authoritarianism has in many states been raised to the level of national ideology, with the deprivation of the rights and freedoms of their citizens, which are denounced as foreign ideas inappropriate to the religious and cultural traditions of Asia. Instead there is the exhortation of spurious theories of .Asian Values. which are a thin disguise for their authoritarianism. Not surprisingly, Asia, of all the major regions of the world, is without a regional official charter or other regional arrangements for the protection of rights and freedoms.

1.6   In contrast to the official disregard or contempt of human rights in many Asian states, there is increasing awareness among their peoples of the importance of rights and freedoms. They realize the connections between their poverty and political powerlessness and the denial to them of these rights and freedoms. They believe that political and economic systems have to operate within a framework of human rights and freedoms to ensure economic justice, political participation and accountability, and social peace. There are many social movements that have taken up the fight to secure for the people their rights and freedoms.

1.7   Our commitment to rights is not due to any abstract ideological reasons. We believe that respect for human rights provides the basis for a just, humane and caring society. A regime of rights is premised on the belief that we are all inherently equal and have an equal right to live in dignity. It is based on our right to determine our destiny through participation in policy making and administration. It enables us to develop and enjoy our culture and to give expression to our artistic impulses. It respects diversity. It recognizes our obligations to future generations and the environment they will inherit. It establishes standards for assessing the worth and legitimacy of our institutions and policies.

GENERAL PRINCIPLES

2.1   It is possible from specific rights and the institutions and procedures for their protection to draw some general principles which underlie these rights and whose acceptance and implementation facilitates their full enjoyment. The principles, which are discussed below, should provide the broad framework for public policies within which we believe rights would be promoted.

(...)

THE RIGHT TO PEACE

4.1   All persons have the right to live in peace so that they can fully develop all their capacities, physical, intellectual, moral and spiritual, without being the target of any kind of violence. The peoples of Asia have suffered great hardships and tragedies due to wars and civil conflicts which have caused many deaths, mutilation of bodies, external or internal displacement of persons, break up of families, and in general the denial of any prospects of a civilized or peaceful existence. Both the state and civil society have in many countries become heavily militarized in which all scores are settled by force and citizens have no protection against the intimidation and terror of state or private armies.

4.2 The duty of the state to maintain law and order should be conducted under strict restraint on the use of force in accordance with standards established by the international community, including humanitarian law. Every individual and group is entitled to protection against all forms of state violence, including violence perpetrated by its police and military forces.

4.3 The right to live in peace requires that political, economic or social activities of the state, the corporate sector and the civil society should respect the security of all peoples, especially of vulnerable groups. People must be ensured security in relation to the natural environment they live in, the political, economic and social conditions which permit them to satisfy their needs and aspirations without recourse to oppression, exploitation, violence, and without detracting from all that is of value in their society.

4.4 In fighting fascist invasion, colonialism, and neo-colonialism, Asian states played a crucial role in creating conditions for their peoples to live in peace. In this fight, they had justifiably
stressed the importance of national integrity and nonintervention by hegemonic powers. However, the demands of national integrity or protection against the threats of foreign domination cannot now be used as a pretext for refusing to the people their right to personal security and peaceful existence any more than the suppression of people.s rights can be justified as an excuse to attract foreign investments. Neither can they justify any refusal to inform the international community about the individual security of its people. The right of persons to live in peace can be guaranteed only if the states are accountable to the international community.

4.5 The international community of states has been deeply implicated in wars and civil conflicts in Asia. Foreign states have used Asian groups as surrogates to wage wars and have armed groups and governments engaged in internal conflicts. They have made huge profits out of the sale of armaments. The enormous expenditures on arms have diverted public revenues from programmes for the development of the country or the well-being of the people. Military bases and other establishments (often of foreign powers) have threatened the social and physical security of the people who live in their vicinity.

3. 유엔총회 평화권 촉진 결의(2003)

57/216. 인류의 평화권 촉진

유엔 총회는

"평화권 선언"이라는 이름의 1984년 11월 12일의 39/11 결의를 상기한다.

"평화권 촉진"이라는 이름의 2002년 4월 25일자 유엔 인권위원회 결의 2002/71 또한 상기한다.

유엔헌장에 명시된 국제법의 근본원칙을 유념한다.

국제 평화와 안보, 정의를 위태롭게 하지 않는 방식으로 평화적 수단에 의해 국제적인 분쟁을 해결하는 것이 모든 국가의 의무임도 재확인한다.

또한, 모든 국가는 그 국제관계 있어 다른 국가의 영토보전이나 정치적 독립에 대하여 또는 국제연합의 목적과 양립하지 아니하는 어떠한 방식으로도 무력의 위협이나 무력 행사를 삼가야 하는 의무를 진다는 것도 기억한다.

더 나아가, 유엔헌장과 국제법에 따라, 영토 보전, 정치적 독립, 주권, 본질상 어떤 국가의 국내 관할권 안에 있는 사안에 대한 불간섭 원칙 존중을 보장하는 것의 중요성을 재확인한다.

모든 인민들이 자기결정권을 가지므로, 자유롭게 그들의 정치적인 위치를 결정하고 그들의 경제적, 사회적, 문화적 발전을 자유롭게 추구한다는 것을 재확인한다.

또한 인민들을 외세의 정복, 지배와 착취의 상황에 처하게 하는 것은 근본적 권리의 부정에 해당되고, 이는 본 헌장에 위배되고 세계 평화와 협력의 증진에 있어 장애물이 된다는 것을 재확인한다.

모든 사람은 세계인권선언에 명시된 권리와 자유가 완전히 실현될 수 있는 사회적, 국제적 질서에 대한 권리가 있음을 상기한다.

군축과 개발은 밀접한 관계가 있고 군축 분야에서의 진전은 개발 분야에서의 상당한 진전을 촉진할 것이며, 특히 개발도상국에서 군축 조치를 통해 나온 자원들이 경제, 사회 발전과 모든 국민들의 복지를 위해 사용되어야 함을 재확인한다.

동등한 권리와 민족자결의 원칙에 대한 존중을 바탕으로 국가 간 평화롭고 우호적인 관계에 필요한 안정과 복지의 환경을 조성한다는 것을 확신한다.

전쟁 없는 삶은 물질적 복지, 국가의 개발과 진보, 그리고 유엔에 의해 선포된 근본적인 인간의 자유와 권리의 완전한 이행을 위한 우선적인 국제적 전제 조건임을 확신한다.

1. 지구 상에 사는 사람들에게 신성한 평화권이 있다는 엄숙한 선언을 재확인한다.

2. 평화권의 보전과 이행의 촉진은 각 국가의 근본 의무임을 엄숙하게 선언한다.

3. 평화권의 행사를 보장하기 위해서는 국가들의 정책이 전쟁의 위협, 특히 핵전쟁의 위협 제거, 국제 관계의 무력 사용이나 위협을 단념하고, 유엔헌장에 기초한 평화적 수단에 의해 국제분쟁이 해결되어야 함을 강조한다.

4. 모든 국가가 세계 평화와 안전의 수립, 유지, 강화를 촉진해야 하고, 그러기 위해서는 효과적인 국제적 통제 아래 전반적이고 완전한 군축을 달성하기 위해 최선을 다해야 한다. 뿐만 아니라 특히 개발도상국에서 효과적인 군축 조치에 의해 자원이 종합적인 개발에 사용되도록 보장해야 함을 확인한다.

5. 선진국과 개발도상국 사이의 격차를 줄이고 모두를 위한 모든 인권의 실현을 촉진한다는 견해에 바탕하여 군축과 군비제한 협정 이행으로 축적된 자원의 일부를 경제와 사회 발전에 사용할 것을 국제사회에 촉구한다.

6. 인간의 건강, 환경, 경제, 사회복지에 무차별적인 영향을 주는 무기 사용을 삼갈 것을 모든 국가에 촉구한다.

7. 우주 무기화의 실제적 위험에 우려를 표명하며, 우주의 평화적 사용과 우주에서의 군비경쟁 방지라는 목표에 적극적으로 기여할 것을 요청한다.

8. 세계 평화와 안보, 개발, 모두를 위한 모든 인권의 완전한 실현을 위해서 새로운 군비경쟁의 부활을 조장하는 조치가 초래할 예측 가능한 결과들을 명심하여, 이를 삼갈 것을 모든 국가에 촉

구한다.

9. 제58차 회기에서 "인권문제"라는 제하에 평화권 촉진 문제에 대한 심의를 계속하기로 결정한다.

2002년 12월 18일 77차 본회의

Promotion of the right of peoples to peace
(UN Doc. A/RES/57/216)

57/216. Promotion of the right of peoples to peace

The General Assembly,

Recalling its resolution 39/11 of 12 November 1984, entitled "Declaration on the Right of Peoples to Peace",

Recalling also Commission on Human Rights resolution 2002/71 of 25 April 2002, entitled "Promotion of the right of peoples to peace",

Bearing in mind the fundamental principles of international law set forth in the Charter of the United Nations,

Reaffirming the obligation of all States to settle their international disputes by peaceful means in such a manner that international peace and security, and justice are not endangered,

Reaffirming also the obligation of all States to refrain in their international relations from the threat or use of force against the territorial integrity or political independence of any State, or in any other manner inconsistent with the purposes of the United Nations,

Reaffirming further the importance of ensuring respect for the principles of sovereignty, territorial integrity and political independence of States and non-intervention in matters which are essentially within the domestic jurisdiction of any State, in accordance with the Charter and international law, Reaffirming that all peoples have the right to self-determination, by virtue of which they freely determine their political status and freely pursue their economic, social and cultural development,

Reaffirming also that the subjection of peoples to alien subjugation, domination and exploitation constitutes a denial of fundamental rights, is contrary to the Charter and is an impediment to the promotion of world peace and cooperation,

Recalling that everyone is entitled to a social and international order in which the rights and freedoms set forth in the Universal Declaration of Human Rights2 can be fully realized,

Reaffirming that there is a close relationship between disarmament and development and that progress in the field of disarmament would considerably promote progress in the field of development and that resources released through disarmament measures should be devoted to the economic and social development and well-being of all peoples, in particular those of the developing countries,

Convinced of the aim of the creation of conditions of stability and well-being which are necessary for peaceful and friendly relations among nations based on respect for the principle of equal rights and self-determination of peoples,

Convinced also that life without war is the primary international prerequisite for the material well-being, development and progress of countries, and for the full implementation of the rights and fundamental human freedoms proclaimed by the United Nations,

1. Reaffirms the solemn proclamation that the peoples of our planet have a sacred right to peace;

2. Solemnly declares that the preservation of the right of peoples to peace and the promotion of its implementation constitute a fundamental obligation of each State;

3. Emphasizes that ensuring the exercise of the right of peoples to peace demands that the policies of States be directed towards the elimination of the threat of war, particularly nuclear war, the renunciation of the use or threat of use of force in international relations and the settlement of international disputes by peaceful means on the basis of the Charter of the United Nations;

4. Affirms that all States should promote the establishment, maintenance and strengthening

of international peace and security and, to that end, should do their utmost to achieve general and complete disarmament under effective international control, as well as to ensure that the resources released by effective disarmament measures are used for comprehensive development, in particular that of the developing countries;

5. Urges the international community to devote part of the resources made available by the implementation of disarmament and arms limitation agreements to economic and social development, with a view to reducing the ever-widening gap between developed and developing countries, and to promote the realization of all human rights for all;

6. Urges all States to refrain from using weapons with indiscriminate effects on human health, the environment and economic and social well-being;

7. Expresses concern about the real danger of the weaponization of outer space, and calls upon all States to contribute actively to the objective of the peaceful use of outer space and of the prevention of an arms race in outer space;

8. Urges all States to refrain from taking measures which encourage the resurgence of a new arms race, bearing in mind all the resulting predictable consequences for global peace and security, for development and for the full realization of all human rights for all;

9. Decides to continue consideration of the question of the promotion of the right of peoples to peace at its fifty-eighth session, under the item entitled "Human rights questions".

77th plenary meeting
18 December 2002

4. 루아르카 평화권 선언(2006, 축약번역)[1]

스페인 국제인권법 협회(Spanish Society for the Advancement of International Human Rights Law, SSIHRL)의 후원과 다른 기타 기관들의 도움을 통해 성사된, 스페인 아스투리아스에서 모인 우리 전문가들은 평화권 선언 초안을 작성했다. 이 초안의 바탕에는 2005년부터 2006년까지 이어진 6차례의 전문가 세미나 결과물들이 녹아 있다. 2006년 10월 30일에 만들어진 다음의 선언이 가까운 미래에 유엔 총회에서 검토되길 바란다.

평화권 선언

전문

(1) 유엔헌장의 기초에는 평화라는 보편적 가치가 있으며, 이것이 유엔의 존재 이유이다.

(2) 평화의 적극적 개념(the positive concept of peace)은 무장 충돌의 부재라는 획일적인 기준을 넘어서서 인간의 기본적인 욕구를 충족시켜주고, 모든 형태의 폭력을 근절하며, 모든 인권에 대한 실질적 존중을 위한 조건으로서의 경제, 사회, 문화적 발전이 연결되어 있다.

(3) 세계인권선언과 주요 국제인권조약들의 원칙들과 기준들을 상기한다.

(4) 국제법이 평화를 달성하기 위한 효율적이고 적합한 수단임을 상기한다.

(5) 유엔헌장은 가입 국가들이 그들의 국제분쟁을 평화적 방법으로 해소하기를 요구한다는 것을 다시금 전제한다.

(6) 인간은 지속적인 평화를 누릴 수 있는 권리를 가지고 있다고 언급한 국제적십자회의에서 채택된 이스탄불 선언(Resolution XIX, 1969)과 유엔인권위원회가 모든 사람은 국제 평화와 안전이 유지되는 가운데 살 권리를 가지고 있다고 말한 결의안(Resolution 5/XXXII, 1976)을 상기한다.

(7) 1978년 12월 15일 "Preparation of Societies for Life in Peace" 결의(33/73), 1984년 11월 12일 "Right to Peoples to Peace" 선언(39/11)를 비롯한 관련 유엔 총회의 결의들을 상기한다.

(15) 모든 군대와 안보기구들은 법의 지배하에 완전하게 놓여있어야 하며, 국제법에서 연유하는 의무를 이행해야 하고, 인권과 국제인도법을 준수해야 한다.

---

1   이 번역은 2006년 루아르카선언 중 핵심적 내용을 축약번역한 것으로, 평화학 전공자인 이대훈 성공회대 교수의 번역을 일부 참조했다.

(17, 18) 평화권의 실질화는 양성평등 권리를 실질화하지 않고서는 달성될 수 없으며, 특히 무장충돌 속에서 여성이 겪어야 하는 고통을 고려할 때 더욱 그러하다.

(19) 무기 생산과 무기 경쟁, 통제되지 않는 과도한 모든 형태의 무기 거래들은 평화와 안전의 심각한 위협이며 발전권 실현에 장애가 되고 있다.

제1부
평화권의 요소

섹션 A. 권리

제1조
권리의 주체

개인, 집단, 인민들(peoples)은 공정하고, 지속 가능하며, 항구적인 평화에 대한 권리를 가진다. 이들 모두가 권리 주체가 되는 것이 평화권의 장점이다.

제2조
평화와 인권에 대해 교육받을 권리

모든 사람은 기본적인 교육 체계 속에서 인권과 평화에 대한 교육을 받을 권리를 가진다. 이는 상호존중과 연대, 신뢰에 기반을 둔 사회적 관계를 만드는 데에 기여할 것이며, 평화로운 갈등 해결을 증진할 것이다.

제3조
인간안보에 대한 권리

a) 온전한 인간 존엄성을 위한 물질적인 도구, 수단, 자원을 가질 권리를 가진다. 이를 위해 필수적인 식량, 음용수, 필수적인 의료, 의류, 주거와 기본적인 교육을 향유할 수 있는 권리를 가진다.

b) 적절한 수준의 고용, 노동조합 가입 권리, 사회적 안전망, 동일노동 동일임금의 권리를 가진다.

제4조
안전하고 쾌적한 환경에서 살 권리

인간과 인민들은 안전하고 쾌적한 사적, 공적 환경에서 살 권리를 가진다. 국가나 비국가 행위자 누구에 의해서 자행되는지와 상관없이, 불법적인 폭력에서 보호받을 권리를 가진다.

제5조
불복종과 양심적 병역거부의 권리

a) 모든 이들은 개인적이든, 집단적이든 평화를 위협하는 행위들에 대한 평화적 항의나 양심을 침해하는 법률들에 대한 평화적 불복종의 권리를 가진다.

b) 군대 혹은 안보기관들의 구성원들은 무장 충돌 중에 불법적이거나 정의롭지 못한 명령에 불복종할 권리를 가진다. 그리고 국제 인권법과 국제 인도법의 규범과 원칙을 위반한 무력 행위(국내적이든 국제적이든)에 참여하지 않을 권리를 가진다.

c) 무기를 개발하고 생산하는 과학적 연구를 공개적으로 비난할 수 있는 권리, 그리고 참여하는 것을 거부할 권리를 가진다.

d) 군사의무에 대해서 양심적 병역거부자의 지위를 인정받을 권리를 가진다.

e) 군사비에 책정된 세금납부를 거부할 수 있는 권리를 가지며, 국제 인권법과 국제 인도법에 반하는 무력 충돌을 지지하는 일련의 행위들에 참여하지 않을 수 있는 권리를 가진다.

제6조
잔혹행위에 대한 반대와 저항의 권리

1. 모든 개인과 인민들은 인권과 인민의 자결권을 조직적이고 대규모로 침해하는 것에 대해 저항, 더 나아가 항거(rebel)의 권리를 가진다.

2. 개인과 인민들은 전쟁, 전쟁범죄, 인도에 반하는 죄, 인권침해, 제노사이드와 침략의 범죄, 전쟁과 폭력을 조장하는 선전, 그리고 이 선언에서 규정한 평화권을 침해하는 것에 대해 반대할 수 있는 권리를 가진다.

제7조
난민지위에 대한 권리

1. 모든 이들은 다음과 같은 상황 속에서 차별받지 않으며, 어떠한 나라에서도 난민 지위를 획득할 수 있는 권리를 가진다.

a) 개인이 평화를 옹호하고, 전쟁을 반대하며, 인권을 보호하기 위한 활동으로 박해당하는 경우.

b) 개인이 인종, 성별, 종교, 국적, 특정 사회집단의 구성원, 정치적 의견을 이유로 국가나 비국가

행위자들에 의해 박해를 받을 것이라는 이유로 가진 공포가 타당할 경우.

　c) 개인이 국제적이든 국내적이든, 그 계기가 무장 충돌이나 자연 재해이든 상관없이 강제 이주의 희생자인 경우.

2. 난민지위는 다음을 포함해야 한다.

　a) 사회 속에서 통합되고 고용될 권리.

　b) 인권과 근본적 자유의 침해에 대해서 이 선언에서 규정한 것과 같은 효과적인 구제를 받을 권리.

　c) 박해가 사라졌거나 무장 충돌이 끝났거나 등의 상황에서 원래의 나라로 돌아갈 수 있는 것을 적절히 보장받을 권리.

제8조

이민의 권리, 평화롭게 정착할 권리, 참여할 권리

1. 모든 이들은 이주하고 평화롭게 정착할 권리를 가지며, 그/그녀의 원래 나라로 돌아올 권리를 가진다. 그 어떤 외국인도 국제법에 의한 적절한 보장 없이는 추방당하지 않는다.

3. 모든 이들은 개인적이든 집단적이든 이주한 나라의 공적 업무에 참여할 수 있는 권리를 가진다.

4. 모든 이들은 그/그녀들의 개인적이고 집단적인 관심과 요구에 대해서 자유롭고 공개적으로 표현할 수 있는 것을 보장하는 특정한 메커니즘이나 기구를 설립할 권리를 가진다.

제9조

사상과 양심과 종교의 자유에 대한 실행

모든 이들은 그/그녀의 사상의 자유, 양심의 자유, 종교의 자유를 공개적으로 표현할 수 있는 권리를 가진다. 그/그녀가 믿음과 확신, 선택을 가지고 표현하는 것에 대해 존중받을 권리를 가진다.

제10조

효과적인 구제를 받을 권리

1. 모든 이들은 인권 침해에 대해서 효과적인 구제를 받을 권리를 가진다.

2. 모든 이들은 그/그녀들의 인권이 침해당했을 때 실체를 규명하고, 책임자들을 밝혀내어 처벌하는, 정의가 지켜질 수 있는 불가침의 권리를 가진다.

3. 인권침해의 희생자들과 그들의 가족, 사회는 일반적으로 진실을 알 권리를 가진다.

4. 모든 인권침해의 희생자들은 재발방지보장과 충분한 보상 등을 포함하는 배상의 권리와 그/그녀의 권리에 대한 원상회복의 권리를 가진다.

제11조
군축의 권리

a) 어떤 국가에 의해서도 적으로 간주되지 않을 권리.

b) 효과적이며 포괄적인 국제 감시 아래에서 합리적 기간 안에, 대등한 방식으로 협력하면서 모든 국가가 포괄적이며 투명한 군축을 하도록 요구할 권리.

c) 군축으로 인해서 확보한 자원을 인민들의 경제적, 사회적, 문화적 발전에 할당하고, 사회적 배제와 가난, 불평등을 없애기 위해 최빈국과 취약 집단의 요구를 특별히 고려한 자원의 재분배를 요구할 권리.

제12조
발전권

1. 모든 개인과 모든 인민들은 모든 인권과 근본적 자유가 충분히 실현될 수 있도록 경제적, 사회적, 문화적, 정치적 발전에 참여할 수 있는 양도할 수 없는 권리를 가진다.

2. 모든 개인들과 모든 인민들은 발전권의 실현을 방해하는 것들을 제거할 수 있는 권리를 가진다. 예를 들면 가난과 사회적 배제를 야기하는 외채나 불공적한 국제 경제 질서 등이 그 장애물이다.

제13조
지속 가능한 자연 환경에 대한 권리

모든 개인과 모든 인민들은 인류의 평화와 생존에 기준이 되는 지속 가능한 자연 환경에 대한 권리를 가진다.

제14조
취약 집단

1. 취약 집단에 속한 모든 사람들은 그들의 권리와 인정과 향유에 미치는 특수한 조건에 대한 분석과 대책을 취할 권리를 가진다.

2. 특히 여성들이 분쟁을 평화적으로 해결하는 것에 대한 특별한 공헌은 증진되어야 한다.

제15조
평화에 대한 요구와 진실한 정보

개인들과 인민들은 평화가 효과적으로 성취될 것을 요구할 수 있는 권리를 가진다.

  a) 그들은 국가에게 유엔헌장에서 성립된 공동 안보 체제를 실질적으로 실행할 것을 요구할 수 있으며, 우호적인 분쟁해결과 국제 인권법과 국제 인도법의 규범들을 완전히 준수할 것은 요구할 수 있다.

  b) 평화권을 침해하거나 위협하는 어떤 행위에 대해서도 비판할 권리가 있으며, 이를 위해 갈등과 관련한 객관적 정보를 얻을 권리를 가지고 있다.

  c) 평화권을 증진하고 보호하는 활동에 자유롭게 참여할 수 있으며, 이를 행함에 있어서 지역적, 국가적, 국제적 차원에서 권력의 방해를 받지 않을 권리가 있다.

섹션 B. 의무

제16조
평화권 현실화에 대한 의무

1. 평화권의 효과적이고 실천적인 현실화를 위해서 정부, 국제기구, 시민사회, 인민들, 남성과 여성, 기업과 다른 사회의 요소들—즉 국제 공동체를 구성하는 모든 이들이 의무를 가진다.

2. 현재의 국제질서하에서, 평화를 보존하고 평화권을 지키는 근본적 의무는 정부들과 유엔 기구들에게 있다. 따라서 모든 국가들은 유엔헌장에서 선언된 목적과 원칙에 충실하면서 조화로운 노력을 기울일 필요가 있다.

3. 정부는 인권을 지키고 대참사를 예방하고, 그것이 발생했을 때 대응할 의무가 있다. 또한 평화를 공고하게 만드는 것에 적절할 조치를 취해야 한다.

4. 유엔 기구들은 심각하고 조직적인 침해에 맞서 폭력을 예방하고 평화권을 포함한 인권과 인간 존엄을 지키는 데 좀더 노력하여야 한다. 특히 안전보장이사회, 유엔 총회, 인권이사회 등은 국제 평화나 안전을 위협하는 위험에 맞서 실효성 있는 조치를 취해야 한다.

5. 유엔헌장에 근거한 안전보장이사회의 사전적 승인 없는 어떤 단독, 혹은 복수 국가의 일방적 무력 개입은 용납될 수 없다. 이는 평화권에 반하며, 헌장의 원칙과 목적을 심각하게 훼손하는 것이다.

6. 안정보장이사회의 구성과 절차가 현대 국제사회를 적절하게 대표하고 있는지, 또한 시민 사회와 다른 국제적 행위자들의 보장하는 투명한 실행 방식이 설립되어 있는지 지속적으로 검증되어야 한다.

7. 유엔 체제는 평화실현 위원회(Peacebuilding Commission)를 통해서 평화실현을 위한 포괄적인 전략을 준비해야 하고, 무장 충돌이 끝난 국가들의 재건과 안정적인 재정 지원을 위한 협조를 구성해야 한다.

제2부
선언의 실행

제17조
평화권에 대한 실무그룹 설립

1. 평화권에 대한 실무그룹(Working Group)을 설립한다. 이 실무그룹은 18조의 기능을 수행할 10명의 구성원으로 이루어진다.
2. 실무그룹 구성원의 국적은 유엔 가입국으로 한다. 그들의 과제는 완벽하게 독립적이며, 개인적 능력 속에서 이루어질 것이다.
3. 높은 도덕적 기준, 지역적 분배, 성별 균형, 한 국가에서 둘 이상의 대표자 금지 등의 원칙이 구성원을 구성하는 기준으로 고려된다.
4. 구성원은 유엔 총회의 세션에서 비밀 투표로 선출되며, 이 선언이 채택된 직후 3개월 안에 실시된다.
5. 전문가들은 4년을 임기로 선출되며, 한 번 재선될 수 있다.
6. 실무그룹 인원의 절반은 매 2년마다 교체된다.

제18조
실무그룹의 기능

1. 실무그룹의 핵심적 기능은 이 선언의 실행과 준수를 장려하는 것이다. 선언의 규범력을 확보하기 위해서 b) 다양한 곳으로부터 관련된 정보를 모으고, 분석하며, c) 적절한 기회가 있을 때마다 유엔 회원국들에게 평화권에 현실화를 담보할 수 있는 적절한 수단에 대한 권고안과 의견을 제안하고, d) 유엔 기구들의 요구에 응답해서 평화권과 관련한 문서를 작성해야 하며, e) 매년 활동에 대한 보고서를 제출해야 하고, f) 유엔 총회의 관심을 환기하기 위해서 평화권을 포함하는 국제 협약의 초안을 준비하고, g) ICC 검사 및 기타 국제법원 등에 관련 위반 사항에 대한 적절한 정보를 제공한다.
2. 워킹그룹은 뉴욕에 위치하며, 매년 3회의 정기회의를 개최한다. 워킹그룹은 유엔 사무총장으로부터 제공되는 상근 사무원을 가진다.

〈원문〉

Luarca Declaration on the Human Right to Peace

We, the undersigned, a panel of experts convened at the Casa de Cultura in Luarca (Asturias, Spain) to draft a Universal Declaration on the Human Right to Peace, promoted by the SPANISH SOCIETY FOR THE ADVANCEMENT OF HUMAN RIGHTS LAW, with the support of the AGENCIA CATALANA DE COOPERACION AL DESARROLLO DE LA GENERALITAT DE CATALUNYA and the collaboration of the CONSEJERIA DE JUSTICIA, SEGURIDAD PUBLICA Y RELACIONES EXTERIORES DEL PRINCIPADO DE ASTURIAS, the UNIVERSITY OF OVIEDO and the AYUNTAMIENTO DE VALDES, Having regard to the conclusions and recommendations formulated at the regional seminars of experts regarding the draft Universal Declaration on the Human Right to Peace held in Gernika (30 November and 1 December 2005), Oviedo (27-28 July 2006), Las Palmas de Gran Canaria (17-18 August 2006), Bilbao (15-16 September 2006), Madrid (21-22 September 2006), Barcelona (28-29 September 2006) and Seville (13-14 October 2006); Have formulated the following Declaration on 30 October 2006 with the purpose that it shall be considered by the General Assembly of the United Nations in the near future.

DECLARATION ON THE HUMAN RIGHT TO PEACE

Preamble

The General Assembly,

(1) Considering that, in accordance with the Preamble to the Charter of the United Nations and the purposes and principles established therein, peace is a universal value, the raison d'etre of the Organisation and a prerequisite and consequence of the enjoyment of human rights by everyone;

(2) Recognising the positive concept of peace which goes beyond the strict absence of armed conflict and is linked to the economic, social and cultural development of peoples as a condition for satisfying the basic needs of human beings, to the elimination of

all kinds of violence and to the effective respect for all human rights;

(3) Taking account of the principles and rules enshrined in the main human rights instruments of the United Nations in respect of human rights, in particular the Universal Declaration of Human Rights, the Declaration on the Right to Development, the International Covenant on Economic, Social and Cultural Rights, the International Covenant on Civil and Political Rights, the International Convention on the Elimination of All Forms of Racial Discrimination, the Convention on the Elimination of All Forms of Discrimination against Women, the Convention on the Rights of the Child, the Convention against Torture and other Cruel, Inhuman or Degrading Treatment or Punishment and the International Convention on the Protection of the Rights of All Migrant Workers and Members of Their Families;

(4) Considering that international law constitutes an instrument whose proper and effective implementation is essential to the attainment of peace, and that such an attainment is the shared responsibility of men and women, peoples, states, international organisations, civil society, corporations and other elements of society and, in general, of the whole international community;

(5) Recalling that the Charter of the United Nations requires Member States to settle their international disputes by peaceful means in such a manner that international peace and security, and justice, are not endangered, and to refrain, in their international relations, from the threat or use of force against the territorial integrity or political independence of any state, or in any other manner inconsistent with the purposes and principles of the United Nations;

(6) Recalling the Istanbul Declaration, adopted by Resolution XIX (1969) of the XXI International Red Cross Conference, which states that human beings have the right to enjoy lasting peace and Resolution 5/XXXII (1976) of the United Nations Commission on Human Rights, which affirms that everyone has the right to live in conditions of peace and international security;

(7) Recalling also the relevant resolutions of the General Assembly, inter alia resolution

33/73 of 15 December 1978, which adopts the Declaration on the Preparation of Societies for Life in Peace; resolution 39/11 of 12 November 1984, which proclaims the Declaration on the Right of Peoples to Peace; resolution 53/243 of 13 September 1999, which proclaims the Declaration on a Culture of Peace, the Rio Declaration on Environment and Development of 1992; and resolution 55/282 of 7 September 2001, which decided that the International Day of Peace is to be observed on 21 September each year;

(8) Recognising also that, in accordance with the Preamble to the Constitution of the United Nations Educational, Scientific and Cultural Organization, "since wars begin in the minds of men, it is in the minds of men that the defences of peace must be constructed", and that, according to that Organisation, it is necessary to promote a culture of peace, by which is meant a set of values, attitudes, patterns of behaviour and ways of life that reject violence and prevent conflicts by tackling their root causes through dialogue and negotiation among individuals, groups and States;

(9) Observing that the commitment to peace is a general principle of international law, in accordance with Article 38.1.c) of the Statute of the International Court of Justice, as was recognised by the International Consultation of experts, representing 117 States, on the Human Right to Peace, held in Paris in 1998;

(10) Considering that the international community requires the codification and progressive development of the human right to peace, as a right with its own entity, with universal vocation and intergenerational character, since it applies to both present and future generations;

(11) Recalling that human rights are inalienable, universal, indivisible and interdependent and that the Charter of the United Nations reaffirms faith in fundamental human rights, in the dignity and worth of the human person and in the equal rights of men and women;

(12) Conscious of the vulnerability and dependence of human beings, of the right and need of individuals and groups to live in peace and to have a national and international social order established, in which peace has absolute priority, so that the rights and

freedoms proclaimed in the Universal Declaration of Human Rights can be fully realised;

(13) Considering that the promotion of a culture of peace, the world-wide redistribution of resources and the achievement of social justice must contribute to the establishment of a new international economic order which will facilitate the fulfilment of the proposals of this Declaration, by eliminating the inequality, exclusion and poverty which generate structural violence incompatible with peace on the national and international levels;

(14) Bearing in mind that peace must be based on justice, concerned for the fate of victims of human rights violations and breaches of international humanitarian law, and recalling their right to justice, to the truth and to effective remedy which includes the restitution of their honour, the rehabilitation of their memory and the adoption of measures to prevent a repetition of those acts, thus contributing to reconciliation and the establishment of lasting peace;

(15) Conscious that the end of impunity as an instrument of peace requires every military or security institution to be fully subordinate to the rule of law, to the fulfilment of obligations arising under international law, to the observance of human rights and of international humanitarian law, and to the attainment of peace, and that, therefore, military discipline and compliance with orders from superiors must be subordinate to the achievement of those objectives;

(16) Conscious also that forced mass exoduses and migratory flows take place, usually as a response to dangers, threats or the breakdown of peace, and may, as a consequence endanger peace in the countries of destination, and that, accordingly, the international community must establish as a matter of urgency an international migration regime which recognises the right of every person to emigrate and settle peacefully in the territory of a State, in the circumstancesprovided for in this Declaration;

(17) Affirming that the effectiveness of the right to peace will not be achieved without the realisation of equal rights for men and women and the respect for their difference, without respect for the various cultural values and religious beliefs compatible with human rights, and without the eradication of racism, xenophobia and the contemporary forms

of racial discrimination;

(18) Recognising the particular suffering of women in armed conflicts, and underlying the importance of their full participation in peace-building processes, as recognised by the United Nations Security Council in its resolution 1325(2000);

(19) Concerned because arms manufacture, the arms race and the excessive and uncontrolled traffic of all kinds of arms jeopardise peace and security, and constitute an obstacle to the realisation of the right to development;

(20) Persuaded that the attainment of peace is intrinsically linked to environmental protection, and to an economic, social and cultural development of all peoples environmentally and humanly sustainable;

(21) Persuaded also that peace has been and continues to be the constant aspiration of all civilisations throughout the history of mankind, and therefore we must all join our efforts to its effective realization. Proclaims the following Declaration:

PART I
ELEMENTS OF THE HUMAN RIGHT TO PEACE

SECTION A. RIGHTS

Article 1
Holders

Individuals, groups and peoples have the inalienable right to a just, sustainable and lasting peace. By virtue of that right, they are holders of the rights proclaimed in this Declaration.

Article 2
Right to education on peace and human rights

Every person has the right to receive peace and human rights education, the basis of every educational system, which will help to generate social processes based on trust, solidarity and mutual respect, promote the peaceful settlement of conflicts and lead to a new way of approaching human relationships.

Article 3

Right to human security

Everyone has the right to human security, which shall include inter alia:

a) The right to have the material instruments, means and resources which enable him/her to fully enjoy a life worthy of human dignity and, to that end, the right to have essential food and drinking water, primary health care, basic clothing and housing and a basic education;

b) The right to enjoy fair conditions of employment and trade union participation, and the right to the protection of the social services, on equal terms for persons having the same occupation or providing the same service.

Article 4

Right to live in safe and healthy environment

Human beings and peoples have the right to live in a private and public environment which is safe and healthy, and to receive protection against acts of unlawful violence, irrespective of whether they are perpetrated by state or non-state actors;

Article 5

Right to disobedience and conscientious objection

Everyone, individually or in a group, has the right to civil disobedience and conscientious objection for peace, which consists in:

a) The right to civil disobedience in respect of activities which involve threats against peace, including peaceful protest and peaceful non-compliance with laws which offend the conscience;

b) The right of the members of any military or security institution to disobey criminal or unjust orders during armed conflicts and to refrain from participating in armed operations, whether international or national, which vio- late the principles and norms of international human rights law or international humanitarian law;

c) The right to refrain from participating in -and to denounce publicly- scientific research for the manufacture or development of arms of any kind;

d) The right to acquire the status of conscientious objector in respect of military obligations;

e) The right to object to paying taxes allocated to military expenditure and to object to taking part, in a working or professional capacity, in operations which support armed conflicts or which are contrary to international human rights law or international humanitarian law;

Article 6
Right to resist and oppose barbarity

1. All individuals and peoples have the right to resist and even to rebel against serious, mass or systematic violations of human rights and of the right of peoples to self-determination, in accordance with international law.

2. Individuals and peoples have the right to oppose war, war crimes, crimes against humanity, violations of human rights, crimes of genocide and aggression, any propaganda in favour of war or inciting violence, and violations of the human right to peace, as defined in this Declaration.

Article 7
Right to refugee status

1. Everyone has the right to seek and obtain refugee status in any country, without discrimination, in the following circumstances:

   a) If the person is persecuted for activities supporting peace, opposing war or promoting human rights;

   b) If the person has a justified fear of persecution by state or non-state agents, on grounds of race, sex, religion, nationality, membership of a particular social group or political opinion;

   c) If the person is the victim of enforced displacement, international or internal, occasioned by any kind of armed conflict or environmental disaster.

2. Refugee status shall include:

   a) The right to integration into society and employment;

   b) The right to effective remedy, in accordance with this Declaration, for violations of human rights and fundamental freedoms;

   c) The right to return to the country of origin with proper guarantees, once the causes of persecution have been removed and, depending on the circumstances, the armed conflict has ended.

Article 8
Right to emigrate, to settle peaceably and to participate

1. Everyone has the right to emigrate and to settle peaceably, and also to return to his/her country of origin. No foreigner may be expelled without the proper guarantees provided for in international law and in accordance with the principle of non-refoulement.

2. In particular, everyone has the right to emigrate if his/her right to human security or his/her right to live in a secure and healthy environment, as provided for in Articles 3 a) and 4 of this Declaration, are in danger or under serious threat.

3. Everyone has the right to participate, individually or in a group, in the public affairs of the country in which he/she has his/her habitual residence.

4. Every person or group has the right to the establishment of specific mechanisms and institutions for participation which ensure the free and public expression of his/her/their individual and collective concerns and claims.

Article 9

Exercise of the freedom of thought, conscience and religion

Everyone has the right to express publicly his/her freedom of thought, conscience and religion; and to obtain respect for his/her right to have, adopt and express, individually or in a group, the beliefs and convictions of his/her choice, as established in international human rights law.

Article 10

Right to an effective remedy

1. Everyone has the right to an effective remedy to protect him/her against violations of his/her human rights.

2. Everyone has the imprescriptible and unrenounceable right to obtain justice in respect of violations of his/her human rights, which shall include the investigation and establishment of the facts, as well as the identification and punishment of those responsible.

3. The victims of violations of human rights, the members of their families and society in general have the right to know the truth.

4. Every victim of a violation of human rights has the right to restitution of his/her rights and to obtain reparation in accordance with international law, including the right to compensation and measures of satisfaction, as well as guarantees of non-repetition.

Article 11

Right to disarmament

Individuals and peoples have the right:

a) Not to be regarded as enemies by any State;

b) To the general and transparent disarmament of all States, together and in a coordinated manner, within a reasonable time and under efficient and comprehensive international supervision;

c) To the allocation of the resources freed by disarmament to the economic, social and cultural development of peoples and the fair redistribution of such resources, responding especially to the needs of the poorest countries and to vulnerable groups, in such a way as to put an end to inequality, social exclusion and poverty.

Article 12

Right to development

1. All individuals and all peoples have the inalienable right to participate in an economic, social, cultural and political development in which all the human rights and fundamental freedoms shall be fully realised, and to contribute to and to enjoy such development.

2. All individuals and all peoples have the right to the elimination of obstacles to the realisation of the right to development, such as service of the foreign debt or maintenance of an unjust international economic order which generates poverty and social exclusion.

Article 13

Right to a sustainable natural environment

All individuals and all peoples have the right to live in a sustainable natural environment, as a basis for the peace and survival of mankind.

Article 14
Vulnerable groups

1. All persons belonging to vulnerable groups have the right to an examination of the specific effects on enjoyment of their rights of the different forms of violence to which they are subject, and to the adoption of measures in that respect, including recognition of their right to participate in the adoption of those measures.

2. In particular, the specific contribution of women to the peaceful settlement of disputes shall be promoted.

Article 15
Requirements of peace and truthful information

Individuals and peoples have the right to demand that peace effectively be achieved, and they shall therefore:

a) Urge States to engage in the effective implementation of the collective security system established in the Charter of the United Nations, and the friendly settlement of disputes, in full compliance also with the rules of international human rights law and international humanitarian law;

b) Denounce any act which threatens or violates the human right to peace and, to that end, receive objective information related to conflicts;

c) Participate freely and by any peaceful means in political and social activities and initiatives to protect and promote the human right to peace, without abusive interference from the public authorities at local, national and international level.

SECTION B. OBLIGATIONS

Article 16
Obligations for the realisation of the human right to peace

1. The effective and practical realization of the human right to peace necessarily involves duties and obligations for States, international organizations, civil society, peoples, men and women, corporations and other elements of society and, in general, the whole international community.

2. Under the current international order the fundamental responsibility for preserving peace and protecting the human right to peace lies with the States and also with the United Nations Organisation as a centre which harmonises the concerted efforts of all nations to fulfil the purposes and principles proclaimed in the Charter of the United Nations.

3. States have the obligation to protect human rights, to prevent and cooperate in the prevention of catastrophes, to respond to catastrophes when they occur and to repair the damage caused. They are also required to adopt measures to build and consolidate peace.

4. The United Nations Organization should be further enabled to prevent violations and protect human rights and human dignity, including the human right to peace, in cases of serious or systematic violations. In particular, it is for the Security Council, the General Assembly, the Human Rights Council or any other competent body to take effective measures to protect human rights from violations which may constitute a danger or threat to international peace and security.

5. Any unilateral military intervention by one or more States, without the preceptive authorisation of the Security Council pursuant to the Charter of the United Nations, is unacceptable, constitutes a serious infringement of the purposes and principles of the Charter and is contrary to the human right to peace.

6. The composition and procedures of the Security Council shall be reviewed so as to ensure the proper representation of the current international community and the establishment of transparent working methods which allow the participation of civil society and other international actors.

7. The United Nations system must be fully and effectively involved, through the Peace-

building Commission, in the preparation of integral strategies for peacebuilding and the reconstruction of countries concerned once the armed conflicts have ended, ensuring stable sources of financing and effective coordination within the system.

PART II
IMPLEMENTATION OF THE DECLARATION

Article 17

Establishment of the Working Group on the Human Right to Peace

1. A Working Group on the Human Right to Peace (hereinafter called "the Working Group") will be established. It will be composed of ten members who will carry out the functions set forth in Article 18.

2. The members of the Working Group will be nationals from the Member States of the United Nations who will carry out their duties with complete independence and in their personal capacity.

3. The following criteria will be taken into account for their election:

   a) The experts shall be of high moral standing, impartiality and integrity, and show evidence of long and appropriate experience in any of the spheres stated in Part I of this Declaration;

   b) Equitable geographical distribution and representation of the different forms of civilisation and of the main legal systems of the world;

   c) There shall be a balanced gender representation; and

   d) There may not be two experts from the same State.

4. The members of the Working Group will be elected by secret ballot at a session of the

United Nations General Assembly from a list of candidates proposed by the Member States. The ten candidates who obtain the highest number of votes and a two thirds majority of the States present and voting will be elected. The initial election will take place at the latest three months after the date of adoption of this Declaration.

5. The experts will be elected for four years and may be re-elected only once.

6. Half of the Working Group will be renewed every two years.

Article 18

Functions of the Working Group

1. The main function of the Working Group is to promote the observance and implementation of this Declaration. In the exercise of its mandate it has the following competences:

a) To promote worldwide observance and awareness of the human right to peace, acting with discretion, objectivity and independence and adopting an integral approach which takes account of the universality, interdependence and indivisibility of human rights and the overriding need to achieve international social justice;

b) To gather, analyse and respond effectively to any relevant information from States, international organisations and their bodies, civil society organisations, concerned individuals and any other reliable source;

c) Whenever appropriate, to address recommendations and appeals to Member States of the United Nations to adopt appropriate measures for the effective realisation of the human right to peace, in accordance with Part I of this Declaration. States shall give due consideration to those recommendations and appeals;

d) To draw up, on its own initiative or at the request of the General Assembly, the Security Council or the Human Rights Council, the reports it deems necessary in case of an imminent threat to or serious violation of the human right to peace, as defined in Part I of this Declaration;

e) To submit an annual report of its activities to the General Assembly, Security Council and Human Rights Council, in which it will include the recommendations and conclusions it considers necessary to the effective promotion and protection of the human right to peace, paying special attention to armed conflicts;

f) To prepare, to the attention of the General Assembly, a draft international convention which shall include the human right to peace, as well as a mechanism for supervising and monitoring its effective implementation. Both the mechanism to be established in the convention and the Working Group will coordinate their mandates and avoid duplicating their activities;

g) To bring to the attention of the Prosecutor of the International Criminal Court or other competent international criminal court or tribunal, reliable information about any situation in which it appears that crimes falling within the jurisdiction of the Court or any other international criminal tribunal have been committed;

h) To approve by majority of its members the working methods for the ordinary functioning of the Working Group, which shall include, inter alia, rules governing the appointment of the Bureau and the adoption of decisions and recommendations.

2. The Working Group will have its seat in New York and will hold three ordinary sessions per year, as well as any extraordinary session to be determined in accordance with its working methods. The Working Group will have a permanent Secretariat which will be provided by the Secretary General of the United Nations.

FINAL PROVISIONS

1. No provision of this Declaration may be interpreted as meaning that it confers on any State, group or individual any right to undertake or develop any activity or carry out any act contrary to the purposes and principles of the United Nations, or likely to negate or infringe any of the provisions of this Declaration, the International Bill of Human Rights or the international humanitarian law.

2. The provisions of this Declaration shall apply without prejudice to any provisions that are more conducive to the effective realization of the human right to peace formulated in accordance with the legislation of the Member States or stemming from applicable international law.

3. All States must implement the provisions of this Declaration by adopting the relevant legislative, judicial, administrative, educational or other measures necessary to promote its effective realization.

The Drafting Committee

Angel Chueca Sancho, Professor of Public International Law at the University of Zaragoza and member of the Zaragoza Peace Research Seminar Foundation. Member of SSIHRL.

Carmelo Faleh Perez, Professor of Public International Law at the University of Las Palmas de Gran Canaria. International human rights law specialist. General Secretary of SSIHRL.

Hector Faundez Ledesma, Director of the Centre for Human Rights Studies at the Central University of Venezuela (Caracas). International human rights law specialist.

Mercedes Fernandez Menendez, Professor of French Philology in the Faculty of Philology of the University of Oviedo. Member of SSIHRL.

Pablo Antonio Fernandez Sanchez, Professor of Public International Law and International Relations at the University of Huelva (Andalusia). International human rights law specialist. Member of SSIHRL.

Roman Garcia Fernandez, International Director of the Institute for Peace and Cooperation Studies, Oviedo. Doctor of Philosophy.

Felipe Gomez Isa, Professor of Public International Law and member of the Pedro Arrupe Human Rights Institute of the University of Deusto (Bilbao). International human rights law specialist. Member of SSIHRL.

Alberto Hidalgo Tunon, Professor of Sociology of Knowledge at the University of Oviedo and Director of the Institute for Peace and Cooperation Studies, Oviedo. Vice-president of SSIHRL.

Carlota Leret O'Neill, Association for the Recovery of the Historical Memory of Spain.

Mikel Mancisidor, Director of UNESCO Etxea (Basque Country). Lawyer, international human rights law specialist. Member of SSIHRL.

Carmen Rosa Rueda Castanon, International human rights law specialist and Executive Director of SSIHRL.

Ana Salado Osuna, Professor of Public International Law at the University of Seville. International human rights law specialist. Member of SSIHRL.

Jesus E. Vega Lopez, Professor of Philosophy of Law at the University of Oviedo.

Carlos Villan Duran, former staff member of the Office of the United Nations High Commissioner for Human Rights (Geneva). International human rights law specialist. President of SSIHRL.

Josep Xercavins i Valls, Coordinator of the World Forum of Civil Society Networks-UBUNTU, Barcelona.

5. 일본 나고야 고등재판소, 자위대의 이라크 파병 정지소송
판결문(2008)
自衛隊のイラク派兵差止等請求控訴事件[2]

이 판결은 비록 일본 정부의 이라크전쟁 참여에 비판적인 시민들이 일본 정부에 패소한 판결이긴 하나, **평화적 생존권이 재판상 권리임을 인정하여 주목받은 판결**이다. 그 근거에 대해서는 판결 본문 "3. 이 사건 금지청구 등의 근거가 되는 **평화적 생존권**에 대해서"에 잘 나타나 있다. 나고야 시민 등 3000여 명으로 구성된 이 사건 원고들은 평화적 생존권의 재판규범성을 인정받은 이상 이 판결에 상고하지 않았고 피고 방위성장관은 승소하여 애초 상고할 수 없었으므로 결국 이대로 확정되었다.

주문

1. 본 건 항소를 모두 기각한다.
2. 소송비용은 항소인들의 부담으로 한다.

사실 및 이유

제1 당사자가 구하는 재판

1. 항소인들

(1) 원판결을 취소한다.
(2) 별지 당사자 목록 별지 항소인 목록2 기재의 공소인들(이하 '항소인A들'이라 한다)의 청구
   ㄱ. 피항소인은 『이라크에서 인도부흥지원활동 및 안전확보지원활동의 실시에 관한 특별조치법(이하 '이라크 조치법'이라 한다)』에 의해 자위대를 이라크 및 그 주변 지역과 주변 해역에 파견해서는 안 된다.
   ㄴ. 피항소인이 이라크 조치법에 의해 자위대를 이라크 및 그 주변지역에 파견하는 것은 위헌임을 확인한다.

---

2   平成18(ネ)499, 판결문 원문은 http://www.courts.go.jp/hanrei/pdf/20080428144041.pdf

(3) 항소인들 전원(별지 당사자 목록 별지 항소인 목록1에 기재)의 청구
(4) 피항소인은 항소인들 각각에 대해 각 1만 엔을 지불하라.

2. 피항소인

주문과 같음

제2 사안의 개요

1. 본 건은 피항소인이 **이라크 조치법에 근거해 이라크 및 그 주변지역에 자위대를 파견한 것**(이하 '본 건 파견'이라 한다. 또 이하 이라크 공화국 및 그 주변 지역을 단지 '이라크'라 한 것이 있다)은 위헌이라는 항소인들이 본건 파견에 의해서 평화적 생존권 내지 그 한 내용으로서의 '전쟁과 무력 행사를 하지 않는 일본에 생존할 권리' 등(이하 일괄해서 '평화적 생존권 등'이라고 하는 것이 있다)을 침해당했다는 것으로서 국가배상법 1조 1항에 근거, 각자 각각 1만 엔의 **손해배상을 청구**함 (이하 '본건 손해배상청구'라 한다)과 아울러 본 건 파견을 해서는 안 된다는 것(이하 '본 건 금지청구'라 한다), 본건 파견이 헌법 9조에 반하여 위헌이라는 것의 확인(이하 '본 건 **위헌확인 청구**'라 한다)을 구하는 사안이다.

　　원판결은 항소인 A들의 본 건 **금지 청구 및 본 건 위헌확인청구에 관한 소**를 부적법하다 하여 **각하**하였고 항소인들의 본 건 **손해배상청구**에 대해서는 청구를 **기각**하였다. 이에 **항소인들이 항소** 하였다.

2. 전제사실(공지의 사실, 재판소에 현저한 사실 등)

(1) 2003년 7월 26일 제156회 국회에서 4년간의 한시입법인 이라크 조치법(2003년 법률 제137 호)이 가결, 성립되고 동년 8월 1일 공포, 시행되었다.
(2) 내각은 2003년 12월 9일, 동법에 근거한 인도부흥지원활동 또는 안전확보지원활동(이하 '대응 조치'라 한다)에 관한 기본계획(이하 단지 '기본계획'이라고 한 것이 있다)을 내각에서 결정했 다.
(3) 방위청장관(2006년 12월 법률 118호에 의한 개정으로 '성'으로 승격하기 이전)은 기본계획에 따른 대응조치로서 실시된 업무의 일환으로 자위대에 의한 역무의 제공에 대해서 실시 요강을 정하고 이에 대해서 내각총리대신의 승인을 얻어 자위대에 준비명령을 발령함과 함께 항공 자위 대 선발대의 파견을 명령하여 동월 26일부터 이라크, 쿠웨이트국(이하 '쿠웨이트'라 한다)에 파 견하고 그 후 육상 자위대에 파견명령을 하여 2004년 1월 16일부터 이라크 남부 무산나현 사마

우에 파견하는 등 자위대를 이라크에 파견했다.

(4) 육상자위대는 2006년 7월 17일, 사마우로부터 완전 철수했다. 하지만 항공자위대는 그 후 쿠웨이트로부터 이라크의 수도 바그다드 등으로 물자와 인원의 항공수송 활동을 계속하고 있다 (2006년 8월에 기본계획의 일부변경을 각의 결정)

(5) 2007년 6월 20일 제166회 국회에서 자위대의 이라크 파견을 2년간 연장하는 것을 내용으로 하는 개정 이라크 조치법(2006년 법률 제101호)이 가결 성립되어 현재 항공자위대의 항공수송활동이 계속되고 있다.

제3 재판소의 판단

1. 당 재판소도 항소인 A들의 본 건 위헌확인청구 및 금지청구에 관한 소를 모두 부적법 각하하고, 항소인들의 손해배상청구를 모두 기각한다. 그 이유는 이하와 같다.

2. **본 건 파견의 위헌성**에 대해서

(번역자 – 현대전에서 수송 등의 보급 활동은 전투행위의 중요한 요소이다. 현재 바그다드는 다국적군과 무장 세력과의 국제적인 전투지역이다. 그러므로 항공자위대가 2007년 7월 이래 현재에 이르기까지 전투요원을 포함한 다국적군의 무장병력을 무장 항공기를 이용하여 바그다드 공항으로 수송한 것은 타국의 무력행사와 일체화하여 스스로도 무력을 행사한 것이라고 평가될 수 있다. 따라서 **현재 이라크에서의 항공자위대의 항공수송활동은**) 무력행사를 금지하는 이라크 조치법 2조 2항, 활동지역을 비전투지역으로 한정한 동조 3항, 그리고 **헌법 9조 1항에 위반**하는 활동을 포함한다고 인정된다.

3. 이 사건 금지청구 등의 근거가 되는 **평화적 생존권**에 대해서

헌법전문에 '평화 속에 생존할 권리'라고 표현되는 **평화적 생존권**은 예를 들어 '전쟁과 군비 및 전쟁 준비에 의해서 파괴되거나 침해 내지 억제되는 일 없이 공포와 결핍을 벗어나 평화 속에 생존하고 또 그처럼 평화로운 국가와 세계를 만들어 갈 수 있는 핵시대의 자연권적 본질을 지닌 인권이다' 등으로 정의된다. 또한 항소인들도 '전쟁이나 무력행사를 하지 않는 일본에 생존할 권리', '전쟁이나 군대에 의해 타인의 생명을 빼앗는 일에의 가담을 강제당하지 않을 권리', '타국 민중에 대한 군사적 수단에 의한 가해행위와 관련되는 일 없이 스스로의 평화적 확신에 근거해서 평화 속에 살 권리', '신앙에 근거해서 평화를 희구하고 모든 인간의 행복을 추구하고 그것을 위해 비전(非戰)·비폭력·평화주의에 입각해 살아갈 권리' 등으로 표현을 달리해서 주장하듯이 **극히 다양하고 폭 넓은 권**

리라 할 수 있다.

이러한 **평화적 생존권**은 현대 헌법이 보장하는 기본적 인권이 평화의 기반 없이 존립할 수 없는 이상 모든 기본적 인권의 기초이며 그 향유를 가능하게 하는 기본적 권리라고 말할 수 있다. 단지 헌법의 기본적 정신이나 이념을 표명한 것에 그치는 것은 아니라고 할 것이다. 법규범성을 갖는 헌법전문이 '평화 속에 생존할 권리'를 명시하고 있는 이상, 헌법 9조가 국가 행위의 측면에서 객관적 제도로서 전쟁을 포기하고 전력을 보유하지 않을 것임을 규정하고 더욱이 인격권을 규정하는 헌법13조를 시작으로 헌법 제3장이 개별적인 기본적 인권을 규정하고 있는 것을 본다면 **평화적 생존권**은 헌법상의 법적 권리로 인정되어야만 한다. 그리고 이 평화적 생존권은 국면에 따라 자유권적, 사회권적, 또는 참정권적 성질을 띄고 나타나는 복합적인 권리라 할 것이고, 재판소에 대해서 그 보호·구제를 구하는 법적 강제조치의 발동을 청구할 수 있다는 의미에서 구체적 권리성이 긍정되는 경우가 있다고 할 수 있을 것이다. 예를 들어 헌법 9조에 위반하는 국가의 행위 즉, 전쟁 수행, 무력의 행사나 전쟁의 준비행위 등에 의해 개인의 생명과 자유가 침해되거나 또는 침해될 위기에 처하거나 혹은 현실적인 전쟁 등에 의한 피해나 공포의 위험에 처하게 될 경우 또 헌법 9조에 위반하는 전쟁의 수행 등에 가담·협력을 강제당할 경우에는 평화적 생존권의 자유권적 성질이 나타나는 것이다. 따라서 재판소에 대해서 당해 위법행위의 금지청구와 손해배상청구 등의 방법으로 구제를 구하는 것이 가능한 경우가 있다고 해석할 수 있고, 그러한 한에서는 평화적 생존권에 구체적 권리성이 있다고 할 것이다.

또한 평화가 추상적 개념인 것이나 평화의 도달점이나 달성하는 수단·방법이 다양한 것 등을 근거로 평화적 생존권의 권리성이나 구체적 권리성의 가능성을 부정하는 견해가 있지만 헌법상의 개념은 대개 추상적인 것으로서 해석에 의해 채워져 나가는 것이라는 점, 예를 들어 '자유'나 '평등'조차 그 달성수단이나 방법은 다양하다는 점을 본다면 단지 평화적 생존권만 평화개념의 추상성 등으로 인해 그 법적 권리성과 구체적 권리성의 가능성이 부정되어야만 할 이유는 없다고 보아야 한다.

4. 항소인들의 청구에 대해서

(1) 항소인 A들의 본 건 **위헌확인청구**에 대해서

민사소송제도는 당사자 간의 현재의 권리 또는 법률관계를 둘러싼 분쟁을 해결하는 것을 목적으로 하는 것이므로 확인의 대상은 현재의 권리 또는 법률관계여야 한다. 하지만 본 건 위헌확인청구는 어떤 사실행위가 추상적으로 위법하다는 것의 확인을 구하는 것으로 현재의 권리 또는 법률관계에 관한 것이라 할 수 없으므로 동 청구는 **확인의 이익을 흠결하여 모두 부적법**하다.

(2) 항소인 A들의 본 건 **금지청구**에 대해서

ㄱ. 민사소송으로서의 적법성

(번역자 – 이라크 조치법은 대응조치를 실시하기 위한 구체적 절차로서 내각의 결정, 국회 승인, 내각총리의 승인을 얻어 방위대신이 '자위대에 대응조치 실시요강'에 따른 대응조치의 실시를 명령할 것을 규정, 따라서) 이들 규정을 보면 이라크 조치법에 의한 자위대의 이라크 파견은 이라크 조치법 규정에 근거해 방위성 장관에 부여된 행정상 권한에 의한 공권력 행사를 본질적 내용으로 한다고 해석되므로 본 건 파견의 금지를 구하는 본 건 금지청구는 필연적으로 방위성 장관에게 부여된 위 행정권 행사의 취소 변경 또는 그 발동을 구하는 청구를 포함한다. 그렇다면 이러한 **행정권 행사에 대해 사인이 민사상의 급부청구권을 가진다고 해석할 수 없다**는 것이 확립된 판례이므로 본 건 금지청구에 관한 소는 **부적법**하다.

ㄴ. 행정소송(항고소송)으로서의 적법성

그렇다면 가사 본 건 금지청구에 관한 소가 행정소송사건(항고소송)으로서 제기된 것이라고 이해할 경우에 대해 검토한다.

본 건 파견은 전술한 대로 위헌 위법한 활동을 포함하므로 관계된 각 증거에 의하면 본 건 파견이 항소인 A들에 큰 충격을 준 것은 인정된다. 하지만 **본 건 파견은 항소인 A들을 직접 대상으로 한 것이 아니고, 본 건 파견에 의해도 일본에서 항소인 A들의 생명, 자유가 침해되었거나 침해될 위기에 처하거나 현실적 전쟁 등에 의한 피해나 공포가 초래되거나 또 헌법 9조에 위반하는 전쟁 수행 등에 가담, 협력을 강제당할 사태가 발생하고 있다고는 할 수 없어서 모든 증거에 의해도 현시점에서 항소인 A들의 구체적 권리로서의 평화적 생존권이 침해되었다고는 인정되지 아니한다.**

그리고 항소인 F는 본 건 파견에 의해서 아프가니스탄에서 행해지는 자신의 NGO활동에 지장이 발생하고 또 아프가니스탄인의 대일감정이 악화되어 생명 신체에 위험이 높아진다고 주장하나 **아프가니스탄에서 항소인 F의 NGO활동에의 지장 또는 생명 신체에의 위험이 본 건 파견에 의해 초래될 수 있다고 인정할 만한 충분한 증거가 없으므로 항소인 F의 평화적 생존권이 침해되고 있다고는 인정되지 아니한다.**

그렇다면, 항소인 A들은 본 건 파견에 관한 방위성 장관의 처분의 취소를 구할 법률상 이익을 갖지 아니하므로 행정소송(항고소송)의 원고적격이 인정되지 않는다. 따라서 가령 본 건 금지청구에 관한 소가 행정소송(항고소송)이라 하더라도 부적법함을 면할 수 없다.

(3) 항소인들의 본 건 **손해배상청구**에 대해서

관계된 각 증거에 의하면 항소인들은 각각의 인생과 경험 등에 뒷받침된 강한 평화에의 신념과 신조를 갖고 있어 헌법 9조 위반을 포함한 본 건 파견에 의해서 정신적 고통을 입어 본 건 손해배상청구를 제기하고 있다고 인정되고 이에 담겨진 절실한 생각에는 평화헌법하의 일본국민으로서 마땅히 공감해야 할 부분이 많이 포함되어 있다고 할 수 있어, 결코 간접민주제하에서 정치적 패배자 개인의 분개, 불쾌감 내지 좌절감 등에 지나지 않는다고 평가될 수는 없다.

하지만 항소인 A들의 본 건 금지청구에 관해서 전술한 것과 같이 본 건 파견에 의해서도 항소인들의 구체적인 권리로서의 평화적 생존권이 침해되었다고까지는 인정될 수 없고 **항소인들에는 민사소송상의 손해배상청구가 인정됨에 족한 정도의 피침해이익이 아직 발생하고 있다고 할 수 없다.**

따라서 항소인들의 본 건 손해배상청구는 모두 인정되지 않는다.

제4 결론

이상 설시한 대로 원판결은 결론에 있어 모두 정당하므로 항소인들의 본 건 항소를 모두 기각하고 주문과 같이 판결한다.

나고야 고등재판소 민사 제3부

재판장 재판관 아오야마 쿠니오   青山邦夫

재판관 츠보이 노리유키   坪井宣幸

재판관 우에스기 에이지   上杉英司

6. 산티아고 평화권 선언(2010)

평화권에 관한 국제회의는,

2010년 포럼(평화교육에 관한 세계사회포럼)을 계기로 산티아고 데 콤포스텔라에서 2010년 12월 9일, 10일에 회합하여,

이하 전문가회의, 지역 세미나의 결론과 권고에 유의하고,

스위스 제네바(국제기관 개혁을 위한 NGO 세계회의, 2006년 11월); 멕시코 멕시코시티(2006년 12월); 콜롬비아 보고타, 스페인 바르셀로나, 에티오피아 아디스아바바(2007년 3월); 베네주엘라 카라카스, 도미니카 공화국 산토도밍고(2007년 4월); 멕시코 모렐리아, 콜롬비아 보고타, 스페인 오비에도, 미국 산타페, 미국 뉴멕시코(2007년 5월); 미국 워싱턴DC, 케냐 나이로비, 스위스 제네바(2007년 6월); 스페인 라스 팔마스 데 그란 카나리아, 스페인 사라고사, 스페인 나비아(2007년 12월); 미국 뉴욕(유엔 여성지위위원회 제52회기, 2008년 2월); 스페인 바르셀로나 까딸루니아 의회, 스위스 제네바, 세네갈 다카르, 스페인 마드리드, 스페인 발렌시아(2008년 4월); 이태리 로마, 대한민국 광주(2008년 5월), 스위스 제네바, 스페인 빌바오(2008년 6월); 스위스 제네바, 스페인 카르타헤나(2008년 7월); 프랑스 파리, 스페인 톨레도, 스위스 제네바, 스페인 사라고사, 우루과이 몬테비데오(2008년 9월); 스페인 오비에도, 스페인 알카라 데 에나레스, 이태리 투린, 미국 뉴욕, 스페인 비토리아 바스크의회(2008년 10월); 아르헨티나 라플라타, 부에노스아이레스, 이태리 보스코 마렝고(2008년 11월); 룩셈부르크 룩셈부르크, 스위스 제네바, 스페인 바르셀로나(2008년 12월); 스위스 제네바, 스페인 바르셀로나(2009년 1월); 카메룬 야운데(2009년 2월)스위스 제네바, 미국 뉴욕(2009년 3월); 남아공 요하네스버그, 스페인 세비야, 스페인 마드리드, 스페인 산티아고 데 콤포스텔라, 태국 방콕(2009년 4월); 이태리 트레비, 멕시코 멕시코시티, 모렐리아(2009년 7월); 스페인 산세바스티안(2009년 8월); 스위스 제네바, 스페인 루아르카(2009년 9월); 스페인 카소, 스페인 캉가스 데 오니스, 스페인 알카라 데 에나레스, 보스니아-헤르체고비나 사라예보(2009년 10월) 스페인 라스 팔마스 데 그란 카나리아, 미국 캘리포니아대 버클리, 스위스 제네바 대학(2009년 11월); 이집트 알렉산드리아, 스위스 제네바(2009년 12월); 쿠바 하바나, 스위스 제네바(2010년 1월); 스위스 제네바, 스페인 빌바오(2010년 2월); 스위스 제네바, 미국 뉴욕(2010년 3월); 스페인 루아르카, 멕시코 멕시코시티(2010년 4월); 미국 뉴욕, 스페인 마드리드 스페인 의회, 스페인 빌바오, 스페인 바르셀로나(2010년 5월); 스페인 바르셀로나, 스위스 제네바, 우간다 캄팔라, 스페인 산티아고 데 콤포스텔라(2010년 6월); 스페인 라스 팔마스 데 그란 카나리아(2010년 7월); 스위스 제네바, 아르헨티나 부에노스아이레스, 우루과이 몬테비데오(2010년 8월); 스페인 톨

레도, 스위스 제네바, 미국 뉴욕, 스페인 바르셀로나(2010년 9월); 키프로스 리마쏠, 스페인 오비
에도,스페인 알카라 에나레스, 스페인 란자로테 푸에르토 델 카르멘(2010년 10월); 스페인 소리아,
스페인 빌바오, 스페인 베리즈, 베네주엘라 카라카스(2010년 11월).

평화권 전문가 워크숍의 성과보고서(2009년 12월 15-16일); 인권이사회가 자문위원회에 대해서
평화인민권리초안을 준비하도록 요청한 결의 14/3(2010년 6월 17일) 및 자문위원회가 4인의 위원
으로 구성된 기초위원회를 설치한 권고 5/2(2010년 8월 6일)을 강조하고,

이하의 기관으로부터 얻은, 평화권의 국제적 법전화 프로세스에 대한 찬성에 유의하며,
스페인 바르셀로나 카탈루니아 의회(2009년 2월 26일); 스페인 사리에고 아스투리아스 78 자치체
로 구성된 아스투리아스 평의회 연합(2009년 7월 10일); 스페인 오비에도 아스투리아스 공국 총회
(2009년 10월 9일); 스페인 그란 카나리아 의회(2010년 3월 26일); 스페인 그란 카나리아 텔데 산
타루루시아 자치체(2010년 4월, 5월); 아르헨티나 부에노스아이레스 옴부즈퍼슨 의회(2010년 8월
11일); 키프로스 리마쏠 평화의 사자 도시 국제연합(2010년 10월 7일); 스페인 란자로테 란자로테
평화권 선언(2010년 10월 29일); 스페인 베리즈 바즈크 자치체 회의(2010년 11월 12일); 베네주
엘라 카라카스 베네주엘라 중앙대(2010년 11월 18일).

독립전문가로 구성된 각기 다른 기초위원회에 의해 채택된 〈루아르카 평화권 선언(2006년 10월 30
일)〉, 〈빌바오 평화권 선언(2010년 2월 24일)〉 및 바르셀로나 평화권 선언(2010년 6월 2일); 어르
헨티나 라플라타(208년 11월); 카메룬 야운데(2009년 2월), 태국 방콕(2009년 4월); 남아공 요
하네스버그(2009년 4월), 보스니아–헤르체코비나 사라예보(2009년 10월), 이집트 알렉산드리아
(2009년 12월), 쿠바 하바나(2010년 1월)에서 시민사회 전문가에 의해 채택된 평화권에 관한 지역
적인 제 선언들에 특히 유의하며,

합의
서로 간의 동의에 의해 본 〈산티아고 평화권 선언〉을 승인하고 본 선언이 가능한 한 신속히 유엔 총
회에서 채택되게 할 것을 합의한다.

요청
비정부기구 및 관련기구를 포함한 모든 시민사회기구에 대해 본 선언을 세계에 널리 보급하고, 해
설하고 공표하도록 요청한다.

2010년 12월 10일 산티아고 데 콤포스텔라

평화권에 관한 산티아고선언

전문

총회는,

(1) 유엔헌장의 전문 및 유엔헌장에 규정된 목적과 원칙에 따라, 평화는 보편적 가치이고 유엔의 존재 이유이며 모든 사람이 인권을 향유하기 위한 전제조건이자 귀결인 것을 고려하고,

(2) 국제법에 의한 통일적이고도 필수적인 적용과 적절한 적용이 평화 달성에 필수인 것을 고려하고; 또 국제평화와 안전의 유지—이것은 특히 인민의 경제적 사회적 발전과 일체의 차별 없는 인권 및 기본적 자유의 존중을 통해서 달성되어야만 한다—를 유엔헌장 제1조가 유엔의 기본목적이라 규정하고 있는 것을 상기하며,

(3) 평화의 적극적 측면—무력분쟁의 엄격한 부재를 넘어 공적 영역, 민간 영역의 양 섹터에서 직접적, 정치적, 구조적, 경제적, 문화적인 모든 유형의 폭력의 근절을 의미—을 인정하고 또 그것이 인간의 필요를 충족시키기 위한 조건으로서 인민의 경제적, 사회적, 문화적 발전과 모든 인권 및 인류사회 전 구성원의 존엄의 실효적 존중을 필요로 하는 것임을 인정하며,

(4) 평화는 생명과 문화—그 기반은 자기 인식(아이덴티티)—의 다양성과 불가분임을 고려하고; 따라서 제 권리 중 제1권리는 생명에 대한 권리이고, 이로부터 다른 권리와 자유, 특히 모든 인간이 평화로이 살 권리(the right of all persons to live in peace)가 도출된다는 것을 확인하고,

(5) 유엔헌장 제2조가 회원국은 평화적 수단에 의해서 그 국제분쟁을 국제평화와 안전 및 정의를 위태롭게 하지 않는 방식으로 해결해야 한다고 규정하고 있는 것; 그리고 회원국이 그 국제관계에서 무력에 의한 위협 또는 무력의 행사를 다른 국가의 영토보전이나 정치적 독립에 대하여 또는 유엔의 목적과 양립하지 않는 어떠한 기타 방식으로도 삼가야 한다고 규정하고 있는 것을 상기하며,

(6) "영속하는 평화는 사회정의를 기반으로 해야 확립 가능하다(국제노동기구 헌장, ILO)"; 모든 인간 생활수준과 영양의 향상, 기아의 근절을 목표로 해야 한다(식량농업기구, FAO); "모든 인간의 건강은 평화와 안전의 달성에 있어 기본적인 것이다(세계보건기구 헌장, WHO)" 등 유엔 시스템 전체가 이러한 비전을 공유하고 있는 것을 고려하고,

(7) 인간 개개인의 연약함과 의존성, 특정 환경에 의해 일정한 집단이나 사람들이 특히 취약해질 수 있다는 현실을 고려하고; 평화로이 살기 위해 모든 인간의 필요와 권리를 알고 평화가 절대적으로 우선되어 확립된 국가적, 국제적 사회질서를 유지해야만 세계인권선언에서 주창되고 있는 권리와 자유가 완전히 실현될 수 있음을 자각하고,

(8) 교육이 보편적인 평화 문화의 확립에 불가결이라는 것, 유엔 교육과학문화기구 헌장의 전문에서 밝히고 있는 바와 같이 "전쟁은 사람의 마음에서 생기는 것이므로 사람의 마음에 평화의 기반을 세워야" 함을 고려하고; 11월 16일 유네스코총회에서 채택된 폭력에 관한 세비야 성명을 고려하며,

(9) 표현의 자유의 전면적 존중과 양립할 수 있는 시민적 및 정치적 권리에 관한 국제규약 제20조의 전쟁선전 금지 및 증오와 폭력의 선동 금지를 상기하고,

(10) 국제인권법, 국제노동법, 국제인도법, 국제형사법 및 국제난민법의 원칙과 규범에 비추어; 그리고 이러한 인권의 원칙과 규범은 불가양, 보편적, 불가분, 상호의존적인 것, 이들이 권리에 있어 남녀의 평등과 인간 특히 아이들과 청년의 존엄 및 가치를 재확인하는 것임을 고려하며,

(11) 유엔 총회의 관련 결의, 특히 1970년 10월 24일 국가의 우호관계 및 협력에 관한 결의 2625(XXV), 1974년 12월 14일 침략의 정의에 관한 결의 3314(XXIX), 총회가 '기아와 영양실조의 근절을 위한 세계선언'을 지지한 1974년 12월 17일의 결의 3348(XXIX), 1975년 11월 10일의 결의 3384(XXX) '평화와 인류의 이익을 위한 과학 기술 진보의 이용에 관한 선언', 1978년 12월 15일 결의 33/73 '평화로운 생활을 위한 사회의 준비에 관한 선언', 1984년 11월 12일 결의 39/11 '평화권에 관한 선언', 1999년 9월 13일 결의 53/243A '평화 문화에 관한 선언 및 행동 계획', 2005년 9월 15일 결의 60/1 '2005년 세계 서밋 성과'에 의해서 재확인된 2000년 9월 5일 결의 55/2 '유엔 밀레니엄 선언' 및 매년 9월 21일이 국제평화의 날로 존중되어야 함을 정한 2001년 9월 7일 결의 55/282를 다시금 상기하고,

(12) 끊임없이 서서히 진행되는 환경 악화, 현재와 미래 세대가 인간의 안전보장에 대한 그들의 권리와 안전하고 건강한 환경에서 살 권리를 확보하며 평화로이 자연과 조화 속에 살 필요와 이를 확보할 의무를 염려하며; 문서로서는 특별히 유엔 인간환경회의에서 채택된 1972년 6월 16일 '스톡홀름 선언', 1982년 10월 28일 유엔 총회 결의 37/7에 포함되어 있는 '자연을 위한 세계헌장', 1992년 6월 5일 '생물 다양성 조약', 1992년 5월 9일 유엔 기후변화협약, 그리고 1997년 12월 11일 교토의정서; 1992년 6월 14일 환경과 개발에 관한 리오 선언; 1994년 10월 14일 '심각

한 가뭄 또는 사막화에 직면한 국가(특히 아프리카의 나라들)의 사막화에 대처하기 위한 유엔 조약, 1998년 6월 25일 '환경 문제에 관한 정보 접근, 의사결정에 대한 시민 참여 및 사법 참가에 관한 오르후스 조약', 2002년 9월 4일 '지속 가능한 발전에 관한 요하네스버그 선언'을 상기하며,

(13) 평화에의 헌신이 1998년 3월에 파리에서 개최된 117개국을 대표하는 국제전문가협의에서 인정된 대로 국제사법재판소 규정 제38조 제1항 c에서 말하는 국제법의 일반원칙인 것에 주목하고,

(14) 제21회 적십자 국제회의의 결의 XIX(1969년)에 의해 채택되고, 인간은 영속하는 평화를 향유할 권리를 가진다고 규정하고 있는 '이스탄불선언', 누구도 평화롭고 국제적으로 안전한 상황에서 살 권리를 가짐을 확인하고 있는 전 유엔 인권위원회의 결의 5/XXXII(1976년), 그리고 유엔 인권이사회의 '평화권의 촉진'이라는 타이틀의 결의 8/9(2008년 6월 18일) 및 11/4(2009년 6월 17일)를 상기하고,

(15) 아프리카 연합의 설립문서인 아프리카 인권헌장, 아프리카 여성 인권헌장 의정서에 의해 아프리카의 여러 나라들이 합의한 서약: 미주인권기구, 아메리카 인권조약, 산살바도르의정서, 라틴아메리카의회 제도화조약, 그리고 이베로 아메리카 청년 인권조약에서 여러 나라들이 합의한 서약: 방콕선언, 동남아시아국가연합헌장 및 아시아인권헌장, 동남아시아국가연합 정부 간 인권위원회의 권한사항을 포함한, 평화에 관한 아시아의 문서; 아랍국가연합헌장, 아랍인권헌장에 표명된 아랍 국가의 평화에 관한 서약, 이슬람회의기구헌장에 표명된 이슬람 국가들의 평화에 관한 서약; 유럽평의회의 규정, 유럽인권협약, 유럽사회헌장 및 그 밖의 유럽조약에 의해 유럽평의회의 틀에서 합의한 서약; EU기본권헌장을 상기하며,

(16) 국제평화와 안전을 위협하는 무기의 제조, 군비경쟁, 모든 종류의 무기의 과잉, 무분별한 불법거래; 군비축소 관련 조약, 특히 핵확산금지조약에 규정된 의무를 여러 국가들이 준수하고 있지 않는 것; 위와 같은 것들이 개발권 실현의 장애가 됨을 우려하고,

(17) 평화권이 보편적이고 세대를 초월한 성격을 지닌 자율적 권리로서 법전화되고 점진적으로 발전되는 것이 국제사회에 필요함을 고려하며,

(18) 평화 시에 이루어지는 중대하고 조직적인 위반에 대해 우려하고, 국제형사재판소 로마규정 체약국회의가 이 같은 위반을 평화권에 대한 범죄라고 정의해야 함을 고려하며,

(19) 유엔총회가 결의 3519(1975년) 및 결의 3763(1982년)에서, 안전보장이사회가 결의 1325(2000), 결의 1820(2008), 1888 및 1889(2009)에서 승인한 대로 평화 구축에 여성의 공헌을 인정하고 의사결정의 모든 레벨에서 여성의 참가가 중요함을 강조하고; 여성과 평화, 안전에 관한 결의 1325의 전면적이고 효과적인 이행을 강조하며,

(20) 평화를 달성하는 것이 여성과 남성, 인민과 국가, 정부 간 조직, 시민사회, 기업 및 그 밖의 사회적 관계자, 그리고 나아가 국제사회 전체가 공유해야 하는 책임임을 재차 확인하고,

(21) 평화 문화의 촉진, 세계적 규모의 자원 재분배 및 사회적 정의의 달성은 불평등, 배제, 빈곤을 제거하는 것에 의해─불평등, 배제, 빈곤은 평화와 양립할 수 없는 구조적 폭력을 국내와 국제 양 레벨에서 초래하는 것이므로 그렇다─ 보다 정의로운 국제경제관계를 수립하는 것─이는 본 선언의 목적 달성을 촉진한다─에 공헌해야 함을 고려하며,

(22) '국제인권법의 대규모 위반과 국제인도법의 심각한 위반 시 피해자가 구제와 배상을 받을 권리에 관한 기본원칙과 가이드라인'을 선언한 2005년 12월 16일 총회 결의 60/147이 규정하는 바와 같이 평화는 정의에 기반해야 하므로 차별 없이 피해자임을 인정할 권리, 재판을 받을 권리, 진실하고 실효적인 배상을 받을 권리를 모든 피해자가 보유함을 확인하고,

(23) 불처벌이 평화 및 정의와 양립할 수 없음을 인식하고; 모든 치안군사기구는 인권 및 국제인도법을 준수하고 평화를 달성해야 하며, 완전한 법의 지배하에 놓여야 하고, 국제법상의 의무에 구속되어야 함을 고려하며; 따라서 군사훈련 및 상관명령의 수행은 이에 종속되어야 함을 고려하고,

(24) 불처벌 및 용병, 민간치안군사회사의 증가를 우려하고; 국가 고유의 치안 기능을 민간 영역에 외부위탁하고 전쟁을 민영화하는 것을 우려하며,

(25) 평화는 모든 사람이 자국에서 살고, 자국에 남을 권리를 포함함을 확인하고; 대규모의 집단 이동과 이민 유출은 때때로 비자발적이고 위험, 위협, 평화 파괴의 결과임을 인식하고; 인간의 안전보장권과 이민해서 타국에서 평온히 정주할 권리를 확보하기 위해 국제사회가 국제적 이민 제도를 긴급히 확립해야 함을 확신하며,

(26) 인류의 전 역사를 통틀어 평화는 모든 문명이 부단히 바라 마지 않았던 것이었음을, 따라서 모든 사람이 평화의 실효적인 실현을 위해 노력을 결집해야 하는 것임을 확신하고,

(27) 인류사에 자취를 남겨 온 모든 평화운동, 사상—1999년의 헤이그 평화 어필로부터 탄생한 '21세기의 평화와 정의를 위한 헤이그 어젠다', 2000년 6월 29일에 헤이그에서 채택된 '지구헌장', 기후변동과 어머니 지구의 권리에 관한 세계인민회의의 틀에서 2010년 4월 22일에 볼리비아 코차밤바에서 채택된 '어머니 지구의 권리 세계선언'을 포함한 주된 성과로 최근 구체화되었다—에 경의를 표하며,

(28) 동등한 권리 및 성적 차이의 존중의 실현 없이는; 보편적으로 인정된 인권과 양립하는 다른 문화의 가치 및 종교적 신념의 존중 없이는; 그리고 인종주의, 인종차별, 외국인 배척, 그 밖의 불관용의 근절 없이는; 평화권이 달성될 수 없음으로 확인하고,

(29) 모든 국가가 평화를 인권으로 인정하고 그 관할하에 있는 모든 사람이 인종, 혈통, 국민적·민족적·사회적 출신, 피부색, 젠더, 성적 지향, 연령, 언어, 종교, 신념, 정치적 또는 그 밖의 의견, 경제적 상황, 재산, 신체적·정신적 기능, 민사법상의 신분, 출생 그 밖의 어떠한 조건에 의한 차별 없이 평화권을 향유하는 것이 긴급하다는 것을 확신하며,

이하를 선언한다.

제1부
평화권의 요소

섹션 A. 권리

제1조
권리보유자 및 의무보유자

1. 개인, 집단, 인민, 그리고 모든 인간은 정의롭고 지속 가능하며 영속적인 불가양의 평화권을 갖는다. 평화권에 의해 개인, 집단, 인민, 그리고 모든 인간은 이 선언에 적시된 권리 및 자유의 담지자이다.
2. 국가는 개별적으로 또는 공동으로 혹은 다국가 간 조직의 일부로서 평화권의 주된 의무보유자이다. 평화권은 인종, 혈통, 국민적·민족적·사회적 출신, 피부색, 젠더, 성적 지향, 연령, 언어, 종교, 신념, 정치적 혹은 그 밖의 의견, 경제적 상황, 재산, 신체적·정신적 기능, 민사법상의 신분, 출생 그 밖의 조건에 의한 차별 없이 행사되고 실현되어야 한다.

3. 침략, 집단살해(제노사이드), 인종주의 인종별, 외국인 배척, 그 밖의 형태의 불관용, 아파르트헤이트, 식민주의, 신식민주의하의 모든 개인과 인민은 평화권이 침해된 피해자로서 특별히 주목되어야 한다.

제2조

평화권과 그 밖의 모든 인권에 관한, 그리고 이를 위한 교육권

평화를 위한 교육과 사회화는 전쟁을 잊고, 폭력으로부터 개방된 자기 정체성을 구축하기 위한 필수조건이다.

개인은 평등한 조건하에 평화권과 그 밖의 모든 인권에 관한 교육, 그리고 평화권과 그 밖의 모든 인권의 실현을 위한 교육을 받을 권리가 있다. 이러한 교육은 모든 교육제도의 기반이 된다: 신뢰와 연대, 상호 존중에 기반을 둔 사회과정을 창안해내고; 젠더적 관점에서 분쟁의 평화적 해결을 촉구하며; 평화 문화에 기반을 둔 새로운 인간관계를 구축할 수 있어야 한다.

개인은 분쟁의 창조적이고 비폭력적인 변용 내지 분쟁의 예방·해결에 참가하는 데 요구되는 능력을 요구하고 획득할 권리를 전 생애에 걸쳐 보유한다. 이러한 능력은 공식 또는 비공식적 교육을 통해 습득될 수 있다.

제3조

인간의 안전보장, 그리고 안전하고 건강한 환경에서 살 권리

1. 개인은 공포 및 결핍으로부터의 자유(둘다 적극적 평화의 요소이다)를 포함한 인간의 안전보장의 권리를 갖는다.

2. 모든 인민과 개인은 안전하고 건강한 사적·공적 환경에서 생존하고, 국가 또는 비국가, 어느 주체에 의한 것이든 신체적·심리적 폭력과 위협으로부터 보호받을 권리를 갖는다.

3. 모든 인민과 개인은 유엔헌장에서 확립된 집단안전보장제도, 특히 국제법, 국제인권법, 국제인도법의 존중과 분쟁의 평화적 해결의 원칙의 실효적 준수를 자국 정부에 요구할 권리를 갖는다.

4. 결핍으로부터의 자유는 지속적 발전에 대한 권리 및 경제적 사회적 문화적 권리, 특히 이하 권리의 향유를 포함한다.

   a) 식료품, 음용수, 위생, 보건, 의복, 주거, 교육 및 문화에 대한 권리

   b) 노동, 고용 및 노조 결성의 자유에 관한 공정한 환경을 향유할 권리: 동일한 직업 또는 직무를 행하는 사람들이 동일한 보수를 받을 권리; 평등한 조건에서 사회적 서비스에 접근할 권리; 여가를 향유할 권리

제4조

발전권과 지속 가능한 환경권

1. 평화권과 구조적 폭력의 근절을 실현하기 위해 모든 인권 및 기본적 자유가 완전히 행사될 수 있도록 경제적·사회적·문화적 정치적 발전에 기여하고, 그 발전을 향유할 권리와 함께 그 발전에 참가할 불가양의 권리를 모든 개인과 인민이 향유할 것이 요구된다.

2. 모든 인민과 개인은 부정의하고 비지속적인 외국부채의 부담 및 그 조건의 조정 또는 부정의한 국제경제질서와 같은 발전권 실현의 장애 요소들을 배제할 권리를 갖는다. 그것은 이러한 장애가 빈곤과 사회적 배제를 낳기 때문이다.

3. 모든 인민과 개인은 평화 및 인류 생존의 기초인 지속 가능하고 안전한 환경에서 생존할 권리를 갖는다.

4. 환경에 해가 되는 군사무기, 특히 방사성 무기와 대량파괴무기의 사용은 국제인도법, 환경권, 평화권에 반하는 것으로, 이러한 무기는 조속히 금지되어야 하고, 이를 사용하는 국가는 그로 인한 모든 손해를 배상하고 환경을 원상회복하도록 해야 할 의무를 부담한다.

제5조

불복종권과 양심적 병역거부권

1. 모든 인민과 개인은 어떠한 국가로부터도 적으로 간주되지 않을 권리를 갖는다.

2. 개인은 평화에 위협이 되는 활동에 대해 시민적 불복종권과 양심적 병역거부권을 개별 또는 집단의 구성원으로서 갖는다.

3. 개인은 군사적 의무에 관해서 양심적 병역거부자의 지위를 얻을 권리를 개별 또는 집단의 구성원으로서 갖는다.

4. 어떠한 군사, 치안기구의 구성원도 침략전쟁, 유엔에 의해서 허가되지 않은 국제적 군사작전, 또는 국제인권법 및 국제인도법의 원칙과 규범에 반하는 그 밖의 무장작전에 (그것이 국제적인 것이든 국내적인 것이든 불문하고) 참가하지 않을 권리를 갖는다. 또한 상기 원칙과 규범에 명백히 반하는 명령에 불복종할 권리를 갖는다. 이에 더해 집단살해(제노사이드), 인도에 반한 범죄, 전쟁범죄의 실행, 참가 명령에 불복종할 의무를 진다. 이 같은 군상관의 명령에 불복종한 경우에는 군법 위반이 되지 않는다.

5. 개인은 어떠한 병기의 제조 또는 개발을 위한 과학적 연구에 참가하지 않고 이를 공연히 비판할 권리를 개별 또는 집단의 구성원으로서 갖는다.

6. 개인은 국제인권법 또는 국제인도법에 위반하는 무력분쟁을 지지하는 군사작전에 노동하는 것 또는 전문가의 자격에서 참가하는 것에 이의를 제기하고 군사비를 위한 과세에 반대할 수 있는

권리를 갖는다. 국가는 군사 목적에 세금이 사용되는 것을 반대하는 납세자를 위해 납세의무자가 받아들일 수 있는 대체조치를 제공한다.

7. 개인은 불복종 및 양심적 병역거부권의 실효적 행사를 위해 보호받을 권리를 갖는다.

제6조

억압에 대항하고 반대할 권리

1. 모든 인민과 개인은 인민의 자결권을 포함한 국제법에 따라, 국제범죄 그 밖의 중대하고 대규모 내지 조직적인 인권침해를 범하는 모든 체제에 저항하고 반대할 권리를 갖는다.

2. 모든 인민과 개인은 국제범죄, 조직적 인권 침해를 범하는 모든 체제에 저항하고 반대할 권리를 갖고 전쟁; 전쟁범죄, 집단살해(제노사이드), 침략, 아파르트헤이트, 인도에 반한 범죄; 보편적 인권 침해; 전쟁에 호의적인 일체의 선전, 폭력의 선동; 본 선언에 정의된 평화권 침해에 반대할 권리를 갖는다. 폭력에 대해 찬양하거나, 미래와 진보를 위해 필요한 것이라는 등으로 폭력을 정당화하는 것은 금지되어야 한다.

제7조

군비축소에 대한 권리

1. 모든 인민과 개인은 모든 국가가 공동으로 협조해서 합리적 기간 내에 일반적이고 완전한 군비축소를 포괄적이고 실효적인 국제적 감독하에 실시하도록 요구할 권리를 갖는다. 특히, 국가는 핵무기, 화학무기, 생물무기를 포함해 모든 대량살상무기와 무차별살상무기를 긴급히 철폐해야 한다. 이에 더해 국가는 그 군대와 외국군사기지를 점진적으로 폐지하기 위해 효과적이고 협조적인 방법을 채용해야 한다.

2. 모든 인민과 개인은 군비축소에 의해 얻게 되는 자원을 불평등, 사회적 배제, 극도의 빈곤을 제거하는 것을 목표로, 특히 최빈국과 위약한 상황의 집단의 필요를 충족시키기 위해 인민의 경제적 사회적 문화적 발전에 사용하게 할 권리, 자연의 부를 공정하게 재분배하도록 요구할 권리를 갖는다.

3. 국가는 국가의 군사, 치안 기능을 민간군사, 치안업자에 외부 위탁하는 것을 금지 내지 삼가야 한다.

제8조

사상, 의견, 표현, 양심 및 종교의 자유

1. 모든 인민과 개인은 전쟁과 침략 목적의 정보조작으로부터 보호받기 위해 국제인권법이 정하는 바에 따라 검열 없이 다양한 정보원으로부터 정보를 요구하고 정보를 얻을 권리를 갖는다.
2. 모든 인민과 개인은 평화권을 위협하고 침해하는 일체의 사건을 비판할 권리를 갖는다. 또 정부 또는 민간 부문의 어떠한 간섭도 없이 평화권의 옹호와 촉진를 위해 평화적인 정치·사회·문화 활동에 자유로이 참여하고 발의할 권리를 갖는다.
3. 모든 인민과 개인은 어떠한 형태의 문화적 폭력으로부터도 보호받을 권리를 갖는다. 이를 위해 사상, 양심, 표현 및 종교의 자유를 국제인권법에 합치하는 형태로 향유한다.

제9조
난민의 지위에 관한 권리

1. 모든 개인은 이하의 상황에서 차별 없이 난민의 지위를 요구하고 향유할 권리를 갖는다.
a) 평화권 그 밖의 인권 활동에 종사했다는 이유로, 또는 전쟁에 반대하여 병역거부권을 주장했다는 이유로 박해받은 경우
b) 국가기관 또는 비국가기관으로부터 인종, 성별, 종교, 국적, 성적 지향, 특정의 사회집단의 구성원이라는 이유로 또는 정치적 의견, 가족의 지위, 또는 그 밖의 조건을 이유로 박해받아 충분한 근거 있는 공포심을 갖게 된 경우
c) 일반화한 폭력, 외국의 침략, 내분, 인권의 대량침해 그 밖의 상황에 의해 자신의 생명, 안전 또는 자유가 위협에 처한 것을 이유로 자신의 국가 또는 출신국, 거주지로부터 도피한 경우
2. 난민의 지위에는, 특히 박해의 이유가 제거되었다거나 무력 분쟁의 경우에는 무력분쟁이 종결되었다면, 존엄하고 적절한 보증을 얻어 자국, 출신지, 거주지에 자발적으로 귀환할 권리를 포함한다.

제10조
이민 및 참가의 권리

1. 모든 개인은 이동의 자유를 갖는다. 또 본 선언 제3조에 규정된 인간의 안전보장의 권리 및 안전하고 건강한 환경에서 살 권리가 심각한 위협에 처한 경우에는 이민할 권리를 갖는다.
2. 사회통합을 촉진하고 인권의 향유에 관한 차별로부터 생기는 구조적 폭력을 방지하기 위해 이민자는 국제인권법이 정하는 바에 따라 자신이 거주하는 국가의 공무에 참여하고, 참여를 촉진하는 구체적 기구와 제도의 혜택을 받을 권리를 개인 또는 집단으로서 보유한다.

제11조
모든 피해자의 권리

1. 인권침해의 모든 피해자는 차별 없이 피해자로 인정받고 인권 특히 평화권 침해로부터 자신을 지키기 위해 실효적인 구제를 받을 권리를 갖는다.

2. 모든 개인은 법률의 제한 없이 중대한 인권 침해에 관해 재판을 받을 불가양의 권리를 갖는다. 이 권리에는 수사 및 사실 인정, 책임자 특정과 처벌이 포함된다.

3. 인권침해의 피해자, 그 가족 구성원 및 사회 전체는 법률의 제한 없이 진실을 알 권리를 갖는다.

4. 인권침해의 피해자는 국제인권법이 정하는 바에 따라 침해된 권리의 회복; 실효적이고 완전한 구제(사회복귀 및 보상에 대한 권리를 포함); 상징적 구제 또는 구제조치, 그 침해가 반복되지 않도록 보증받을 권리를 갖는다. 이러한 구제조치는 타당한 배상으로서 피해자가 받아들일 수 있는 민중법정, 양심의 법정, 분쟁의 평화적 해결에 관한 제도, 방법, 전통, 지역적 관습 등의 이용을 배제하지 않는다.

제12조
위험하고 취약한 상황에 있는 집단

1. 모든 개인은 인간의 존엄을 동일하게 공유하고, 평등하게 보호받을 권리가 있다. 그러나 구체적으로 위험하고 취약한 상황에 있는, 특별히 보호받을 가치가 있는 특정 집단이 존재한다. 이에는 특정 상황의 여성, 아이, 강제적이고 비자발적인 실종 피해자, 다양한 신체적·정신적 기능장애인, 고령자, 난민, 이민, 소수자, 토착민 등이 포함된다.

2. 국가는 이러한 상황에 있는 집단에 속한 사람들의 권리 향유에 가해지는 다양한 유형의 폭력이 미치는 영향을 평가하여야 한다. 국가는 또한 구제조치를 확보할 의무를 진다. 이 의무에는 위험하고 취약한 상황에 있는 집단에 소속된 사람이 구제조치의 채택에 참가할 권리를 승인할 의무가 포함된다.

3. 국가, 국제조직(특히 유엔) 및 시민사회는 분쟁의 예방, 관리, 평화적 해결에 대한 여성의 구체적 공헌을 촉진시켜야 한다. 이를 위해 국가, 지역, 국제적 기관 및 기구의 모든 레벨에서 여성 대표의 증가를 촉진시켜야 한다.

4. 자유를 박탈당한 모든 개인은 인간답게 다루어질 권리를 갖는다: 생명, 존엄, 신체적·도덕적 완전성에 대한 권리는 존중된다. 아이의 경우에는 자유형은 예외적인 경우에 최후의 수단으로서만 부과되어야 한다. 국가는 자유를 박탈당한 사람의 사회복귀 및 사회통합을 촉진하도록 하는 구류 조건을, 특히 아이와 청년에 대해서는 교육, 훈련, 일반적인 성장을 위한 구류 조건을 확보하지 않으면 안 된다.

5. 개인의 강제실종 내지 비자발적 실종은 인도에 반하는 범죄를 구성한다. 피해자는 구류를 인정받고, 자유를 회복하며, 완전하고 실효적이며 공평 타당한 배상을 받을 권리를 갖는다.

6. 토착민은 국제인권법에 의해 보장되는 모든 권리, 특히 자신의 토지에 살 권리, 자신의 천연자원을 향유할 권리, 자신의 문화적 유산을 실효적으로 보호받을 권리를 갖는다.

섹션 B. 의무

제13조
평화권 실현을 위한 의무

1. 평화권의 실효적이고 실제적인 실현은 반드시 국가, 국제조직, 시민사회, 인민, 개인, 기업, 미디어 및 그 밖의 사회 관계자, 일반적으로는 국제사회 전체의 책무와 의무 이행을 통해 이루어진다.

2. 평화를 보전하고 평화권을 보호하는 기본적인 책임은 국가와 유엔헌장에 명문화된 목적과 원칙을 달성하기 위해 여러 나라의 협력과 노력을 조정하는 보편적인 기관, 국제연합에 있다.

3. 국가는 평화를 위해 재해 대처 전략을 포함해 환경 개발과 보호를 확보하기 위해 필요한 모든 조치를 취할 의무가 있다. 이러한 조치의 흠결은 평화에 위협이 되기 때문이다. 국가는 평화권의 실현을 달성하기 위해 모든 필요한 분야에서(특히 개발을 위해 국제협력을 촉진하고, 이에 필요한 자원을 제공하는 것을 통해서) 협력할 의무를 부담한다.

4. 국가는 평화를 구축하고 정착시키기 위한 조치를 취할 필요가 있다. 또 인류를 전쟁의 참화로부터 보호할 책임을 진다. 하지만 이것이 어떠한 국가에도 타국의 영역에 간섭하는 자격을 부여하는 것은 아니다.

5. 국제연합의 실효성은 폭력의 방지 및 평화권을 포함한 인권과 인간의 존엄을 보호하는 이중의 기능을 통해 다시금 강화되어야 한다. 특히, 국제평화와 안전을 위협하는 폭력으로부터 인권을 보호하기 위한 실효적 조치를 취하는 것은 총회, 안전보장이사회, 인권이사회 및 그 밖의 권한 있는 기관이 준수해야 할 의무이다.

6. 국제연합 체제는 철저하고 실효적인 태도로 유엔평화구축위원회를 통해 유엔, 그 밖의 기관 및 관련 지역기관, 소규모 기관 등과 협력하여 평화를 위한 통합전략 및 무력 분쟁의 후유증을 겪는 사회의 재구축을 위한 통합전략의 구상 및 실행에 힘써야 한다. 이러한 전략은 국제연합기구 내의 안정적인 재원과 실효적인 조정을 확보해야 한다. 이러한 맥락에서 평화 문화에 관한 행동계획의 실효적 실시가 강조된다.

7. 국제연합의 틀 밖의 어떠한 군사행동도 받아들여져서는 안 되고, 그 같은 군사행동은 국제연합의 원칙과 목적에 가장 중대한 위반을 구성하며 평화권에 반한다. 소위 '예방전쟁'은 평화에 대한 범죄에 해당한다.

8. 평화권의 보장을 위해 안전보장이사회의 구성과 절차는 오늘의 국제사회를 반영하고, 국제사회를 보다 적절히 대표할 수 있도록 재검토되어야 한다. 안전보장이사회의 모든 절차는 투명하게 이루어져야 하고, 시민사회와 그 밖의 관계자의 유의미한 참여를 허용하는 것이어야 한다.

제2부
선언의 실시

제14조
평화권을 위한 실무그룹의 설립

1. 평화권에 관한 실무그룹을 설치한다. 실무그룹은 10인 이상의 위원으로 구성되고 제15조에 규정 된 책무를 갖는다.

2. 실무그룹은 국제연합 가맹국 출신의 전문가로 구성되고, 그들은 완전한 독립성을 갖고 또한 개 인의 자격으로 책무를 수행한다.

3. 위원의 선출에는 이하의 기준이 고려된다.

   a) 전문가는 높은 도덕적 명성을 갖고 공평, 청렴하고, 본 선언의 제1부에서 규정된 분야에서 장 기의 충분한 경험을 보유하고 있는 사람으로 한다.

   b) 형평에 맞게 지리적으로 배분된, 각 문명체계와 주요법계의 대표.

   c) 젠더가 균형 있게 대표될 것.

   d) 2인의 위원이 동일국의 국민이어서는 안 된다.

4. 실무그룹의 위원은 유엔총회의 회기에서 가입국 및 시민사회조직이 제안한 후보자 명부로부터 비밀투표에 의해 선출된다. 최다득표자로 출석해서 투표한 국가의 3분의 2 이상의 득표를 얻은 후보자 10인이 선출된다. 제1회 선거는 이 선언의 채택일로부터 3개월 이내에 행해져야 한다.

5. 전문가는 4년의 임기로 선출되고 1회에 한해 재선된다.

6. 실무그룹 구성원의 반은 2년마다 개선된다.

제15조
실무그룹의 기능

1. 실무그룹의 주된 기능은 이 선언의 준수와 실시를 촉진하는 것으로 하고, 이하의 권한을 갖는다.

   a) 평화권의 준수와 인식을 세계 규모로 촉진하는 것. 실무그룹은 신중하고 객관적, 독립적으로 행동하고 인권의 보편성, 상호의존성, 불가분성, 그리고 국제적인 사회정의를 달성할 필요를 고려한 전체적, 포괄적 접근을 채택한다.

   b) 국가, 국제조직, 그 밖의 기관, 시민사회조직, 국내 인권기관 등을 불문하고 신뢰할 수 있는 정 보원으로부터 관련 정보를 수집하고 이를 정리하여 효과적으로 대응하는 것.

   c) 평화권 침해에 관한 실지조사를 행하고 적절한 기관에 보고하는 것 .

   d) 필요한 경우 평화권의 효과적인 실현을 위해 적절한 조치를 취하도록 국제연합 가입국에 대해

권고, 어필, 긴급행동을 촉구하는 것. 국가는 이에 대해 적절히 고려해야 한다.

e) 본 선언의 제1부에 정의된 평화권이 침해되거나 심각한 위협 상황에 처한 경우, 보고서를 직권 또는 총회, 안보리, 인권이사회의 요청을 받아 기초하는 것 .

f) 실무그룹의 연차 활동 보고서를 총회, 안보리, 인권이사회에 제출하는 것. 보고서에는 무력분쟁과 관련된 사태에 특별히 주의하고 평화권의 실효적인 촉진과 보호에 필요한 소견과 권고를 포함시킨다.

g) 총회의 주목을 위해 감시기구를 설치하는 평화권에 관한 국제조약안, 특히 전면적이고 효과적으로 실지에서 국가를 감시하는 것을 준비하는 것. 장래 조약상의 기구와 실무그룹은 활동의 중복을 피하도록 각각의 임무를 조정한다.

h) 침략범죄와 정당한 자위의 한계에 관한 정의 및 규범의 수립에 공헌하는 것.

i) 국제형사재판소 및 그 밖의 국제형사법정의 검찰관에게 그 관할 내의 범죄에 관한 신뢰할 수 있는 정보를 제공하는 것.

j) 실무그룹의 통상기능에 관한 결정은 위원의 과반수로 한다. 이 결정은 특히 사무국의 임명 및 결정, 권고의 채택 절차를 포함한다.

2. 실무그룹은 뉴욕에 설치하고 매년 3회 이상의 통상회기와 규정에 따른 특별회기를 갖는다. 실무그룹은 국제연합 사무총장으로부터 제공된 상주 사무국을 갖추는 것으로 한다. 실무그룹의 지출은 실지조사 및 회기에 관한 지출을 포함해 국제연합의 통상예산의 일부로 유지된다.

최종규정

1. 본 선언의 어떠한 규정도 어느 국가, 집단, 개인에 국제연합의 목적과 원칙에 반하거나 국제인권법, 국제노동법, 국제인도법, 국제형사법, 국제난민법 상의 규정을 부정하거나 침해하는 권리를 부여하지 않는다.

2. 본 선언의 규정은 평화권의 실효적 실현을 위해 본 선언보다도 유리한 국내법 규정 또는 국제법 그 밖의 규정의 적용을 배척하지 않는다.

3. 모든 국가는 본 선언의 실효적 실현을 위해 필요한 관련 입법, 사법, 행정, 교육 그 밖의 조치를 채택하여 본 선언을 성실히 실시하지 않으면 안 된다.

〈원문〉

SANTIAGO DECLARATION ON THE HUMAN RIGHT TO PEACE

The International Congress on the Human Right to Peace,

Meeting on 9 and 10 December 2010 in Santiago de Compostela (Spain) on the occasion of the 2010 *Forum* or *World Social Forum on Peace Education*

Having regard to the declarations, conclusions and recommendations formulated at the conferences and regional seminars of experts held in Geneva (Switzerland) —on the occasion of the World Conference of NGOs for the Reform of International Institutions —, November 2006; Mexico D.F. (Mexico), December 2006; Bogota (Colombia), Barcelona (Spain) and Addis Ababa (Ethiopia), March 2007; Caracas (Venezuela) and Santo Domingo (Dominican Republic), April 2007; Morelia (Mexico), Bogota (Colombia), Oviedo (Spain) and Santa Fe (USA), New Mexico (USA), May 2007; Washington, D.C. (USA), Nairobi (Kenya) and Geneva (Switzerland), June 2007; Feldkirch (Austria), August 2007; Geneva (Switzerland), September 2007; Luarca (Spain), September 2007; Madrid (Spain), October 2007; Monterrey (Mexico), November 2007; Mexico, D.F. (Mexico), Geneva (Switzerland), Las Palmas de Gran Canaria (Spain), Zaragoza (Spain) and Navia (Spain), December 2007; New York (USA) — on the occasion of the 52nd session of the UN Commission on the Status of Women —, February 2008; Parliament of Catalonia. Barcelona (Spain), Geneva (Switzerland), Dakar (Senegal), Madrid (Spain), Valencia (Spain), April 2008; Rome (Italy) and Gwangju (Republic of Korea), May 2008; Geneva (Switzerland) and Bilbao (Spain), June 2008; Geneva (Switzerland) and Cartagena (Spain), July 2008; Paris (France), Toledo (Spain), Geneva (Switzerland), Zaragoza (Spain) and Montevideo (Uruguay), September 2008; Oviedo (Spain), Alcala de Henares (Spain), Turin (Italy), New York (USA), Basque Parliament, Vitoria (Spain), October 2008; La Plata and Buenos Aires (Argentina), Bosco Marengo (Italy), November 2008; Luxembourg (Luxembourg), Geneva (Switzerland) and Barcelona (Spain), December 2008; Geneva (Switzerland) and Barcelona (Spain), January 2009; Yaounde (Cameroon), February 2009; Geneva (Switzerland) and New York (USA), March 2009; Johannesburg (South Africa), Seville (Spain), Madrid (Spain), Santiago de Compostela (Spain) and Bangkok (Thailand), April 2009); Trevi

(Italy), Mexico D.F. (Mexico) and Seville (Spain), May 2009; Geneva (Switzerland), June 2009; Mexico D.F. and Morelia (Mexico), July 2009; San Sebastian (Spain), August 2009; Geneva (Switzerland) and Luarca (Spain), September 2009; Caso (Spain) and Cangas de Onis (Spain), Alcala de Henares (Spain) and Sarajevo (Bosnia and Herzegovina), October 2009; Las Palmas de Gran Canaria (Spain), University of California, Berkeley (USA) and University of Geneva (Switzerland), November 2009; Alexandria (Egypt) and Geneva (Switzerland), December 2009, Havana (Cuba) and Geneva (Switzerland), January 2010; Geneva (Switzerland) and Bilbao (Spain), February 2010; Geneva (Switzerland) and New York (USA), March 2010); Luarca (Spain) and Mexico D.F. (Mexico), April 2010; New York (USA), Parliament of Spain, Madrid (Spain), Bilbao (Spain) and Barcelona (Spain), May 2010; Barcelona (Spain), Geneva (Switzerland), Kampala (Uganda) and Santiago de Compostela (Spain), June 2010; Las Palmas de Gran Canaria (Spain), July 2010; Geneva (Switzerland), Buenos Aires (Argentina) and Montevideo (Uruguay), August 2010; Toledo (Spain), Geneva (Switzerland), New York (USA) and Barcelona (Spain), September 2010; Limassol (Cyprus), Oviedo (Spain), Alcala de Henares (Spain) and Puerto del Carmen, Lanzarote (Spain), October 2010; Soria (Spain), Bilbao (Spain), Berriz (Spain) and Caracas (Venezuela), November de 2010;

Highlighting the report on the results of the expert workshop on the right of peoples to peace Geneva (Switzerland), 15-16 December 2009; the resolution 14/3, of 17 June 2010, by which the Human Rights Council requested the Advisory Committee to prepare a draft declaration on the right of peoples to peace, and the recommendation 5/2, of 6 August 2010, by which the Advisory Committee established a drafting group of four members;

Noting also the adhesions to the process of international codification of human right to peace received from the Parliament of Catalonia, Barcelona (Spain), 26 February 2009; the Asturias Federation of Councils which comprises 78 Municipalities of Asturias, Sariego (Spain), 10 July 2009; the Parliament of the Principality of Asturias, Oviedo (Spain), 9 October 2009; the Cabildo of Gran Canaria (Spain), 26 March 2010; the Municipalities of Telde and Santa Lucia, Gran Canaria, (Spain), April and May 2010; the Argentina Assembly of Ombudspersons, Buenos Aires (Argentina), 11 August 2010; the International Association of Peace Messenger Cities, Limassol (Cyprus), 7 October 2010); the Lanzarote Declaration on the Human Right to Peace, Lanzarote (Spain), 29 October 2010; the Basque Municipalities gathered in Berriz (Spain), 12 November 2010, and the Central University of Venezuela, Caracas (Venezuela), 18 November 2010;

Bearing especially in mind the *Luarca Declaration on the Human Right to Peace* (30 October 2006), the *Bilbao Declaration on the Human Right to Peace* (24 February 2010), and the *Barcelona Declaration on the Human Right to Peace* (2 June 2010), adopted by three different drafting committees composed of independent experts; as well as regional Declarations on the human right to peace which have been adopted by civil society experts in La Plata, (Argentina), November 2008; Yaounde (Cameroon), February 2009; Bangkok (Thailand), April 2009; Johannesburg (South Africa), April 2009; Sarajevo (Bosnia and Herzegovina), October 2009; Alexandria (Egypt), December 2009; and Havana (Cuba), January 2010;

1. Agrees, by consensus, to approve the Santiago Declaration on the Human Right to Peace, as set out in the Annex to this resolution, with a view to its adoption by the General Assembly of the United Nations as soon as possible.

2. Calls on all civil society organisations, including NGOs and partner institutions, to disseminate, expound and publicize widely the *Santiago Declaration on the Human Right to Peace* around the world. Santiago de Compostela (Spain), 10 December 2010.

Annex

SANTIAGO DECLARATION ON THE HUMAN RIGHT TO PEACE

Preamble

The General Assembly,

(1) *Considering* that, in accordance with the Preamble to the Charter of the United Nations and the purposes and principles established therein, peace is a universal value, the *raison d'etre* of the Organisation and a prerequisite for and a consequence of the enjoy-

ment of human rights by all;

(2) *Considering* that the uniform, non-selective and adequate application of international law is essential to the attainment of peace; and recalling that Article 1 of the UN Charter identifies as the fundamental purpose of the Organization the maintenance of international peace and security, which should be achieved *inter alia* through the economic and social development of peoples and the respect of human rights and fundamental freedoms without any kind of discrimination;

(3) *Recognising* the positive dimension of peace which goes beyond the strict absence of armed conflict and is linked to the elimination of all types of violence, whether direct, political, structural, economical or cultural in both public and private sectors, which in turn requires the economic, social and cultural development of peoples as a condition for satisfying the needs of the human being, and the effective respect of all human rights and the inherent dignity of all members of the human family;

(4) *Considering* that peace is inseparable from the diversity of life and cultures where identity is the base of life; and thus affirming that the foremost among rights is the right to life, from which other rights and freedoms flow, especially the right of all persons to live in peace;

(5) *Recalling further* that Article 2 of the UN Charter stipulates that all Member *States* shall settle their international disputes by peaceful means in such a manner that international peace and security and justice are not endangered; and further that the Member States shall refrain in their international relations from the threat or use of force against the territorial integrity or political independence of any State, or in any other manner inconsistent with the purposes and principles contained in the UN Charter;

(6) *Considering* that the United Nations system in its entirety shares this vision, since "lasting peace can be established only if it is based on social justice" (Constitution of the International Labour Organisation, ILO); it aims to the improvement of the levels of life and nutrition of all peoples, as well as to the eradication of hunger (Constitution of the Food and Agriculture Organization, FAO); and it states that "the health of all peoples is

fundamental to the attainment of peace and security" (Constitution of the World Health Organization, WHO);

(7) *Conscious* of the vulnerability and dependence of every human being, and of the fact that certain circumstances render given groups and persons especially vulnerable; and aware of the need and the right of all persons to live in peace and to have established a national and international social order in which peace has absolute priority, so that the rights and freedoms proclaimed in the Universal Declaration of Human Rights can be fully realised;

(8) *Considering* that education is indispensable for the establishment of an universal culture of peace and that, pursuant to the Preamble to the Constitution of the United Nations Educational, Scientific and Cultural Organization (UNESCO), "since wars begin in the minds of men, it is in the minds of men that the defences of peace must be constructed"; and taking into account the Seville Statement on Violence adopted by the General Conference of UNESCO on 16 November;

(9) *Recalling* the prohibition of war propaganda and the prohibition of incitement to hate and violence contained in Article 20 of the International Covenant on Civil and Political Rights, which shall be compatible with the full respect for freedom of expression;

(10) *Taking account of* the principles and norms enshrined in international human rights law, international labour law, international humanitarian law, international criminal law and international refugee law; and considering that according to these principles and norms human rights are inalienable, universal, indivisible and inter-dependent, and that they reaffirm the dignity and the value of the human person, especially children and young people, as well as the equality in rights of women and men;

(11) *Recalling further* the relevant resolutions of the General Assembly, *inter alia* resolution 2625 (XXV) of 24 October 1970 on friendly relations and cooperation among States; resolution 3314 (XXIX) of 14 December 1974 on the definition of aggression; resolution 3348 (XXIX) of 17 December 1974, in which the Assembly endorsed the "Universal Declaration on the Eradication of Hunger and Malnutrition"; resolution 3384 (XXX)

of 10 November 1975, entitled "Declaration on the use of scientific and technological progress in the interests of peace and for the benefit of mankind"; Resolution 33/73 of 15 December 1978, entitled "Declaration on the preparation of societies for life in peace"; resolution 39/11 of 12 November 1984 entitled "Declaration of the right of peoples to peace"; resolution 53/243 A of 13 September 1999 entitled "Declaration and Programme of Action on a Culture of Peace"; resolution 55/2 of 5 September 2000 entitled "United Nations Millennium Declaration", reaffirmed by resolution 60/1 of 15 September 2005, entitled "2005 World Summit Outcome"; and resolution 55/282 of 7 September 2001, by virtue of which the 21 of September of each year shall be observed as International Day of Peace;

(12) *Concerned* about the constant and progressive degradation of the environment and about the need and obligation to ensure to present and future generations a life in peace and in harmony with nature, ensuring their right to human security and the right to live in a safe and healthy environment; and recalling, among other instruments, the Stockholm Declaration of 16 June 1972, adopted by the United Nations Conference on the Human Environment; the World Charter for Nature contained in UN General Assembly Resolution 37/7 of 28 October 1982; the Convention on Biodiversity of 5 June 1992; the United Nations Framework Convention on Climate Change of 9 May 1992 and the Kyoto Protocol of 11 December 1997; the Rio Declaration on the Environment and Development of 14 June 1992; the United Nations Convention of 14 October 1994 to Combat Desertification in those Countries Experiencing Serious Drought and/or Desertification, particularly in Africa; the Convention of Aarhus of 25 June 1998 on access to information, public participation in decision-making and access to justice in environmental matters; and the Johannesburg Declaration on Sustainable Development of 4 September 2002;

(13) *Observing* that the commitment to peace is a general principle of international law, in accordance with Article 38.1.c) of the Statute of the International Court of Justice, as it was recognised by the International Expert Consultation on the Human Right to Peace representing 117 States, held in Paris, in March 1998;

(14) *Recalling* the Istanbul Declaration adopted by resolution XIX (1969) of the XXI International Red Cross Conference, which states that human beings have the right to enjoy

lasting peace; resolution 5/XXXII (1976) of the former UN Commission on Human Rights, which affirms that everyone has the right to live in conditions of peace and international security; and resolutions 8/9 (18 June 2008) and 11/4 (17 June 2009) of the UN Human Rights Council entitled "promotion of the right of peoples to peace";

(15) *Recalling* the commitments undertaken by African States pursuant to the Constitutive Act of the African Union, the African Charter of Human and Peoples Rights, the Protocol to the African Charter concerning the Rights of Women in Africa; the commitments undertaken by States in the inter-American framework by virtue of the Charter of the Organization of American States, the American Convention on Human Rights and the Protocol of San Salvador, the Treaty of Institutionalization of the Latin American Parliament and, in the Ibero-American context, the Ibero-American Convention on Young People's Rights; the Asian instruments concerning peace, including the Declaration of Bangkok, the Charter of the Association of Southeast Asian Nations and the Asian Charter on Human Rights, as well as the terms of reference of the Intergovernmental Commission of Human Rights of the Association of Southeast Asian Nations; the commitment of Arab States in favour of peace, expressed in the Charter of the League of Arab States and the Arab Charter of Human Rights; the commitment of Islamic States in favour of peace, expressed in the Charter of the Organization of the Islamic Conference; as well as the commitments undertaken in the framework of the Council of Europe by virtue of its Statute, the European Convention for the Protection of Human Rights and Fundamental Freedoms, the European Social Charter, and other European conventions; and the European Union's Charter of Fundamental Rights;

(16) *Concerned* over the manufacture of weapons, the arms race and the excessive and uncontrolled traffic of all kinds of arms, jeopardising international peace and security; over the failure of States to observe the obligations laid down in the relevant treaties in the field of disarmament, and, in particular, the Treaty on the Non Proliferation of Nuclear Weapons; which constitutes an obstacle to the realisation of the right to development;

(17) *Considering* that the international community requires the codification and progressive development of the human right to peace, as an autonomous right with universal vocation and intergenerational character;

(18) *Concerned* by gross and systematic violations committed in peace times, and *considering* that the Assembly of States Parties to the Rome Statute of the International Criminal Court shall define such violations as crimes against the human right to peace;

(19) *Acknowledging* the contribution of women to peace processes and emphasizing the importance of their participation at all levels of decision making, as have been recognised by the United Nations General Assembly in its resolutions 3519 of 1975 and 3763 of 1982, and by the Security Council in its resolutions 1325 (2000), 1820 (2008), 1888 and 1889 (2009); as well as emphasising the full and effective implementation of the resolution 1325 on women and peace and security;

(20) *Further affirming* that the achievement of peace is the shared responsibility of women and men, peoples and States, intergovernmental organizations, civil society, corporations and other social actors and, more generally, of the entire international community;

(21) *Considering* that the promotion of a culture of peace, the world-wide redistribution of resources and the achievement of social justice must contribute to the establishment of more just global economic relations which will facilitate the fulfilment of the purposes of this Declaration, by eliminating the inequalities, exclusion and poverty, because they generate structural violence which is incompatible with peace at both national and international levels;

(22) *Affirming* that peace must be based on justice, and that therefore all victims have a right to recognition of their status as victims without discrimination, to justice, to truth and to an effective reparation, as provided for in General Assembly resolution 60/147 of 16 December 2005, which proclaims the *Basic Principles and Guidelines on the Right to a Remedy and Reparation for Victims of Gross Violations of International Human Rights Law and Serious Violations of International Humanitarian Law*, thereby contributing to reconciliation and the establishment of lasting peace;

(23) *Conscious* that impunity is incompatible with peace and justice; and considering that every military or security institution must be fully subordinated to the rule of law and must be bound by the obligations arising under international law, to the observance of

human rights and of international humanitarian law, and to the attainment of peace; and that, therefore, military discipline and the carrying out of orders from superiors must be subordinated to the achievement of those objectives;

(24) *Concerned* by the impunity and the increasing activities of mercenaries and private military and security companies; the outsourcing to the private sector of inherently security State functions and by the growing privatization of war;

(25) *Affirming* that peace implies the right of all persons to live in and to remain in their respective countries; conscious that mass exoduses and migratory flows are frequently involuntary and respond to dangers, threats and breaches of peace; and convinced that in order to assure the right to human security and the right of every person to emigrate and settle peacefully in the territory of another State, the international community should establish an international migration regime as a matter of urgency;

(26) *Persuaded* too that peace has been and continues to be a constant aspiration of all civilizations through all history of mankind, and that therefore all human beings should join their efforts toward the effective realization of peace;

(27) *Paying tribute* to all peace movements and ideas that have marked over the history of humankind, which have recently crystallized in major contribution including the Hague Agenda for Peace and Justice for the Twenty-first Century which emerged from the Hague Appeal for Peace Conference, 1999;1 the Earth Charter adopted at The Hague on 29 June 2000; and the Universal Declaration of the Rights of Mother Earth, adopted in Cochabamba (Bolivia) on 22 April 2010, in the framework of the World People's Conference on Climate Change and the Rights of Mother Earth;

(28) *Affirming* that the human right to peace cannot be achieved without the realization of the equality of rights and respect for gender based differences; without respect for different cultural values and religious beliefs that are compatible with the universally recognized human rights; and without the elimination of racism, racial discrimination, xenophobia and other forms of related intolerance;

(29) *Convinced* that it is urgent and necessary that all States recognize peace as a human right and that they ensure its enjoyment by all persons under their jurisdiction, without any distinction, independently of race, descent, national, ethnic or social origin, colour, gender, sexual orientation, age, language, religion or belief, political or other opinion, economic situation, heritage, diverse physical or mental functionality, civil status, birth or any other condition;

Proclaims the following Declaration:

Part I
Elements of the human right to peace

Section A. Rigths

ARTICLE 1
RIGHT HOLDERS AND DUTY-HOLDERS

1. Individuals, groups, peoples and all humankind have the inalienable right to a just, sustainable and lasting peace. By virtue of that right, they are holders of the rights and freedoms proclaimed in this Declaration.

2. States, individually, jointly or as part of multilateral organisations, are the principal duty-holders of the human right to peace. This right shall be implemented without any distinction or discrimination for reasons of race, descent, national, ethnic or social origin, colour, gender, sexual orientation, age, language, religion or belief, political or other opinion, economic situation or heritage, diverse physical or mental functionality, civil status, birth or any other condition.

3. All individuals and peoples subjected to aggression, genocide, racism, racial discrimination, xenophobia and other related forms of intolerance, as well as *apartheid*, colonialism and neo-colonialism, deserve special attention as victims of violations of the human right to peace.

ARTICLE 2

RIGHT TO EDUCATION ON AND FOR PEACE AND ALL OTHER HUMAN RIGHTS

1. Education and socialization for peace is a condition *sine qua non* for unlearning war and building identities disentangled from violence.

2. Individuals have the right to receive, under conditions of equal treatment, an education on and for peace and all other human rights. Such education should be the basis of every educational system; generate social processes based on trust, solidarity and mutual respect; incorporate a gender perspective; facilitate the peaceful settlement of conflicts; and lead to a new way of approaching human relationships within the framework of a culture of peace.

3. Individuals have a right to demand and to obtain the competences needed to participate in the creative and non-violent transformation or prevention and resolution of conflicts throughout their life. These competencies should be accessible through formal and informal education.

ARTICLE 3

RIGHT TO HUMAN SECURITY AND TO LIVE IN A SAFE
AND HEALTHY ENVIRONMENT

1. Individuals have the right to human security, including freedom from fear and from want, both being elements of positive peace.

2. All peoples and individuals have the right to live in a private and public environment that is safe and healthy, and to be protected against any act or threat of physical or psychological violence, whether originating from State or non-State actors.

3. All peoples and individuals have the right to demand from their governments the effective observance of the collective security's system established in the UN Charter, in particular its principle of peaceful settlement of disputes, with full respect of the norms of international law, international human rights law and international humanitarian law.

4. Freedom from want implies the enjoyment of the right to sustainable development and of economic, social and cultural rights, in particular:

a. The right to food, drinking water, sanitation, health, clothing, housing, education and culture;

b. The right to work and to enjoy fair conditions of employment and trade union association; the right to equal remuneration among persons who perform the same occupation or function; the right to access to social services on equal terms; and the right to leisure.

ARTICLE 4

RIGHT TO DEVELOPMENT AND TO A SUSTAINABLE ENVIRONMENT

1. The realization of the human right to peace and the eradication of structural violence requires that all individuals and peoples enjoy the inalienable right to participate in economic, social, cultural and political development in which all human rights and fundamental freedoms may be fully exercised, as well as to contribute to, and enjoy that development.

2. All peoples and individuals have the right to the elimination of obstacles to the realization of the right to development, such as servicing of unjust or unsustainable foreign debt burden and its conditionalities, or the maintenance of an unfair international economic order, because they generate poverty and social exclusion.

3. All peoples and individuals have the right to live in a sustainable and safe environment as a foundation for peace and for the survival of mankind.

4. The use of weapons that damage the environment, in particular radioactive weapons and weapons of mass destruction, is contrary to international humanitarian law, the right to the environment and the human right to peace. Such weapons must be urgently prohibited, and States that utilize them have the obligation to restore the previous condition of the environment by repairing all damage caused.

ARTICLE 5

RIGHT TO DISOBEDIENCE AND TO CONSCIENTIOUS OBJECTION

1. All peoples and individuals have the right not to be regarded as enemies by any State.

2. Individuals, individually or as members of a group, have the right to civil disobedience and to conscientious objection against activities that entail a threat against peace.

3. Individuals, individually or as members of a group, have the right to obtain conscientious objection status towards their military obligations.

4. Members of any military or security institution have the right not to participate in wars of aggression, international military operations not authorised by the United Nations, or other armed operations, whether international or internal, which violate the principles and norms of international human rights law or international humanitarian law. Furthermore, they have the right to disobey orders that are manifestly contrary to the above mentioned principles and norms. In addition, they have the obligation to disobey orders to commit or participate in genocide, crimes against humanity or war crimes. The duty to obey military superior orders does not exempt from the observance of these obligations, and disobedience of such orders shall not in any case constitute a military offence.

5. Individuals, individually or as members of a group, have the right not to participate in, and to publicly denounce scientific research for the manufacture or development of arms of any kind.

6. Individuals, individually or as members of a group, have the right to object to participate in a working or professional capacity, and to oppose taxation for military expenditures connected with military operations in support of armed conflicts that violate international human rights law or international humanitarian law. States shall provide acceptable alternatives to tax payers who object to the use of their tax money for military purposes.

7. Individuals, individually or as members of a group, have the right to be protected in the effective exercise of their right to disobedience and conscientious objection.

ARTICLE 6

RIGHT TO RESIST AND OPPOSE OPPRESSION

1. All peoples and individuals have the right to resist and oppose all regimes that commit international crimes or other grave, massive or systematic violations of human rights, including the right of peoples to self-determination, in accordance with international law.

2. All peoples and individuals have the right to oppose war; war crimes, genocide, aggression, *apartheid* and other crimes against humanity; violations of other universally recognized human rights; any propaganda in favour of war or incitement to violence; and violations of the human right to peace, as defined in this Declaration. The glorification of violence and its justification as necessary to build the future and enable progress shall be prohibited by law.

ARTICLE 7

RIGHT TO DISARMAMENT

1. All peoples and individuals have the right to demand from all States that they proceed in a joint and coordinated manner and within a reasonable period of time to general and complete disarmament, under comprehensive and effective international supervision. In particular, States shall urgently eliminate all weapons of mass destruction or of indiscriminate effect, including nuclear, chemical and biological weapons. In addition, States shall adopt effective and coordinated measures in order to progressively phase out their armies and foreign military bases.

2. All peoples and individuals have the right to have the resources freed by disarmament allocated to the economic, social and cultural development of peoples and to the fair redistribution of natural wealth, responding especially to the needs of the poorest countries and of the groups in situations of vulnerability, aiming to put an end to inequalities, social exclusion and extreme poverty.

3. States shall prohibit and refrain from outsourcing inherently state military and security functions to private contractors.

ARTICLE 8
FREEDOM OF THOUGHT, OPINION, EXPRESSION, CONSCIENCE AND RELIGION

1. All peoples and individuals have the right to access and to receive information from di-
verse sources without censorship, in accordance with international human rights law, in
order to be protected from manipulation in favour of warlike or aggressive objectives.

2. All peoples and individuals have the right to denounce any event that threatens or
violates the human right to peace, and to freely participate in peaceful political, social
and cultural activities or initiatives for the defence and promotion of the human right to
peace, without interference by governments or by the private sector.

3. All peoples and individuals have the right to be protected against any form of cultural
violence. To this end, persons should fully enjoy their freedom of thought, conscience,
expression and religion, in conformity with international human rights law.

ARTICLE 9
RIGHT TO REFUGEE STATUS

1. All individuals have the right to seek and to enjoy refugee status without discrimination,
in the following circumstances:

   a. If the person suffers persecution for engaging in activities in favour of peace and other
   human rights, or for claiming the right to conscientious objection against war or mili-
   tary service;

   b. If the person has a well-founded fear of persecution by State or non-State agents, on
   grounds of race, sex, religion, nationality, sexual orientation, membership in a par-
   ticular social group or political opinions, family status, or any other condition;

   c. If the person flees his/her country or place of origin or residence because his/her life,
   security or liberty has been threatened by generalized violence, foreign aggression, in-
   ternal conflicts, massive violation of human rights or other circumstances that gravely

perturb public order.

2. Refugee status should include, *inter alia*, the right to voluntary return to one's country or place of origin or residence in dignity and with all due guarantees, once the causes of persecution have been removed and, in case of armed conflict, it has ended.

ARTICLE 10
RIGHT TO EMIGRATE AND TO PARTICIPATE

1. All individuals have the right of freedom of movement and to emigrate if their right to human security or to live in a safe and healthy environment, as stipulated in Article 3 of this Declaration, is seriously threatened.

2. In order to promote social inclusion and prevent structural violence ensuing from discrimination in the enjoyment of human rights, migrants have the right to participate, individually or collectively, in the public affairs of the country in which they have their residence, and to benefit from specific mechanisms and institutions that facilitate such participation, in accordance with international human rights law.

ARTICLE 11
RIGHTS OF ALL VICTIMS

1. All victims of human rights violations have the right, without discrimination, to recognition of their status as such and to an effective remedy to protect them against violations of human rights, particularly of the human right to peace.

2. All individuals have an inalienable right, not subject to statutory limitations, to obtain justice in respect of gross violations of human rights, including the investigation and determination of the facts, as well as the identification and punishment of those responsible.

3. The victims of human rights violations, the members of their families and society in general have the right to know the truth, not subject to statutory limitations.

4. Every victim of a human rights violation has the right, in accordance with international human rights law, to the restoration of the violated rights; to obtain effective and complete redress, including the right to rehabilitation and compensation; measures of symbolic redress or reparation as well as guarantees that the violation will not be repeated. Such redress shall not preclude recourse to popular courts or tribunals of conscience and to institutions, methods, traditions or local customs of peaceful settlement of disputes, which may be acceptable to the victim as adequate reparation.

ARTICLE 12

GROUPS IN SITUATIONS OF VULNERABILITY

1. All individuals share the same human dignity and have an equal right to protection. Nevertheless, there are certain groups in situations of specific vulnerability who deserve special protection. Among them are women in particular situations, children, victims of enforced or involuntary disappearances, persons with diverse physical or mental functionality, elderly persons, displaced persons, migrants, minorities, refugees and indigenous peoples.

2. States shall ensure that the specific effects of the different forms of violence on the enjoyment of the rights of persons belonging to groups in situations of vulnerability are assessed. States also have the obligation to ensure that remedial measures are taken, including the recognition of the right of persons belonging to groups in situations of vulnerability to participate in the adoption of such measures.

3. States, international organizations, in particular the United Nations, and civil society shall facilitate the specific contribution of women to the prevention, management and peaceful settlement of disputes, and promote their contribution to building, consolidating and maintaining peace after conflicts. To this end, the increased representation of women shall be promoted at all levels of decision-making in national, regional and international institutions and mechanisms in these areas.

4. All individuals deprived of their liberty have the right to be treated humanely; their right life, dignity and physical and moral integrity shall be respected. In case of children, de-

tention shall be imposed exclusively as a last resort and be limited to exceptional cases. States shall ensure conditions of detention that promote rehabilitation and inclusion of persons deprived of their liberty, particularly children and youth, ensuring their education, training and general development.

5. The enforced or involuntary disappearance of individuals constitutes a crime against humanity. Their victims have the rights to the recognition of their detention, to regain their freedom and to obtain complete, effective, fair and adequate reparation.

6. Indigenous peoples have all the rights guaranteed to them by international human rights law, particularly the right to live on their lands, to enjoy their natural resources and to the effective protection of their cultural heritage.

Section B. Obligations

ARTICLE 13
OBLIGATIONS FOR THE REALIZATION OF THE HUMAN RIGHT TO PEACE

1. The effective and practical realization of the human right to peace necessarily entails duties and obligations for States, international organizations, civil society, peoples, individuals, corporations, the media and other actors in society and, in general, the entire international community.

2. The fundamental responsibility for preserving peace and protecting the human right to peace lies with the States and also with the United Nations as the most universal body which harmonizes the concerted efforts of the nations to realise the purposes and principles proclaimed in the UN Charter.

3. States shall take all the necessary measures for ensuring development and protection of the environment, including disaster preparedness strategies, as their absence poses a threat to peace. States have the obligation to cooperate in all necessary fields in order to achieve the realization of the human right to peace, in particular by implementing their existing commitments to promote and provide increased resources to international co-

operation for development.

4. States are also required to adopt measures to build and consolidate peace and have the responsibility to protect humankind from the scourge of war. This, however, shall not be interpreted to imply for any State any entitlement to intervene in the territory of other States.

5. Effectiveness of the United Nations should be further enhanced in its dual functions of preventing violations and protecting human rights and human dignity, including the human right to peace. In particular, it is for the General Assembly, the Security Council, the Human Rights Council and other competent bodies to take effective measures to protect human rights from violations which may constitute a danger or threat to international peace and security.

6. The United Nations system must engage in a thorough and effective manner, through the United Nations Peace-building Commission, in cooperation with other entities of the United Nations and relevant regional and sub-regional organisations, in the elaboration of integrated strategies for peace and for the reconstruction of affected countries following the end of armed conflicts. Such strategies must ensure stable sources of financing and effective coordination within the United Nations system. In this context, the effective implementation of the Programme of Action on a Culture of Peace is underscored.

7. Any military action outside the framework of the UN Charter is unacceptable, constitutes a most grave violation of the principles and purposes of the UN Charter, and is contrary to the human right to peace. The so-called "preventive war" constitutes a crime against peace.

8. In order to better guarantee the human right to peace, the composition and procedures of the Security Council shall be reviewed so as to reflect and better ensure the representation of today's international community. The methods of work of the Security Council must be transparent and allow a meaningful participation in its debates by civil society and other actors.

Part II
Implementation of the Declaration

ARTICLE 14
ESTABLISHMENT OF THE WORKING GROUP ON THE HUMAN RIGHT TO PEACE

1. A Working Group on the Human Right to Peace (hereinafter called *the Working Group*) will be established. It will be composed of ten members who will have the duties set forth in Article 15.

2. The Working Group will be composed of experts from the Member States of the United Nations who will carry out their duties with complete independence and in a personal capacity.

3. The following criteria shall be taken into account for their election:

   a. The experts shall be of high moral standing, impartiality and integrity, and show evidence of long and sufficient experience in any of the spheres stated in Part I of this Declaration;

   b. Equitable geographical distribution and representation of the different forms of civilization and of the main legal systems of the world;

   c. There shall be a balanced gender representation; and

   d. There may not be two experts nationals from the same State.

4. The members of the Working Group will be chosen by secret ballot at a session of the United Nations General Assembly from a list of candidates proposed by the Member States and by civil society organisations. The ten candidates who obtain the highest number of votes and a two thirds majority of the States present and voting will be elected. The initial election will take place at the latest three months after the date of adoption of this Declaration.

5. The experts will be elected for four years and may be re-elected only once.

6. Half of the Working Group will be renewed every two years.

ARTICLE 15

FUNCTIONS OF THE WORKING GROUP

1. The main function of the Working Group is to promote the observance and implementation of this Declaration. In the exercise of its mandate the Working Group shall have the following competences:

  a. To promote worldwide observance and awareness of the human right to peace, acting with discretion, objectivity and independence and adopting an integrated approach which takes account of the universality, interdependence and indivisibility of human rights and the overriding need to achieve international social justice;

  b. To gather, assemble and respond effectively to any relevant information from States, international organizations and their organs, civil society organizations, national human rights institutions, concerned individuals and any other reliable source;

  c. To carry out *in loco* investigations concerning violations of the human right to peace and to report to the pertinent bodies;

  d. To address, when it considers it appropriate, recommendations, appeals and urgent actions to the UN Member States, asking them to adopt appropriate measures for the effective realization of the human right to peace, in accordance with Part I of this Declaration. The States shall give due consideration to those recommendations and appeals;

  e. To draw up, on its own initiative or at the request of the General Assembly, the Security Council or the Human Rights Council, the reports it deems necessary in the event of an imminent threat to or serious violation of the human right to peace, as defined in

Part I of this Declaration;

f. To present an annual report of its activities to the General Assembly, the Security Council and the Human Rights Council, in which it will include the conclusions and recommendations it may be considered necessary to the effective promotion and protection of the human right to peace, paying special attention to situations linked to armed conflicts;

g. To prepare for the attention of the General Assembly a draft international convention on the human right to peace with a mechanism for monitoring inter alia States compliance with its full and effective implementation. The future conventional mechanism and the Working Group shall coordinate their mandates to avoid duplicating their activities;

h. To contribute to the elaboration of definitions and norms concerning the crime of aggression and the limits of legitimate self-defence;

i. To submit to the Prosecutor of the International Criminal Court or other competent international criminal tribunals, reliable information about any situation in which it would appear that crimes which fall within the jurisdiction of the International Criminal Court or of another international criminal tribunal, have been committed;

j. To approve by a majority of its members the working methods for the regular functioning of the Working Group, which shall include inter alia rules on the appointment of its Bureau, as well as the procedure for the adoption of decisions and recommendations.

2. The Working Group shall have its seat in New York and hold three ordinary sessions per year, as well as any extraordinary sessions to be determined in accordance with its working methods. The Working Group shall have a permanent Secretariat which will be provided by the UN Secretary General. The expenditures of the Working Group, including those associated with *in loco* investigations, shall be financed as part of the regular budget of the United Nations

Final provisions

1. No provision of this Declaration may be interpreted as meaning that it confers on any State, group or individual any right to undertake or develop any activity, or carry out any act contrary to the purposes and principles of the United Nations, or likely to negate or violate any of the provisions of this Declaration, as well as in international human rights law, international labour law, international humanitarian law, international criminal law and international refugee law.

2. The provisions of this Declaration shall apply without prejudice to any other provision more propitious to the effective realization of the human right to peace formulated in accordance with the domestic legislation of States or stemming from applicable international law.

3. All States must implement in good faith the provisions of this Declaration by adopting relevant legislative, judicial, administrative, educational or other measures necessary to promote its effective realization.

7. 유엔 인권이사회 자문위원회 평화권 보고서(2012)

유엔인권이사회 제20회기(2012. 6. 18~7. 6) 제출 내용 중 선언 초안 부분

평화에 관한 권리선언 초안

서문

유엔인권이사회는

서로 평화롭게 살기 위한 모든 사람(all people)들의 공통의 의사를 재확인하고,

유엔의 가장 중요한 목적이 국제평화와 안전 유지임을 재확인하고,

유엔헌장에 규정된 국제법의 기본원칙을 마음에 새기고,

우리들 지구의 모든 인민(the peoples)이 신성한 평화에 대한 권리를 갖고 있음을 선언하고 있는 1984년 11월 12일의 유엔 총회 결의 39/11을 상기한다.

모든 인민은 국가와 국제적인 평화와 안전에 대한 권리가 있음을 서술하고 있는 인간과 인민의 권리(Human & Peoples' Rights)에 관한 아프리카헌장도 상기하며,

나아가 모든 가맹국은 국제적 관계에 있어 어떠한 나라의 영토문제, 정치적 독립에 대하여도 무력의 행사 또는 위협, 그리고 유엔의 목적에 일치하지 않는 어떤 방법도 억제하지 않으면 안 된다는 것을 상기한다.

물질적 행복 발전 및 나라의 발전 및 유엔이 선언한 인권 및 기본적 자유의 완전한 실시를 위해 무력행사를 금지하는 것이 중요하며 국제적으로 필수불가결한 조건임을 확인하며,

지체 없는 핵군축을 포함하여 무력행사를 세상으로부터 근절해야 한다는 모든 인민의 의사를 표명하며,

다음과 같이 선언을 채택한다.

제1조 평화권: 원칙

1. 개인(individuals) 및 인민(peoples)은 평화권을 갖는다. 이 권리는 인종, 출신, 국적, 민족, 사회적 출신, 피부색, 성별, 성적 지향, 연령, 언어 종교와 신념, 정치적 그리고 그 밖의 견해, 경제적 상황, 유산, 다양한 신체적 정신적 기능, 시민적 지위 그 밖의 다양한 조건들을 이유로 한 구별과 차별이 없이 실시되어야 한다.

2. 국가는 개별적 또는 집단적으로도, 그리고 다국가 간 조직의 일부로서도 평화권에 대하여 기본적 의무를 진다.

3. 이 권리는 보편적이며 불가분한 것이다. 상호 의존적이며 상호 관련되어있다.

4. 각국은 국제관계에서 무력행사 또는 위협을 포기하고 법적 의무를 준수하여야 한다.

5. 모든 국가는 유엔헌장의 원칙에 따라 자신이 당사자가 되어 있는 분쟁해결에 있어 평화적 수단을 사용하여야 한다.

6. 모든 국가는 유엔헌장에 규정된 원칙의 존중과 발전권 및 민족자결권을 포함한 모든 인권 및 기본적 자유의 촉진을 기반으로 하는 국제체제에 있어 국제평화를 확립·유지하고 강화·촉진해야 한다.

제2조 인간의 안전보장

1. 모든 사람(everyone)은 인간 안전보장의 권리를 갖는다. 그것은 적극적 평화를 구성하는 모든 요소인 공포와 결핍으로부터의 자유를 의미하고, 또한 국제인권법에 준거한 사상, 양심, 의견, 표현, 신앙과 종교의 자유를 포함한다. 결핍으로부터의 자유는 지속 가능한 발전권 및 경제적·사회적·문화적 권리의 향유를 포함한다.

2. 모든 개인은(all individuals)은 어떤 형태의 폭력으로부터도 표적이 되지 않고, 능력, 신체, 지성, 도덕 및 정신을 전면적으로 발전시킬 수 있도록 평화 속에 살 권리(the right to live in peace)를 갖는다.

3. 모든 사람은 전쟁범죄, 국제법에 위반되는 무력행사, 집단학살(genocide) 및 인도에 대한 범죄로부터 보호받을 권리를 갖는다. 국가가 자기 관할에서 이러한 범죄 발생을 예방하지 못하는 경우 유엔 회원국 및 유엔에게 유엔헌장 및 국제법의 준수와 책임 부담을 요청해야 한다.

4. 각국 및 유엔은 민간인의 포괄적이고 유효한 보호를 평화유지활동 권한의 우선적 목적으로 하여야 한다.

5. 각 국가와 국제조직, 특히 유엔 및 시민사회는 분쟁의 방지, 관리 및 평화적 해결에 있어서 여성의 적극적이고 지속적인 역할을 장려해야 한다. 또한 분쟁 후의 평화구축, 통합 및 유지에 대한 여성의 공헌을 촉진해야 할 것이다. 국가, 지역 및 국제기구 그리고 이들 지역기구에 있어서의 모든 의사결정 과정에서 여성 대표자를 증원해야 한다. 젠더적 관점은 평화유지활동에도 견지되어야 한다.

6. 모든 사람은 자신이 속한 정부에 대하여 국제인권법 및 국제인도법과 같은 국제법의 기준을 실질적으로 준수할 것을 요청할 권리를 갖는다.

7. 평화와 모순되는 구조적 폭력을 발생시키는 불평등을 배척하고 빈곤을 없애기 위한 메커니즘이 발전 및 강화되어야 한다. 국가 및 시민사회는 분쟁조정, 특히 종교 및 민족과 관련되는 분쟁의 조정을 위해 적극적 역할을 하여야 한다.

8. 각국은 군사력 및 관련 예산의 민주적 통제를 보장하고, 국가 및 인간 안전보장의 필요성과 인간

안보정책, 그리고 방위 및 안전보장 예산에 관한 공개토론을 보장하여야 하며, 또한 의사결정자가 민주적 감독기관에 대하여 설명 책임을 지도록 하여야 한다. 국가들은 시민 안전보장과 같은 인간 친화적인 안전보장 개념을 추구하여야 한다.

9. 국제적인 법의 지배 강화를 위해 모든 국가는 국제 사법(international justice)이 모든 국가에서 공평하게 적용될 수 있도록 지원하여야 하며, 인도에 대한 범죄, 전쟁범죄, 집단학살 및 침략에 대한 죄를 다룰 수 있도록 지원하는 노력을 하여야 한다.

제3조 군축

1. 각국은 엄격하고 투명하게 무기 거래를 통제하고, 위법한 무기거래 금지에 적극적 자세를 취해야 한다.

2. 국가는 포괄적이고 효과적인 국제적 감독 아래, 공동의 그리고 협조적인 방법으로 합리적인 기간 내에 진전된 군축을 진행하여야 한다. 국가는 인간의 안전보장에 쓸 수 있도록 군사예산은 필요최소한으로 감축하여야 한다.

3. 모든 인민 및 개인은 대량파괴무기 없는 세상에 살 권리를 갖는다. 국가는 핵무기 및 생화학무기를 포함하여 모든 대량파괴무기 또는 무차별살상 무기를 조속히 폐기하여야 한다. 환경피해를 주는 무기의 사용, 특히 방사성무기 및 대량파괴무기는 국제인도법, 건전한 환경에 대한 권리 및 평화권을 위반한다. 이러한 무기는 금지되어 있고, 조속히 폐기되어야 하며, 이들을 사용하여온 국가는 피해를 모두 복구하여 환경을 회복할 의무를 진다.

4. 국가는 평화지대와 비핵지대의 발전의 촉진과 창설을 고려해야 한다.

5. 모든 인민 및 개인은 군축으로부터 얻어진 자원을 인민의 경제적·사회적 및 문화적 발전에 사용하게 할 권리, 특히 천연자원의 경우 최빈국과 취약집단의 필요에 따라 공정하게 재분배할 권리를 갖는다.

제4조 평화교육 및 훈련

1. 모든 인민 및 개인은 포괄적 평화 및 인권교육의 권리를 갖는다. 이러한 교육은 모든 교육시스템의 기초이어야 한다. 신뢰·연대 및 상호존중에 기초한 사회 프로세스를 창출하고, 젠더적 관점을 도입하여 분쟁의 평화적 해결을 촉진하여야 한다. '평화 문화에 대한 선언과 행동 프로그램'(Declaration and the Programme of Action on a Culture of Peace) 및 다문화 간 대화의 틀 가운데서 인간적 관계에 접근할 수 있는 새로운 길을 열어야 한다.

2. 모든 사람은 분쟁의 창조적이고 비폭력적인 해결에 참여하기 위한 필요한 능력을 요구하고 획득할 권리를 평생 동안 갖는다. 모든 사람은 이러한 능력을 공식적 교육뿐만 아니라 비공식적 교육

을 통하여서도 배양할 수 있어야 한다. 인권 및 평화 교육은 아동의 충분한 성장을 위해서도 필
요하며, 개인과 사회의 적극적 일원인 아동을 위해서도 본질적으로 중요하다. 평화를 위한 교육
및 사회화는 전쟁지향성을 버리게 하고(unlearning war) 폭력으로부터 해방된 자기를 회복하
기 위해 절대불가결한 조건이다.

3. 모든 사람들은 국제인권법에 따라 호전적 또는 공격적인 목적에 유리하도록 조작된 정보로부터
보호되기 위해 검열 없는 다양한 정보원에 접근하고 이를 취득할 권리를 갖는다.

4. 모든 사람들은 정부 또는 민간 영역에 의한 간섭 없이, 평화권을 위협하며 침해하는 모든 것을
고발하고, 정치적·사회적·문화적 활동 및 행동에 평화적이고 자유롭게 참가할 권리를 갖는다.

5. 각국은 다음을 약속한다.

  (a) 교과서 및 그 밖의 교육적 미디어로부터 증오적 메시지, 왜곡과 편견 및 부정적인 선입관을 배
제하고, 폭력을 찬미하고 또 이를 정당화하는 것을 금지하며, 배외주의를 예방하고, 세계의 주
요한 문화 문명 및 종교에 관한 기본적인 지식 및 이해를 확보하기 위한 교육상의 노력을 할 것.

  (b) 인권에 기초한 접근, 문화적 다양성, 다문화간의 대화 및 지속적 발전을 위한 교육 및 문화적
정책을 성찰하고 새로이 할 것.

  (c) 여성에 대한 차별적 국내법 및 정책을 개정하고 가정 폭력, 여성 및 소녀의 인신매매, 성적인
폭력에 대처하기 위한 입법을 할 것.

제5조 양심적 병역거부

1. 각 개인은 양심적 병역거부의 권리를 갖고, 이 권리를 효과적 실현하기 위해 필요한 권리를 갖는
다.

2. 각국은 군대 또는 그 밖의 안전보장 기관의 요원이 유엔헌장 또는 국제인권법과 국제인도법의 원
칙 및 기준에 위반되는 대내적 또는 대외적 침략전쟁 또는 그 밖의 군사활동 참가 방지의 의무
를 갖는다. 군대 또는 그 밖의 안전보장 기관의 요원은 이러한 원칙 및 기준에 분명하게(mani-
festly) 위반되는 명령에는 따르지 않을 권리를 갖는다. 상관의 명령에 복종해야 할 의무와 위의
원칙 및 기준을 따를 의무는 병존할 수 있으며, 이러한 불복종은 어떤 경우에도 군법 위반으로 보
아서는 안 된다.

제6조 민간 군사 경비회사

1. 각국은 고유의 군대 및 안전보장상의 기능을 민간에 외부 위탁하는 것을 삼가야 한다. 각국은 기
존의 민간 군사회사 및 민간 경비회사에 대한 기능, 감독 및 감시에 대하여 명확한 기준을 갖춘
국내 및 국제적인 체제를 확립해야 한다. 용병 사용은 국제법 위반이다.

2. 각국은 민간 군사·경비회사, 그러한 활동과 관련된 요원 및 조직이 국제인권법 및 인도법에 합치되도록 제정된 법의 통제하에서만 운영되도록 해야 한다. 이러한 기업 및 그 요원이 국내 또는 국제법을 위반한 것에 대하여 책임을 물을 수 있도록 각국은 입법, 행정 및 그 밖의 수단을 필요한 범위 내에서 실행해야 한다. 민간 군사회사 및 민간 경비회사가 져야 할 그 어떤 책임도 국가의 책임에 의해 면책되지 않으며, 국가의 책임과는 별개로 존재한다.

3. 국제적·지역적 기관에 고용된 민간 군사·경비회사의 활동을 감시하기 위해 명백한 기준과 절차를 그들 기관과 더불어 확립해야 한다. 국가와 유엔은 국가와 정부 간 기관, 국제적 비정부기관에 의해 고용된 민간회사 경비회사에 의해 야기된 인권침해에 대하여 국가와 국제기관의 관계를 강화하고 책임을 명확히 해야 한다.

제7조 압제에 대한 저항 및 반대

1. 모든 인민 및 개인은 압제적 식민지 지배, 외국 또는 독재자(국내 압제)에 의한 지배에 대하여 저항하고 반대할 권리를 갖는다.

2. 모든 사람은 침략, 집단학살, 전쟁범죄 및 인도에 대한 범죄, 보편적 인권에 대한 침해, 전쟁 또는 폭력을 유발하는 프로파간다 및 평화권 침해에 대하여 반대할 권리를 갖는다.

제8조 평화유지

1. 평화유지사절 및 평화유지군은 유엔의 규칙 및 직무수행에 관한 절차를 엄격하게 준수해야 한다. 이 규칙 및 절차에는 평화유지사절 및 평화유지군에 의한 국제법위반이나 범죄행위가 이루어질 경우 피해자를 위한 소송절차 및 구제를 가능하게 하기 위한 면책특권 배제도 포함되어 있다.

2. 군대파견국은 자국파견단의 요원에 대한 고발을 효과적이고 포괄적으로 조사하기 위한 모든 수단을 취해야 한다. 고발인에게 이 조사 결과를 통보해야 한다.

제9조 발전

1. 모든 인간 및 모든 인민은 모든 인권 및 기본적 자유가 전면적으로 실현될 수 있도록 경제적·사회적·문화적·정치적 발전에 참가하고 공헌하고 이를 향유할 권리를 갖는다.

2. 모든 사람은 발전권, 경제적 사회적 문화적 권리를 향유하여야 하며, 특히 다음과 같은 권리를 향유하여야 한다.

  (a) 충분한 식량, 음용수, 위생, 주거, 보건, 의복, 교육, 사회적 안전 및 문화에 대한 권리;

  (b) 적정한 노동에 대한 권리, 고용과 노동조합결정에 있어서 공정한 조건을 향유할 권리, 동일

노동 동일임금의 권리, 공평한 조건으로 사회적 서비스에 접근할 권리, 휴가를 취할 권리;

(c) 모든 국가는 발전권 및 그 밖의 인권을 달성하기 위해 상호협력할 의무를 진다.

3. 모든 인민 및 개인은 빈곤과 사회적 배제로 이어지는 불공정하고 지속 불가능한 대외채무 및 변제조건, 불공평한 국제적 경제질서 등과 같은 발전권 실현의 장애물을 제거할 권리를 갖는다. 각국 및 유엔체제는 이러한 장애물을 제거하기 위해 대외내적으로 전면적인 협력을 하여야 한다.

4. 각국은 평화, 안전보장 그리고 발전을 상호 연결되어 있고 서로를 지지 보존해주는 것으로서 추구해야만 해며, 하나가 다른 하나의 기초가 되는 것으로 다뤄야 한다. 포괄적이고 지속 가능한 경제, 사회 문화 및 정치발전을 촉진시키기 위한 각국의 의무에는 전쟁 위협을 제거할 의무가 수반된다. 이러한 목적을 달성하기 위해 각국은 군축에 노력을 기울여야 하며, 모든 사람들이 이 과정에 자유롭고 실질적으로 참가할 수 있도록 해야 한다.

제10조 환경

1. 모든 사람은 유해한 인공적 영향으로부터 자유로운 환경에 있을 것을 포함한 안전하고 청결하며 평화로운 환경에 대한 권리를 가진다. 지속적 발전에 관한 권리 및 환경파괴, 특히 기후변동을 완화하고, 이에 대응하기 위해 국제적으로 행동할 권리를 갖는다. 모든 사람은 기후변화 완화와 기후변화 적응에 대한 정책을 개발하고 실행하는 과정에서 자유롭고 실질적으로 참여할 권리를 갖는다. 각국은 기후변동 분야에서 기술 이전을 포함한 앞선 권리들를 보장하기 위해 공동의 그러나 차별화된 책임 원칙에 적합하게 실천할 책임을 지고 있다.

2. 각국은 기후변동의 완화에 대한 공동의, 그러나 차별적인 책임원칙에 기초하여 입수 가능한 최고의 과학적 증거 및 기후변동에 대한 역사적 책임에 기초하여 모든 인민이 기후변동의 악영향, 특히 인권을 저해하는 영향에 대해 대응할 능력을 가질 수 있도록 할 책임을 가진다. 이러한 대응을 위한 자원을 갖고 있는 나라는 유엔기후변동 조약에 따라 기후변동에 대응할 자원이 불충분한 국가에 대하여 적절한 금융지원의 책임을 진다.

3. 국가, 국제조직, 기업 및 사회 내의 다른 주체들은 의도적이든 그렇지 않은 장기간 계속되거나 심각한 영향을 미치거나 계속적인 파괴를 야기하는 것, 타국에 대해 피해나 손해를 입히는 결과를 야기하는 환경 변형 등의 무력행사에 대한 환경적 충격에 대해 책임을 진다.

4. 재해에 대한 준비 부족은 평화에 대한 또 다른 위협이기에, 국가는 그 준비를 포함하여 환경의 발전과 보호를 위한 필요한 모든 수단을 취해야 한다.

제11조 피해자 및 약자 그룹의 권리

1. 인권침해의 피해자는 모두 국제인권법에 따라 법령상의 제한이 있더라도 진실을 알 권리, 침해

된 권리를 회복할 권리를 다음과 같이 갖는다. 사실조사를 행하게 하고 책임을 질 사람의 신원을 밝히고 처벌할 것, 사회복귀 및 보상을 할 권리를 포함하여 효과적이고 전면적인 구제를 받을 권리, 상징적인 구제 및 배상을 받을 권리, 침해가 되풀이되지 않도록 보장받을 권리.

2. 침략, 집단살해, 인종주의, 인종차별, 배외주의 및 그 밖의 형태의 불관용 또는 아파르트헤이트, 식민주의 및 신식민주의의 피해를 입은 자는 모두 평화권 침해의 피해자로서 특히 주의를 기울여야 한다. 전쟁난민, 기아로부터 도망쳐 나온 난민의 상황과 같은 과제들에 대해서는 특별한 고려를 하여야 한다.

3. 각국은 영주자를 이주자 정책 및 관리의 중심에 놓고, 박해받고 불이익을 받고 있는 이주자집단의 상황에 대한 특별한 주의를 기울여야 한다. 이러한 접근은 인종차별과 배외주의에 대처하기 위한 국가전략, 공공주택대책에 관한 계획과 같은 관련 국가의 정책적 행동전략 속에 이주자를 포함할 것을 보장하는 것이기도 하다. 국가는 자국영토에 입국하고 체재할 조건을 결정할 주권을 갖고 있지만, 동시에 국적과 출신 이주자로서의 지위의 여하를 불문하고 그 관할하의 모든 개인의 인권을 존중하고 보호하고 실시할 의무를 진다.

제13조 의무 및 그 이행

1. 평화권의 유지, 촉진 및 이행은 모든 국가의 기본적 의무이다. 또한 유엔헌장에서 제창되고 있는 목적과 원칙을 실현하기 위한 국가들의 협력과 노력이 어우러진 가장 보편적인 기관으로서 유엔의 기본적 의무이다.

2. 각국은 국제개별협력을 위한 자원의 촉진과 제공을 위한 기존의 공약 이행을 비롯한 모든 분야에서 평화권 실현과 달성을 위해 협력하여야 한다.

3. 평화권을 효과적이고 실천적으로 실현하기 위해서는 국가 및 국제조직을 넘어선 활동 및 노력이 요구되며, 시민사회, 특히 교육기관, 미디어, 기업에 의한 포괄적이고 적극적인 공헌, 및 국제적인 커뮤니티에 의한 폭넓은 협력이 요구된다.

4. 모든 개인 및 사회적 기관은 본 선언을 늘 염두에 두고, 대내외에서 전향적인 방법으로, 그리고 모든 장소에서 보편적이고 효과적으로 승인하고 이를 준수하며, 평화권을 존중하고 촉진하는 노력을 하여야 한다.

5. 국가는 평화권을 포함한 인간의 존엄 침해를 예방하고 보호하는 기능을 발휘하여 유엔의 유효성을 강화하여야 한다. 특히, 유엔총회, 안전보장이사회, 인권이사회, 그 밖의 기관이 국제평화와 안전에 대한 위험 또는 위협이 되는 인권침해로부터 인권을 보호하기 위한 효과적인 방법을 취할 필요가 있다.

6. 유엔인권이사회에 평화권을 존중하고 그 실시를 감시하고, 관련 유엔기관에 보고를 위한 특별절차를 둘 것을 권고한다.

제14조 최종조항

1. 이 선언의 어떤 조항도 유엔의 목적과 원칙에 반하는 어떠한 활동의 승인이나 행동을 하기 위한 권리, 또는 이 선언의 조항 및 국제인권법, 국제노동법, 국제인도법, 국제형사법, 국제난민법의 조항을 위반하거나 부정할 가능성이 있는 권리를 국가나 집단 개인에게 부여한다고 해석해서는 안 된다.

2. 이 선언의 조항은 각국의 국내법과 적용 가능한 국제법에 근거한, 평화권의 실질적 실현에 관한 어떤 조항과도 차별 없이 조화롭게 적용되어야 한다.

3. 모든 국가는 이 선언 조항을 신심을 가지고 실현해가기 위해서 관련 입법, 사법, 행정, 교육, 또는 실질적인 현실화를 촉진하기 위해 필요한 기타 수단 등을 고안해야 한다.

〈원문〉

Report of the Human Rights Council Advisory Committee on the right of peoples to peace (UN. Doc. A/HRC/20/31)

Report of the Human Rights Council Advisory
Committee on the right of peoples to peace

Draft declaration on the right to peace

Preamble

The Human Rights Council,

Reaffirming the common will of all people to live in peace with each other,

Reaffirming also that the principal aim of the United Nations is the maintenance of international peace and security,

Bearing in mind the fundamental principles of international law set forth in the Charter of the United Nations,

Recalling General Assembly resolution 39/11 of 12 November 1984, in which the Assembly proclaimed that the peoples of our planet have a sacred right to peace,

Recalling also the African Charter on Human and Peoples' Rights, which states that all peoples have the right to national and international peace and security,

Recalling further that all Members shall refrain in their international relations from the threat or use of force against the territorial integrity or political independence of any State or in any other manner inconsistent with the purposes of the United Nations,

Convinced that the prohibition of the use of force is the primary international prerequisite for the material well-being, development and progress of countries, and for the full implementation of the human rights and fundamental freedoms proclaimed by the United Nations,

Expressing the will of all peoples that the use of force must be eradicated from the world, including through full nuclear disarmament, without delay,

Adopts the following:

Article 1. Right to peace: principles

1. Individuals and peoples have a right to peace. This right shall be implemented without any distinction or discrimination for reasons of race, descent, national, ethnic or social origin, colour, gender, sexual orientation, age, language, religion or belief, political or other opinion, economic situation or heritage, diverse physical or mental functionality, civil status, birth or any other condition.

2. States, severally and jointly, or as part of multilateral organizations, are the principal duty-holders of the right to peace.

3. The right to peace is universal, indivisible, interdependent and interrelated.

4. States shall abide by the legal obligation to renounce the use or threat of use of force in international relations.

5. All States, in accordance with the principles of the Charter of the United Nations, shall use peaceful means to settle any dispute to which they are parties.

6. All States shall promote the establishment, maintenance and strengthening of international peace in an international system based on respect for the principles enshrined in the Charter and the promotion of all human rights and fundamental freedoms, including the right to development and the right of peoples to self-determination.

Article 2. Human security

1. Everyone has the right to human security, which includes freedom from fear and from want, all constituting elements of positive peace, and also includes freedom of thought, conscience, opinion, expression, belief and religion, in conformity with international human rights law. Freedom from want implies the enjoyment of the right to sustainable development and of economic, social and cultural rights. The right to peace is related to all human rights, including civil, political, economical, social and cultural rights.

2. All individuals have the right to live in peace so that they can develop fully all their ca-
pacities, physical, intellectual, moral and spiritual, without being the target of any kind
of violence.

3. Everyone has the right to be protected from genocide, war crimes, the use of force in
violation of international law, and crimes against humanity. If States are unable to pre-
vent these crimes from occurring within their jurisdiction, they should call on Member
States and the United Nations to fulfil that responsibility, in keeping with the Charter of
the United Nations and international law.

4. States and the United Nations shall include in mandates of peacekeeping operations the
comprehensive and effective protection of civilians as a priority objective.

5. States, international organizations, in particular the United Nations, and civil society
shall encourage an active and sustained role for women in the prevention, management
and peaceful settlement of disputes, and promote their contribution to building, con-
solidating and maintaining peace after conflicts. The increased representation of women
shall be promoted at all levels of decision-making in national, regional and international
institutions and mechanisms in these areas. A gender perspective should be incorpo-
rated into peacekeeping operations.

6. Everyone has the right to demand from his or her Government the effective observance
of the norms of international law, including international human rights law and interna-
tional humanitarian law.

7. Mechanisms should be developed and strengthened to eliminate inequality, exclusion
and poverty, as they generate structural violence, which is incompatible with peace.
Both State and civil society actors should play an active role in the mediation of conflicts,
especially in conflicts relating to religion and/or ethnicity.

8. States should ensure democratic governance of military and related budgets, an open de-
bate about national and human security needs and policies, defence and security budg-
eting, as well as accountability of decision makers to democratic oversight institutions.

They should pursue people-oriented concepts of security, such as citizens' security.

9. To strengthen international rule of law, all States shall strive to support international justice applicable to all States equally and to prosecute the crime of genocide, crimes against humanity, war crimes and the crime of aggression.

Article 3. Disarmament

1. States shall engage actively in the strict and transparent control of arms trade and the suppression of illegal arms trade.

2. States should proceed in a joint and coordinated manner and within a reasonable period of time to further disarmament, under comprehensive and effective international supervision. States should consider reducing military spending to the minimum level necessary to guarantee human security.

3. All peoples and individuals have a right to live in a world free of weapons of mass destruction. States shall urgently eliminate all weapons of mass destruction or of indiscriminate effect, including nuclear, chemical and biological weapons. The use of weapons that damage the environment, in particular radioactive weapons and weapons of mass destruction, is contrary to international humanitarian law, the right to a healthy environment and the right to peace. Such weapons are prohibited and must be urgently eliminated, and States that have utilized them have the obligation to restore the environment by repairing all damage caused.

4. States are invited to consider the creation and promotion of peace zones and of nuclear weapon-free zones.

5. All peoples and individuals have the right to have the resources freed by disarmament allocated to the economic, social and cultural development of peoples and to the fair redistribution of natural wealth, responding especially to the needs of the poorest countries and of groups in situations of vulnerability.

Article 4. Peace education and training

1. All peoples and individuals have a right to a comprehensive peace and human rights education. Such education should be the basis of every educational system, generate social processes based on trust, solidarity and mutual respect, incorporate a gender perspective, facilitate the peaceful settlement of conflicts and lead to a new way of approaching human relationships within the framework of the Declaration and the Programme of Action on a Culture of Peace and dialogue among cultures.

2. Everyone has the right to demand and obtain the competences needed to participate in the creative and non-violent resolution of conflicts throughout their life. These competencies should be accessible through formal and informal education. Human rights and peace education is essential for the full development of the child, both as an individual and an active member of society. Education and socialization for peace is a condition sine qua non for unlearning war and building identities disentangled from violence.

3. Everyone has the right to have access to and receive information from diverse sources without censorship, in accordance with international human rights law, in order to be protected from manipulation in favour of warlike or aggressive objectives. War propaganda should be prohibited.

4. Everyone has the right to denounce any event that threatens or violates the right to peace, and to participate freely in peaceful political, social and cultural activities or initiatives for the defence and promotion of the right to peace, without interference by Governments or the private sector.

5. States undertake:

(a) To increase educational efforts to remove hate messages, distortions, prejudice and negative bias from textbooks and other educational media, to prohibit the glorification of violence and its justification, and to ensure the basic knowledge and understanding of the world's main cultures, civilizations and religions and to prevent xenophobia;

(b) To update and revise educational and cultural policies to reflect a human rights-based approach, cultural diversity, intercultural dialogue and sustainable development;

(c) To revise national laws and policies that are discriminatory against women, and to adopt legislation that addresses domestic violence, the trafficking of women and girls and gender-based violence.

Article 5. Right to conscientious objection to military service

1. Individuals have the right to conscientious objection and to be protected in the effective exercise of this right.

2. States have the obligation to prevent members of any military or other security institution from taking part in wars of aggression or other armed operations, whether international or internal, which violate the Charter of the United Nations, the principles and norms of international human rights law or international humanitarian law. Members of any military or other security institutions have the right to disobey orders that are manifestly contrary to the above-mentioned principles and norms. The duty to obey military superior orders does not exempt from the observance of these obligations, and disobedience of such orders shall in no case constitute a military offence.

Article 6. Private military and security companies

1. States shall refrain from outsourcing inherently State military and security functions to private contractors. For those activities that may be outsourced, States shall establish a national and an international regime with clear rules regarding the functions, oversight and monitoring of existing private military and security companies. The use of mercenaries violates international law.

2. States shall ensure that private military and security companies, their personnel and any structures related to their activities perform their respective functions under officially enacted laws consistent with international humanitarian law and international human rights law. They shall take such legislative, administrative and other measures as may be

necessary to ensure that such companies and their personnel are held accountable for violations of applicable national or international law. Any responsibility attributable to a private military or security company is independent and does not eliminate the responsibility that a State or States may incur.

3. The United Nations shall establish, together with other international and regional organizations, clear standards and procedures for monitoring the activities of private military and security companies employed by these organizations. States and the United Nations shall strengthen and clarify the relationship and accountability of States and international organizations for human rights violations perpetrated by private military and security companies employed by States, intergovernmental and international nongovernmental organizations. This shall include the establishment of adequate mechanisms to ensure redress for individuals injured by the action of private military and security companies.

Article 7. Resistance and opposition to oppression

1. All peoples and individuals have the right to resist and oppose oppressive colonial, foreign occupation or dictatorial domination (domestic oppression).

2. Everyone has the right to oppose aggression, genocide, war crimes and crimes against humanity, violations of other universally recognized human rights, and any propaganda in favour of war or incitement to violence and violations of the right to peace.

Article 8. Peacekeeping

1. Peacekeeping missions and peacekeepers shall comply fully with United Nations rules and procedures regarding professional conduct, including the lifting of immunity in cases of criminal misconduct or the violation of international law, to allow the victims recourse to legal proceedings and redress.

2. Troop-contributing States shall take appropriate measures to investigate effectively and comprehensively complaints against members of their national contingents. Complainants should be informed about the outcome of such investigations.

Article 9. Right to development

1. Every human person and all peoples are entitled to participate in, contribute to and enjoy economic, social, cultural and political development, in which all human rights and fundamental freedoms can be fully realized.

2. Everyone shall enjoy the right to development and economic, social and cultural rights and, in particular:

   (a) The right to adequate food, drinking water, sanitation, housing, health care, clothing, education, social security and culture;

   (b) The right to decent work and to enjoy fair conditions of employment and trade union association; the right to equal remuneration among persons who perform the same occupation or function; the right to have access to social services on equal terms; and the right to leisure;

   (c) All States have an obligation to cooperate with each other to protect and promote the right to development and other human rights.

3. All peoples and individuals have the right to the elimination of obstacles to the realization of the right to development, such as the servicing of unjust or unsustainable foreign debt burdens and their conditionalities or the maintenance of an unfair international economic order that generates poverty and social exclusion. States and the United Nations system shall cooperate fully in order to remove such obstacles, both internationally and domestically.

4. States should pursue peace and security and development as interlinked and mutually reinforcing, and as serving as a basis for one another. The obligation to promote comprehensive and sustainable economic, social, cultural and political development implies the obligation to eliminate threats of war and, to that end, to strive to disarmament and the free and meaningful participation of the entire population in this process.

Article 10. Environment

1. Everyone has the right to a safe, clean and peaceful environment, including an atmos-
   phere that is free from dangerous man-made interference, to sustainable development
   and to international action to mitigate and adapt to environmental destruction, espe-
   cially climate change. Everyone has the right to free and meaningful participation in the
   development and implementation of mitigation and adaptation policies. States have the
   responsibility to take action to guarantee these rights, including technology transfer in
   the field of climate change, in accordance with the principle of common but differenti-
   ated responsibility.

2. States have the responsibility of mitigating climate change based on the best available
   scientific evidence and their historical contribution to climate change in order to en-
   sure that all people have the ability to adapt to the adverse effects of climate change,
   particularly those interfering with human rights, and in accordance with the principle
   of common but differentiated responsibility. States, in accordance with United Nations
   Framework Convention on Climate Change, with the resources to do so, have the re-
   sponsibility for providing adequate financing to States with inadequate resources for
   adaptation to climate change.

3. States, international organizations, corporations and other actors in society are responsi-
   ble for the environmental impact of the use of force, including environmental modifica-
   tions, whether deliberate or unintentional, that result in any long-lasting or severe effects
   or cause lasting destruction, damage or injury to another State.

4. States shall take all the necessary measures to ensure development and protection of the
   environment, including disaster preparedness strategies, as their absence poses a threat
   to peace.

Article 11. Rights of victims and vulnerable groups

1. Every victim of a human rights violation has the right, in accordance with international
   human rights law and not subject to statutory limitations, to know the truth, and to the

restoration of the violated rights; to obtain the investigation of facts, as well as identification and punishment of those responsible; to obtain effective and full redress, including the right to rehabilitation and compensation; to measures of symbolic redress or reparation; and to guarantees that the violation will not be repeated.

2. Everyone subjected to aggression, genocide, foreign occupation, racism, racial discrimination, xenophobia and other related forms of intolerance or apartheid, colonialism and neo-colonialism deserve special attention as victims of violations of the right to peace.

3. States shall ensure that the specific effects of the different forms of violence on the enjoyment of the rights of persons belonging to groups in situations of vulnerability, such as indigenous peoples, women suffering from violence and individuals deprived of their liberty, are taken fully into account. They have the obligation to ensure that remedial measures are taken, including the recognition of the right of persons belonging to groups in situations of vulnerability to participate in the adoption of such measures.

Article 12. Refugees and migrants

1. All individuals have the right to seek and to enjoy refugee status without discrimination, if there is a well-founded fear of being persecuted for reasons of race, religion, nationality, membership of a particular social group or political opinion, is outside the country of one's nationality and is unable or, owing to such fear, unwilling to avail oneself of the protection of that country; or who, not having a nationality and being outside the country of his former habitual residence as a result of such events, is unable or, owing to such fear, unwilling to return to it.

2. Refugee status should include, inter alia, the right to voluntary return to one's country or place of origin or residence in dignity and with all due guarantees, once the causes of persecution have been removed and, in case of armed conflict, it has ended. Special consideration should be given to challenges, such as the situation of war refugees and of refugees fleeing hunger.

3. States should place migrants at the centre of migration policies and management, and

pay particular attention to the situation of marginalized and disadvantaged groups of migrants. Such an approach will also ensure that migrants are included in relevant national plans of action and strategies, such as plans on the provision of public housing or national strategies to combat racism and xenophobia. Although countries have a sovereign right to determine conditions of entry and stay in their territories, they also have an obligation to respect, protect and fulfil the human rights of all individuals under their jurisdiction, regardless of their nationality or origin and regardless of their immigration status.

Article 13. Obligations and implementation

1. The preservation, promotion and implementation of the right to peace constitute a fundamental obligation of all States and of the United Nations as the most universal body harmonizing the concerted efforts of the nations to realize the purposes and principles proclaimed in the Charter of the United Nations.

2. States should cooperate in all necessary fields in order to achieve the realization of the right to peace, in particular by implementing their existing commitments to promote and provide increased resources to international cooperation for development.

3. The effective and practical realization of the right to peace demands activities and engagement beyond States and international organizations, requiring comprehensive, active contributions from civil society, in particular academia, the media and corporations, and the entire international community in general.

4. Every individual and every organ of society, keeping the present Declaration constantly in mind, shall strive to promote respect for the right to peace by progressive measures, national and international, to secure its universal and effective recognition and observance everywhere.

5. States should strengthen the effectiveness of the United Nations in its dual functions of preventing violations and protecting human rights and human dignity, including the right to peace. In particular, it is for the General Assembly, the Security Council, the Hu-

man Rights Council and other competent bodies to take effective measures to protect human rights from violations that may constitute a danger or threat to international peace and security.

6. The Human Rights Council is invited to set up a special procedure to monitor respect for and the implementation of the right to peace and to report to relevant United Nations bodies.

Article 14. Final provisions

1. No provision of the present Declaration may be interpreted as conferring on any State, group or individual any right to undertake or develop any activity or carry out any act contrary to the purposes and principles of the United Nations, or likely to negate or violate any of the provisions of the Declaration or of those in international human rights law, international labour law, international humanitarian law, international criminal law and international refugee law.

2. The provisions of the present Declaration shall apply without prejudice to any other provision more propitious to the effective realization of the human right to peace formulated in accordance with the domestic legislation of States or stemming from applicable international law.

3. All States must implement in good faith the provisions of the present Declaration by adopting relevant legislative, judicial, administrative, educational or other measures necessary to promote its effective realization.

8. 평화권 유엔초안에 관한 실무그룹 간 자유토론 보고서(2013)

I. 들어가면서

1. 인권이사회는 2012년 7월5일 결의 20/15에서, 자문위원회가 제출한 초안(A/HRC/20/31)을 기초로 하면서도 , 이와 관련된 과거·현재·미래의 견해에 구애받지 않고, 평화권 유엔선언의 기초를 적극적으로 교섭할 것을 목적으로 자유로운 정부 간 실무그룹을 설립할 것을 결정하였다. 또한 이 결의는 인권이사회 제22회기에 앞서 4일간의 작업일정으로 회합을 열기로 하였다.

2. 이 결의에 따라 실무그룹은 2013년 2월 18일부터 21일까지 열리기로 결정되었다.

3. 회기는, 2013년 2월 18일, 유엔인권최고대표부(High Commissioner for Human Rights)을 대표하여 부인권최고대표에 의해 개회되었다. 부인권최고대표부는 유엔은 모든 사람이 인권과 자유를 충분히 향유할 수 있는 평화적인 환경을 만들 것을 최종목적으로 하고 있음을 환기하였다. 그녀는 자문위원회의 기초위원회가 평화권선언 초안을 준비하기 위하여 기울인 포괄적인 작업들을 평가하고, 동시에 평화권에 관한 다양한 견해와 입장이 있다는 것도 확인하였다. 그녀는 인권최고대표부사무소가 이 실무그룹을 최대한 노력하여 지원할 준비가 되어 있다는 점도 표명하였다.

4. 인권이사회 의장도, 이 개회식에 출석하였다. 그는 국제적인 평화와 협력이 확립된 유엔원칙임을 다시 한 번 강조하였다. 나아가 그는 자문위원회의 작업이 가맹국과 다른 관계자들의 폭넓은 협의의 결과임을 지적하고, 각 대표들에게 생산적인 회기가 될 수 있도록 희망한다고 당부하였다.

II. 회기의 조직에 대하여

A. 의장-보고자 선거

5. 2013년 2월 18일, 최초 회의에서 실무그룹은 크리스티안 기예르멧 페르난데스(Christian Guill-ermet-Fernàndez, 코스타리카)를 의장/보고자로 할 것을 박수로 결정하였다. 기제르메 페르난데스는 라틴아메리카 아랍국가 그룹(GRULAC)의 에콰도르 대표가 추천하였다. 에콰도르 대표는 그 지역 그룹을 대표하여 그 밖의 모든 지역그룹과 폭넓은 협의와 합의에 기초하여 추천하는

것이라며, 2012년 11월 29일 인권이사회 회장에게 구두로 보고한 바 있다. 나아가 에콰도르 대표는 기제르메 페르난데스가 임무를 성공리에 달성할 수 있는 필요한 자격을 갖춘 사람이라고 추천의 이유를 덧붙였다.

B. 출석자

6. 다음과 같은 유엔 가맹국의 대표가 실무그룹 회의에 참가하였다. 알제리아, 아르헨티나, 아르메니아, 오스트랄리아, 오스트리아, 벨라루시, 벨르기에, 베닌, 볼리비아, 보츠와나, 브루나이, 불가리아, 캐나다, 칠레, 중국, 콜롬비아, 코스타리카, 코트디브아르, 쿠바, 체코, 북한, 에콰도르, 이집트, 에스토니아, 에디오피아, 프랑스, 가봉, 독일, 과테말라, 헝가리, 인도, 인도네시아, 이란, 이라크, 아일랜드, 이탈리아, 일본, 쿠웨이트, 라오스, 라트비아, 리비아, 룩셈부르크, 마다가스카르, 말리, 말레이시아, 모리타니아, 멕시코, 모나코, 모로코, 네팔, 네덜란드, 니카라과, 파키스탄, 파라구아이, 페루, 필리핀, 폴란드, 포르투갈, 카타르, 한국, 러시아, 사우디아라비아, 세네갈, 싱가포르, 남아프리카, 남수단, 스페인, 스리랑카, 수단, 시리아, 태국, 튀니지, 터키, 투르크메니스탄, 아랍연맹, 영국, 미국, 우루과이, 베네수엘라, 베트남, 예멘.

7. 다음 비가맹국도 옵저버로 참석하였다. 바티칸, 팔레스타인.

8. 다음과 같은 정부 간 조직도 실무그룹 회의에 참가하였다. 아프리카연합, EU, 캐나다 프랑스어권 국제조직, 이슬람협력기구.

9. 유엔인구기금 대표자도 세션에 참가하였다.

10. 경제사회이사회와 협의 자격이 있는 다음과 같은 NGO도 참가하였다.

건강과 인권 증진을 위한 아프리카 위원회(African Commission of Health and Human Rights Promoters); 미국 법학자 협회(American Association of Jurists); 교황 요한 XXIII 공동체 협회(Associazione Comunità Papa Giovanni XXIII); 세계 시민 협회(Association of World Citizens); 포인트-코우루 협회(Association Points-Coeur); 유럽-제3세계 센터(Centre Europe – Tiers Monde); 선한 목자의 자매 모임(Congregation of Our Lady of Charity of the Good Shepherd); 프란시스코 인터내셔널(Franciscans International); 변화의 이니셔티브 인터내셔널(Initiatives of Change International); 지구 교육 연구소(Institute of Global Education); 국제 민주 변호사회(International Association of Democratic Lawyers); 평화 메신저 도시 국제 연합(International Association of Peace Messenger Cities on behalf of

1,619 civil society organizations and cities); 화해 국제 펠로우십(International Fellowship of Reconciliation); 여성-교육-발전을 위한 국제 자원봉사 조직(International Volunteerism Organization for Women, Education, Development); UN을 위한 국제 청년 학생 운동(International Youth and Student Movement for the United Nations); 일본 변호사 연맹(Japan Federation of Bar Associations); 일본 인권을 위한 노동자 위원회(Japanese Workers' Committee for Human Rights); 세계 어머니회(Make Mothers Matter International); 비폭력 평화모임(Nonviolent Peaceforce); 인권 옹호 아프리카 연합(Rencontre africaine pour la défense des droits de l'homme); 국제 창가학회(Soka Gakkai International); 젊은 평화건설자들의 네트워크 연합(United Network of Young Peacebuilders); UN 워치(UN Watch); 종교 연합 이니셔티브(United Religions Initiative); 중동 평화를 위한 미국 연합(U.S. Federation for Middle East Peace); VIVAT 인터내셔널(VIVAT international); 여성 세계 정상회담 기금(Women's World Summit Foundation); 시민 참여를 위한 세계 연대(World Alliance for Citizen Participation (CIVICUS)); 여성을 위한 전 세계 기구(Worldwide Organization for Women); 존타 인터내셔널(Zonta International).

11. 인권이사회 결의 20/15의 제4단락부터 자문위원회의 평화권선언 초안의 기초위원회 의장 모나 줄피카(Mona Zulficar)가 실무그룹 제1회기에 참가하고, 일반적 의견을 말하고 회기중 코멘트도 하였다.

12. 민주적이고 공정한 국제질서의 촉진에 대하여 독립된 전문가인 알프레드 드 샤야즈(Alfred de Zayas)도 제1회기에 참가하고 일반적 의견을 말하였다.

C. 문서

13. 실무그룹은 사전에 다음과 같은 문서를 배포하였다.

A/HRC/WG.13/1/1 사무국노트와 잠정적 의제

A/HRC/20/31 평화권에 관한 인권이사회 자문위원회 리포트

A/HRC/14/38 평화권에 관한 전문가회의 결과에 대한 인권최고대표부사무소의 리포트

D. 작업 의제와 조직에 관한 사항의 채택

14. 의장/보고자는 개회사에서, 유엔헌장, 세계인권선언, 비엔나선언 및 행동계획, 평화권에 관련된 인권조약에 대해 간결하게 언급하였다. 실무그룹의 선언초안에 대해 언급하면서 의장/보고자는

자문위원회가 광범위하게 협의하여 선언초안이 만들어졌다는 점, 실무그룹회기의 준비를 위해 특히 시민사회가 주도적인 노력을 계속하고 있음을 평가하였다. 의장/보고자는 실무그룹의 회기 중 기본원칙을 명확히 하였다. 즉 현실주의를 원칙으로 하면서 투명성, 포괄성, 컨센서스, 목적 을 중시하는 방식을 명확히 하였다.

15. 의장은 평화권에 관한 유엔선언 초안에 대한 정부 간 실무그룹의 자유로운 토론을 위한 제1회 회의 준비를 위해 비공식 협의를 제안하였다. 그리고 회기를 진행하기 위한 신뢰구축의 분위기 를 촉진할 필요가 있다고 하였다. 의장은 3개의 비공식협의를 할 것임을 명확히 하였다. 첫 번째 협의는 지역적, 정치적 그룹의 코디네이터와 인권이사회 집행부 멤버와의 협의로서 2013년 1월 21일 개최되었다. 두 번째 협의는 2013년 2월 6일에 가맹국들을 상대로 하여 이루어졌다. 세 번 째 협의는 2013년 2월 7일에 개최된 시민사회와의 회의이다. 의장은 이러한 협의가 유익했고 적극적 분위기 조성에 도움이 되었다고 하였다.

16. 2013년 2월 18일, 최초 회의에서 실무그룹은 문서 A/HRC/WG.13/1/1에 나타나 있는 의제와 코멘트가 붙지 않은 작업프로그램을 채택했다.

17. 의장 제안에 기초하여, 실무그룹은 일반토론에 이어, 자문위원회가 준비한 '평화권에 관한 유엔 선언초안'을 조문별로 하나씩 읽어가는 것에 합의하였다.

III. 일반토론

18. 2013년 2월 18일 최초 회의에서는 의제 채택에 이어 일반토론이 진행되었다. 일반토론은 같은 날의 두 번째 회의에서도 계속해서 진행되었다.

19. 이 세션의 회의 도입부에서 의장/보고자는 실무그룹을 투명성, 포괄성, 컨센서스, 목적성을 중 시하는 방식으로 진행할 의향을 다시금 표명하였다. 많은 대표들은 의장/보고자가 선출된 것을 환영하고, 이 문제에 관한 그의 리더십이 협력적이며 투명하고 목적의식적 접근을 하고 있다고 평가하였다. 또한 각 대표들은 자문위원회가 평화권에 관한 최초의 선언초안을 준비한 것에 대 해서도 감사의 뜻을 표명하였다.

20. 인권, 평화, 발전은 상호의존적, 상호보완적이라는 것, 선언초안은 유엔총회와 국제법으로부터 촉발되는 많은 판례(jurisprudence)에 기초해야 한다는 점에 대해 대표들 간에 폭넓은 일치가

있었다. 평화권 개념은 새로운 것이 아니고, 1984년 11월 12일 유엔총회 39/11을 포함하는 연성법(soft law) 문서로 인정되어 왔다. 이 결의에서는 국제사회가 인민의 평화권에 관한 선언을 채택했다는 점에 주목해야 하며, 최근에는 2012년 11월 19일 ASEAN에서 채택된 인권선언 등이 있다고 했다.

21. 그 밖에도 몇몇 대표는 평화권 그 자체는 국제법하에서는 존재하지 않는다고 하기도 하였다. 그들의 주장에 의하면, 평화는 인권이 아니라 어디까지나 평화 그 자체라는 것이다. 평화는 오히려 식별 가능하고 명확한 현존의 인권의 실시를 통해 보다 잘 실현될 수 있다고 하였다. 또한, 2012년 7월 5일의 인권이사회 의결 20/15의 투표결과로부터도 잘 알 수 있듯이, 평화권선언을 협의하고 있는 국제적인 일치점은 없고, 평화권선언 초안과 같은 움직임은 인권이사회활동의 초점을 흐리는 일이라고 반복해서 주장하였다.

22. 자문위원회가 준비한 선언초안에 대하여 많은 대표자들이 임무에 비하여 너무 광범위하며, 범위와 내용도 막연하다고 주장하였다. 선언초안은 테러리즘과 같은 중요한 과제를 제외하고 있다고도 하였다. 테러리즘에 대한 대응과 이를 없애는 것은 평화권에 있어서 근본적인 것이라고 생각한다고 하였다. 초안은 1984년 유엔총회결의, 그리고 그 후의 인권이사회결의로부터도 일탈한 것으로 보인다고 주장하기도 하였다.

23. 평화권이 개인적 권리인가, 집단적 권리인가에 관하여 각 대표들로부터 논의가 있었다. 어떤 대표는 평화권은 개인적 권리로서도 법적 근거가 없고 집단적 권리로서도 법적 근거가 없다고 주장하였다. 선언초안은 평화권 그 자체를 정의하려 하고 있지 않고, 여러 권리를 열거하여 그 내용을 밝히려 하고 있으니 주의해야 할 것이라는 지적도 있었다.

24. 몇몇 대표들은 국제법만이 아니라 유엔헌장 51조에 따라 짧고도 콤팩트하며 균형잡힌 선언초안을 요구하였다. 선언은 현재 국제적으로 일치되지 않은 문제와 보호할 책임, 인간의 안전보장, 평화유지활동, 병역거부, 난민, 민간군사 경비회사 등과 같은 논쟁적인 문제, 명확하지 않은 막연한 테마들에 대한 언급을 피해야 할 것이라고도 주장하였다. 선언초안 중 '대량파괴무기가 없는 세상에 살 권리', '포괄적 평화인권교육을 받을 권리', '안전하고 청결하며 평화적인 환경을 위한 권리' 등의 개념은 명확성이 없는 개념이라고 하였다. 그리고 또 몇몇 대표들은 평화권 선언초안의 문맥 속에서 논의를 진행하는 것이 비생산적이라고 주장하기도 하였다.

25. 다른 대표들은 선언초안상의 많은 권리의 카테고리는 이미 기존의 국제적 차원의 시스템과 법적 프로세스에서 취급하고 있다고 하였다. 기존의 인권조약으로도 이미 커버되며, 다른 국제적

포럼에서 다루고 있는 원칙과 권리에 대해 언급하고 있다고 알려주기도 하였다. 예를 들면, 군축 (유엔군축회의와 무기무역조약관련 교섭), 평화유지활동(안전보장이사회), 발전(발전권에 관한 유엔인권이사회의 실무그룹), 평화교육(유엔 교육·과학·문화기구, UNESCO), 난민(유엔최고대 표부), 기후변동(기후변동에 관한 유엔의 조약과 그 부속조직) 등이 있다고 하였다.

26. 몇몇 대표들은 오히려 평화권 법전화 프로세스를 적극 지지하고, 실무그룹의 임무에 따라 선언 초안을 보다 심화시킬 것을 요구하고 지지를 표명하였다. 그러나 또 다른 몇몇 대표들은 평화의 고유가치를 인정하지만, 평화권에 관한 기준 설정 프로세스는 지지하지 않는다고도 하였다. 초 안의 문안을 협의하는 과정에는 참가하지 않는다고 표명하기도 하였다. 또한 실무그룹에 참가하 지 않는 것은 선언초안에 포함된 구체적인 조항을 승인하는 것이 아니라는 주장도 있었다.

27. 평화를 요구하는 국가적 노력은 선언초안에서는 국제적 차원에 초점이 있지만, 이미 남미, 아프 리카에서 취하고 있는 분쟁 예방을 위한 이니셔티브와 같이 지역 차원의 협력적 행동과 조정에 의해 의미 있게 보완되어야 할 것이라는 발언도 있었다.

28. NGO 대표들은 실무그룹에 대하여 적극적 평화와 소극적 평화개념, 평화문화의 필요성, 평화 교육에 주목할 필요가 있다고 발언하였다. 평화는 폭력이 계속되고 있는 때에도 발전해나가는 문화적 프로세스이다. 여성은 비공식적인 평화교육에 있어서 중요한 행위자이며, 차별과 불평등 이 여성에 대한 폭력의 근원이라는 점에서 여성평등은 평화의 중요한 요소라고 지적하였다.

29. 의장/보고자는 선언초안은 짧고 균형 잡힌 문장으로 할 필요가 있다고 하였다. 따라서 현재의 문서는 법적인 차원에서 개선의 여지가 있다고 하였다. 인권교육과 훈련은 인권 촉진과 보호를 위한 중요한 부분이며 그 일환이기도 하다.

IV. 자문위원회가 준비한 평화권선언 초안 조문에 대한 심의

30. 선언초안의 논의를 시작하기 전에 몇몇 대표들은 의장/보고자에 대하여, 미리 초안문을 소개하 고 의사를 진행할 것을 요청하였다. 또한 몇몇 대표들은 찬성하는 코멘트가 없는 것이 어떻게 해 석될 수 있는지에 대하여 설명하였다. 의장/보고자는 다른 입장의 정보를 가급적 폭넓게 수렴하 기 위해, 그리고 다양한 의견을 알기 위해, 또한 조문에 대한 최초의 예비적 생각과 의견을 듣기 위해 초안문을 소개하며 의사를 진행하겠다고 답하였다. 전문에 대해서는 수요일(셋째날) 오후 에 다루었다. 특정 사항에 대하여 대표가 발언하지 않은 것은 꼭 그 조항을 받아들인다는 것을

의미하지는 않는다고 하였다. 마찬가지로 만일 어떤 대표가 특정 조항에 대한 의견을 말하지 않
더라도 이에 대해 합의하는 것은 아니라는 것이다. 의장/보고자는 신뢰를 구축하기 위해 모든 것
이 동의되기 전까지 동의된 것으로 하지 않겠다고 하였다. 또한 의장/보고자는 이 회의장에서 논
의된 것을 충실하고 투명하게 반영할 것이라고 하였다.

31. 많은 대표들은 초안의 모든 조문이 한 단락 이상의 길이로 되어 있는 것에 대하여 언급하였다.
즉 국제인권법에 기초한 법적 접근에 기반하여 짧고 균형 있는 조문으로 해야 한다는 주장을 지
지하였다. 모든 권리가 고려되어야 하지만, 군축, 난민 등 몇 가지 문제는 다른 포럼에서도 이미
폭넓게 취급되고 있다고 다시금 지적하기도 하였다.

32. 실무그룹을 설치한 인권이사회 결의 20/15에 따르면, 실무그룹의 임무는 자문위원회의 선언초
안에 기초하면서도 새로운 의견을 배제하지 않고 선언문을 점진적으로 협의하는 것이라고 주지
되었다. 실무그룹의 최초단계에서는 초안작성 작업에 들어가지 않는 견해와 생각도 논의되어야
한다고 확인하였다.

A. 전문

33. 몇몇 대표들은 자문위원회가 기초한 전문에 대하여 문장을 강화할 것을 제안하였다. 인민의 평
화권에 대한 언급을 보다 포괄적으로 하여야 하며, 모든 인민이 평화 속에 살 결의를 재확인하여
야 한다고 하였다.

34. 전문에서 언급되어야 할 요소에 대한 구체적 제안이 이루어졌다. 유엔헌장의 원칙과 목적을 재
확인할 것, 이 테마에 관한 유엔총회와 인권이사회의 결의뿐만이 아니라 관련되는 유엔헌장과
세계인권선언, 평화 문화에 관한 총회선언(1999년 9월 13일의 총회결의 53/243)에 대해서도 언
급하였다.

35. 테러로부터의 자유에 대하여 언급해야 한다는 제안, 테러를 없애기 위한 관련 방법에 대하여 합
의할 수 있는 말을 넣어야 한다는 제안도 있었다. 한편, 전문의 단락의 보편적인 성격을 유지하
자는 제안도 있었다. 그 밖에 분쟁의 평화적 해결에 대해 언급해야 하며, 지역차원에서 채택된
문서를 포함시켜야 한다는 제안 등도 있었다.

B. 제1조 평화권 원칙

36. 이후, 실무그룹은 선언초안 제1조의 토의를 시작하였다. 몇몇 정부대표는 제1단락은 차별에 대한 매우 자세한 언급이 포함되어 있고, 평화권이 구별 없이 실시될 수 있도록 확립된 국제인권법의 범위 내에서 가장 일반적인 언어로 표현되어야 할 것이라고 발언하였다. 몇몇 대표들은 각 조문의 타이틀은 필요없고 몇몇 경우에는 소제목이 실제 단락의 내용과 달라 오히려 오해를 초래한다고 하였다. 1조 3항, 4항의 문언(평화권의 상호의존성, 무력행사 포기의 법적 의무 등)과 관련하여 자문위원회의 문장은 유엔헌장, 유엔총회결의 39/11, 인권이사회결의 8/9와 같이 문서에 기초하여야 하며 근거 없는 개념은 배제되어야 한다고 하였다.

37. 몇몇 대표들은 (평화권)선언은 국가주권, 영토주권, 국내 관할에 속하는 국내 사건에 대한 불간섭원칙을 명확히 지지하여야 할 것이라고 하였다. 특히 제1조6항에 대하여 언급하면서 확립된 법적 권리로부터 벗어나지 않도록 국제법으로 규정된 언어로 압축해야 한다고 하였다. 또한 평화권은 다른 권리에 대해 언급하는 것보다도 각국 정부가 승인한 언어로 정의해야 한다고 하였다.

38. 몇몇 대표들은 평화권을 개인까지 확장하는 것에 대하여 이견을 말하였다. 유엔총회결의 39/11에서는 인민에게 평화권이 있다고 되어 있는데, 자문위원회는 이 권리를 개인에게까지 확장하였고, 이는 국제법상 컨센서스가 없는 원칙이라고 하였다. 다른 의견도 주장되었다. 국가와 국제조직도 권리주체라고 할 수 있는가, 나아가 어떤 대표는 평화권은 독립된 권리라고 파악하고 있지만, 다른 대표는 이 권리를 다른 권리의 반사적 이익에 불과한 개념이라고 하였다. 평화권의 명확한 정의의 필요성은 계속 추구되어야 한다. 1조 2항에서는 안전보장이사회와 유엔총회가 안전보장과 평화유지에 책임을 진다는 사실을 반영해야 한다고 주장하였다.

39. 또 다른 대표는 평화권의 은혜는 이 개념이 교섭 중이며 발전도상에 있으며 나름의 컨센서스를 얻은 것이며 개인과 인민 양쪽에 부여된 권리라고 하였다. 평화권, 그 밖의 다른 모든 인권, 특히 생명권을 향유하기 위해 필요한 요건이라고 하였다. 마찬가지로 개인적 권리와 집단적 권리를 나누는 것은 인류가 인간으로 구성되고 있으므로 지나치게 기교적으로 보인다고 하였다. 그리고 평화권은 인간이 그렇듯이 개인적 측면과 집단적 측면을 갖는다고 하였다. 그러므로 모든 인간은 개인적이건 집단적이건 평화권을 가지며, 이는 불가분의 상호의존적이며 모든 인권과 관련된다고 하였다.

40. 오전 중의 의견을 되돌아보면, 평화권의 법적 기초는 국제법에는 없다는 점, 평화권을 새로운 권리로 인정할 부가적 가치가 없다는 지적들이 만만치 않게 있었는데, 여기에도 유의할 필요가

있다. 평화권만으로는 무력행사를 위한 합법적 권리가 규정되어 있는 유엔헌장의 가치를 평가절하하는 것이 될 수 있다는 지적도 있었다. 이러한 비판적 견해를 적절히 보충하면, 제1조는 선언 전체의 중심이 될 수 있지만, 개인의 권리로서의 평화권을 인정하게 되면 선언의 범위를 애매하게 할 수도 있다는 주장도 있었다.

41. NGO들은 유엔헌장 전문은 평화권의 집단적 측면을 포함하고 있으며, 비엔나선언 및 행동계획에 의하면 평화는 권리이며 필요조건이고, 경제적 문화적 사회적 시민적 정치적 권리의 향유를 용이하게 하기 위한 것이라고 하였다. 평화권의 많은 구성요소는 생명권, 건강권, 교육권, 군대에 대한 양심적 병역거부권, 평화적 집회의 자유를 비롯한 표현의 자유, 아동병사의 모집금지, 전쟁선전의 금지 등을 포함하며, 이미 정당성을 획득한 것이라고 하였다. 나아가, 무력행사 및 위협의 금지는 유엔헌장에 명확히 규정된 강행법규적 의무이며, 국가주권과 민족자결을 존중하기 위한 본질적 요소를 표현하고 있다고 강조하였다.

C. 제2조 인간의 안전보장

42. 제2조의 심의를 시작으로 몇몇 대표들과 NGO는 인간의 안전보장 개념에 대하여 보편적인 정의가 없는 개념이라고 주장하기도 하였다. 이 개념은 현재 유엔총회에서 심의되고 있을 뿐이며, 이들 대표들은 국제적인 컨센서스가 없는 막연한 말과 테마의 삭제를 요청하기도 하였다. 다른 몇몇 대표들은 4항(평화유지활동), 5항(평화적 해결에 있어서 여성의 역할), 8항(군사예산의 민주적 통제)은 선언과 연관성이 없지만, 1항(인간의 안전보장의 권리, 공포와 결핍으로부터의 자유), 2항(평화적 생존권), 7항(구조적 폭력의 폐지)는 적용 가능하도록 말을 바꾸자고 주장하기도 하였다.

43. 인간의 안전보장에 관한 유엔특별자문관에 의해 이루어지고 있는 현재의 작업은 매우 중요시되었다. 실무그룹은 다른 유엔의 포럼이나 전문가에 의해 이루어지고 있는 작업과 중복을 피해야 한다는 주장도 있었다. 제2조의 많은 조항이 국제적으로 승인된 정의에 기초하지 않은 애매하고 야심적인 말을 포함하고 있는 것은 아니냐는 지적도 있었다.

44. 몇몇 대표는 안전보장과 평화권의 관련을 강조하였다. 그들은 이러한 관계가 일반적으로 테러리즘의 문제에 대한 인식과 특히 평화권과 인간 안보에 미치는 영향에 대한 인식 없이는 생각할 수 없는 것이라고 하였다. 다른 대표는 자위권과 테러와의 다툼에 관련된 문언을 초안에 포함시켜야 한다고 하였다. 이와 관련하여서는 테러와의 전쟁, 유엔헌장 제7장 71조에 규정된 무력행사에 관한 합법적이고 정당한 예외에 대한 언급이 이루어져야 한다고 주장하였다. 그 밖에도 유

엔헌장에 규정되어 있는 주권과 영토의 통일 원칙을 존중할 필요성을 강조하기도 하였다. NGO 들은 평화유지활동의 시민적 성격을 강조하고 억압에 대한 저항은 비폭력적인 방법으로 이루어져야 한다고 강조하였다.

45. 인민도 개인도 평화권을 갖는다는 현재의 초안 제2조에 대하여 이 조항은 특히 개인 측면에 중점을 두고 있음이 강조되기도 하였다.

46. 테마를 뽑는 우선순위는 기준이 명확하지 않다는 점, 부가가치를 덧붙이기 위해 문서가 보다 잘 구성될 필요가 있다는 점이 주장되기도 하였다. 의장/보고자는 문서의 기준과 구성은 각 정부의 요망에 기초하여 건전한 선언이 되도록 더욱 연구에 연구를 거듭하여야 한다는 주장도 있었다.

D. 제3조 군축

47. 선언초안 제3조에 대하여 많은 대표들은 군축과 평화권의 관계에 주목하였다. 즉 군축을 권리라고 논의할 필요는 없지만, 군축과 평화권과의 관계를 강조하였다. 또한 그러한 목적으로 협상을 승인하고 있는 나라의 의사를 강조하였다. 몇몇 대표들은 인권이사회는 군축에 관한 의문을 논의하기에는 부적당한 장이라고 주장하였다. 군축, 평화유지, 대량파괴무기의 확산과 같은 문제는 '군축회의', '유엔평화유지활동부회', '안전보장이사회'를 포함한 그 밖의 전문적인 기구에서 다루어져야 할 문제라고 주장하였다. 이들 조직과 기구는 그 영역에서 전문적인 지식에 기초하여 국제적인 노력을 주도적으로 계속하여야 할 것이라고 하였다.

48. 어떤 대표는 군축문제를 논의할 때에 그것이 민감한 성질을 갖고, 또한 광범위하여 포괄적 접근이 필요하다고 하였다. 몇몇 대표들은 군사비에 관하여 투명성을 증대할 필요성, 군축에 의한 자원이 해방되어 그것이 사회의 최빈곤층에 분배될 필요성이 있다고 강조하였다. 제3조 1항을 두 개의 항으로 분할할 것을 제안하기도 하였다. 첫 번째는 합리적 기간 내에 포괄적 군축을 달성한다는 목적에 대한 항, 두 번째는 무기거래를 엄격하고 투명성 높게 규제하고 관리하는 적극적 태세에 대한 항이어야 한다는 것이다. 기본적인 생각은 국가주권의 영역을 침해하지 않고 군사비삭감을 위한 협상태세를 갖추는 것이라는 점이다.

E. 제4조 평화교육 및 훈련

49. 제4조의 심의에 들어가서는 현행 초안의 주요한 구성요소로 기재되어 있는 평화교육 및 훈련

에 관한 규정을 초안에 포함시키는 것을 지지하는 데 대한 광범위한 합의가 이루어졌다. 많은 대표들은 평화문화를 창출하기 위한 평화교육 및 훈련의 결정적인 중요성을 강조하였다. 평화교육 및 훈련은 발달에 초점을 맞추는 것이 아니라 모든 사람의 행위를 바꾸는 것에도 공헌해야 한다고 하였다. 몇몇 대표들은 교육이 갖는 수권적 성격과 권력부여적 성격을 강조하였다.

50. 몇몇 대표들은 그럼에도 불구하고, 간결하고 보다 명확히 하기 위해 제4조를 다시 기초하여야 한다고 하였다. 어떤 대표는 제5항이 개별 국가의 입장에서 보면 지나치게 구체적이라고 느끼기도 하고, 개별 국가의 법과 정책의 수정에 대해 언급하고 있는 것은 이 조항과 관련성이 떨어지는 것 아니냐고 느낀다고 하였다. NGO들은 모두가 교육시스템에 평화교육을 포함하여야 한다고 요구하고, 교사에게 평화교육 훈련을 실시할 필요성을 강조하였다.

51. 몇몇 대표들은 2011년 12월 19일에 채택된 유엔총회결의 66/137, '인권교육 및 훈련에 관한 유엔선언'에 대하여 언급하면서 이 선언에 포함되어 있는 계몽캠페인과 대중매체, 민간 부분과 그 밖의 것들을 포함하는 구체적인 요소에 대해 언급하는 것이 중요하다고 하였다. 한편, 인권교육 및 훈련이 또 하나의 유엔선언의 주제임을 인정하면서도 UNESCO의 문맥에서 이미 실행되고 있는 작업과 중복된다면서 그 이상의 새로운 가치가 없는 것 아니냐고 비판하기도 하였다.

52. 전쟁선동 금지의 타당성도 강조되었다. 제3항에서 서술된 검열문제도 논의되었다. 어떤 대표는 검열 없이 정보에 접근할 권리는 절대적 권리가 아니며 일정한 조건하에서의 제한도 합법이라고 하였다. NGO는 자유로이 정보를 유통시킬 권리가 간과되어 있다고 강조하기도 하였다.

53. 많은 대표들은 제5항(a)에서 단순한 '외국인 배척주의' 대신에 앞서 합의된 문언, 즉 '차별주의, 인종차별, 외국인 배척주의 및 불관용'을 규정할 필요성을 제안하였다.

F. 제5조 양심적 병역거부의 권리

54. 제5조에 대하여 많은 대표는 양심적 병역거부의 권리에 대한 국제적 합의가 없다고 하여, 양심적 병역거부의 권리에 관한 모든 문언의 삭제를 요구하기도 하였다. 그들의 견해에 따르면 양심적 병역거부 문제는 순수하게 개별 국가의 국내법 영역의 이야기에 불과하다는 것이다. 이 주제는 실무그룹의 작업과 관계가 있다고 보이지 않으며 더 검토할 필요가 없다고도 하였다.

55. 2~3개의 대표단은 다른 기관, 예를 들면 '자의적 구금에 대한 실무그룹'과 '종교 및 신앙의 자유에 대한 특별보고자'에서 이미 논의되고 있는 논점에 대한 토론을 반복할 가치가 없는 것 아니

냐고 하였다. 양심적 병역거부는 개별 국가의 주권에 의한 판단에 따라야 한다고도 하였다.

56. 몇몇 NGO들은 사상, 양심, 종교의 자유에 대한 권리와 관련하여 양심적 병역거부를 지지하였다. 이 조항의 수정안 가운데는 시민적 불복종의 권리에 대한 추가적 언급도 있었다.

G. 제6조 민간군사 경비회사

57. 민간군사 경비회사(private military & security company)에 관한 선언초안 제6조에 대한 토의가 이루어졌다. 많은 대표가 민간군사 경비회사를 어떤 방법으로든 규제할 필요성이 있다는 점, 또한 그 활동은 국제인도법 및 국제인권법에 규정되어 있는 규범에 따라야 한다는 점에 합의하였다. 이 견해는 NGO도 공유하고 있다. 그러나 그 밖의 대표들은 이들 회사가 인권을 존중하도록 촉구하는 데에는 국내 차원의 규제가 가장 효과적이고 적절하다고 하면서 이 영역에서의 개별 국가들의 실천을 공유할 필요가 있다고 하기도 하였다.

58. 많은 대표들은 이 선언에서는 민간군사 경비회사에 대한 간결하고 일반적인 언급이 적절하고 완전 삭제할 것은 아니라는 점, 또한 테러리즘과 테러리스트 조직에 대한 언급이 첨가되어야 한다고 주장하였다.

59. 복수의 대표가 이 분야에서의 다른 작업, 즉 '민족자결권 행사를 해치는 방법에 의한 용병사용에 대한 실무그룹', '민간군사 경비회사의 활동규제 감시 감독에 대한 국제적 규제틀을 만들 가능성을 검토하는 실무그룹'이라는 흐름과 모순되고 불필요한 작업이라는 이유로, 민간군사 경비회사에 대한 조항에 반대하였다. 그들은 이러한 주제를 여기서 다시 병행할 필요가 없다고 하였다.

H. 제7조 압정에 대한 저항 및 반대

60. 제7조에 대하여 몇몇 대표들은 '전제적 지배', '국내의 압제정치'라는 논쟁적이고도 다의적인 언어사용에 반대하여 자문위원회가 규정한 압정에 대한 저항 및 반대 규정에 반대한다고 선언하였다. 이 조항의 전면적 삭제가 제안되었다. 다른 대표들은 그럼에도 불구하고 선언 어딘가에 탈식민지화, 외국의 점령에 대해 저항할 권리, 폭력적인 수단에 대한 반대에 대하여 최종적으로는 보다 적극적인 방법으로 해당 조항을 언급할 필요가 있다고 주장하였다.

61. 이들 논점의 대부분은 다른 곳에서 논의되고 있는데, 특히, 탈식민지화 특별위원회에서의 논의

와 민족자결의 보편적 현실에 대한 유엔총회의 연차결의에서도 논의되고 있다.

I. 제8조 평화유지

62. 제8조의 평화유지에 대하여, 평화유지 임무는 평화권을 옹호하는 데 필요하고도 귀중한 방법이라고 하여 많은 지지를 받았다. 유엔헌장은 평화유지에 관한 모든 논의의 기초이며 유엔평화임무에 한정하여 고려될 것은 아니라고 강조하였다.

63. 그 밖에는 이 조항을 도입하는 데 반대하였다. 이 문언이 평화유지에 관계되는 사람들을 부정적으로 파악하고 있고, 이 문언을 포함한다고 하여 새로운 부가적 가치가 될 수 없기 때문이라는 것이다. 인권자문단에 대해서는 평화유지 활동에 포함되어 있고, 이들 평화유지활동의 인권 부분은 적절히 준수되고 지지되어 왔다고도 주장하였다. 나아가, 평화유지활동에 관한 사항은 인권이사회의 임무가 아니라고 지적하기도 하였다.

64. NGO는 유엔과 다양한 NGO를 포함한 다른 인도적 단체가 평화유지활동이 전개되고 있지 않는 장소를 포함하여 무력에 의한 분쟁지역에서 민간인 보호를 위해 오랫동안 확고하고도 중요한 역할을 하여왔다고 주장하였다.

J. 제9조 발전권

65. 제9조의 검토에 들어가면서, 복수의 대표가 평화권과 직접적 관련성이 있다면서 선언초안에 발전권이 존재하는 것의 중요성을 강조하였다. 발전은 유엔의 원칙과 활동의 핵심이고, 평화와 불가분한 관련이 있는 중요한 문제이다. '발전권에 관한 선언'에 대한 언급이 평화권 선언초안의 문면에도 포함되어야 하며, 그럼으로써 이 중요한 사항에 대한 보다 정확하고도 강력한 보강이 이루어진다고 하였다.

66. 인민들은 지속적 발전만이 아니라 충분한 발전권을 실현할 자격을 갖고 있으므로 '지속 가능한 발전'보다도 오히려 '발전'이라는 말에 대해 의논하고 '발전'이라는 문언을 사용하는 것이 더 적절하다고 몇몇 대표들은 주장하였다.

67. 어떤 대표는 제9조 3항에 발전을 저해하고, 그 결과 평화달성에 영향을 미치는 행위에 대한 강제적 수단과 제재와 같은 부가적 요소를 포함시킬 것을 희망하였다.

68. 또한 어떤 대표는 제9조는 유엔의 기존의 회의체, 인권이사회의 기구, 국제적 인권기준 등 주로 포럼에서 취급되고 있는 불필요한 개념을 포함하고 있다고 지적하였다. 예를 들면, 인권이사회에서는 극도의 빈곤과 인권에 대한 구체적인 특별절차의 권한을 부여받고 있으며, 2012년 9월, 인권이사회는 '절대적 빈곤과 인권에 대한 기본적 원칙'을 채택했다. 나아가 빈곤은 '밀레니엄 발전목표'(목표 1. 절대적 빈곤과 기아의 근절)에 포함된 목표의 하나이다. 선언초안의 그 밖의 조항과 마찬가지로 발전권은 인권이사회 및 다른 유엔단체의 발의와 중복된다고 하였다.

69. NGO는 선언초안 가운데 발전권을 포함하는 것에 동의의 뜻을 표명하였다. 몇몇 문서는 발전과 평화의 관계에 대하여 서술하면서 지지하고 있다. 예를 들면 '밀레니엄 발전목표'는 제32항에서 평화, 협력과 발전을 결부하여 재확인하고 있고, '발전권에 관한 선언'은 집단적, 개인적 권리로서의 발전권의 이중적 성질에 대하여 서술하고 있다. 발전권의 실시는 평화실현에 있어 필요조건이라고 하였다.

K. 제10조 환경

70. 제10조에 관하여, 몇몇 대표들은 현재 기초되어 있는 조항에 환경과 평화권의 결합이 잘 나타나 있지 않다고 염려하였다. 나아가 사용되고 있는 문언이 유엔이 합의한 문서와 상치되거나 일치하지 않는다고 지적하였다.

71. 많은 대표들이 인권이라는 문맥에서 보면 환경이라는 테마는 이미 인권이사회의 특별한 절차로 다루어지고 있다고 하였다. 또한 그러한 규정은 인권이사회의 작업을 저해하고, 중복된다고 염려하기도 하였다.

72. 다른 대표들과 NGO들은 현재의 문장을 지지하고, 현재의 문장은 선언에 꼭 들어가야 한다고 하였다. 깨끗하지 못한 환경 속에서는 경제적·사회적·문화적 권리행사가 불가능하다고 강조하였다.

L. 제11조 피해자와 약자 그룹의 권리

73. 피해자와 약자 그룹의 권리에 관한 제11조에 대하여는 이 조항에 포함되는 원칙들을 논의함에 있어 일반적 접근을 통하여 전체적으로 이해되었다. 제3항에 개략적으로 언급되고 있는 개개 집단에 관해서는 삭제해야 한다는 권고도 있었다. 그 밖에 국제적인 컨센서스를 얻고 있는 개념을 넣는 것은 중요하다고 강조하기도 하였다.

74. 몇몇 대표들은 특히, 인종주의, 인종차별, 배외주의에 대해 언급할 때에는 비엔나선언 행동계획에 기초한 문언을 삽입하는 것이 바람직하다고도 하였다.

75. 유엔이라는 틀과 지역적 인권조약에는 인권침해의 피해자에 대한 구제가 규정되어 있다는 지적이 있었다. 진리, 정의, 배상금, 재발하지 않을 것이라는 보증을 촉진하는 것에 대하여 특별보고자에 의해 이루어진 현재의 작업에 대한 언급이 있었다. 국제형사재판소에 관한 로마규정의 비준이 장려되었다.

76. NGO는 어떤 일정한 조건하에서 인도에 대한 범죄를 구성할 강제적 또는 비자발적인 실종에 대한 조항을 포함시킬 것을 권고하였다.

M. 제12조 난민 및 이민

77. 제12조의 고찰에 들어가면서 많은 대표들은 난민 및 이주자에 대하여 그들의 재류자격의 유무와 관계없이 인권이 존재한다고 하였다. 각국은 난민과 이민의 강제이동을 초래하는 원인을 없애는 확약을 할 필요가 있다고 하였다. 그러나 다수의 대표는 이 조항의 요소에 대하여 철저하고도 구체적인 방법으로 이 문제를 다룰 적절한 다른 장소가 있다고도 하였다.

78. 이 테마에 대해 언급할 때에는 보다 일반적인 문언을 포함하는 것이 바람직하다고 생각된다. 그러나 몇몇 대표는 국내 피난민과 같은 다른 약자 그룹의 범주가 제외되는 한편, 왜 이주자와 난민문제가 포함되는가가 명확하지 않다고 서술하였다. 최종적으로 선언에 이 테마를 조항에 넣는 것에 대한 의문이 제기되었다.

79. 몇몇 대표와 NGO는 이 조항을 넣는 것을 지지하였다. 그리고 이 조항의 내용을 강화할 부가적 문언이 제안되었다.

N. 제13조 의무 및 그 이행

80. 제13조와 관련하여 일반적으로 이야기하면, 이 문언이 다소 애매하고 야심적이라고 대표들은 느끼기도 하였다. 지역적 협력 또는 남남 간의 협력은 평화권의 올바른 이행의 수단이라 할 것이다. 평화권의 유지, 촉진, 이행은 개별 또는 집단으로서도 모든 국가의 기본적 의무를 구성한다고 하였다. 유엔과 협조하여 집단적 국가행위가 이루어질 것이 장려되었다. 모든 인류는 개인으로서도 집단으로서도 평화권을 향유할 권리와 의무를 갖고 있다.

〈원문〉

Report of the Open-ended Inter-Governmental Working Group on the Draft United Nations Declaration on the Right to Peace

United Nations

A/HRC/WG.13/1/2

26 April 2013

Human Rights Council

Open-ended Intergovernmental Working Group on
the Draft United Nations Declaration on the Right to Peace

First session 18 – 21 February 2013

Agenda item 5

Report of the Open-ended Inter-Governmental Working Group on the Draft United Nations Declaration on the Right to Peace

Chairperson-Rapporteur: Christian Guillermet-Fernández

I. Introduction

1. The Human Rights Council decided, in its voted resolution 20/15 of 5 July 2012, to establish an open-ended intergovernmental working group with the mandate of progressively negotiating a draft United Nations declaration on the right to peace, on the basis of the draft submitted by the Advisory Committee (A/HRC/20/31), and without prejudging relevant past, present and future views. It decided that the Working Group would meet for four working days prior to the twenty-second session of the Human Rights Council.

2. Pursuant to this resolution, it was decided that the Working Group would meet from 18 to 21 February 2013.

3. The session was opened by the Deputy High Commissioner for Human Rights on behalf of the United Nations High Commissioner for Human Rights on 18 February 2013. The Deputy High Commissioner recalled that the work of the United Nations had the ultimate objective of creating a peaceful environment in which all people could fully enjoy their human rights and freedoms. She commended the comprehensive work of the Drafting Group of the Advisory Committee that had prepared the draft declaration on the right to peace and acknowledged the diversity of views and positions with regards to the right to peace. She also expressed the readiness of the Office of the High Commissioner for Human Rights to assist the Working Group in all its endeavours.

4. The President of the Human Rights Council also participated in the opening of the session. He recalled that international peace and cooperation were central to the founding principles of the United Nations. Furthermore, he noted the work of the Advisory Committee as a result of broad consultations among Member States and other stakeholders and wished delegations a productive session.

II. Organization of the session

A. Election of the Chairperson-Rapporteur

5. At its first meeting, on 18 February 2013, the Working Group elected Christian Guillermet-Fernandez (Costa Rica) as its Chairperson-Rapporteur, by acclamation. He was nominated by the delegation of Ecuador on behalf of the Group of Latin American and Caribbean Countries. The representative of Ecuador, on behalf of its regional group, indicated that the nomination was based on broad consultations with all regional groups and on agreement reached and contained in the note verbale of 29 November 2012, addressed to the President of the Human Rights Council. Furthermore, the representative of Ecuador stated that Christian Guillermet-Fernandez possessed all the necessary credentials to successfully carry out and accomplish his mandate.

B. Attendance

6. Representatives of the following States Members of the United Nations attended the Working Group's meetings: Algeria, Argentina, Armenia, Australia, Austria, Belarus, Belgium, Benin, Bolivia (Plurinational State of), Botswana, Brunei Darussalam, Bulgaria, Canada, Chile, China, Colombia, Costa Rica, Cote d'Ivoire, Cuba, the Czech Republic, the Democratic People's Republic of Korea, Ecuador, Egypt, Estonia, Ethiopia, France, Gabon, Germany, Guatemala, Hungary, India, Indonesia, Iran (Islamic Republic of), Iraq, Ireland, Italy, Japan, Kuwait, the Lao People's Democratic Republic, Latvia, Libya, Luxembourg, Madagascar, Mali, Malaysia, Mauritania, Mexico, Monaco, Morocco, Nepal, the Netherlands, Nicaragua, Pakistan, Paraguay, Peru, the Philippines, Poland, Portugal, Qatar, the Republic of Korea, Romania, the Russian Federation, Saudi Arabia, Senegal, Singapore, South Africa, South Sudan, Spain, Sri Lanka, Sudan, the Syrian Arab Republic, Thailand, Tunisia, Turkey, Turkmenistan, the United Arab Emirates, the United Kingdom of Great Britain and Northern Ireland, the United States of America, Uruguay, Venezuela (Bolivarian Republic of), Viet Nam and Yemen.

7. The following non-Member States were represented by observers: Holy See and the State of Palestine.

8. The following intergovernmental organizations were represented at the meetings of the Working Group: the African Union, the European Union, the International Organization of la Francophonie, and the Organization of the Islamic Cooperation.

9. A representative of the United Nations Population Fund participated in the session as well.

10. The following non-governmental organizations in consultative status with the Economic and Social Council were represented: African Commission of Health and Human Rights Promoters; American Association of Jurists; Associazione Comunita Papa Giovanni XXIII; Association of World Citizens; Bangwe et Dialogue; Association Points-Coeur; Centre Europe – Tiers Monde; Congregation of Our Lady of Charity of the Good Shepherd; Franciscans International; Initiatives of Change International; Institute for

Planetary Synthesis; Institute of Global Education; International Association of Democratic Lawyers; International Association of Peace Messenger Cities (on behalf of 1,619 civil society organizations and cities); International Fellowship of Reconciliation; International Volunteerism Organization for Women, Education, Development; International Youth and Student Movement for the United Nations; Istituto Internazionale Maria Ausiliatrice delle Salesiane di Don Bosco; Japan Federation of Bar Associations; Japanese Workers' Committee for Human Rights; Make Mothers Matter International; Nonviolent Peaceforce; North?South XXI; Rencontre africaine pour la defense des droits de l'homme; Soka Gakkai International; United Network of Young Peacebuilders; UN Watch; United Religions Initiative; U.S. Federation for Middle East Peace; VIVAT international; Women's World Summit Foundation; World Alliance for Citizen Participation (CIVICUS); Worldwide Organization for Women; and Zonta International.

11. Pursuant to paragraph 4 of Human Rights Council resolution 20/15, the Chairperson of the Advisory Committee drafting group on the draft declaration on the right to peace, Mona Zulficar, participated in the first session of the Working Group, delivered a general statement and made comments during the session.

12. The Independent Expert on the promotion of a democratic and equitable international order, Alfred de Zayas, also participated in the first session and delivered a general statement.

C. Documentation

13. The Working Group had before it the following documents:

A/HRC/WG.13/1/1 Note by the Secretariat and provisional agenda

A/HRC/20/31 Report of the Human Rights Council Advisory Committee on the right of peoples to peace

A/HRC/14/38 Report of the Office of the High Commissioner on the outcome of the expert workshop on the right of peoples to peace

D. Adoption of the agenda and organization of work

14. In his opening statement, the Chairperson-Rapporteur briefly referred to the relevant provisions of the Charter of the United Nations, the Universal Declaration of Human Rights, the Vienna Declaration and Programme of Action, and human rights treaties that related to the right to peace. In referring to the draft declaration before the Working Group, he indicated that it was the result of extensive consultations carried out by the Advisory Committee and acknowledged that the efforts, especially those lead by civil society, had continued in preparation for the Working Group's session. The Chairperson-Rapporteur underlined the basic principles for conducting the session of the Working Group, i.e. transparency, inclusiveness, consensus and objectivity within the encompassing principle of realism.

15. The Chairperson recalled that he convened informal consultations in preparation of the first meeting of the Open-ended Intergovernmental Working Group on the Draft United Nations Declaration on the Right to Peace as Chairperson-designate, where he presented the road map that would guide the session and promote a confidence-building atmosphere. He indicated that he had convened three informal consultations. A first meeting was held with coordinators of regional and political groups and members of the Bureau of the Human Rights Council on 21 January 2013; a second meeting took place with Member States on 6 February 2013; and a third consultation with civil society was held on 7 February 2013. He expressed that these consultations had been useful and had contributed to setting a positive environment.

16. At its first meeting, on 18 February 2013, the Working Group adopted its agenda as it appeared in document A/HRC/WG.13/1/1 and the programme of work without comments.

17. Upon the proposal of the Chairperson, the Working Group agreed to hold a general debate to be followed by a preliminary reading, article by article, of the draft United Nations declaration on the right to peace prepared by the Advisory Committee.

III. General comments

18. At the first meeting, on 18 February 2013, following the adoption of the agenda, the floor was open for general comments. The general segment continued into the first part of the second meeting on the same day.

19. In introducing this part of the session, the Chairperson-Rapporteur reiterated his intention for the Working Group to proceed in a transparent, inclusive, consensual and objective manner. Numerous delegations congratulated the Chairperson-Rapporteur on his election, and commended him for his leadership on this issue and for his cooperative, transparent and objective approach. Delegations also stated their appreciation for the efforts of the Advisory Committee to prepare an initial draft declaration on the right to peace.

20. There was wide consensus among delegations that human rights, peace and development were interdependent and mutually reinforcing, and that the draft declaration should be guided by the Charter of the United Nations, in addition to a vast jurisprudence inspired by international law. The concept of the right to peace was not new, but recognized in soft law instruments including in General Assembly resolution 39/11 of 12 November 1984, whereby the international community had adopted the Declaration on the Right of Peoples to Peace, and most recently in the Human Rights Declaration adopted by the Association of Southeast Asian Nations (ASEAN) on 18 November 2012.

21. Several other delegations stated that a stand-alone "right to peace" did not exist under international law. In their view, peace was not a human right in and of itself: it was rather a goal that could be best realized through the enforcement of existing identifiable and distinguishable human rights. They reiterated that there was no international consensus to negotiate a declaration on a right to peace as was evident from the result of the vote on Human Rights Council resolution 20/15 on 5 July 2012, and that initiatives like the draft declaration on the right to peace diverted the focus of the Council's activities.

22. The draft declaration prepared by the Advisory Committee was described by a number of delegations as too broad in mandate and ambiguous in scope and content. It exclud-

ed important issues such as terrorism, the countering and the absence of which were considered as fundamental to the enjoyment of the right to peace. The draft appeared to be a departure from the original General Assembly resolution 39/11 of 1984 and the subsequent resolutions of the Human Rights Council.

23. Delegations debated as to whether the right to peace was an individual or collective right. Some believed that there was no legal basis for the right to peace either as an individual or a collective right. It was noted that the draft declaration did not try to define the right to peace, but tried to contextualize it in a compendium of rights, more than define it as a right on its own.

24. Several delegations called for the drafting of a brief, concise and balanced declaration that would be guided by international law as well as by the Charter of the United Nations, compliant with its Article 51. The declaration should avoid referring to controversial issues and unidentified and vague topics that did not presently enjoy international support and consensus such as the responsibility to protect, human security, peacekeeping, conscientious objection to military service, refugees, and private military and security companies. Other concepts included in the draft declaration such as "the right to live in a world free of weapons of mass destruction", the "right to a comprehensive peace and human rights education" and "the right to safe, clean and peaceful environment" lacked conceptual clarity and, in the view of several delegations, it would be counterproductive to discuss them in the context of a draft declaration on the right to peace.

25. Other delegations pointed out that many of the categories of rights reflected in the draft declaration were already being addressed by existing mechanisms and legal processes at the international level. They warned against referencing principles and rights already covered by existing human rights treaties and addressed in other international forums, for example disarmament (the United Nations Conference on Disarmament and the Arms Trade Treaty negotiations), peacekeeping (the Security Council), development (the Human Rights Council's Working Group on the Right to Development), peace education (the United Nations Educational, Scientific and Cultural Organization (UNESCO), refugees (the United Nations High Commissioner for Refugees) and climate change (the United Nations Framework Convention on Climate Change and its accompanying insti-

tutions).

26. Several delegations supported the process of codification of the right to peace and expressed full support to further elaborating on the draft declaration in accordance with the Working Group's mandate. Other delegations stated that, while they recognized the intrinsic value of peace, they could not support a standard-setting process on the right to peace and would not take part in a negotiating process on the draft text. Commenting on the draft declaration did not imply agreement to negotiate its text. It was also indicated that non-participation in the Working Group should not be construed as acceptance of any of the specific provisions contained in the draft declaration.

27. It was mentioned that efforts by States in pursuance of peace should be meaningfully complemented by cooperative initiatives and arrangements at the regional level, as demonstrated through conflict prevention initiatives already undertaken in, for example, South America and Africa, though the focus of the declaration should remain on peace at the international level.

28. Representatives of non-governmental organizations drew the attention of the Working Group to the concepts of positive and negative peace, the need for a culture of peace, and peace education. Peace was a cultural process that could progress even when a context of violence persisted. It was also noted that women were key actors in non-formal peace education and that since discrimination and inequality were at the root of violence against women, gender equality was an important element of peace.

29. The Chairperson-Rapporteur stated that the draft declaration should be a consensual document containing a short and balanced text. Therefore, the current text required improvements at the legal level. He also noted that human rights education and training were part and parcel of the promotion and protection of human rights.

IV. Preliminary reading of the a draft declaration on the right to peace prepared by the Advisory Committee

30. Before starting the discussion of the draft declaration, some delegations requested that the Chairperson-Rapporteur indicate the way in which he intended to proceed with the preliminary reading, while others explained how the lack of comments from their side should be interpreted. The Chairperson-Rapporteur responded that his intention was to proceed with a first reading of the text with the purpose of gathering the broadest possible information on different positions, examining the various objections and listening to initial preliminary thoughts and considerations on the articles. The preamble could be tackled on Wednesday afternoon. A delegation's silence regarding a particular point did not necessarily indicate its acceptance of that provision. Likewise, if no delegation addressed a specific provision, it did not necessarily mean that there was consensus. The Chairperson-Rapporteur reiterated that as part of a confidence-building exercise, nothing would be agreed upon until everything was agreed upon. He also added that his report would be a faithful and transparent reflection of what was discussed in the room.

31. A number of delegations, noting the length of the draft declaration in which all articles contained more than one paragraph, supported the view of having a succinct and balanced text with an increased legal approach founded on international human rights law. It was reiterated that, although all rights should be taken into account, some issues like disarmament and refugees were already broadly dealt with in other forums.

32. It was recalled that resolution 20/15 of the Human Rights Council establishing the Working Group gave it a clear mandate to progressively negotiate a text based on the draft declaration of the Advisory Committee without excluding new contributions. It was also noted that, at this early stage, the Working Group should discuss views and ideas without entering in a drafting exercise.

A. Preamble

33. Several delegations commented on the preamble as drafted by the Advisory Committee, proposing to strengthen the text, make it more comprehensive as regards references to

peoples' right to peace and reaffirm the determination of all people to live in peace.

34. Specific suggestions for elements that should be referenced in this section were made, including reaffirming the purposes and principles of the United Nations, relevant references to the Charter of the United Nations, the Universal Declaration of Human Rights and the General Assembly Declaration on a Culture of Peace (General Assembly resolution 53/243 of 13 September 1999) as well as resolutions of the General Assembly and the Human Rights Council on the subject. It was suggested that positive language should be used instead of a negative definition of peace as the absence of war.

35. There was a suggestion to refer to the freedom from terrorism and to include agreed language concerning measures to eliminate terrorism, while maintaining the universal nature of the preambular paragraph. Another suggestion was to mention the peaceful settlement of disputes and to include instruments adopted at regional levels.

B. Article 1. Right to peace: principles

36. The Working Group then moved to consideration of article 1 of the draft declaration. Some delegations felt that paragraph 1 contained very detailed language related to discrimination and that it would be better to replace it with a more general wording, still entrenched in international human rights law, as the right to peace should be implemented without distinctions of any kind. Delegations felt that the headings of the articles were not necessary and that, in some cases, they could mislead the reader as to the actual contents of the paragraph. It was observed that in connection with the wording of paragraphs 3 and 4 of article 1, the Advisory Committee text should to be founded on instruments such as the Charter of the United Nations, General Assembly resolution 39/11 and Human Rights Council resolution 8/9 of 18 June 2008, and cleaned of groundless concepts.

37. Some delegations felt that the declaration should clearly uphold principles of national sovereignty, territorial integrity and non-intervention in States' affairs falling under their domestic authority, especially with reference to paragraph 6 of article 1, which should focus on terms that were already enshrined in international law so as not to move away

from legally established rights. It was also stated that the right to peace should be defined in terms of undertakings of States rather than by reference to other rights.

38. Delegations discussed the extension of the right to peace to individuals. In General Assembly resolution 39/11, peoples were entrusted with the right to peace while the Advisory Committee extended this right to individuals, a principle on which there was no consensus in international law. Other options were possible: could States and international organisations be seen as rights holders as well? Moreover, some delegations seemed to perceive the right to peace as a fully-fledged right while others appeared to conceive this right as a mere concept able to benefit from other rights. The necessity of a clear definition of the right to peace should be explored. It was also noted that paragraph 2 of article 1 should reflect the fact that the Security Council and the General Assembly had responsibilities for security and peacekeeping.

39. Other delegations noted that the beneficiaries of the right to peace should be both individuals and peoples, as this concept had already been developed during negotiations and had reached a sort of consensus. The right to peace would be a prerequisite to enjoy all other recognized human rights, particularly the right to life. Likewise, the separation between individual and collective rights appeared to be artificial, as humankind was made up of human beings, and the right to peace, as well as human beings, would have both an individual and a collective dimension. It was therefore proposed to state that all human beings, individually and collectively, had a right to peace, which was related to all human rights in an indivisible and interdependent manner.

40. Recalling statements made in the morning, it was noted that there was no legal basis for the right to peace in international law as such, and that there was no added value in recognizing the right to peace as a new right. A stand-alone right to peace would undermine the Charter of the United Nations that set out the legitimate reasons for the use of force. It was mentioned that, duly reinforced, article 1 could be the focus of the whole declaration, but the inclusion of the right to peace as an individual right would undermine the scope of the declaration.

41. Non-governmental organizations noted that the Preamble of the Charter of the United

Nations encompassed the collective dimension of the right to peace and that, in accordance with the Vienna Declaration and Programme of Action, peace was a right and a prerequisite and as such it facilitated the enjoyment of economic, cultural, social, civil and political rights. Many of the constitutive elements of the right to peace were already justiciable, including the right to life, to health, to education, to conscientious objection to military service, to freedom of expression and peaceful assembly, the prohibition of the recruitment of child soldiers and the prohibition of propaganda for war. Moreover, the prohibition of the use and the threat of force was a jus cogens obligation clearly set by the Charter of the United Nations and represented a fundamental element for the respect of national sovereignty and the self-determination of peoples.

C. Article 2. Human security

42. Opening the discussion on article 2, several delegations and non-governmental organizations pointed out that there was no universal definition of the concept of human security. The idea was currently being discussed in the General Assembly. These delegations also asked for the deletion of ambiguous language and topics that did not enjoy international consensus. Other delegations noted that paragraphs 4, 5 and 8 were irrelevant to the declaration, while 1, 2 and 7 could be rephrased to make them applicable.

43. The work currently being done by the Special Adviser on Human Security, among others, was highlighted. It was recommended that the Working Group avoid replicating the work being done by other United Nations forums or experts. It was also felt that many of the paragraphs contained ambiguous and ambitious language not based on any internationally agreed definition.

44. Several delegations highlighted the link between security and the right to peace. They acknowledged that this nexus could not be considered without recognizing the issue of terrorism in general and its effects on the right to peace and human security in particular. Other delegations suggested that a reworded text could include language related to both the right to self-defence and combating terrorism. In this connection, it was suggested to include a reference to the fight against terrorism and the legal and legitimate exceptions related to the use of force as outlined in Article 51 of Chapter VII of the Charter of the

United Nations. Other delegations highlighted the importance of respecting the principles of sovereignty and territorial integrity as established by the Charter of the United Nations. Non-governmental organizations emphasized the civil nature of peacekeeping operations and stressed that resistance to oppression should be carried out in a non-violent manner.

45. It was stressed that both peoples and individuals had a right to peace, and that article 2 as currently drafted focused excessively on an individual dimension.

46. It was noted that the order of priorities and the criteria for the choice of themes were not clear and that the text required better structuring in order to bring added value. The Chairperson-Rapporteur stated that the foundation and structure of the text had to be further examined in order to have a sound declaration that captured the aspirations of States.

D. Article 3. Disarmament

47. With regard to article 3 of the draft declaration, a number of delegations drew the link between disarmament and the right to peace, without the intention of discussing disarmament as such but to highlight the above-mentioned link, and the will of States to undertake negotiations with such an aim. Others felt that the Human Rights Council was not the appropriate venue for discussing the question of disarmament. It was suggested that the issues of disarmament, peacekeeping and the proliferation of weapons of mass destruction should be addressed by other specialized bodies including the Conference on Disarmament, the United Nations Department of Peacekeeping Operations and the United Nations Security Council. It was noted that these organizations and bodies should continue to lead international efforts, given their expertise in the field.

48. Some delegations felt the need to take a general approach when discussing the issue of disarmament in view of both its sensitive nature and extensive scope. Other delegations focused on the need for greater transparency vis-a-vis military spending and the need to free up resources and redistribute them to the poorest sections of the society. It was proposed to subdivide paragraph 1 of article 3 into two paragraphs, the first one to address

the aim to achieve, within a reasonable period of time, general disarmament, and the second about actively engaging in strict and transparent regulation and control of arms trade. The underlying idea was to encourage States to engage in negotiations aimed at reducing military spending without impinging on the area of national sovereignty.

E. Article 4. Peace education and training

49. Moving to the consideration of article 4, there was broad consensus in the Working Group to support the inclusion of a provision concerning peace education and training, which were described as a central component of the present draft. A number of delegations highlighted the vital importance of peace education and training for bringing about a culture of peace. Peace education and training should not only focus on development, but should also contribute to changing the conduct of everyone. Several non-governmental organizations stressed the enabling and empowering nature of education.

50. Some delegations felt nevertheless that article 4 needed redrafting in the interest of succinctness and greater clarity. It was felt by some that paragraph 5 was too prescriptive for States and that the reference to the revision of national laws and policies was not relevant here. Non-governmental organizations encouraged the inclusion of peace education in every educational system, and the need to train teachers on peace education was also highlighted.

51. Some delegations felt that it was important to refer to another existing relevant and complementary instrument, the United Nations Declaration on Human Rights Education and Training, adopted by the General Assembly in its resolution 66/137 of 19 December 2011, and to specific elements contained in that Declaration, including awareness-raising campaigns, mass media, the private sector and others. On the other hand, while it was recognized that human rights education and training was a subject of another United Nations declaration, it would be difficult to find any added value in duplicating work already carried out in the context of UNESCO.

52. The pertinence of the prohibition of war propaganda was also highlighted. The issue of censorship as referred to in paragraph 3 was also debated, and certain delegations ac-

knowledged that the right to access information without censorship was not an absolute right, and that limitations were legitimate in certain cases. Non-governmental organizations highlighted that the right to disseminate information freely was missing.

53. A number of delegations suggested using, in paragraph 5 (a), the previously agreed language "racism, racial discrimination, xenophobia and related intolerance" instead of just "xenophobia".

F. Article 5. Right to conscientious objection to military service

54. With regard to article 5, many delegations asked for the deletion of any reference to the right to conscientious objection to military service due to the lack of international consensus on this issue, which, in their opinion, fell purely within the realm of the domestic legislation of each State. The subject was not considered relevant for the work of the Working Group and should not be examined further.

55. A few delegations failed to see the value in duplicating discussions on an issue that had been addressed elsewhere, for example, by the Working Group on Arbitrary Detention and the Special Rapporteur on freedom of religion or belief. It was recognized that conscientious objection to military service was subject to a sovereign decision of each State.

56. Several non-governmental organizations favoured maintaining the notion of conscientious objection to military service, linking it also to the right to freedom of thought, conscience and religion. Among the modifications suggested to the article was an additional reference to the right to civil disobedience.

G. Article 6. Private military and security companies

57. A debate was held on article 6 of the draft declaration concerning private military and security companies. Many delegations agreed that private military and security companies needed to be regulated at both the national and international levels and that their activities had to conform to the norms set out in international humanitarian law and human rights law. This view was also shared by non-governmental organizations. Other

delegations, however, noted that national-level regulation was the most effective and appropriate way to promote respect for human rights by these companies, and encouraged the sharing of national practices in this area.

58. Many delegations suggested that a brief and general reference to private military and security companies would be appropriate in this declaration and should not be entirely omitted. A reference to terrorism and terrorist organizations should also be added.

59. Some delegations opposed the inclusion of an article on private military and security companies for reasons of redundancy and inconsistency with other efforts in this field, namely in the context of the Working Group on the use of mercenaries as a means of impeding the exercise of the right of peoples to self-determination, and the Open-ended intergovernmental working group to consider the possibility of elaborating an international regulatory framework on the regulation, monitoring and oversight of the activities of private military and security companies. They considered it unhelpful to engage in parallel negotiations on the subject.

H. Article 7. Resistance and opposition to oppression

60. Concerning article 7, several delegations declared that they were not in favour of including a provision on resistance and opposition to oppression as worded by the Advisory Committee, objecting to controversial or ambiguous terms such as "dictatorial domination" or "domestic oppression". It was suggested to delete the article entirely. Other delegations opined that there was nevertheless some merit in mentioning, somewhere in the declaration, decolonization, the right of people to resist foreign occupation, and opposition by non-violent means, perhaps by rephrasing the article in a more positive way.

61. It was also stated that many of these issues were addressed elsewhere, especially by the Special Committee on decolonization and in the context of the General Assembly's annual resolution on universal realization of the right of peoples to self-determination.

I. Article 8. Peacekeeping

62. With regard to article 8 on peacekeeping, it was affirmed that peacekeeping missions were a necessary and valuable tool to support the right to peace. It was stressed that the Charter of the United Nations should act as the foundation for any discussions related to peacekeeping, which should not be considered exclusively within the context of United Nations peace missions.

63. Others rejected the idea of incorporating the article since its language reflected negatively on peacekeepers and its inclusion would not provide added value. It was stated that human rights advisers had been included in peacekeeping operations and that those human rights components of peace missions were adequately guided and supported. Moreover, it was suggested that operational matters fell outside the mandate of the Human Rights Council.

64. Non-governmental organizations noted that United Nations and other humanitarian organizations, including various non-governmental organizations, played a long-established and critical role in seeking to enhance the protection of civilians in armed conflicts, including in places that did not have a peacekeeping presence. As a result, United Nations peacekeeping missions should include unarmed civilian forces for the adequate protection of the population.

J. Article 9. Right to development

65. Moving to consideration of article 9, several delegations emphasized the importance of the presence of the right to development in the draft declaration because of its direct link with the right to peace. Development, a key issue at the core of United Nations principles and activities, and peace were inextricably connected. A reference to the Declaration on the Right to Development should be included in the text of the draft declaration on the right to peace, which could eventually be reinforced in order to be more precise and robust on this important matter.

66. It was noted that it would be more correct to discuss and use the word "development"

rather than "sustainable development" because peoples were entitled to the realization of the right to full development and not only to sustainable development.

67. Some delegations wished to include in paragraph 3 of article 9 additional elements, like coercive measures and sanctions, which prevented development and consequently affected the achievement of peace.

68. Other delegations pointed out that article 9 contained redundant concepts which were largely dealt with in other forums, including ad hoc United Nations bodies, Human Rights Council mechanisms and international human rights standards. For instance, within the Human Rights Council, a specific special procedure mandate on extreme poverty and human rights existed and, in September 2012, the Council adopted the Guiding Principles on Extreme Poverty and Human Rights. Moreover, poverty was one of the targets included in the Millennium Development Goals (Goal 1 ? Eradicate extreme poverty and hunger). In the same vein of other articles of the draft declaration, the issue of the right to development was a duplication of other initiatives within the Human Rights Council and other United Nations bodies.

69. Non-governmental organizations expressed consensus on the inclusion of the right to development in the draft declaration. Several documents were mentioned to support the link between development and peace: for instance, in its paragraph 32 the Millennium Declaration reaffirmed the connection between peace, cooperation and development, and the Declaration on the Right to Development affirmed the double nature of the right to development as a collective and individual right. The implementation of the right to development was seen as a condition sine qua non for the realization of peace.

K. Article 10. Environment

70. Concerning article 10, some delegations expressed their concern about the lack of connection between the environment and the right to peace as the article was currently drafted. Furthermore, it was noted that the language used was confusing and inconsistent with agreed United Nations language.

71. Many delegations indicated that the theme of the environment in the context of human rights was already being dealt by the Human Rights Council through its special procedures mechanisms, and expressed concern that such a provision would interfere and create duplication with regard to the work of the Council.

72. Other delegations and non-governmental organizations favoured the current text and indicated that it should be kept in the declaration. It was emphasized that it was not possible to exercise economic, social and cultural rights in an unclean environment.

L. Article 11. Rights of victims and vulnerable groups

73. With regard to article 11 on the rights of victims and vulnerable groups, there was an overall understanding to adopt a general approach when discussing the principles contained in the article. There was a recommendation to delete any reference to individual groups as outlined in the third paragraph. Others stressed the importance of incorporating concepts that enjoyed international consensus.

74. Several delegations preferred to incorporate the language found in the Vienna Declaration and Programme of Action, particularly when referencing, inter alia, racism, racial discrimination and xenophobia.

75. It was indicated that the United Nations framework and regional human rights treaties provided remedies for victims of human rights violations. Reference was made to the current work undertaken by the Special Rapporteur on the promotion of truth, justice, reparation and guarantees of non-recurrence. Ratification of the Rome Statute of the International Criminal Court was encouraged.

76. Non-governmental organizations recommended including paragraphs on enforced or involuntary disappearances which, in certain circumstances, constituted a crime against humanity.

M. Article 12. Refugees and migrants

77. Moving to the consideration of article 12, many delegations recognized that there was a human rights dimension in relation to refugees and migrants, regardless of their migration status. States should undertake to ensure that causes underlying displacements of refugees and migrants were eliminated. However, numerous delegations expressed that there were more appropriate forums to address the elements of the article in an exhaustive and specific manner.

78. It was felt that it would be preferable to include more general language when addressing this theme. Several delegations nevertheless indicated that it was unclear why the issue of migrants and refugees had to be included, while other categories of vulnerable groups, such as internally displaced persons, were excluded. Ultimately, the need to include an article on this subject in the draft declaration was questioned.

79. Some delegations and non-governmental organizations supported the inclusion of this article, and additional language was suggested to strengthen its contents

N. Article 13. Obligations and implementation

80. With regard to article 13, many delegations felt that, generally speaking, its wording was slightly vague and ambitious. Regional and South?South cooperation could be the vehicles for the correct implementation of the right to peace. It was also stated that the preservation, promotion and implementation of the right to peace constituted a fundamental obligation of all States, individually and collectively. Collective State action was encouraged in coordination with the United Nations. All human beings, individually and collectively, had a right and a duty to contribute to the enjoyment of the right to peace.

81. The Working Group then returned to discussing the definition of the right to peace. Some delegations reiterated that it would be difficult to impose obligations regarding an undefined legal concept and that its implementation would not be feasible. It was also noted that the contents of paragraphs 4 and 5 would be difficult to apply because of the lack of clarity of the terminology used. A debate on paragraph 6 was considered by

many delegations as premature.

O. Article 14. Final provisions

82. It was suggested to modify paragraph 1 of article 14 on the final provisions in order to ensure that nothing within this declaration went against the principles of the United Nations or the principles of human rights. The purpose of this declaration was to encourage the enjoyment of human rights and not to be an obstacle to them. It was also recommended to slightly modify paragraph 3 so as to indicate that all States must implement in good faith the provisions of the declaration by adopting measures that they believed were most appropriate in their contexts. As the declaration was not legally binding, States should be allowed to judge how best to implement those measures. These proposals were also favoured by non-governmental organizations.

V. Concluding remarks

83. At its seventh meeting, on 21 February 2013, following the distribution of the draft report, the floor was open for concluding remarks.

84. In introducing this part of the session, the Chairperson-Rapporteur informed the delegations that the report woud be adopted ad referendum and delegations would have the possibility of sending their comments to the secretariat of the Working Group in the following two weeks. Many delegations thanked the Chairperson for his leadership during this first session and for his transparent, inclusive, consensual and objective approach.

85. Some delegations stressed the absence of a consensus on the existence of a "right to peace" under international law and reiterated that it was inappropriate to discuss themes, including disarmament, refugees and migrants, traditionally and broadly treated by other mechanisms, within and outside the Council's mandates, and by other United Nations organizations. They fully recognized the relationship between peace and human rights, but disagreed with the idea of peace as a prerequisite to human rights.

86. A number of delegations expressed their confidence in the elaboration of a declaration on the right to peace using as a basis the text prepared by the Advisory Committee, and that the nature and the essence of the right to peace lay, inter alia, in article 28 of the Universal Declaration of Human Rights. With regard to the recommendations for future action, it was felt that it would have been preferable to have recommendations directly emanating from the Working Group instead of the Chairperson-Rapporteur. The possibility that the Chairperson-Rapporteur would present a new text based on the debate held during the first session of the Working Group was also discussed.

VI. Conclusions and recommendations

A. Conclusions

87. At the final meeting of its first session, on 21 February 2013, the Open-ended Inter-Governmental Working Group on the Draft United Nations Declaration on the Right to Peace adopted the following conclusions, in accordance with its mandate established by Human Rights Council resolution 20/15:

   i. The Working Group welcomed the participation of the Deputy High Commissioner, the President of the Human Rights Council and the Chairperson of the Advisory Committee drafting group on the draft declaration on the right to peace; and takes note of the input received from Governments, regional and political groups, civil society and relevant stakeholders.

B. Recommendations of the Chairperson-Rapporteur

88. Following the discussions held during the Working Group and acknowledging that differences of views on the way forward remain, the Chairperson-Rapporteur recommends to the Human Rights Council the following:

   ii. That a second session of the Open-ended Intergovernmental Working Group be held before its twenty-fifth session;

   iii. That permission be given to him for the holding of informal consultations with Governments, regional groups and relevant stakeholders in the intersessional period;

    iv. That he be entrusted with the preparation of the new text on the basis of the discussions held during the first session of the Working Group and on the basis of the intersessional informal consultations to be held, and to present the text before the second session of the Working Group for consideration and further discussion thereat.

VII. Adoption of the report

89. At its eighth meeting, on 21 February 2013, the Working Group adopted the draft report on its first session ad referendum and decided to entrust the Chairperson-Rapporteur with its finalization.

9. 잘못된 안보갈등과 긴장에 의해 피해를 입은 3개 지역 공동 주민 평화권선언(2012, 제주 강정마을, 평택 대추리, 김포 애기봉 접경지역 주민들의 평화권 선언)

이 평화권선언은 2012년 12월 10일 〈"우리는 단지 평화롭게 살고 싶다" 평화권리선언〉이 라는 이름으로 발표되었다. 해군기지 건설로 역시 삶의 터전을 빼앗긴 제주 강정마을 주민 들, 미군기지 이전으로 삶의 터전을 빼앗겼던 평택 대추리 주민들, 그리고 대북전단 살포 와 애기봉의 성탄트리 점등으로 원치 않는 긴장 아래 불안한 일상을 살아가는 김포 애기봉 접경지역 주민들은 각 마을에서 '움직이는 평화마당 공감토크: 우리는 단지 평화롭게 살고 싶다'를 통해 평화권리선언을 채택한 바 있다. 이를 바탕으로 나온 3개 지역 공동 주민 평 화권선언은 주민들의 구체적 삶과 경험이 묻어난 선언이기에 평화롭게 살 권리의 구체적 내용 및 실현 방법을 구성하는 데 기여할 것으로 보인다.

우리는 평화로운 공동체를 유지하고 각자 평화로운 삶을 유지하기 위해 다음과 같은 천부의 권리를 가진다.

우리는 어떤 상황에서라도 인간으로서의 존엄성과 기본권을 보장받을 권리가 있다.

우리는 우리의 미래와 우리 마을의 미래를 우리 스스로 결정할 자기결정권을 가지며 스스로 결정한 대로 살 권리와 그렇게 행복을 추구할 권리를 가진다.

우리는 후손들에게 사람답게 살 수 있고 자연환경과 조화를 이루는 세상을 만들어 줄 권리가 있다.

자연환경을 파괴하지 않고 거기에 깃들어 사는 많은 생명들을 보존하는 것은 우리가 공동체 속에서 평화롭게 살 권리에 필수적이다.

우리는 우리 공동체의 삶의 방식에 따라 노동하고 살 권리가 있고, 공동체의 문화적·자연적 유산과 전통을 유지하고, 국가의 인위적인 조작에 의한 갈등에 처하지 않고 살 권리가 있다. 이는 평화롭게 살 권리의 필수적인 요소이다.

우리에게는 국가의 정책에 대하여 일체의 의사표현의 자유, 양심의 자유, 사상의 자유, 집회결사의 자유가 있다.

우리는 우리의 동의를 구하지 않은 국가의 정책에 의해서 경제활동과 재산권을 침해받지 않을 권리를 갖는다.

국가가 정책을 시행할 때 당사자의 의견을 묻고, 이견을 경청하여 반영하고, 당사자와 공정한 협의를 하고, 당사자의 동의를 얻는 것은, 우리가 평화롭게 사는 데 필수적인 국가의 의무이자 시민의 권리이다.

이 과정에서 당사자 주민이 일체의 협박이나 폭력의 위협에 처하지 않는 것은 우리의 평화롭게 살 권리이자 국가의 의무이다.

당사자 주민들의 의견에 대해서 국가가 공권력을 사용하여 압력을 행사하는 것은 평화롭게 살 권리에 대한 중대한 위협이자 도전이다.

안보 시책, 국책 사업이라 하더라도 의사표현의 자유를 행사하는 시민에 대한 공권력의 행사는 엄격한 법규범에 입각하여 신중하게 사용되어야 하며, 불법적인 공권력 사용에 대해서는 엄중한 책임이 따라야 한다.

국가 시책에 따라 주민에게 가해진 정신적, 물질적, 재산상의 피해에 대해 국가는 피해보상의 의무를 지켜야 한다.

국가 행위에 대한 주민들의 이견과 행동이 언론과 다른 사람에 의해서 "종북좌파" 또는 "빨갱이" 등으로 매도되어 존엄성과 삶에 심각한 위협을 받는 것은, 행복추구권과 평화롭게 살 권리에 대한 중대한 도전이자 국가의 인권보장 의무의 위배이다.

국가의 전쟁 연습과 전쟁 유발에 휩싸이지 않고 살 수 있는 권리가 우리의 평화권이다.

북한을 포함하여 다른 나라와 군사적 긴장을 줄이고 평화적 관계와 협력적 관계를 도모하는 것이 우리의 평화권을 보장하는 길이다.

우리의 생활터전을 군사적 갈등 지역에서 평화지대, 협력 지대로 변화시키는 것이 우리의 평화권을 보장하는 길이다.
우리에게는 이러한 보편적 인권이 침해될 경우 인권을 보장받기 위한 저항의 권리가 있다.
우리는 우리의 평화로운 삶에 심각한 위협을 제기하는 외부의 행위에 반대하고 저항할 권리를 갖는다.

10. 제주 강정마을 해군기지 반대 직접행동 관련 항소이유서(2013)

많은 우려와 반대에도 불구하고 제주해군기지 건설이 진행되던 2012년 3월 7일 케이슨 제작장 설치를 위해 강정마을 앞바다의 구럼비 바위 발파가 시작되었다. 당일 새벽 마을 주민들을 비롯한 여러 활동가와 시민들은 구럼비 발파를 막기 위해 다양한 직접행동을 기획·실행하였고, 당시 많은 사람들이 연행되었다. 몇몇 평화활동가들은 화약을 실은 차량의 이동을 저지하기 위해 강정천 맨 앞에서 쇠사슬을 맨몸에 묶고 있다가 일반교통방해 죄로 연행되었다. 제주지방법원은(2013. 1. 9) 이들의 행위가 정당행위로 보기 어렵다며 각각 벌금형을 선고했다. 2007년 4월부터 2012년 12월까지 제주해군기지 건설을 저지하다 연행된 사람들은 총 649명, 이 중 기소된 사람은 473명에 달한다.

항소이유서[3]

사건번호 : 2013노28 (원심 제주지방법원 2012고단690)

성 명 : 양여옥, 이보라, 최정민

죄 명 : 일반교통방해

상기 피고인들은 2013년 1월 9일 제주지방법원에서 일반교통방해죄로 벌금형 2,000,000원을 선고받고 이에 불복하여 항소이유서를 제출하고자 합니다. 형법 제20조 '사회상규에 위배되지 아니하는 행위'인 정당행위로 인정되려면, 첫째, 그 행위의 동기나 목적의 정당성, 둘째, 행위의 수단이나 방법의 상당성, 셋째, 보호이익과 침해이익의 법익 균형성, 넷째, 긴급성, 다섯째, 그 행위 이외의 다른 수단이나 방법이 없다는 보충성 등의 요건을 갖추어야 한다고 알고 있습니다(대법원 2005. 1. 28. 선고 2004도6922 판결 참조). 하지만 1심에서 법원은 "피고인들의 행위가 이 요건을 모두 갖춘 정당행위로 보기 어려우므로 피고인들의 주장을 받아들이지 않는다"고 판결하였습니다. 상기 피고인들은 2012년 3월 7일 구럼비 첫 발파일에 있었던 행위가 위 다섯 가지 요건에 모두 해당되는 것이기에 따라서 무죄를 주장하고자 합니다.

---

3   제주지방법원 제1형사부에 2013년 2월 8일 제출된 항소이유서를 일부 수정.

1. 행위의 동기: 국책사업의 민주적 시행과 평화적 생존권의 수호

저희는 제주해군기지를 건설한다는 것이 강정주민들의 평화로운 생존의 권리를 침해하는 것이자, 제주도민들, 더 나아가서는 대한민국, 동아시아, 전 세계인을 전쟁과 무력 갈등이라는 더 큰 위협에 빠트리는 중대한 위법적 행위가 될 수 있다고 생각합니다. 한국에 추가적으로 기지를 건설한다는 것이 국가안전보장에 얼마나 큰 이득이 될 것인지에 대해 해석이 분분하며, 여전히 이에 대해서 국가는 제대로 된 답변을 주지 못하고 있습니다.

해군이 해군기지의 필요성에 대해 늘상 언급하는 남방해역 보호와 이어도 수역 보호는 해군이 아닐 해경이 수행해야 할 업무입니다. 역사가 이전보다 진보한다고 평가될 수 있는 단 한 가지는, 국내외의 갈등문제에 있어서 폭력으로만이 아닌, 제도나 정책적 수단을 국가가 취할 수 있게 된 데 있습니다. 따라서 국가 안보는 군사적인 방법뿐만 아니라, 외교, 경제, 문화적 방식으로도 얼마든지 구현할 수 있습니다. 오히려 과잉된 위협인식과 이를 해결하는 방법으로서 군사적 해법이 유일하다고 보는 행위 자체가 한국을 신냉전체제로 편입시키는 퇴보적 발상일 뿐입니다.

또한 해군은 해군기지를 건설하는 과정에서 주민들에게 수많은 거짓말을 반복해왔습니다. 기지 건설과정에서 처음부터 주민의 의견을 반영하겠다고도 했고, 토지 강제수용은 절대 없다고도 했습니다. 그러나 현재 국가가 하고 있는 것은 스스로 뱉은 말을 이행하는 것 대신, 오히려 삼성물산과 대림산업의 사적 이익을 변호해 주는 역할만 하고 있습니다. 또한 강정에서의 경찰 폭력은 날로 심각해져서, 최근 3년간 700명이 넘는 연행자수를 기록하고 있으며 고착과 연행과정에서 경찰로부터 모욕적인 폭행과 폭언을 경험하는 것은 이미 일상이 되어버린지 오래입니다. 이러한 폭행과 폭언은 마을주민과 활동가 개개인에게 사적으로 행해지기 때문에 해당 행위를 한 경찰이 이를 부인하면 피해자 입장에서는 위법행위를 입증하기가 쉽지 않습니다. 이렇듯 국가의 공적인 권력은 공공의 이익과 안녕을 도모하는 것 대신, 가장 사적인 방식으로 행사되고 있는 상황입니다.

강정주민들과 활동가들을 옭아매는 '업무방해죄'에서 적용되는 '업무'의 성격은 무엇입니까. 국방의 상층 결정권자들은 해군을 매개로 한 한미일 동맹체제와 군비증강만 외치는데, 이 언설은 강정에서는 '경제발전'과 '이익' 그리고 이를 만들어내는 '공사 업무'라는 말로 둔갑해 버립니다. 이 '업무' 자체의 성격과 위법성을 문제 삼지 않는 상태에서, 국가는 평화를 지키고자 하는 주민과 지킴이들에게 위악적으로 고통을 전가하고 있을 뿐입니다. 다시 강조하건대, 현재 해군기지 건설을 위한 '업무'는 공공을 위한 업무가 아닙니다. 군비경쟁을 부추기는 국가의 사사로운 이해관계에 근거한 것일 뿐입니다.

따라서 저희는 제주해군기지를 건설한다는 것은 주민들의 평화로운 생존의 권리를 침해하는 것이자, 한반도를 더 큰 위협에 빠트리는 중대한 위법적 행위가 될 수 있음을 깊이 우려합니다. 때문에 이를 막기 위해 차량에 몸을 결속시킴으로써 구럼비 발파에 쓰일 화약운송을 막았던 저희의 행위는, 위협에 대항하여 평화롭게 살고자 하는 시민적 권리를 행사하는 것이며, 그러하기에 현 정권이하지 못한 국가의 공적인 업무를 저희가 수행한 것이라 생각합니다.

2. 행위의 수단: 비폭력적 방식으로서의 쇠사슬 결속

저희는 행위의 동기가 아무리 정당하다 할지라도 이를 구현하고자 하는 수단이 폭력적이라면 그것 역시 또 다른 폭력행위라고 생각합니다. 행위의 동기가 자동적으로 모든 행위의 정당성을 입증해주지 않기 때문입니다. 때문에 저희는 상황이 아무리 시급하고 정당할지라도 구럼비 발파에 쓰일 화약 운송을 막기 위해 누군가에게 위해를 가하거나 다치게 하거나 상처를 내서는 안 된다고 생각하였습니다. 대신 저희는 그 고통을 저희가 대신 기꺼이 감수하겠다고 결심하였습니다. 그래서 저희는 맨몸을 차량에 결속시키는 방식으로 국가의 위법한 행위에 저항한 것입니다. 동트기 전 새벽부터 연행된 시간까지 장시간 동안 스스로의 몸을 속박함으로써 발생하는 정신적·육체적 고통을 감내해야 했지만, 저희는 그 방법이 우리 행위의 동기를 표출시키는 데 더욱 더 유효한 방식이었다고 생각합니다.

3. 보호이익으로서의 평화적 생존권과 저항권

헌법 제 10조에서 "국가는 개인이 가지는 불가침의 기본적 인권을 확인하고 이를 보장할 의무를 진다"라고 하여 국가의 기본권 확인과 기본권 보장의 의무를 규정하고 있습니다. 또한 동법 제37조 제1항은 "국민의 자유와 권리는 헌법에 열거되지 아니한 이유로 경시되지 아니한다"라고 규정하고 있으며, 동조 제2항 후단에는 "제한하는 경우에도 자유와 권리의 본질적인 내용을 침해할 수 없다"라고 규정하고 있습니다. 이러한 기본권 보장의 의무는 단순한 도덕적 의무가 아니라 '법적 의무'를 의미하며, 이때의 보장은 국가가 개인의 기본적 인권을 침해하여서는 안 된다는 소극적 의미 외에 기본권을 적극적으로 보호하고 실현하여야 한다는 적극적 의미를 동시에 내포하고 있습니다. 따라서 사회공존을 위해서는 사회의 기본적 구성요소인 사회구성원의 기본권 보장은 당연한 것이며, 이러한 기본권의 실현을 위한 행위는 비록 헌법에 열거되어 있지 않더라도 정당한 목적을 가진다고 할 것입니다. 저희는 국민의 한 사람으로서 안전을 보장받을 권리와, 동시에 강정주민들이 자기 땅에서 평화롭게 생존할 권리를 보호받는 것이 헌법 정신을 준수하는 것이라고 생각합니다.

또한 헌법상 원리에 보장된 평화적 생존권을 수호하기 위해 저희는 침략적 전쟁을 부인하는 양심적 반전행위가 저항권의 의미로 보호받아야 함이 마땅하다고 생각합니다. 저항권이란 민주적, 법치주의적 기본질서 또는 기본권보장의 체계를 위협하거나 침해하는 공권력에 대하여 주권자로서의 국민이 민주적, 법치주의적 기본질서를 유지, 회복하고 기본권을 수호하기 위하여 공권력에 저항할 수 있는 비상수단적 권리인 동시에 헌법수호제도를 의미합니다. 저항권에 대하여 헌법상 명문 규정은 없지만, 이는 자연법상의 권리로서 국민의 기본권인 동시에 헌법수호를 위한 수단이라고 할 것입니다.

이러한 헌법합치적인 저항행위의 요건으로는 (1) 정권이 민주적, 법치국가적 기본질서나 기본권 보장의 체계에 중대한 침해를 하고 있고 (2) 공권력의 행사가 명백히 불법이며 (3) 헌법이나 법률에 규정된 일체의 법적 구제수단이 이미 유효한 수단이 될 수 없는 경우를 들 수 있다고 알고 있습니다. 저희는 (1) 정부가 연안해군에서 대양해군으로 전략을 바꾸며 자국의 안보를 넘는 정도까지 무차별적인 해군력 증강이 기본권인 국민들의 평화적으로 생존할 권리 침해를 낳았고 (2) 당시 구럼비 발파에 쓰일 화약이 기존에 신고된 육상 운송이 아니라 급작스런 경로변경으로 해상 운송이라는 불법성이 존재했으며, (3) 이러한 국가의 위법한 행위를 견제할 만한 대체 법적 수단이 없었다는 점에서 저희의 행위가 헌법합치적인 저항행위의 세 가지 요건에 모두 해당된다고 생각합니다.

4. 긴급성

2013년 3월 7일 새벽 3시에 마을에 사이렌이 울렸습니다. 강정마을로 들어오는 길이 모두 차단되고 경찰병력이 이미 배치되었다는 소식이 들려 왔습니다. 당시 그 상황은 국가가 마을을 고립시킴으로써 모든 물리력을 동원해 마을을 파괴하려고 한다고 판단될 만큼 급박하고 공포스러웠습니다. 흡사 계엄과도 같은 상황이었습니다. 이에 저희는 이미 경찰병력이 다가온 상태에서 불법적인 국가의 물리적 폭력행사(구럼비 발파)를 최대한 지연시켰어야 했습니다. 저희가 아무리 불법이라고 외쳐도 행정부의 어떤 부처도 이를 들어주지 않은 상태에서, 구럼비 발파는 강행되고 있으니 발파 그 자체를 긴급하게 멈추게 하는 수밖에 다른 방법이 없었습니다. 한 번 발파된 구럼비는 다시는 원형을 보존할 수 없는 것이기 때문입니다. 구럼비는 단순한 바윗덩어리가 아니라 강정주민들에게 오랜 세월 삶의 터전이자, 정신적인 안식처의 역할을 해 온 상징입니다. 이것이 파괴되면 주민도 파괴됨을 저희는 너무도 잘 알고 있었습니다. 때문에 마을에 경찰병력이 들이닥쳐 구럼비를 파괴하기 전, 당시가 구럼비와 강정마을을 지킬 수 있는 유일한 시기라 판단해서 긴급하게 저희의 몸을 쇠사슬로 차량에 결속하였던 것입니다.

5. 유일한 수단으로서의 쇠사슬 결속

지난 5년 동안 저희는 저희가 할 수 있는 만큼 많은 활동들을 하였습니다. 걸어도 보았고 탄원도 해 보았고 각종 토론회며, 거리 홍보전이며, 엽서쓰기며, 거리에서, 직장에서, 국회에서, 인터넷에서 힘이 닿는 한 많은 활동을 하였고 국민들의 많은 지지를 끌어내는 데 성공했다고 생각했습니다. 하지만 국익으로 포장된 소수만을 위한 공사는 지역 주민과 많은 평화애호자들의 눈물을 밟고 강행되었습니다. 할 수 있는 최선을 다해 보았지만 결국 구럼비 발파가 당장 닥친 이 시점에서, 더 이상 저희에게 남은 것이 무엇이었겠습니까? 저희는 구럼비 바위가 깨져나가는 것을 보고 있을 수 없다고 생각했습니다. 절차적 민주성과 재조사를 위해 일시적으로라도 공사를 중단해 달라는 시민들의 요구가 묵살되었을 때 저희가 할 수 있는 것을 단 하나, 스스로 공사를 막는 것뿐이었습니다. 때문에 직접 나서서 저희의 몸으로 구럼비를 발파하기 위한 화약의 이동을 막기 위한 저지선을 만든 것입니다.

이처럼, 저희의 행위는 형법 20조의 다섯 가지 '사회상규에 위배되지 아니하는 행위'에 해당하는 정당행위임을 다시 한 번 강조하고자 합니다. 긴 글 읽어주셔서 감사합니다.

2013년 2월 7일

피고인 양여옥, 이보라, 최정민

11. 유엔인권이사회 자문위원회 평화권 초안에 대한 한국 시민사회 의견서 (2014)

> 이 의견서는 유엔인권이사회 자문위원회 평화권 초안에 대한 한국 시민단체들의 의견서이 며, 2014년 자문위원회 토론과정에 제출될 예정이다.

1. 우리는 1984년 유엔 총회에서 결의한 "평화에 대한 인류의 권리 선언"[4] 이후 이어진, 평화에 대한 인민의 권리를 구체화시키려는 국제사회와 유엔의 노력에 깊은 지지와 관심을 보냅니다. 그 노력의 결과물로서 나온 유엔인권이사회 자문위원회의 평화권 선언 초안[5]이 보다 광범위하게 논의되기를 바라며, 가까운 시간 내에 유엔 총회에서도 평화권 선언에 대한 논의가 진행되기를 희망합니다.

2. 평화권에 대한 논의는 한국에서도 이어져 왔습니다. 1998년 한국 광주에서 채택된 아시아인권선언[6]은 평화권을 아시아 민중의 권리로 분명하게 선언하였습니다. 현행 한국 헌법이 평화권을 명문으로 인정하고 있지는 않지만, 2000년대 이후 한국의 평화인권운동은 군사기지와 군사훈련에 반대하며 평화권을 주장했습니다. 그 결과 2006년 한국 헌법재판소는 평화권을 "침략전쟁에 강제되지 않고 평화적 생존을 할 수 있도록 국가에 요청할 수 있는 권리"라고 정의하며 규범성을 인정하는 결정을 내놓기도 하였습니다.[7]

3. 평화권 선언 초안에 대한 구체적인 의견사항

3.1 우리는 본 평화권 선언 초안에서 군사기지 문제가 충분하게 언급되지 않은 것에 대해 우려를 표명합니다. 군사기지를 비롯한 여러 군사 시설들은 자국 군대의 것이든 외국 군대의 것이든 인근 지역에 거주하는 주민들의 사회적, 육체적 안전을 위협해왔습니다. 따라서 기지의 건설과 운영에 있어서 인근 지역 주민들의 민주적 의사가 적극 반영될 수 있도록 보장하는 것이 평화권의 한 영역으로서 인정되어야 할 것입니다. 현재 초안 제2조 8항에서 "각국은 군사력 및 관련예산의

---

4   UN Doc. A/RES/39/11, Declaration on the Right to Peoples to Peace.

5   UN Doc. A/HRC/20/31, Report of the Human Rights Council Advisory Committee on the right of peoples to peace.

6   Right to Peace in Asian Human Rights Charter.

7   헌법재판소 2006. 2. 23/2005헌마268 결정. 그러나 헌법재판소는 2009년에 평화권을 부인하는 쪽으로 견해를 변경했다(헌법재판소 2009. 5. 28/2007헌마369 결정).

민주적 통제를 보장"한다고 규정하고 있으며 제3조 "군축" 부분에서 무기 통제의 원칙을 제시하고 있지만 군사 기지 문제에 대한 언급은 없습니다. 이에 비해 2010년 채택된 평화권에 관한 산티아고 선언 제7조에서는 "국가는 그 군대와 외국 군사 기지를 점진적으로 폐지하기 위해 효과적이고 협조적인 방법을 채용해야 한다"라고 군사 기지 문제의 평화권적 접근이 필요함을 확인한 바 있습니다. 특히 한국을 비롯한 일본과 아시아 여러 지역이 미군기지로 인해 오랜 시간 고통을 받아왔음을 상기한다면 기지 문제에 대한 명문화된 인정이 반드시 필요합니다.

3.2 우리는 안보영역에 대한 민주화가 평화권 실현에 있어서 핵심적 영역이라 판단합니다. 그중에서도 평화에 대한 정보 접근권과 비판의 자유가 가장 중요한 부분이라고 할 것입니다. 이는 본 평화권 선언 초안 제2조 제8항에서 안보사안에 대한 공개토론을 보장하고 의사결정자에게 설명책임을 지우는 것에서 명확하게 확인됩니다. 평화권에 관한 산티아고 선언 제8조 제1항 및 제2항에서 "모든 인민과 개인은 전쟁과 침략 목적의 정보조작으로부터 보호받기 위해 국제인권법이 정하는 바에 따라 검열 없이 다양한 정보원으로부터 정보를 요구하고 정보를 얻을 권리를 갖는다", "모든 인민과 개인은 평화권을 위협하고 침해하는 일체의 사건을 비판할 권리를 갖는다"라고 규정하였는데, 같은 맥락에서 평화권의 핵심 영역을 규정한 것이라 볼 수 있습니다. 이후 평화권 논의에서도 이 영역이 축소되지 않아야 할 것입니다. 한국의 경우 국가보안법 등으로 안보 관련 표현의 자유가 심각하게 위축되어왔는데, 평화권 논의를 통하여 표현의 자유가 신장될 수 있기를 기대합니다.

3.3 우리는 본 평화권 선언 초안 제5조에서 양심적 병역거부가 평화권의 핵심적 권리로서 인정된 것에 대해 큰 동의를 표시합니다. 양심적 병역거부는 1980년대 이래 국제사회에서 자유권의 핵심적 권리로서 인정받고 있지만, 전쟁과 군사훈련을 거부하는 행위의 본질적 특성으로 인하여 평화권으로서도 인정되어야 할 권리임이 분명합니다. 특히 2013년 유엔 인권최고대표사무소는 전 세계의 양심적 병역거부 수감자 중 92.5%가 한국 감옥에 수감되어 있다는 충격적인 사실을 지적한 바 있는데,[8] 2014년 1월 현재 한국은 700여 명의 양심적 병역거부 수감자가 있을 정도로 이들에 대한 인권 탄압이 심각한 상황입니다. 2013년 평화권 유엔초안에 관한 실무그룹 간 자유토론 보고서[9]를 보면 몇몇 국가는 양심적 병역거부권을 개별 국가가 판단할 사항이라 주장하거나, 국제적 합의가 성숙하지 않았음으로 평화권에서 배제되어야 한다는 의견을 피력하였다는 것을 확인할 수 있습니다. 이는 양심적 병역거부를 온전하게 이해하지 못한 매우 우려스러운 모습

---

8   UN Doc. A/HRC/23/22, Analytical report on conscientious objection to military service(Report of the United Nations High Commissioner for Human Rights).

9   UN Doc. A/HRC/WG.13/1/2, Report of the Open-ended Inter-Governmental Working Group on the Draft United Nations Declaration on the Right to Peace.

이라 할 것입니다.

4. 이상과 같이 우리는 현재 유엔과 국제사회의 평화권 논의에 큰 관심과 지지를 가지고 있습니다. 이후 논의과정에서도 적극적으로 참여할 수 있는 기회를 가지기를 희망합니다.

국제민주연대, 법인권사회연구소, 참여연대, 평택 평화센터, 평화네트워크, 평화의 친구들

찾아보기